U0909253

新编安全生产法律法规一本通

本书编写组

应急管理出版社

·北　京·

图书在版编目（CIP）数据

新编安全生产法律法规一本通 /《新编安全生产法律法规一本通》编写组编. -- 北京：应急管理出版社，2022

ISBN 978-7-5020-9055-5

Ⅰ. ①新… Ⅱ. ①新… Ⅲ. ①安全生产—安全法规—汇编—中国 Ⅳ. ①D922.549

中国版本图书馆 CIP 数据核字(2021)第 229700 号

新编安全生产法律法规一本通

编　　者 本书编写组
责任编辑 成联君
责任校对 李新荣　孔青青
封面设计 仙境设计

出版发行 应急管理出版社（北京市朝阳区芍药居 35 号　100029）
电　　话 010-84657898（总编室）　010-84657880（读者服务部）
网　　址 www.cciph.com.cn
印　　刷 天津鑫旭阳印刷有限公司
经　　销 全国新华书店

开　　本 787mm×1092mm 1/16　**印张** 44　**字数** 1026 千字
版　　次 2022 年 5 月第 1 版　2022 年 5 月第 1 次印刷
社内编号 20211297　**定价** 128.00 元

版权所有　违者必究

本书如有缺页、倒页、脱页等质量问题，本社负责调换，电话:010-84657880

前　　言

安全生产事关人民群众生命财产安全和社会稳定大局。近年来，在党中央、国务院的高度重视和正确领导下，在各地区、各部门的共同努力下，全国安全生产状况保持了持续稳定好转的态势，这与安全生产法律法规的不断健全完善密不可分。在全面依法治国的背景下，做好新时代安全生产工作，离不开系统完备、科学规范、运行有效的安全生产法律法规体系。基于此，我们认真整理了与安全生产密切相关的法律、行政法规、国务院文件、部门规章和规范性文件，编辑成册，以方便安全生产监管监察部门、生产企业、科研研所、高校师生了解、学习和使用。

本书主要收录了法律10部、行政法规15部、国务院文件9份、部门规章39份、规范性文件30份，全面涵盖安全生产领域监管监察、安全培训、责任追究、建设施工、劳动用工、职业防护、事故预防、文化建设等方面的内容。

由于时间仓促、水平有限，在资料收集过程中，如有不妥之处，恳请广大读者多提宝贵意见。

编　者

2022年4月17日

CONTENTS 目　录

第一部分 法律 1

第二部分 行政法规 109

第五部分 规范性文件 551

第一部分

法　　律

中华人民共和国安全生产法

（2002年6月29日第九届全国人民代表大会常务委员会第二十八次会议通过，根据2009年8月27日第十一届全国人民代表大会常务委员会第十次会议关于《关于修改部分法律的决定》第一次修正，根据2014年8月31日第十二届全国人民代表大会常务委员会第十次会议《关于修改〈中华人民共和国安全生产法〉的决定》第二次修正，根据2021年6月10日第十三届全国人民代表大会常务委员会第二十九次会议《关于修改〈中华人民共和国安全生产法〉的决定》第三次修正）

第一章 总 则

第一条 为了加强安全生产工作，防止和减少生产安全事故，保障人民群众生命和财产安全，促进经济社会持续健康发展，制定本法。

第二条 在中华人民共和国领域内从事生产经营活动的单位（以下统称生产经营单位）的安全生产，适用本法；有关法律、行政法规对消防安全和道路交通安全、铁路交通安全、水上交通安全、民用航空安全以及核与辐射安全、特种设备安全另有规定的，适用其规定。

第三条 安全生产工作坚持中国共产党的领导。

安全生产工作应当以人为本，坚持人民至上、生命至上，把保护人民生命安全摆在首位，树牢安全发展理念，坚持安全第一、预防为主、综合治理的方针，从源头上防范化解重大安全风险。

安全生产工作实行管行业必须管安全、管业务必须管安全、管生产经营必须管安全，强化和落实生产经营单位主体责任与政府监管责任，建立生产经营单位负责、职工参与、政府监管、行业自律和社会监督的机制。

第四条 生产经营单位必须遵守本法和其他有关安全生产的法律、法规，加强安全生产管理，建立健全全员安全生产责任制和安全生产规章制度，加大对安全生产资金、物资、技术、人员的投入保障力度，改善安全生产条件，加强安全生产标准化、信息化建设，构建安全风险分级管控和隐患排查治理双重预防机制，健全风险防范化解机制，提高安全生产水平，确保安全生产。

平台经济等新兴行业、领域的生产经营单位应当根据本行业、领域的特点，建立健全并落实全员安全生产责任制，加强从业人员安全生产教育和培训，履行本法和其他法律、法规规定的有关安全生产义务。

第五条 生产经营单位的主要负责人是本单位安全生产第一责任人，对本单位的安全生产工作全面负责。其他负责人对职责范围内的安全生产工作负责。

第六条 生产经营单位的从业人员有依法获得安全生产保障的权利，并应当依法履行安全生产方面的义务。

第七条 工会依法对安全生产工作进行监督。

生产经营单位的工会依法组织职工参加本单位安全生产工作的民主管理和民主监督，维护职工在安全生产方面的合法权益。生产经营单位制定或者修改有关安全生产的规章制度，应当听取工会的意见。

第八条 国务院和县级以上地方各级人民政府应当根据国民经济和社会发展规划制定安全生产规划，并组织实施。安全生产规划应当与国土空间规划等相关规划相衔接。

各级人民政府应当加强安全生产基础设施建设和安全生产监管能力建设，所需经费列入本级预算。

县级以上地方各级人民政府应当组织有关部门建立完善安全风险评估与论证机制，按照安全风险管控要求，进行产业规划和空间布局，并对位置相邻、行业相近、业态相似的生产经营单位实施重大安全风险联防联控。

第九条 国务院和县级以上地方各级人民政府应当加强对安全生产工作的领导，建立健全安全生产工作协调机制，支持、督促各有关部门依法履行安全生产监督管理职责，及时协调、解决安全生产监督管理中存在的重大问题。

乡镇人民政府和街道办事处，以及开发区、工业园区、港区、风景区等应当明确负责安全生产监督管理的有关工作机构及其职责，加强安全生产监管力量建设，按照职责对本行政区域或者管理区域内生产经营单位安全生产状况进行监督检查，协助人民政府有关部门或者按照授权依法履行安全生产监督管理职责。

第十条 国务院应急管理部门依照本法，对全国安全生产工作实施综合监督管理；县级以上地方各级人民政府应急管理部门依照本法，对本行政区域内安全生产工作实施综合监督管理。

国务院交通运输、住房和城乡建设、水利、民航等有关部门依照本法和其他有关法律、行政法规的规定，在各自的职责范围内对有关行业、领域的安全生产工作实施监督管理；县级以上地方各级人民政府有关部门依照本法和其他有关法律、法规的规定，在各自的职责范围内对有关行业、领域的安全生产工作实施监督管理。对新兴行业、领域的安全生产监督管理职责不明确的，由县级以上地方各级人民政府按照业务相近的原则确定监督管理部门。

应急管理部门和对有关行业、领域的安全生产工作实施监督管理的部门，统称负有安全生产监督管理职责的部门。负有安全生产监督管理职责的部门应当相互配合、齐抓共管、信息共享、资源共用，依法加强安全生产监督管理工作。

第十一条 国务院有关部门应当按照保障安全生产的要求，依法及时制定有关的国家标准或者行业标准，并根据科技进步和经济发展适时修订。

生产经营单位必须执行依法制定的保障安全生产的国家标准或者行业标准。

第十二条 国务院有关部门按照职责分工负责安全生产强制性国家标准的项目提出、组织起草、征求意见、技术审查。国务院应急管理部门统筹提出安全生产强制性国家标准的立项计划。国务院标准化行政主管部门负责安全生产强制性国家标准的立项、编号、对外通报和授权批准发布工作。国务院标准化行政主管部门、有关部门依据法定职责对安全生产强制性国家标准的实施进行监督检查。

第十三条 各级人民政府及其有关部门应当采取多种形式，加强对有关安全生产的法律、法规和安全生产知识的宣传，增强全社会的安全生产意识。

第十四条 有关协会组织依照法律、行政法规和章程，为生产经营单位提供安全生产方面的信息、培训等服务，发挥自律作用，促进生产经营单位加强安全生产管理。

第十五条 依法设立的为安全生产提供技术、管理服务的机构，依照法律、行政法规和执业准则，接受生产经营单位的委托为其安全生产工作提供技术、管理服务。

生产经营单位委托前款规定的机构提供安全生产技术、管理服务的，保证安全生产的责任仍由本单位负责。

第十六条 国家实行生产安全事故责任追究制度，依照本法和有关法律、法规的规定，追究生产安全事故责任单位和责任人员的法律责任。

第十七条 县级以上各级人民政府应当组织负有安全生产监督管理职责的部门依法编制安全生产权力和责任清单，公开并接受社会监督。

第十八条 国家鼓励和支持安全生产科学技术研究和安全生产先进技术的推广应用，提高安全生产水平。

第十九条 国家对在改善安全生产条件、防止生产安全事故、参加抢险救护等方面取得显著成绩的单位和个人，给予奖励。

第二章 生产经营单位的安全生产保障

第二十条 生产经营单位应当具备本法和有关法律、行政法规和国家标准或者行业标准规定的安全生产条件；不具备安全生产条件的，不得从事生产经营活动。

第二十一条 生产经营单位的主要负责人对本单位安全生产工作负有下列职责：

（一）建立健全并落实本单位全员安全生产责任制，加强安全生产标准化建设；

（二）组织制定并实施本单位安全生产规章制度和操作规程；

（三）组织制定并实施本单位安全生产教育和培训计划；

（四）保证本单位安全生产投入的有效实施；

（五）组织建立并落实安全风险分级管控和隐患排查治理双重预防工作机制，督促、检查本单位的安全生产工作，及时消除生产安全事故隐患；

（六）组织制定并实施本单位的生产安全事故应急救援预案；

（七）及时、如实报告生产安全事故。

第二十二条 生产经营单位的全员安全生产责任制应当明确各岗位的责任人员、责任范围和考核标准等内容。

生产经营单位应当建立相应的机制，加强对全员安全生产责任制落实情况的监督考核，保证全员安全生产责任制的落实。

第二十三条 生产经营单位应当具备的安全生产条件所必需的资金投入，由生产经营单位的决策机构、主要负责人或者个人经营的投资人予以保证，并对由于安全生产所必需的资金投入不足导致的后果承担责任。

有关生产经营单位应当按照规定提取和使用安全生产费用，专门用于改善安全生产条件。安全生产费用在成本中据实列支。安全生产费用提取、使用和监督管理的具体办法由国务院财政部门会同国务院应急管理部门征求国务院有关部门意见后制定。

第二十四条 矿山、金属冶炼、建筑施工、运输单位和危险物品的生产、经营、储存、装卸单位，应当设置安全生产管理机构或者配备专职安全生产管理人员。

前款规定以外的其他生产经营单位，从业人员超过一百人的，应当设置安全生产管理机构或者配备专职安全生产管理人员；从业人员在一百人以下的，应当配备专职或者兼职的安全生产管理人员。

第二十五条 生产经营单位的安全生产管理机构以及安全生产管理人员履行下列职责：

（一）组织或者参与拟订本单位安全生产规章制度、操作规程和生产安全事故应急救援预案；

（二）组织或者参与本单位安全生产教育和培训，如实记录安全生产教育和培训情况；

（三）组织开展危险源辨识和评估，督促落实本单位重大危险源的安全管理措施；

（四）组织或者参与本单位应急救援演练；

（五）检查本单位的安全生产状况，及时排查生产安全事故隐患，提出改进安全生产管理的建议；

（六）制止和纠正违章指挥、强令冒险作业、违反操作规程的行为；

（七）督促落实本单位安全生产整改措施。

生产经营单位可以设置专职安全生产分管负责人，协助本单位主要负责人履行安全生产管理职责。

第二十六条 生产经营单位的安全生产管理机构以及安全生产管理人员应当恪尽职守，依法履行职责。

生产经营单位作出涉及安全生产的经营决策，应当听取安全生产管理机构以及安全生产管理人员的意见。

生产经营单位不得因安全生产管理人员依法履行职责而降低其工资、福利等待遇或者解除与其订立的劳动合同。

危险物品的生产、储存单位以及矿山、金属冶炼单位的安全生产管理人员的任免，应当告知主管的负有安全生产监督管理职责的部门。

第二十七条 生产经营单位的主要负责人和安全生产管理人员必须具备与本单位所从事的生产经营活动相应的安全生产知识和管理能力。

危险物品的生产、经营、储存、装卸单位以及矿山、金属冶炼、建筑施工、运输单位的主要负责人和安全生产管理人员，应当由主管的负有安全生产监督管理职责的部门对其安全生产知识和管理能力考核合格。考核不得收费。

危险物品的生产、储存、装卸单位以及矿山、金属冶炼单位应当有注册安全工程师从事安全生产管理工作。鼓励其他生产经营单位聘用注册安全工程师从事安全生产管理工作。注册安全工程师按专业分类管理，具体办法由国务院人力资源和社会保障部门、国务院应急管理部门会同国务院有关部门制定。

第二十八条 生产经营单位应当对从业人员进行安全生产教育和培训，保证从业人员具备必要的安全生产知识，熟悉有关的安全生产规章制度和安全操作规程，掌握本岗位的安全操作技能，了解事故应急处理措施，知悉自身在安全生产方面的权利和义务。未经安全生产教育和培训合格的从业人员，不得上岗作业。

生产经营单位使用被派遣劳动者的，应当将被派遣劳动者纳入本单位从业人员统一管理，对被派遣劳动者进行岗位安全操作规程和安全操作技能的教育和培训。劳务派遣单位应当对被派遣劳动者进行必要的安全生产教育和培训。

生产经营单位接收中等职业学校、高等学校学生实习的，应当对实习学生进行相应的安全生产教育和培训，提供必要的劳动防护用品。学校应当协助生产经营单位对实习学生进行安全生产教育和培训。

生产经营单位应当建立安全生产教育和培训档案，如实记录安全生产教育和培训的时间、内容、参加人员以及考核结果等情况。

第二十九条 生产经营单位采用新工艺、新技术、新材料或者使用新设备，必须了解、掌握其安全技术特性，采取有效的安全防护措施，并对从业人员进行专门的安全生产教育和培训。

第三十条 生产经营单位的特种作业人员必须按照国家有关规定经专门的安全作业培训，取得相应资格，方可上岗作业。

特种作业人员的范围由国务院应急管理部门会同国务院有关部门确定。

第三十一条 生产经营单位新建、改建、扩建工程项目（以下统称建设项目）的安全设施，必须与主体工程同时设计、同时施工、同时投入生产和使用。安全设施投资应当纳入建设项目概算。

第三十二条 矿山、金属冶炼建设项目和用于生产、储存、装卸危险物品的建设项目，应当按照国家有关规定进行安全评价。

第三十三条 建设项目安全设施的设计人、设计单位应当对安全设施设计负责。

矿山、金属冶炼建设项目和用于生产、储存、装卸危险物品的建设项目的安全设施设计应当按照国家有关规定报经有关部门审查，审查部门及其负责审查的人员对审查结果负责。

第三十四条 矿山、金属冶炼建设项目和用于生产、储存、装卸危险物品的建设项目的施工单位必须按照批准的安全设施设计施工，并对安全设施的工程质量负责。

矿山、金属冶炼建设项目和用于生产、储存、装卸危险物品的建设项目竣工投入生产或者使用前，应当由建设单位负责组织对安全设施进行验收；验收合格后，方可投入生产和使用。负有安全生产监督管理职责的部门应当加强对建设单位验收活动和验收结果的监督核查。

第三十五条 生产经营单位应当在有较大危险因素的生产经营场所和有关设施、设备上，设置明显的安全警示标志。

第三十六条 安全设备的设计、制造、安装、使用、检测、维修、改造和报废，应当符合国家标准或者行业标准。

生产经营单位必须对安全设备进行经常性维护、保养，并定期检测，保证正常运转。维护、保养、检测应当作好记录，并由有关人员签字。

生产经营单位不得关闭、破坏直接关系生产安全的监控、报警、防护、救生设备、设施，或者篡改、隐瞒、销毁其相关数据、信息。

餐饮等行业的生产经营单位使用燃气的，应当安装可燃气体报警装置，并保障其正常使用。

第三十七条 生产经营单位使用的危险物品的容器、运输工具，以及涉及人身安全、危险性较大的海洋石油开采特种设备和矿山井下特种设备，必须按照国家有关规定，由专业生产单位生产，并经具有专业资质的检测、检验机构检测、检验合格，取得安全使用证或者安全标志，方可投入使用。检测、检验机构对检测、检验结果负责。

第三十八条 国家对严重危及生产安全的工艺、设备实行淘汰制度，具体目录由国务院应急管理部门会同国务院有关部门制定并公布。法律、行政法规对目录的制定另有规定的，适用其规定。

省、自治区、直辖市人民政府可以根据本地区实际情况制定并公布具体目录，对前款规定以外的危及生产安全的工艺、设备予以淘汰。

生产经营单位不得使用应当淘汰的危及生产安全的工艺、设备。

第三十九条 生产、经营、运输、储存、使用危险物品或者处置废弃危险物品的，由有关主管部门依照有关法律、法规的规定和国家标准或者行业标准审批并实施监督管理。

生产经营单位生产、经营、运输、储存、使用危险物品或者处置废弃危险物品，必须执行有关法律、法规和国家标准或者行业标准，建立专门的安全管理制度，采取可靠的安全措施，接受有关主管部门依法实施的监督管理。

第四十条 生产经营单位对重大危险源应当登记建档，进行定期检测、评估、监控，并制定应急预案，告知从业人员和相关人员在紧急情况下应当采取的应急措施。

生产经营单位应当按照国家有关规定将本单位重大危险源及有关安全措施、应急措施报有关地方人民政府应急管理部门和有关部门备案。有关地方人民政府应急管理部门和有关部门应当通过相关信息系统实现信息共享。

第四十一条 生产经营单位应当建立安全风险分级管控制度，按照安全风险分级采取相应的管控措施。

生产经营单位应当建立健全并落实生产安全事故隐患排查治理制度，采取技术、管理措施，及时发现并消除事故隐患。事故隐患排查治理情况应当如实记录，并通过职工大会或者职工代表大会、信息公示栏等方式向从业人员通报。其中，重大事故隐患排查治理情况应当及时向负有安全生产监督管理职责的部门和职工大会或者职工代表大会报告。

县级以上地方各级人民政府负有安全生产监督管理职责的部门应当将重大事故隐患纳入相关信息系统，建立健全重大事故隐患治理督办制度，督促生产经营单位消除重大事故隐患。

第四十二条 生产、经营、储存、使用危险物品的车间、商店、仓库不得与员工宿舍在同一座建筑物内，并应当与员工宿舍保持安全距离。

生产经营场所和员工宿舍应当设有符合紧急疏散要求、标志明显、保持畅通的出口、疏散通道。禁止占用、锁闭、封堵生产经营场所或者员工宿舍的出口、疏散通道。

第四十三条 生产经营单位进行爆破、吊装、动火、临时用电以及国务院应急管理部门会同国务院有关部门规定的其他危险作业，应当安排专门人员进行现场安全管理，确保操作规程的遵守和安全措施的落实。

第四十四条 生产经营单位应当教育和督促从业人员严格执行本单位的安全生产规章制度和安全操作规程；并向从业人员如实告知作业场所和工作岗位存在的危险因素、防范措施以及事故应急措施。

生产经营单位应当关注从业人员的身体、心理状况和行为习惯，加强对从业人员的心理疏导、精神慰藉，严格落实岗位安全生产责任，防范从业人员行为异常导致事故发生。

第四十五条 生产经营单位必须为从业人员提供符合国家标准或者行业标准的劳动防护用品，并监督、教育从业人员按照使用规则佩戴、使用。

第四十六条 生产经营单位的安全生产管理人员应当根据本单位的生产经营特点，对安全生产状况进行经常性检查；对检查中发现的安全问题，应当立即处理；不能处理的，应当及时报告本单位有关负责人，有关负责人应当及时处理。检查及处理情况应当如实记录在案。

生产经营单位的安全生产管理人员在检查中发现重大事故隐患，依照前款规定向本单位有关负责人报告，有关负责人不及时处理的，安全生产管理人员可以向主管的负有安全生产监督管理职责的部门报告，接到报告的部门应当依法及时处理。

第四十七条 生产经营单位应当安排用于配备劳动防护用品、进行安全生产培训的经费。

第四十八条 两个以上生产经营单位在同一作业区域内进行生产经营活动，可能危及对方生产安全的，应当签订安全生产管理协议，明确各自的安全生产管理职责和应当采取的安全措施，并指定专职安全生产管理人员进行安全检查与协调。

第四十九条 生产经营单位不得将生产经营项目、场所、设备发包或者出租给不具备安全生产条件或者相应资质的单位或者个人。

生产经营项目、场所发包或者出租给其他单位的，生产经营单位应当与承包单位、承租单位签订专门的安全生产管理协议，或者在承包合同、租赁合同中约定各自的安全生产管理职责；生产经营单位对承包单位、承租单位的安全生产工作统一协调、管理，定期进行安全检查，发现安全问题的，应当及时督促整改。

矿山、金属冶炼建设项目和用于生产、储存、装卸危险物品的建设项目的施工单位应当加强对施工项目的安全管理，不得倒卖、出租、出借、挂靠或者以其他形式非法转让施工资质，不得将其承包的全部建设工程转包给第三人或者将其承包的全部建设工程支解以后以分包的名义分别转包给第三人，不得将工程分包给不具备相应资质条件的单位。

第五十条 生产经营单位发生生产安全事故时，单位的主要负责人应当立即组织抢救，并不得在事故调查处理期间擅离职守。

第五十一条 生产经营单位必须依法参加工伤保险，为从业人员缴纳保险费。

国家鼓励生产经营单位投保安全生产责任保险；属于国家规定的高危行业、领域的生产经营单位，应当投保安全生产责任保险。具体范围和实施办法由国务院应急管理部门会同国务院财政部门、国务院保险监督管理机构和相关行业主管部门制定。

第三章　从业人员的安全生产权利义务

第五十二条　生产经营单位与从业人员订立的劳动合同，应当载明有关保障从业人员劳动安全、防止职业危害的事项，以及依法为从业人员办理工伤保险的事项。

生产经营单位不得以任何形式与从业人员订立协议，免除或者减轻其对从业人员因生产安全事故伤亡依法应承担的责任。

第五十三条　生产经营单位的从业人员有权了解其作业场所和工作岗位存在的危险因素、防范措施及事故应急措施，有权对本单位的安全生产工作提出建议。

第五十四条　从业人员有权对本单位安全生产工作中存在的问题提出批评、检举、控告；有权拒绝违章指挥和强令冒险作业。

生产经营单位不得因从业人员对本单位安全生产工作提出批评、检举、控告或者拒绝违章指挥、强令冒险作业而降低其工资、福利等待遇或者解除与其订立的劳动合同。

第五十五条　从业人员发现直接危及人身安全的紧急情况时，有权停止作业或者在采取可能的应急措施后撤离作业场所。

生产经营单位不得因从业人员在前款紧急情况下停止作业或者采取紧急撤离措施而降低其工资、福利等待遇或者解除与其订立的劳动合同。

第五十六条　生产经营单位发生生产安全事故后，应当及时采取措施救治有关人员。

因生产安全事故受到损害的从业人员，除依法享有工伤保险外，依照有关民事法律尚有获得赔偿的权利的，有权提出赔偿要求。

第五十七条　从业人员在作业过程中，应当严格落实岗位安全责任，遵守本单位的安全生产规章制度和操作规程，服从管理，正确佩戴和使用劳动防护用品。

第五十八条　从业人员应当接受安全生产教育和培训，掌握本职工作所需的安全生产知识，提高安全生产技能，增强事故预防和应急处理能力。

第五十九条　从业人员发现事故隐患或者其他不安全因素，应当立即向现场安全生产管理人员或者本单位负责人报告；接到报告的人员应当及时予以处理。

第六十条　工会有权对建设项目的安全设施与主体工程同时设计、同时施工、同时投入生产和使用进行监督，提出意见。

工会对生产经营单位违反安全生产法律、法规，侵犯从业人员合法权益的行为，有权要求纠正；发现生产经营单位违章指挥、强令冒险作业或者发现事故隐患时，有权提出解决的建议，生产经营单位应当及时研究答复；发现危及从业人员生命安全的情况时，有权向生产经营单位建议组织从业人员撤离危险场所，生产经营单位必须立即作出处理。

工会有权依法参加事故调查，向有关部门提出处理意见，并要求追究有关人员的责任。

第六十一条　生产经营单位使用被派遣劳动者的，被派遣劳动者享有本法规定的从业人员的权利，并应当履行本法规定的从业人员的义务。

第四章 安全生产的监督管理

第六十二条 县级以上地方各级人民政府应当根据本行政区域内的安全生产状况，组织有关部门按照职责分工，对本行政区域内容易发生重大生产安全事故的生产经营单位进行严格检查。

应急管理部门应当按照分类分级监督管理的要求，制定安全生产年度监督检查计划，并按照年度监督检查计划进行监督检查，发现事故隐患，应当及时处理。

第六十三条 负有安全生产监督管理职责的部门依照有关法律、法规的规定，对涉及安全生产的事项需要审查批准（包括批准、核准、许可、注册、认证、颁发证照等，下同）或者验收的，必须严格依照有关法律、法规和国家标准或者行业标准规定的安全生产条件和程序进行审查；不符合有关法律、法规和国家标准或者行业标准规定的安全生产条件的，不得批准或者验收通过。对未依法取得批准或者验收合格的单位擅自从事有关活动的，负责行政审批的部门发现或者接到举报后应当立即予以取缔，并依法予以处理。对已经依法取得批准的单位，负责行政审批的部门发现其不再具备安全生产条件的，应当撤销原批准。

第六十四条 负有安全生产监督管理职责的部门对涉及安全生产的事项进行审查、验收，不得收取费用；不得要求接受审查、验收的单位购买其指定品牌或者指定生产、销售单位的安全设备、器材或者其他产品。

第六十五条 应急管理部门和其他负有安全生产监督管理职责的部门依法开展安全生产行政执法工作，对生产经营单位执行有关安全生产的法律、法规和国家标准或者行业标准的情况进行监督检查，行使以下职权：

（一）进入生产经营单位进行检查，调阅有关资料，向有关单位和人员了解情况；

（二）对检查中发现的安全生产违法行为，当场予以纠正或者要求限期改正；对依法应当给予行政处罚的行为，依照本法和其他有关法律、行政法规的规定作出行政处罚决定；

（三）对检查中发现的事故隐患，应当责令立即排除；重大事故隐患排除前或者排除过程中无法保证安全的，应当责令从危险区域内撤出作业人员，责令暂时停产停业或者停止使用相关设施、设备；重大事故隐患排除后，经审查同意，方可恢复生产经营和使用；

（四）对有根据认为不符合保障安全生产的国家标准或者行业标准的设施、设备、器材以及违法生产、储存、使用、经营、运输的危险物品予以查封或者扣押，对违法生产、储存、使用、经营危险物品的作业场所予以查封，并依法作出处理决定。

监督检查不得影响被检查单位的正常生产经营活动。

第六十六条 生产经营单位对负有安全生产监督管理职责的部门的监督检查人员（以下统称安全生产监督检查人员）依法履行监督检查职责，应当予以配合，不得拒绝、阻挠。

第六十七条 安全生产监督检查人员应当忠于职守，坚持原则，秉公执法。

安全生产监督检查人员执行监督检查任务时，必须出示有效的行政执法证件；对涉及被检查单位的技术秘密和业务秘密，应当为其保密。

第六十八条 安全生产监督检查人员应当将检查的时间、地点、内容、发现的问题及其处理情况，作出书面记录，并由检查人员和被检查单位的负责人签字；被检查单位的负责人拒绝签字的，检查人员应当将情况记录在案，并向负有安全生产监督管理职责的部门报告。

第六十九条 负有安全生产监督管理职责的部门在监督检查中，应当互相配合，实行联合检查；确需分别进行检查的，应当互通情况，发现存在的安全问题应当由其他有关部门进行处理的，应当及时移送其他有关部门并形成记录备查，接受移送的部门应当及时进行处理。

第七十条 负有安全生产监督管理职责的部门依法对存在重大事故隐患的生产经营单位作出停产停业、停止施工、停止使用相关设施或者设备的决定，生产经营单位应当依法执行，及时消除事故隐患。生产经营单位拒不执行，有发生生产安全事故的现实危险的，在保证安全的前提下，经本部门主要负责人批准，负有安全生产监督管理职责的部门可以采取通知有关单位停止供电、停止供应民用爆炸物品等措施，强制生产经营单位履行决定。通知应当采用书面形式，有关单位应当予以配合。

负有安全生产监督管理职责的部门依照前款规定采取停止供电措施，除有危及生产安全的紧急情形外，应当提前二十四小时通知生产经营单位。生产经营单位依法履行行政决定、采取相应措施消除事故隐患的，负有安全生产监督管理职责的部门应当及时解除前款规定的措施。

第七十一条 监察机关依照监察法的规定，对负有安全生产监督管理职责的部门及其工作人员履行安全生产监督管理职责实施监察。

第七十二条 承担安全评价、认证、检测、检验职责的机构应当具备国家规定的资质条件，并对其作出的安全评价、认证、检测、检验结果的合法性、真实性负责。资质条件由国务院应急管理部门会同国务院有关部门制定。

承担安全评价、认证、检测、检验职责的机构应当建立并实施服务公开和报告公开制度，不得租借资质、挂靠、出具虚假报告。

第七十三条 负有安全生产监督管理职责的部门应当建立举报制度，公开举报电话、信箱或者电子邮件地址等网络举报平台，受理有关安全生产的举报；受理的举报事项经调查核实后，应当形成书面材料；需要落实整改措施的，报经有关负责人签字并督促落实。对不属于本部门职责，需要由其他有关部门进行调查处理的，转交其他有关部门处理。

涉及人员死亡的举报事项，应当由县级以上人民政府组织核查处理。

第七十四条 任何单位或者个人对事故隐患或者安全生产违法行为，均有权向负有安全生产监督管理职责的部门报告或者举报。

因安全生产违法行为造成重大事故隐患或者导致重大事故，致使国家利益或者社会公共利益受到侵害的，人民检察院可以根据民事诉讼法、行政诉讼法的相关规定提起公益诉讼。

第七十五条 居民委员会、村民委员会发现其所在区域内的生产经营单位存在事故隐患或者安全生产违法行为时，应当向当地人民政府或者有关部门报告。

第七十六条 县级以上各级人民政府及其有关部门对报告重大事故隐患或者举报安全生产违法行为的有功人员，给予奖励。具体奖励办法由国务院应急管理部门会同国务院财政部门制定。

第七十七条 新闻、出版、广播、电影、电视等单位有进行安全生产公益宣传教育的义务，有对违反安全生产法律、法规的行为进行舆论监督的权利。

第七十八条 负有安全生产监督管理职责的部门应当建立安全生产违法行为信息库，如实记录生产经营单位及其有关从业人员的安全生产违法行为信息；对违法行为情节严重的生产经营单位及其有关从业人员，应当及时向社会公告，并通报行业主管部门、投资主管部门、自然资源主管部门、生态环境主管部门、证券监督管理机构以及有关金融机构。有关部门和机构应当对存在失信行为的生产经营单位及其有关从业人员采取加大执法检查频次、暂停项目审批、上调有关保险费率、行业或者职业禁入等联合惩戒措施，并向社会公示。

负有安全生产监督管理职责的部门应当加强对生产经营单位行政处罚信息的及时归集、共享、应用和公开，对生产经营单位作出处罚决定后七个工作日内在监督管理部门公示系统予以公开曝光，强化对违法失信生产经营单位及其有关从业人员的社会监督，提高全社会安全生产诚信水平。

第五章 产安全事故的应急救援与调查处理

第七十九条 国家加强生产安全事故应急能力建设，在重点行业、领域建立应急救援基地和应急救援队伍，并由国家安全生产应急救援机构统一协调指挥；鼓励生产经营单位和其他社会力量建立应急救援队伍，配备相应的应急救援装备和物资，提高应急救援的专业化水平。

国务院应急管理部门牵头建立全国统一的生产安全事故应急救援信息系统，国务院交通运输、住房和城乡建设、水利、民航等有关部门和县级以上地方人民政府建立健全相关行业、领域、地区的生产安全事故应急救援信息系统，实现互联互通、信息共享，通过推行网上安全信息采集、安全监管和监测预警，提升监管的精准化、智能化水平。

第八十条 县级以上地方各级人民政府应当组织有关部门制定本行政区域内生产安全事故应急救援预案，建立应急救援体系。

乡镇人民政府和街道办事处，以及开发区、工业园区、港区、风景区等应当制定相应的生产安全事故应急救援预案，协助人民政府有关部门或者按照授权依法履行生产安全事故应急救援工作职责。

第八十一条 生产经营单位应当制定本单位生产安全事故应急救援预案，与所在地县级以上地方人民政府组织制定的生产安全事故应急救援预案相衔接，并定期组织演练。

第八十二条 危险物品的生产、经营、储存单位以及矿山、金属冶炼、城市轨道交通运营、建筑施工单位应当建立应急救援组织；生产经营规模较小的，可以不建立应急救援组织，但应当指定兼职的应急救援人员。

危险物品的生产、经营、储存、运输单位以及矿山、金属冶炼、城市轨道交通运营、建筑施工单位应当配备必要的应急救援器材、设备和物资，并进行经常性维护、保养，保证正常运转。

第八十三条 生产经营单位发生生产安全事故后，事故现场有关人员应当立即报告本单位负责人。

单位负责人接到事故报告后，应当迅速采取有效措施，组织抢救，防止事故扩大，减少人员伤亡和财产损失，并按照国家有关规定立即如实报告当地负有安全生产监督管理职责的部门，不得隐瞒不报、谎报或者迟报，不得故意破坏事故现场、毁灭有关证据。

第八十四条 负有安全生产监督管理职责的部门接到事故报告后，应当立即按照国家有关规定上报事故情况。负有安全生产监督管理职责的部门和有关地方人民政府对事故情况不得隐瞒不报、谎报或者迟报。

第八十五条 有关地方人民政府和负有安全生产监督管理职责的部门的负责人接到生产安全事故报告后，应当按照生产安全事故应急救援预案的要求立即赶到事故现场，组织事故抢救。

参与事故抢救的部门和单位应当服从统一指挥，加强协同联动，采取有效的应急救援措施，并根据事故救援的需要采取警戒、疏散等措施，防止事故扩大和次生灾害的发生，减少人员伤亡和财产损失。

事故抢救过程中应当采取必要措施，避免或者减少对环境造成的危害。

任何单位和个人都应当支持、配合事故抢救，并提供一切便利条件。

第八十六条 事故调查处理应当按照科学严谨、依法依规、实事求是、注重实效的原则，及时、准确地查清事故原因，查明事故性质和责任，评估应急处置工作，总结事故教训，提出整改措施，并对事故责任单位和人员提出处理建议。事故调查报告应当依法及时向社会公布。事故调查和处理的具体办法由国务院制定。

事故发生单位应当及时全面落实整改措施，负有安全生产监督管理职责的部门应当加强监督检查。

负责事故调查处理的国务院有关部门和地方人民政府应当在批复事故调查报告后一年内，组织有关部门对事故整改和防范措施落实情况进行评估，并及时向社会公开评估结果；对不履行职责导致事故整改和防范措施没有落实的有关单位和人员，应当按照有关规定追究责任。

第八十七条 生产经营单位发生生产安全事故，经调查确定为责任事故的，除了应当查明事故单位的责任并依法予以追究外，还应当查明对安全生产的有关事项负有审查批准和监督职责的行政部门的责任，对有失职、渎职行为的，依照本法第九十条的规定追究法律责任。

第八十八条 任何单位和个人不得阻挠和干涉对事故的依法调查处理。

第八十九条 县级以上地方各级人民政府应急管理部门应当定期统计分析本行政区域内发生生产安全事故的情况，并定期向社会公布。

第六章 法 律 责 任

第九十条 负有安全生产监督管理职责的部门的工作人员，有下列行为之一的，给予降级或者撤职的处分；构成犯罪的，依照刑法有关规定追究刑事责任：

（一）对不符合法定安全生产条件的涉及安全生产的事项予以批准或者验收通过的；

（二）发现未依法取得批准、验收的单位擅自从事有关活动或者接到举报后不予取缔或者不依法予以处理的；

（三）对已经依法取得批准的单位不履行监督管理职责，发现其不再具备安全生产条件而不撤销原批准或者发现安全生产违法行为不予查处的；

（四）在监督检查中发现重大事故隐患，不依法及时处理的。

负有安全生产监督管理职责的部门的工作人员有前款规定以外的滥用职权、玩忽职守、徇私舞弊行为的，依法给予处分；构成犯罪的，依照刑法有关规定追究刑事责任。

第九十一条 负有安全生产监督管理职责的部门，要求被审查、验收的单位购买其指定的安全设备、器材或者其他产品的，在对安全生产事项的审查、验收中收取费用的，由其上级机关责令改正，责令退还收取的费用；情节严重的，对直接负责的主管人员和其他直接责任人员依法给予处分。

第九十二条 承担安全评价、认证、检测、检验职责的机构出具失实报告的，责令停业整顿，并处三万元以上十万元以下的罚款；给他人造成损害的，依法承担赔偿责任。

承担安全评价、认证、检测、检验职责的机构租借资质、挂靠、出具虚假报告的，没收违法所得；违法所得在十万元以上的，并处违法所得二倍以上五倍以下的罚款，没有违法所得或者违法所得不足十万元的，单处或者并处十万元以上二十万元以下的罚款；对其直接负责的主管人员和其他直接责任人员处五万元以上十万元以下的罚款；给他人造成损害的，与生产经营单位承担连带赔偿责任；构成犯罪的，依照刑法有关规定追究刑事责任。

对有前款违法行为的机构及其直接责任人员，吊销其相应资质和资格，五年内不得从事安全评价、认证、检测、检验等工作；情节严重的，实行终身行业和职业禁入。

第九十三条 生产经营单位的决策机构、主要负责人或者个人经营的投资人不依照本法规定保证安全生产所必需的资金投入，致使生产经营单位不具备安全生产条件的，责令限期改正，提供必需的资金；逾期未改正的，责令生产经营单位停产停业整顿。

有前款违法行为，导致发生生产安全事故的，对生产经营单位的主要负责人给予撤职处分，对个人经营的投资人处二万元以上二十万元以下的罚款；构成犯罪的，依照刑法有关规定追究刑事责任。

第九十四条 生产经营单位的主要负责人未履行本法规定的安全生产管理职责

的，责令限期改正，处二万元以上五万元以下的罚款；逾期未改正的，处五万元以上十万元以下的罚款，责令生产经营单位停产停业整顿。

生产经营单位的主要负责人有前款违法行为，导致发生生产安全事故的，给予撤职处分；构成犯罪的，依照刑法有关规定追究刑事责任。

生产经营单位的主要负责人依照前款规定受刑事处罚或者撤职处分的，自刑罚执行完毕或者受处分之日起，五年内不得担任任何生产经营单位的主要负责人；对重大、特别重大生产安全事故负有责任的，终身不得担任本行业生产经营单位的主要负责人。

第九十五条 生产经营单位的主要负责人未履行本法规定的安全生产管理职责，导致发生生产安全事故的，由应急管理部门依照下列规定处以罚款：

（一）发生一般事故的，处上一年年收入百分之四十的罚款；

（二）发生较大事故的，处上一年年收入百分之六十的罚款；

（三）发生重大事故的，处上一年年收入百分之八十的罚款；

（四）发生特别重大事故的，处上一年年收入百分之一百的罚款。

第九十六条 生产经营单位的其他负责人和安全生产管理人员未履行本法规定的安全生产管理职责的，责令限期改正，处一万元以上三万元以下的罚款；导致发生生产安全事故的，暂停或者吊销其与安全生产有关的资格，并处上一年年收入百分之二十以上百分之五十以下的罚款；构成犯罪的，依照刑法有关规定追究刑事责任。

第九十七条 生产经营单位有下列行为之一的，责令限期改正，处十万元以下的罚款；逾期未改正的，责令停产停业整顿，并处十万元以上二十万元以下的罚款，对其直接负责的主管人员和其他直接责任人员处二万元以上五万元以下的罚款：

（一）未按照规定设置安全生产管理机构或者配备安全生产管理人员、注册安全工程师的；

（二）危险物品的生产、经营、储存、装卸单位以及矿山、金属冶炼、建筑施工、运输单位的主要负责人和安全生产管理人员未按照规定经考核合格的；

（三）未按照规定对从业人员、被派遣劳动者、实习学生进行安全生产教育和培训，或者未按照规定如实告知有关的安全生产事项的；

（四）未如实记录安全生产教育和培训情况的；

（五）未将事故隐患排查治理情况如实记录或者未向从业人员通报的；

（六）未按照规定制定生产安全事故应急救援预案或者未定期组织演练的；

（七）特种作业人员未按照规定经专门的安全作业培训并取得相应资格，上岗作业的。

第九十八条 生产经营单位有下列行为之一的，责令停止建设或者停产停业整顿，限期改正，并处十万元以上五十万元以下的罚款，对其直接负责的主管人员和其他直接责任人员处二万元以上五万元以下的罚款；逾期未改正的，处五十万元以上一百万元以下的罚款，对其直接负责的主管人员和其他直接责任人员处五万元以上十万元以下的罚款；构成犯罪的，依照刑法有关规定追究刑事责任：

（一）未按照规定对矿山、金属冶炼建设项目或者用于生产、储存、装卸危险物品的建设项目进行安全评价的；

（二）矿山、金属冶炼建设项目或者用于生产、储存、装卸危险物品的建设项目没有安全设施设计或者安全设施设计未按照规定报经有关部门审查同意的；

（三）矿山、金属冶炼建设项目或者用于生产、储存、装卸危险物品的建设项目的施工单位未按照批准的安全设施设计施工的；

（四）矿山、金属冶炼建设项目或者用于生产、储存、装卸危险物品的建设项目竣工投入生产或者使用前，安全设施未经验收合格的。

第九十九条 生产经营单位有下列行为之一的，责令限期改正，处五万元以下的罚款；逾期未改正的，处五万元以上二十万元以下的罚款，对其直接负责的主管人员和其他直接责任人员处一万元以上二万元以下的罚款；情节严重的，责令停产停业整顿；构成犯罪的，依照刑法有关规定追究刑事责任：

（一）未在有较大危险因素的生产经营场所和有关设施、设备上设置明显的安全警示标志的；

（二）安全设备的安装、使用、检测、改造和报废不符合国家标准或者行业标准的；

（三）未对安全设备进行经常性维护、保养和定期检测的；

（四）关闭、破坏直接关系生产安全的监控、报警、防护、救生设备、设施，或者篡改、隐瞒、销毁其相关数据、信息的；

（五）未为从业人员提供符合国家标准或者行业标准的劳动防护用品的；

（六）危险物品的容器、运输工具，以及涉及人身安全、危险性较大的海洋石油开采特种设备和矿山井下特种设备未经具有专业资质的机构检测、检验合格，取得安全使用证或者安全标志，投入使用的；

（七）使用应当淘汰的危及生产安全的工艺、设备的；

（八）餐饮等行业的生产经营单位使用燃气未安装可燃气体报警装置的。

第一百条 未经依法批准，擅自生产、经营、运输、储存、使用危险物品或者处置废弃危险物品的，依照有关危险物品安全管理的法律、行政法规的规定予以处罚；构成犯罪的，依照刑法有关规定追究刑事责任。

第一百零一条 生产经营单位有下列行为之一的，责令限期改正，处十万元以下的罚款；逾期未改正的，责令停产停业整顿，并处十万元以上二十万元以下的罚款，对其直接负责的主管人员和其他直接责任人员处二万元以上五万元以下的罚款；构成犯罪的，依照刑法有关规定追究刑事责任：

（一）生产、经营、运输、储存、使用危险物品或者处置废弃危险物品，未建立专门安全管理制度、未采取可靠的安全措施的；

（二）对重大危险源未登记建档，未进行定期检测、评估、监控，未制定应急预案，或者未告知应急措施的；

（三）进行爆破、吊装、动火、临时用电以及国务院应急管理部门会同国务院有关部门规定的其他危险作业，未安排专门人员进行现场安全管理的；

（四）未建立安全风险分级管控制度或者未按照安全风险分级采取相应管控措施的；

（五）未建立事故隐患排查治理制度，或者重大事故隐患排查治理情况未按照规定报告的。

第一百零二条 生产经营单位未采取措施消除事故隐患的，责令立即消除或者限期消除，处五万元以下的罚款；生产经营单位拒不执行的，责令停产停业整顿，对其直接负责的主管人员和其他直接责任人员处五万元以上十万元以下的罚款；构成犯罪的，依照刑法有关规定追究刑事责任。

第一百零三条 生产经营单位将生产经营项目、场所、设备发包或者出租给不具备安全生产条件或者相应资质的单位或者个人的，责令限期改正，没收违法所得；违法所得十万元以上的，并处违法所得二倍以上五倍以下的罚款；没有违法所得或者违法所得不足十万元的，单处或者并处十万元以上二十万元以下的罚款；对其直接负责的主管人员和其他直接责任人员处一万元以上二万元以下的罚款；导致发生生产安全事故给他人造成损害的，与承包方、承租方承担连带赔偿责任。

生产经营单位未与承包单位、承租单位签订专门的安全生产管理协议或者未在承包合同、租赁合同中明确各自的安全生产管理职责，或者未对承包单位、承租单位的安全生产统一协调、管理的，责令限期改正，处五万元以下的罚款，对其直接负责的主管人员和其他直接责任人员处一万元以下的罚款；逾期未改正的，责令停产停业整顿。

矿山、金属冶炼建设项目和用于生产、储存、装卸危险物品的建设项目的施工单位未按照规定对施工项目进行安全管理的，责令限期改正，处十万元以下的罚款，对其直接负责的主管人员和其他直接责任人员处二万元以下的罚款；逾期未改正的，责令停产停业整顿。以上施工单位倒卖、出租、出借、挂靠或者以其他形式非法转让施工资质的，责令停产停业整顿，吊销资质证书，没收违法所得；违法所得十万元以上的，并处违法所得二倍以上五倍以下的罚款，没有违法所得或者违法所得不足十万元的，单处或者并处十万元以上二十万元以下的罚款；对其直接负责的主管人员和其他直接责任人员处五万元以上十万元以下的罚款；构成犯罪的，依照刑法有关规定追究刑事责任。

第一百零四条 两个以上生产经营单位在同一作业区域内进行可能危及对方安全生产的生产经营活动，未签订安全生产管理协议或者未指定专职安全生产管理人员进行安全检查与协调的，责令限期改正，处五万元以下的罚款，对其直接负责的主管人员和其他直接责任人员处一万元以下的罚款；逾期未改正的，责令停产停业。

第一百零五条 生产经营单位有下列行为之一的，责令限期改正，处五万元以下的罚款，对其直接负责的主管人员和其他直接责任人员处一万元以下的罚款；逾期未改正的，责令停产停业整顿；构成犯罪的，依照刑法有关规定追究刑事责任：

（一）生产、经营、储存、使用危险物品的车间、商店、仓库与员工宿舍在同一座建筑内，或者与员工宿舍的距离不符合安全要求的；

（二）生产经营场所和员工宿舍未设有符合紧急疏散需要、标志明显、保持畅通的出口、疏散通道，或者占用、锁闭、封堵生产经营场所或者员工宿舍出口、疏散通道的。

第一百零六条 生产经营单位与从业人员订立协议，免除或者减轻其对从业人员因生产安全事故伤亡依法应承担的责任的，该协议无效；对生产经营单位的主要负责人、个人经营的投资人处二万元以上十万元以下的罚款。

第一百零七条 生产经营单位的从业人员不落实岗位安全责任，不服从管理，违反安全生产规章制度或者操作规程的，由生产经营单位给予批评教育，依照有关规章制度给予处分；构成犯罪的，依照刑法有关规定追究刑事责任。

第一百零八条 违反本法规定，生产经营单位拒绝、阻碍负有安全生产监督管理职责的部门依法实施监督检查的，责令改正；拒不改正的，处二万元以上二十万元以下的罚款；对其直接负责的主管人员和其他直接责任人员处一万元以上二万元以下的罚款；构成犯罪的，依照刑法有关规定追究刑事责任。

第一百零九条 高危行业、领域的生产经营单位未按照国家规定投保安全生产责任保险的，责令限期改正，处五万元以上十万元以下的罚款；逾期未改正的，处十万元以上二十万元以下的罚款。

第一百一十条 生产经营单位的主要负责人在本单位发生生产安全事故时，不立即组织抢救或者在事故调查处理期间擅离职守或者逃匿的，给予降级、撤职的处分，并由应急管理部门处上一年年收入百分之六十至百分之一百的罚款；对逃匿的处十五日以下拘留；构成犯罪的，依照刑法有关规定追究刑事责任。

生产经营单位的主要负责人对生产安全事故隐瞒不报、谎报或者迟报的，依照前款规定处罚。

第一百一十一条 有关地方人民政府、负有安全生产监督管理职责的部门，对生产安全事故隐瞒不报、谎报或者迟报的，对直接负责的主管人员和其他直接责任人员依法给予处分；构成犯罪的，依照刑法有关规定追究刑事责任。

第一百一十二条 生产经营单位违反本法规定，被责令改正且受到罚款处罚，拒不改正的，负有安全生产监督管理职责的部门可以自作出责令改正之日的次日起，按照原处罚数额按日连续处罚。

第一百一十三条 生产经营单位存在下列情形之一的，负有安全生产监督管理职责的部门应当提请地方人民政府予以关闭，有关部门应当依法吊销其有关证照。生产经营单位主要负责人五年内不得担任任何生产经营单位的主要负责人；情节严重的，终身不得担任本行业生产经营单位的主要负责人：

（一）存在重大事故隐患，一百八十日内三次或者一年内四次受到本法规定的行政处罚的；

（二）经停产停业整顿，仍不具备法律、行政法规和国家标准或者行业标准规定的安全生产条件的；

（三）不具备法律、行政法规和国家标准或者行业标准规定的安全生产条件，导致发生重大、特别重大生产安全事故的；

（四）拒不执行负有安全生产监督管理职责的部门作出的停产停业整顿决定的。

第一百一十四条 发生生产安全事故，对负有责任的生产经营单位除要求其依法承担相应的赔偿等责任外，由应急管理部门依照下列规定处以罚款：

（一）发生一般事故的，处三十万元以上一百万元以下的罚款；

（二）发生较大事故的，处一百万元以上二百万元以下的罚款；

（三）发生重大事故的，处二百万元以上一千万元以下的罚款；

（四）发生特别重大事故的，处一千万元以上二千万元以下的罚款。

发生生产安全事故，情节特别严重、影响特别恶劣的，应急管理部门可以按照前款罚款数额的二倍以上五倍以下对负有责任的生产经营单位处以罚款。

第一百一十五条 本法规定的行政处罚，由应急管理部门和其他负有安全生产监督管理职责的部门按照职责分工决定；其中，根据本法第九十五条、第一百一十条、第一百一十四条的规定应当给予民航、铁路、电力行业的生产经营单位及其主要负责人行政处罚的，也可以由主管的负有安全生产监督管理职责的部门进行处罚。予以关闭的行政处罚，由负有安全生产监督管理职责的部门报请县级以上人民政府按照国务院规定的权限决定；给予拘留的行政处罚，由公安机关依照治安管理处罚的规定决定。

第一百一十六条 生产经营单位发生生产安全事故造成人员伤亡、他人财产损失的，应当依法承担赔偿责任；拒不承担或者其负责人逃匿的，由人民法院依法强制执行。

生产安全事故的责任人未依法承担赔偿责任，经人民法院依法采取执行措施后，仍不能对受害人给予足额赔偿的，应当继续履行赔偿义务；受害人发现责任人有其他财产的，可以随时请求人民法院执行。

第七章 附 则

第一百一十七条 本法下列用语的含义：

危险物品，是指易燃易爆物品、危险化学品、放射性物品等能够危及人身安全和财产安全的物品。

重大危险源，是指长期地或者临时地生产、搬运、使用或者储存危险物品，且危险物品的数量等于或者超过临界量的单元（包括场所和设施）。

第一百一十八条 本法规定的生产安全一般事故、较大事故、重大事故、特别重大事故的划分标准由国务院规定。

国务院应急管理部门和其他负有安全生产监督管理职责的部门应当根据各自的职责分工，制定相关行业、领域重大危险源的辨识标准和重大事故隐患的判定标准。

第一百一十九条 本法自2002年11月1日起施行。

知识链接

关于《中华人民共和国安全生产法（修正草案）》的说明

——2021年1月20日在第十三届全国人民代表大会常务委员会第二十五次会议上

应急管理部党委书记、副部长 黄 明

委员长、各位副委员长、秘书长、各位委员：

我受国务院委托，现对《中华人民共和国安全生产法（修正草案）》作说明。

一、修改的必要性

安全生产是关系人民群众生命财产安全的大事，是经济社会高质量发展的重要标志，是党和政府对人民利益高度负责的重要体现。党中央、国务院高度重视安全生产工作。习近平总书记多次作出重要指示，强调各级党委政府务必把安全生产摆到重要位置，统筹发展和安全，坚持人民至上、生命至上，树牢安全发展理念，严格落实安全生产责任制，强化风险防控，从根本上消除事故隐患，切实把确保人民生命安全放在第一位落到实处。李克强总理多次作出重要批示，要求压实各层级各环节责任，严格安全监管执法，强化安全风险防控和隐患排查治理，加强安全基础能力建设，坚决防范遏制重特大安全事故，保障人民群众生命财产安全。

《中华人民共和国安全生产法》（以下简称《安全生产法》）于2002年公布施行，2009年和2014年进行了两次修正，对预防和减少生产安全事故，保障人民群众生命财产安全发挥了重要作用，但新发展阶段、新发展理念、新发展格局对安全生产提出了更高的要求，需要对《安全生产法》进行修改完善。一是习近平总书记对加强安全生产工作作出一系列重要指示批示，2016年12月，中共中央、国务院印发《关于推进安全生产领域改革发展的意见》，对安全生产工作的指导思想、基本原则、制度措施等作出新的重大部署，需要通过修法进一步贯彻落实。二是我国安全生产仍处于爬坡过坎期，过去长期积累的隐患集中暴露，新的风险不断涌现，需要通过修法进一步压实各方安全生产责任，有效防范化解重大安全风险。三是根据2018年深化党和国家机构改革方案，原国家安监总局的职责划入应急管理部，其他有关部门和职责也作了调整，需要通过修法对原来的法定职责进行修改。

2019年1月，应急管理部向国务院报送了《〈中华人民共和国安全生产法〉修正案（草案送审稿）》。2019年1月和2020年2月司法部先后两次征求有关部门、省级政府和部分研究机构、行业协会、企业的意见，并会同应急管理部进一步开展了实地调研、专家座谈、沟通协调，反复修改完善，形成了《中华人民共和国安全生产法（修正草案）》(以下简称草案)。草案已经2020年11月25日国务院第115次常务会议讨论通过。

二、修改的总体思路

草案在总体思路上主要把握以下三点：一是将习近平总书记关于安全生产工作一系列重要指示批示精神和党中央、国务院有关决策部署转化为法律规定，确保落地见效。二是强化企业安全生产主体责任，建立完善安全风险预防控制体系，加大违法处罚力度，提高违法成本，推进依法治理。三是完善政府安全监管体制机制和责任制度，强化基础保障能力，依靠法治力量推进安全生产治理体系和治理能力现代化。

三、修改的主要内容

（一）进一步完善安全生产工作的原则要求。为加强党对安全生产工作的领导，贯彻党的十九届五中全会精神，落实习近平总书记提出的“三个必须”原则，对有关内容作了修改完善，规定安全生产工作应当坚持中国共产党的领导，以人为本，坚持人民至上、生命至上，把保护人民生命安全摆在首位，树牢安全发展理念，坚持安全第一、预防为主、综合治理的方针，从源头上防范化解重大安全风险，实行管行业必须管安全、管业务必须管安全、管生产经营必须管安全。（第一条）

（二）进一步强化和落实生产经营单位的主体责任。一是确保生产经营单位的安全生产责任制落实到位，规定生产经营单位应当建立健全全员安全生产责任制和安全生产规章制度，加大投入保障力度，改善安全生产条件，加强标准化建设，构建安全风险分级管控和隐患排查治理双重预防体系，健全风险防范化解机制。（第二条）明确生产经营单位的主要负责人是本单位安全生产第一责任人，其他负责人对职责范围内的安全生产工作负责。（第三条）二是强化预防措施，规定生产经营单位应当建立安全风险分级管控制度，按安全风险分级采取相应管控措施；重大事故隐患排查治理情况应当及时向有关部门报告。（第十一条）三是加大对从业人员心理疏导、精神慰藉等人文关怀和保护力度，防范行为异常导致事故发生。（第十二条）四是发挥市场机制的推动作用，要求属于国家规定的高危行业、领域的生产经营单位应当投保安全生产责任保险。（第十三条）

（三）进一步明确地方政府和有关部门的安全生产监督管理职责。一是强化领导责任，规定各级人民政府应当加强安全生产基础设施和能力建设，所需经费列入本级预算；乡、镇人民政府和街道办事处，以及开发区、港区、风景区等应当明确负责安全监管的机构及其职责，加强监管力量建设，建立完善安全风险评估与论证机制，实施重大安全风险联防联控。（第四条）二是厘清有关部门在安全生产强制性国家标准方面的职责，规定国务院有关部门分工负责安全生产强制性国家标准的有关工作，依据法定职责对强制性国家标准的实施进行监督检查。（第五条）三是提升安全生产监管的信息化、智能化水平，监管部门之间应当对重大危险源及有关安全和应急措施备案信息实现信息共享。（第十条）有关部门应当将重大事故隐患纳入相关信息系统，建立健全治理督办制度，督促消除重大事故隐患。（第十一条）国务院应急管理部门牵头建立全国统一的生产安全事故应急救援信息系统，有关部门和县级以上地方人民政府建立健全相关行业、领域、地区的事故应急救援信息系统，实现互联互通、信息共享，提升监管的精准化、智能化水平。（第十九条）

（四）进一步加大对生产经营单位及其负责人安全生产违法行为的处罚力度。一是在现行《安全生产法》规定的基础上，普遍提高了对违法行为的罚款数额。（第二十二条至第二十九条、第三十四条）二是增加生产经营单位被责令改正且受到罚款处罚，拒不改正的，监管部门可以按日连续处罚。（第三十二条）三是针对安全生产领域“屡禁不止、屡罚不改”等问题，加大对违法行为恶劣的生产经营单位关闭力度，依法吊销有关证照，对主要负责人实施职业禁入。（第三十三条）四是加大对违法失信行为的联合惩戒和公开力度，规定监管部门发现生产经营单位未按规定履行公示义务的，予以联合惩戒；有关部门和机构对存在失信行为的单位及人员采取联合惩戒措施，并向社会公示。（第十八条）

草案和以上说明是否妥当，请审议。

知识链接

全国人民代表大会宪法和法律委员会关于《中华人民共和国安全生产法（修正草案）》审议结果的报告

全国人民代表大会常务委员会：

常委会第二十五次会议对安全生产法修正草案进行了初次审议。会后，法制工作委员会将草案印发各省（区、市）、部分基层立法联系点、地方和中央有关单位等征求意见，在中国人大网公布草案全文，征求社会公众意见；宪法和法律委员会、法制工作委员会到江苏、湖南、山东实地调研，听取全国人大代表、地方有关部门、企业等方面的意见；宪法和法律委员会、社会建设委员会和法制工作委员会召开中央有关部门座谈会，进一步听取中央有关部门的意见建议，还就草案主要问题与有关部门交换意见，共同研究。宪法和法律委员会于5月19日召开会议，根据常委会组成人员的审议意见和各方面的意见，对草案进行了逐条审议。社会建设委员会、司法部、应急管理部的有关负责同志列席了会议。5月27日，宪法和法律委员会召开会议，再次进行了审议。宪法和法律委员会认为，为贯彻落实党中央改革决策部署，加强安全生产工作，防止和减少生产安全事故，切实保障人民群众生命和财产安全，修改安全生产法是必要的，草案经过审议修改，已经比较成熟。同时，提出以下主要修改意见：

一、有的常委委员和部门提出，应明确平台经济等新兴行业、领域的安全生产责任，加强安全生产监督管理，依法保障从业人员安全。宪法和法律委员会经研究，建议增加规定：平台经济等新兴行业、领域的生产经营单位应当根据本行业、领域的特点，建立健全并落实全员安全生产责任制，履行本法和其他法律、法规规定的有关安全生产义务；对新兴行业、领域的安全生产监督管理职责不明确的，由县级以上地方各级人民政府按照业务相近的原则确定监督管理部门。

二、有的部门和社会公众提出，餐饮等行业燃气用户存在的安全隐患，以及矿山、金属冶炼、危险物品有关建设项目施工单位非法转让施工资质、违法分包转包等，是当前安全生产工作中面临的突出问题，应完善相应安全生产保障措施和法律责任，强化安全生产监督管理。宪法和法律委员会经研究，建议增加规定：餐饮等行业的生产经营单位使用燃气的，应当安装可燃气体报警装置，并保障其正常使用；矿山、金属冶炼建设项目和用于生产、储存、装卸危险物品的建设项目施工单位应当加强对施工项目的安全管理，不得倒卖、出租、出借、挂靠或者以其他形式非法转让施工资质，不得将其承包的全部建设工程转包给第三人或者将其承包的全部建设工程支解以后以分包的名义分别转包给第三人，不得将工程分包给不具备相应资质条件的单位。同时，增加有关违法行为的法律责任。

三、有些常委委员、部门和地方提出，生产安全事故和重大事故隐患涉及国家利益和社会公共利益维护，为切实保护人民群众生命财产安全，建议根据中央有关文件精神，对安全生产领域的公益诉讼作出规定。宪法和法律委员会经研究，建议增加规定：因安全生产违法行为造成重大事故隐患或者导致重大事故，致使国家利益或者社会公共利益受到侵害的，人民检察院可以根据民事诉讼法、行政诉讼法的相关规定提起公益诉讼。

四、有的部门建议，结合安全生产应急救援工作有益经验和实践做法，进一步明确国家安全生产应急救援机构的统一协调指挥职能。宪法和法律委员会经研究，建议规定：国家加强生产安全事故应急能力建设，在重点行业、领域建立应急救援基地和应急救援队伍，并由国家安全生产应急救援机构统一协调指挥。

此外，还对修正草案作了一些文字修改。

5月24日，法制工作委员会召开会议，邀请部分全国人大代表、政协委员、专家学者和生产经营单位、安全评价认证服务机构、保险机构、基层应急管理部门、检察机关的代表，就草案主要制度规范的可行性、出台时机、实施的社会效果和可能出现的问题等进行评估。与会人员普遍认为，草案贯彻落实党中央有关重大决策部署，在安全生产指导思想、生产经营单位主体责任、政府部门监督管理职责、违法行为处罚等方面增加了系列规定，修法正当其时。草案经过修改完善后，内容更加合理、切实可行，建议尽快审议通过。法律颁布实施后，必将深入推进安全生产工作，为人民群众生命和财产安全提供有力法治保障。与会人员还对草案提出了一些具体修改意见，宪法和法律委员会进行了认真研究，对有的意见予以采纳。

宪法和法律委员会已按上述意见提出了全国人民代表大会常务委员会关于修改《中华人民共和国安全生产法》的决定（草案），建议提请本次常委会会议审议通过。

修改决定草案和以上报告是否妥当，请审议。

全国人民代表大会宪法和法律委员会

2021年6月7日

知识链接

全国人民代表大会宪法和法律委员会关于《全国人民代表大会常务委员会关于修改〈中华人民共和国安全生产法〉的决定（草案）》修改意见的报告

全国人民代表大会常务委员会：

本次常委会会议于6月8日上午对关于修改安全生产法的决定草案进行了分组审议。普遍认为，草案已经比较成熟，建议进一步修改后，提请本次常委会会议表决通过。同时，有些常委会组成人员和列席人员还提出了一些修改意见和建议。宪法和法律委员会于6月9日上午召开会议，逐条研究了常委会组成人员的审议意见，对草案进行了审议。社会建设委员会、司法部、应急管理部有关负责同志列席了会议。宪法和法律委员会认为，草案是可行的，同时，提出以下修改意见：

一、有的常委委员提出，平台经济生产经营单位健全全员安全生产责任制，应该重点提高从业人员的安全生产意识。宪法和法律委员会经研究，建议增加规定：平台经济等新兴行业、领域的生产经营单位应当加强从业人员安全生产教育和培训。

二、有些常委委员提出，刑法修正案（十一）针对生产安全事故频发增加规定了危险作业罪，建议安全生产法在监督管理上与刑法的相关规定做好衔接。宪法和法律委员会经研究，建议增加规定：生产经营单位不得关闭、破坏直接关系生产安全的监控、报警、防护、救生设备、设施，或者篡改、隐瞒、销毁其相关数据、信息。生产经营单位有以上行为的，责令限期改正，处五万元以下的罚款；逾期未改正的，处五万元以上二十万元以下的罚款，对其直接负责的主管人员和其他直接责任人员处一万元以上二万元以下的罚款；情节严重的，责令停产停业整顿。

三、有的常委委员提出，近年来有关部门拓展完善网络举报途径，取得了良好社会效果，建议在法律中体现相关经验和做法。宪法和法律委员会经研究，建议增加规定：负有安全生产监督管理职责的部门应当建立举报制度，公开举报电话、信箱或者电子邮件地址等网络举报平台。

经与有关部门研究，建议将本决定的施行时间确定为2021年9月1日。

此外，根据常委会组成人员的审议意见，还对修改决定草案作了一些文字修改。

修改决定草案修改稿已按上述意见作了修改，宪法和法律委员会建议本次常委会会议审议通过。

修改决定草案修改稿和以上报告是否妥当，请审议。

全国人民代表大会宪法和法律委员会

2021年6月10日

中华人民共和国消防法

（1998年4月29日第九届全国人民代表大会常务委员会第二次会议通过，2008年10月28日第十一届全国人民代表大会常务委员会第五次会议修订通过，2019年4月23日第十三届全国人民代表大会常务委员会第十次会议对其进行了第一次修正，2021年4月29日第十三届全国人民代表大会常务委员会第二十八次会议对其进行了第二次修正）

第一章 总 则

第一条 为了预防火灾和减少火灾危害，加强应急救援工作，保护人身、财产安全，维护公共安全，制定本法。

第二条 消防工作贯彻预防为主、防消结合的方针，按照政府统一领导、部门依法监管、单位全面负责、公民积极参与的原则，实行消防安全责任制，建立健全社会化的消防工作网络。

第三条 国务院领导全国的消防工作。地方各级人民政府负责本行政区域内的消防工作。

各级人民政府应当将消防工作纳入国民经济和社会发展计划，保障消防工作与经济社会发展相适应。

第四条 国务院应急管理部门对全国的消防工作实施监督管理。县级以上地方人民政府应急管理部门对本行政区域内的消防工作实施监督管理，并由本级人民政府消防救援机构负责实施。军事设施的消防工作，由其主管单位监督管理，消防救援机构协助；矿井地下部分、核电厂、海上石油天然气设施的消防工作，由其主管单位监督管理。

县级以上人民政府其他有关部门在各自的职责范围内，依照本法和其他相关法律、法规的规定做好消防工作。

法律、行政法规对森林、草原的消防工作另有规定的，从其规定。

第五条 任何单位和个人都有维护消防安全、保护消防设施、预防火灾、报告火警的义务。任何单位和成年人都有参加有组织的灭火工作的义务。

第六条 各级人民政府应当组织开展经常性的消防宣传教育，提高公民的消防安全意识。

机关、团体、企业、事业等单位，应当加强对本单位人员的消防宣传教育。

应急管理部门及消防救援机构应当加强消防法律、法规的宣传，并督促、指导、协助有关单位做好消防宣传教育工作。

教育、人力资源行政主管部门和学校、有关职业培训机构应当将消防知识纳入教育、教学、培训的内容。

新闻、广播、电视等有关单位，应当有针对性地面向社会进行消防宣传教育。

工会、共产主义青年团、妇女联合会等团体应当结合各自工作对象的特点，组织开展消防宣传教育。

村民委员会、居民委员会应当协助人民政府以及公安机关、应急管理等部门，加强消防宣传教育。

第七条 国家鼓励、支持消防科学研究和技术创新，推广使用先进的消防和应急救援技术、设备；鼓励、支持社会力量开展消防公益活动。

对在消防工作中有突出贡献的单位和个人，应当按照国家有关规定给予表彰和奖励。

第二章　火　灾　预　防

第八条 地方各级人民政府应当将包括消防安全布局、消防站、消防供水、消防通信、消防车通道、消防装备等内容的消防规划纳入城乡规划，并负责组织实施。

城乡消防安全布局不符合消防安全要求的，应当调整、完善；公共消防设施、消防装备不足或者不适应实际需要的，应当增建、改建、配置或者进行技术改造。

第九条 建设工程的消防设计、施工必须符合国家工程建设消防技术标准。建设、设计、施工、工程监理等单位依法对建设工程的消防设计、施工质量负责。

第十条 对按照国家工程建设消防技术标准需要进行消防设计的建设工程，实行建设工程消防设计审查验收制度。

第十一条 国务院住房和城乡建设主管部门规定的特殊建设工程，建设单位应当将消防设计文件报送住房和城乡建设主管部门审查，住房和城乡建设主管部门依法对审查的结果负责。

前款规定以外的其他建设工程，建设单位申请领取施工许可证或者申请批准开工报告时应当提供满足施工需要的消防设计图纸及技术资料。

第十二条 特殊建设工程未经消防设计审查或者审查不合格的，建设单位、施工单位不得施工；其他建设工程，建设单位未提供满足施工需要的消防设计图纸及技术资料的，有关部门不得发放施工许可证或者批准开工报告。

第十三条 国务院住房和城乡建设主管部门规定应当申请消防验收的建设工程竣工，建设单位应当向住房和城乡建设主管部门申请消防验收。

前款规定以外的其他建设工程，建设单位在验收后应当报住房和城乡建设主管部门备案，住房和城乡建设主管部门应当进行抽查。

依法应当进行消防验收的建设工程，未经消防验收或者消防验收不合格的，禁止投入使用；其他建设工程经依法抽查不合格的，应当停止使用。

第十四条 建设工程消防设计审查、消防验收、备案和抽查的具体办法，由国务院住房和城乡建设主管部门规定。

第十五条 公众聚集场所投入使用、营业前消防安全检查实行告知承诺管理。公众聚集场所在投入使用、营业前，建设单位或者使用单位应当向场所所在地的县级以上地方人民政府消防救援机构申请消防安全检查，作出场所符合消防技术标准和管理规定的承诺，提交规定的材料，并对其承诺和材料的真实性负责。

消防救援机构对申请人提交的材料进行审查；申请材料齐全、符合法定形式的，应当予以许可。消防救援机构应当根据消防技术标准和管理规定，及时对作出承诺的公众聚集场所进行核查。

申请人选择不采用告知承诺方式办理的，消防救援机构应当自受理申请之日起十个工作日内，根据消防技术标准和管理规定，对该场所进行检查。经检查符合消防安全要求的，应当予以许可。

公众聚集场所未经消防救援机构许可的，不得投入使用、营业。消防安全检查的具体办法，由国务院应急管理部门制定。

第十六条 机关、团体、企业、事业等单位应当履行下列消防安全职责：

（一）落实消防安全责任制，制定本单位的消防安全制度、消防安全操作规程，制定灭火和应急疏散预案；

（二）按照国家标准、行业标准配置消防设施、器材，设置消防安全标志，并定期组织检验、维修，确保完好有效；

（三）对建筑消防设施每年至少进行一次全面检测，确保完好有效，检测记录应当完整准确，存档备查；

（四）保障疏散通道、安全出口、消防车通道畅通，保证防火防烟分区、防火间距符合消防技术标准；

（五）组织防火检查，及时消除火灾隐患；

（六）组织进行有针对性的消防演练；

（七）法律、法规规定的其他消防安全职责。

单位的主要负责人是本单位的消防安全责任人。

第十七条 县级以上地方人民政府消防救援机构应当将发生火灾可能性较大以及发生火灾可能造成重大的人身伤亡或者财产损失的单位，确定为本行政区域内的消防安全重点单位，并由应急管理部门报本级人民政府备案。

消防安全重点单位除应当履行本法第十六条规定的职责外，还应当履行下列消防安全职责：

（一）确定消防安全管理人，组织实施本单位的消防安全管理工作；

（二）建立消防档案，确定消防安全重点部位，设置防火标志，实行严格管理；

（三）实行每日防火巡查，并建立巡查记录；

（四）对职工进行岗前消防安全培训，定期组织消防安全培训和消防演练。

第十八条 同一建筑物由两个以上单位管理或者使用的，应当明确各方的消防安全责任，并确定责任人对共用的疏散通道、安全出口、建筑消防设施和消防车通道进行统一管理。

住宅区的物业服务企业应当对管理区域内的共用消防设施进行维护管理，提供消防安全防范服务。

第十九条 生产、储存、经营易燃易爆危险品的场所不得与居住场所设置在同一建筑物内，并应当与居住场所保持安全距离。

生产、储存、经营其他物品的场所与居住场所设置在同一建筑物内的，应当符合国家工程建设消防技术标准。

第二十条 举办大型群众性活动，承办人应当依法向公安机关申请安全许可，制定灭火和应急疏散预案并组织演练，明确消防安全责任分工，确定消防安全管理人员，保持消防设施和消防器材配置齐全、完好有效，保证疏散通道、安全出口、疏散指示标志、应急照明和消防车通道符合消防技术标准和管理规定。

第二十一条 禁止在具有火灾、爆炸危险的场所吸烟、使用明火。因施工等特殊情况需要使用明火作业的，应当按照规定事先办理审批手续，采取相应的消防安全措施；作业人员应当遵守消防安全规定。

进行电焊、气焊等具有火灾危险作业的人员和自动消防系统的操作人员，必须持证上岗，并遵守消防安全操作规程。

第二十二条 生产、储存、装卸易燃易爆危险品的工厂、仓库和专用车站、码头的设置，应当符合消防技术标准。易燃易爆气体和液体的充装站、供应站、调压站，应当设置在符合消防安全要求的位置，并符合防火防爆要求。

已经设置的生产、储存、装卸易燃易爆危险品的工厂、仓库和专用车站、码头，易燃易爆气体和液体的充装站、供应站、调压站，不再符合前款规定的，地方人民政府应当组织、协调有关部门、单位限期解决，消除安全隐患。

第二十三条 生产、储存、运输、销售、使用、销毁易燃易爆危险品，必须执行消防技术标准和管理规定。

进入生产、储存易燃易爆危险品的场所，必须执行消防安全规定。禁止非法携带易燃易爆危险品进入公共场所或者乘坐公共交通工具。

储存可燃物资仓库的管理，必须执行消防技术标准和管理规定。

第二十四条 消防产品必须符合国家标准；没有国家标准的，必须符合行业标准。禁止生产、销售或者使用不合格的消防产品以及国家明令淘汰的消防产品。

依法实行强制性产品认证的消防产品，由具有法定资质的认证机构按照国家标准、行业标准的强制性要求认证合格后，方可生产、销售、使用。实行强制性产品认证的消防产品目录，由国务院产品质量监督部门会同国务院应急管理部门制定并公布。

新研制的尚未制定国家标准、行业标准的消防产品，应当按照国务院产品质量监督部门会同国务院应急管理部门规定的办法，经技术鉴定符合消防安全要求的，方可生产、销售、使用。

依照本条规定经强制性产品认证合格或者技术鉴定合格的消防产品，国务院应急管理部门应当予以公布。

第二十五条 产品质量监督部门、工商行政管理部门、消防救援机构应当按照各自职责加强对消防产品质量的监督检查。

第二十六条 建筑构件、建筑材料和室内装修、装饰材料的防火性能必须符合国家标准；没有国家标准的，必须符合行业标准。

人员密集场所室内装修、装饰，应当按照消防技术标准的要求，使用不燃、难燃材料。

第二十七条 电器产品、燃气用具的产品标准，应当符合消防安全的要求。

电器产品、燃气用具的安装、使用及其线路、管路的设计、敷设、维护保养、检测，必须符合消防技术标准和管理规定。

第二十八条 任何单位、个人不得损坏、挪用或者擅自拆除、停用消防设施、器材，不得埋压、圈占、遮挡消火栓或者占用防火间距，不得占用、堵塞、封闭疏散通道、安全出口、消防车通道。人员密集场所的门窗不得设置影响逃生和灭火救援的障碍物。

第二十九条 负责公共消防设施维护管理的单位，应当保持消防供水、消防通信、消防车通道等公共消防设施的完好有效。在修建道路以及停电、停水、截断通信线路时有可能影响消防队灭火救援的，有关单位必须事先通知当地消防救援机构。

第三十条 地方各级人民政府应当加强对农村消防工作的领导，采取措施加强公共消防设施建设，组织建立和督促落实消防安全责任制。

第三十一条 在农业收获季节、森林和草原防火期间、重大节假日期间以及火灾多发季节，地方各级人民政府应当组织开展有针对性的消防宣传教育，采取防火措施，进行消防安全检查。

第三十二条 乡镇人民政府、城市街道办事处应当指导、支持和帮助村民委员会、居民委员会开展群众性的消防工作。村民委员会、居民委员会应当确定消防安全管理人，组织制定防火安全公约，进行防火安全检查。

第三十三条 国家鼓励、引导公众聚集场所和生产、储存、运输、销售易燃易爆危险品的企业投保火灾公众责任保险；鼓励保险公司承保火灾公众责任保险。

第三十四条 消防设施维护保养检测、消防安全评估等消防技术服务机构应当符合从业条件，执业人员应当依法获得相应的资格；依照法律、行政法规、国家标准、行业标准和执业准则，接受委托提供消防技术服务，并对服务质量负责。

第三章 消 防 组 织

第三十五条 各级人民政府应当加强消防组织建设，根据经济社会发展的需要，建立多种形式的消防组织，加强消防技术人才培养，增强火灾预防、扑救和应急救援的能力。

第三十六条 县级以上地方人民政府应当按照国家规定建立国家综合性消防救援队、专职消防队，并按照国家标准配备消防装备，承担火灾扑救工作。

乡镇人民政府应当根据当地经济发展和消防工作的需要，建立专职消防队、志愿消防队，承担火灾扑救工作。

第三十七条 国家综合性消防救援队、专职消防队按照国家规定承担重大灾害事故和其他以抢救人员生命为主的应急救援工作。

第三十八条 国家综合性消防救援队、专职消防队应当充分发挥火灾扑救和应急救援专业力量的骨干作用；按照国家规定，组织实施专业技能训练，配备并维护保养装备器材，提高火灾扑救和应急救援的能力。

第三十九条 下列单位应当建立单位专职消防队，承担本单位的火灾扑救工作：

（一）大型核设施单位、大型发电厂、民用机场、主要港口；

（二）生产、储存易燃易爆危险品的大型企业；

（三）储备可燃的重要物资的大型仓库、基地；

（四）第一项、第二项、第三项规定以外的火灾危险性较大、距离国家综合性消防救援队较远的其他大型企业；

（五）距离国家综合性消防救援队较远、被列为全国重点文物保护单位的古建筑群的管理单位。

第四十条 专职消防队的建立，应当符合国家有关规定，并报当地消防救援机构验收。

专职消防队的队员依法享受社会保险和福利待遇。

第四十一条 机关、团体、企业、事业等单位以及村民委员会、居民委员会根据需要，建立志愿消防队等多种形式的消防组织，开展群众性自防自救工作。

第四十二条 消防救援机构应当对专职消防队、志愿消防队等消防组织进行业务指导；根据扑救火灾的需要，可以调动指挥专职消防队参加火灾扑救工作。

第四章　灭　火　救　援

第四十三条 县级以上地方人民政府应当组织有关部门针对本行政区域内的火灾特点制定应急预案，建立应急反应和处置机制，为火灾扑救和应急救援工作提供人员、装备等保障。

第四十四条 任何人发现火灾都应当立即报警。任何单位、个人都应当无偿为报警提供便利，不得阻拦报警。严禁谎报火警。

人员密集场所发生火灾，该场所的现场工作人员应当立即组织、引导在场人员疏散。

任何单位发生火灾，必须立即组织力量扑救。邻近单位应当给予支援。

消防队接到火警，必须立即赶赴火灾现场，救助遇险人员，排除险情，扑灭火灾。

第四十五条　消防救援机构统一组织和指挥火灾现场扑救，应当优先保障遇险人员的生命安全。

火灾现场总指挥根据扑救火灾的需要，有权决定下列事项：

（一）使用各种水源；

（二）截断电力、可燃气体和可燃液体的输送，限制用火用电；

（三）划定警戒区，实行局部交通管制；

（四）利用临近建筑物和有关设施；

（五）为了抢救人员和重要物资，防止火势蔓延，拆除或者破损毗邻火灾现场的建筑物、构筑物或者设施等；

（六）调动供水、供电、供气、通信、医疗救护、交通运输、环境保护等有关单位协助灭火救援。

根据扑救火灾的紧急需要，有关地方人民政府应当组织人员、调集所需物资支援灭火。

第四十六条　国家综合性消防救援队、专职消防队参加火灾以外的其他重大灾害事故的应急救援工作，由县级以上人民政府统一领导。

第四十七条　消防车、消防艇前往执行火灾扑救或者应急救援任务，在确保安全的前提下，不受行驶速度、行驶路线、行驶方向和指挥信号的限制，其他车辆、船舶以及行人应当让行，不得穿插超越；收费公路、桥梁免收车辆通行费。交通管理指挥人员应当保证消防车、消防艇迅速通行。

赶赴火灾现场或者应急救援现场的消防人员和调集的消防装备、物资，需要铁路、水路或者航空运输的，有关单位应当优先运输。

第四十八条　消防车、消防艇以及消防器材、装备和设施，不得用于与消防和应急救援工作无关的事项。

第四十九条　国家综合性消防救援队、专职消防队扑救火灾、应急救援，不得收取任何费用。

单位专职消防队、志愿消防队参加扑救外单位火灾所损耗的燃料、灭火剂和器材、装备等，由火灾发生地的人民政府给予补偿。

第五十条　对因参加扑救火灾或者应急救援受伤、致残或者死亡的人员，按照国家有关规定给予医疗、抚恤。

第五十一条　消防救援机构有权根据需要封闭火灾现场，负责调查火灾原因，统计火灾损失。

火灾扑灭后，发生火灾的单位和相关人员应当按照消防救援机构的要求保护现场，接受事故调查，如实提供与火灾有关的情况。

消防救援机构根据火灾现场勘验、调查情况和有关的检验、鉴定意见，及时制作火灾事故认定书，作为处理火灾事故的证据。

第五章　监　督　检　查

第五十二条　地方各级人民政府应当落实消防工作责任制，对本级人民政府有关部门履行消防安全职责的情况进行监督检查。

县级以上地方人民政府有关部门应当根据本系统的特点，有针对性地开展消防安全检查，及时督促整改火灾隐患。

第五十三条 消防救援机构应当对机关、团体、企业、事业等单位遵守消防法律、法规的情况依法进行监督检查。公安派出所可以负责日常消防监督检查、开展消防宣传教育，具体办法由国务院公安部门规定。

消防救援机构、公安派出所的工作人员进行消防监督检查，应当出示证件。

第五十四条 消防救援机构在消防监督检查中发现火灾隐患的，应当通知有关单位或者个人立即采取措施消除隐患；不及时消除隐患可能严重威胁公共安全的，消防救援机构应当依照规定对危险部位或者场所采取临时查封措施。

第五十五条 消防救援机构在消防监督检查中发现城乡消防安全布局、公共消防设施不符合消防安全要求，或者发现本地区存在影响公共安全的重大火灾隐患的，应当由应急管理部门书面报告本级人民政府。

接到报告的人民政府应当及时核实情况，组织或者责成有关部门、单位采取措施，予以整改。

第五十六条 住房和城乡建设主管部门、消防救援机构及其工作人员应当按照法定的职权和程序进行消防设计审查、消防验收、备案抽查和消防安全检查，做到公正、严格、文明、高效。

住房和城乡建设主管部门、消防救援机构及其工作人员进行消防设计审查、消防验收、备案抽查和消防安全检查等，不得收取费用，不得利用职务谋取利益；不得利用职务为用户、建设单位指定或者变相指定消防产品的品牌、销售单位或者消防技术服务机构、消防设施施工单位。

第五十七条 住房和城乡建设主管部门、消防救援机构及其工作人员执行职务，应当自觉接受社会和公民的监督。

任何单位和个人都有权对住房和城乡建设主管部门、消防救援机构及其工作人员在执法中的违法行为进行检举、控告。收到检举、控告的机关，应当按照职责及时查处。

第六章　法　律　责　任

第五十八条 违反本法规定，有下列行为之一的，由住房和城乡建设主管部门、消防救援机构按照各自职权责令停止施工、停止使用或者停产停业，并处三万元以上三十万元以下罚款：

（一）依法应当进行消防设计审查的建设工程，未经依法审查或者审查不合格，擅自施工的；

（二）依法应当进行消防验收的建设工程，未经消防验收或者消防验收不合格，擅自投入使用的；

（三）本法第十三条规定的其他建设工程验收后经依法抽查不合格，不停止使用的；

（四）公众聚集场所未经消防救援机构许可，擅自投入使用、营业的，或者经核查发现场所使用、营业情况与承诺内容不符的。

建设单位未依照本法规定在验收后报住房和城乡建设主管部门备案的，由住房和城乡建设主管部门责令改正，处五千元以下罚款。

核查发现公众聚集场所使用、营业情况与承诺内容不符，经责令限期改正，逾期不整改或者整改后仍达不到要求的，依法撤销相应许可。

第五十九条 违反本法规定，有下列行为之一的，由住房和城乡建设主管部门责令改正或者停止施工，并处一万元以上十万元以下罚款：

（一）建设单位要求建筑设计单位或者建筑施工企业降低消防技术标准设计、施工的；

（二）建筑设计单位不按照消防技术标准强制性要求进行消防设计的；

（三）建筑施工企业不按照消防设计文件和消防技术标准施工，降低消防施工质量的；

（四）工程监理单位与建设单位或者建筑施工企业串通，弄虚作假，降低消防施工质量的。

第六十条 单位违反本法规定，有下列行为之一的，责令改正，处五千元以上五万元以下罚款：

（一）消防设施、器材或者消防安全标志的配置、设置不符合国家标准、行业标准，或者未保持完好有效的；

（二）损坏、挪用或者擅自拆除、停用消防设施、器材的；

（三）占用、堵塞、封闭疏散通道、安全出口或者有其他妨碍安全疏散行为的；

（四）埋压、圈占、遮挡消火栓或者占用防火间距的；

（五）占用、堵塞、封闭消防车通道，妨碍消防车通行的；

（六）人员密集场所在门窗上设置影响逃生和灭火救援的障碍物的；

（七）对火灾隐患经消防救援机构通知后不及时采取措施消除的。

个人有前款第二项、第三项、第四项、第五项行为之一的，处警告或者五百元以下罚款。

有本条第一款第三项、第四项、第五项、第六项行为，经责令改正拒不改正的，强制执行，所需费用由违法行为人承担。

第六十一条 生产、储存、经营易燃易爆危险品的场所与居住场所设置在同一建筑物内，或者未与居住场所保持安全距离的，责令停产停业，并处五千元以上五万元以下罚款。

生产、储存、经营其他物品的场所与居住场所设置在同一建筑物内，不符合消防技术标准的，依照前款规定处罚。

第六十二条 有下列行为之一的，依照《中华人民共和国治安管理处罚法》的规定处罚：

（一）违反有关消防技术标准和管理规定生产、储存、运输、销售、使用、销毁易燃易爆危险品的；

（二）非法携带易燃易爆危险品进入公共场所或者乘坐公共交通工具的；

（三）谎报火警的；

（四）阻碍消防车、消防艇执行任务的；

（五）阻碍消防救援机构的工作人员依法执行职务的。

第六十三条 违反本法规定，有下列行为之一的，处警告或者五百元以下罚款；情节严重的，处五日以下拘留：

（一）违反消防安全规定进入生产、储存易燃易爆危险品场所的；

（二）违反规定使用明火作业或者在具有火灾、爆炸危险的场所吸烟、使用明火的。

第六十四条 违反本法规定，有下列行为之一，尚不构成犯罪的，处十日以上十五日以下拘留，可以并处五百元以下罚款；情节较轻的，处警告或者五百元以下罚款：

（一）指使或者强令他人违反消防安全规定，冒险作业的；

（二）过失引起火灾的；

（三）在火灾发生后阻拦报警，或者负有报告职责的人员不及时报警的；

（四）扰乱火灾现场秩序，或者拒不执行火灾现场指挥员指挥，影响灭火救援的；

（五）故意破坏或者伪造火灾现场的；

（六）擅自拆封或者使用被消防救援机构查封的场所、部位的。

第六十五条 违反本法规定，生产、销售不合格的消防产品或者国家明令淘汰的消防产品的，由产品质量监督部门或者工商行政管理部门依照《中华人民共和国产品质量法》的规定从重处罚。

人员密集场所使用不合格的消防产品或者国家明令淘汰的消防产品的，责令限期改正；逾期不改正的，处五千元以上五万元以下罚款，并对其直接负责的主管人员和其他直接责任人员处五百元以上二千元以下罚款；情节严重的，责令停产停业。

消防救援机构对于本条第二款规定的情形，除依法对使用者予以处罚外，应当将发现不合格的消防产品和国家明令淘汰的消防产品的情况通报产品质量监督部门、工商行政管理部门。产品质量监督部门、工商行政管理部门应当对生产者、销售者依法及时查处。

第六十六条 电器产品、燃气用具的安装、使用及其线路、管路的设计、敷设、维护保养、检测不符合消防技术标准和管理规定的，责令限期改正；逾期不改正的，责令停止使用，可以并处一千元以上五千元以下罚款。

第六十七条 机关、团体、企业、事业等单位违反本法第十六条、第十七条、第十八条、第二十一条第二款规定的，责令限期改正；逾期不改正的，对其直接负责的主管人员和其他直接责任人员依法给予处分或者给予警告处罚。

第六十八条 人员密集场所发生火灾，该场所的现场工作人员不履行组织、引导在场人员疏散的义务，情节严重，尚不构成犯罪的，处五日以上十日以下拘留。

第六十九条 消防设施维护保养检测、消防安全评估等消防技术服务机构，不具备从业条件从事消防技术服务活动或者出具虚假文件的，由消防救援机构责令改正，处五万元以上十万元以下罚款，并对直接负责的主管人员和其他直接责任人员处一万元以上五万元以下罚款；不按照国家标准、行业标准开展消防技术服务活动的，责令改正，处五万元以下罚款，并对直接负责的主管人员和其他直接责任人员处一万元以下罚款；有违法所得的，并处没收违法所得；给他人造成损失的，依法承担赔偿责任；情节严重的，依法责令停止执业或者吊销相应资格；造成重大损失的，由相关部门吊销营业执照，并对有关责任人员采取终身市场禁入措施。

前款规定的机构出具失实文件，给他人造成损失的，依法承担赔偿责任；造成重大损失的，由消防救援机构依法责令停止执业或者吊销相应资格，由相关部门吊销营业执照，并对有关责任人员采取终身市场禁入措施。

第七十条 本法规定的行政处罚，除应当由公安机关依照《中华人民共和国治安管理处罚法》的有关规定决定的外，由住房和城乡建设主管部门、消防救援机构按照各自职权决定。

被责令停止施工、停止使用、停产停业的，应当在整改后向作出决定的部门或者机构报告，经检查合格，方可恢复施工、使用、生产、经营。

当事人逾期不执行停产停业、停止使用、停止施工决定的，由作出决定的部门或者机构强制执行。

责令停产停业，对经济和社会生活影响较大的，由住房和城乡建设主管部门或者应急管理部门报请本级人民政府依法决定。

第七十一条 住房和城乡建设主管部门、消防救援机构的工作人员滥用职权、玩忽职守、徇私舞弊，有下列行为之一，尚不构成犯罪的，依法给予处分：

（一）对不符合消防安全要求的消防设计文件、建设工程、场所准予审查合格、消防验收合格、消防安全检查合格的；

（二）无故拖延消防设计审查、消防验收、消防安全检查，不在法定期限内履行职责的；

（三）发现火灾隐患不及时通知有关单位或者个人整改的；

（四）利用职务为用户、建设单位指定或者变相指定消防产品的品牌、销售单位或者消防技术服务机构、消防设施施工单位的；

（五）将消防车、消防艇以及消防器材、装备和设施用于与消防和应急救援无关的事项的；

（六）其他滥用职权、玩忽职守、徇私舞弊的行为。

产品质量监督、工商行政管理等其他有关行政主管部门的工作人员在消防工作中滥用职权、玩忽职守、徇私舞弊，尚不构成犯罪的，依法给予处分。

第七十二条 违反本法规定，构成犯罪的，依法追究刑事责任。

第七章 附 则

第七十三条 本法下列用语的含义：

（一）消防设施，是指火灾自动报警系统、自动灭火系统、消火栓系统、防烟排烟系统以及应急广播和应急照明、安全疏散设施等。

（二）消防产品，是指专门用于火灾预防、灭火救援和火灾防护、避难、逃生的产品。

（三）公众聚集场所，是指宾馆、饭店、商场、集贸市场、客运车站候车室、客运码头候船厅、民用机场航站楼、体育场馆、会堂以及公共娱乐场所等。

（四）人员密集场所，是指公众聚集场所，医院的门诊楼、病房楼，学校的教学楼、图书馆、食堂和集体宿舍，养老院，福利院，托儿所，幼儿园，公共图书馆的阅览室，公共展览馆、博物馆的展示厅，劳动密集型企业的生产加工车间和员工集体宿舍，旅游、宗教活动场所等。

第七十四条 本法自2009年5月1日起施行。

中华人民共和国道路交通安全法

（2003年10月28日第十届全国人民代表大会常务委员会第五次会议通过，根据2007年12月29日第十届全国人民代表大会常务委员会第三十一次会议《关于修改〈中华人民共和国道路交通安全法〉的决定》第一次修正，根据2011年4月22日第十一届全国人民代表大会常务委员会第二十次会议《关于修改〈中华人民共和国道路交通安全法〉的决定》第二次修正，根据2021年4月29日第十三届全国人民代表大会常务委员会第二十八次会议《关于修改〈中华人民共和国道路交通安全法〉等八部法律的决定》第三次修正）

第一章 总　　则

第一条 为了维护道路交通秩序，预防和减少交通事故，保护人身安全，保护公民、法人和其他组织的财产安全及其他合法权益，提高通行效率，制定本法。

第二条 中华人民共和国境内的车辆驾驶人、行人、乘车人以及与道路交通活动有关的单位和个人，都应当遵守本法。

第三条 道路交通安全工作，应当遵循依法管理、方便群众的原则，保障道路交通有序、安全、畅通。

第四条 各级人民政府应当保障道路交通安全管理工作与经济建设和社会发展相适应。

县级以上地方各级人民政府应当适应道路交通发展的需要，依据道路交通安全法律、法规和国家有关政策，制定道路交通安全管理规划，并组织实施。

第五条 国务院公安部门负责全国道路交通安全管理工作。县级以上地方各级人民政府公安机关交通管理部门负责本行政区域内的道路交通安全管理工作。

县级以上各级人民政府交通、建设管理部门依据各自职责，负责有关的道路交通工作。

第六条 各级人民政府应当经常进行道路交通安全教育，提高公民的道路交通安全意识。

公安机关交通管理部门及其交通警察执行职务时，应当加强道路交通安全法律、法规的宣传，并模范遵守道路交通安全法律、法规。

机关、部队、企业事业单位、社会团体以及其他组织，应当对本单位的人员进行道路交通安全教育。

教育行政部门、学校应当将道路交通安全教育纳入法制教育的内容。

新闻、出版、广播、电视等有关单位，有进行道路交通安全教育的义务。

第七条 对道路交通安全管理工作，应当加强科学研究，推广、使用先进的管理方法、技术、设备。

第二章 车辆和驾驶人

第一节 机动车、非机动车

第八条 国家对机动车实行登记制度。机动车经公安机关交通管理部门登记后，方可上道路行驶。尚未登记的机动车，需要临时上道路行驶的，应当取得临时通行牌证。

第九条 申请机动车登记，应当提交以下证明、凭证：

（一）机动车所有人的身份证明；

（二）机动车来历证明；

（三）机动车整车出厂合格证明或者进口机动车进口凭证；

（四）车辆购置税的完税证明或者免税凭证；

（五）法律、行政法规规定应当在机动车登记时提交的其他证明、凭证。

公安机关交通管理部门应当自受理申请之日起五个工作日内完成机动车登记审查工作，对符合前款规定条件的，应当发放机动车登记证书、号牌和行驶证；对不符合前款规定条件的，应当向申请人说明不予登记的理由。

公安机关交通管理部门以外的任何单位或者个人不得发放机动车号牌或者要求机动车悬挂其他号牌，本法另有规定的除外。

机动车登记证书、号牌、行驶证的式样由国务院公安部门规定并监制。

第十条 准予登记的机动车应当符合机动车国家安全技术标准。申请机动车登记时，应当接受对该机动车的安全技术检验。但是，经国家机动车产品主管部门依据机动车国家安全技术标准认定的企业生产的机动车型，该车型的新车在出厂时经检验符合机动车国家安全技术标准，获得检验合格证的，免予安全技术检验。

第十一条 驾驶机动车上道路行驶，应当悬挂机动车号牌，放置检验合格标志、保险标志，并随车携带机动车行驶证。

机动车号牌应当按照规定悬挂并保持清晰、完整，不得故意遮挡、污损。

任何单位和个人不得收缴、扣留机动车号牌。

第十二条 有下列情形之一的，应当办理相应的登记：

（一）机动车所有权发生转移的；

（二）机动车登记内容变更的；

（三）机动车用作抵押的；

（四）机动车报废的。

第十三条 对登记后上道路行驶的机动车，应当依照法律、行政法规的规定，根据车辆用途、载客载货数量、使用年限等不同情况，定期进行安全技术检验。对提供机动车行驶证和机动车第三者责任强制保险单的，机动车安全技术检验机构应当予以检验，任何单位不得附加其他条件。对符合机动车国家安全技术标准的，公安机关交通管理部门应当发给检验合格标志。

对机动车的安全技术检验实行社会化。具体办法由国务院规定。

机动车安全技术检验实行社会化的地方，任何单位不得要求机动车到指定的场所进行检验。

公安机关交通管理部门、机动车安全技术检验机构不得要求机动车到指定的场所进行维修、保养。

机动车安全技术检验机构对机动车检验收取费用，应当严格执行国务院价格主管部门核定的收费标准。

第十四条 国家实行机动车强制报废制度，根据机动车的安全技术状况和不同用途，规定不同的报废标准。

应当报废的机动车必须及时办理注销登记。

达到报废标准的机动车不得上道路行驶。报废的大型客、货车及其他营运车辆应当在公安机关交通管理部门的监督下解体。

第十五条 警车、消防车、救护车、工程救险车应当按照规定喷涂标志图案，安装警报器、标志灯具。其他机动车不得喷涂、安装、使用上述车辆专用的或者与其相类似的标志图案、警报器或者标志灯具。

警车、消防车、救护车、工程救险车应当严格按照规定的用途和条件使用。

公路监督检查的专用车辆，应当依照公路法的规定，设置统一的标志和示警灯。

第十六条 任何单位或者个人不得有下列行为：

（一）拼装机动车或者擅自改变机动车已登记的结构、构造或者特征；

（二）改变机动车型号、发动机号、车架号或者车辆识别代号；

（三）伪造、变造或者使用伪造、变造的机动车登记证书、号牌、行驶证、检验合格标志、保险标志；

（四）使用其他机动车的登记证书、号牌、行驶证、检验合格标志、保险标志。

第十七条 国家实行机动车第三者责任强制保险制度，设立道路交通事故社会救助基金。具体办法由国务院规定。

第十八条 依法应当登记的非机动车，经公安机关交通管理部门登记后，方可上道路行驶。

依法应当登记的非机动车的种类，由省、自治区、直辖市人民政府根据当地实际情况规定。

非机动车的外形尺寸、质量、制动器、车铃和夜间反光装置，应当符合非机动车安全技术标准。

第二节　机动车驾驶人

第十九条　驾驶机动车，应当依法取得机动车驾驶证。

申请机动车驾驶证，应当符合国务院公安部门规定的驾驶许可条件；经考试合格后，由公安机关交通管理部门发给相应类别的机动车驾驶证。

持有境外机动车驾驶证的人，符合国务院公安部门规定的驾驶许可条件，经公安机关交通管理部门考核合格的，可以发给中国的机动车驾驶证。

驾驶人应当按照驾驶证载明的准驾车型驾驶机动车；驾驶机动车时，应当随身携带机动车驾驶证。

公安机关交通管理部门以外的任何单位或者个人，不得收缴、扣留机动车驾驶证。

第二十条　机动车的驾驶培训实行社会化，由交通运输主管部门对驾驶培训学校、驾驶培训班实行备案管理，并对驾驶培训活动加强监督，其中专门的拖拉机驾驶培训学校、驾驶培训班由农业（农业机械）主管部门实行监督管理。

驾驶培训学校、驾驶培训班应当严格按照国家有关规定，对学员进行道路交通安全法律、法规、驾驶技能的培训，确保培训质量。

任何国家机关以及驾驶培训和考试主管部门不得举办或者参与举办驾驶培训学校、驾驶培训班。

第二十一条　驾驶人驾驶机动车上道路行驶前，应当对机动车的安全技术性能进行认真检查；不得驾驶安全设施不全或者机件不符合技术标准等具有安全隐患的机动车。

第二十二条　机动车驾驶人应当遵守道路交通安全法律、法规的规定，按照操作规范安全驾驶、文明驾驶。

饮酒、服用国家管制的精神药品或者麻醉药品，或者患有妨碍安全驾驶机动车的疾病，或者过度疲劳影响安全驾驶的，不得驾驶机动车。

任何人不得强迫、指使、纵容驾驶人违反道路交通安全法律、法规和机动车安全驾驶要求驾驶机动车。

第二十三条　公安机关交通管理部门依照法律、行政法规的规定，定期对机动车驾驶证实施审验。

第二十四条　公安机关交通管理部门对机动车驾驶人违反道路交通安全法律、法规的行为，除依法给予行政处罚外，实行累积记分制度。公安机关交通管理部门对累积记分达到规定分值的机动车驾驶人，扣留机动车驾驶证，对其进行道路交通安全法律、法规教育，重新考试；考试合格的，发还其机动车驾驶证。

对遵守道路交通安全法律、法规，在一年内无累积记分的机动车驾驶人，可以延长机动车驾驶证的审验期。具体办法由国务院公安部门规定。

第三章 道路通行条件

第二十五条 全国实行统一的道路交通信号。

交通信号包括交通信号灯、交通标志、交通标线和交通警察的指挥。

交通信号灯、交通标志、交通标线的设置应当符合道路交通安全、畅通的要求和国家标准，并保持清晰、醒目、准确、完好。

根据通行需要，应当及时增设、调换、更新道路交通信号。增设、调换、更新限制性的道路交通信号，应当提前向社会公告，广泛进行宣传。

第二十六条 交通信号灯由红灯、绿灯、黄灯组成。红灯表示禁止通行，绿灯表示准许通行，黄灯表示警示。

第二十七条 铁路与道路平面交叉的道口，应当设置警示灯、警示标志或者安全防护设施。无人看守的铁路道口，应当在距道口一定距离处设置警示标志。

第二十八条 任何单位和个人不得擅自设置、移动、占用、损毁交通信号灯、交通标志、交通标线。

道路两侧及隔离带上种植的树木或者其他植物，设置的广告牌、管线等，应当与交通设施保持必要的距离，不得遮挡路灯、交通信号灯、交通标志，不得妨碍安全视距，不得影响通行。

第二十九条 道路、停车场和道路配套设施的规划、设计、建设，应当符合道路交通安全、畅通的要求，并根据交通需求及时调整。

公安机关交通管理部门发现已经投入使用的道路存在交通事故频发路段，或者停车场、道路配套设施存在交通安全严重隐患的，应当及时向当地人民政府报告，并提出防范交通事故、消除隐患的建议，当地人民政府应当及时作出处理决定。

第三十条 道路出现坍塌、坑漕、水毁、隆起等损毁或者交通信号灯、交通标志、交通标线等交通设施损毁、灭失的，道路、交通设施的养护部门或者管理部门应当设置警示标志并及时修复。

公安机关交通管理部门发现前款情形，危及交通安全，尚未设置警示标志的，应当及时采取安全措施，疏导交通，并通知道路、交通设施的养护部门或者管理部门。

第三十一条 未经许可，任何单位和个人不得占用道路从事非交通活动。

第三十二条 因工程建设需要占用、挖掘道路，或者跨越、穿越道路架设、增设管线设施，应当事先征得道路主管部门的同意；影响交通安全的，还应当征得公安机关交通管理部门的同意。

施工作业单位应当在经批准的路段和时间内施工作业，并在距离施工作业地点来车方向安全距离处设置明显的安全警示标志，采取防护措施；施工作业完毕，应当迅速清除道路上的障碍物，消除安全隐患，经道路主管部门和公安机关交通管理部门验收合格，符合通行要求后，方可恢复通行。

对未中断交通的施工作业道路，公安机关交通管理部门应当加强交通安全监督检查，维护道路交通秩序。

第三十三条 新建、改建、扩建的公共建筑、商业街区、居住区、大（中）型建筑等，应当配建、增建停车场；停车泊位不足的，应当及时改建或者扩建；投入使用的停车场不得擅自停止使用或者改作他用。

在城市道路范围内，在不影响行人、车辆通行的情况下，政府有关部门可以施划停车泊位。

第三十四条 学校、幼儿园、医院、养老院门前的道路没有行人过街设施的，应当施划人行横道线，设置提示标志。

城市主要道路的人行道，应当按照规划设置盲道。盲道的设置应当符合国家标准。

第四章 道路通行规定

第一节 一般规定

第三十五条 机动车、非机动车实行右侧通行。

第三十六条 根据道路条件和通行需要，道路划分为机动车道、非机动车道和人行道的，机动车、非机动车、行人实行分道通行。没有划分机动车道、非机动车道和人行道的，机动车在道路中间通行，非机动车和行人在道路两侧通行。

第三十七条 道路划设专用车道的，在专用车道内，只准许规定的车辆通行，其他车辆不得进入专用车道内行驶。

第三十八条 车辆、行人应当按照交通信号通行；遇有交通警察现场指挥时，应当按照交通警察的指挥通行；在没有交通信号的道路上，应当在确保安全、畅通的原则下通行。

第三十九条 公安机关交通管理部门根据道路和交通流量的具体情况，可以对机动车、非机动车、行人采取疏导、限制通行、禁止通行等措施。遇有大型群众性活动、大范围施工等情况，需要采取限制交通的措施，或者作出与公众的道路交通活动直接有关的决定，应当提前向社会公告。

第四十条 遇有自然灾害、恶劣气象条件或者重大交通事故等严重影响交通安全的情形，采取其他措施难以保证交通安全时，公安机关交通管理部门可以实行交通管制。

第四十一条 有关道路通行的其他具体规定，由国务院规定。

第二节 机动车通行规定

第四十二条 机动车上道路行驶，不得超过限速标志标明的最高时速。在没有限速标志的路段，应当保持安全车速。

夜间行驶或者在容易发生危险的路段行驶，以及遇有沙尘、冰雹、雨、雪、雾、结冰等气象条件时，应当降低行驶速度。

第四十三条 同车道行驶的机动车，后车应当与前车保持足以采取紧急制动措施的安全距离。有下列情形之一的，不得超车：

（一）前车正在左转弯、掉头、超车的；

（二）与对面来车有会车可能的；

（三）前车为执行紧急任务的警车、消防车、救护车、工程救险车的；

（四）行经铁路道口、交叉路口、窄桥、弯道、陡坡、隧道、人行横道、市区交通流量大的路段等没有超车条件的。

第四十四条　机动车通过交叉路口，应当按照交通信号灯、交通标志、交通标线或者交通警察的指挥通过；通过没有交通信号灯、交通标志、交通标线或者交通警察指挥的交叉路口时，应当减速慢行，并让行人和优先通行的车辆先行。

第四十五条　机动车遇有前方车辆停车排队等候或者缓慢行驶时，不得借道超车或者占用对面车道，不得穿插等候的车辆。

在车道减少的路段、路口，或者在没有交通信号灯、交通标志、交通标线或者交通警察指挥的交叉路口遇到停车排队等候或者缓慢行驶时，机动车应当依次交替通行。

第四十六条　机动车通过铁路道口时，应当按照交通信号或者管理人员的指挥通行；没有交通信号或者管理人员的，应当减速或者停车，在确认安全后通过。

第四十七条　机动车行经人行横道时，应当减速行驶；遇行人正在通过人行横道，应当停车让行。

机动车行经没有交通信号的道路时，遇行人横过道路，应当避让。

第四十八条　机动车载物应当符合核定的载质量，严禁超载；载物的长、宽、高不得违反装载要求，不得遗洒、飘散载运物。

机动车运载超限的不可解体的物品，影响交通安全的，应当按照公安机关交通管理部门指定的时间、路线、速度行驶，悬挂明显标志。在公路上运载超限的不可解体的物品，并应当依照公路法的规定执行。

机动车载运爆炸物品、易燃易爆化学物品以及剧毒、放射性等危险物品，应当经公安机关批准后，按指定的时间、路线、速度行驶，悬挂警示标志并采取必要的安全措施。

第四十九条　机动车载人不得超过核定的人数，客运机动车不得违反规定载货。

第五十条　禁止货运机动车载客。

货运机动车需要附载作业人员的，应当设置保护作业人员的安全措施。

第五十一条　机动车行驶时，驾驶人、乘坐人员应当按规定使用安全带，摩托车驾驶人及乘坐人员应当按规定戴安全头盔。

第五十二条　机动车在道路上发生故障，需要停车排除故障时，驾驶人应当立即开启危险报警闪光灯，将机动车移至不妨碍交通的地方停放；难以移动的，应当持续开启危险报警闪光灯，并在来车方向设置警告标志等措施扩大示警距离，必要时迅速报警。

第五十三条　警车、消防车、救护车、工程救险车执行紧急任务时，可以使用警报器、标志灯具；在确保安全的前提下，不受行驶路线、行驶方向、行驶速度和信号灯的限制，其他车辆和行人应当让行。

警车、消防车、救护车、工程救险车非执行紧急任务时，不得使用警报器、标志灯具，不享有前款规定的道路优先通行权。

第五十四条　道路养护车辆、工程作业车进行作业时，在不影响过往车辆通行的前提下，其行驶路线和方向不受交通标志、标线限制，过往车辆和人员应当注意避让。

洒水车、清扫车等机动车应当按照安全作业标准作业；在不影响其他车辆通行的情况下，可以不受车辆分道行驶的限制，但是不得逆向行驶。

第五十五条　高速公路、大中城市中心城区内的道路，禁止拖拉机通行。其他禁止拖拉机通行的道路，由省、自治区、直辖市人民政府根据当地实际情况规定。

在允许拖拉机通行的道路上，拖拉机可以从事货运，但是不得用于载人。

第五十六条　机动车应当在规定地点停放。禁止在人行道上停放机动车；但是，依照本法第三十三条规定施划的停车泊位除外。

在道路上临时停车的，不得妨碍其他车辆和行人通行。

第三节　非机动车通行规定

第五十七条　驾驶非机动车在道路上行驶应当遵守有关交通安全的规定。非机动车应当在非机动车道内行驶；在没有非机动车道的道路上，应当靠车行道的右侧行驶。

第五十八条　残疾人机动轮椅车、电动自行车在非机动车道内行驶时，最高时速不得超过十五公里。

第五十九条　非机动车应当在规定地点停放。未设停放地点的，非机动车停放不得妨碍其他车辆和行人通行。

第六十条　驾驭畜力车，应当使用驯服的牲畜；驾驭畜力车横过道路时，驾驭人应当下车牵引牲畜；驾驭人离开车辆时，应当拴系牲畜。

第四节　行人和乘车人通行规定

第六十一条　行人应当在人行道内行走，没有人行道的靠路边行走。

第六十二条　行人通过路口或者横过道路，应当走人行横道或者过街设施；通过有交通信号灯的人行横道，应当按照交通信号灯指示通行；通过没有交通信号灯、人行横道的路口，或者在没有过街设施的路段横过道路，应当在确认安全后通过。

第六十三条　行人不得跨越、倚坐道路隔离设施，不得扒车、强行拦车或者实施妨碍道路交通安全的其他行为。

第六十四条　学龄前儿童以及不能辨认或者不能控制自己行为的精神疾病患者、智力障碍者在道路上通行，应当由其监护人、监护人委托的人或者对其负有管理、保护职责的人带领。

盲人在道路上通行，应当使用盲杖或者采取其他导盲手段，车辆应当避让盲人。

第六十五条　行人通过铁路道口时，应当按照交通信号或者管理人员的指挥通行；没有交通信号和管理人员的，应当在确认无火车驶临后，迅速通过。

第六十六条　乘车人不得携带易燃易爆等危险物品，不得向车外抛洒物品，不得有影响驾驶人安全驾驶的行为。

第五节　高速公路的特别规定

第六十七条　行人、非机动车、拖拉机、轮式专用机械车、铰接式客车、全挂拖斗车以及其他设计最高时速低于七十公里的机动车，不得进入高速公路。高速公路限速标志标明的最高时速不得超过一百二十公里。

第六十八条　机动车在高速公路上发生故障时，应当依照本法第五十二条　的有关规定办理；但是，警告标志应当设置在故障车来车方向一百五十米以外，车上人员应当迅速转移到右侧路肩上或者应急车道内，并且迅速报警。

机动车在高速公路上发生故障或者交通事故，无法正常行驶的，应当由救援车、清障车拖曳、牵引。

第六十九条　任何单位、个人不得在高速公路上拦截检查行驶的车辆，公安机关的人民警察依法执行紧急公务除外。

第五章　交通事故处理

第七十条　在道路上发生交通事故，车辆驾驶人应当立即停车，保护现场；造成人身伤亡的，车辆驾驶人应当立即抢救受伤人员，并迅速报告执勤的交通警察或者公安机关交通管理部门。因抢救受伤人员变动现场的，应当标明位置。乘车人、过往车辆驾驶人、过往行人应当予以协助。

在道路上发生交通事故，未造成人身伤亡，当事人对事实及成因无争议的，可以即行撤离现场，恢复交通，自行协商处理损害赔偿事宜；不即行撤离现场的，应当迅速报告执勤的交通警察或者公安机关交通管理部门。

在道路上发生交通事故，仅造成轻微财产损失，并且基本事实清楚的，当事人应当先撤离现场再进行协商处理。

第七十一条　车辆发生交通事故后逃逸的，事故现场目击人员和其他知情人员应当向公安机关交通管理部门或者交通警察举报。举报属实的，公安机关交通管理部门应当给予奖励。

第七十二条　公安机关交通管理部门接到交通事故报警后，应当立即派交通警察赶赴现场，先组织抢救受伤人员，并采取措施，尽快恢复交通。

交通警察应当对交通事故现场进行勘验、检查，收集证据；因收集证据的需要，可以扣留事故车辆，但是应当妥善保管，以备核查。

对当事人的生理、精神状况等专业性较强的检验，公安机关交通管理部门应当委托专门机构进行鉴定。鉴定结论应当由鉴定人签名。

第七十三条　公安机关交通管理部门应当根据交通事故现场勘验、检查、调查情况和有关的检验、鉴定结论，及时制作交通事故认定书，作为处理交通事故的证据。交通事故认定书应当载明交通事故的基本事实、成因和当事人的责任，并送达当事人。

第七十四条　对交通事故损害赔偿的争议，当事人可以请求公安机关交通管理部门调解，也可以直接向人民法院提起民事诉讼。

经公安机关交通管理部门调解，当事人未达成协议或者调解书生效后不履行的，当事人可以向人民法院提起民事诉讼。

第七十五条　医疗机构对交通事故中的受伤人员应当及时抢救，不得因抢救费用未及时支付而拖延救治。肇事车辆参加机动车第三者责任强制保险的，由保险公司在责任限额范围内支付抢救费用；抢救费用超过责任限额的，未参加机动车第三者责任强制保险或者肇事后逃逸的，由道路交通事故社会救助基金先行垫付部分或者全部抢救费用，道路交通事故社会救助基金管理机构有权向交通事故责任人追偿。

第七十六条　机动车发生交通事故造成人身伤亡、财产损失的，由保险公司在机动车第三者责任强制保险责任限额范围内予以赔偿；不足的部分，按照下列规定承担赔偿责任：

（一）机动车之间发生交通事故的，由有过错的一方承担赔偿责任；双方都有过错的，按照各自过错的比例分担责任。

（二）机动车与非机动车驾驶人、行人之间发生交通事故，非机动车驾驶人、行人没有过错的，由机动车一方承担赔偿责任；有证据证明非机动车驾驶人、行人有过错的，根据过错程度适当减轻机动车一方的赔偿责任；机动车一方没有过错的，承担不超过百分之十的赔偿责任。

交通事故的损失是由非机动车驾驶人、行人故意碰撞机动车造成的，机动车一方不承担赔偿责任。

第七十七条　车辆在道路以外通行时发生的事故，公安机关交通管理部门接到报案的，参照本法有关规定办理。

第六章　执　法　监　督

第七十八条　公安机关交通管理部门应当加强对交通警察的管理，提高交通警察的素质和管理道路交通的水平。

公安机关交通管理部门应当对交通警察进行法制和交通安全管理业务培训、考核。交通警察经考核不合格的，不得上岗执行职务。

第七十九条　公安机关交通管理部门及其交通警察实施道路交通安全管理，应当依据法定的职权和程序，简化办事手续，做到公正、严格、文明、高效。

第八十条　交通警察执行职务时，应当按照规定着装，佩带人民警察标志，持有人民警察证件，保持警容严整，举止端庄，指挥规范。

第八十一条　依照本法发放牌证等收取工本费，应当严格执行国务院价格主管部门核定的收费标准，并全部上缴国库。

第八十二条　公安机关交通管理部门依法实施罚款的行政处罚，应当依照有关法律、行政法规的规定，实施罚款决定与罚款收缴分离；收缴的罚款以及依法没收的违法所得，应当全部上缴国库。

第八十三条　交通警察调查处理道路交通安全违法行为和交通事故，有下列情形之一的，应当回避：

（一）是本案的当事人或者当事人的近亲属；

（二）本人或者其近亲属与本案有利害关系；

（三）与本案当事人有其他关系，可能影响案件的公正处理。

第八十四条 公安机关交通管理部门及其交通警察的行政执法活动，应当接受行政监察机关依法实施的监督。

公安机关督察部门应当对公安机关交通管理部门及其交通警察执行法律、法规和遵守纪律的情况依法进行监督。

上级公安机关交通管理部门应当对下级公安机关交通管理部门的执法活动进行监督。

第八十五条 公安机关交通管理部门及其交通警察执行职务，应当自觉接受社会和公民的监督。

任何单位和个人都有权对公安机关交通管理部门及其交通警察不严格执法以及违法违纪行为进行检举、控告。收到检举、控告的机关，应当依据职责及时查处。

第八十六条 任何单位不得给公安机关交通管理部门下达或者变相下达罚款指标；公安机关交通管理部门不得以罚款数额作为考核交通警察的标准。

公安机关交通管理部门及其交通警察对超越法律、法规规定的指令，有权拒绝执行，并同时向上级机关报告。

第七章 法 律 责 任

第八十七条 公安机关交通管理部门及其交通警察对道路交通安全违法行为，应当及时纠正。

公安机关交通管理部门及其交通警察应当依据事实和本法的有关规定对道路交通安全违法行为予以处罚。对于情节轻微，未影响道路通行的，指出违法行为，给予口头警告后放行。

第八十八条 对道路交通安全违法行为的处罚种类包括：警告、罚款、暂扣或者吊销机动车驾驶证、拘留。

第八十九条 行人、乘车人、非机动车驾驶人违反道路交通安全法律、法规关于道路通行规定的，处警告或者五元以上五十元以下罚款；非机动车驾驶人拒绝接受罚款处罚的，可以扣留其非机动车。

第九十条 机动车驾驶人违反道路交通安全法律、法规关于道路通行规定的，处警告或者二十元以上二百元以下罚款。本法另有规定的，依照规定处罚。

第九十一条 饮酒后驾驶机动车的，处暂扣六个月机动车驾驶证，并处一千元以上二千元以下罚款。因饮酒后驾驶机动车被处罚，再次饮酒后驾驶机动车的，处十日以下拘留，并处一千元以上二千元以下罚款，吊销机动车驾驶证。

醉酒驾驶机动车的，由公安机关交通管理部门约束至酒醒，吊销机动车驾驶证，依法追究刑事责任；五年内不得重新取得机动车驾驶证。

饮酒后驾驶营运机动车的，处十五日拘留，并处五千元罚款，吊销机动车驾驶证，五年内不得重新取得机动车驾驶证。

醉酒驾驶营运机动车的，由公安机关交通管理部门约束至酒醒，吊销机动车驾驶证，依法追究刑事责任；十年内不得重新取得机动车驾驶证，重新取得机动车驾驶证后，不得驾驶营运机动车。

饮酒后或者醉酒驾驶机动车发生重大交通事故，构成犯罪的，依法追究刑事责任，并由公安机关交通管理部门吊销机动车驾驶证，终生不得重新取得机动车驾驶证。

第九十二条　公路客运车辆载客超过额定乘员的，处二百元以上五百元以下罚款；超过额定乘员百分之二十或者违反规定载货的，处五百元以上二千元以下罚款。

货运机动车超过核定载质量的，处二百元以上五百元以下罚款；超过核定载质量百分之三十或者违反规定载客的，处五百元以上二千元以下罚款。

有前两款行为的，由公安机关交通管理部门扣留机动车至违法状态消除。

运输单位的车辆有本条　第一款、第二款规定的情形，经处罚不改的，对直接负责的主管人员处二千元以上五千元以下罚款。

第九十三条　对违反道路交通安全法律、法规关于机动车停放、临时停车规定的，可以指出违法行为，并予以口头警告，令其立即驶离。

机动车驾驶人不在现场或者虽在现场但拒绝立即驶离，妨碍其他车辆、行人通行的，处二十元以上二百元以下罚款，并可以将该机动车拖移至不妨碍交通的地点或者公安机关交通管理部门指定的地点停放。公安机关交通管理部门拖车不得向当事人收取费用，并应当及时告知当事人停放地点。

因采取不正确的方法拖车造成机动车损坏的，应当依法承担补偿责任。

第九十四条　机动车安全技术检验机构实施机动车安全技术检验超过国务院价格主管部门核定的收费标准收取费用的，退还多收取的费用，并由价格主管部门依照《中华人民共和国价格法》的有关规定给予处罚。

机动车安全技术检验机构不按照机动车国家安全技术标准进行检验，出具虚假检验结果的，由公安机关交通管理部门处所收检验费用五倍以上十倍以下罚款，并依法撤销其检验资格；构成犯罪的，依法追究刑事责任。

第九十五条　上道路行驶的机动车未悬挂机动车号牌，未放置检验合格标志、保险标志，或者未随车携带行驶证、驾驶证的，公安机关交通管理部门应当扣留机动车，通知当事人提供相应的牌证、标志或者补办相应手续，并可以依照本法第九十条　的规定予以处罚。当事人提供相应的牌证、标志或者补办相应手续的，应当及时退还机动车。

故意遮挡、污损或者不按规定安装机动车号牌的，依照本法第九十条的规定予以处罚。

第九十六条　伪造、变造或者使用伪造、变造的机动车登记证书、号牌、行驶证、驾驶证的，由公安机关交通管理部门予以收缴，扣留该机动车，处十五日以下拘留，并处二千元以上五千元以下罚款；构成犯罪的，依法追究刑事责任。

伪造、变造或者使用伪造、变造的检验合格标志、保险标志的，由公安机关交通管理部门予以收缴，扣留该机动车，处十日以下拘留，并处一千元以上三千元以下罚款；构成犯罪的，依法追究刑事责任。

使用其他车辆的机动车登记证书、号牌、行驶证、检验合格标志、保险标志的，由公安机关交通管理部门予以收缴，扣留该机动车，处二千元以上五千元以下罚款。

当事人提供相应的合法证明或者补办相应手续的，应当及时退还机动车。

第九十七条 非法安装警报器、标志灯具的，由公安机关交通管理部门强制拆除，予以收缴，并处二百元以上二千元以下罚款。

第九十八条 机动车所有人、管理人未按照国家规定投保机动车第三者责任强制保险的，由公安机关交通管理部门扣留车辆至依照规定投保后，并处依照规定投保最低责任限额应缴纳的保险费的二倍罚款。

依照前款缴纳的罚款全部纳入道路交通事故社会救助基金。具体办法由国务院规定。

第九十九条 有下列行为之一的，由公安机关交通管理部门处二百元以上二千元以下罚款：

（一）未取得机动车驾驶证、机动车驾驶证被吊销或者机动车驾驶证被暂扣期间驾驶机动车的；

（二）将机动车交由未取得机动车驾驶证或者机动车驾驶证被吊销、暂扣的人驾驶的；

（三）造成交通事故后逃逸，尚不构成犯罪的；

（四）机动车行驶超过规定时速百分之五十的；

（五）强迫机动车驾驶人违反道路交通安全法律、法规和机动车安全驾驶要求驾驶机动车，造成交通事故，尚不构成犯罪的；

（六）违反交通管制的规定强行通行，不听劝阻的；

（七）故意损毁、移动、涂改交通设施，造成危害后果，尚不构成犯罪的；

（八）非法拦截、扣留机动车辆，不听劝阻，造成交通严重阻塞或者较大财产损失的。

行为人有前款第二项、第四项情形之一的，可以并处吊销机动车驾驶证；有第一项、第三项、第五项至第八项情形之一的，可以并处十五日以下拘留。

第一百条 驾驶拼装的机动车或者已达到报废标准的机动车上道路行驶的，公安机关交通管理部门应当予以收缴，强制报废。

对驾驶前款所列机动车上道路行驶的驾驶人，处二百元以上二千元以下罚款，并吊销机动车驾驶证。

出售已达到报废标准的机动车的，没收违法所得，处销售金额等额的罚款，对该机动车依照本条第一款的规定处理。

第一百零一条 违反道路交通安全法律、法规的规定，发生重大交通事故，构成犯罪的，依法追究刑事责任，并由公安机关交通管理部门吊销机动车驾驶证。

造成交通事故后逃逸的，由公安机关交通管理部门吊销机动车驾驶证，且终生不得重新取得机动车驾驶证。

第一百零二条 对六个月内发生二次以上特大交通事故负有主要责任或者全部责任的专业运输单位，由公安机关交通管理部门责令消除安全隐患，未消除安全隐患的机动车，禁止上道路行驶。

第一百零三条 国家机动车产品主管部门未按照机动车国家安全技术标准严格审查，许可不合格机动车型投入生产的，对负有责任的主管人员和其他直接责任人员给予降级或者撤职的行政处分。

机动车生产企业经国家机动车产品主管部门许可生产的机动车型，不执行机动车国家安全技术标准或者不严格进行机动车成品质量检验，致使质量不合格的机动车出厂销售的，由质量技术监督部门依照《中华人民共和国产品质量法》的有关规定给予处罚。

擅自生产、销售未经国家机动车产品主管部门许可生产的机动车型的，没收非法生产、销售的机动车成品及配件，可以并处非法产品价值三倍以上五倍以下罚款；有营业执照的，由工商行政管理部门吊销营业执照，没有营业执照的，予以查封。

生产、销售拼装的机动车或者生产、销售擅自改装的机动车的，依照本条 第三款的规定处罚。

有本条第二款、第三款、第四款所列违法行为，生产或者销售不符合机动车国家安全技术标准的机动车，构成犯罪的，依法追究刑事责任。

第一百零四条 未经批准，擅自挖掘道路、占用道路施工或者从事其他影响道路交通安全活动的，由道路主管部门责令停止违法行为，并恢复原状，可以依法给予罚款；致使通行的人员、车辆及其他财产遭受损失的，依法承担赔偿责任。

有前款行为，影响道路交通安全活动的，公安机关交通管理部门可以责令停止违法行为，迅速恢复交通。

第一百零五条 道路施工作业或者道路出现损毁，未及时设置警示标志、未采取防护措施，或者应当设置交通信号灯、交通标志、交通标线而没有设置或者应当及时变更交通信号灯、交通标志、交通标线而没有及时变更，致使通行的人员、车辆及其他财产遭受损失的，负有相关职责的单位应当依法承担赔偿责任。

第一百零六条 在道路两侧及隔离带上种植树木、其他植物或者设置广告牌、管线等，遮挡路灯、交通信号灯、交通标志，妨碍安全视距的，由公安机关交通管理部门责令行为人排除妨碍；拒不执行的，处二百元以上二千元以下罚款，并强制排除妨碍，所需费用由行为人负担。

第一百零七条 对道路交通违法行为人予以警告、二百元以下罚款，交通警察可以当场作出行政处罚决定，并出具行政处罚决定书。

行政处罚决定书应当载明当事人的违法事实、行政处罚的依据、处罚内容、时间、地点以及处罚机关名称，并由执法人员签名或者盖章。

第一百零八条 当事人应当自收到罚款的行政处罚决定书之日起十五日内，到指定的银行缴纳罚款。

对行人、乘车人和非机动车驾驶人的罚款，当事人无异议的，可以当场予以收缴罚款。

罚款应当开具省、自治区、直辖市财政部门统一制发的罚款收据；不出具财政部门统一制发的罚款收据的，当事人有权拒绝缴纳罚款。

第一百零九条 当事人逾期不履行行政处罚决定的，作出行政处罚决定的行政机关可以采取下列措施：

（一）到期不缴纳罚款的，每日按罚款数额的百分之三加处罚款；

（二）申请人民法院强制执行。

第一百一十条 执行职务的交通警察认为应当对道路交通违法行为人给予暂扣或者吊销机动车驾驶证处罚的，可以先予扣留机动车驾驶证，并在二十四小时内将案件移交公安机关交通管理部门处理。

道路交通违法行为人应当在十五日内到公安机关交通管理部门接受处理。无正当理由逾期未接受处理的，吊销机动车驾驶证。

公安机关交通管理部门暂扣或者吊销机动车驾驶证的，应当出具行政处罚决定书。

第一百一十一条 对违反本法规定予以拘留的行政处罚，由县、市公安局、公安分局或者相当于县一级的公安机关裁决。

第一百一十二条 公安机关交通管理部门扣留机动车、非机动车，应当当场出具凭证，并告知当事人在规定期限内到公安机关交通管理部门接受处理。

公安机关交通管理部门对被扣留的车辆应当妥善保管，不得使用。

逾期不来接受处理，并且经公告三个月仍不来接受处理的，对扣留的车辆依法处理。

第一百一十三条 暂扣机动车驾驶证的期限从处罚决定生效之日起计算；处罚决定生效前先予扣留机动车驾驶证的，扣留一日折抵暂扣期限一日。

吊销机动车驾驶证后重新申请领取机动车驾驶证的期限，按照机动车驾驶证管理规定办理。

第一百一十四条 公安机关交通管理部门根据交通技术监控记录资料，可以对违法的机动车所有人或者管理人依法予以处罚。对能够确定驾驶人的，可以依照本法的规定依法予以处罚。

第一百一十五条 交通警察有下列行为之一的，依法给予行政处分：

（一）为不符合法定条件的机动车发放机动车登记证书、号牌、行驶证、检验合格标志的；

（二）批准不符合法定条 件的机动车安装、使用警车、消防车、救护车、工程救险车的警报器、标志灯具，喷涂标志图案的；

（三）为不符合驾驶许可条件、未经考试或者考试不合格人员发放机动车驾驶证的；

（四）不执行罚款决定与罚款收缴分离制度或者不按规定将依法收取的费用、收缴的罚款及没收的违法所得全部上缴国库的；

（五）举办或者参与举办驾驶学校或者驾驶培训班、机动车修理厂或者收费停车场等经营活动的；

（六）利用职务上的便利收受他人财物或者谋取其他利益的；

（七）违法扣留车辆、机动车行驶证、驾驶证、车辆号牌的；

（八）使用依法扣留的车辆的；

（九）当场收取罚款不开具罚款收据或者不如实填写罚款额的；

（十）徇私舞弊，不公正处理交通事故的；

（十一）故意刁难，拖延办理机动车牌证的；

（十二）非执行紧急任务时使用警报器、标志灯具的；

（十三）违反规定拦截、检查正常行驶的车辆的；

（十四）非执行紧急公务时拦截搭乘机动车的；

（十五）不履行法定职责的。

公安机关交通管理部门有前款所列行为之一的，对直接负责的主管人员和其他直接责任人员给予相应的行政处分。

第一百一十六条　依照本法第一百一十五条的规定，给予交通警察行政处分的，在作出行政处分决定前，可以停止其执行职务；必要时，可以予以禁闭。

依照本法第一百一十五条的规定，交通警察受到降级或者撤职行政处分的，可以予以辞退。

交通警察受到开除处分或者被辞退的，应当取消警衔；受到撤职以下行政处分的交通警察，应当降低警衔。

第一百一十七条　交通警察利用职权非法占有公共财物，索取、收受贿赂，或者滥用职权、玩忽职守，构成犯罪的，依法追究刑事责任。

第一百一十八条　公安机关交通管理部门及其交通警察有本法第一百一十五条所列行为之一，给当事人造成损失的，应当依法承担赔偿责任。

第八章　附　　则

第一百一十九条　本法中下列用语的含义：

（一）“道路”，是指公路、城市道路和虽在单位管辖范围但允许社会机动车通行的地方，包括广场、公共停车场等用于公众通行的场所。

（二）“车辆”，是指机动车和非机动车。

（三）“机动车”，是指以动力装置驱动或者牵引，上道路行驶的供人员乘用或者用于运送物品以及进行工程专项作业的轮式车辆。

（四）“非机动车”，是指以人力或者畜力驱动，上道路行驶的交通工具，以及虽有动力装置驱动但设计最高时速、空车质量、外形尺寸符合有关国家标准的残疾人机动轮椅车、电动自行车等交通工具。

（五）“交通事故”，是指车辆在道路上因过错或者意外造成的人身伤亡或者财产损失的事件。

第一百二十条　中国人民解放军和中国人民武装警察部队在编机动车牌证、在编机动车检验以及机动车驾驶人考核工作，由中国人民解放军、中国人民武装警察部队有关部门负责。

第一百二十一条　对上道路行驶的拖拉机，由农业（农业机械）主管部门行使本法第八条、第九条、第十三条、第十九条、第二十三条规定的公安机关交通管理部门的管理职权。

农业（农业机械）主管部门依照前款规定行使职权，应当遵守本法有关规定，并接受公安机关交通管理部门的监督；对违反规定的，依照本法有关规定追究法律责任。

本法施行前由农业（农业机械）主管部门发放的机动车牌证，在本法施行后继续有效。

第一百二十二条 国家对入境的境外机动车的道路交通安全实施统一管理。

第一百二十三条 省、自治区、直辖市人民代表大会常务委员会可以根据本地区的实际情况，在本法规定的罚款幅度内，规定具体的执行标准。

第一百二十四条 本法自2004年5月1日起施行。

中华人民共和国刑法（节录）

（1979年7月1日第五届全国人民代表大会第二次会议通过，1997年3月14日第八届全国人民代表大会第五次会议修订。1999年12月25日通过了中华人民共和国刑法修正案，2001年8月31日通过了中华人民共和国刑法修正案（二），2001年12月29日通过了中华人民共和国刑法修正案（三），2002年12 月28日通过了中华人民共和国刑法修正案（四），2005年2月28日通过了中华人民共和国刑法修正案（五），2006年6月29日通过了中华人民共和国刑法修正案（六），2009年2月28日通过了中华人民共和国刑法修正案（七），2011年2月25日通过了中华人民共和国刑法修正案（八），2015年8月29日通过了中华人民共和国刑法修正案（九），2017年11月4日通过了中华人民共和国刑法修正案（十），2020年12月26日通过了中华人民共和国刑法修正案（十一））

第二十条 为了使国家、公共利益、本人或者他人的人身、财产和其他权利免受正在进行的不法侵害，而采取的制止不法侵害的行为，对不法侵害人造成损害的，属于正当防卫，不负刑事责任。

正当防卫明显超过必要限度造成重大损害的，应当负刑事责任，但是应当减轻或者免除处罚。

对正在进行行凶、杀人、抢劫、强奸、绑架以及其他严重危及人身安全的暴力犯罪，采取防卫行为，造成不法侵害人伤亡的，不属于防卫过当，不负刑事责任。

第二十一条 为了使国家、公共利益、本人或者他人的人身、财产和其他权利免受正在发生的危险，不得已采取的紧急避险行为，造成损害的，不负刑事责任。

紧急避险超过必要限度造成不应有的损害的，应当负刑事责任，但是应当减轻或者免除处罚。

第一款中关于避免本人危险的规定，不适用于职务上、业务上负有特定责任的人。

第一百三十四条 在生产、作业中违反有关安全管理的规定，因而发生重大伤亡事故或者造成其他严重后果的，处三年以下有期徒刑或者拘役；情节特别恶劣的，处三年以上七年以下有期徒刑。

强令他人违章冒险作业，或者明知存在重大事故隐患而不排除，仍冒险组织作业，因而发生重大伤亡事故或者造成其他严重后果的，处五年以下有期徒刑或者拘役；情节特别恶劣的，处五年以上有期徒刑。

第一百三十四条之一 在生产、作业中违反有关安全管理的规定，有下列情形之一，具有发生重大伤亡事故或者其他严重后果的现实危险的，处一年以下有期徒刑、拘役或者管制：

（一）关闭、破坏直接关系生产安全的监控、报警、防护、救生设备、设施，或者篡改、隐瞒、销毁其相关数据、信息的；

（二）因存在重大事故隐患被依法责令停产停业、停止施工、停止使用有关设备、设施、场所或者立即采取排除危险的整改措施，而拒不执行的；

（三）涉及安全生产的事项未经依法批准或者许可，擅自从事矿山开采、金属冶炼、建筑施工，以及危险物品生产、经营、储存等高度危险的生产作业活动的。

第一百三十五条 安全生产设施或者安全生产条件不符合国家规定，因而发生重大伤亡事故或者造成其他严重后果的，对直接负责的主管人员和其他直接责任人员，处三年以下有期徒刑或者拘役；情节特别恶劣的，处三年以上七年以下有期徒刑。

第一百三十五条之一 举办大型群众性活动违反安全管理规定，因而发生重大伤亡事故或者造成其他严重后果的，对直接负责的主管人员和其他直接责任人员，处三年以下有期徒刑或者拘役；情节特别恶劣的，处三年以上七年以下有期徒刑。

第一百三十六条 违反爆炸性、易燃性、放射性、毒害性、腐蚀性物品的管理规定，在生产、储存、运输、使用中发生重大事故，造成严重后果的，处三年以下有期徒刑或者拘役；后果特别严重的，处三年以上七年以下有期徒刑。

第一百三十七条 建设单位、设计单位、施工单位、工程监理单位违反国家规定，降低工程质量标准，造成重大安全事故的，对直接责任人员，处五年以下有期徒刑或者拘役，并处罚金；后果特别严重的，处五年以上十年以下有期徒刑，并处罚金。

第一百三十八条 明知校舍或者教育教学设施有危险，而不采取措施或者不及时报告，致使发生重大伤亡事故的，对直接责任人员，处三年以下有期徒刑或者拘役；后果特别严重的，处三年以上七年以下有期徒刑。

第一百三十九条 违反消防管理法规，经消防监督机构通知采取改正措施而拒绝执行，造成严重后果的，对直接责任人员，处三年以下有期徒刑或者拘役；后果特别严重的，处三年以上七年以下有期徒刑。

第一百三十九条之一 在安全事故发生后，负有报告职责的人员不报或者谎报事故情况，贻误事故抢救，情节严重的，处三年以下有期徒刑或者拘役；情节特别严重的，处三年以上七年以下有期徒刑。

中华人民共和国民法典（节录）

（2020年5月28日第十三届全国人民代表大会第三次会议通过）

第一百一十七条 为了公共利益的需要，依照法律规定的权限和程序征收、征用不动产或者动产的，应当给予公平、合理的补偿。

第二百四十五条 因抢险救灾、疫情防控等紧急需要，依照法律规定的权限和程序可以征用组织、个人的不动产或者动产。被征用的不动产或者动产使用后，应当返还被征用人。组织、个人的不动产或者动产被征用或者征用后毁损、灭失的，应当给予补偿。

第三百二十七条 因不动产或者动产被征收、征用致使用益物权消灭或者影响用益物权行使的，用益物权人有权依据本法第二百四十三条、第二百四十五条的规定获得相应补偿。

第四百九十四条 国家根据抢险救灾、疫情防控或者其他需要下达国家订货任务、指令性任务的，有关民事主体之间应当依照有关法律、行政法规规定的权利和义务订立合同。

依照法律、行政法规的规定负有发出要约义务的当事人，应当及时发出合理的要约。

依照法律、行政法规的规定负有作出承诺义务的当事人，不得拒绝对方合理的订立合同要求。

第一千零五条 自然人的生命权、身体权、健康权受到侵害或者处于其他危难情形的，负有法定救助义务的组织或者个人应当及时施救。

第一千一百九十一条 用人单位的工作人员因执行工作任务造成他人损害的，由用人单位承担侵权责任。用人单位承担侵权责任后，可以向有故意或者重大过失的工作人员追偿。

劳务派遣期间，被派遣的工作人员因执行工作任务造成他人损害的，由接受劳务派遣的用工单位承担侵权责任；劳务派遣单位有过错的，承担相应的责任。

第一千一百九十二条 个人之间形成劳务关系，提供劳务一方因劳务造成他人损害的，由接受劳务一方承担侵权责任。接受劳务一方承担侵权责任后，可以向有故意或者重大过失的提供劳务一方追偿。提供劳务一方因劳务受到损害的，根据双方各自的过错承担相应的责任。

提供劳务期间，因第三人的行为造成提供劳务一方损害的，提供劳务一方有权请求第三人承担侵权责任，也有权请求接受劳务一方给予补偿。接受劳务一方补偿后，可以向第三人追偿。

第一千一百九十三条 承揽人在完成工作过程中造成第三人损害或者自己损害的，定作人不承担侵权责任。但是，定作人对定作、指示或者选任有过错的，应当承担相应的责任。

第一千一百九十八条 宾馆、商场、银行、车站、机场、体育场馆、娱乐场所等经营场所、公共场所的经营者、管理者或者群众性活动的组织者，未尽到安全保障义务，造成他人损害的，应当承担侵权责任。

因第三人的行为造成他人损害的，由第三人承担侵权责任；经营者、管理者或者组织者未尽到安全保障义务的，承担相应的补充责任。经营者、管理者或者组织者承担补充责任后，可以向第三人追偿。

第一千二百五十四条 禁止从建筑物中抛掷物品。从建筑物中抛掷物品或者从建筑物上坠落的物品造成他人损害的，由侵权人依法承担侵权责任；经调查难以确定具体侵权人的，除能够证明自己不是侵权人的外，由可能加害的建筑物使用人给予补偿。可能加害的建筑物使用人补偿后，有权向侵权人追偿。

物业服务企业等建筑物管理人应当采取必要的安全保障措施防止前款规定情形的发生；未采取必要的安全保障措施的，应当依法承担未履行安全保障义务的侵权责任。

发生本条第一款规定的情形的，公安等机关应当依法及时调查，查清责任人。

第一千二百三十六条 从事高度危险作业造成他人损害的，应当承担侵权责任。

第一千二百三十七条 民用核设施或者运入运出核设施的核材料发生核事故造成他人损害的，民用核设施的营运单位应当承担侵权责任；但是，能够证明损害是因战争、武装冲突、暴乱等情形或者受害人故意造成的，不承担责任。

第一千二百三十八条 民用航空器造成他人损害的，民用航空器的经营者应当承担侵权责任；但是，能够证明损害是因受害人故意造成的，不承担责任。

第一千二百三十九条 占有或者使用易燃、易爆、剧毒、高放射性、强腐蚀性、高致病性等高度危险物造成他人损害的，占有人或者使用人应当承担侵权责任；但是，能够证明损害是因受害人故意或者不可抗力造成的，不承担责任。被侵权人对损害的发生有重大过失的，可以减轻占有人或者使用人的责任。

第一千二百四十条 从事高空、高压、地下挖掘活动或者使用高速轨道运输工具造成他人损害的，经营者应当承担侵权责任；但是，能够证明损害是因受害人故意或者不可抗力造成的，不承担责任。被侵权人对损害的发生有重大过失的，可以减轻经营者的责任。

第一千二百四十一条 遗失、抛弃高度危险物造成他人损害的，由所有人承担侵权责任。所有人将高度危险物交由他人管理的，由管理人承担侵权责任；所有人有过错的，与管理人承担连带责任。

第一千二百四十二条 非法占有高度危险物造成他人损害的，由非法占有人承担侵权责任。所有人、管理人不能证明对防止非法占有尽到高度注意义务的，与非法占有人承担连带责任。

第一千二百四十三条 未经许可进入高度危险活动区域或者高度危险物存放区域受到损害，管理人能够证明已经采取足够安全措施并尽到充分警示义务的，可以减轻或者不承担责任。

第一千二百四十四条 承担高度危险责任，法律规定赔偿限额的，依照其规定，但是行为人有故意或者重大过失的除外。

中华人民共和国职业病防治法

（2001年10月27日第九届全国人民代表大会常务委员会第二十四次会议通过，根据2011年12月31日第十一届全国人民代表大会常务委员会第二十四次会议《关于修改〈中华人民共和国职业病防治法〉的决定》第一次修正，根据2016年7月2日第十二届全国人民代表大会常务委员会第二十一次会议《关于修改〈中华人民共和国节约能源法〉等六部法律的决定》第二次修正，根据2017年11月4日第十二届全国人民代表大会常务委员会第三十次会议《关于修改〈中华人民共和国会计法〉等十一部法律的决定》第三次修正，根据2018年12月29日第十三届全国人民代表大会常务委员会第七次会议《关于修改〈中华人民共和国劳动法〉等七部法律的决定》第四次修正）

第一章　总　　则

第一条　为了预防、控制和消除职业病危害，防治职业病，保护劳动者健康及其相关权益，促进经济社会发展，根据宪法，制定本法。

第二条　本法适用于中华人民共和国领域内的职业病防治活动。

本法所称职业病，是指企业、事业单位和个体经济组织等用人单位的劳动者在职业活动中，因接触粉尘、放射性物质和其他有毒、有害因素而引起的疾病。

职业病的分类和目录由国务院卫生行政部门会同国务院劳动保障行政部门制定、调整并公布。

第三条　职业病防治工作坚持预防为主、防治结合的方针，建立用人单位负责、行政机关监管、行业自律、职工参与和社会监督的机制，实行分类管理、综合治理。

第四条　劳动者依法享有职业卫生保护的权利。

用人单位应当为劳动者创造符合国家职业卫生标准和卫生要求的工作环境和条件，并采取措施保障劳动者获得职业卫生保护。

工会组织依法对职业病防治工作进行监督，维护劳动者的合法权益。用人单位制定或者修改有关职业病防治的规章制度，应当听取工会组织的意见。

第五条　用人单位应当建立、健全职业病防治责任制，加强对职业病防治的管理，提高职业病防治水平，对本单位产生的职业病危害承担责任。

第六条　用人单位的主要负责人对本单位的职业病防治工作全面负责。

第七条　用人单位必须依法参加工伤保险。

国务院和县级以上地方人民政府劳动保障行政部门应当加强对工伤保险的监督管理，确保劳动者依法享受工伤保险待遇。

第八条 国家鼓励和支持研制、开发、推广、应用有利于职业病防治和保护劳动者健康的新技术、新工艺、新设备、新材料，加强对职业病的机理和发生规律的基础研究，提高职业病防治科学技术水平；积极采用有效的职业病防治技术、工艺、设备、材料；限制使用或者淘汰职业病危害严重的技术、工艺、设备、材料。

国家鼓励和支持职业病医疗康复机构的建设。

第九条 国家实行职业卫生监督制度。

国务院卫生行政部门、劳动保障行政部门依照本法和国务院确定的职责，负责全国职业病防治的监督管理工作。国务院有关部门在各自的职责范围内负责职业病防治的有关监督管理工作。

县级以上地方人民政府卫生行政部门、劳动保障行政部门依据各自职责，负责本行政区域内职业病防治的监督管理工作。县级以上地方人民政府有关部门在各自的职责范围内负责职业病防治的有关监督管理工作。

县级以上人民政府卫生行政部门、劳动保障行政部门（以下统称职业卫生监督管理部门）应当加强沟通，密切配合，按照各自职责分工，依法行使职权，承担责任。

第十条 国务院和县级以上地方人民政府应当制定职业病防治规划，将其纳入国民经济和社会发展计划，并组织实施。

县级以上地方人民政府统一负责、领导、组织、协调本行政区域的职业病防治工作，建立健全职业病防治工作体制、机制，统一领导、指挥职业卫生突发事件应对工作；加强职业病防治能力建设和服务体系建设，完善、落实职业病防治工作责任制。

乡、民族乡、镇的人民政府应当认真执行本法，支持职业卫生监督管理部门依法履行职责。

第十一条 县级以上人民政府职业卫生监督管理部门应当加强对职业病防治的宣传教育，普及职业病防治的知识，增强用人单位的职业病防治观念，提高劳动者的职业健康意识、自我保护意识和行使职业卫生保护权利的能力。

第十二条 有关防治职业病的国家职业卫生标准，由国务院卫生行政部门组织制定并公布。

国务院卫生行政部门应当组织开展重点职业病监测和专项调查，对职业健康风险进行评估，为制定职业卫生标准和职业病防治政策提供科学依据。

县级以上地方人民政府卫生行政部门应当定期对本行政区域的职业病防治情况进行统计和调查分析。

第十三条 任何单位和个人有权对违反本法的行为进行检举和控告。有关部门收到相关的检举和控告后，应当及时处理。

对防治职业病成绩显著的单位和个人，给予奖励。

第二章 前 期 预 防

第十四条 用人单位应当依照法律、法规要求，严格遵守国家职业卫生标准，落实职业病预防措施，从源头上控制和消除职业病危害。

第十五条 产生职业病危害的用人单位的设立除应当符合法律、行政法规规定的设立条件外，其工作场所还应当符合下列职业卫生要求：

（一）职业病危害因素的强度或者浓度符合国家职业卫生标准；

（二）有与职业病危害防护相适应的设施；

（三）生产布局合理，符合有害与无害作业分开的原则；

（四）有配套的更衣间、洗浴间、孕妇休息间等卫生设施；

（五）设备、工具、用具等设施符合保护劳动者生理、心理健康的要求；

（六）法律、行政法规和国务院卫生行政部门关于保护劳动者健康的其他要求。

第十六条 国家建立职业病危害项目申报制度。

用人单位工作场所存在职业病目录所列职业病的危害因素的，应当及时、如实向所在地卫生行政部门申报危害项目，接受监督。

职业病危害因素分类目录由国务院卫生行政部门制定、调整并公布。职业病危害项目申报的具体办法由国务院卫生行政部门制定。

第十七条 新建、扩建、改建建设项目和技术改造、技术引进项目（以下统称建设项目）可能产生职业病危害的，建设单位在可行性论证阶段应当进行职业病危害预评价。

医疗机构建设项目可能产生放射性职业病危害的，建设单位应当向卫生行政部门提交放射性职业病危害预评价报告。卫生行政部门应当自收到预评价报告之日起三十日内，作出审核决定并书面通知建设单位。未提交预评价报告或者预评价报告未经卫生行政部门审核同意的，不得开工建设。

职业病危害预评价报告应当对建设项目可能产生的职业病危害因素及其对工作场所和劳动者健康的影响作出评价，确定危害类别和职业病防护措施。

建设项目职业病危害分类管理办法由国务院卫生行政部门制定。

第十八条 建设项目的职业病防护设施所需费用应当纳入建设项目工程预算，并与主体工程同时设计，同时施工，同时投入生产和使用。

建设项目的职业病防护设施设计应当符合国家职业卫生标准和卫生要求；其中，医疗机构放射性职业病危害严重的建设项目的防护设施设计，应当经卫生行政部门审查同意后，方可施工。

建设项目在竣工验收前，建设单位应当进行职业病危害控制效果评价。

医疗机构可能产生放射性职业病危害的建设项目竣工验收时，其放射性职业病防护设施经卫生行政部门验收合格后，方可投入使用；其他建设项目的职业病防护设施应当由建设单位负责依法组织验收，验收合格后，方可投入生产和使用。卫生行政部门应当加强对建设单位组织的验收活动和验收结果的监督核查。

第十九条 国家对从事放射性、高毒、高危粉尘等作业实行特殊管理。具体管理办法由国务院制定。

第三章　劳动过程中的防护与管理

第二十条 用人单位应当采取下列职业病防治管理措施：

（一）设置或者指定职业卫生管理机构或者组织，配备专职或者兼职的职业卫生管理人员，负责本单位的职业病防治工作；

（二）制定职业病防治计划和实施方案；

（三）建立、健全职业卫生管理制度和操作规程；

（四）建立、健全职业卫生档案和劳动者健康监护档案；

（五）建立、健全工作场所职业病危害因素监测及评价制度；

（六）建立、健全职业病危害事故应急救援预案。

第二十一条 用人单位应当保障职业病防治所需的资金投入，不得挤占、挪用，并对因资金投入不足导致的后果承担责任。

第二十二条 用人单位必须采用有效的职业病防护设施，并为劳动者提供个人使用的职业病防护用品。

用人单位为劳动者个人提供的职业病防护用品必须符合防治职业病的要求；不符合要求的，不得使用。

第二十三条 用人单位应当优先采用有利于防治职业病和保护劳动者健康的新技术、新工艺、新设备、新材料，逐步替代职业病危害严重的技术、工艺、设备、材料。

第二十四条 产生职业病危害的用人单位，应当在醒目位置设置公告栏，公布有关职业病防治的规章制度、操作规程、职业病危害事故应急救援措施和工作场所职业病危害因素检测结果。

对产生严重职业病危害的作业岗位，应当在其醒目位置，设置警示标识和中文警示说明。警示说明应当载明产生职业病危害的种类、后果、预防以及应急救治措施等内容。

第二十五条 对可能发生急性职业损伤的有毒、有害工作场所，用人单位应当设置报警装置，配置现场急救用品、冲洗设备、应急撤离通道和必要的泄险区。

对放射工作场所和放射性同位素的运输、贮存，用人单位必须配置防护设备和报警装置，保证接触放射线的工作人员佩戴个人剂量计。

对职业病防护设备、应急救援设施和个人使用的职业病防护用品，用人单位应当进行经常性的维护、检修，定期检测其性能和效果，确保其处于正常状态，不得擅自拆除或者停止使用。

第二十六条 用人单位应当实施由专人负责的职业病危害因素日常监测，并确保监测系统处于正常运行状态。

用人单位应当按照国务院卫生行政部门的规定，定期对工作场所进行职业病危害因素检测、评价。检测、评价结果存入用人单位职业卫生档案，定期向所在地卫生行政部门报告并向劳动者公布。

职业病危害因素检测、评价由依法设立的取得国务院卫生行政部门或者设区的市级以上地方人民政府卫生行政部门按照职责分工给予资质认可的职业卫生技术服务机构进行。职业卫生技术服务机构所作检测、评价应当客观、真实。

发现工作场所职业病危害因素不符合国家职业卫生标准和卫生要求时，用人单位应当立即采取相应治理措施，仍然达不到国家职业卫生标准和卫生要求的，必须停止存在职业病危害因素的作业；职业病危害因素经治理后，符合国家职业卫生标准和卫生要求的，方可重新作业。

第二十七条 职业卫生技术服务机构依法从事职业病危害因素检测、评价工作，接受卫生行政部门的监督检查。卫生行政部门应当依法履行监督职责。

第二十八条 向用人单位提供可能产生职业病危害的设备的，应当提供中文说明书，并在设备的醒目位置设置警示标识和中文警示说明。警示说明应当载明设备性能、可能产生的职业病危害、安全操作和维护注意事项、职业病防护以及应急救治措施等内容。

第二十九条 向用人单位提供可能产生职业病危害的化学品、放射性同位素和含有放射性物质的材料的，应当提供中文说明书。说明书应当载明产品特性、主要成分、存在的有害因素、可能产生的危害后果、安全使用注意事项、职业病防护以及应急救治措施等内容。产品包装应当有醒目的警示标识和中文警示说明。贮存上述材料的场所应当在规定的部位设置危险物品标识或者放射性警示标识。

国内首次使用或者首次进口与职业病危害有关的化学材料，使用单位或者进口单位按照国家规定经国务院有关部门批准后，应当向国务院卫生行政部门报送该化学材料的毒性鉴定以及经有关部门登记注册或者批准进口的文件等资料。

进口放射性同位素、射线装置和含有放射性物质的物品的，按照国家有关规定办理。

第三十条 任何单位和个人不得生产、经营、进口和使用国家明令禁止使用的可能产生职业病危害的设备或者材料。

第三十一条 任何单位和个人不得将产生职业病危害的作业转移给不具备职业病防护条件的单位和个人。不具备职业病防护条件的单位和个人不得接受产生职业病危害的作业。

第三十二条 用人单位对采用的技术、工艺、设备、材料，应当知悉其产生的职业病危害，对有职业病危害的技术、工艺、设备、材料隐瞒其危害而采用的，对所造成的职业病危害后果承担责任。

第三十三条 用人单位与劳动者订立劳动合同（含聘用合同，下同）时，应当将工作过程中可能产生的职业病危害及其后果、职业病防护措施和待遇等如实告知劳动者，并在劳动合同中写明，不得隐瞒或者欺骗。

劳动者在已订立劳动合同期间因工作岗位或者工作内容变更，从事与所订立劳动合同中未告知的存在职业病危害的作业时，用人单位应当依照前款规定，向劳动者履行如实告知的义务，并协商变更原劳动合同相关条款。

用人单位违反前两款规定的，劳动者有权拒绝从事存在职业病危害的作业，用人单位不得因此解除与劳动者所订立的劳动合同。

第三十四条 用人单位的主要负责人和职业卫生管理人员应当接受职业卫生培训，遵守职业病防治法律、法规，依法组织本单位的职业病防治工作。

用人单位应当对劳动者进行上岗前的职业卫生培训和在岗期间的定期职业卫生培训，普及职业卫生知识，督促劳动者遵守职业病防治法律、法规、规章和操作规程，指导劳动者正确使用职业病防护设备和个人使用的职业病防护用品。

劳动者应当学习和掌握相关的职业卫生知识，增强职业病防范意识，遵守职业病防治法律、法规、规章和操作规程，正确使用、维护职业病防护设备和个人使用的职业病防护用品，发现职业病危害事故隐患应当及时报告。

劳动者不履行前款规定义务的，用人单位应当对其进行教育。

第三十五条 对从事接触职业病危害的作业的劳动者，用人单位应当按照国务院卫生行政部门的规定组织上岗前、在岗期间和离岗时的职业健康检查，并将检查结果书面告知劳动者。职业健康检查费用由用人单位承担。

用人单位不得安排未经上岗前职业健康检查的劳动者从事接触职业病危害的作业；不得安排有职业禁忌的劳动者从事其所禁忌的作业；对在职业健康检查中发现有与所从事的职业相关的健康损害的劳动者，应当调离原工作岗位，并妥善安置；对未进行离岗前职业健康检查的劳动者不得解除或者终止与其订立的劳动合同。

职业健康检查应当由取得《医疗机构执业许可证》的医疗卫生机构承担。卫生行政部门应当加强对职业健康检查工作的规范管理，具体管理办法由国务院卫生行政部门制定。

第三十六条 用人单位应当为劳动者建立职业健康监护档案，并按照规定的期限妥善保存。

职业健康监护档案应当包括劳动者的职业史、职业病危害接触史、职业健康检查结果和职业病诊疗等有关个人健康资料。

劳动者离开用人单位时，有权索取本人职业健康监护档案复印件，用人单位应当如实、无偿提供，并在所提供的复印件上签章。

第三十七条 发生或者可能发生急性职业病危害事故时，用人单位应当立即采取应急救援和控制措施，并及时报告所在地卫生行政部门和有关部门。卫生行政部门接到报告后，应当及时会同有关部门组织调查处理；必要时，可以采取临时控制措施。卫生行政部门应当组织做好医疗救治工作。

对遭受或者可能遭受急性职业病危害的劳动者，用人单位应当及时组织救治、进行健康检查和医学观察，所需费用由用人单位承担。

第三十八条 用人单位不得安排未成年工从事接触职业病危害的作业；不得安排孕期、哺乳期的女职工从事对本人和胎儿、婴儿有危害的作业。

第三十九条 劳动者享有下列职业卫生保护权利：

（一）获得职业卫生教育、培训；

（二）获得职业健康检查、职业病诊疗、康复等职业病防治服务；

（三）了解工作场所产生或者可能产生的职业病危害因素、危害后果和应当采取的职业病防护措施；

（四）要求用人单位提供符合防治职业病要求的职业病防护设施和个人使用的职业病防护用品，改善工作条件；

（五）对违反职业病防治法律、法规以及危及生命健康的行为提出批评、检举和控告；

（六）拒绝违章指挥和强令进行没有职业病防护措施的作业；

（七）参与用人单位职业卫生工作的民主管理，对职业病防治工作提出意见和建议。

用人单位应当保障劳动者行使前款所列权利。因劳动者依法行使正当权利而降低其工资、福利等待遇或者解除、终止与其订立的劳动合同的，其行为无效。

第四十条 工会组织应当督促并协助用人单位开展职业卫生宣传教育和培训，有权对用人单位的职业病防治工作提出意见和建议，依法代表劳动者与用人单位签订劳动安全卫生专项集体合同，与用人单位就劳动者反映的有关职业病防治的问题进行协调并督促解决。

工会组织对用人单位违反职业病防治法律、法规，侵犯劳动者合法权益的行为，有权要求纠正；产生严重职业病危害时，有权要求采取防护措施，或者向政府有关部门建议采取强制性措施；发生职业病危害事故时，有权参与事故调查处理；发现危及劳动者生命健康的情形时，有权向用人单位建议组织劳动者撤离危险现场，用人单位应当立即作出处理。

第四十一条 用人单位按照职业病防治要求，用于预防和治理职业病危害、工作场所卫生检测、健康监护和职业卫生培训等费用，按照国家有关规定，在生产成本中据实列支。

第四十二条 职业卫生监督管理部门应当按照职责分工，加强对用人单位落实职业病防护管理措施情况的监督检查，依法行使职权，承担责任。

第四章 职业病诊断与职业病病人保障

第四十三条 职业病诊断应当由取得《医疗机构执业许可证》的医疗卫生机构承担。卫生行政部门应当加强对职业病诊断工作的规范管理，具体管理办法由国务院卫生行政部门制定。

承担职业病诊断的医疗卫生机构还应当具备下列条件：

（一）具有与开展职业病诊断相适应的医疗卫生技术人员；

（二）具有与开展职业病诊断相适应的仪器、设备；

（三）具有健全的职业病诊断质量管理制度。

承担职业病诊断的医疗卫生机构不得拒绝劳动者进行职业病诊断的要求。

第四十四条 劳动者可以在用人单位所在地、本人户籍所在地或者经常居住地依法承担职业病诊断的医疗卫生机构进行职业病诊断。

第四十五条 职业病诊断标准和职业病诊断、鉴定办法由国务院卫生行政部门制定。职业病伤残等级的鉴定办法由国务院劳动保障行政部门会同国务院卫生行政部门制定。

第四十六条 职业病诊断，应当综合分析下列因素：

（一）病人的职业史；

（二）职业病危害接触史和工作场所职业病危害因素情况；

（三）临床表现以及辅助检查结果等。

没有证据否定职业病危害因素与病人临床表现之间的必然联系的，应当诊断为职业病。

职业病诊断证明书应当由参与诊断的取得职业病诊断资格的执业医师签署，并经承担职业病诊断的医疗卫生机构审核盖章。

第四十七条 用人单位应当如实提供职业病诊断、鉴定所需的劳动者职业史和职业病危害接触史、工作场所职业病危害因素检测结果等资料；卫生行政部门应当监督检查和督促用人单位提供上述资料；劳动者和有关机构也应当提供与职业病诊断、鉴定有关的资料。

职业病诊断、鉴定机构需要了解工作场所职业病危害因素情况时，可以对工作场所进行现场调查，也可以向卫生行政部门提出，卫生行政部门应当在十日内组织现场调查。用人单位不得拒绝、阻挠。

第四十八条 职业病诊断、鉴定过程中，用人单位不提供工作场所职业病危害因素检测结果等资料的，诊断、鉴定机构应当结合劳动者的临床表现、辅助检查结果和劳动者的职业史、职业病危害接触史，并参考劳动者的自述、卫生行政部门提供的日常监督检查信息等，作出职业病诊断、鉴定结论。

劳动者对用人单位提供的工作场所职业病危害因素检测结果等资料有异议，或者因劳动者的用人单位解散、破产，无用人单位提供上述资料的，诊断、鉴定机构应当提请卫生行政部门进行调查，卫生行政部门应当自接到申请之日起三十日内对存在异议的资料或者工作场所职业病危害因素情况作出判定；有关部门应当配合。

第四十九条 职业病诊断、鉴定过程中，在确认劳动者职业史、职业病危害接触史时，当事人对劳动关系、工种、工作岗位或者在岗时间有争议的，可以向当地的劳动人事争议仲裁委员会申请仲裁；接到申请的劳动人事争议仲裁委员会应当受理，并在三十日内作出裁决。

当事人在仲裁过程中对自己提出的主张，有责任提供证据。劳动者无法提供由用人单位掌握管理的与仲裁主张有关的证据的，仲裁庭应当要求用人单位在指定期限内提供；用人单位在指定期限内不提供的，应当承担不利后果。

劳动者对仲裁裁决不服的，可以依法向人民法院提起诉讼。

用人单位对仲裁裁决不服的，可以在职业病诊断、鉴定程序结束之日起十五日内依法向人民法院提起诉讼；诉讼期间，劳动者的治疗费用按照职业病待遇规定的途径支付。

第五十条 用人单位和医疗卫生机构发现职业病病人或者疑似职业病病人时，应当及时向所在地卫生行政部门报告。确诊为职业病的，用人单位还应当向所在地劳动保障行政部门报告。接到报告的部门应当依法作出处理。

第五十一条 县级以上地方人民政府卫生行政部门负责本行政区域内的职业病统计报告的管理工作，并按照规定上报。

第五十二条 当事人对职业病诊断有异议的，可以向作出诊断的医疗卫生机构所在地地方人民政府卫生行政部门申请鉴定。

职业病诊断争议由设区的市级以上地方人民政府卫生行政部门根据当事人的申请，组织职业病诊断鉴定委员会进行鉴定。

当事人对设区的市级职业病诊断鉴定委员会的鉴定结论不服的，可以向省、自治区、直辖市人民政府卫生行政部门申请再鉴定。

第五十三条 职业病诊断鉴定委员会由相关专业的专家组成。

省、自治区、直辖市人民政府卫生行政部门应当设立相关的专家库，需要对职业病争议作出诊断鉴定时，由当事人或者当事人委托有关卫生行政部门从专家库中以随机抽取的方式确定参加诊断鉴定委员会的专家。

职业病诊断鉴定委员会应当按照国务院卫生行政部门颁布的职业病诊断标准和职业病诊断、鉴定办法进行职业病诊断鉴定，向当事人出具职业病诊断鉴定书。职业病诊断、鉴定费用由用人单位承担。

第五十四条 职业病诊断鉴定委员会组成人员应当遵守职业道德，客观、公正地进行诊断鉴定，并承担相应的责任。职业病诊断鉴定委员会组成人员不得私下接触当事人，不得收受当事人的财物或者其他好处，与当事人有利害关系的，应当回避。

人民法院受理有关案件需要进行职业病鉴定时，应当从省、自治区、直辖市人民政府卫生行政部门依法设立的相关的专家库中选取参加鉴定的专家。

第五十五条 医疗卫生机构发现疑似职业病病人时，应当告知劳动者本人并及时通知用人单位。

用人单位应当及时安排对疑似职业病病人进行诊断；在疑似职业病病人诊断或者医学观察期间，不得解除或者终止与其订立的劳动合同。

疑似职业病病人在诊断、医学观察期间的费用，由用人单位承担。

第五十六条 用人单位应当保障职业病病人依法享受国家规定的职业病待遇。

用人单位应当按照国家有关规定，安排职业病病人进行治疗、康复和定期检查。

用人单位对不适宜继续从事原工作的职业病病人，应当调离原岗位，并妥善安置。

用人单位对从事接触职业病危害的作业的劳动者，应当给予适当岗位津贴。

第五十七条 职业病病人的诊疗、康复费用，伤残以及丧失劳动能力的职业病病人的社会保障，按照国家有关工伤保险的规定执行。

第五十八条 职业病病人除依法享有工伤保险外，依照有关民事法律，尚有获得赔偿的权利的，有权向用人单位提出赔偿要求。

第五十九条 劳动者被诊断患有职业病，但用人单位没有依法参加工伤保险的，其医疗和生活保障由该用人单位承担。

第六十条 职业病病人变动工作单位，其依法享有的待遇不变。

用人单位在发生分立、合并、解散、破产等情形时，应当对从事接触职业病危害的作业的劳动者进行健康检查，并按照国家有关规定妥善安置职业病病人。

第六十一条 用人单位已经不存在或者无法确认劳动关系的职业病病人，可以向地方人民政府医疗保障、民政部门申请医疗救助和生活等方面的救助。

地方各级人民政府应当根据本地区的实际情况，采取其他措施，使前款规定的职业病病人获得医疗救治。

第五章 监督检查

第六十二条 县级以上人民政府职业卫生监督管理部门依照职业病防治法律、法规、国家职业卫生标准和卫生要求，依据职责划分，对职业病防治工作进行监督检查。

第六十三条 卫生行政部门履行监督检查职责时，有权采取下列措施：

（一）进入被检查单位和职业病危害现场，了解情况，调查取证；

（二）查阅或者复制与违反职业病防治法律、法规的行为有关的资料和采集样品；

（三）责令违反职业病防治法律、法规的单位和个人停止违法行为。

第六十四条 发生职业病危害事故或者有证据证明危害状态可能导致职业病危害事故发生时，卫生行政部门可以采取下列临时控制措施：

（一）责令暂停导致职业病危害事故的作业；

（二）封存造成职业病危害事故或者可能导致职业病危害事故发生的材料和设备；

（三）组织控制职业病危害事故现场。

在职业病危害事故或者危害状态得到有效控制后，卫生行政部门应当及时解除控制措施。

第六十五条 职业卫生监督执法人员依法执行职务时，应当出示监督执法证件。

职业卫生监督执法人员应当忠于职守，秉公执法，严格遵守执法规范；涉及用人单位的秘密的，应当为其保密。

第六十六条 职业卫生监督执法人员依法执行职务时，被检查单位应当接受检查并予以支持配合，不得拒绝和阻碍。

第六十七条 卫生行政部门及其职业卫生监督执法人员履行职责时，不得有下列行为：

（一）对不符合法定条件的，发给建设项目有关证明文件、资质证明文件或者予以批准；

（二）对已经取得有关证明文件的，不履行监督检查职责；

（三）发现用人单位存在职业病危害的，可能造成职业病危害事故，不及时依法采取控制措施；

（四）其他违反本法的行为。

第六十八条 职业卫生监督执法人员应当依法经过资格认定。

职业卫生监督管理部门应当加强队伍建设，提高职业卫生监督执法人员的政治、业务素质，依照本法和其他有关法律、法规的规定，建立、健全内部监督制度，对其工作人员执行法律、法规和遵守纪律的情况，进行监督检查。

第六章 法 律 责 任

第六十九条 建设单位违反本法规定，有下列行为之一的，由卫生行政部门给予警告，责令限期改正；逾期不改正的，处十万元以上五十万元以下的罚款；情节严重的，责令停止产生职业病危害的作业，或者提请有关人民政府按照国务院规定的权限责令停建、关闭：

（一）未按照规定进行职业病危害预评价的；

（二）医疗机构可能产生放射性职业病危害的建设项目未按照规定提交放射性职业病危害预评价报告，或者放射性职业病危害预评价报告未经卫生行政部门审核同意，开工建设的；

（三）建设项目的职业病防护设施未按照规定与主体工程同时设计、同时施工、同时投入生产和使用的；

（四）建设项目的职业病防护设施设计不符合国家职业卫生标准和卫生要求，或者医疗机构放射性职业病危害严重的建设项目的防护设施设计未经卫生行政部门审查同意擅自施工的；

（五）未按照规定对职业病防护设施进行职业病危害控制效果评价的；

（六）建设项目竣工投入生产和使用前，职业病防护设施未按照规定验收合格的。

第七十条 违反本法规定，有下列行为之一的，由卫生行政部门给予警告，责令限期改正；逾期不改正的，处十万元以下的罚款：

（一）工作场所职业病危害因素检测、评价结果没有存档、上报、公布的；

（二）未采取本法第二十条规定的职业病防治管理措施的；

（三）未按照规定公布有关职业病防治的规章制度、操作规程、职业病危害事故应急救援措施的；

（四）未按照规定组织劳动者进行职业卫生培训，或者未对劳动者个人职业病防护采取指导、督促措施的；

（五）国内首次使用或者首次进口与职业病危害有关的化学材料，未按照规定报送毒性鉴定资料以及经有关部门登记注册或者批准进口的文件的。

第七十一条 用人单位违反本法规定，有下列行为之一的，由卫生行政部门责令限期改正，给予警告，可以并处五万元以上十万元以下的罚款：

（一）未按照规定及时、如实向卫生行政部门申报产生职业病危害的项目的；

（二）未实施由专人负责的职业病危害因素日常监测，或者监测系统不能正常监测的；

（三）订立或者变更劳动合同时，未告知劳动者职业病危害真实情况的；

（四）未按照规定组织职业健康检查、建立职业健康监护档案或者未将检查结果书面告知劳动者的；

（五）未依照本法规定在劳动者离开用人单位时提供职业健康监护档案复印件的。

第七十二条 用人单位违反本法规定，有下列行为之一的，由卫生行政部门给予警告，责令限期改正，逾期不改正的，处五万元以上二十万元以下的罚款；情节严重的，责令停止产生职业病危害的作业，或者提请有关人民政府按照国务院规定的权限责令关闭：

（一）工作场所职业病危害因素的强度或者浓度超过国家职业卫生标准的；

（二）未提供职业病防护设施和个人使用的职业病防护用品，或者提供的职业病防护设施和个人使用的职业病防护用品不符合国家职业卫生标准和卫生要求的；

（三）对职业病防护设备、应急救援设施和个人使用的职业病防护用品未按照规定进行维护、检修、检测，或者不能保持正常运行、使用状态的；

（四）未按照规定对工作场所职业病危害因素进行检测、评价的；

（五）工作场所职业病危害因素经治理仍然达不到国家职业卫生标准和卫生要求时，未停止存在职业病危害因素的作业的；

（六）未按照规定安排职业病病人、疑似职业病病人进行诊治的；

（七）发生或者可能发生急性职业病危害事故时，未立即采取应急救援和控制措施或者未按照规定及时报告的；

（八）未按照规定在产生严重职业病危害的作业岗位醒目位置设置警示标识和中文警示说明的；

（九）拒绝职业卫生监督管理部门监督检查的；

（十）隐瞒、伪造、篡改、毁损职业健康监护档案、工作场所职业病危害因素检测评价结果等相关资料，或者拒不提供职业病诊断、鉴定所需资料的；

（十一）未按照规定承担职业病诊断、鉴定费用和职业病病人的医疗、生活保障费用的。

第七十三条 向用人单位提供可能产生职业病危害的设备、材料，未按照规定提供中文说明书或者设置警示标识和中文警示说明的，由卫生行政部门责令限期改正，给予警告，并处五万元以上二十万元以下的罚款。

第七十四条 用人单位和医疗卫生机构未按照规定报告职业病、疑似职业病的，由有关主管部门依据职责分工责令限期改正，给予警告，可以并处一万元以下的罚款；弄虚作假的，并处二万元以上五万元以下的罚款；对直接负责的主管人员和其他直接责任人员，可以依法给予降级或者撤职的处分。

第七十五条 违反本法规定，有下列情形之一的，由卫生行政部门责令限期治理，并处五万元以上三十万元以下的罚款；情节严重的，责令停止产生职业病危害的作业，或者提请有关人民政府按照国务院规定的权限责令关闭：

（一）隐瞒技术、工艺、设备、材料所产生的职业病危害而采用的；

（二）隐瞒本单位职业卫生真实情况的；

（三）可能发生急性职业损伤的有毒、有害工作场所、放射工作场所或者放射性同位素的运输、贮存不符合本法第二十五条规定的；

（四）使用国家明令禁止使用的可能产生职业病危害的设备或者材料的；

（五）将产生职业病危害的作业转移给没有职业病防护条件的单位和个人，或者没有职业病防护条件的单位和个人接受产生职业病危害的作业的；

（六）擅自拆除、停止使用职业病防护设备或者应急救援设施的；

（七）安排未经职业健康检查的劳动者、有职业禁忌的劳动者、未成年工或者孕期、哺乳期女职工从事接触职业病危害的作业或者禁忌作业的；

（八）违章指挥和强令劳动者进行没有职业病防护措施的作业的。

第七十六条 生产、经营或者进口国家明令禁止使用的可能产生职业病危害的设备或者材料的，依照有关法律、行政法规的规定给予处罚。

第七十七条 用人单位违反本法规定，已经对劳动者生命健康造成严重损害的，由卫生行政部门责令停止产生职业病危害的作业，或者提请有关人民政府按照国务院规定的权限责令关闭，并处十万元以上五十万元以下的罚款。

第七十八条 用人单位违反本法规定，造成重大职业病危害事故或者其他严重后果，构成犯罪的，对直接负责的主管人员和其他直接责任人员，依法追究刑事责任。

第七十九条 未取得职业卫生技术服务资质认可擅自从事职业卫生技术服务的，

由卫生行政部门责令立即停止违法行为，没收违法所得；违法所得五千元以上的，并处违法所得二倍以上十倍以下的罚款；没有违法所得或者违法所得不足五千元的，并处五千元以上五万元以下的罚款；情节严重的，对直接负责的主管人员和其他直接责任人员，依法给予降级、撤职或者开除的处分。

第八十条 从事职业卫生技术服务的机构和承担职业病诊断的医疗卫生机构违反本法规定，有下列行为之一的，由卫生行政部门责令立即停止违法行为，给予警告，没收违法所得；违法所得五千元以上的，并处违法所得二倍以上五倍以下的罚款；没有违法所得或者违法所得不足五千元的，并处五千元以上二万元以下的罚款；情节严重的，由原认可或者登记机关取消其相应的资格；对直接负责的主管人员和其他直接责任人员，依法给予降级、撤职或者开除的处分；构成犯罪的，依法追究刑事责任：

（一）超出资质认可或者诊疗项目登记范围从事职业卫生技术服务或者职业病诊断的；

（二）不按照本法规定履行法定职责的；

（三）出具虚假证明文件的。

第八十一条 职业病诊断鉴定委员会组成人员收受职业病诊断争议当事人的财物或者其他好处的，给予警告，没收收受的财物，可以并处三千元以上五万元以下的罚款，取消其担任职业病诊断鉴定委员会组成人员的资格，并从省、自治区、直辖市人民政府卫生行政部门设立的专家库中予以除名。

第八十二条 卫生行政部门不按照规定报告职业病和职业病危害事故的，由上一级行政部门责令改正，通报批评，给予警告；虚报、瞒报的，对单位负责人、直接负责的主管人员和其他直接责任人员依法给予降级、撤职或者开除的处分。

第八十三条 县级以上地方人民政府在职业病防治工作中未依照本法履行职责，本行政区域出现重大职业病危害事故、造成严重社会影响的，依法对直接负责的主管人员和其他直接责任人员给予记大过直至开除的处分。

县级以上人民政府职业卫生监督管理部门不履行本法规定的职责，滥用职权、玩忽职守、徇私舞弊，依法对直接负责的主管人员和其他直接责任人员给予记大过或者降级的处分；造成职业病危害事故或者其他严重后果的，依法给予撤职或者开除的处分。

第八十四条 违反本法规定，构成犯罪的，依法追究刑事责任。

第七章　附　　则

第八十五条 本法下列用语的含义：

职业病危害，是指对从事职业活动的劳动者可能导致职业病的各种危害。职业病危害因素包括：职业活动中存在的各种有害的化学、物理、生物因素以及在作业过程中产生的其他职业有害因素。

职业禁忌，是指劳动者从事特定职业或者接触特定职业病危害因素时，比一般职业人群更易于遭受职业病危害和罹患职业病或者可能导致原有自身疾病病情加重，或者在从事作业过程中诱发可能导致对他人生命健康构成危险的疾病的个人特殊生理或者病理状态。

第八十六条　本法第二条规定的用人单位以外的单位，产生职业病危害的，其职业病防治活动可以参照本法执行。

劳务派遣用工单位应当履行本法规定的用人单位的义务。

中国人民解放军参照执行本法的办法，由国务院、中央军事委员会制定。

第八十七条　对医疗机构放射性职业病危害控制的监督管理，由卫生行政部门依照本法的规定实施。

第八十八条　本法自2002年5月1日起施行。

中华人民共和国特种设备安全法

（2013年6月29日第十二届全国人民代表大会常务委员会第三次会议通过）

第一章　总　　则

第一条　为了加强特种设备安全工作，预防特种设备事故，保障人身和财产安全，促进经济社会发展，制定本法。

第二条　特种设备的生产（包括设计、制造、安装、改造、修理）、经营、使用、检验、检测和特种设备安全的监督管理，适用本法。

本法所称特种设备，是指对人身和财产安全有较大危险性的锅炉、压力容器（含气瓶）、压力管道、电梯、起重机械、客运索道、大型游乐设施、场（厂）内专用机动车辆，以及法律、行政法规规定适用本法的其他特种设备。

国家对特种设备实行目录管理。特种设备目录由国务院负责特种设备安全监督管理的部门制定，报国务院批准后执行。

第三条　特种设备安全工作应当坚持安全第一、预防为主、节能环保、综合治理的原则。

第四条　国家对特种设备的生产、经营、使用，实施分类的、全过程的安全监督管理。

第五条　国务院负责特种设备安全监督管理的部门对全国特种设备安全实施监督管理。县级以上地方各级人民政府负责特种设备安全监督管理的部门对本行政区域内特种设备安全实施监督管理。

第六条　国务院和地方各级人民政府应当加强对特种设备安全工作的领导，督促各有关部门依法履行监督管理职责。

县级以上地方各级人民政府应当建立协调机制，及时协调、解决特种设备安全监督管理中存在的问题。

第七条 特种设备生产、经营、使用单位应当遵守本法和其他有关法律、法规，建立、健全特种设备安全和节能责任制度，加强特种设备安全和节能管理，确保特种设备生产、经营、使用安全，符合节能要求。

第八条 特种设备生产、经营、使用、检验、检测应当遵守有关特种设备安全技术规范及相关标准。

特种设备安全技术规范由国务院负责特种设备安全监督管理的部门制定。

第九条 特种设备行业协会应当加强行业自律，推进行业诚信体系建设，提高特种设备安全管理水平。

第十条 国家支持有关特种设备安全的科学技术研究，鼓励先进技术和先进管理方法的推广应用，对做出突出贡献的单位和个人给予奖励。

第十一条 负责特种设备安全监督管理的部门应当加强特种设备安全宣传教育，普及特种设备安全知识，增强社会公众的特种设备安全意识。

第十二条 任何单位和个人有权向负责特种设备安全监督管理的部门和有关部门举报涉及特种设备安全的违法行为，接到举报的部门应当及时处理。

第二章　生产、经营、使用

第一节　一　般　规　定

第十三条 特种设备生产、经营、使用单位及其主要负责人对其生产、经营、使用的特种设备安全负责。

特种设备生产、经营、使用单位应当按照国家有关规定配备特种设备安全管理人员、检测人员和作业人员，并对其进行必要的安全教育和技能培训。

第十四条 特种设备安全管理人员、检测人员和作业人员应当按照国家有关规定取得相应资格，方可从事相关工作。特种设备安全管理人员、检测人员和作业人员应当严格执行安全技术规范和管理制度，保证特种设备安全。

第十五条 特种设备生产、经营、使用单位对其生产、经营、使用的特种设备应当进行自行检测和维护保养，对国家规定实行检验的特种设备应当及时申报并接受检验。

第十六条 特种设备采用新材料、新技术、新工艺，与安全技术规范的要求不一致，或者安全技术规范未作要求、可能对安全性能有重大影响的，应当向国务院负责特种设备安全监督管理的部门申报，由国务院负责特种设备安全监督管理的部门及时委托安全技术咨询机构或者相关专业机构进行技术评审，评审结果经国务院负责特种设备安全监督管理的部门批准，方可投入生产、使用。

国务院负责特种设备安全监督管理的部门应当将允许使用的新材料、新技术、新工艺的有关技术要求，及时纳入安全技术规范。

第十七条 国家鼓励投保特种设备安全责任保险。

第二节　生　　产

第十八条　国家按照分类监督管理的原则对特种设备生产实行许可制度。特种设备生产单位应当具备下列条件，并经负责特种设备安全监督管理的部门许可，方可从事生产活动：

（一）有与生产相适应的专业技术人员；

（二）有与生产相适应的设备、设施和工作场所；

（三）有健全的质量保证、安全管理和岗位责任等制度。

第十九条　特种设备生产单位应当保证特种设备生产符合安全技术规范及相关标准的要求，对其生产的特种设备的安全性能负责。不得生产不符合安全性能要求和能效指标以及国家明令淘汰的特种设备。

第二十条　锅炉、气瓶、氧舱、客运索道、大型游乐设施的设计文件，应当经负责特种设备安全监督管理的部门核准的检验机构鉴定，方可用于制造。

特种设备产品、部件或者试制的特种设备新产品、新部件以及特种设备采用的新材料，按照安全技术规范的要求需要通过型式试验进行安全性验证的，应当经负责特种设备安全监督管理的部门核准的检验机构进行型式试验。

第二十一条　特种设备出厂时，应当随附安全技术规范要求的设计文件、产品质量合格证明、安装及使用维护保养说明、监督检验证明等相关技术资料和文件，并在特种设备显著位置设置产品铭牌、安全警示标志及其说明。

第二十二条　电梯的安装、改造、修理，必须由电梯制造单位或者其委托的依照本法取得相应许可的单位进行。电梯制造单位委托其他单位进行电梯安装、改造、修理的，应当对其安装、改造、修理进行安全指导和监控，并按照安全技术规范的要求进行校验和调试。电梯制造单位对电梯安全性能负责。

第二十三条　特种设备安装、改造、修理的施工单位应当在施工前将拟进行的特种设备安装、改造、修理情况书面告知直辖市或者设区的市级人民政府负责特种设备安全监督管理的部门。

第二十四条　特种设备安装、改造、修理竣工后，安装、改造、修理的施工单位应当在验收后三十日内将相关技术资料和文件移交特种设备使用单位。特种设备使用单位应当将其存入该特种设备的安全技术档案。

第二十五条　锅炉、压力容器、压力管道元件等特种设备的制造过程和锅炉、压力容器、压力管道、电梯、起重机械、客运索道、大型游乐设施的安装、改造、重大修理过程，应当经特种设备检验机构按照安全技术规范的要求进行监督检验；未经监督检验或者监督检验不合格的，不得出厂或者交付使用。

第二十六条　国家建立缺陷特种设备召回制度。因生产原因造成特种设备存在危及安全的同一性缺陷的，特种设备生产单位应当立即停止生产，主动召回。

国务院负责特种设备安全监督管理的部门发现特种设备存在应当召回而未召回的情形时，应当责令特种设备生产单位召回。

第三节 经　　营

第二十七条 特种设备销售单位销售的特种设备，应当符合安全技术规范及相关标准的要求，其设计文件、产品质量合格证明、安装及使用维护保养说明、监督检验证明等相关技术资料和文件应当齐全。

特种设备销售单位应当建立特种设备检查验收和销售记录制度。

禁止销售未取得许可生产的特种设备，未经检验和检验不合格的特种设备，或者国家明令淘汰和已经报废的特种设备。

第二十八条 特种设备出租单位不得出租未取得许可生产的特种设备或者国家明令淘汰和已经报废的特种设备，以及未按照安全技术规范的要求进行维护保养和未经检验或者检验不合格的特种设备。

第二十九条 特种设备在出租期间的使用管理和维护保养义务由特种设备出租单位承担，法律另有规定或者当事人另有约定的除外。

第三十条 进口的特种设备应当符合我国安全技术规范的要求，并经检验合格；需要取得我国特种设备生产许可的，应当取得许可。

进口特种设备随附的技术资料和文件应当符合本法第二十一条的规定，其安装及使用维护保养说明、产品铭牌、安全警示标志及其说明应当采用中文。

特种设备的进出口检验，应当遵守有关进出口商品检验的法律、行政法规。

第三十一条 进口特种设备，应当向进口地负责特种设备安全监督管理的部门履行提前告知义务。

第四节 使　　用

第三十二条 特种设备使用单位应当使用取得许可生产并经检验合格的特种设备。

禁止使用国家明令淘汰和已经报废的特种设备。

第三十三条 特种设备使用单位应当在特种设备投入使用前或者投入使用后三十日内，向负责特种设备安全监督管理的部门办理使用登记，取得使用登记证书。登记标志应当置于该特种设备的显著位置。

第三十四条 特种设备使用单位应当建立岗位责任、隐患治理、应急救援等安全管理制度，制定操作规程，保证特种设备安全运行。

第三十五条 特种设备使用单位应当建立特种设备安全技术档案。安全技术档案应当包括以下内容：

（一）特种设备的设计文件、产品质量合格证明、安装及使用维护保养说明、监督检验证明等相关技术资料和文件；

（二）特种设备的定期检验和定期自行检查记录；

（三）特种设备的日常使用状况记录；

（四）特种设备及其附属仪器仪表的维护保养记录；

（五）特种设备的运行故障和事故记录。

第三十六条 电梯、客运索道、大型游乐设施等为公众提供服务的特种设备的运营使用单位，应当对特种设备的使用安全负责，设置特种设备安全管理机构或者配备专职的特种设备安全管理人员；其他特种设备使用单位，应当根据情况设置特种设备安全管理机构或者配备专职、兼职的特种设备安全管理人员。

第三十七条 特种设备的使用应当具有规定的安全距离、安全防护措施。

与特种设备安全相关的建筑物、附属设施，应当符合有关法律、行政法规的规定。

第三十八条 特种设备属于共有的，共有人可以委托物业服务单位或者其他管理人管理特种设备，受托人履行本法规定的特种设备使用单位的义务，承担相应责任。共有人未委托的，由共有人或者实际管理人履行管理义务，承担相应责任。

第三十九条 特种设备使用单位应当对其使用的特种设备进行经常性维护保养和定期自行检查，并作出记录。

特种设备使用单位应当对其使用的特种设备的安全附件、安全保护装置进行定期校验、检修，并作出记录。

第四十条 特种设备使用单位应当按照安全技术规范的要求，在检验合格有效期届满前一个月向特种设备检验机构提出定期检验要求。

特种设备检验机构接到定期检验要求后，应当按照安全技术规范的要求及时进行安全性能检验。特种设备使用单位应当将定期检验标志置于该特种设备的显著位置。

未经定期检验或者检验不合格的特种设备，不得继续使用。

第四十一条 特种设备安全管理人员应当对特种设备使用状况进行经常性检查，发现问题应当立即处理；情况紧急时，可以决定停止使用特种设备并及时报告本单位有关负责人。

特种设备作业人员在作业过程中发现事故隐患或者其他不安全因素，应当立即向特种设备安全管理人员和单位有关负责人报告；特种设备运行不正常时，特种设备作业人员应当按照操作规程采取有效措施保证安全。

第四十二条 特种设备出现故障或者发生异常情况，特种设备使用单位应当对其进行全面检查，消除事故隐患，方可继续使用。

第四十三条 客运索道、大型游乐设施在每日投入使用前，其运营使用单位应当进行试运行和例行安全检查，并对安全附件和安全保护装置进行检查确认。

电梯、客运索道、大型游乐设施的运营使用单位应当将电梯、客运索道、大型游乐设施的安全使用说明、安全注意事项和警示标志置于易于为乘客注意的显著位置。

公众乘坐或者操作电梯、客运索道、大型游乐设施，应当遵守安全使用说明和安全注意事项的要求，服从有关工作人员的管理和指挥；遇有运行不正常时，应当按照安全指引，有序撤离。

第四十四条 锅炉使用单位应当按照安全技术规范的要求进行锅炉水（介）质处理，并接受特种设备检验机构的定期检验。

从事锅炉清洗，应当按照安全技术规范的要求进行，并接受特种设备检验机构的监督检验。

第四十五条 电梯的维护保养应当由电梯制造单位或者依照本法取得许可的安

装、改造、修理单位进行。

电梯的维护保养单位应当在维护保养中严格执行安全技术规范的要求，保证其维护保养的电梯的安全性能，并负责落实现场安全防护措施，保证施工安全。

电梯的维护保养单位应当对其维护保养的电梯的安全性能负责；接到故障通知后，应当立即赶赴现场，并采取必要的应急救援措施。

第四十六条 电梯投入使用后，电梯制造单位应当对其制造的电梯的安全运行情况进行跟踪调查和了解，对电梯的维护保养单位或者使用单位在维护保养和安全运行方面存在的问题，提出改进建议，并提供必要的技术帮助；发现电梯存在严重事故隐患时，应当及时告知电梯使用单位，并向负责特种设备安全监督管理的部门报告。电梯制造单位对调查和了解的情况，应当作出记录。

第四十七条 特种设备进行改造、修理，按照规定需要变更使用登记的，应当办理变更登记，方可继续使用。

第四十八条 特种设备存在严重事故隐患，无改造、修理价值，或者达到安全技术规范规定的其他报废条件的，特种设备使用单位应当依法履行报废义务，采取必要措施消除该特种设备的使用功能，并向原登记的负责特种设备安全监督管理的部门办理使用登记证书注销手续。

前款规定报废条件以外的特种设备，达到设计使用年限可以继续使用的，应当按照安全技术规范的要求通过检验或者安全评估，并办理使用登记证书变更，方可继续使用。允许继续使用的，应当采取加强检验、检测和维护保养等措施，确保使用安全。

第四十九条 移动式压力容器、气瓶充装单位，应当具备下列条件，并经负责特种设备安全监督管理的部门许可，方可从事充装活动：

（一）有与充装和管理相适应的管理人员和技术人员；

（二）有与充装和管理相适应的充装设备、检测手段、场地厂房、器具、安全设施；

（三）有健全的充装管理制度、责任制度、处理措施。

充装单位应当建立充装前后的检查、记录制度，禁止对不符合安全技术规范要求的移动式压力容器和气瓶进行充装。

气瓶充装单位应当向气体使用者提供符合安全技术规范要求的气瓶，对气体使用者进行气瓶安全使用指导，并按照安全技术规范的要求办理气瓶使用登记，及时申报定期检验。

第三章 检验、检测

第五十条 从事本法规定的监督检验、定期检验的特种设备检验机构，以及为特种设备生产、经营、使用提供检测服务的特种设备检测机构，应当具备下列条件，并经负责特种设备安全监督管理的部门核准，方可从事检验、检测工作：

（一）有与检验、检测工作相适应的检验、检测人员；

（二）有与检验、检测工作相适应的检验、检测仪器和设备；

（三）有健全的检验、检测管理制度和责任制度。

第五十一条 特种设备检验、检测机构的检验、检测人员应当经考核，取得检验、检测人员资格，方可从事检验、检测工作。

特种设备检验、检测机构的检验、检测人员不得同时在两个以上检验、检测机构中执业；变更执业机构的，应当依法办理变更手续。

第五十二条 特种设备检验、检测工作应当遵守法律、行政法规的规定，并按照安全技术规范的要求进行。

特种设备检验、检测机构及其检验、检测人员应当依法为特种设备生产、经营、使用单位提供安全、可靠、便捷、诚信的检验、检测服务。

第五十三条 特种设备检验、检测机构及其检验、检测人员应当客观、公正、及时地出具检验、检测报告，并对检验、检测结果和鉴定结论负责。

特种设备检验、检测机构及其检验、检测人员在检验、检测中发现特种设备存在严重事故隐患时，应当及时告知相关单位，并立即向负责特种设备安全监督管理的部门报告。

负责特种设备安全监督管理的部门应当组织对特种设备检验、检测机构的检验、检测结果和鉴定结论进行监督抽查，但应当防止重复抽查。监督抽查结果应当向社会公布。

第五十四条 特种设备生产、经营、使用单位应当按照安全技术规范的要求向特种设备检验、检测机构及其检验、检测人员提供特种设备相关资料和必要的检验、检测条件，并对资料的真实性负责。

第五十五条 特种设备检验、检测机构及其检验、检测人员对检验、检测过程中知悉的商业秘密，负有保密义务。

特种设备检验、检测机构及其检验、检测人员不得从事有关特种设备的生产、经营活动，不得推荐或者监制、监销特种设备。

第五十六条 特种设备检验机构及其检验人员利用检验工作故意刁难特种设备生产、经营、使用单位的，特种设备生产、经营、使用单位有权向负责特种设备安全监督管理的部门投诉，接到投诉的部门应当及时进行调查处理。

第四章 监督管理

第五十七条 负责特种设备安全监督管理的部门依照本法规定，对特种设备生产、经营、使用单位和检验、检测机构实施监督检查。

负责特种设备安全监督管理的部门应当对学校、幼儿园以及医院、车站、客运码头、商场、体育场馆、展览馆、公园等公众聚集场所的特种设备，实施重点安全监督检查。

第五十八条 负责特种设备安全监督管理的部门实施本法规定的许可工作，应当依照本法和其他有关法律、行政法规规定的条件和程序以及安全技术规范的要求进行审查；不符合规定的，不得许可。

第五十九条 负责特种设备安全监督管理的部门在办理本法规定的许可时，其受理、审查、许可的程序必须公开，并应当自受理申请之日起三十日内，作出许可或者不予许可的决定；不予许可的，应当书面向申请人说明理由。

第六十条 负责特种设备安全监督管理的部门对依法办理使用登记的特种设备应当建立完整的监督管理档案和信息查询系统；对达到报废条件的特种设备，应当及时督促特种设备使用单位依法履行报废义务。

第六十一条 负责特种设备安全监督管理的部门在依法履行监督检查职责时，可以行使下列职权：

（一）进入现场进行检查，向特种设备生产、经营、使用单位和检验、检测机构的主要负责人和其他有关人员调查、了解有关情况；

（二）根据举报或者取得的涉嫌违法证据，查阅、复制特种设备生产、经营、使用单位和检验、检测机构的有关合同、发票、账簿以及其他有关资料；

（三）对有证据表明不符合安全技术规范要求或者存在严重事故隐患的特种设备实施查封、扣押；

（四）对流入市场的达到报废条件或者已经报废的特种设备实施查封、扣押；

（五）对违反本法规定的行为作出行政处罚决定。

第六十二条 负责特种设备安全监督管理的部门在依法履行职责过程中，发现违反本法规定和安全技术规范要求的行为或者特种设备存在事故隐患时，应当以书面形式发出特种设备安全监察指令，责令有关单位及时采取措施予以改正或者消除事故隐患。紧急情况下要求有关单位采取紧急处置措施的，应当随后补发特种设备安全监察指令。

第六十三条 负责特种设备安全监督管理的部门在依法履行职责过程中，发现重大违法行为或者特种设备存在严重事故隐患时，应当责令有关单位立即停止违法行为、采取措施消除事故隐患，并及时向上级负责特种设备安全监督管理的部门报告。接到报告的负责特种设备安全监督管理的部门应当采取必要措施，及时予以处理。

对违法行为、严重事故隐患的处理需要当地人民政府和有关部门的支持、配合时，负责特种设备安全监督管理的部门应当报告当地人民政府，并通知其他有关部门。当地人民政府和其他有关部门应当采取必要措施，及时予以处理。

第六十四条 地方各级人民政府负责特种设备安全监督管理的部门不得要求已经依照本法规定在其他地方取得许可的特种设备生产单位重复取得许可，不得要求对已经依照本法规定在其他地方检验合格的特种设备重复进行检验。

第六十五条 负责特种设备安全监督管理的部门的安全监察人员应当熟悉相关法律、法规，具有相应的专业知识和工作经验，取得特种设备安全行政执法证件。

特种设备安全监察人员应当忠于职守、坚持原则、秉公执法。

负责特种设备安全监督管理的部门实施安全监督检查时，应当有二名以上特种设备安全监察人员参加，并出示有效的特种设备安全行政执法证件。

第六十六条 负责特种设备安全监督管理的部门对特种设备生产、经营、使用单位和检验、检测机构实施监督检查，应当对每次监督检查的内容、发现的问题及处理情况作出记录，并由参加监督检查的特种设备安全监察人员和被检查单位的有关负责人签字后归档。被检查单位的有关负责人拒绝签字的，特种设备安全监察人员应当将情况记录在案。

第六十七条 负责特种设备安全监督管理的部门及其工作人员不得推荐或者监制、监销特种设备；对履行职责过程中知悉的商业秘密负有保密义务。

第六十八条 国务院负责特种设备安全监督管理的部门和省、自治区、直辖市人民政府负责特种设备安全监督管理的部门应当定期向社会公布特种设备安全总体状况。

第五章 事故应急救援与调查处理

第六十九条 国务院负责特种设备安全监督管理的部门应当依法组织制定特种设备重特大事故应急预案，报国务院批准后纳入国家突发事件应急预案体系。

县级以上地方各级人民政府及其负责特种设备安全监督管理的部门应当依法组织制定本行政区域内特种设备事故应急预案，建立或者纳入相应的应急处置与救援体系。

特种设备使用单位应当制定特种设备事故应急专项预案，并定期进行应急演练。

第七十条 特种设备发生事故后，事故发生单位应当按照应急预案采取措施，组织抢救，防止事故扩大，减少人员伤亡和财产损失，保护事故现场和有关证据，并及时向事故发生地县级以上人民政府负责特种设备安全监督管理的部门和有关部门报告。

县级以上人民政府负责特种设备安全监督管理的部门接到事故报告，应当尽快核实情况，立即向本级人民政府报告，并按照规定逐级上报。必要时，负责特种设备安全监督管理的部门可以越级上报事故情况。对特别重大事故、重大事故，国务院负责特种设备安全监督管理的部门应当立即报告国务院并通报国务院安全生产监督管理部门等有关部门。

与事故相关的单位和人员不得迟报、谎报或者瞒报事故情况，不得隐匿、毁灭有关证据或者故意破坏事故现场。

第七十一条 事故发生地人民政府接到事故报告，应当依法启动应急预案，采取应急处置措施，组织应急救援。

第七十二条 特种设备发生特别重大事故，由国务院或者国务院授权有关部门组织事故调查组进行调查。

发生重大事故，由国务院负责特种设备安全监督管理的部门会同有关部门组织事故调查组进行调查。

发生较大事故，由省、自治区、直辖市人民政府负责特种设备安全监督管理的部门会同有关部门组织事故调查组进行调查。

发生一般事故，由设区的市级人民政府负责特种设备安全监督管理的部门会同有关部门组织事故调查组进行调查。

事故调查组应当依法、独立、公正开展调查，提出事故调查报告。

第七十三条 组织事故调查的部门应当将事故调查报告报本级人民政府，并报上一级人民政府负责特种设备安全监督管理的部门备案。有关部门和单位应当依照法律、行政法规的规定，追究事故责任单位和人员的责任。

事故责任单位应当依法落实整改措施，预防同类事故发生。事故造成损害的，事故责任单位应当依法承担赔偿责任。

第六章 法 律 责 任

第七十四条 违反本法规定，未经许可从事特种设备生产活动的，责令停止生产，没收违法制造的特种设备，处十万元以上五十万元以下罚款；有违法所得的，没收违法所得；已经实施安装、改造、修理的，责令恢复原状或者责令限期由取得许可的单位重新安装、改造、修理。

第七十五条 违反本法规定，特种设备的设计文件未经鉴定，擅自用于制造的，责令改正，没收违法制造的特种设备，处五万元以上五十万元以下罚款。

第七十六条 违反本法规定，未进行型式试验的，责令限期改正；逾期未改正的，处三万元以上三十万元以下罚款。

第七十七条 违反本法规定，特种设备出厂时，未按照安全技术规范的要求随附相关技术资料和文件的，责令限期改正；逾期未改正的，责令停止制造、销售，处二万元以上二十万元以下罚款；有违法所得的，没收违法所得。

第七十八条 违反本法规定，特种设备安装、改造、修理的施工单位在施工前未书面告知负责特种设备安全监督管理的部门即行施工的，或者在验收后三十日内未将相关技术资料和文件移交特种设备使用单位的，责令限期改正；逾期未改正的，处一万元以上十万元以下罚款。

第七十九条 违反本法规定，特种设备的制造、安装、改造、重大修理以及锅炉清洗过程，未经监督检验的，责令限期改正；逾期未改正的，处五万元以上二十万元以下罚款；有违法所得的，没收违法所得；情节严重的，吊销生产许可证。

第八十条 违反本法规定，电梯制造单位有下列情形之一的，责令限期改正；逾期未改正的，处一万元以上十万元以下罚款：

（一）未按照安全技术规范的要求对电梯进行校验、调试的；

（二）对电梯的安全运行情况进行跟踪调查和了解时，发现存在严重事故隐患，未及时告知电梯使用单位并向负责特种设备安全监督管理的部门报告的。

第八十一条 违反本法规定，特种设备生产单位有下列行为之一的，责令限期改正；逾期未改正的，责令停止生产，处五万元以上五十万元以下罚款；情节严重的，吊销生产许可证：

（一）不再具备生产条件、生产许可证已经过期或者超出许可范围生产的；

（二）明知特种设备存在同一性缺陷，未立即停止生产并召回的。

违反本法规定，特种设备生产单位生产、销售、交付国家明令淘汰的特种设备的，责令停止生产、销售，没收违法生产、销售、交付的特种设备，处三万元以上三十万元以下罚款；有违法所得的，没收违法所得。

特种设备生产单位涂改、倒卖、出租、出借生产许可证的，责令停止生产，处五万元以上五十万元以下罚款；情节严重的，吊销生产许可证。

第八十二条 违反本法规定，特种设备经营单位有下列行为之一的，责令停止经营，没收违法经营的特种设备，处三万元以上三十万元以下罚款；有违法所得的，没收违法所得：

（一）销售、出租未取得许可生产，未经检验或者检验不合格的特种设备的；

（二）销售、出租国家明令淘汰、已经报废的特种设备，或者未按照安全技术规范的要求进行维护保养的特种设备的。

违反本法规定，特种设备销售单位未建立检查验收和销售记录制度，或者进口特种设备未履行提前告知义务的，责令改正，处一万元以上十万元以下罚款。

特种设备生产单位销售、交付未经检验或者检验不合格的特种设备的，依照本条第一款规定处罚；情节严重的，吊销生产许可证。

第八十三条 违反本法规定，特种设备使用单位有下列行为之一的，责令限期改正；逾期未改正的，责令停止使用有关特种设备，处一万元以上十万元以下罚款：

（一）使用特种设备未按照规定办理使用登记的；

（二）未建立特种设备安全技术档案或者安全技术档案不符合规定要求，或者未依法设置使用登记标志、定期检验标志的；

（三）未对其使用的特种设备进行经常性维护保养和定期自行检查，或者未对其使用的特种设备的安全附件、安全保护装置进行定期校验、检修，并作出记录的；

（四）未按照安全技术规范的要求及时申报并接受检验的；

（五）未按照安全技术规范的要求进行锅炉水（介）质处理的；

（六）未制定特种设备事故应急专项预案的。

第八十四条 违反本法规定，特种设备使用单位有下列行为之一的，责令停止使用有关特种设备，处三万元以上三十万元以下罚款：

（一）使用未取得许可生产，未经检验或者检验不合格的特种设备，或者国家明令淘汰、已经报废的特种设备的；

（二）特种设备出现故障或者发生异常情况，未对其进行全面检查、消除事故隐患，继续使用的；

（三）特种设备存在严重事故隐患，无改造、修理价值，或者达到安全技术规范规定的其他报废条件，未依法履行报废义务，并办理使用登记证书注销手续的。

第八十五条 违反本法规定，移动式压力容器、气瓶充装单位有下列行为之一的，责令改正，处二万元以上二十万元以下罚款；情节严重的，吊销充装许可证：

（一）未按照规定实施充装前后的检查、记录制度的；

（二）对不符合安全技术规范要求的移动式压力容器和气瓶进行充装的。

违反本法规定，未经许可，擅自从事移动式压力容器或者气瓶充装活动的，予以取缔，没收违法充装的气瓶，处十万元以上五十万元以下罚款；有违法所得的，没收违法所得。

第八十六条 违反本法规定，特种设备生产、经营、使用单位有下列情形之一的，责令限期改正；逾期未改正的，责令停止使用有关特种设备或者停产停业整顿，处一万元以上五万元以下罚款：

（一）未配备具有相应资格的特种设备安全管理人员、检测人员和作业人员的；

（二）使用未取得相应资格的人员从事特种设备安全管理、检测和作业的；

（三）未对特种设备安全管理人员、检测人员和作业人员进行安全教育和技能培训的。

第八十七条 违反本法规定，电梯、客运索道、大型游乐设施的运营使用单位有下列情形之一的，责令限期改正；逾期未改正的，责令停止使用有关特种设备或者停产停业整顿，处二万元以上十万元以下罚款：

（一）未设置特种设备安全管理机构或者配备专职的特种设备安全管理人员的；

（二）客运索道、大型游乐设施每日投入使用前，未进行试运行和例行安全检查，未对安全附件和安全保护装置进行检查确认的；

（三）未将电梯、客运索道、大型游乐设施的安全使用说明、安全注意事项和警示标志置于易于为乘客注意的显著位置的。

第八十八条 违反本法规定，未经许可，擅自从事电梯维护保养的，责令停止违法行为，处一万元以上十万元以下罚款；有违法所得的，没收违法所得。

电梯的维护保养单位未按照本法规定以及安全技术规范的要求，进行电梯维护保养的，依照前款规定处罚。

第八十九条 发生特种设备事故，有下列情形之一的，对单位处五万元以上二十万元以下罚款；对主要负责人处一万元以上五万元以下罚款；主要负责人属于国家工作人员的，并依法给予处分：

（一）发生特种设备事故时，不立即组织抢救或者在事故调查处理期间擅离职守或者逃匿的；

（二）对特种设备事故迟报、谎报或者瞒报的。

第九十条 发生事故，对负有责任的单位除要求其依法承担相应的赔偿等责任外，依照下列规定处以罚款：

（一）发生一般事故，处十万元以上二十万元以下罚款；

（二）发生较大事故，处二十万元以上五十万元以下罚款；

（三）发生重大事故，处五十万元以上二百万元以下罚款。

第九十一条 事故发生负有责任的单位的主要负责人未依法履行职责或者负有领导责任的，依照下列规定处以罚款；属于国家工作人员的，并依法给予处分：

（一）发生一般事故，处上一年年收入百分之三十的罚款；

（二）发生较大事故，处上一年年收入百分之四十的罚款；

（三）发生重大事故，处上一年年收入百分之六十的罚款。

第九十二条 违反本法规定，特种设备安全管理人员、检测人员和作业人员不履行岗位职责，违反操作规程和有关安全规章制度，造成事故的，吊销相关人员的资格。

第九十三条 违反本法规定，特种设备检验、检测机构及其检验、检测人员有下列行为之一的，责令改正，对机构处五万元以上二十万元以下罚款，对直接负责的主管人员和其他直接责任人员处五千元以上五万元以下罚款；情节严重的，吊销机构资质和有关人员的资格：

（一）未经核准或者超出核准范围、使用未取得相应资格的人员从事检验、检测的；

（二）未按照安全技术规范的要求进行检验、检测的；

（三）出具虚假的检验、检测结果和鉴定结论或者检验、检测结果和鉴定结论严重失实的；

（四）发现特种设备存在严重事故隐患，未及时告知相关单位，并立即向负责特种设备安全监督管理的部门报告的；

（五）泄露检验、检测过程中知悉的商业秘密的；

（六）从事有关特种设备的生产、经营活动的；

（七）推荐或者监制、监销特种设备的；

（八）利用检验工作故意刁难相关单位的。

违反本法规定，特种设备检验、检测机构的检验、检测人员同时在两个以上检验、检测机构中执业的，处五千元以上五万元以下罚款；情节严重的，吊销其资格。

第九十四条 违反本法规定，负责特种设备安全监督管理的部门及其工作人员有下列行为之一的，由上级机关责令改正；对直接负责的主管人员和其他直接责任人员，依法给予处分：

（一）未依照法律、行政法规规定的条件、程序实施许可的；

（二）发现未经许可擅自从事特种设备的生产、使用或者检验、检测活动不予取缔或者不依法予以处理的；

（三）发现特种设备生产单位不再具备本法规定的条件而不吊销其许可证，或者发现特种设备生产、经营、使用违法行为不予查处的；

（四）发现特种设备检验、检测机构不再具备本法规定的条件而不撤销其核准，或者对其出具虚假的检验、检测结果和鉴定结论或者检验、检测结果和鉴定结论严重失实的行为不予查处的；

（五）发现违反本法规定和安全技术规范要求的行为或者特种设备存在事故隐患，不立即处理的；

（六）发现重大违法行为或者特种设备存在严重事故隐患，未及时向上级负责特种设备安全监督管理的部门报告，或者接到报告的负责特种设备安全监督管理的部门不立即处理的；

（七）要求已经依照本法规定在其他地方取得许可的特种设备生产单位重复取得许可，或者要求对已经依照本法规定在其他地方检验合格的特种设备重复进行检验的；

（八）推荐或者监制、监销特种设备的；

（九）泄露履行职责过程中知悉的商业秘密的；

（十）接到特种设备事故报告未立即向本级人民政府报告，并按照规定上报的；

（十一）迟报、漏报、谎报或者瞒报事故的；

（十二）妨碍事故救援或者事故调查处理的；

（十三）其他滥用职权、玩忽职守、徇私舞弊的行为。

第九十五条 违反本法规定，特种设备生产、经营、使用单位或者检验、检测机构拒不接受负责特种设备安全监督管理的部门依法实施的监督检查的，责令限期改正；逾期未改正的，责令停产停业整顿，处二万元以上二十万元以下罚款。

特种设备生产、经营、使用单位擅自动用、调换、转移、损毁被查封、扣押的特种设备或者其主要部件的，责令改正，处五万元以上二十万元以下罚款；情节严重的，吊销生产许可证，注销特种设备使用登记证书。

第九十六条 违反本法规定，被依法吊销许可证的，自吊销许可证之日起三年内，负责特种设备安全监督管理的部门不予受理其新的许可申请。

第九十七条 违反本法规定，造成人身、财产损害的，依法承担民事责任。

违反本法规定，应当承担民事赔偿责任和缴纳罚款、罚金，其财产不足以同时支付时，先承担民事赔偿责任。

第九十八条 违反本法规定，构成违反治安管理行为的，依法给予治安管理处罚；构成犯罪的，依法追究刑事责任。

第七章 附 则

第九十九条 特种设备行政许可、检验的收费，依照法律、行政法规的规定执行。

第一百条 军事装备、核设施、航空航天器使用的特种设备安全的监督管理不适用本法。

铁路机车、海上设施和船舶、矿山井下使用的特种设备以及民用机场专用设备安全的监督管理，房屋建筑工地、市政工程工地用起重机械和场（厂）内专用机动车辆的安装、使用的监督管理，由有关部门依照本法和其他有关法律的规定实施。

第一百零一条 本法自2014年1月1日起施行。

中华人民共和国劳动合同法

（2007年6月29日第十届全国人民代表大会常务委员会第二十八次会议通过，根据2012年12月28日第十一届全国人民代表大会常务委员会第三十次会议《关于修改〈中华人民共和国劳动合同法〉的决定》修正）

第一章 总 则

第一条 为了完善劳动合同制度，明确劳动合同双方当事人的权利和义务，保护劳动者的合法权益，构建和发展和谐稳定的劳动关系，制定本法。

第二条 中华人民共和国境内的企业、个体经济组织、民办非企业单位等组织（以下称用人单位）与劳动者建立劳动关系，订立、履行、变更、解除或者终止劳动合同，适用本法。

国家机关、事业单位、社会团体和与其建立劳动关系的劳动者，订立、履行、变更、解除或者终止劳动合同，依照本法执行。

第三条 订立劳动合同，应当遵循合法、公平、平等自愿、协商一致、诚实信用的原则。

依法订立的劳动合同具有约束力，用人单位与劳动者应当履行劳动合同约定的义务。

第四条 用人单位应当依法建立和完善劳动规章制度，保障劳动者享有劳动权利、履行劳动义务。

用人单位在制定、修改或者决定有关劳动报酬、工作时间、休息休假、劳动安全卫生、保险福利、职工培训、劳动纪律以及劳动定额管理等直接涉及劳动者切身利益的规章制度或者重大事项时，应当经职工代表大会或者全体职工讨论，提出方案和意见，与工会或者职工代表平等协商确定。

在规章制度和重大事项决定实施过程中，工会或者职工认为不适当的，有权向用人单位提出，通过协商予以修改完善。

用人单位应当将直接涉及劳动者切身利益的规章制度和重大事项决定公示，或者告知劳动者。

第五条 县级以上人民政府劳动行政部门会同工会和企业方面代表，建立健全协调劳动关系三方机制，共同研究解决有关劳动关系的重大问题。

第六条 工会应当帮助、指导劳动者与用人单位依法订立和履行劳动合同，并与用人单位建立集体协商机制，维护劳动者的合法权益。

第二章 劳动合同的订立

第七条 用人单位自用工之日起即与劳动者建立劳动关系。用人单位应当建立职工名册备查。

第八条 用人单位招用劳动者时，应当如实告知劳动者工作内容、工作条件、工作地点、职业危害、安全生产状况、劳动报酬，以及劳动者要求了解的其他情况；用人单位有权了解劳动者与劳动合同直接相关的基本情况，劳动者应当如实说明。

第九条 用人单位招用劳动者，不得扣押劳动者的居民身份证和其他证件，不得要求劳动者提供担保或者以其他名义向劳动者收取财物。

第十条 建立劳动关系，应当订立书面劳动合同。

已建立劳动关系，未同时订立书面劳动合同的，应当自用工之日起一个月内订立书面劳动合同。

用人单位与劳动者在用工前订立劳动合同的，劳动关系自用工之日起建立。

第十一条 用人单位未在用工的同时订立书面劳动合同，与劳动者约定的劳动报酬不明确的，新招用的劳动者的劳动报酬按照集体合同规定的标准执行；没有集体合同或者集体合同未规定的，实行同工同酬。

第十二条 劳动合同分为固定期限劳动合同、无固定期限劳动合同和以完成一定工作任务为期限的劳动合同。

第十三条 固定期限劳动合同，是指用人单位与劳动者约定合同终止时间的劳动合同。

用人单位与劳动者协商一致，可以订立固定期限劳动合同。

第十四条 无固定期限劳动合同，是指用人单位与劳动者约定无确定终止时间的劳动合同。

用人单位与劳动者协商一致，可以订立无固定期限劳动合同。有下列情形之一，劳动者提出或者同意续订、订立劳动合同的，除劳动者提出订立固定期限劳动合同外，应当订立无固定期限劳动合同：

（一）劳动者在该用人单位连续工作满十年的；

（二）用人单位初次实行劳动合同制度或者国有企业改制重新订立劳动合同时，劳动者在该用人单位连续工作满十年且距法定退休年龄不足十年的；

（三）连续订立二次固定期限劳动合同，且劳动者没有本法第三十九条和第四十条第一项、第二项规定的情形，续订劳动合同的。

用人单位自用工之日起满一年不与劳动者订立书面劳动合同的，视为用人单位与劳动者已订立无固定期限劳动合同。

第十五条 以完成一定工作任务为期限的劳动合同，是指用人单位与劳动者约定以某项工作的完成为合同期限的劳动合同。

用人单位与劳动者协商一致，可以订立以完成一定工作任务为期限的劳动合同。

第十六条 劳动合同由用人单位与劳动者协商一致，并经用人单位与劳动者在劳动合同文本上签字或者盖章生效。

劳动合同文本由用人单位和劳动者各执一份。

第十七条 劳动合同应当具备以下条款：

（一）用人单位的名称、住所和法定代表人或者主要负责人；

（二）劳动者的姓名、住址和居民身份证或者其他有效身份证件号码；

（三）劳动合同期限；

（四）工作内容和工作地点；

（五）工作时间和休息休假；

（六）劳动报酬；

（七）社会保险；

（八）劳动保护、劳动条件和职业危害防护；

（九）法律、法规规定应当纳入劳动合同的其他事项。

劳动合同除前款规定的必备条款外，用人单位与劳动者可以约定试用期、培训、保守秘密、补充保险和福利待遇等其他事项。

第十八条 劳动合同对劳动报酬和劳动条件等标准约定不明确，引发争议的，用人单位与劳动者可以重新协商；协商不成的，适用集体合同规定；没有集体合同或者集体合同未规定劳动报酬的，实行同工同酬；没有集体合同或者集体合同未规定劳动条件等标准的，适用国家有关规定。

第十九条 劳动合同期限三个月以上不满一年的，试用期不得超过一个月；劳动合同期限一年以上不满三年的，试用期不得超过二个月；三年以上固定期限和无固定期限的劳动合同，试用期不得超过六个月。

同一用人单位与同一劳动者只能约定一次试用期。

以完成一定工作任务为期限的劳动合同或者劳动合同期限不满三个月的，不得约定试用期。试用期包含在劳动合同期限内。

劳动合同仅约定试用期的，试用期不成立，该期限为劳动合同期限。

第二十条 劳动者在试用期的工资不得低于本单位相同岗位最低档工资或者劳动合同约定工资的百分之八十，并不得低于用人单位所在地的最低工资标准。

第二十一条 在试用期中，除劳动者有本法第三十九条和第四十条第一项、第二项规定的情形外，用人单位不得解除劳动合同。用人单位在试用期解除劳动合同的，应当向劳动者说明理由。

第二十二条 用人单位为劳动者提供专项培训费用，对其进行专业技术培训的，可以与该劳动者订立协议，约定服务期。

劳动者违反服务期约定的，应当按照约定向用人单位支付违约金。违约金的数额不得超过用人单位提供的培训费用。用人单位要求劳动者支付的违约金不得超过服务期尚未履行部分所应分摊的培训费用。

用人单位与劳动者约定服务期的，不影响按照正常的工资调整机制提高劳动者在服务期期间的劳动报酬。

第二十三条 用人单位与劳动者可以在劳动合同中约定保守用人单位的商业秘密和与知识产权相关的保密事项。

对负有保密义务的劳动者，用人单位可以在劳动合同或者保密协议中与劳动者约定竞业限制条款，并约定在解除或者终止劳动合同后，在竞业限制期限内按月给予劳动者经济补偿。劳动者违反竞业限制约定的，应当按照约定向用人单位支付违约金。

第二十四条 竞业限制的人员限于用人单位的高级管理人员、高级技术人员和其他负有保密义务的人员。竞业限制的范围、地域、期限由用人单位与劳动者约定，竞业限制的约定不得违反法律、法规的规定。

在解除或者终止劳动合同后，前款规定的人员到与本单位生产或者经营同类产品、从事同类业务的有竞争关系的其他用人单位，或者自己开业生产或者经营同类产品、从事同类业务的竞业限制期限，不得超过二年。

第二十五条 除本法第二十二条和第二十三条规定的情形外，用人单位不得与劳动者约定由劳动者承担违约金。

第二十六条 下列劳动合同无效或者部分无效：

（一）以欺诈、胁迫的手段或者乘人之危，使对方在违背真实意思的情况下订立或者变更劳动合同的；

（二）用人单位免除自己的法定责任、排除劳动者权利的；

（三）违反法律、行政法规强制性规定的。

对劳动合同的无效或者部分无效有争议的，由劳动争议仲裁机构或者人民法院确认。

第二十七条 劳动合同部分无效，不影响其他部分效力的，其他部分仍然有效。

第二十八条 劳动合同被确认无效，劳动者已付出劳动的，用人单位应当向劳动者支付劳动报酬。劳动报酬的数额，参照本单位相同或者相近岗位劳动者的劳动报酬确定。

第三章　劳动合同的履行和变更

第二十九条　用人单位与劳动者应当按照劳动合同的约定，全面履行各自的义务。

第三十条　用人单位应当按照劳动合同约定和国家规定，向劳动者及时足额支付劳动报酬。

用人单位拖欠或者未足额支付劳动报酬的，劳动者可以依法向当地人民法院申请支付令，人民法院应当依法发出支付令。

第三十一条　用人单位应当严格执行劳动定额标准，不得强迫或者变相强迫劳动者加班。用人单位安排加班的，应当按照国家有关规定向劳动者支付加班费。

第三十二条　劳动者拒绝用人单位管理人员违章指挥、强令冒险作业的，不视为违反劳动合同。

劳动者对危害生命安全和身体健康的劳动条件，有权对用人单位提出批评、检举和控告。

第三十三条　用人单位变更名称、法定代表人、主要负责人或者投资人等事项，不影响劳动合同的履行。

第三十四条　用人单位发生合并或者分立等情况，原劳动合同继续有效，劳动合同由承继其权利和义务的用人单位继续履行。

第三十五条　用人单位与劳动者协商一致，可以变更劳动合同约定的内容。

变更劳动合同，应当采用书面形式。变更后的劳动合同文本由用人单位和劳动者各执一份。

第四章　劳动合同的解除和终止

第三十六条　用人单位与劳动者协商一致，可以解除劳动合同。

第三十七条　劳动者提前三十日以书面形式通知用人单位，可以解除劳动合同。劳动者在试用期内提前三日通知用人单位，可以解除劳动合同。

第三十八条　用人单位有下列情形之一的，劳动者可以解除劳动合同：

（一）未按照劳动合同约定提供劳动保护或者劳动条件的；

（二）未及时足额支付劳动报酬的；

（三）未依法为劳动者缴纳社会保险费的；

（四）用人单位的规章制度违反法律、法规的规定，损害劳动者权益的；

（五）因本法第二十六条第一款规定的情形致使劳动合同无效的；

（六）法律、行政法规规定劳动者可以解除劳动合同的其他情形。

用人单位以暴力、威胁或者非法限制人身自由的手段强迫劳动者劳动的，或者用人单位违章指挥、强令冒险作业危及劳动者人身安全的，劳动者可以立即解除劳动合同，不需事先告知用人单位。

第三十九条　劳动者有下列情形之一的，用人单位可以解除劳动合同：

（一）在试用期间被证明不符合录用条件的；

（二）严重违反用人单位的规章制度的；

（三）严重失职，营私舞弊，给用人单位造成重大损害的；

（四）劳动者同时与其他用人单位建立劳动关系，对完成本单位的工作任务造成严重影响，或者经用人单位提出，拒不改正的；

（五）因本法第二十六条第一款第一项规定的情形致使劳动合同无效的；

（六）被依法追究刑事责任的。

第四十条 有下列情形之一的，用人单位提前三十日以书面形式通知劳动者本人或者额外支付劳动者一个月工资后，可以解除劳动合同：

（一）劳动者患病或者非因工负伤，在规定的医疗期满后不能从事原工作，也不能从事由用人单位另行安排的工作的；

（二）劳动者不能胜任工作，经过培训或者调整工作岗位，仍不能胜任工作的；

（三）劳动合同订立时所依据的客观情况发生重大变化，致使劳动合同无法履行，经用人单位与劳动者协商，未能就变更劳动合同内容达成协议的。

第四十一条 有下列情形之一，需要裁减人员二十人以上或者裁减不足二十人但占企业职工总数百分之十以上的，用人单位提前三十日向工会或者全体职工说明情况，听取工会或者职工的意见后，裁减人员方案经向劳动行政部门报告，可以裁减人员：

（一）依照企业破产法规定进行重整的；

（二）生产经营发生严重困难的；

（三）企业转产、重大技术革新或者经营方式调整，经变更劳动合同后，仍需裁减人员的；

（四）其他因劳动合同订立时所依据的客观经济情况发生重大变化，致使劳动合同无法履行的。

裁减人员时，应当优先留用下列人员：

（一）与本单位订立较长期限的固定期限劳动合同的；

（二）与本单位订立无固定期限劳动合同的；

（三）家庭无其他就业人员，有需要扶养的老人或者未成年人的。用人单位依照本条第一款规定裁减人员，在六个月内重新招用人员的，应当通知被裁减的人员，并在同等条件下优先招用被裁减的人员。

第四十二条 劳动者有下列情形之一的，用人单位不得依照本法第四十条、第四十一条的规定解除劳动合同：

（一）从事接触职业病危害作业的劳动者未进行离岗前职业健康检查，或者疑似职业病病人在诊断或者医学观察期间的；

（二）在本单位患职业病或者因工负伤并被确认丧失或者部分丧失劳动能力的；

（三）患病或者非因工负伤，在规定的医疗期内的；

（四）女职工在孕期、产期、哺乳期的；

（五）在本单位连续工作满十五年，且距法定退休年龄不足五年的；

（六）法律、行政法规规定的其他情形。

第四十三条 用人单位单方解除劳动合同，应当事先将理由通知工会。用人单位违反法律、行政法规规定或者劳动合同约定的，工会有权要求用人单位纠正。用人单位应当研究工会的意见，并将处理结果书面通知工会。

第四十四条 有下列情形之一的，劳动合同终止：

（一）劳动合同期满的；

（二）劳动者开始依法享受基本养老保险待遇的；

（三）劳动者死亡，或者被人民法院宣告死亡或者宣告失踪的；

（四）用人单位被依法宣告破产的；

（五）用人单位被吊销营业执照、责令关闭、撤销或者用人单位决定提前解散的；

（六）法律、行政法规规定的其他情形。

第四十五条 劳动合同期满，有本法第四十二条规定情形之一的，劳动合同应当续延至相应的情形消失时终止。但是，本法第四十二条第二项规定丧失或者部分丧失劳动能力劳动者的劳动合同的终止，按照国家有关工伤保险的规定执行。

第四十六条 有下列情形之一的，用人单位应当向劳动者支付经济补偿：

（一）劳动者依照本法第三十八条规定解除劳动合同的；

（二）用人单位依照本法第三十六条规定向劳动者提出解除劳动合同并与劳动者协商一致解除劳动合同的；

（三）用人单位依照本法第四十条规定解除劳动合同的；

（四）用人单位依照本法第四十一条第一款规定解除劳动合同的；

（五）除用人单位维持或者提高劳动合同约定条件续订劳动合同，劳动者不同意续订的情形外，依照本法第四十四条第一项规定终止固定期限劳动合同的；

（六）依照本法第四十四条第四项、第五项规定终止劳动合同的；

（七）法律、行政法规规定的其他情形。

第四十七条 经济补偿按劳动者在本单位工作的年限，每满一年支付一个月工资的标准向劳动者支付。六个月以上不满一年的，按一年计算；不满六个月的，向劳动者支付半个月工资的经济补偿。

劳动者月工资高于用人单位所在直辖市、设区的市级人民政府公布的本地区上年度职工月平均工资三倍的，向其支付经济补偿的标准按职工月平均工资三倍的数额支付，向其支付经济补偿的年限最高不超过十二年。

本条所称月工资是指劳动者在劳动合同解除或者终止前十二个月的平均工资。

第四十八条 用人单位违反本法规定解除或者终止劳动合同，劳动者要求继续履行劳动合同的，用人单位应当继续履行；劳动者不要求继续履行劳动合同或者劳动合同已经不能继续履行的，用人单位应当依照本法第八十七条规定支付赔偿金。

第四十九条 国家采取措施，建立健全劳动者社会保险关系跨地区转移接续制度。

第五十条 用人单位应当在解除或者终止劳动合同时出具解除或者终止劳动合同的证明，并在十五日内为劳动者办理档案和社会保险关系转移手续。

劳动者应当按照双方约定，办理工作交接。用人单位依照本法有关规定应当向劳动者支付经济补偿的，在办结工作交接时支付。

用人单位对已经解除或者终止的劳动合同的文本，至少保存二年备查。

第五章 特 别 规 定

第一节 集 体 合 同

第五十一条 企业职工一方与用人单位通过平等协商，可以就劳动报酬、工作时间、休息休假、劳动安全卫生、保险福利等事项订立集体合同。集体合同草案应当提交职工代表大会或者全体职工讨论通过。

集体合同由工会代表企业职工一方与用人单位订立；尚未建立工会的用人单位，由上级工会指导劳动者推举的代表与用人单位订立。

第五十二条 企业职工一方与用人单位可以订立劳动安全卫生、女职工权益保护、工资调整机制等专项集体合同。

第五十三条 在县级以下区域内，建筑业、采矿业、餐饮服务业等行业可以由工会与企业方面代表订立行业性集体合同，或者订立区域性集体合同。

第五十四条 集体合同订立后，应当报送劳动行政部门；劳动行政部门自收到集体合同文本之日起十五日内未提出异议的，集体合同即行生效。

依法订立的集体合同对用人单位和劳动者具有约束力。行业性、区域性集体合同对当地本行业、本区域的用人单位和劳动者具有约束力。

第五十五条 集体合同中劳动报酬和劳动条件等标准不得低于当地人民政府规定的最低标准；用人单位与劳动者订立的劳动合同中劳动报酬和劳动条件等标准不得低于集体合同规定的标准。

第五十六条 用人单位违反集体合同，侵犯职工劳动权益的，工会可以依法要求用人单位承担责任；因履行集体合同发生争议，经协商解决不成的，工会可以依法申请仲裁、提起诉讼。

第二节 劳 务 派 遣

第五十七条 经营劳务派遣业务应当具备下列条件：

（一）注册资本不得少于人民币二百万元；

（二）有与开展业务相适应的固定的经营场所和设施；

（三）有符合法律、行政法规规定的劳务派遣管理制度；

（四）法律、行政法规规定的其他条件。

经营劳务派遣业务，应当向劳动行政部门依法申请行政许可；经许可的，依法办理相应的公司登记。未经许可，任何单位和个人不得经营劳务派遣业务。

第五十八条 劳务派遣单位是本法所称用人单位，应当履行用人单位对劳动者的义务。劳务派遣单位与被派遣劳动者订立的劳动合同，除应当载明本法第十七条规定的事项外，还应当载明被派遣劳动者的用工单位以及派遣期限、工作岗位等情况。

劳务派遣单位应当与被派遣劳动者订立二年以上的固定期限劳动合同，按月支付劳动报酬；被派遣劳动者在无工作期间，劳务派遣单位应当按照所在地人民政府规定的最低工资标准，向其按月支付报酬。

第五十九条 劳务派遣单位派遣劳动者应当与接受以劳务派遣形式用工的单位（以下称用工单位）订立劳务派遣协议。劳务派遣协议应当约定派遣岗位和人员数量、派遣期限、劳动报酬和社会保险费的数额与支付方式以及违反协议的责任。

用工单位应当根据工作岗位的实际需要与劳务派遣单位确定派遣期限，不得将连续用工期限分割订立数个短期劳务派遣协议。

第六十条 劳务派遣单位应当将劳务派遣协议的内容告知被派遣劳动者。

劳务派遣单位不得克扣用工单位按照劳务派遣协议支付给被派遣劳动者的劳动报酬。

劳务派遣单位和用工单位不得向被派遣劳动者收取费用。

第六十一条 劳务派遣单位跨地区派遣劳动者的，被派遣劳动者享有的劳动报酬和劳动条件，按照用工单位所在地的标准执行。

第六十二条 用工单位应当履行下列义务：

（一）执行国家劳动标准，提供相应的劳动条件和劳动保护；

（二）告知被派遣劳动者的工作要求和劳动报酬；

（三）支付加班费、绩效奖金，提供与工作岗位相关的福利待遇；

（四）对在岗被派遣劳动者进行工作岗位所必需的培训；

（五）连续用工的，实行正常的工资调整机制。

用工单位不得将被派遣劳动者再派遣到其他用人单位。

第六十三条 被派遣劳动者享有与用工单位的劳动者同工同酬的权利。用工单位应当按照同工同酬原则，对被派遣劳动者与本单位同类岗位的劳动者实行相同的劳动报酬分配办法。用工单位无同类岗位劳动者的，参照用工单位所在地相同或者相近岗位劳动者的劳动报酬确定。

劳务派遣单位与被派遣劳动者订立的劳动合同和与用工单位订立的劳务派遣协议，载明或者约定的向被派遣劳动者支付的劳动报酬应当符合前款规定。

第六十四条 被派遣劳动者有权在劳务派遣单位或者用工单位依法参加或者组织工会，维护自身的合法权益。

第六十五条 被派遣劳动者可以依照本法第三十六条、第三十八条的规定与劳务派遣单位解除劳动合同。

被派遣劳动者有本法第三十九条和第四十条第一项、第二项规定情形的，用工单位可以将劳动者退回劳务派遣单位，劳务派遣单位依照本法有关规定，可以与劳动者解除劳动合同。

第六十六条 劳动合同用工是我国的企业基本用工形式。劳务派遣用工是补充形式，只能在临时性、辅助性或者替代性的工作岗位上实施。

前款规定的临时性工作岗位是指存续时间不超过六个月的岗位；辅助性工作岗位是指为主营业务岗位提供服务的非主营业务岗位；替代性工作岗位是指用工单位的劳动者因脱产学习、休假等原因无法工作的一定期间内，可以由其他劳动者替代工作的岗位。

用工单位应当严格控制劳务派遣用工数量，不得超过其用工总量的一定比例，具体比例由国务院劳动行政部门规定。

第六十七条 用人单位不得设立劳务派遣单位向本单位或者所属单位派遣劳动者。

第三节 非全日制用工

第六十八条 非全日制用工，是指以小时计酬为主，劳动者在同一用人单位一般平均每日工作时间不超过四小时，每周工作时间累计不超过二十四小时的用工形式。

第六十九条 非全日制用工双方当事人可以订立口头协议。

从事非全日制用工的劳动者可以与一个或者一个以上用人单位订立劳动合同；但是，后订立的劳动合同不得影响先订立的劳动合同的履行。

第七十条 非全日制用工双方当事人不得约定试用期。

第七十一条 非全日制用工双方当事人任何一方都可以随时通知对方终止用工。终止用工，用人单位不向劳动者支付经济补偿。

第七十二条 非全日制用工小时计酬标准不得低于用人单位所在地人民政府规定的最低小时工资标准。

非全日制用工劳动报酬结算支付周期最长不得超过十五日。

第六章 监督检查

第七十三条 国务院劳动行政部门负责全国劳动合同制度实施的监督管理。

县级以上地方人民政府劳动行政部门负责本行政区域内劳动合同制度实施的监督管理。

县级以上各级人民政府劳动行政部门在劳动合同制度实施的监督管理工作中，应当听取工会、企业方面代表以及有关行业主管部门的意见。

第七十四条 县级以上地方人民政府劳动行政部门依法对下列实施劳动合同制度的情况进行监督检查：

（一）用人单位制定直接涉及劳动者切身利益的规章制度及其执行的情况；

（二）用人单位与劳动者订立和解除劳动合同的情况；

（三）劳务派遣单位和用工单位遵守劳务派遣有关规定的情况；

（四）用人单位遵守国家关于劳动者工作时间和休息休假规定的情况；

（五）用人单位支付劳动合同约定的劳动报酬和执行最低工资标准的情况；

（六）用人单位参加各项社会保险和缴纳社会保险费的情况；

（七）法律、法规规定的其他劳动监察事项。

第七十五条 县级以上地方人民政府劳动行政部门实施监督检查时，有权查阅与劳动合同、集体合同有关的材料，有权对劳动场所进行实地检查，用人单位和劳动者都应当如实提供有关情况和材料。

劳动行政部门的工作人员进行监督检查，应当出示证件，依法行使职权，文明执法。

第七十六条 县级以上人民政府建设、卫生、安全生产监督管理等有关主管部门在各自职责范围内，对用人单位执行劳动合同制度的情况进行监督管理。

第七十七条 劳动者合法权益受到侵害的，有权要求有关部门依法处理，或者依法申请仲裁、提起诉讼。

第七十八条 工会依法维护劳动者的合法权益，对用人单位履行劳动合同、集体合同的情况进行监督。用人单位违反劳动法律、法规和劳动合同、集体合同的，工会有权提出意见或者要求纠正；劳动者申请仲裁、提起诉讼的，工会依法给予支持和帮助。

第七十九条 任何组织或者个人对违反本法的行为都有权举报，县级以上人民政府劳动行政部门应当及时核实、处理，并对举报有功人员给予奖励。

第七章 法 律 责 任

第八十条 用人单位直接涉及劳动者切身利益的规章制度违反法律、法规规定的，由劳动行政部门责令改正，给予警告；给劳动者造成损害的，应当承担赔偿责任。

第八十一条 用人单位提供的劳动合同文本未载明本法规定的劳动合同必备条款或者用人单位未将劳动合同文本交付劳动者的，由劳动行政部门责令改正；给劳动者造成损害的，应当承担赔偿责任。

第八十二条 用人单位自用工之日起超过一个月不满一年未与劳动者订立书面劳动合同的，应当向劳动者每月支付二倍的工资。

用人单位违反本法规定不与劳动者订立无固定期限劳动合同的，自应当订立无固定期限劳动合同之日起向劳动者每月支付二倍的工资。

第八十三条 用人单位违反本法规定与劳动者约定试用期的，由劳动行政部门责令改正；违法约定的试用期已经履行的，由用人单位以劳动者试用期满月工资为标准，按已经履行的超过法定试用期的期间向劳动者支付赔偿金。

第八十四条 用人单位违反本法规定，扣押劳动者居民身份证等证件的，由劳动行政部门责令限期退还劳动者本人，并依照有关法律规定给予处罚。

用人单位违反本法规定，以担保或者其他名义向劳动者收取财物的，由劳动行政部门责令限期退还劳动者本人，并以每人五百元以上二千元以下的标准处以罚款；给劳动者造成损害的，应当承担赔偿责任。

劳动者依法解除或者终止劳动合同，用人单位扣押劳动者档案或者其他物品的，依照前款规定处罚。

第八十五条 用人单位有下列情形之一的，由劳动行政部门责令限期支付劳动报酬、加班费或者经济补偿；劳动报酬低于当地最低工资标准的，应当支付其差额部分；逾期不支付的，责令用人单位按应付金额百分之五十以上百分之一百以下的标准向劳动者加付赔偿金：

（一）未按照劳动合同的约定或者国家规定及时足额支付劳动者劳动报酬的；

（二）低于当地最低工资标准支付劳动者工资的；

（三）安排加班不支付加班费的；

（四）解除或者终止劳动合同，未依照本法规定向劳动者支付经济补偿的。

第八十六条 劳动合同依照本法第二十六条规定被确认无效，给对方造成损害的，有过错的一方应当承担赔偿责任。

第八十七条 用人单位违反本法规定解除或者终止劳动合同的，应当依照本法第四十七条规定的经济补偿标准的二倍向劳动者支付赔偿金。

第八十八条 用人单位有下列情形之一的，依法给予行政处罚；构成犯罪的，依法追究刑事责任；给劳动者造成损害的，应当承担赔偿责任：

（一）以暴力、威胁或者非法限制人身自由的手段强迫劳动的；

（二）违章指挥或者强令冒险作业危及劳动者人身安全的；

（三）侮辱、体罚、殴打、非法搜查或者拘禁劳动者的；

（四）劳动条件恶劣、环境污染严重，给劳动者身心健康造成严重损害的。

第八十九条 用人单位违反本法规定未向劳动者出具解除或者终止劳动合同的书面证明，由劳动行政部门责令改正；给劳动者造成损害的，应当承担赔偿责任。

第九十条 劳动者违反本法规定解除劳动合同，或者违反劳动合同中约定的保密义务或者竞业限制，给用人单位造成损失的，应当承担赔偿责任。

第九十一条 用人单位招用与其他用人单位尚未解除或者终止劳动合同的劳动者，给其他用人单位造成损失的，应当承担连带赔偿责任。

第九十二条 违反本法规定，未经许可，擅自经营劳务派遣业务的，由劳动行政部门责令停止违法行为，没收违法所得，并处违法所得一倍以上五倍以下的罚款；没有违法所得的，可以处五万元以下的罚款。

劳务派遣单位、用工单位违反本法有关劳务派遣规定的，由劳动行政部门责令限期改正；逾期不改正的，以每人五千元以上一万元以下的标准处以罚款，对劳务派遣单位，吊销其劳务派遣业务经营许可证。用工单位给被派遣劳动者造成损害的，劳务派遣单位与用工单位承担连带赔偿责任。

第九十三条 对不具备合法经营资格的用人单位的违法犯罪行为，依法追究法律责任；劳动者已经付出劳动的，该单位或者其出资人应当依照本法有关规定向劳动者支付劳动报酬、经济补偿、赔偿金；给劳动者造成损害的，应当承担赔偿责任。

第九十四条 个人承包经营违反本法规定招用劳动者，给劳动者造成损害的，发包的组织与个人承包经营者承担连带赔偿责任。

第九十五条 劳动行政部门和其他有关主管部门及其工作人员玩忽职守、不履行法定职责，或者违法行使职权，给劳动者或者用人单位造成损害的，应当承担赔偿责任；对直接负责的主管人员和其他直接责任人员，依法给予行政处分；构成犯罪的，依法追究刑事责任。

第八章 附 则

第九十六条 事业单位与实行聘用制的工作人员订立、履行、变更、解除或者终止劳动合同，法律、行政法规或者国务院另有规定的，依照其规定；未作规定的，依照本法有关规定执行。

第九十七条 本法施行前已依法订立且在本法施行之日存续的劳动合同，继续履行；本法第十四条第二款第三项规定连续订立固定期限劳动合同的次数，自本法施行后续订固定期限劳动合同时开始计算。

本法施行前已建立劳动关系，尚未订立书面劳动合同的，应当自本法施行之日起一个月内订立。

本法施行之日存续的劳动合同在本法施行后解除或者终止，依照本法第四十六条规定应当支付经济补偿的，经济补偿年限自本法施行之日起计算；本法施行前按照当时有关规定，用人单位应当向劳动者支付经济补偿的，按照当时有关规定执行。

第九十八条 本法自2008年1月1日起施行。

中华人民共和国矿山安全法

（1992年11月7日第七届全国人民代表大会常务委员会第二十八次会议通过，1992年11月7日中华人民共和国主席令第65号公布，根据2009年8月27日中华人民共和国主席令第18号《全国人民代表大会常务委员会关于修改部分法律的决定》修正）

第一章 总 则

第一条 为了保障矿山生产安全，防止矿山事故，保护矿山职工人身安全，促进采矿业的发展，制定本法。

第二条 在中华人民共和国领域和中华人民共和国管辖的其他海域从事矿产资源开采活动，必须遵守本法。

第三条 矿山企业必须具有保障安全生产的设施，建立、健全安全管理制度，采取有效措施改善职工劳动条件，加强矿山安全管理工作，保证安全生产。

第四条 国务院劳动行政主管部门对全国矿山安全工作实施统一监督。

县级以上地方各级人民政府劳动行政主管部门对本行政区域内的矿山安全工作实施统一监督。

县级以上人民政府管理矿山企业的主管部门对矿山安全工作进行管理。

第五条 国家鼓励矿山安全科学技术研究，推广先进技术，改进安全设施，提高矿山安全生产水平。

第六条 对坚持矿山安全生产，防止矿山事故，参加矿山抢险救护，进行矿山安全科学技术研究方面取得显著成绩的单位和个人，给予奖励。

第二章 矿山建设的安全保障

第七条 矿山建设工程的安全设施必须和主体工程同时设计、同时施工、同时投入生产和使用。

第八条 矿山建设工程的设计文件，必须符合矿山安全规程和行业技术规范，并按照国家规定经管理矿山企业的主管部门批准；不符合矿山安全规程和行业技术规范的，不得批准。

矿山建设工程安全设施的设计必须有劳动行政主管部门参加审查。

矿山安全规程和行业技术规范，由国务院管理矿山企业的主管部门制定。

第九条 矿山设计下列项目必须符合矿山安全规程和行业技术规范：

（一）矿井的通风系统和供风量、风质、风速；

（二）露天矿的边坡角和台阶的宽度、高度；

（三）供电系统；

（四）提升、运输系统；

（五）防水、排水系统和防火、灭火系统；

（六）防瓦斯系统和防尘系统；

（七）有关矿山安全的其他项目。

第十条 每个矿井必须有两个以上能行人的安全出口，出口之间的直线水平距离必须符合矿山安全规程和行业技术规范。

第十一条 矿山必须有与外界相通的、符合安全要求的运输和通信设施。

第十二条 矿山建设工程必须按照管理矿山企业的主管部门批准的设计文件施工。

矿山建设工程安全设施竣工后，由管理矿山企业的主管部门验收，并须有劳动行政主管部门参加；不符合矿山安全规程和行业技术规范的，不得验收，不得投入生产。

第三章 矿山开采的安全保障

第十三条 矿山开采必须具备保障安全生产的条件，执行开采不同矿种的矿山安全规程和行业技术规范。

第十四条 矿山设计规定保留的矿柱、岩柱，在规定的期限内，应当予以保护，不得开采或者毁坏。

第十五条 矿山使用的有特殊安全要求的设备、器材、防护用品和安全检测仪器，必须符合国家安全标准或者行业安全标准；不符合国家安全标准或者行业安全标准的，不得使用。

第十六条 矿山企业必须对机电设备及其防护装置、安全检测仪器，定期检查、维修，保证使用安全。

第十七条 矿山企业必须对作业场所中的有毒有害物质和井下空气含氧量进行检测，保证符合安全要求。

第十八条 矿山企业必须对下列危害安全的事故隐患采取预防措施：

（一）冒顶、片帮、边坡滑落和地表塌陷；

（二）瓦斯爆炸、煤尘爆炸；

（三）冲击地压、瓦斯突出、井喷；

（四）地面和井下的火灾、水害；

（五）爆破器材和爆破作业发生的危害；

（六）粉尘、有毒有害气体、放射性物质和其他有害物质引起的危害；

（七）其他危害。

第十九条 矿山企业对使用机械、电气设备，排土场、矸石山、尾矿库和矿山闭坑后可能引起的危害，应当采取预防措施。

第四章 矿山企业的安全管理

第二十条 矿山企业必须建立、健全安全生产责任制。

矿长对本企业的安全生产工作负责。

第二十一条 矿长应当定期向职工代表大会或者职工大会报告安全生产工作，发挥职工代表大会的监督作用。

第二十二条 矿山企业职工必须遵守有关矿山安全的法律、法规和企业规章制度。

矿山企业职工有权对危害安全的行为，提出批评、检举和控告。

第二十三条 矿山企业工会依法维护职工生产安全的合法权益，组织职工对矿山安全工作进行监督。

第二十四条 矿山企业违反有关安全的法律、法规，工会有权要求企业行政方面或者有关部门认真处理。

矿山企业召开讨论有关安全生产的会议，应当有工会代表参加，工会有权提出意见和建议。

第二十五条 矿山企业工会发现企业行政方面违章指挥、强令工人冒险作业或者生产过程中发现明显重大事故隐患和职业危害，有权提出解决的建议；发现危及职工生命安全的情况时，有权向矿山企业行政方面建议组织职工撤离危险现场，矿山企业行政方面必须及时作出处理决定。

第二十六条 矿山企业必须对职工进行安全教育、培训；未经安全教育、培训的，不得上岗作业。

矿山企业安全生产的特种作业人员必须接受专门培训，经考核合格取得操作资格证书的，方可上岗作业。

第二十七条 矿长必须经过考核，具备安全专业知识，具有领导安全生产和处理矿山事故的能力。

矿山企业安全工作人员必须具备必要的安全专业知识和矿山安全工作经验。

第二十八条 矿山企业必须向职工发放保障安全生产所需的劳动防护用品。

第二十九条 矿山企业不得录用未成年人从事矿山井下劳动。

矿山企业对女职工按照国家规定实行特殊劳动保护，不得分配女职工从事矿山井下劳动。

第三十条 矿山企业必须制定矿山事故防范措施，并组织落实。

第三十一条 矿山企业应当建立由专职或者兼职人员组成的救护和医疗急救组织，配备必要的装备、器材和药物。

第三十二条 矿山企业必须从矿产品销售额中按照国家规定提取安全技术措施专项费用。安全技术措施专项费用必须全部用于改善矿山安全生产条件，不得挪作他用。

第五章　矿山安全的监督和管理

第三十三条 县级以上各级人民政府劳动行政主管部门对矿山安全工作行使下列监督职责：

（一）检查矿山企业和管理矿山企业的主管部门贯彻执行矿山安全法律、法规的情况；

（二）参加矿山建设工程安全设施的设计审查和竣工验收；

（三）检查矿山劳动条件和安全状况；

（四）检查矿山企业职工安全教育、培训工作；

（五）监督矿山企业提取和使用安全技术措施专项费用的情况；

（六）参加并监督矿山事故的调查和处理；

（七）法律、行政法规规定的其他监督职责。

第三十四条 县级以上人民政府管理矿山企业的主管部门对矿山安全工作行使下列管理职责：

（一）检查矿山企业贯彻执行矿山安全法律、法规的情况；

（二）审查批准矿山建设工程安全设施的设计；

（三）负责矿山建设工程安全设施的竣工验收；

（四）组织矿长和矿山企业安全工作人员的培训工作；

（五）调查和处理重大矿山事故；

（六）法律、行政法规规定的其他管理职责。

第三十五条 劳动行政主管部门的矿山安全监督人员有权进入矿山企业，在现场检查安全状况；发现有危及职工安全的紧急险情时，应当要求矿山企业立即处理。

第六章　矿 山 事 故 处 理

第三十六条 发生矿山事故，矿山企业必须立即组织抢救，防止事故扩大，减少人员伤亡和财产损失，对伤亡事故必须立即如实报告劳动行政主管部门和管理矿山企业的主管部门。

第三十七条 发生一般矿山事故，由矿山企业负责调查和处理。

发生重大矿山事故，由政府及其有关部门、工会和矿山企业按照行政法规的规定进行调查和处理。

第三十八条 矿山企业对矿山事故中伤亡的职工按照国家规定给予抚恤或者补偿。

第三十九条 矿山事故发生后，应当尽快消除现场危险，查明事故原因，提出防范措施。现场危险消除后，方可恢复生产。

第七章 法律责任

第四十条 违反本法规定，有下列行为之一的，由劳动行政主管部门责令改正，可以并处罚款；情节严重的，提请县级以上人民政府决定责令停产整顿；对主管人员和直接责任人员由其所在单位或者上级主管机关给予行政处分：

（一）未对职工进行安全教育、培训，分配职工上岗作业的；

（二）使用不符合国家安全标准或者行业安全标准的设备、器材、防护用品、安全检测仪器的；

（三）未按照规定提取或者使用安全技术措施专项费用的；

（四）拒绝矿山安全监督人员现场检查或者在被检查时隐瞒事故隐患、不如实反映情况的；

（五）未按照规定及时、如实报告矿山事故的。

第四十一条 矿长不具备安全专业知识的，安全生产的特种作业人员未取得操作资格证书上岗作业的，由劳动行政主管部门责令限期改正；逾期不改正的，提请县级以上人民政府决定责令停产，调整配备合格人员后，方可恢复生产。

第四十二条 矿山建设工程安全设施的设计未经允准擅自施工的，由管理矿山企业的主管部门责令停止施工；拒不执行的，由管理矿山企业的主管部门提请县级以上人民政府决定由有关主管部门吊销其采矿许可证和营业执照。

第四十三条 矿山建设工程的安全设施未经验收或者验收不合格擅自投入生产的，由劳动行政主管部门会同管理矿山企业的主管部门责令停止生产，并由劳动行政主管部门处以罚款；拒不停止生产的，由劳动行政主管部门提请县级以上人民政府决定由有关主管部门吊销其采矿许可证和营业执照。

第四十四条 已经投入生产的矿山企业，不具备安全生产条件而强行开采的，由劳动行政主管部门会同管理矿山企业的主管部门责令限期改进；逾期仍不具备安全生产条件的，由劳动行政主管部门提请县级以上人民政府决定责令停产整顿或者由有关主管部门吊销其采矿许可证和营业执照。

第四十五条 当事人对行政处罚决定不服的，可以在接到处罚决定通知之日起十五日内向作出处罚决定的机关的上一级机关申请复议；当事人也可以在接到处罚决定通知之日起十五日内直接向人民法院起诉。

复议机关应当在接到复议申请之日起六十日内作出复议决定。当事人对复议决定不服的，可以在接到复议决定之日起十五日内向人民法院起诉。复议机关逾期不作出复议决定的，当事人可以在复议期满之日起十五日内向人民法院起诉。

当事人逾期不申请复议也不向人民法院起诉、又不履行处罚决定的，作出处罚决定的机关可以申请人民法院强制执行。

第四十六条 矿山企业主管人员违章指挥、强令工人冒险作业，因而发生重大伤亡事故的，依照刑法有关规定追究刑事责任。

第四十七条 矿山企业主管人员对矿山事故隐患不采取措施，因而发生重大伤亡事故的，依照刑法有关规定追究刑事责任。

第四十八条 矿山安全监督人员和安全管理人员滥用职权，玩忽职守、徇私舞弊，构成犯罪的，依法追究刑事责任；不构成犯罪的，给予行政处分。

第八章 附 则

第四十九条 国务院劳动行政主管部门根据本法制定实施条例，报国务院批准施行。

省、自治区、直辖市人民代表大会常务委员会可以根据本法和本地区的实际情况，制定实施办法。

第五十条 本法自一九九三年五月一日起施行。

中华人民共和国突发事件应对法

（2007年8月30日第十届全国人民代表大会常务委员会第二十九次会议通过）

第一章 总 则

第一条 为了预防和减少突发事件的发生，控制、减轻和消除突发事件引起的严重社会危害，规范突发事件应对活动，保护人民生命财产安全，维护国家安全、公共安全、环境安全和社会秩序，制定本法。

第二条 突发事件的预防与应急准备、监测与预警、应急处置与救援、事后恢复与重建等应对活动，适用本法。

第三条 本法所称突发事件，是指突然发生，造成或者可能造成严重社会危害，需要采取应急处置措施予以应对的自然灾害、事故灾难、公共卫生事件和社会安全事件。

按照社会危害程度、影响范围等因素，自然灾害、事故灾难、公共卫生事件分为特别重大、重大、较大和一般四级。法律、行政法规或者国务院另有规定的，从其规定。

突发事件的分级标准由国务院或者国务院确定的部门制定。

第四条 国家建立统一领导、综合协调、分类管理、分级负责、属地管理为主的应急管理体制。

第五条 突发事件应对工作实行预防为主、预防与应急相结合的原则。国家建立重大突发事件风险评估体系，对可能发生的突发事件进行综合性评估，减少重大突发事件的发生，最大限度地减轻重大突发事件的影响。

第六条 国家建立有效的社会动员机制，增强全民的公共安全和防范风险的意识，提高全社会的避险救助能力。

第七条 县级人民政府对本行政区域内突发事件的应对工作负责；涉及两个以上行政区域的，由有关行政区域共同的上一级人民政府负责，或者由各有关行政区域的上一级人民政府共同负责。

突发事件发生后，发生地县级人民政府应当立即采取措施控制事态发展，组织开展应急救援和处置工作，并立即向上一级人民政府报告，必要时可以越级上报。

突发事件发生地县级人民政府不能消除或者不能有效控制突发事件引起的严重社会危害的，应当及时向上级人民政府报告。上级人民政府应当及时采取措施，统一领导应急处置工作。

法律、行政法规规定由国务院有关部门对突发事件的应对工作负责的，从其规定；地方人民政府应当积极配合并提供必要的支持。

第八条 国务院在总理领导下研究、决定和部署特别重大突发事件的应对工作；根据实际需要，设立国家突发事件应急指挥机构，负责突发事件应对工作；必要时，国务院可以派出工作组指导有关工作。

县级以上地方各级人民政府设立由本级人民政府主要负责人、相关部门负责人、驻当地中国人民解放军和中国人民武装警察部队有关负责人组成的突发事件应急指挥机构，统一领导、协调本级人民政府各有关部门和下级人民政府开展突发事件应对工作；根据实际需要，设立相关类别突发事件应急指挥机构，组织、协调、指挥突发事件应对工作。

上级人民政府主管部门应当在各自职责范围内，指导、协助下级人民政府及其相应部门做好有关突发事件的应对工作。

第九条 国务院和县级以上地方各级人民政府是突发事件应对工作的行政领导机关，其办事机构及具体职责由国务院规定。

第十条 有关人民政府及其部门作出的应对突发事件的决定、命令，应当及时公布。

第十一条 有关人民政府及其部门采取的应对突发事件的措施，应当与突发事件可能造成的社会危害的性质、程度和范围相适应；有多种措施可供选择的，应当选择有利于最大程度地保护公民、法人和其他组织权益的措施。

公民、法人和其他组织有义务参与突发事件应对工作。

第十二条 有关人民政府及其部门为应对突发事件，可以征用单位和个人的财产。被征用的财产在使用完毕或者突发事件应急处置工作结束后，应当及时返还。财产被征用或者征用后毁损、灭失的，应当给予补偿。

第十三条 因采取突发事件应对措施，诉讼、行政复议、仲裁活动不能正常进行的，适用有关时效中止和程序中止的规定，但法律另有规定的除外。

第十四条 中国人民解放军、中国人民武装警察部队和民兵组织依照本法和其他有关法律、行政法规、军事法规的规定以及国务院、中央军事委员会的命令，参加突发事件的应急救援和处置工作。

第十五条 中华人民共和国政府在突发事件的预防、监测与预警、应急处置与救援、事后恢复与重建等方面，同外国政府和有关国际组织开展合作与交流。

第十六条 县级以上人民政府作出应对突发事件的决定、命令，应当报本级人民代表大会常务委员会备案；突发事件应急处置工作结束后，应当向本级人民代表大会常务委员会作出专项工作报告。

第二章 预防与应急准备

第十七条 国家建立健全突发事件应急预案体系。

国务院制定国家突发事件总体应急预案，组织制定国家突发事件专项应急预案；国务院有关部门根据各自的职责和国务院相关应急预案，制定国家突发事件部门应急预案。

地方各级人民政府和县级以上地方各级人民政府有关部门根据有关法律、法规、规章、上级人民政府及其有关部门的应急预案以及本地区的实际情况，制定相应的突发事件应急预案。

应急预案制定机关应当根据实际需要和情势变化，适时修订应急预案。应急预案的制定、修订程序由国务院规定。

第十八条 应急预案应当根据本法和其他有关法律、法规的规定，针对突发事件的性质、特点和可能造成的社会危害，具体规定突发事件应急管理工作的组织指挥体系与职责和突发事件的预防与预警机制、处置程序、应急保障措施以及事后恢复与重建措施等内容。

第十九条 城乡规划应当符合预防、处置突发事件的需要，统筹安排应对突发事件所必需的设备和基础设施建设，合理确定应急避难场所。

第二十条 县级人民政府应当对本行政区域内容易引发自然灾害、事故灾难和公共卫生事件的危险源、危险区域进行调查、登记、风险评估，定期进行检查、监控，并责令有关单位采取安全防范措施。

省级和设区的市级人民政府应当对本行政区域内容易引发特别重大、重大突发事件的危险源、危险区域进行调查、登记、风险评估，组织进行检查、监控，并责令有关单位采取安全防范措施。

县级以上地方各级人民政府按照本法规定登记的危险源、危险区域，应当按照国家规定及时向社会公布。

第二十一条 县级人民政府及其有关部门、乡级人民政府、街道办事处、居民委员会、村民委员会应当及时调解处理可能引发社会安全事件的矛盾纠纷。

第二十二条 所有单位应当建立健全安全管理制度，定期检查本单位各项安全防范措施的落实情况，及时消除事故隐患；掌握并及时处理本单位存在的可能引发社会安全事件的问题，防止矛盾激化和事态扩大；对本单位可能发生的突发事件和采取安全防范措施的情况，应当按照规定及时向所在地人民政府或者人民政府有关部门报告。

第二十三条 矿山、建筑施工单位和易燃易爆物品、危险化学品、放射性物品等危险物品的生产、经营、储运、使用单位，应当制定具体应急预案，并对生产经营场所、有危险物品的建筑物、构筑物及周边环境开展隐患排查，及时采取措施消除隐患，防止发生突发事件。

第二十四条 公共交通工具、公共场所和其他人员密集场所的经营单位或者管理单位应当制定具体应急预案，为交通工具和有关场所配备报警装置和必要的应急救援设备、设施，注明其使用方法，并显著标明安全撤离的通道、路线，保证安全通道、出口的畅通。

有关单位应当定期检测、维护其报警装置和应急救援设备、设施，使其处于良好状态，确保正常使用。

第二十五条 县级以上人民政府应当建立健全突发事件应急管理培训制度，对人民政府及其有关部门负有处置突发事件职责的工作人员定期进行培训。

第二十六条 县级以上人民政府应当整合应急资源，建立或者确定综合性应急救援队伍。人民政府有关部门可以根据实际需要设立专业应急救援队伍。

县级以上人民政府及其有关部门可以建立由成年志愿者组成的应急救援队伍。单位应当建立由本单位职工组成的专职或者兼职应急救援队伍。

县级以上人民政府应当加强专业应急救援队伍与非专业应急救援队伍的合作，联合培训、联合演练，提高合成应急、协同应急的能力。

第二十七条 国务院有关部门、县级以上地方各级人民政府及其有关部门、有关单位应当为专业应急救援人员购买人身意外伤害保险，配备必要的防护装备和器材，减少应急救援人员的人身风险。

第二十八条 中国人民解放军、中国人民武装警察部队和民兵组织应当有计划地组织开展应急救援的专门训练。

第二十九条 县级人民政府及其有关部门、乡级人民政府、街道办事处应当组织开展应急知识的宣传普及活动和必要的应急演练。

居民委员会、村民委员会、企业事业单位应当根据所在地人民政府的要求，结合各自的实际情况，开展有关突发事件应急知识的宣传普及活动和必要的应急演练。

新闻媒体应当无偿开展突发事件预防与应急、自救与互救知识的公益宣传。

第三十条 各级各类学校应当把应急知识教育纳入教学内容，对学生进行应急知识教育，培养学生的安全意识和自救与互救能力。

教育主管部门应当对学校开展应急知识教育进行指导和监督。

第三十一条 国务院和县级以上地方各级人民政府应当采取财政措施，保障突发事件应对工作所需经费。

第三十二条 国家建立健全应急物资储备保障制度，完善重要应急物资的监管、生产、储备、调拨和紧急配送体系。

设区的市级以上人民政府和突发事件易发、多发地区的县级人民政府应当建立应急救援物资、生活必需品和应急处置装备的储备制度。

县级以上地方各级人民政府应当根据本地区的实际情况，与有关企业签订协议，保障应急救援物资、生活必需品和应急处置装备的生产、供给。

第三十三条 国家建立健全应急通信保障体系，完善公用通信网，建立有线与无线相结合、基础电信网络与机动通信系统相配套的应急通信系统，确保突发事件应对工作的通信畅通。

第三十四条 国家鼓励公民、法人和其他组织为人民政府应对突发事件工作提供物资、资金、技术支持和捐赠。

第三十五条 国家发展保险事业，建立国家财政支持的巨灾风险保险体系，并鼓励单位和公民参加保险。

第三十六条 国家鼓励、扶持具备相应条件的教学科研机构培养应急管理专门人才，鼓励、扶持教学科研机构和有关企业研究开发用于突发事件预防、监测、预警、应急处置与救援的新技术、新设备和新工具。

第三章 监测与预警

第三十七条 国务院建立全国统一的突发事件信息系统。

县级以上地方各级人民政府应当建立或者确定本地区统一的突发事件信息系统，汇集、储存、分析、传输有关突发事件的信息，并与上级人民政府及其有关部门、下级人民政府及其有关部门、专业机构和监测网点的突发事件信息系统实现互联互通，加强跨部门、跨地区的信息交流与情报合作。

第三十八条 县级以上人民政府及其有关部门、专业机构应当通过多种途径收集突发事件信息。

县级人民政府应当在居民委员会、村民委员会和有关单位建立专职或者兼职信息报告员制度。

获悉突发事件信息的公民、法人或者其他组织，应当立即向所在地人民政府、有关主管部门或者指定的专业机构报告。

第三十九条 地方各级人民政府应当按照国家有关规定向上级人民政府报送突发事件信息。县级以上人民政府有关主管部门应当向本级人民政府相关部门通报突发事件信息。专业机构、监测网点和信息报告员应当及时向所在地人民政府及其有关主管部门报告突发事件信息。

有关单位和人员报送、报告突发事件信息，应当做到及时、客观、真实，不得迟报、谎报、瞒报、漏报。

第四十条 县级以上地方各级人民政府应当及时汇总分析突发事件隐患和预警信息，必要时组织相关部门、专业技术人员、专家学者进行会商，对发生突发事件的可能性及其可能造成的影响进行评估；认为可能发生重大或者特别重大突发事件的，应当立即向上级人民政府报告，并向上级人民政府有关部门、当地驻军和可能受到危害的毗邻或者相关地区的人民政府通报。

第四十一条 国家建立健全突发事件监测制度。

县级以上人民政府及其有关部门应当根据自然灾害、事故灾难和公共卫生事件的种类和特点，建立健全基础信息数据库，完善监测网络，划分监测区域，确定监测点，明确监测项目，提供必要的设备、设施，配备专职或者兼职人员，对可能发生的突发事件进行监测。

第四十二条 国家建立健全突发事件预警制度。

可以预警的自然灾害、事故灾难和公共卫生事件的预警级别，按照突发事件发生的紧急程度、发展势态和可能造成的危害程度分为一级、二级、三级和四级，分别用红色、橙色、黄色和蓝色标示，一级为最高级别。

预警级别的划分标准由国务院或者国务院确定的部门制定。

第四十三条 可以预警的自然灾害、事故灾难或者公共卫生事件即将发生或者发生的可能性增大时，县级以上地方各级人民政府应当根据有关法律、行政法规和国务院规定的权限和程序，发布相应级别的警报，决定并宣布有关地区进入预警期，同时向上一级人民政府报告，必要时可以越级上报，并向当地驻军和可能受到危害的毗邻或者相关地区的人民政府通报。

第四十四条 发布三级、四级警报，宣布进入预警期后，县级以上地方各级人民政府应当根据即将发生的突发事件的特点和可能造成的危害，采取下列措施：

（一）启动应急预案；

（二）责令有关部门、专业机构、监测网点和负有特定职责的人员及时收集、报告有关信息，向社会公布反映突发事件信息的渠道，加强对突发事件发生、发展情况的监测、预报和预警工作；

（三）组织有关部门和机构、专业技术人员、有关专家学者，随时对突发事件信息进行分析评估，预测发生突发事件可能性的大小、影响范围和强度以及可能发生的突发事件的级别；

（四）定时向社会发布与公众有关的突发事件预测信息和分析评估结果，并对相关信息的报道工作进行管理；

（五）及时按照有关规定向社会发布可能受到突发事件危害的警告，宣传避免、减轻危害的常识，公布咨询电话。

第四十五条 发布一级、二级警报，宣布进入预警期后，县级以上地方各级人民政府除采取本法第四十四条规定的措施外，还应当针对即将发生的突发事件的特点和可能造成的危害，采取下列一项或者多项措施：

（一）责令应急救援队伍、负有特定职责的人员进入待命状态，并动员后备人员做好参加应急救援和处置工作的准备；

（二）调集应急救援所需物资、设备、工具，准备应急设施和避难场所，并确保其处于良好状态、随时可以投入正常使用；

（三）加强对重点单位、重要部位和重要基础设施的安全保卫，维护社会治安秩序；

（四）采取必要措施，确保交通、通信、供水、排水、供电、供气、供热等公共设施的安全和正常运行；

（五）及时向社会发布有关采取特定措施避免或者减轻危害的建议、劝告；

（六）转移、疏散或者撤离易受突发事件危害的人员并予以妥善安置，转移重要财产；

（七）关闭或者限制使用易受突发事件危害的场所，控制或者限制容易导致危害扩大的公共场所的活动；

（八）法律、法规、规章规定的其他必要的防范性、保护性措施。

第四十六条 对即将发生或者已经发生的社会安全事件，县级以上地方各级人民政府及其有关主管部门应当按照规定向上一级人民政府及其有关主管部门报告，必要时可以越级上报。

第四十七条 发布突发事件警报的人民政府应当根据事态的发展，按照有关规定适时调整预警级别并重新发布。

有事实证明不可能发生突发事件或者危险已经解除的，发布警报的人民政府应当立即宣布解除警报，终止预警期，并解除已经采取的有关措施。

第四章 应急处置与救援

第四十八条 突发事件发生后，履行统一领导职责或者组织处置突发事件的人民政府应当针对其性质、特点和危害程度，立即组织有关部门，调动应急救援队伍和社会力量，依照本章的规定和有关法律、法规、规章的规定采取应急处置措施。

第四十九条 自然灾害、事故灾难或者公共卫生事件发生后，履行统一领导职责的人民政府可以采取下列一项或者多项应急处置措施：

（一）组织营救和救治受害人员，疏散、撤离并妥善安置受到威胁的人员以及采取其他救助措施；

（二）迅速控制危险源，标明危险区域，封锁危险场所，划定警戒区，实行交通管制以及其他控制措施；

（三）立即抢修被损坏的交通、通信、供水、排水、供电、供气、供热等公共设施，向受到危害的人员提供避难场所和生活必需品，实施医疗救护和卫生防疫以及其他保障措施；

（四）禁止或者限制使用有关设备、设施，关闭或者限制使用有关场所，中止人员密集的活动或者可能导致危害扩大的生产经营活动以及采取其他保护措施；

（五）启用本级人民政府设置的财政预备费和储备的应急救援物资，必要时调用其他急需物资、设备、设施、工具；

（六）组织公民参加应急救援和处置工作，要求具有特定专长的人员提供服务；

（七）保障食品、饮用水、燃料等基本生活必需品的供应；

（八）依法从严惩处囤积居奇、哄抬物价、制假售假等扰乱市场秩序的行为，稳定市场价格，维护市场秩序；

（九）依法从严惩处哄抢财物、干扰破坏应急处置工作等扰乱社会秩序的行为，维护社会治安；

（十）采取防止发生次生、衍生事件的必要措施。

第五十条 社会安全事件发生后，组织处置工作的人民政府应当立即组织有关部门并由公安机关针对事件的性质和特点，依照有关法律、行政法规和国家其他有关规定，采取下列一项或者多项应急处置措施：

（一）强制隔离使用器械相互对抗或者以暴力行为参与冲突的当事人，妥善解决现场纠纷和争端，控制事态发展；

（二）对特定区域内的建筑物、交通工具、设备、设施以及燃料、燃气、电力、水的供应进行控制；

（三）封锁有关场所、道路，查验现场人员的身份证件，限制有关公共场所内的活动；

（四）加强对易受冲击的核心机关和单位的警卫，在国家机关、军事机关、国家通信社、广播电台、电视台、外国驻华使领馆等单位附近设置临时警戒线；

（五）法律、行政法规和国务院规定的其他必要措施。

严重危害社会治安秩序的事件发生时，公安机关应当立即依法出动警力，根据现场情况依法采取相应的强制性措施，尽快使社会秩序恢复正常。

第五十一条　发生突发事件，严重影响国民经济正常运行时，国务院或者国务院授权的有关主管部门可以采取保障、控制等必要的应急措施，保障人民群众的基本生活需要，最大限度地减轻突发事件的影响。

第五十二条　履行统一领导职责或者组织处置突发事件的人民政府，必要时可以向单位和个人征用应急救援所需设备、设施、场地、交通工具和其他物资，请求其他地方人民政府提供人力、物力、财力或者技术支援，要求生产、供应生活必需品和应急救援物资的企业组织生产、保证供给，要求提供医疗、交通等公共服务的组织提供相应的服务。

履行统一领导职责或者组织处置突发事件的人民政府，应当组织协调运输经营单位，优先运送处置突发事件所需物资、设备、工具、应急救援人员和受到突发事件危害的人员。

第五十三条　履行统一领导职责或者组织处置突发事件的人民政府，应当按照有关规定统一、准确、及时发布有关突发事件事态发展和应急处置工作的信息。

第五十四条　任何单位和个人不得编造、传播有关突发事件事态发展或者应急处置工作的虚假信息。

第五十五条　突发事件发生地的居民委员会、村民委员会和其他组织应当按照当地人民政府的决定、命令，进行宣传动员，组织群众开展自救和互救，协助维护社会秩序。

第五十六条　受到自然灾害危害或者发生事故灾难、公共卫生事件的单位，应当立即组织本单位应急救援队伍和工作人员营救受害人员，疏散、撤离、安置受到威胁的人员，控制危险源，标明危险区域，封锁危险场所，并采取其他防止危害扩大的必要措施，同时向所在地县级人民政府报告；对因本单位的问题引发的或者主体是本单位人员的社会安全事件，有关单位应当按照规定上报情况，并迅速派出负责人赶赴现场开展劝解、疏导工作。

突发事件发生地的其他单位应当服从人民政府发布的决定、命令，配合人民政府采取的应急处置措施，做好本单位的应急救援工作，并积极组织人员参加所在地的应急救援和处置工作。

第五十七条　突发事件发生地的公民应当服从人民政府、居民委员会、村民委员会或者所属单位的指挥和安排，配合人民政府采取的应急处置措施，积极参加应急救援工作，协助维护社会秩序。

第五章 事后恢复与重建

第五十八条 突发事件的威胁和危害得到控制或者消除后，履行统一领导职责或者组织处置突发事件的人民政府应当停止执行依照本法规定采取的应急处置措施，同时采取或者继续实施必要措施，防止发生自然灾害、事故灾难、公共卫生事件的次生、衍生事件或者重新引发社会安全事件。

第五十九条 突发事件应急处置工作结束后，履行统一领导职责的人民政府应当立即组织对突发事件造成的损失进行评估，组织受影响地区尽快恢复生产、生活、工作和社会秩序，制定恢复重建计划，并向上一级人民政府报告。

受突发事件影响地区的人民政府应当及时组织和协调公安、交通、铁路、民航、邮电、建设等有关部门恢复社会治安秩序，尽快修复被损坏的交通、通信、供水、排水、供电、供气、供热等公共设施。

第六十条 受突发事件影响地区的人民政府开展恢复重建工作需要上一级人民政府支持的，可以向上一级人民政府提出请求。上一级人民政府应当根据受影响地区遭受的损失和实际情况，提供资金、物资支持和技术指导，组织其他地区提供资金、物资和人力支援。

第六十一条 国务院根据受突发事件影响地区遭受损失的情况，制定扶持该地区有关行业发展的优惠政策。

受突发事件影响地区的人民政府应当根据本地区遭受损失的情况，制定救助、补偿、抚慰、抚恤、安置等善后工作计划并组织实施，妥善解决因处置突发事件引发的矛盾和纠纷。

公民参加应急救援工作或者协助维护社会秩序期间，其在本单位的工资待遇和福利不变；表现突出、成绩显著的，由县级以上人民政府给予表彰或者奖励。

县级以上人民政府对在应急救援工作中伤亡的人员依法给予抚恤。

第六十二条 履行统一领导职责的人民政府应当及时查明突发事件的发生经过和原因，总结突发事件应急处置工作的经验教训，制定改进措施，并向上一级人民政府提出报告。

第六章 法 律 责 任

第六十三条 地方各级人民政府和县级以上各级人民政府有关部门违反本法规定，不履行法定职责的，由其上级行政机关或者监察机关责令改正；有下列情形之一的，根据情节对直接负责的主管人员和其他直接责任人员依法给予处分：

（一）未按规定采取预防措施，导致发生突发事件，或者未采取必要的防范措施，导致发生次生、衍生事件的；

（二）迟报、谎报、瞒报、漏报有关突发事件的信息，或者通报、报送、公布虚假信息，造成后果的；

（三）未按规定及时发布突发事件警报、采取预警期的措施，导致损害发生的；

（四）未按规定及时采取措施处置突发事件或者处置不当，造成后果的；

（五）不服从上级人民政府对突发事件应急处置工作的统一领导、指挥和协调的；

（六）未及时组织开展生产自救、恢复重建等善后工作的；

（七）截留、挪用、私分或者变相私分应急救援资金、物资的；

（八）不及时归还征用的单位和个人的财产，或者对被征用财产的单位和个人不按规定给予补偿的。

第六十四条 有关单位有下列情形之一的，由所在地履行统一领导职责的人民政府责令停产停业，暂扣或者吊销许可证或者营业执照，并处五万元以上二十万元以下的罚款；构成违反治安管理行为的，由公安机关依法给予处罚：

（一）未按规定采取预防措施，导致发生严重突发事件的；

（二）未及时消除已发现的可能引发突发事件的隐患，导致发生严重突发事件的；

（三）未做好应急设备、设施日常维护、检测工作，导致发生严重突发事件或者突发事件危害扩大的；

（四）突发事件发生后，不及时组织开展应急救援工作，造成严重后果的。

前款规定的行为，其他法律、行政法规规定由人民政府有关部门依法决定处罚的，从其规定。

第六十五条 违反本法规定，编造并传播有关突发事件事态发展或者应急处置工作的虚假信息，或者明知是有关突发事件事态发展或者应急处置工作的虚假信息而进行传播的，责令改正，给予警告；造成严重后果的，依法暂停其业务活动或者吊销其执业许可证；负有直接责任的人员是国家工作人员的，还应当对其依法给予处分；构成违反治安管理行为的，由公安机关依法给予处罚。

第六十六条 单位或者个人违反本法规定，不服从所在地人民政府及其有关部门发布的决定、命令或者不配合其依法采取的措施，构成违反治安管理行为的，由公安机关依法给予处罚。

第六十七条 单位或者个人违反本法规定，导致突发事件发生或者危害扩大，给他人人身、财产造成损害的，应当依法承担民事责任。

第六十八条 违反本法规定，构成犯罪的，依法追究刑事责任。

第七章 附 则

第六十九条 发生特别重大突发事件，对人民生命财产安全、国家安全、公共安全、环境安全或者社会秩序构成重大威胁，采取本法和其他有关法律、法规、规章规定的应急处置措施不能消除或者有效控制、减轻其严重社会危害，需要进入紧急状态的，由全国人民代表大会常务委员会或者国务院依照宪法和其他有关法律规定的权限和程序决定。

紧急状态期间采取的非常措施，依照有关法律规定执行或者由全国人民代表大会常务委员会另行规定。

第七十条 本法自2007年11月1日起施行。

第二部分

行　政　法　规

生产安全事故应急条例

（2019年2月17日中华人民共和国国务院令第708号公布）

第一章 总 则

第一条 为了规范生产安全事故应急工作，保障人民群众生命和财产安全，根据《中华人民共和国安全生产法》和《中华人民共和国突发事件应对法》，制定本条例。

第二条 本条例适用于生产安全事故应急工作；法律、行政法规另有规定的，适用其规定。

第三条 国务院统一领导全国的生产安全事故应急工作，县级以上地方人民政府统一领导本行政区域内的生产安全事故应急工作。生产安全事故应急工作涉及两个以上行政区域的，由有关行政区域共同的上一级人民政府负责，或者由各有关行政区域的上一级人民政府共同负责。

县级以上人民政府应急管理部门和其他对有关行业、领域的安全生产工作实施监督管理的部门（以下统称负有安全生产监督管理职责的部门）在各自职责范围内，做好有关行业、领域的生产安全事故应急工作。

县级以上人民政府应急管理部门指导、协调本级人民政府其他负有安全生产监督管理职责的部门和下级人民政府的生产安全事故应急工作。

乡、镇人民政府以及街道办事处等地方人民政府派出机关应当协助上级人民政府有关部门依法履行生产安全事故应急工作职责。

第四条 生产经营单位应当加强生产安全事故应急工作，建立、健全生产安全事故应急工作责任制，其主要负责人对本单位的生产安全事故应急工作全面负责。

第二章 应 急 准 备

第五条 县级以上人民政府及其负有安全生产监督管理职责的部门和乡、镇人民政府以及街道办事处等地方人民政府派出机关，应当针对可能发生的生产安全事故的特点和危害，进行风险辨识和评估，制定相应的生产安全事故应急救援预案，并依法向社会公布。

生产经营单位应当针对本单位可能发生的生产安全事故的特点和危害，进行风险辨识和评估，制定相应的生产安全事故应急救援预案，并向本单位从业人员公布。

第六条 生产安全事故应急救援预案应当符合有关法律、法规、规章和标准的规定，具有科学性、针对性和可操作性，明确规定应急组织体系、职责分工以及应急救援程序和措施。

有下列情形之一的，生产安全事故应急救援预案制定单位应当及时修订相关预案：

（一）制定预案所依据的法律、法规、规章、标准发生重大变化；

（二）应急指挥机构及其职责发生调整；

（三）安全生产面临的风险发生重大变化；

（四）重要应急资源发生重大变化；

（五）在预案演练或者应急救援中发现需要修订预案的重大问题；

（六）其他应当修订的情形。

第七条 县级以上人民政府负有安全生产监督管理职责的部门应当将其制定的生产安全事故应急救援预案报送本级人民政府备案；易燃易爆物品、危险化学品等危险物品的生产、经营、储存、运输单位，矿山、金属冶炼、城市轨道交通运营、建筑施工单位，以及宾馆、商场、娱乐场所、旅游景区等人员密集场所经营单位，应当将其制定的生产安全事故应急救援预案按照国家有关规定报送县级以上人民政府负有安全生产监督管理职责的部门备案，并依法向社会公布。

第八条 县级以上地方人民政府以及县级以上人民政府负有安全生产监督管理职责的部门，乡、镇人民政府以及街道办事处等地方人民政府派出机关，应当至少每2年组织1次生产安全事故应急救援预案演练。

易燃易爆物品、危险化学品等危险物品的生产、经营、储存、运输单位，矿山、金属冶炼、城市轨道交通运营、建筑施工单位，以及宾馆、商场、娱乐场所、旅游景区等人员密集场所经营单位，应当至少每半年组织1次生产安全事故应急救援预案演练，并将演练情况报送所在地县级以上地方人民政府负有安全生产监督管理职责的部门。

县级以上地方人民政府负有安全生产监督管理职责的部门应当对本行政区域内前款规定的重点生产经营单位的生产安全事故应急救援预案演练进行抽查；发现演练不符合要求的，应当责令限期改正。

第九条 县级以上人民政府应当加强对生产安全事故应急救援队伍建设的统一规划、组织和指导。

县级以上人民政府负有安全生产监督管理职责的部门根据生产安全事故应急工作的实际需要，在重点行业、领域单独建立或者依托有条件的生产经营单位、社会组织共同建立应急救援队伍。

国家鼓励和支持生产经营单位和其他社会力量建立提供社会化应急救援服务的应急救援队伍。

第十条 易燃易爆物品、危险化学品等危险物品的生产、经营、储存、运输单位，矿山、金属冶炼、城市轨道交通运营、建筑施工单位，以及宾馆、商场、娱乐场所、旅游景区等人员密集场所经营单位，应当建立应急救援队伍；其中，小型企业或者微型企业等规模较小的生产经营单位，可以不建立应急救援队伍，但应当指定兼职的应急救援人员，并且可以与邻近的应急救援队伍签订应急救援协议。

工业园区、开发区等产业聚集区域内的生产经营单位，可以联合建立应急救援队伍。

第十一条 应急救援队伍的应急救援人员应当具备必要的专业知识、技能、身体素质和心理素质。

应急救援队伍建立单位或者兼职应急救援人员所在单位应当按照国家有关规定对应急救援人员进行培训；应急救援人员经培训合格后，方可参加应急救援工作。

应急救援队伍应当配备必要的应急救援装备和物资，并定期组织训练。

第十二条 生产经营单位应当及时将本单位应急救援队伍建立情况按照国家有关规定报送县级以上人民政府负有安全生产监督管理职责的部门，并依法向社会公布。

县级以上人民政府负有安全生产监督管理职责的部门应当定期将本行业、本领域的应急救援队伍建立情况报送本级人民政府，并依法向社会公布。

第十三条 县级以上地方人民政府应当根据本行政区域内可能发生的生产安全事故的特点和危害，储备必要的应急救援装备和物资，并及时更新和补充。

易燃易爆物品、危险化学品等危险物品的生产、经营、储存、运输单位，矿山、金属冶炼、城市轨道交通运营、建筑施工单位，以及宾馆、商场、娱乐场所、旅游景区等人员密集场所经营单位，应当根据本单位可能发生的生产安全事故的特点和危害，配备必要的灭火、排水、通风以及危险物品稀释、掩埋、收集等应急救援器材、设备和物资，并进行经常性维护、保养，保证正常运转。

第十四条 下列单位应当建立应急值班制度，配备应急值班人员：

（一）县级以上人民政府及其负有安全生产监督管理职责的部门；

（二）危险物品的生产、经营、储存、运输单位以及矿山、金属冶炼、城市轨道交通运营、建筑施工单位；

（三）应急救援队伍。

规模较大、危险性较高的易燃易爆物品、危险化学品等危险物品的生产、经营、储存、运输单位应当成立应急处置技术组，实行24小时应急值班。

第十五条 生产经营单位应当对从业人员进行应急教育和培训，保证从业人员具备必要的应急知识，掌握风险防范技能和事故应急措施。

第十六条 国务院负有安全生产监督管理职责的部门应当按照国家有关规定建立生产安全事故应急救援信息系统，并采取有效措施，实现数据互联互通、信息共享。

生产经营单位可以通过生产安全事故应急救援信息系统办理生产安全事故应急救援预案备案手续，报送应急救援预案演练情况和应急救援队伍建设情况；但依法需要保密的除外。

第三章 应 急 救 援

第十七条 发生生产安全事故后，生产经营单位应当立即启动生产安全事故应急救援预案，采取下列一项或者多项应急救援措施，并按照国家有关规定报告事故情况：

（一）迅速控制危险源，组织抢救遇险人员；

（二）根据事故危害程度，组织现场人员撤离或者采取可能的应急措施后撤离；

（三）及时通知可能受到事故影响的单位和人员；

（四）采取必要措施，防止事故危害扩大和次生、衍生灾害发生；

（五）根据需要请求邻近的应急救援队伍参加救援，并向参加救援的应急救援队伍提供相关技术资料、信息和处置方法；

（六）维护事故现场秩序，保护事故现场和相关证据；

（七）法律、法规规定的其他应急救援措施。

第十八条 有关地方人民政府及其部门接到生产安全事故报告后，应当按照国家有关规定上报事故情况，启动相应的生产安全事故应急救援预案，并按照应急救援预案的规定采取下列一项或者多项应急救援措施：

（一）组织抢救遇险人员，救治受伤人员，研判事故发展趋势以及可能造成的危害；

（二）通知可能受到事故影响的单位和人员，隔离事故现场，划定警戒区域，疏散受到威胁的人员，实施交通管制；

（三）采取必要措施，防止事故危害扩大和次生、衍生灾害发生，避免或者减少事故对环境造成的危害；

（四）依法发布调用和征用应急资源的决定；

（五）依法向应急救援队伍下达救援命令；

（六）维护事故现场秩序，组织安抚遇险人员和遇险遇难人员亲属；

（七）依法发布有关事故情况和应急救援工作的信息；

（八）法律、法规规定的其他应急救援措施。

有关地方人民政府不能有效控制生产安全事故的，应当及时向上级人民政府报告。上级人民政府应当及时采取措施，统一指挥应急救援。

第十九条 应急救援队伍接到有关人民政府及其部门的救援命令或者签有应急救援协议的生产经营单位的救援请求后，应当立即参加生产安全事故应急救援。

应急救援队伍根据救援命令参加生产安全事故应急救援所耗费用，由事故责任单位承担；事故责任单位无力承担的，由有关人民政府协调解决。

第二十条 发生生产安全事故后，有关人民政府认为有必要的，可以设立由本级人民政府及其有关部门负责人、应急救援专家、应急救援队伍负责人、事故发生单位负责人等人员组成的应急救援现场指挥部，并指定现场指挥部总指挥。

第二十一条 现场指挥部实行总指挥负责制，按照本级人民政府的授权组织制定并实施生产安全事故现场应急救援方案，协调、指挥有关单位和个人参加现场应急救援。

参加生产安全事故现场应急救援的单位和个人应当服从现场指挥部的统一指挥。

第二十二条 在生产安全事故应急救援过程中，发现可能直接危及应急救援人员生命安全的紧急情况时，现场指挥部或者统一指挥应急救援的人民政府应当立即采取相应措施消除隐患，降低或者化解风险，必要时可以暂时撤离应急救援人员。

第二十三条 生产安全事故发生地人民政府应当为应急救援人员提供必需的后勤保障，并组织通信、交通运输、医疗卫生、气象、水文、地质、电力、供水等单位协助应急救援。

第二十四条 现场指挥部或者统一指挥生产安全事故应急救援的人民政府及其有关部门应当完整、准确地记录应急救援的重要事项，妥善保存相关原始资料和证据。

第二十五条 生产安全事故的威胁和危害得到控制或者消除后，有关人民政府应当决定停止执行依照本条例和有关法律、法规采取的全部或者部分应急救援措施。

第二十六条 有关人民政府及其部门根据生产安全事故应急救援需要依法调用和

征用的财产，在使用完毕或者应急救援结束后，应当及时归还。财产被调用、征用或者调用、征用后毁损、灭失的，有关人民政府及其部门应当按照国家有关规定给予补偿。

第二十七条 按照国家有关规定成立的生产安全事故调查组应当对应急救援工作进行评估，并在事故调查报告中作出评估结论。

第二十八条 县级以上地方人民政府应当按照国家有关规定，对在生产安全事故应急救援中伤亡的人员及时给予救治和抚恤；符合烈士评定条件的，按照国家有关规定评定为烈士。

第四章 法律责任

第二十九条 地方各级人民政府和街道办事处等地方人民政府派出机关以及县级以上人民政府有关部门违反本条例规定的，由其上级行政机关责令改正；情节严重的，对直接负责的主管人员和其他直接责任人员依法给予处分。

第三十条 生产经营单位未制定生产安全事故应急救援预案、未定期组织应急救援预案演练、未对从业人员进行应急教育和培训，生产经营单位的主要负责人在本单位发生生产安全事故时不立即组织抢救的，由县级以上人民政府负有安全生产监督管理职责的部门依照《中华人民共和国安全生产法》有关规定追究法律责任。

第三十一条 生产经营单位未对应急救援器材、设备和物资进行经常性维护、保养，导致发生严重生产安全事故或者生产安全事故危害扩大，或者在本单位发生生产安全事故后未立即采取相应的应急救援措施，造成严重后果的，由县级以上人民政府负有安全生产监督管理职责的部门依照《中华人民共和国突发事件应对法》有关规定追究法律责任。

第三十二条 生产经营单位未将生产安全事故应急救援预案报送备案、未建立应急值班制度或者配备应急值班人员的，由县级以上人民政府负有安全生产监督管理职责的部门责令限期改正；逾期未改正的，处3万元以上5万元以下的罚款，对直接负责的主管人员和其他直接责任人员处1万元以上2万元以下的罚款。

第三十三条 违反本条例规定，构成违反治安管理行为的，由公安机关依法给予处罚；构成犯罪的，依法追究刑事责任。

第五章 附则

第三十四条 储存、使用易燃易爆物品、危险化学品等危险物品的科研机构、学校、医院等单位的安全事故应急工作，参照本条例有关规定执行。

第三十五条 本条例自2019年4月1日起施行。

知识链接

一、《条例》制定的背景

党中央和国务院高度重视生产安全事故应急工作。党的十九大报告要求弘扬生命至上、安全第一的思想，健全公共安全体系。习近平总书记、李克强总理多次作出重要指示批示，要求加强生产安全事故应急能力建设。同时，《中共中央 国务院关于推进安全生产领域改革发展的意见》也对生产安全事故应急工作提出了明确要求。近年来，我国生产安全事故应急能力和水平不断提高，取得了显著成效，但实践中仍然存在应急预案流于形式、应急演练实效性不强、应急救援队伍不足、应急资源储备不充分、事故现场救援机制不够完善、救援程序和措施不够明确、救援指挥不够科学等问题。为此，有必要针对生产安全事故应急工作中存在的突出问题，制定专门的行政法规。

二、《条例》的总体思路

一是坚持问题导向，围绕生产安全事故应急工作中需要通过立法解决的主要问题做好制度设计，突出应急准备和应急救援两个关键环节。

二是落实“放管服”改革要求，没有设定行政审批，着重运用备案、抽查等方式加强监督管理，同时尽量减轻企业负担，规定可以网上备案和报送相关情况。

三是注重处理好与相关法律、行政法规的衔接，重点对安全生产法和突发事件应对法中需要进一步细化的相关制度措施作出具体规定，对这两部法律已有较为明确和具体规定的，原则上不再重复，法律、行政法规对生产安全事故应急工作另有规定的，适用其规定。

三、生产安全事故应急工作的归口单位

按照突发事件应对法规定的“统一领导、综合协调、分类管理、分级负责、属地管理为主”的应急体制，并结合安全生产监督管理的特点，《条例》规定了县级以上政府统一领导、行业监管部门分工负责、综合监管部门指导协调、基层政府及派出机关协助履职的生产安全事故应急工作体制。同时，《条例》规定了生产经营单位的应急工作责任制，生产经营单位的主要负责人对本单位的生产安全事故应急工作全面负责。

四、应当制定生产安全事故应急预案的单位及《条例》对预案的具体要求

应急救援预案是事故应急工作的总遵循，制定符合实际、操作性强的预案，是有效处置各类事故的重要保证。《条例》规定，各级政府及其有关部门、生产经营单位等应当针对可能发生的生产安全事故的特点和危害，进行风险辨识和评估，分别制定相应的生产安全事故应急救援预案并及时修订；预案应当具有科学性、针对性和可操作性，明确应急组织体系、职责分工以及应急程序和措施。各级政府、相关部门制定的预案应当向社会公布，生产经营单位制定的预案应当向从业人员公布。

五、《条例》中关于应急救援队伍的有关要求

《条例》规定，县级以上人民政府应当加强对生产安全事故应急救援队伍建设的统一规划、组织和指导；县级以上政府有关部门根据需要在重点行业、领域建立应急救援队伍；高危行业生产经营单位和有关人员密集场所经营单位应当按照规定建立应急救援队伍；工业园区、开发区等产业聚集区域内的生产经营单位，可以联合建立应急救援队伍；国家鼓励和支持生产经营单位和其他社会力量建立提供社会化应急救援服务的应急救援队伍。《条例》强化了应急队伍经费保障，规定应急救援队伍根据救援命令参加事故救援所耗费用，由事故责任单位承担；事故责任单位无力承担的，由有关政府协调解决。

六、发生生产安全事故后生产经营单位应当采取的措施

《条例》规定，发生生产安全事故后，生产经营单位应当立即启动预案，采取相应的应急救援措施，并按照规定报告事故情况。应急救援措施包括：迅速控制危险源，组织抢救遇险人员； 根据事故危害程度，组织现场人员撤离或者采取可能的应急措施后撤离；及时通知可能受到事故影响的单位和人员；采取必要措施，防止事故危害扩大和次生、衍生灾害发生；根据需要请求邻近的应急救援队伍参加救援，并向参加救援的应急救援队伍提供相关技术资料、信息和处置方法；维护事故现场秩序，保护事故现场和相关证据以及法律、法规规定的其他应急救援措施。

七、发生生产安全事故后政府及其部门应当采取的措施

《条例》规定，有关地方政府及其部门接到生产安全事故报告后，应当按照规定上报事故情况，启动相应的预案，并按照预案的规定采取相应的应急救援措施，包括：组织抢救遇险人员，救治受伤人员，研判事故发展趋势以及可能造成的危害；通知可能受到事故影响的单位和人员，隔离事故现场，划定警戒区域，疏散受到威胁的人员，实施交通管制；采取必要措施，防止事故危害扩大和次生、衍生灾害发生，避免或者减少事故对环境造成的危害；依法发布调用和征用应急资源的决定；依法向应急救援队伍下达救援命令；维护事故现场秩序，组织安抚遇险人员和遇险遇难人员亲属；依法发布有关事故情况和应急救援工作的信息以及法律、法规规定的其他应急救援措施。有关地方政府不能有效控制生产安全事故的，应当及时向上级政府报告，上级政府应当及时采取措施，统一指挥应急救援。

八、应急救援现场指挥部的组成人员及职权

《条例》规定，发生生产安全事故后，负责事故应急救援的政府认为有必要的，可以设立由本级政府及其有关部门负责人、应急救援专家、应急救援队伍负责人、事故发生单位负责人等人员组成的应急救援现场指挥部，指定现场指挥部总指挥；现场指挥部按照本级政府的授权组织制定并实施现场应急救援方案，协调、指挥有关单位和个人参加现场应急救援；参加应急救援的单位和个人应当服从现场指挥部的统一指挥。

安全生产许可证条例

（2004年1月13日中华人民共和国国务院令第397号公布，根据2013年7月18日《国务院关于废止和修改部分行政法规的决定》第一次修订，根据2014年7月29日《国务院关于修改部分行政法规的决定》第二次修订）

第一条 为了严格规范安全生产条件，进一步加强安全生产监督管理，防止和减少生产安全事故，根据《中华人民共和国安全生产法》的有关规定，制定本条例。

第二条 国家对矿山企业、建筑施工企业和危险化学品、烟花爆竹、民用爆炸物品生产企业（以下统称企业）实行安全生产许可制度。企业未取得安全生产许可证的，不得从事生产活动。

第三条 国务院安全生产监督管理部门负责中央管理的非煤矿矿山企业和危险化学品、烟花爆竹生产企业安全生产许可证的颁发和管理。

省、自治区、直辖市人民政府安全生产监督管理部门负责前款规定以外的非煤矿矿山企业和危险化学品、烟花爆竹生产企业安全生产许可证的颁发和管理，并接受国务院安全生产监督管理部门的指导和监督。

国家煤矿安全监察机构负责中央管理的煤矿企业安全生产许可证的颁发和管理。

在省、自治区、直辖市设立的煤矿安全监察机构负责前款规定以外的其他煤矿企业安全生产许可证的颁发和管理，并接受国家煤矿安全监察机构的指导和监督。

第四条 省、自治区、直辖市人民政府建设主管部门负责建筑施工企业安全生产许可证的颁发和管理，并接受国务院建设主管部门的指导和监督。

第五条 省、自治区、直辖市人民政府民用爆炸物品行业主管部门负责民用爆炸物品生产企业安全生产许可证的颁发和管理，并接受国务院民用爆炸物品行业主管部门的指导和监督。

第六条 企业取得安全生产许可证，应当具备下列安全生产条件：

（一）建立、健全安全生产责任制，制定完备的安全生产规章制度和操作规程；

（二）安全投入符合安全生产要求；

（三）设置安全生产管理机构，配备专职安全生产管理人员；

（四）主要负责人和安全生产管理人员经考核合格；

（五）特种作业人员经有关业务主管部门考核合格，取得特种作业操作资格证书；

（六）从业人员经安全生产教育和培训合格；

（七）依法参加工伤保险，为从业人员缴纳保险费；

（八）厂房、作业场所和安全设施、设备、工艺符合有关安全生产法律、法规、标准和规程的要求；

（九）有职业危害防治措施，并为从业人员配备符合国家标准或者行业标准的劳动防护用品；

（十）依法进行安全评价；

（十一）有重大危险源检测、评估、监控措施和应急预案；

（十二）有生产安全事故应急救援预案、应急救援组织或者应急救援人员，配备必要的应急救援器材、设备；

（十三）法律、法规规定的其他条件。

第七条 企业进行生产前，应当依照本条例的规定向安全生产许可证颁发管理机关申请领取安全生产许可证，并提供本条例第六条规定的相关文件、资料。安全生产许可证颁发管理机关应当自收到申请之日起45日内审查完毕，经审查符合本条例规定的安全生产条件的，颁发安全生产许可证；不符合本条例规定的安全生产条件的，不予颁发安全生产许可证，书面通知企业并说明理由。

煤矿企业应当以矿（井）为单位，依照本条例的规定取得安全生产许可证。

第八条　安全生产许可证由国务院安全生产监督管理部门规定统一的式样。

第九条　安全生产许可证的有效期为3年。安全生产许可证有效期满需要延期的，企业应当于期满前3个月向原安全生产许可证颁发管理机关办理延期手续。

企业在安全生产许可证有效期内，严格遵守有关安全生产的法律法规，未发生死亡事故的，安全生产许可证有效期届满时，经原安全生产许可证颁发管理机关同意，不再审查，安全生产许可证有效期延期3年。

第十条　安全生产许可证颁发管理机关应当建立、健全安全生产许可证档案管理制度，并定期向社会公布企业取得安全生产许可证的情况。

第十一条　煤矿企业安全生产许可证颁发管理机关、建筑施工企业安全生产许可证颁发管理机关、民用爆炸物品生产企业安全生产许可证颁发管理机关，应当每年向同级安全生产监督管理部门通报其安全生产许可证颁发和管理情况。

第十二条　国务院安全生产监督管理部门和省、自治区、直辖市人民政府安全生产监督管理部门对建筑施工企业、民用爆炸物品生产企业、煤矿企业取得安全生产许可证的情况进行监督。

第十三条　企业不得转让、冒用安全生产许可证或者使用伪造的安全生产许可证。

第十四条　企业取得安全生产许可证后，不得降低安全生产条件，并应当加强日常安全生产管理，接受安全生产许可证颁发管理机关的监督检查。

安全生产许可证颁发管理机关应当加强对取得安全生产许可证的企业的监督检查，发现其不再具备本条例规定的安全生产条件的，应当暂扣或者吊销安全生产许可证。

第十五条　安全生产许可证颁发管理机关工作人员在安全生产许可证颁发、管理和监督检查工作中，不得索取或者接受企业的财物，不得谋取其他利益。

第十六条　监察机关依照《中华人民共和国行政监察法》的规定，对安全生产许可证颁发管理机关及其工作人员履行本条例规定的职责实施监察。

第十七条　任何单位或者个人对违反本条例规定的行为，有权向安全生产许可证颁发管理机关或者监察机关等有关部门举报。

第十八条　安全生产许可证颁发管理机关工作人员有下列行为之一的，给予降级或者撤职的行政处分；构成犯罪的，依法追究刑事责任：

（一）向不符合本条例规定的安全生产条件的企业颁发安全生产许可证的；

（二）发现企业未依法取得安全生产许可证擅自从事生产活动，不依法处理的；

（三）发现取得安全生产许可证的企业不再具备本条例规定的安全生产条件，不依法处理的；

（四）接到对违反本条例规定行为的举报后，不及时处理的；

（五）在安全生产许可证颁发、管理和监督检查工作中，索取或者接受企业的财物，或者谋取其他利益的。

第十九条　违反本条例规定，未取得安全生产许可证擅自进行生产的，责令停止生产，没收违法所得，并处10万元以上50万元以下的罚款；造成重大事故或者其他严重后果，构成犯罪的，依法追究刑事责任。

第二十条 违反本条例规定，安全生产许可证有效期满未办理延期手续，继续进行生产的，责令停止生产，限期补办延期手续，没收违法所得，并处5万元以上10万元以下的罚款；逾期仍不办理延期手续，继续进行生产的，依照本条例第十九条的规定处罚。

第二十一条 违反本条例规定，转让安全生产许可证的，没收违法所得，处10万元以上50万元以下的罚款，并吊销其安全生产许可证；构成犯罪的，依法追究刑事责任；接受转让的，依照本条例第十九条的规定处罚。

冒用安全生产许可证或者使用伪造的安全生产许可证的，依照本条例第十九条的规定处罚。

第二十二条 本条例施行前已经进行生产的企业，应当自本条例施行之日起1年内，依照本条例的规定向安全生产许可证颁发管理机关申请办理安全生产许可证；逾期不办理安全生产许可证，或者经审查不符合本条例规定的安全生产条件，未取得安全生产许可证，继续进行生产的，依照本条例第十九条的规定处罚。

第二十三条 本条例规定的行政处罚，由安全生产许可证颁发管理机关决定。

第二十四条 本条例自公布之日起施行。

国务院关于特大安全事故行政责任追究的规定

（2001年4月21日中华人民共和国国务院令第302号公布）

第一条 为了有效地防范特大安全事故的发生，严肃追究特大安全事故的行政责任，保障人民群众生命、财产安全，制定本规定。

第二条 地方人民政府主要领导人和政府有关部门正职负责人对下列特大安全事故的防范、发生，依照法律、行政法规和本规定的规定有失职、渎职情形或者负有领导责任的，依照本规定给予行政处分；构成玩忽职守罪或者其他罪的，依法追究刑事责任：

（一）特大火灾事故；

（二）特大交通安全事故；

（三）特大建筑质量安全事故；

（四）民用爆炸物品和化学危险品特大安全事故；

（五）煤矿和其他矿山特大安全事故；

（六）锅炉、压力容器、压力管道和特种设备特大安全事故；

（七）其他特大安全事故。

地方人民政府和政府有关部门对特大安全事故的防范、发生直接负责的主管人员和其他直接责任人员，比照本规定给予行政处分；构成玩忽职守罪或者其他罪的，依法追究刑事责任。

特大安全事故肇事单位和个人的刑事处罚、行政处罚和民事责任，依照有关法律、法规和规章的规定执行。

第三条 特大安全事故的具体标准，按照国家有关规定执行。

第四条 地方各级人民政府及政府有关部门应当依照有关法律、法规和规章的规定，采取行政措施，对本地区实施安全监督管理，保障本地区人民群众生命、财产安全，对本地区或者职责范围内防范特大安全事故的发生、特大安全事故发生后的迅速和妥善处理负责。

第五条 地方各级人民政府应当每个季度至少召开一次防范特大安全事故工作会议，由政府主要领导人或者政府主要领导人委托政府分管领导人召集有关部门正职负责人参加，分析、布置、督促、检查本地区防范特大安全事故的工作。会议应当作出决定并形成纪要，会议确定的各项防范措施必须严格实施。

第六条 市（地、州）、县（市、区）人民政府应当组织有关部门按照职责分工对本地区容易发生特大安全事故的单位、设施和场所安全事故的防范明确责任、采取措施，并组织有关部门对上述单位、设施和场所进行严格检查。

第七条 市（地、州）、县（市、区）人民政府必须制定本地区特大安全事故应急处理预案。本地区特大安全事故应急处理预案经政府主要领导人签署后，报上一级人民政府备案。

第八条 市（地、州）、县（市、区）人民政府应当组织有关部门对本规定第二条所列各类特大安全事故的隐患进行查处；发现特大安全事故隐患的，责令立即排除；特大安全事故隐患排除前或者排除过程中，无法保证安全的，责令暂时停产、停业或者停止使用。法律、行政法规对查处机关另有规定的，依照其规定。

第九条 市（地、州）、县（市、区）人民政府及其有关部门对本地区存在的特大安全事故隐患，超出其管辖或者职责范围的，应当立即向有管辖权或者负有职责的上级人民政府或者政府有关部门报告；情况紧急的，可以立即采取包括责令暂时停产、停业在内的紧急措施，同时报告；有关上级人民政府或者政府有关部门接到报告后，应当立即组织查处。

第十条 中小学校对学生进行劳动技能教育以及组织学生参加公益劳动等社会实践活动，必须确保学生安全。严禁以任何形式、名义组织学生从事接触易燃、易爆、有毒、有害等危险品的劳动或者其他危险性劳动。严禁将学校场地出租作为从事易燃、易爆、有毒、有害等危险品的生产、经营场所。

中小学校违反前款规定的，按照学校隶属关系，对县（市、区）、乡（镇）人民政府主要领导人和县（市、区）人民政府教育行政部门正职负责人，根据情节轻重，给予记过、降级直至撤职的行政处分；构成玩忽职守罪或者其他罪的，依法追究刑事责任。

中小学校违反本条第一款规定的，对校长给予撤职的行政处分，对直接组织者给予开除公职的行政处分；构成非法制造爆炸物罪或者其他罪的，依法追究刑事责任。

第十一条 依法对涉及安全生产事项负责行政审批（包括批准、核准、许可、注册、认证、颁发证照、竣工验收等，下同）的政府部门或者机构，必须严格依照法律、法规和规章规定的安全条件和程序进行审查；不符合法律、法规和规章规定的安全条件的，不得批准；不符合法律、法规和规章规定的安全条件，弄虚作假，骗取批准或者勾结串通行政审批工作人员取得批准的，负责行政审批的政府部门或者机构除必须立即撤销原批准外，应当对弄虚作假骗取批准或者勾结串通行政审批工作人员的当事人依法给予行政处罚；构成行贿罪或者其他罪的，依法追究刑事责任。

负责行政审批的政府部门或者机构违反前款规定，对不符合法律、法规和规章规定的安全条件予以批准的，对部门或者机构的正职负责人，根据情节轻重，给予降级、撤职直至开除公职的行政处分；与当事人勾结串通的，应当开除公职；构成受贿罪、玩忽职守罪或者其他罪的，依法追究刑事责任。

第十二条 对依照本规定第十一条第一款的规定取得批准的单位和个人，负责行政审批的政府部门或者机构必须对其实施严格监督检查；发现其不再具备安全条件的，必须立即撤销原批准。

负责行政审批的政府部门或者机构违反前款规定；不对取得批准的单位和个人实施严格监督检查，或者发现其不再具备安全条件而不立即撤销原批准的，对部门或者机构的正职负责人，根据情节轻重，给予降级或者撤职的行政处分；构成受贿罪、玩忽职守罪或者其他罪的，依法追究刑事责任。

第十三条 对未依法取得批准，擅自从事有关活动的，负责行政审批的政府部门或者机构发现或者接到举报后，应当立即予以查封、取缔，并依法给予行政处罚；属于经营单位的，由工商行政管理部门依法相应吊销营业执照。

负责行政审批的政府部门或者机构违反前款规定，对发现或者举报的未依法取得批准而擅自从事有关活动的，不予查封、取缔、不依法给予行政处罚，工商行政管理部门不予吊销营业执照的，对部门或者机构的正职负责人，根据情节轻重，给予降级或者撤职的行政处分；构成受贿罪、玩忽职守罪或者其他罪的，依法追究刑事责任。

第十四条 市（地、州）、县（市、区）人民政府依照本规定应当履行职责而未履行，或者未按照规定的职责和程序履行，本地区发生特大安全事故的，对政府主要领导人，根据情节轻重，给予降级或者撤职的行政处分；构成玩忽职守罪的，依法追究刑事责任。

负责行政审批的政府部门或者机构、负责安全监督管理的政府有关部门，未依照本规定履行职责，发生特大安全事故的，对部门或者机构的正职负责人，根据情节轻重，给予撤职或者开除公职的行政处分；构成玩忽职守罪或者其他罪的，依法追究刑事责任。

第十五条 发生特大安全事故，社会影响特别恶劣或者性质特别严重的，由国务院对负有领导责任的省长、自治区主席、直辖市市长和国务院有关部门正职负责人给予行政处分。

第十六条 特大安全事故发生后，有关县（市、区）、市（地、州）和省、自治区、直辖市人民政府及政府有关部门应当按照国家规定的程序和时限立即上报，不得隐瞒不报、谎报或者拖延报告，并应当配合、协助事故调查，不得以任何方式阻碍、干涉事故调查。

特大安全事故发生后，有关地方人民政府及政府有关部门违反前款规定的，对政府主要领导人和政府部门正职负责人给予降级的行政处分。

第十七条 特大安全事故发生后，有关地方人民政府应当迅速组织救助，有关部门应当服从指挥、调度，参加或者配合救助，将事故损失降到最低限度。

第十八条 特大安全事故发生后，省、自治区、直辖市人民政府应当按照国家有关规定迅速、如实发布事故消息。

第十九条 特大安全事故发生后，按照国家有关规定组织调查组对事故进行调查。事故调查工作应当自事故发生之日起60日内完成，并由调查组提出调查报告；遇有特殊情况的，经调查组提出并报国家安全生产监督管理机构批准后，可以适当延长时间。调查报告应当包括依照本规定对有关责任人员追究行政责任或者其他法律责任的意见。

省、自治区、直辖市人民政府应当自调查报告提交之日起30日内，对有关责任人员作出处理决定；必要时，国务院可以对特大安全事故的有关责任人员作出处理决定。

第二十条 地方人民政府或者政府部门阻挠、干涉对特大安全事故有关责任人员追究行政责任的，对该地方人民政府主要领导人或者政府部门正职负责人，根据情节轻重，给予降级或者撤职的行政处分。

第二十一条 任何单位和个人均有权向有关地方人民政府或者政府部门报告特大安全事故隐患，有权向上级人民政府或者政府部门举报地方人民政府或者政府部门不履行安全监督管理职责或者不按照规定履行职责的情况。接到报告或者举报的有关人民政府或者政府部门，应当立即组织对事故隐患进行查处，或者对举报的不履行、不按照规定履行安全监督管理职责的情况进行调查处理。

第二十二条 监察机关依照行政监察法的规定，对地方各级人民政府和政府部门及其工作人员履行安全监督管理职责实施监察。

第二十三条 对特大安全事故以外的其他安全事故的防范、发生追究行政责任的办法，由省、自治区、直辖市人民政府参照本规定制定。

第二十四条 本规定自公布之日起施行。

危险化学品安全管理条例

（2002年1月26日中华人民共和国国务院令第344号公布，2011年3月2日中华人民共和国国务院令第591号公布了第一次修正稿，2013年12月7日中华人民共和国国务院令第645号公布了第二次修正稿）

第一章　总　　则

第一条　为了加强危险化学品的安全管理，预防和减少危险化学品事故，保障人民群众生命财产安全，保护环境，制定本条例。

第二条　危险化学品生产、储存、使用、经营和运输的安全管理，适用本条例。

废弃危险化学品的处置，依照有关环境保护的法律、行政法规和国家有关规定执行。

第三条　本条例所称危险化学品，是指具有毒害、腐蚀、爆炸、燃烧、助燃等性质，对人体、设施、环境具有危害的剧毒化学品和其他化学品。

危险化学品目录，由国务院安全生产监督管理部门会同国务院工业和信息化、公安、环境保护、卫生、质量监督检验检疫、交通运输、铁路、民用航空、农业主管部门，根据化学品危险特性的鉴别和分类标准确定、公布，并适时调整。

第四条　危险化学品安全管理，应当坚持安全第一、预防为主、综合治理的方针，强化和落实企业的主体责任。

生产、储存、使用、经营、运输危险化学品的单位（以下统称危险化学品单位）的主要负责人对本单位的危险化学品安全管理工作全面负责。

危险化学品单位应当具备法律、行政法规规定和国家标准、行业标准要求的安全条件，建立、健全安全管理规章制度和岗位安全责任制度，对从业人员进行安全教育、法制教育和岗位技术培训。从业人员应当接受教育和培训，考核合格后上岗作业；对有资格要求的岗位，应当配备依法取得相应资格的人员。

第五条　任何单位和个人不得生产、经营、使用国家禁止生产、经营、使用的危险化学品。

国家对危险化学品的使用有限制性规定的，任何单位和个人不得违反限制性规定使用危险化学品。

第六条　对危险化学品的生产、储存、使用、经营、运输实施安全监督管理的有关部门（以下统称负有危险化学品安全监督管理职责的部门），依照下列规定履行职责：

（一）安全生产监督管理部门负责危险化学品安全监督管理综合工作，组织确定、公布、调整危险化学品目录，对新建、改建、扩建生产、储存危险化学品（包括使用长输管道输送危险化学品，下同）的建设项目进行安全条件审查，核发危险化学品安全生产许可证、危险化学品安全使用许可证和危险化学品经营许可证，并负责危险化学品登记工作。

（二）公安机关负责危险化学品的公共安全管理，核发剧毒化学品购买许可证、剧毒化学品道路运输通行证，并负责危险化学品运输车辆的道路交通安全管理。

（三）质量监督检验检疫部门负责核发危险化学品及其包装物、容器（不包括储存危险化学品的固定式大型储罐，下同）生产企业的工业产品生产许可证，并依法对其产品质量实施监督，负责对进出口危险化学品及其包装实施检验。

（四）环境保护主管部门负责废弃危险化学品处置的监督管理，组织危险化学品的环境危害性鉴定和环境风险程度评估，确定实施重点环境管理的危险化学品，负责危险化学品环境管理登记和新化学物质环境管理登记；依照职责分工调查相关危险化学品环境污染事故和生态破坏事件，负责危险化学品事故现场的应急环境监测。

（五）交通运输主管部门负责危险化学品道路运输、水路运输的许可以及运输工具的安全管理，对危险化学品水路运输安全实施监督，负责危险化学品道路运输企业、水路运输企业驾驶人员、船员、装卸管理人员、押运人员、申报人员、集装箱装箱现场检查员的资格认定。铁路监管部门负责危险化学品铁路运输及其运输工具的安全管理。民用航空主管部门负责危险化学品航空运输以及航空运输企业及其运输工具的安全管理。

（六）卫生主管部门负责危险化学品毒性鉴定的管理，负责组织、协调危险化学品事故受伤人员的医疗卫生救援工作。

（七）工商行政管理部门依据有关部门的许可证件，核发危险化学品生产、储存、经营、运输企业营业执照，查处危险化学品经营企业违法采购危险化学品的行为。

（八）邮政管理部门负责依法查处寄递危险化学品的行为。

第七条　负有危险化学品安全监督管理职责的部门依法进行监督检查，可以采取下列措施：

（一）进入危险化学品作业场所实施现场检查，向有关单位和人员了解情况，查阅、复制有关文件、资料；

（二）发现危险化学品事故隐患，责令立即消除或者限期消除；

（三）对不符合法律、行政法规、规章规定或者国家标准、行业标准要求的设施、设备、装置、器材、运输工具，责令立即停止使用；

（四）经本部门主要负责人批准，查封违法生产、储存、使用、经营危险化学品的场所，扣押违法生产、储存、使用、经营、运输的危险化学品以及用于违法生产、使用、运输危险化学品的原材料、设备、运输工具；

（五）发现影响危险化学品安全的违法行为，当场予以纠正或者责令限期改正。

负有危险化学品安全监督管理职责的部门依法进行监督检查，监督检查人员不得少于2人，并应当出示执法证件；有关单位和个人对依法进行的监督检查应当予以配合，不得拒绝、阻碍。

第八条　县级以上人民政府应当建立危险化学品安全监督管理工作协调机制，支持、督促负有危险化学品安全监督管理职责的部门依法履行职责，协调、解决危险化学品安全监督管理工作中的重大问题。

负有危险化学品安全监督管理职责的部门应当相互配合、密切协作，依法加强对危险化学品的安全监督管理。

第九条　任何单位和个人对违反本条例规定的行为，有权向负有危险化学品安全监督管理职责的部门举报。负有危险化学品安全监督管理职责的部门接到举报，应当及时依法处理；对不属于本部门职责的，应当及时移送有关部门处理。

第十条　国家鼓励危险化学品生产企业和使用危险化学品从事生产的企业采用有利于提高安全保障水平的先进技术、工艺、设备以及自动控制系统，鼓励对危险化学品实行专门储存、统一配送、集中销售。

第二章 生产、储存安全

第十一条 国家对危险化学品的生产、储存实行统筹规划、合理布局。

国务院工业和信息化主管部门以及国务院其他有关部门依据各自职责，负责危险化学品生产、储存的行业规划和布局。

地方人民政府组织编制城乡规划，应当根据本地区的实际情况，按照确保安全的原则，规划适当区域专门用于危险化学品的生产、储存。

第十二条 新建、改建、扩建生产、储存危险化学品的建设项目（以下简称建设项目），应当由安全生产监督管理部门进行安全条件审查。

建设单位应当对建设项目进行安全条件论证，委托具备国家规定的资质条件的机构对建设项目进行安全评价，并将安全条件论证和安全评价的情况报告报建设项目所在地设区的市级以上人民政府安全生产监督管理部门；安全生产监督管理部门应当自收到报告之日起45日内作出审查决定，并书面通知建设单位。具体办法由国务院安全生产监督管理部门制定。

新建、改建、扩建储存、装卸危险化学品的港口建设项目，由港口行政管理部门按照国务院交通运输主管部门的规定进行安全条件审查。

第十三条 生产、储存危险化学品的单位，应当对其铺设的危险化学品管道设置明显标志，并对危险化学品管道定期检查、检测。

进行可能危及危险化学品管道安全的施工作业，施工单位应当在开工的7日前书面通知管道所属单位，并与管道所属单位共同制定应急预案，采取相应的安全防护措施。管道所属单位应当指派专门人员到现场进行管道安全保护指导。

第十四条 危险化学品生产企业进行生产前，应当依照《安全生产许可证条例》的规定，取得危险化学品安全生产许可证。

生产列入国家实行生产许可证制度的工业产品目录的危险化学品的企业，应当依照《中华人民共和国工业产品生产许可证管理条例》的规定，取得工业产品生产许可证。

负责颁发危险化学品安全生产许可证、工业产品生产许可证的部门，应当将其颁发许可证的情况及时向同级工业和信息化主管部门、环境保护主管部门和公安机关通报。

第十五条 危险化学品生产企业应当提供与其生产的危险化学品相符的化学品安全技术说明书，并在危险化学品包装（包括外包装件）上粘贴或者拴挂与包装内危险化学品相符的化学品安全标签。化学品安全技术说明书和化学品安全标签所载明的内容应当符合国家标准的要求。

危险化学品生产企业发现其生产的危险化学品有新的危险特性的，应当立即公告，并及时修订其化学品安全技术说明书和化学品安全标签。

第十六条 生产实施重点环境管理的危险化学品的企业，应当按照国务院环境保护主管部门的规定，将该危险化学品向环境中释放等相关信息向环境保护主管部门报告。环境保护主管部门可以根据情况采取相应的环境风险控制措施。

第十七条 危险化学品的包装应当符合法律、行政法规、规章的规定以及国家标准、行业标准的要求。

危险化学品包装物、容器的材质以及危险化学品包装的型式、规格、方法和单件质量（重量），应当与所包装的危险化学品的性质和用途相适应。

第十八条 生产列入国家实行生产许可证制度的工业产品目录的危险化学品包装物、容器的企业，应当依照《中华人民共和国工业产品生产许可证管理条例》的规定，取得工业产品生产许可证；其生产的危险化学品包装物、容器经国务院质量监督检验检疫部门认定的检验机构检验合格，方可出厂销售。

运输危险化学品的船舶及其配载的容器，应当按照国家船舶检验规范进行生产，并经海事管理机构认定的船舶检验机构检验合格，方可投入使用。

对重复使用的危险化学品包装物、容器，使用单位在重复使用前应当进行检查；发现存在安全隐患的，应当维修或者更换。使用单位应当对检查情况作出记录，记录的保存期限不得少于2年。

第十九条 危险化学品生产装置或者储存数量构成重大危险源的危险化学品储存设施（运输工具加油站、加气站除外），与下列场所、设施、区域的距离应当符合国家有关规定：

（一）居住区以及商业中心、公园等人员密集场所；

（二）学校、医院、影剧院、体育场（馆）等公共设施；

（三）饮用水源、水厂以及水源保护区；

（四）车站、码头（依法经许可从事危险化学品装卸作业的除外）、机场以及通信干线、通信枢纽、铁路线路、道路交通干线、水路交通干线、地铁风亭以及地铁站出入口；

（五）基本农田保护区、基本草原、畜禽遗传资源保护区、畜禽规模化养殖场（养殖小区）、渔业水域以及种子、种畜禽、水产苗种生产基地；

（六）河流、湖泊、风景名胜区、自然保护区；

（七）军事禁区、军事管理区；

（八）法律、行政法规规定的其他场所、设施、区域。

已建的危险化学品生产装置或者储存数量构成重大危险源的危险化学品储存设施不符合前款规定的，由所在地设区的市级人民政府安全生产监督管理部门会同有关部门监督其所属单位在规定期限内进行整改；需要转产、停产、搬迁、关闭的，由本级人民政府决定并组织实施。

储存数量构成重大危险源的危险化学品储存设施的选址，应当避开地震活动断层和容易发生洪灾、地质灾害的区域。

本条例所称重大危险源，是指生产、储存、使用或者搬运危险化学品，且危险化学品的数量等于或者超过临界量的单元（包括场所和设施）。

第二十条 生产、储存危险化学品的单位，应当根据其生产、储存的危险化学品的种类和危险特性，在作业场所设置相应的监测、监控、通风、防晒、调温、防火、灭火、防爆、泄压、防毒、中和、防潮、防雷、防静电、防腐、防泄漏以及防护围堤或者隔离操作等安全设施、设备，并按照国家标准、行业标准或者国家有关规定对安全设施、设备进行经常性维护、保养，保证安全设施、设备的正常使用。

生产、储存危险化学品的单位，应当在其作业场所和安全设施、设备上设置明显的安全警示标志。

第二十一条 生产、储存危险化学品的单位，应当在其作业场所设置通信、报警装置，并保证处于适用状态。

第二十二条 生产、储存危险化学品的企业，应当委托具备国家规定的资质条件的机构，对本企业的安全生产条件每3年进行一次安全评价，提出安全评价报告。安全评价报告的内容应当包括对安全生产条件存在的问题进行整改的方案。

生产、储存危险化学品的企业，应当将安全评价报告以及整改方案的落实情况报所在地县级人民政府安全生产监督管理部门备案。在港区内储存危险化学品的企业，应当将安全评价报告以及整改方案的落实情况报港口行政管理部门备案。

第二十三条 生产、储存剧毒化学品或者国务院公安部门规定的可用于制造爆炸物品的危险化学品（以下简称易制爆危险化学品）的单位，应当如实记录其生产、储存的剧毒化学品、易制爆危险化学品的数量、流向，并采取必要的安全防范措施，防止剧毒化学品、易制爆危险化学品丢失或者被盗；发现剧毒化学品、易制爆危险化学品丢失或者被盗的，应当立即向当地公安机关报告。

生产、储存剧毒化学品、易制爆危险化学品的单位，应当设置治安保卫机构，配备专职治安保卫人员。

第二十四条 危险化学品应当储存在专用仓库、专用场地或者专用储存室（以下统称专用仓库）内，并由专人负责管理；剧毒化学品以及储存数量构成重大危险源的其他危险化学品，应当在专用仓库内单独存放，并实行双人收发、双人保管制度。

危险化学品的储存方式、方法以及储存数量应当符合国家标准或者国家有关规定。

第二十五条 储存危险化学品的单位应当建立危险化学品出入库核查、登记制度。

对剧毒化学品以及储存数量构成重大危险源的其他危险化学品，储存单位应当将其储存数量、储存地点以及管理人员的情况，报所在地县级人民政府安全生产监督管理部门（在港区内储存的，报港口行政管理部门）和公安机关备案。

第二十六条 危险化学品专用仓库应当符合国家标准、行业标准的要求，并设置明显的标志。储存剧毒化学品、易制爆危险化学品的专用仓库，应当按照国家有关规定设置相应的技术防范设施。

储存危险化学品的单位应当对其危险化学品专用仓库的安全设施、设备定期进行检测、检验。

第二十七条 生产、储存危险化学品的单位转产、停产、停业或者解散的，应当采取有效措施，及时、妥善处置其危险化学品生产装置、储存设施以及库存的危险化学品，不得丢弃危险化学品；处置方案应当报所在地县级人民政府安全生产监督管理部门、工业和信息化主管部门、环境保护主管部门和公安机关备案。安全生产监督管理部门应当会同环境保护主管部门和公安机关对处置情况进行监督检查，发现未依照规定处置的，应当责令其立即处置。

第三章 使 用 安 全

第二十八条 使用危险化学品的单位，其使用条件（包括工艺）应当符合法律、行政法规的规定和国家标准、行业标准的要求，并根据所使用的危险化学品的种类、危险特性以及使用量和使用方式，建立、健全使用危险化学品的安全管理规章制度和安全操作规程，保证危险化学品的安全使用。

第二十九条 使用危险化学品从事生产并且使用量达到规定数量的化工企业（属于危险化学品生产企业的除外，下同），应当依照本条例的规定取得危险化学品安全使用许可证。

前款规定的危险化学品使用量的数量标准，由国务院安全生产监督管理部门会同国务院公安部门、农业主管部门确定并公布。

第三十条 申请危险化学品安全使用许可证的化工企业，除应当符合本条例第二十八条的规定外，还应当具备下列条件：

（一）有与所使用的危险化学品相适应的专业技术人员；

（二）有安全管理机构和专职安全管理人员；

（三）有符合国家规定的危险化学品事故应急预案和必要的应急救援器材、设备；

（四）依法进行了安全评价。

第三十一条 申请危险化学品安全使用许可证的化工企业，应当向所在地设区的市级人民政府安全生产监督管理部门提出申请，并提交其符合本条例第三十条规定条件的证明材料。设区的市级人民政府安全生产监督管理部门应当依法进行审查，自收到证明材料之日起45日内作出批准或者不予批准的决定。予以批准的，颁发危险化学品安全使用许可证；不予批准的，书面通知申请人并说明理由。

安全生产监督管理部门应当将其颁发危险化学品安全使用许可证的情况及时向同级环境保护主管部门和公安机关通报。

第三十二条 本条例第十六条关于生产实施重点环境管理的危险化学品的企业的规定，适用于使用实施重点环境管理的危险化学品从事生产的企业；第二十条、第二十一条、第二十三条第一款、第二十七条关于生产、储存危险化学品的单位的规定，适用于使用危险化学品的单位；第二十二条关于生产、储存危险化学品的企业的规定，适用于使用危险化学品从事生产的企业。

第四章 经 营 安 全

第三十三条 国家对危险化学品经营（包括仓储经营，下同）实行许可制度。未经许可，任何单位和个人不得经营危险化学品。

依法设立的危险化学品生产企业在其厂区范围内销售本企业生产的危险化学品，不需要取得危险化学品经营许可。

依照《中华人民共和国港口法》的规定取得港口经营许可证的港口经营人，在港区内从事危险化学品仓储经营，不需要取得危险化学品经营许可。

第三十四条 从事危险化学品经营的企业应当具备下列条件：

（一）有符合国家标准、行业标准的经营场所，储存危险化学品的，还应当有符合国家标准、行业标准的储存设施；

（二）从业人员经过专业技术培训并经考核合格；

（三）有健全的安全管理规章制度；

（四）有专职安全管理人员；

（五）有符合国家规定的危险化学品事故应急预案和必要的应急救援器材、设备；

（六）法律、法规规定的其他条件。

第三十五条 从事剧毒化学品、易制爆危险化学品经营的企业，应当向所在地设区的市级人民政府安全生产监督管理部门提出申请，从事其他危险化学品经营的企业，应当向所在地县级人民政府安全生产监督管理部门提出申请（有储存设施的，应当向所在地设区的市级人民政府安全生产监督管理部门提出申请）。申请人应当提交其符合本条例第三十四条规定条件的证明材料。设区的市级人民政府安全生产监督管理部门或者县级人民政府安全生产监督管理部门应当依法进行审查，并对申请人的经营场所、储存设施进行现场核查，自收到证明材料之日起30日内作出批准或者不予批准的决定。予以批准的，颁发危险化学品经营许可证；不予批准的，书面通知申请人并说明理由。

设区的市级人民政府安全生产监督管理部门和县级人民政府安全生产监督管理部门应当将其颁发危险化学品经营许可证的情况及时向同级环境保护主管部门和公安机关通报。

申请人持危险化学品经营许可证向工商行政管理部门办理登记手续后，方可从事危险化学品经营活动。法律、行政法规或者国务院规定经营危险化学品还需要经其他有关部门许可的，申请人向工商行政管理部门办理登记手续时还应当持相应的许可证件。

第三十六条 危险化学品经营企业储存危险化学品的，应当遵守本条例第二章关于储存危险化学品的规定。危险化学品商店内只能存放民用小包装的危险化学品。

第三十七条 危险化学品经营企业不得向未经许可从事危险化学品生产、经营活动的企业采购危险化学品，不得经营没有化学品安全技术说明书或者化学品安全标签的危险化学品。

第三十八条 依法取得危险化学品安全生产许可证、危险化学品安全使用许可证、危险化学品经营许可证的企业，凭相应的许可证件购买剧毒化学品、易制爆危险化学品。民用爆炸物品生产企业凭民用爆炸物品生产许可证购买易制爆危险化学品。

前款规定以外的单位购买剧毒化学品的，应当向所在地县级人民政府公安机关申请取得剧毒化学品购买许可证；购买易制爆危险化学品的，应当持本单位出具的合法用途说明。

个人不得购买剧毒化学品（属于剧毒化学品的农药除外）和易制爆危险化学品。

第三十九条 申请取得剧毒化学品购买许可证，申请人应当向所在地县级人民政府公安机关提交下列材料：

（一）营业执照或者法人证书（登记证书）的复印件；

（二）拟购买的剧毒化学品品种、数量的说明；

（三）购买剧毒化学品用途的说明；

（四）经办人的身份证明。

县级人民政府公安机关应当自收到前款规定的材料之日起3日内，作出批准或者不予批准的决定。予以批准的，颁发剧毒化学品购买许可证；不予批准的，书面通知申请人并说明理由。

剧毒化学品购买许可证管理办法由国务院公安部门制定。

第四十条 危险化学品生产企业、经营企业销售剧毒化学品、易制爆危险化学品，应当查验本条例第三十八条第一款、第二款规定的相关许可证件或者证明文件，不得向不具有相关许可证件或者证明文件的单位销售剧毒化学品、易制爆危险化学品。对持剧毒化学品购买许可证购买剧毒化学品的，应当按照许可证载明的品种、数量销售。

禁止向个人销售剧毒化学品（属于剧毒化学品的农药除外）和易制爆危险化学品。

第四十一条 危险化学品生产企业、经营企业销售剧毒化学品、易制爆危险化学品，应当如实记录购买单位的名称、地址、经办人的姓名、身份证号码以及所购买的剧毒化学品、易制爆危险化学品的品种、数量、用途。销售记录以及经办人的身份证明复印件、相关许可证件复印件或者证明文件的保存期限不得少于1年。

剧毒化学品、易制爆危险化学品的销售企业、购买单位应当在销售、购买后5日内，将所销售、购买的剧毒化学品、易制爆危险化学品的品种、数量以及流向信息报所在地县级人民政府公安机关备案，并输入计算机系统。

第四十二条 使用剧毒化学品、易制爆危险化学品的单位不得出借、转让其购买的剧毒化学品、易制爆危险化学品；因转产、停产、搬迁、关闭等确需转让的，应当向具有本条例第三十八条第一款、第二款规定的相关许可证件或者证明文件的单位转让，并在转让后将有关情况及时向所在地县级人民政府公安机关报告。

第五章 运 输 安 全

第四十三条 从事危险化学品道路运输、水路运输的，应当分别依照有关道路运输、水路运输的法律、行政法规的规定，取得危险货物道路运输许可、危险货物水路运输许可，并向工商行政管理部门办理登记手续。

危险化学品道路运输企业、水路运输企业应当配备专职安全管理人员。

第四十四条 危险化学品道路运输企业、水路运输企业的驾驶人员、船员、装卸管理人员、押运人员、申报人员、集装箱装箱现场检查员应当经交通运输主管部门考核合格，取得从业资格。具体办法由国务院交通运输主管部门制定。

危险化学品的装卸作业应当遵守安全作业标准、规程和制度，并在装卸管理人员的现场指挥或者监控下进行。水路运输危险化学品的集装箱装箱作业应当在集装箱装箱现场检查员的指挥或者监控下进行，并符合积载、隔离的规范和要求；装箱作业完毕后，集装箱装箱现场检查员应当签署装箱证明书。

第四十五条 运输危险化学品，应当根据危险化学品的危险特性采取相应的安全防护措施，并配备必要的防护用品和应急救援器材。

用于运输危险化学品的槽罐以及其他容器应当封口严密，能够防止危险化学品在运输过程中因温度、湿度或者压力的变化发生渗漏、洒漏；槽罐以及其他容器的溢流和泄压装置应当设置准确、起闭灵活。

运输危险化学品的驾驶人员、船员、装卸管理人员、押运人员、申报人员、集装箱装箱现场检查员，应当了解所运输的危险化学品的危险特性及其包装物、容器的使用要求和出现危险情况时的应急处置方法。

第四十六条 通过道路运输危险化学品的，托运人应当委托依法取得危险货物道路运输许可的企业承运。

第四十七条 通过道路运输危险化学品的，应当按照运输车辆的核定载质量装载危险化学品，不得超载。

危险化学品运输车辆应当符合国家标准要求的安全技术条件，并按照国家有关规定定期进行安全技术检验。

危险化学品运输车辆应当悬挂或者喷涂符合国家标准要求的警示标志。

第四十八条 通过道路运输危险化学品的，应当配备押运人员，并保证所运输的危险化学品处于押运人员的监控之下。

运输危险化学品途中因住宿或者发生影响正常运输的情况，需要较长时间停车的，驾驶人员、押运人员应当采取相应的安全防范措施；运输剧毒化学品或者易制爆危险化学品的，还应当向当地公安机关报告。

第四十九条 未经公安机关批准，运输危险化学品的车辆不得进入危险化学品运输车辆限制通行的区域。危险化学品运输车辆限制通行的区域由县级人民政府公安机关划定，并设置明显的标志。

第五十条 通过道路运输剧毒化学品的，托运人应当向运输始发地或者目的地县级人民政府公安机关申请剧毒化学品道路运输通行证。

申请剧毒化学品道路运输通行证，托运人应当向县级人民政府公安机关提交下列材料：

（一）拟运输的剧毒化学品品种、数量的说明；

（二）运输始发地、目的地、运输时间和运输路线的说明；

（三）承运人取得危险货物道路运输许可、运输车辆取得营运证以及驾驶人员、押运人员取得上岗资格的证明文件；

（四）本条例第三十八条第一款、第二款规定的购买剧毒化学品的相关许可证件，或者海关出具的进出口证明文件。

县级人民政府公安机关应当自收到前款规定的材料之日起7日内，作出批准或者不予批准的决定。予以批准的，颁发剧毒化学品道路运输通行证；不予批准的，书面通知申请人并说明理由。

剧毒化学品道路运输通行证管理办法由国务院公安部门制定。

第五十一条 剧毒化学品、易制爆危险化学品在道路运输途中丢失、被盗、被抢或者出现流散、泄漏等情况的，驾驶人员、押运人员应当立即采取相应的警示措施和安全措施，并向当地公安机关报告。公安机关接到报告后，应当根据实际情况立即向安全生产监督管理部门、环境保护主管部门、卫生主管部门通报。有关部门应当采取必要的应急处置措施。

第五十二条 通过水路运输危险化学品的，应当遵守法律、行政法规以及国务院交通运输主管部门关于危险货物水路运输安全的规定。

第五十三条 海事管理机构应当根据危险化学品的种类和危险特性，确定船舶运输危险化学品的相关安全运输条件。

拟交付船舶运输的化学品的相关安全运输条件不明确的，货物所有人或者代理人应当委托相关技术机构进行评估，明确相关安全运输条件并经海事管理机构确认后，方可交付船舶运输。

第五十四条 禁止通过内河封闭水域运输剧毒化学品以及国家规定禁止通过内河运输的其他危险化学品。

前款规定以外的内河水域，禁止运输国家规定禁止通过内河运输的剧毒化学品以及其他危险化学品。

禁止通过内河运输的剧毒化学品以及其他危险化学品的范围，由国务院交通运输主管部门会同国务院环境保护主管部门、工业和信息化主管部门、安全生产监督管理部门，根据危险化学品的危险特性、危险化学品对人体和水环境的危害程度以及消除危害后果的难易程度等因素规定并公布。

第五十五条 国务院交通运输主管部门应当根据危险化学品的危险特性，对通过内河运输本条例第五十四条规定以外的危险化学品（以下简称通过内河运输危险化学品）实行分类管理，对各类危险化学品的运输方式、包装规范和安全防护措施等分别作出规定并监督实施。

第五十六条 通过内河运输危险化学品，应当由依法取得危险货物水路运输许可的水路运输企业承运，其他单位和个人不得承运。托运人应当委托依法取得危险货物水路运输许可的水路运输企业承运，不得委托其他单位和个人承运。

第五十七条 通过内河运输危险化学品，应当使用依法取得危险货物适装证书的运输船舶。水路运输企业应当针对所运输的危险化学品的危险特性，制定运输船舶危险化学品事故应急救援预案，并为运输船舶配备充足、有效的应急救援器材和设备。

通过内河运输危险化学品的船舶，其所有人或者经营人应当取得船舶污染损害责任保险证书或者财务担保证明。船舶污染损害责任保险证书或者财务担保证明的副本应当随船携带。

第五十八条 通过内河运输危险化学品，危险化学品包装物的材质、型式、强度以及包装方法应当符合水路运输危险化学品包装规范的要求。国务院交通运输主管部门对单船运输的危险化学品数量有限制性规定的，承运人应当按照规定安排运输数量。

第五十九条 用于危险化学品运输作业的内河码头、泊位应当符合国家有关安全规范，与饮用水取水口保持国家规定的距离。有关管理单位应当制定码头、泊位危险化学品事故应急预案，并为码头、泊位配备充足、有效的应急救援器材和设备。

用于危险化学品运输作业的内河码头、泊位，经交通运输主管部门按照国家有关规定验收合格后方可投入使用。

第六十条 船舶载运危险化学品进出内河港口，应当将危险化学品的名称、危险特性、包装以及进出港时间等事项，事先报告海事管理机构。海事管理机构接到报告后，应当在国务院交通运输主管部门规定的时间内作出是否同意的决定，通知报告人，同时通报港口行政管理部门。定船舶、定航线、定货种的船舶可以定期报告。

在内河港口内进行危险化学品的装卸、过驳作业，应当将危险化学品的名称、危险特性、包装和作业的时间、地点等事项报告港口行政管理部门。港口行政管理部门接到报告后，应当在国务院交通运输主管部门规定的时间内作出是否同意的决定，通知报告人，同时通报海事管理机构。

载运危险化学品的船舶在内河航行，通过过船建筑物的，应当提前向交通运输主管部门申报，并接受交通运输主管部门的管理。

第六十一条 载运危险化学品的船舶在内河航行、装卸或者停泊，应当悬挂专用的警示标志，按照规定显示专用信号。

载运危险化学品的船舶在内河航行，按照国务院交通运输主管部门的规定需要引航的，应当申请引航。

第六十二条 载运危险化学品的船舶在内河航行，应当遵守法律、行政法规和国家其他有关饮用水水源保护的规定。内河航道发展规划应当与依法经批准的饮用水水源保护区划定方案相协调。

第六十三条 托运危险化学品的，托运人应当向承运人说明所托运的危险化学品的种类、数量、危险特性以及发生危险情况的应急处置措施，并按照国家有关规定对所托运的危险化学品妥善包装，在外包装上设置相应的标志。

运输危险化学品需要添加抑制剂或者稳定剂的，托运人应当添加，并将有关情况告知承运人。

第六十四条 托运人不得在托运的普通货物中夹带危险化学品，不得将危险化学品匿报或者谎报为普通货物托运。

任何单位和个人不得交寄危险化学品或者在邮件、快件内夹带危险化学品，不得将危险化学品匿报或者谎报为普通物品交寄。邮政企业、快递企业不得收寄危险化学品。

对涉嫌违反本条第一款、第二款规定的，交通运输主管部门、邮政管理部门可以依法开拆查验。

第六十五条 通过铁路、航空运输危险化学品的安全管理，依照有关铁路、航空运输的法律、行政法规、规章的规定执行。

第六章　危险化学品登记与事故应急救援

第六十六条 国家实行危险化学品登记制度，为危险化学品安全管理以及危险化学品事故预防和应急救援提供技术、信息支持。

第六十七条 危险化学品生产企业、进口企业，应当向国务院安全生产监督管理部门负责危险化学品登记的机构（以下简称危险化学品登记机构）办理危险化学品登记。

危险化学品登记包括下列内容：

（一）分类和标签信息；

（三）主要用途；

（四）危险特性；

（五）储存、使用、运输的安全要求；

（六）出现危险情况的应急处置措施。

对同一企业生产、进口的同一品种的危险化学品，不进行重复登记。危险化学品生产企业、进口企业发现其生产、进口的危险化学品有新的危险特性的，应当及时向危险化学品登记机构办理登记内容变更手续。

危险化学品登记的具体办法由国务院安全生产监督管理部门制定。

第六十八条 危险化学品登记机构应当定期向工业和信息化、环境保护、公安、卫生、交通运输、铁路、质量监督检验检疫等部门提供危险化学品登记的有关信息和资料。

第六十九条 县级以上地方人民政府安全生产监督管理部门应当会同工业和信息化、环境保护、公安、卫生、交通运输、铁路、质量监督检验检疫等部门，根据本地区实际情况，制定危险化学品事故应急预案，报本级人民政府批准。

第七十条 危险化学品单位应当制定本单位危险化学品事故应急预案，配备应急救援人员和必要的应急救援器材、设备，并定期组织应急救援演练。

危险化学品单位应当将其危险化学品事故应急预案报所在地设区的市级人民政府安全生产监督管理部门备案。

第七十一条 发生危险化学品事故，事故单位主要负责人应当立即按照本单位危险化学品应急预案组织救援，并向当地安全生产监督管理部门和环境保护、公安、卫生主管部门报告；道路运输、水路运输过程中发生危险化学品事故的，驾驶人员、船员或者押运人员还应当向事故发生地交通运输主管部门报告。

第七十二条 发生危险化学品事故，有关地方人民政府应当立即组织安全生产监督管理、环境保护、公安、卫生、交通运输等有关部门，按照本地区危险化学品事故应急预案组织实施救援，不得拖延、推诿。

有关地方人民政府及其有关部门应当按照下列规定，采取必要的应急处置措施，减少事故损失，防止事故蔓延、扩大：

（一）立即组织营救和救治受害人员，疏散、撤离或者采取其他措施保护危害区域内的其他人员；

（二）迅速控制危害源，测定危险化学品的性质、事故的危害区域及危害程度；

（三）针对事故对人体、动植物、土壤、水源、大气造成的现实危害和可能产生的危害，迅速采取封闭、隔离、洗消等措施；

（四）对危险化学品事故造成的环境污染和生态破坏状况进行监测、评估，并采取相应的环境污染治理和生态修复措施。

第七十三条 有关危险化学品单位应当为危险化学品事故应急救援提供技术指导和必要的协助。

第七十四条 危险化学品事故造成环境污染的，由设区的市级以上人民政府环境保护主管部门统一发布有关信息。

第七章　法　律　责　任

第七十五条　生产、经营、使用国家禁止生产、经营、使用的危险化学品的，由安全生产监督管理部门责令停止生产、经营、使用活动，处20万元以上50万元以下的罚款，有违法所得的，没收违法所得；构成犯罪的，依法追究刑事责任。

有前款规定行为的，安全生产监督管理部门还应当责令其对所生产、经营、使用的危险化学品进行无害化处理。

违反国家关于危险化学品使用的限制性规定使用危险化学品的，依照本条第一款的规定处理。

第七十六条　未经安全条件审查，新建、改建、扩建生产、储存危险化学品的建设项目的，由安全生产监督管理部门责令停止建设，限期改正；逾期不改正的，处50万元以上100万元以下的罚款；构成犯罪的，依法追究刑事责任。

未经安全条件审查，新建、改建、扩建储存、装卸危险化学品的港口建设项目的，由港口行政管理部门依照前款规定予以处罚。

第七十七条　未依法取得危险化学品安全生产许可证从事危险化学品生产，或者未依法取得工业产品生产许可证从事危险化学品及其包装物、容器生产的，分别依照《安全生产许可证条例》《中华人民共和国工业产品生产许可证管理条例》的规定处罚。

违反本条例规定，化工企业未取得危险化学品安全使用许可证，使用危险化学品从事生产的，由安全生产监督管理部门责令限期改正，处10万元以上20万元以下的罚款；逾期不改正的，责令停产整顿。

违反本条例规定，未取得危险化学品经营许可证从事危险化学品经营的，由安全生产监督管理部门责令停止经营活动，没收违法经营的危险化学品以及违法所得，并处10万元以上20万元以下的罚款；构成犯罪的，依法追究刑事责任。

第七十八条　有下列情形之一的，由安全生产监督管理部门责令改正，可以处5万元以下的罚款；拒不改正的，处5万元以上10万元以下的罚款；情节严重的，责令停产停业整顿：

（一）生产、储存危险化学品的单位未对其铺设的危险化学品管道设置明显的标志，或者未对危险化学品管道定期检查、检测的；

（二）进行可能危及危险化学品管道安全的施工作业，施工单位未按照规定书面通知管道所属单位，或者未与管道所属单位共同制定应急预案、采取相应的安全防护措施，或者管道所属单位未指派专门人员到现场进行管道安全保护指导的；

（三）危险化学品生产企业未提供化学品安全技术说明书，或者未在包装（包括外包装件）上粘贴、拴挂化学品安全标签的；

（四）危险化学品生产企业提供的化学品安全技术说明书与其生产的危险化学品不相符，或者在包装（包括外包装件）粘贴、拴挂的化学品安全标签与包装内危险化学品不相符，或者化学品安全技术说明书、化学品安全标签所载明的内容不符合国家标准要求的；

（五）危险化学品生产企业发现其生产的危险化学品有新的危险特性不立即公告，或者不及时修订其化学品安全技术说明书和化学品安全标签的；

（六）危险化学品经营企业经营没有化学品安全技术说明书和化学品安全标签的危险化学品的；

（七）危险化学品包装物、容器的材质以及包装的型式、规格、方法和单件质量（重量）与所包装的危险化学品的性质和用途不相适应的；

（八）生产、储存危险化学品的单位未在作业场所和安全设施、设备上设置明显的安全警示标志，或者未在作业场所设置通信、报警装置的；

（九）危险化学品专用仓库未设专人负责管理，或者对储存的剧毒化学品以及储存数量构成重大危险源的其他危险化学品未实行双人收发、双人保管制度的；

（十）储存危险化学品的单位未建立危险化学品出入库核查、登记制度的；

（十一）危险化学品专用仓库未设置明显标志的；

（十二）危险化学品生产企业、进口企业不办理危险化学品登记，或者发现其生产、进口的危险化学品有新的危险特性不办理危险化学品登记内容变更手续的。

从事危险化学品仓储经营的港口经营人有前款规定情形的，由港口行政管理部门依照前款规定予以处罚。储存剧毒化学品、易制爆危险化学品的专用仓库未按照国家有关规定设置相应的技术防范设施的，由公安机关依照前款规定予以处罚。

生产、储存剧毒化学品、易制爆危险化学品的单位未设置治安保卫机构、配备专职治安保卫人员的，依照《企业事业单位内部治安保卫条例》的规定处罚。

第七十九条 危险化学品包装物、容器生产企业销售未经检验或者经检验不合格的危险化学品包装物、容器的，由质量监督检验检疫部门责令改正，处10万元以上20万元以下的罚款，有违法所得的，没收违法所得；拒不改正的，责令停产停业整顿；构成犯罪的，依法追究刑事责任。

将未经检验合格的运输危险化学品的船舶及其配载的容器投入使用的，由海事管理机构依照前款规定予以处罚。

第八十条 生产、储存、使用危险化学品的单位有下列情形之一的，由安全生产监督管理部门责令改正，处5万元以上10万元以下的罚款；拒不改正的，责令停产停业整顿直至由原发证机关吊销其相关许可证件，并由工商行政管理部门责令其办理经营范围变更登记或者吊销其营业执照；有关责任人员构成犯罪的，依法追究刑事责任：

（一）对重复使用的危险化学品包装物、容器，在重复使用前不进行检查的；

（二）未根据其生产、储存的危险化学品的种类和危险特性，在作业场所设置相关安全设施、设备，或者未按照国家标准、行业标准或者国家有关规定对安全设施、设备进行经常性维护、保养的；

（三）未依照本条例规定对其安全生产条件定期进行安全评价的；

（四）未将危险化学品储存在专用仓库内，或者未将剧毒化学品以及储存数量构成重大危险源的其他危险化学品在专用仓库内单独存放的；

（五）危险化学品的储存方式、方法或者储存数量不符合国家标准或者国家有关规定的；

（六）危险化学品专用仓库不符合国家标准、行业标准的要求的；

（七）未对危险化学品专用仓库的安全设施、设备定期进行检测、检验的。

从事危险化学品仓储经营的港口经营人有前款规定情形的，由港口行政管理部门依照前款规定予以处罚。

第八十一条 有下列情形之一的，由公安机关责令改正，可以处1万元以下的罚款；拒不改正的，处1万元以上5万元以下的罚款：

（一）生产、储存、使用剧毒化学品、易制爆危险化学品的单位不如实记录生产、储存、使用的剧毒化学品、易制爆危险化学品的数量、流向的；

（二）生产、储存、使用剧毒化学品、易制爆危险化学品的单位发现剧毒化学品、易制爆危险化学品丢失或者被盗，不立即向公安机关报告的；

（三）储存剧毒化学品的单位未将剧毒化学品的储存数量、储存地点以及管理人员的情况报所在地县级人民政府公安机关备案的；

（四）危险化学品生产企业、经营企业不如实记录剧毒化学品、易制爆危险化学品购买单位的名称、地址、经办人的姓名、身份证号码以及所购买的剧毒化学品、易制爆危险化学品的品种、数量、用途，或者保存销售记录和相关材料的时间少于1年的；

（五）剧毒化学品、易制爆危险化学品的销售企业、购买单位未在规定的时限内将所销售、购买的剧毒化学品、易制爆危险化学品的品种、数量以及流向信息报所在地县级人民政府公安机关备案的；

（六）使用剧毒化学品、易制爆危险化学品的单位依照本条例规定转让其购买的剧毒化学品、易制爆危险化学品，未将有关情况向所在地县级人民政府公安机关报告的。

生产、储存危险化学品的企业或者使用危险化学品从事生产的企业未按照本条例规定将安全评价报告以及整改方案的落实情况报安全生产监督管理部门或者港口行政管理部门备案，或者储存危险化学品的单位未将其剧毒化学品以及储存数量构成重大危险源的其他危险化学品的储存数量、储存地点以及管理人员的情况报安全生产监督管理部门或者港口行政管理部门备案的，分别由安全生产监督管理部门或者港口行政管理部门依照前款规定予以处罚。

生产实施重点环境管理的危险化学品的企业或者使用实施重点环境管理的危险化学品从事生产的企业未按照规定将相关信息向环境保护主管部门报告的，由环境保护主管部门依照本条第一款的规定予以处罚。

第八十二条 生产、储存、使用危险化学品的单位转产、停产、停业或者解散，未采取有效措施及时、妥善处置其危险化学品生产装置、储存设施以及库存的危险化学品，或者丢弃危险化学品的，由安全生产监督管理部门责令改正，处5万元以上10万元以下的罚款；构成犯罪的，依法追究刑事责任。

生产、储存、使用危险化学品的单位转产、停产、停业或者解散，未依照本条例规定将其危险化学品生产装置、储存设施以及库存危险化学品的处置方案报有关部门备案的，分别由有关部门责令改正，可以处1万元以下的罚款；拒不改正的，处1万元以上5万元以下的罚款。

第八十三条 危险化学品经营企业向未经许可违法从事危险化学品生产、经营活动的企业采购危险化学品的，由工商行政管理部门责令改正，处10万元以上20万元以下的罚款；拒不改正的，责令停业整顿直至由原发证机关吊销其危险化学品经营许可证，并由工商行政管理部门责令其办理经营范围变更登记或者吊销其营业执照。

第八十四条 危险化学品生产企业、经营企业有下列情形之一的，由安全生产监督管理部门责令改正，没收违法所得，并处10万元以上20万元以下的罚款；拒不改正的，责令停产停业整顿直至吊销其危险化学品安全生产许可证、危险化学品经营许可证，并由工商行政管理部门责令其办理经营范围变更登记或者吊销其营业执照：

（一）向不具有本条例第三十八条第一款、第二款规定的相关许可证件或者证明文件的单位销售剧毒化学品、易制爆危险化学品的；

（二）不按照剧毒化学品购买许可证载明的品种、数量销售剧毒化学品的；

（三）向个人销售剧毒化学品（属于剧毒化学品的农药除外）、易制爆危险化学品的。

不具有本条例第三十八条第一款、第二款规定的相关许可证件或者证明文件的单位购买剧毒化学品、易制爆危险化学品，或者个人购买剧毒化学品（属于剧毒化学品的农药除外）、易制爆危险化学品的，由公安机关没收所购买的剧毒化学品、易制爆危险化学品，可以并处5000元以下的罚款。

使用剧毒化学品、易制爆危险化学品的单位出借或者向不具有本条例第三十八条第一款、第二款规定的相关许可证件的单位转让其购买的剧毒化学品、易制爆危险化学品，或者向个人转让其购买的剧毒化学品（属于剧毒化学品的农药除外）、易制爆危险化学品的，由公安机关责令改正，处10万元以上20万元以下的罚款；拒不改正的，责令停产停业整顿。

第八十五条 未依法取得危险货物道路运输许可、危险货物水路运输许可，从事危险化学品道路运输、水路运输的，分别依照有关道路运输、水路运输的法律、行政法规的规定处罚。

第八十六条 有下列情形之一的，由交通运输主管部门责令改正，处5万元以上10万元以下的罚款；拒不改正的，责令停产停业整顿；构成犯罪的，依法追究刑事责任：

（一）危险化学品道路运输企业、水路运输企业的驾驶人员、船员、装卸管理人员、押运人员、申报人员、集装箱装箱现场检查员未取得从业资格上岗作业的；

（二）运输危险化学品，未根据危险化学品的危险特性采取相应的安全防护措施，或者未配备必要的防护用品和应急救援器材的；

（三）使用未依法取得危险货物适装证书的船舶，通过内河运输危险化学品的；

（四）通过内河运输危险化学品的承运人违反国务院交通运输主管部门对单船运输的危险化学品数量的限制性规定运输危险化学品的；

（五）用于危险化学品运输作业的内河码头、泊位不符合国家有关安全规范，或者未与饮用水取水口保持国家规定的安全距离，或者未经交通运输主管部门验收合格投入使用的；

（六）托运人不向承运人说明所托运的危险化学品的种类、数量、危险特性以及发生危险情况的应急处置措施，或者未按照国家有关规定对所托运的危险化学品妥善包装并在外包装上设置相应标志的；

（七）运输危险化学品需要添加抑制剂或者稳定剂，托运人未添加或者未将有关情况告知承运人的。

第八十七条 有下列情形之一的，由交通运输主管部门责令改正，处10万元以上20万元以下的罚款，有违法所得的，没收违法所得；拒不改正的，责令停产停业整顿；构成犯罪的，依法追究刑事责任：

（一）委托未依法取得危险货物道路运输许可、危险货物水路运输许可的企业承运危险化学品的；

（二）通过内河封闭水域运输剧毒化学品以及国家规定禁止通过内河运输的其他危险化学品的；

（三）通过内河运输国家规定禁止通过内河运输的剧毒化学品以及其他危险化学品的；

（四）在托运的普通货物中夹带危险化学品，或者将危险化学品谎报或者匿报为普通货物托运的。

在邮件、快件内夹带危险化学品，或者将危险化学品谎报为普通物品交寄的，依法给予治安管理处罚；构成犯罪的，依法追究刑事责任。

邮政企业、快递企业收寄危险化学品的，依照《中华人民共和国邮政法》的规定处罚。

第八十八条 有下列情形之一的，由公安机关责令改正，处5万元以上10万元以下的罚款；构成违反治安管理行为的，依法给予治安管理处罚；构成犯罪的，依法追究刑事责任：

（一）超过运输车辆的核定载质量装载危险化学品的；

（二）使用安全技术条件不符合国家标准要求的车辆运输危险化学品的；

（三）运输危险化学品的车辆未经公安机关批准进入危险化学品运输车辆限制通行的区域的；

（四）未取得剧毒化学品道路运输通行证，通过道路运输剧毒化学品的。

第八十九条 有下列情形之一的，由公安机关责令改正，处1万元以上5万元以下的罚款；构成违反治安管理行为的，依法给予治安管理处罚：

（一）危险化学品运输车辆未悬挂或者喷涂警示标志，或者悬挂或者喷涂的警示标志不符合国家标准要求的；

（二）通过道路运输危险化学品，不配备押运人员的；

（三）运输剧毒化学品或者易制爆危险化学品途中需要较长时间停车，驾驶人员、押运人员不向当地公安机关报告的；

（四）剧毒化学品、易制爆危险化学品在道路运输途中丢失、被盗、被抢或者发生流散、泄露等情况，驾驶人员、押运人员不采取必要的警示措施和安全措施，或者不向当地公安机关报告的。

第九十条 对发生交通事故负有全部责任或者主要责任的危险化学品道路运输企业，由公安机关责令消除安全隐患，未消除安全隐患的危险化学品运输车辆，禁止上道路行驶。

第九十一条 有下列情形之一的，由交通运输主管部门责令改正，可以处1万元以下的罚款；拒不改正的，处1万元以上5万元以下的罚款：

（一）危险化学品道路运输企业、水路运输企业未配备专职安全管理人员的；

（二）用于危险化学品运输作业的内河码头、泊位的管理单位未制定码头、泊位危险化学品事故应急救援预案，或者未为码头、泊位配备充足、有效的应急救援器材和设备的。

第九十二条 有下列情形之一的，依照《中华人民共和国内河交通安全管理条例》的规定处罚：

（一）通过内河运输危险化学品的水路运输企业未制定运输船舶危险化学品事故应急救援预案，或者未为运输船舶配备充足、有效的应急救援器材和设备的；

（二）通过内河运输危险化学品的船舶的所有人或者经营人未取得船舶污染损害责任保险证书或者财务担保证明的；

（三）船舶载运危险化学品进出内河港口，未将有关事项事先报告海事管理机构并经其同意的；

（四）载运危险化学品的船舶在内河航行、装卸或者停泊，未悬挂专用的警示标志，或者未按照规定显示专用信号，或者未按照规定申请引航的。

未向港口行政管理部门报告并经其同意，在港口内进行危险化学品的装卸、过驳作业的，依照《中华人民共和国港口法》的规定处罚。

第九十三条 伪造、变造或者出租、出借、转让危险化学品安全生产许可证、工业产品生产许可证，或者使用伪造、变造的危险化学品安全生产许可证、工业产品生产许可证的，分别依照《安全生产许可证条例》《中华人民共和国工业产品生产许可证管理条例》的规定处罚。

伪造、变造或者出租、出借、转让本条例规定的其他许可证，或者使用伪造、变造的本条例规定的其他许可证的，分别由相关许可证的颁发管理机关处10万元以上20万元以下的罚款，有违法所得的，没收违法所得；构成违反治安管理行为的，依法给予治安管理处罚；构成犯罪的，依法追究刑事责任。

第九十四条 危险化学品单位发生危险化学品事故，其主要负责人不立即组织救援或者不立即向有关部门报告的，依照《生产安全事故报告和调查处理条例》的规定处罚。

危险化学品单位发生危险化学品事故，造成他人人身伤害或者财产损失的，依法承担赔偿责任。

第九十五条 发生危险化学品事故，有关地方人民政府及其有关部门不立即组织实施救援，或者不采取必要的应急处置措施减少事故损失，防止事故蔓延、扩大的，对直接负责的主管人员和其他直接责任人员依法给予处分；构成犯罪的，依法追究刑事责任。

第九十六条 负有危险化学品安全监督管理职责的部门的工作人员，在危险化学品安全监督管理工作中滥用职权、玩忽职守、徇私舞弊，构成犯罪的，依法追究刑事责任；尚不构成犯罪的，依法给予处分。

第八章 附 则

第九十七条 监控化学品、属于危险化学品的药品和农药的安全管理，依照本条例的规定执行；法律、行政法规另有规定的，依照其规定。

民用爆炸物品、烟花爆竹、放射性物品、核能物质以及用于国防科研生产的危险化学品的安全管理，不适用本条例。

法律、行政法规对燃气的安全管理另有规定的，依照其规定。

危险化学品容器属于特种设备的，其安全管理依照有关特种设备安全的法律、行政法规的规定执行。

第九十八条 危险化学品的进出口管理，依照有关对外贸易的法律、行政法规、规章的规定执行；进口的危险化学品的储存、使用、经营、运输的安全管理，依照本条例的规定执行。

危险化学品环境管理登记和新化学物质环境管理登记，依照有关环境保护的法律、行政法规、规章的规定执行。危险化学品环境管理登记，按照国家有关规定收取费用。

第九十九条 公众发现、捡拾的无主危险化学品，由公安机关接收。公安机关接收或者有关部门依法没收的危险化学品，需要进行无害化处理的，交由环境保护主管部门组织其认定的专业单位进行处理，或者交由有关危险化学品生产企业进行处理。处理所需费用由国家财政负担。

第一百条 化学品的危险特性尚未确定的，由国务院安全生产监督管理部门、国务院环境保护主管部门、国务院卫生主管部门分别负责组织对该化学品的物理危险性、环境危害性、毒理特性进行鉴定。根据鉴定结果，需要调整危险化学品目录的，依照本条例第三条第二款的规定办理。

第一百零一条 本条例施行前已经使用危险化学品从事生产的化工企业，依照本条例规定需要取得危险化学品安全使用许可证的，应当在国务院安全生产监督管理部门规定的期限内，申请取得危险化学品安全使用许可证。

第一百零二条 本条例自2011年12月1日起施行。

煤矿安全监察条例

（2000年11月7日中华人民共和国国务院令第296号公布，2013年7月18日中华人民共和国国务院令第638号公布了第一次修正稿）

第一章 总 则

第一条 为了保障煤矿安全，规范煤矿安全监察工作，保护煤矿职工人身安全和身体健康，根据煤炭法、矿山安全法、第九届全国人民代表大会第一次会议通过的国务院机构改革方案和国务院关于煤矿安全监察体制的决定，制定本条例。

第二条 国家对煤矿安全实行监察制度。国务院决定设立的煤矿安全监察机构按照国务院规定的职责，依照本条例的规定对煤矿实施安全监察。

第三条 煤矿安全监察机构依法行使职权，不受任何组织和个人的非法干涉。

煤矿及其有关人员必须接受并配合煤矿安全监察机构依法实施的安全监察，不得拒绝、阻挠。

第四条 地方各级人民政府应当加强煤矿安全管理工作，支持和协助煤矿安全监察机构依法对煤矿实施安全监察。

煤矿安全监察机构应当及时向有关地方人民政府通报煤矿安全监察的有关情况，并可以提出加强和改善煤矿安全管理的建议。

第五条 煤矿安全监察应当以预防为主，及时发现和消除事故隐患，有效纠正影响煤矿安全的违法行为，实行安全监察与促进安全管理相结合、教育与惩处相结合。

第六条 煤矿安全监察应当依靠煤矿职工和工会组织。

煤矿职工对事故隐患或者影响煤矿安全的违法行为有权向煤矿安全监察机构报告或者举报。煤矿安全监察机构对报告或者举报有功人员给予奖励。

第七条 煤矿安全监察机构及其煤矿安全监察人员应当依法履行安全监察职责。任何单位和个人对煤矿安全监察机构及其煤矿安全监察人员的违法违纪行为，有权向上级煤矿安全监察机构或者有关机关检举和控告。

第二章 煤矿安全监察机构及其职责

第八条 本条例所称煤矿安全监察机构，是指国家煤矿安全监察机构和在省、自治区、直辖市设立的煤矿安全监察机构（以下简称地区煤矿安全监察机构）及其在大中型矿区设立的煤矿安全监察办事处。

第九条 地区煤矿安全监察机构及其煤矿安全监察办事处负责对划定区域内的煤矿实施安全监察；煤矿安全监察办事处在国家煤矿安全监察机构规定的权限范围内，可以对违法行为实施行政处罚。

第十条 煤矿安全监察机构设煤矿安全监察员。煤矿安全监察员应当公道、正派，熟悉煤矿安全法律、法规和规章，具有相应的专业知识和相关的工作经验，并经考试录用。

煤矿安全监察员的具体管理办法由国家煤矿安全监察机构商国务院有关部门制定。

第十一条 地区煤矿安全监察机构、煤矿安全监察办事处应当对煤矿实施经常性安全检查；对事故多发地区的煤矿，应当实施重点安全检查。国家煤矿安全监察机构根据煤矿安全工作的实际情况，组织对全国煤矿的全面安全检查或者重点安全抽查。

第十二条 地区煤矿安全监察机构、煤矿安全监察办事处应当对每个煤矿建立煤矿安全监察档案。煤矿安全监察人员对每次安全检查的内容、发现的问题及其处理情况，应当作详细记录，并由参加检查的煤矿安全监察人员签名后归档。

第十三条 地区煤矿安全监察机构、煤矿安全监察办事处应当每15日分别向国家煤矿安全监察机构、地区煤矿安全监察机构报告一次煤矿安全监察情况；有重大煤矿安全问题的，应当及时采取措施并随时报告。

国家煤矿安全监察机构应当定期公布煤矿安全监察情况。

第十四条 煤矿安全监察人员履行安全监察职责，有权随时进入煤矿作业场所进行检查，调阅有关资料，参加煤矿安全生产会议，向有关单位或者人员了解情况。

第十五条 煤矿安全监察人员在检查中发现影响煤矿安全的违法行为，有权当场予以纠正或者要求限期改正；对依法应当给予行政处罚的行为，由煤矿安全监察机构依照行政处罚法和本条例规定的程序作出决定。

第十六条 煤矿安全监察人员进行现场检查时，发现存在事故隐患的，有权要求煤矿立即消除或者限期解决；发现威胁职工生命安全的紧急情况时，有权要求立即停止作业，下达立即从危险区内撤出作业人员的命令，并立即将紧急情况和处理措施报告煤矿安全监察机构。

第十七条 煤矿安全监察机构在实施安全监察过程中，发现煤矿存在的安全问题涉及有关地方人民政府或其有关部门的，应当向有关地方人民政府或其有关部门提出建议，并向上级人民政府或其有关部门报告。

第十八条 煤矿发生伤亡事故的，由煤矿安全监察机构负责组织调查处理。

煤矿安全监察机构组织调查处理事故，应当依照国家规定的事故调查程序和处理办法进行。

第十九条 煤矿安全监察机构及其煤矿安全监察人员不得接受煤矿的任何馈赠、报酬、福利待遇，不得在煤矿报销任何费用，不得参加煤矿安排、组织或者支付费用的宴请、娱乐、旅游、出访等活动，不得借煤矿安全监察工作在煤矿为自己、亲友或者他人谋取利益。

第三章　煤矿安全监察内容

第二十条 煤矿安全监察机构对煤矿执行煤炭法、矿山安全法和其他有关煤矿安全的法律、法规以及国家安全标准、行业安全标准、煤矿安全规程和行业技术规范的情况实施监察。

第二十一条 煤矿建设工程设计必须符合煤矿安全规程和行业技术规范的要求。煤矿建设工程安全设施设计必须经煤矿安全监察机构审查同意；未经审查同意的，不得施工。

煤矿安全监察机构审查煤矿建设工程安全设施设计，应当自收到申请审查的设计资料之日起30日内审查完毕，签署同意或者不同意的意见，并书面答复。

第二十二条 煤矿建设工程竣工后或者投产前，应当经煤矿安全监察机构对其安全设施和条件进行验收；未经验收或者验收不合格的，不得投入生产。

煤矿安全监察机构对煤矿建设工程安全设施和条件进行验收，应当自收到申请验收文件之日起30日内验收完毕，签署合格或者不合格的意见，并书面答复。

第二十三条 煤矿安全监察机构应当监督煤矿制定事故预防和应急计划，并检查煤矿制定的发现和消除事故隐患的措施及其落实情况。

第二十四条 煤矿安全监察机构发现煤矿矿井通风、防火、防水、防瓦斯、防毒、防尘等安全设施和条件不符合国家安全标准、行业安全标准、煤矿安全规程和行业技术规范要求的，应当责令立即停止作业或者责令限期达到要求。

第二十五条 煤矿安全监察机构发现煤矿进行独眼井开采的，应当责令关闭。

第二十六条 煤矿安全监察机构发现煤矿作业场所有下列情形之一的，应当责令立即停止作业，限期改正；有关煤矿或其作业场所经复查合格的，方可恢复作业：

（一）未使用专用防爆电器设备的；

（二）未使用专用放炮器的；

（三）未使用人员专用升降容器的；

（四）使用明火明电照明的。

第二十七条 煤矿安全监察机构对煤矿安全技术措施专项费用的提取和使用情况进行监督，对未依法提取或者使用的，应当责令限期改正。

第二十八条 煤矿安全监察机构发现煤矿矿井使用的设备、器材、仪器、仪表、防护用品不符合国家安全标准或者行业安全标准的，应当责令立即停止使用。

第二十九条 煤矿安全监察机构发现煤矿有下列情形之一的，应当责令限期改正：

（一）未依法建立安全生产责任制的；

（二）未设置安全生产机构或者配备安全生产人员的；

（三）矿长不具备安全专业知识的；

（四）特种作业人员未取得资格证书上岗作业的；

（五）分配职工上岗作业前，未进行安全教育、培训的；

（六）未向职工发放保障安全生产所需的劳动防护用品的。

第三十条 煤矿安全监察人员发现煤矿作业场所的瓦斯、粉尘或者其他有毒有害气体的浓度超过国家安全标准或者行业安全标准的，煤矿擅自开采保安煤柱的，或者采用危及相邻煤矿生产安全的决水、爆破、贯通巷道等危险方法进行采矿作业的，应当责令立即停止作业，并将有关情况报告煤矿安全监察机构。

第三十一条 煤矿安全监察人员发现煤矿矿长或者其他主管人员违章指挥工人或者强令工人违章、冒险作业，或者发现工人违章作业的，应当立即纠正或者责令立即停止作业。

第三十二条 煤矿安全监察机构及其煤矿安全监察人员履行安全监察职责，向煤矿有关人员了解情况时，有关人员应当如实反映情况，不得提供虚假情况，不得隐瞒本煤矿存在的事故隐患以及其他安全问题。

第三十三条 煤矿安全监察机构依照本条例的规定责令煤矿限期解决事故隐患、限期改正影响煤矿安全的违法行为或者限期使安全设施和条件达到要求的，应当在限期届满时及时对煤矿的执行情况进行复查并签署复查意见；经有关煤矿申请，也可以在限期内进行复查并签署复查意见。

煤矿安全监察机构及其煤矿安全监察人员依照本条例的规定责令煤矿立即停止作业，责令立即停止使用不符合国家安全标准或者行业安全标准的设备、器材、仪器、仪表、防护用品，或者责令关闭矿井的，应当对煤矿的执行情况随时进行检查。

第三十四条 煤矿安全监察机构及其煤矿安全监察人员履行安全监察职责，应当出示安全监察证件。发出安全监察指令，应当采用书面通知形式；紧急情况下需要采取紧急处置措施，来不及书面通知的，应当随后补充书面通知。

第四章　罚　　则

第三十五条　煤矿建设工程安全设施设计未经煤矿安全监察机构审查同意，擅自施工的，由煤矿安全监察机构责令停止施工；拒不执行的，由煤矿安全监察机构移送地质矿产主管部门依法吊销采矿许可证。

第三十六条　煤矿建设工程安全设施和条件未经验收或者验收不合格，擅自投入生产的，由煤矿安全监察机构责令停止生产，处5万元以上10万元以下的罚款；拒不停止生产的，由煤矿安全监察机构移送地质矿产主管部门依法吊销采矿许可证。

第三十七条　煤矿矿井通风、防火、防水、防瓦斯、防毒、防尘等安全设施和条件不符合国家安全标准、行业安全标准、煤矿安全规程和行业技术规范的要求，经煤矿安全监察机构责令限期达到要求，逾期仍达不到要求的，由煤矿安全监察机构责令停产整顿；经停产整顿仍不具备安全生产条件的，由煤矿安全监察机构决定吊销煤炭生产许可证，并移送地质矿产主管部门依法吊销采矿许可证。

第三十八条　煤矿作业场所未使用专用防爆电器设备、专用放炮器、人员专用升降容器或者使用明火明电照明，经煤矿安全监察机构责令限期改正，逾期不改正的，由煤矿安全监察机构责令停产整顿，可以处3万元以下的罚款。

第三十九条　未依法提取或者使用煤矿安全技术措施专项费用，或者使用不符合国家安全标准或者行业安全标准的设备、器材、仪器、仪表、防护用品，经煤矿安全监察机构责令限期改正或者责令立即停止使用，逾期不改正或者不立即停止使用的，由煤矿安全监察机构处5万元以下的罚款；情节严重的，由煤矿安全监察机构责令停产整顿；对直接负责的主管人员和其他直接责任人员，依法给予纪律处分。

第四十条　煤矿矿长不具备安全专业知识，或者特种作业人员未取得操作资格证书上岗作业，经煤矿安全监察机构责令限期改正，逾期不改正的，责令停产整顿；调整配备合格人员并经复查合格后，方可恢复生产。

第四十一条　分配职工上岗作业前未进行安全教育、培训，经煤矿安全监察机构责令限期改正，逾期不改正的，由煤矿安全监察机构处4万元以下的罚款；情节严重的，由煤矿安全监察机构责令停产整顿；对直接负责的主管人员和其他直接责任人员，依法给予纪律处分。

第四十二条　煤矿作业场所的瓦斯、粉尘或者其他有毒有害气体的浓度超过国家安全标准或者行业安全标准，经煤矿安全监察人员责令立即停止作业，拒不停止作业的，由煤矿安全监察机构责令停产整顿，可以处10万元以下的罚款。

第四十三条　擅自开采保安煤柱，或者采用危及相邻煤矿生产安全的决水、爆破、贯通巷道等危险方法进行采矿作业，经煤矿安全监察人员责令立即停止作业，拒不停止作业的，由煤矿安全监察机构决定吊销煤炭生产许可证，并移送地质矿产主管部门依法吊销采矿许可证；构成犯罪的，依法追究刑事责任；造成损失的，依法承担赔偿责任。

第四十四条　煤矿矿长或者其他主管人员有下列行为之一的，由煤矿安全监察机构给予警告；造成严重后果，构成犯罪的，依法追究刑事责任：

（一）违章指挥工人或者强令工人违章、冒险作业的；

（二）对工人屡次违章作业熟视无睹，不加制止的；

（三）对重大事故预兆或者已发现的事故隐患不及时采取措施的；

（四）拒不执行煤矿安全监察机构及其煤矿安全监察人员的安全监察指令的。

第四十五条 煤矿有关人员拒绝、阻碍煤矿安全监察机构及其煤矿安全监察人员现场检查，或者提供虚假情况，或者隐瞒存在的事故隐患以及其他安全问题的，由煤矿安全监察机构给予警告，可以并处5万元以上10万元以下的罚款；情节严重的，由煤矿安全监察机构责令停产整顿；对直接负责的主管人员和其他直接责任人员，依法给予撤职直至开除的纪律处分。

第四十六条 煤矿发生事故，有下列情形之一的，由煤矿安全监察机构给予警告，可以并处3万元以上15万元以下的罚款；情节严重的，由煤矿安全监察机构责令停产整顿；对直接负责的主管人员和其他直接责任人员，依法给予降级直至开除的纪律处分；构成犯罪的，依法追究刑事责任：

（一）不按照规定及时、如实报告煤矿事故的；

（二）伪造、故意破坏煤矿事故现场的；

（三）阻碍、干涉煤矿事故调查工作，拒绝接受调查取证、提供有关情况和资料的。

第四十七条 依照本条例规定被吊销采矿许可证、煤炭生产许可证的，由工商行政管理部门依法相应吊销营业执照。

第四十八条 煤矿安全监察人员滥用职权、玩忽职守、徇私舞弊，应当发现而没有发现煤矿事故隐患或者影响煤矿安全的违法行为，或者发现事故隐患或者影响煤矿安全的违法行为不及时处理或者报告，或者有违反本条例第十九条规定行为之一，构成犯罪的，依法追究刑事责任；尚不构成犯罪的，依法给予行政处分。

第五章 附 则

第四十九条 未设立地区煤矿安全监察机构的省、自治区、直辖市，省、自治区、直辖市人民政府可以指定有关部门依照本条例的规定对本行政区域内的煤矿实施安全监察。

第五十条 本条例自2000年12月1日起施行。

女职工劳动保护特别规定

（2012年4月28日中华人民共和国国务院令第619号公布）

第一条 为了减少和解决女职工在劳动中因生理特点造成的特殊困难，保护女职工健康，制定本规定。

第二条 中华人民共和国境内的国家机关、企业、事业单位、社会团体、个体经济组织以及其他社会组织等用人单位及其女职工，适用本规定。

第三条 用人单位应当加强女职工劳动保护，采取措施改善女职工劳动安全卫生条件，对女职工进行劳动安全卫生知识培训。

第四条 用人单位应当遵守女职工禁忌从事的劳动范围的规定。用人单位应当将本单位属于女职工禁忌从事的劳动范围的岗位书面告知女职工。

女职工禁忌从事的劳动范围由本规定附录列示。国务院安全生产监督管理部门会同国务院人力资源社会保障行政部门、国务院卫生行政部门根据经济社会发展情况，对女职工禁忌从事的劳动范围进行调整。

第五条 用人单位不得因女职工怀孕、生育、哺乳降低其工资、予以辞退、与其解除劳动或者聘用合同。

第六条 女职工在孕期不能适应原劳动的，用人单位应当根据医疗机构的证明，予以减轻劳动量或者安排其他能够适应的劳动。

对怀孕7个月以上的女职工，用人单位不得延长劳动时间或者安排夜班劳动，并应当在劳动时间内安排一定的休息时间。

怀孕女职工在劳动时间内进行产前检查，所需时间计入劳动时间。

第七条 女职工生育享受98天产假，其中产前可以休假15天；难产的，增加产假15天；生育多胞胎的，每多生育1个婴儿，增加产假15天。

女职工怀孕未满4个月流产的，享受15天产假；怀孕满4个月流产的，享受42天产假。

第八条 女职工产假期间的生育津贴，对已经参加生育保险的，按照用人单位上年度职工月平均工资的标准由生育保险基金支付；对未参加生育保险的，按照女职工产假前工资的标准由用人单位支付。

女职工生育或者流产的医疗费用，按照生育保险规定的项目和标准，对已经参加生育保险的，由生育保险基金支付；对未参加生育保险的，由用人单位支付。

第九条 对哺乳未满1周岁婴儿的女职工，用人单位不得延长劳动时间或者安排夜班劳动。

用人单位应当在每天的劳动时间内为哺乳期女职工安排1小时哺乳时间；女职工生育多胞胎的，每多哺乳1个婴儿每天增加1小时哺乳时间。

第十条 女职工比较多的用人单位应当根据女职工的需要，建立女职工卫生室、孕妇休息室、哺乳室等设施，妥善解决女职工在生理卫生、哺乳方面的困难。

第十一条 在劳动场所，用人单位应当预防和制止对女职工的性骚扰。

第十二条 县级以上人民政府人力资源社会保障行政部门、安全生产监督管理部门按照各自职责负责对用人单位遵守本规定的情况进行监督检查。

工会、妇女组织依法对用人单位遵守本规定的情况进行监督。

第十三条 用人单位违反本规定第六条第二款、第七条、第九条第一款规定的，由县级以上人民政府人力资源社会保障行政部门责令限期改正，按照受侵害女职工每人1000元以上5000元以下的标准计算，处以罚款。

用人单位违反本规定附录第一条、第二条规定的，由县级以上人民政府安全生产监督管理部门责令限期改正，按照受侵害女职工每人1000元以上5000元以下的标准计算，处以罚款。用人单位违反本规定附录第三条、第四条规定的，由县级以上人民政府安全生产监督管理部门责令限期治理，处5万元以上30万元以下的罚款；情节严重的，责令停止有关作业，或者提请有关人民政府按照国务院规定的权限责令关闭。

第十四条 用人单位违反本规定，侵害女职工合法权益的，女职工可以依法投诉、举报、申诉，依法向劳动人事争议调解仲裁机构申请调解仲裁，对仲裁裁决不服的，依法向人民法院提起诉讼。

第十五条 用人单位违反本规定，侵害女职工合法权益，造成女职工损害的，依法给予赔偿；用人单位及其直接负责的主管人员和其他直接责任人员构成犯罪的，依法追究刑事责任。

第十六条 本规定自公布之日起施行。1988年7月21日国务院发布的《女职工劳动保护规定》同时废止。

知识链接

女职工禁忌从事的劳动范围

一、女职工禁忌从事的劳动范围

（一）矿山井下作业；

（二）体力劳动强度分级标准中规定的第四级体力劳动强度的作业；

（三）每小时负重6次以上、每次负重超过20千克的作业，或者间断负重、每次负重超过25千克的作业。

二、女职工在经期禁忌从事的劳动范围

（一）冷水作业分级标准中规定的第二级、第三级、第四级冷水作业；

（二）低温作业分级标准中规定的第二级、第三级、第四级低温作业；

（三）体力劳动强度分级标准中规定的第三级、第四级体力劳动强度的作业；

（四）高处作业分级标准中规定的第三级、第四级高处作业。

三、女职工在孕期禁忌从事的劳动范围

（一）作业场所空气中铅及其化合物、汞及其化合物、苯、镉、铍、砷、氰化物、氮氧化物、一氧化碳、二硫化碳、氯、己内酰胺、氯丁二烯、氯乙烯、环氧乙烷、苯胺、甲醛等有毒物质浓度超过国家职业卫生标准的作业；

（二）从事抗癌药物、己烯雌酚生产，接触麻醉剂气体等的作业；

（三）非密封源放射性物质的操作，核事故与放射事故的应急处置；

（四）高处作业分级标准中规定的高处作业；

（五）冷水作业分级标准中规定的冷水作业；

（六）低温作业分级标准中规定的低温作业；

（七）高温作业分级标准中规定的第三级、第四级的作业；

（八）噪声作业分级标准中规定的第三级、第四级的作业；

（九）体力劳动强度分级标准中规定的第三级、第四级体力劳动强度的作业；

（十）在密闭空间、高压室作业或者潜水作业，伴有强烈振动的作业，或者需要频繁弯腰、攀高、下蹲的作业。

四、女职工在哺乳期禁忌从事的劳动范围

（一）孕期禁忌从事的劳动范围的第一项、第三项、第九项；

（二）作业场所空气中锰、氟、溴、甲醇、有机磷化合物、有机氯化合物等有毒物质浓度超过国家职业卫生标准的作业。

工伤保险条例

（2003年4月27日中华人民共和国国务院令第375号公布，根据2010年12月20日《国务院关于修改〈工伤保险条例〉的决定》修订）

第一章　总　　则

第一条　为了保障因工作遭受事故伤害或者患职业病的职工获得医疗救治和经济补偿，促进工伤预防和职业康复，分散用人单位的工伤风险，制定本条例。

第二条　中华人民共和国境内的企业、事业单位、社会团体、民办非企业单位、基金会、律师事务所、会计师事务所等组织和有雇工的个体工商户（以下称用人单位）应当依照本条例规定参加工伤保险，为本单位全部职工或者雇工（以下称职工）缴纳工伤保险费。

中华人民共和国境内的企业、事业单位、社会团体、民办非企业单位、基金会、律师事务所、会计师事务所等组织的职工和个体工商户的雇工，均有依照本条例的规定享受工伤保险待遇的权利。

第三条　工伤保险费的征缴按照《社会保险费征缴暂行条例》关于基本养老保险费、基本医疗保险费、失业保险费的征缴规定执行。

第四条　用人单位应当将参加工伤保险的有关情况在本单位内公示。

用人单位和职工应当遵守有关安全生产和职业病防治的法律法规，执行安全卫生规程和标准，预防工伤事故发生，避免和减少职业病危害。

职工发生工伤时，用人单位应当采取措施使工伤职工得到及时救治。

第五条　国务院社会保险行政部门负责全国的工伤保险工作。

县级以上地方各级人民政府社会保险行政部门负责本行政区域内的工伤保险工作。

社会保险行政部门按照国务院有关规定设立的社会保险经办机构（以下称经办机

构）具体承办工伤保险事务。

第六条 社会保险行政部门等部门制定工伤保险的政策、标准，应当征求工会组织、用人单位代表的意见。

第二章 工伤保险基金

第七条 工伤保险基金由用人单位缴纳的工伤保险费、工伤保险基金的利息和依法纳入工伤保险基金的其他资金构成。

第八条 工伤保险费根据以支定收、收支平衡的原则，确定费率。

国家根据不同行业的工伤风险程度确定行业的差别费率，并根据工伤保险费使用、工伤发生率等情况在每个行业内确定若干费率档次。行业差别费率及行业内费率档次由国务院社会保险行政部门制定，报国务院批准后公布施行。

统筹地区经办机构根据用人单位工伤保险费使用、工伤发生率等情况，适用所属行业内相应的费率档次确定单位缴费费率。

第九条 国务院社会保险行政部门应当定期了解全国各统筹地区工伤保险基金收支情况，及时提出调整行业差别费率及行业内费率档次的方案，报国务院批准后公布施行。

第十条 用人单位应当按时缴纳工伤保险费。职工个人不缴纳工伤保险费。

用人单位缴纳工伤保险费的数额为本单位职工工资总额乘以单位缴费费率之积。

对难以按照工资总额缴纳工伤保险费的行业，其缴纳工伤保险费的具体方式，由国务院社会保险行政部门规定。

第十一条 工伤保险基金逐步实行省级统筹。

跨地区、生产流动性较大的行业，可以采取相对集中的方式异地参加统筹地区的工伤保险。具体办法由国务院社会保险行政部门会同有关行业的主管部门制定。

第十二条 工伤保险基金存入社会保障基金财政专户，用于本条例规定的工伤保险待遇，劳动能力鉴定，工伤预防的宣传、培训等费用，以及法律、法规规定的用于工伤保险的其他费用的支付。

工伤预防费用的提取比例、使用和管理的具体办法，由国务院社会保险行政部门会同国务院财政、卫生行政、安全生产监督管理等部门规定。

任何单位或者个人不得将工伤保险基金用于投资运营、兴建或者改建办公场所、发放奖金，或者挪作其他用途。

第十三条 工伤保险基金应当留有一定比例的储备金，用于统筹地区重大事故的工伤保险待遇支付；储备金不足支付的，由统筹地区的人民政府垫付。储备金占基金总额的具体比例和储备金的使用办法，由省、自治区、直辖市人民政府规定。

第三章 工 伤 认 定

第十四条 职工有下列情形之一的，应当认定为工伤：

（一）在工作时间和工作场所内，因工作原因受到事故伤害的；

（二）工作时间前后在工作场所内，从事与工作有关的预备性或者收尾性工作受到事故伤害的；

（三）在工作时间和工作场所内，因履行工作职责受到暴力等意外伤害的；

（四）患职业病的；

（五）因工外出期间，由于工作原因受到伤害或者发生事故下落不明的；

（六）在上下班途中，受到非本人主要责任的交通事故或者城市轨道交通、客运轮渡、火车事故伤害的；

（七）法律、行政法规规定应当认定为工伤的其他情形。

第十五条 职工有下列情形之一的，视同工伤：

（一）在工作时间和工作岗位，突发疾病死亡或者在48小时之内经抢救无效死亡的；

（二）在抢险救灾等维护国家利益、公共利益活动中受到伤害的；

（三）职工原在军队服役，因战、因公负伤致残，已取得革命伤残军人证，到用人单位后旧伤复发的。

职工有前款第（一）项、第（二）项情形的，按照本条例的有关规定享受工伤保险待遇；职工有前款第（三）项情形的，按照本条例的有关规定享受除一次性伤残补助金以外的工伤保险待遇。

第十六条 职工符合本条例第十四条、第十五条的规定，但是有下列情形之一的，不得认定为工伤或者视同工伤：

（一）故意犯罪的；

（二）醉酒或者吸毒的；

（三）自残或者自杀的。

第十七条 职工发生事故伤害或者按照职业病防治法规定被诊断、鉴定为职业病，所在单位应当自事故伤害发生之日或者被诊断、鉴定为职业病之日起30日内，向统筹地区社会保险行政部门提出工伤认定申请。遇有特殊情况，经报社会保险行政部门同意，申请时限可以适当延长。

用人单位未按前款规定提出工伤认定申请的，工伤职工或者其近亲属、工会组织在事故伤害发生之日或者被诊断、鉴定为职业病之日起1年内，可以直接向用人单位所在地统筹地区社会保险行政部门提出工伤认定申请。

按照本条第一款规定应当由省级社会保险行政部门进行工伤认定的事项，根据属地原则由用人单位所在地的设区的市级社会保险行政部门办理。

用人单位未在本条第一款规定的时限内提交工伤认定申请，在此期间发生符合本条例规定的工伤待遇等有关费用由该用人单位负担。

第十八条 提出工伤认定申请应当提交下列材料：

（一）工伤认定申请表；

（二）与用人单位存在劳动关系（包括事实劳动关系）的证明材料；

（三）医疗诊断证明或者职业病诊断证明书（或者职业病诊断鉴定书）。

工伤认定申请表应当包括事故发生的时间、地点、原因以及职工伤害程度等基本情况。

工伤认定申请人提供材料不完整的，社会保险行政部门应当一次性书面告知工伤认定申请人需要补正的全部材料。申请人按照书面告知要求补正材料后，社会保险行政部门应当受理。

第十九条 社会保险行政部门受理工伤认定申请后，根据审核需要可以对事故伤害进行调查核实，用人单位、职工、工会组织、医疗机构以及有关部门应当予以协助。职业病诊断和诊断争议的鉴定，依照职业病防治法的有关规定执行。对依法取得职业病诊断证明书或者职业病诊断鉴定书的，社会保险行政部门不再进行调查核实。

职工或者其近亲属认为是工伤，用人单位不认为是工伤的，由用人单位承担举证责任。

第二十条 社会保险行政部门应当自受理工伤认定申请之日起60日内作出工伤认定的决定，并书面通知申请工伤认定的职工或者其近亲属和该职工所在单位。

社会保险行政部门对受理的事实清楚、权利义务明确的工伤认定申请，应当在15日内作出工伤认定的决定。

作出工伤认定决定需要以司法机关或者有关行政主管部门的结论为依据的，在司法机关或者有关行政主管部门尚未作出结论期间，作出工伤认定决定的时限中止。

社会保险行政部门工作人员与工伤认定申请人有利害关系的，应当回避。

第四章 劳动能力鉴定

第二十一条 职工发生工伤，经治疗伤情相对稳定后存在残疾、影响劳动能力的，应当进行劳动能力鉴定。

第二十二条 劳动能力鉴定是指劳动功能障碍程度和生活自理障碍程度的等级鉴定。

劳动功能障碍分为十个伤残等级，最重的为一级，最轻的为十级。

生活自理障碍分为三个等级：生活完全不能自理、生活大部分不能自理和生活部分不能自理。

劳动能力鉴定标准由国务院社会保险行政部门会同国务院卫生行政部门等部门制定。

第二十三条 劳动能力鉴定由用人单位、工伤职工或者其近亲属向设区的市级劳动能力鉴定委员会提出申请，并提供工伤认定决定和职工工伤医疗的有关资料。

第二十四条 省、自治区、直辖市劳动能力鉴定委员会和设区的市级劳动能力鉴定委员会分别由省、自治区、直辖市和设区的市级社会保险行政部门、卫生行政部门、工会组织、经办机构代表以及用人单位代表组成。

劳动能力鉴定委员会建立医疗卫生专家库。列入专家库的医疗卫生专业技术人员应当具备下列条件：

（一）具有医疗卫生高级专业技术职务任职资格；

（二）掌握劳动能力鉴定的相关知识；

（三）具有良好的职业品德。

第二十五条 设区的市级劳动能力鉴定委员会收到劳动能力鉴定申请后，应当从其建立的医疗卫生专家库中随机抽取3名或者5名相关专家组成专家组，由专家组提出鉴定意见。设区的市级劳动能力鉴定委员会根据专家组的鉴定意见作出工伤职工劳动能力鉴定结论；必要时，可以委托具备资格的医疗机构协助进行有关的诊断。

设区的市级劳动能力鉴定委员会应当自收到劳动能力鉴定申请之日起60日内作出劳动能力鉴定结论，必要时，作出劳动能力鉴定结论的期限可以延长30日。劳动能力鉴定结论应当及时送达申请鉴定的单位和个人。

第二十六条 申请鉴定的单位或者个人对设区的市级劳动能力鉴定委员会作出的鉴定结论不服的，可以在收到该鉴定结论之日起15日内向省、自治区、直辖市劳动能力鉴定委员会提出再次鉴定申请。省、自治区、直辖市劳动能力鉴定委员会作出的劳动能力鉴定结论为最终结论。

第二十七条 劳动能力鉴定工作应当客观、公正。劳动能力鉴定委员会组成人员或者参加鉴定的专家与当事人有利害关系的，应当回避。

第二十八条 自劳动能力鉴定结论作出之日起1年后，工伤职工或者其近亲属、所在单位或者经办机构认为伤残情况发生变化的，可以申请劳动能力复查鉴定。

第二十九条 劳动能力鉴定委员会依照本条例第二十六条和第二十八条的规定进行再次鉴定和复查鉴定的期限，依照本条例第二十五条第二款的规定执行。

第五章　工伤保险待遇

第三十条 职工因工作遭受事故伤害或者患职业病进行治疗，享受工伤医疗待遇。

职工治疗工伤应当在签订服务协议的医疗机构就医，情况紧急时可以先到就近的医疗机构急救。

治疗工伤所需费用符合工伤保险诊疗项目目录、工伤保险药品目录、工伤保险住院服务标准的，从工伤保险基金支付。工伤保险诊疗项目目录、工伤保险药品目录、工伤保险住院服务标准，由国务院社会保险行政部门会同国务院卫生行政部门、食品药品监督管理部门等部门规定。

职工住院治疗工伤的伙食补助费，以及经医疗机构出具证明，报经办机构同意，工伤职工到统筹地区以外就医所需的交通、食宿费用从工伤保险基金支付，基金支付的具体标准由统筹地区人民政府规定。

工伤职工治疗非工伤引发的疾病，不享受工伤医疗待遇，按照基本医疗保险办法处理。

工伤职工到签订服务协议的医疗机构进行工伤康复的费用，符合规定的，从工伤保险基金支付。

第三十一条 社会保险行政部门作出认定为工伤的决定后发生行政复议、行政诉讼的，行政复议和行政诉讼期间不停止支付工伤职工治疗工伤的医疗费用。

第三十二条 工伤职工因日常生活或者就业需要，经劳动能力鉴定委员会确认，可以安装假肢、矫形器、假眼、假牙和配置轮椅等辅助器具，所需费用按照国家规定的标准从工伤保险基金支付。

第三十三条 职工因工作遭受事故伤害或者患职业病需要暂停工作接受工伤医疗

的，在停工留薪期内，原工资福利待遇不变，由所在单位按月支付。

停工留薪期一般不超过12个月。伤情严重或者情况特殊，经设区的市级劳动能力鉴定委员会确认，可以适当延长，但延长不得超过12个月。工伤职工评定伤残等级后，停发原待遇，按照本章的有关规定享受伤残待遇。工伤职工在停工留薪期满后仍需治疗的，继续享受工伤医疗待遇。

生活不能自理的工伤职工在停工留薪期需要护理的，由所在单位负责。

第三十四条 工伤职工已经评定伤残等级并经劳动能力鉴定委员会确认需要生活护理的，从工伤保险基金按月支付生活护理费。

生活护理费按照生活完全不能自理、生活大部分不能自理或者生活部分不能自理3个不同等级支付，其标准分别为统筹地区上年度职工月平均工资的50%、40%或者30%。

第三十五条 职工因工致残被鉴定为一级至四级伤残的，保留劳动关系，退出工作岗位，享受以下待遇：

（一）从工伤保险基金按伤残等级支付一次性伤残补助金，标准为：一级伤残为27个月的本人工资，二级伤残为25个月的本人工资，三级伤残为23个月的本人工资，四级伤残为21个月的本人工资；

（二）从工伤保险基金按月支付伤残津贴，标准为：一级伤残为本人工资的90%，二级伤残为本人工资的85%，三级伤残为本人工资的80%，四级伤残为本人工资的75%。伤残津贴实际金额低于当地最低工资标准的，由工伤保险基金补足差额；

（三）工伤职工达到退休年龄并办理退休手续后，停发伤残津贴，按照国家有关规定享受基本养老保险待遇。基本养老保险待遇低于伤残津贴的，由工伤保险基金补足差额。

职工因工致残被鉴定为一级至四级伤残的，由用人单位和职工个人以伤残津贴为基数，缴纳基本医疗保险费。

第三十六条 职工因工致残被鉴定为五级、六级伤残的，享受以下待遇：

（一）从工伤保险基金按伤残等级支付一次性伤残补助金，标准为：五级伤残为18个月的本人工资，六级伤残为16个月的本人工资；

（二）保留与用人单位的劳动关系，由用人单位安排适当工作。难以安排工作的，由用人单位按月发给伤残津贴，标准为：五级伤残为本人工资的70%，六级伤残为本人工资的60%，并由用人单位按照规定为其缴纳应缴纳的各项社会保险费。伤残津贴实际金额低于当地最低工资标准的，由用人单位补足差额。

经工伤职工本人提出，该职工可以与用人单位解除或者终止劳动关系，由工伤保险基金支付一次性工伤医疗补助金，由用人单位支付一次性伤残就业补助金。一次性工伤医疗补助金和一次性伤残就业补助金的具体标准由省、自治区、直辖市人民政府规定。

第三十七条 职工因工致残被鉴定为七级至十级伤残的，享受以下待遇：

（一）从工伤保险基金按伤残等级支付一次性伤残补助金，标准为：七级伤残为13个月的本人工资，八级伤残为11个月的本人工资，九级伤残为9个月的本人工资，十级伤残为7个月的本人工资；

（二）劳动、聘用合同期满终止，或者职工本人提出解除劳动、聘用合同的，由工伤保险基金支付一次性工伤医疗补助金，由用人单位支付一次性伤残就业补助金。一次性工伤医疗补助金和一次性伤残就业补助金的具体标准由省、自治区、直辖市人民政府规定。

第三十八条 工伤职工工伤复发，确认需要治疗的，享受本条例第三十条、第三十二条和第三十三条规定的工伤待遇。

第三十九条 职工因工死亡，其近亲属按照下列规定从工伤保险基金领取丧葬补助金、供养亲属抚恤金和一次性工亡补助金：

（一）丧葬补助金为6个月的统筹地区上年度职工月平均工资；

（二）供养亲属抚恤金按照职工本人工资的一定比例发给由因工死亡职工生前提供主要生活来源、无劳动能力的亲属。标准为：配偶每月40%，其他亲属每人每月30%，孤寡老人或者孤儿每人每月在上述标准的基础上增加10%。核定的各供养亲属的抚恤金之和不应高于因工死亡职工生前的工资。供养亲属的具体范围由国务院社会保险行政部门规定；

（三）一次性工亡补助金标准为上一年度全国城镇居民人均可支配收入的20倍。

伤残职工在停工留薪期内因工伤导致死亡的，其近亲属享受本条第一款规定的待遇。

一级至四级伤残职工在停工留薪期满后死亡的，其近亲属可以享受本条第一款第（一）项、第（二）项规定的待遇。

第四十条 伤残津贴、供养亲属抚恤金、生活护理费由统筹地区社会保险行政部门根据职工平均工资和生活费用变化等情况适时调整。调整办法由省、自治区、直辖市人民政府规定。

第四十一条 职工因工外出期间发生事故或者在抢险救灾中下落不明的，从事故发生当月起3个月内照发工资，从第4个月起停发工资，由工伤保险基金向其供养亲属按月支付供养亲属抚恤金。生活有困难的，可以预支一次性工亡补助金的50%。职工被人民法院宣告死亡的，按照本条例第三十九条职工因工死亡的规定处理。

第四十二条 工伤职工有下列情形之一的，停止享受工伤保险待遇：

（一）丧失享受待遇条件的；

（二）拒不接受劳动能力鉴定的；

（三）拒绝治疗的。

第四十三条 用人单位分立、合并、转让的，承继单位应当承担原用人单位的工伤保险责任；原用人单位已经参加工伤保险的，承继单位应当到当地经办机构办理工伤保险变更登记。

用人单位实行承包经营的，工伤保险责任由职工劳动关系所在单位承担。

职工被借调期间受到工伤事故伤害的，由原用人单位承担工伤保险责任，但原用人单位与借调单位可以约定补偿办法。

企业破产的，在破产清算时依法拨付应当由单位支付的工伤保险待遇费用。

第四十四条 职工被派遣出境工作，依据前往国家或者地区的法律应当参加当地工伤保险的，参加当地工伤保险，其国内工伤保险关系中止；不能参加当地工伤保险的，其国内工伤保险关系不中止。

第四十五条 职工再次发生工伤，根据规定应当享受伤残津贴的，按照新认定的伤残等级享受伤残津贴待遇。

第六章 监 督 管 理

第四十六条 经办机构具体承办工伤保险事务，履行下列职责：

（一）根据省、自治区、直辖市人民政府规定，征收工伤保险费；

（二）核查用人单位的工资总额和职工人数，办理工伤保险登记，并负责保存用人单位缴费和职工享受工伤保险待遇情况的记录；

（三）进行工伤保险的调查、统计；

（四）按照规定管理工伤保险基金的支出；

（五）按照规定核定工伤保险待遇；

（六）为工伤职工或者其近亲属免费提供咨询服务。

第四十七条 经办机构与医疗机构、辅助器具配置机构在平等协商的基础上签订服务协议，并公布签订服务协议的医疗机构、辅助器具配置机构的名单。具体办法由国务院社会保险行政部门分别会同国务院卫生行政部门、民政部门等部门制定。

第四十八条 经办机构按照协议和国家有关目录、标准对工伤职工医疗费用、康复费用、辅助器具费用的使用情况进行核查，并按时足额结算费用。

第四十九条 经办机构应当定期公布工伤保险基金的收支情况，及时向社会保险行政部门提出调整费率的建议。

第五十条 社会保险行政部门、经办机构应当定期听取工伤职工、医疗机构、辅助器具配置机构以及社会各界对改进工伤保险工作的意见。

第五十一条 社会保险行政部门依法对工伤保险费的征缴和工伤保险基金的支付情况进行监督检查。

财政部门和审计机关依法对工伤保险基金的收支、管理情况进行监督。

第五十二条 任何组织和个人对有关工伤保险的违法行为，有权举报。社会保险行政部门对举报应当及时调查，按照规定处理，并为举报人保密。

第五十三条 工会组织依法维护工伤职工的合法权益，对用人单位的工伤保险工作实行监督。

第五十四条 职工与用人单位发生工伤待遇方面的争议，按照处理劳动争议的有关规定处理。

第五十五条 有下列情形之一的，有关单位或者个人可以依法申请行政复议，也可以依法向人民法院提起行政诉讼：

（一）申请工伤认定的职工或者其近亲属、该职工所在单位对工伤认定申请不予受理的决定不服的；

（二）申请工伤认定的职工或者其近亲属、该职工所在单位对工伤认定结论不服的；

（三）用人单位对经办机构确定的单位缴费费率不服的；

（四）签订服务协议的医疗机构、辅助器具配置机构认为经办机构未履行有关协议或者规定的；

（五）工伤职工或者其近亲属对经办机构核定的工伤保险待遇有异议的。

第七章　法　律　责　任

第五十六条　单位或者个人违反本条例第十二条规定挪用工伤保险基金，构成犯罪的，依法追究刑事责任；尚不构成犯罪的，依法给予处分或者纪律处分。被挪用的基金由社会保险行政部门追回，并入工伤保险基金；没收的违法所得依法上缴国库。

第五十七条　社会保险行政部门工作人员有下列情形之一的，依法给予处分；情节严重，构成犯罪的，依法追究刑事责任：

（一）无正当理由不受理工伤认定申请，或者弄虚作假将不符合工伤条件的人员认定为工伤职工的；

（二）未妥善保管申请工伤认定的证据材料，致使有关证据灭失的；

（三）收受当事人财物的。

第五十八条　经办机构有下列行为之一的，由社会保险行政部门责令改正，对直接负责的主管人员和其他责任人员依法给予纪律处分；情节严重，构成犯罪的，依法追究刑事责任；造成当事人经济损失的，由经办机构依法承担赔偿责任：

（一）未按规定保存用人单位缴费和职工享受工伤保险待遇情况记录的；

（二）不按规定核定工伤保险待遇的；

（三）收受当事人财物的。

第五十九条　医疗机构、辅助器具配置机构不按服务协议提供服务的，经办机构可以解除服务协议。

经办机构不按时足额结算费用的，由社会保险行政部门责令改正；医疗机构、辅助器具配置机构可以解除服务协议。

第六十条　用人单位、工伤职工或者其近亲属骗取工伤保险待遇，医疗机构、辅助器具配置机构骗取工伤保险基金支出的，由社会保险行政部门责令退还，处骗取金额2倍以上5倍以下的罚款；情节严重，构成犯罪的，依法追究刑事责任。

第六十一条　从事劳动能力鉴定的组织或者个人有下列情形之一的，由社会保险行政部门责令改正，处2000元以上1万元以下的罚款；情节严重，构成犯罪的，依法追究刑事责任：

（一）提供虚假鉴定意见的；

（二）提供虚假诊断证明的；

（三）收受当事人财物的。

第六十二条　用人单位依照本条例规定应当参加工伤保险而未参加的，由社会保险行政部门责令限期参加，补缴应当缴纳的工伤保险费，并自欠缴之日起，按日加收万分之五的滞纳金；逾期仍不缴纳的，处欠缴数额1倍以上3倍以下的罚款。

依照本条例规定应当参加工伤保险而未参加工伤保险的用人单位职工发生工伤的，由该用人单位按照本条例规定的工伤保险待遇项目和标准支付费用。

用人单位参加工伤保险并补缴应当缴纳的工伤保险费、滞纳金后，由工伤保险基金和用人单位依照本条例的规定支付新发生的费用。

第六十三条 用人单位违反本条例第十九条的规定，拒不协助社会保险行政部门对事故进行调查核实的，由社会保险行政部门责令改正，处2000元以上2万元以下的罚款。

第八章 附 则

第六十四条 本条例所称工资总额，是指用人单位直接支付给本单位全部职工的劳动报酬总额。

本条例所称本人工资，是指工伤职工因工作遭受事故伤害或者患职业病前12个月平均月缴费工资。本人工资高于统筹地区职工平均工资300%的，按照统筹地区职工平均工资的300%计算；本人工资低于统筹地区职工平均工资60%的，按照统筹地区职工平均工资的60%计算。

第六十五条 公务员和参照公务员法管理的事业单位、社会团体的工作人员因工作遭受事故伤害或者患职业病的，由所在单位支付费用。具体办法由国务院社会保险行政部门会同国务院财政部门规定。

第六十六条 无营业执照或者未经依法登记、备案的单位以及被依法吊销营业执照或者撤销登记、备案的单位的职工受到事故伤害或者患职业病的，由该单位向伤残职工或者死亡职工的近亲属给予一次性赔偿，赔偿标准不得低于本条例规定的工伤保险待遇；用人单位不得使用童工，用人单位使用童工造成童工伤残、死亡的，由该单位向童工或者童工的近亲属给予一次性赔偿，赔偿标准不得低于本条例规定的工伤保险待遇。具体办法由国务院社会保险行政部门规定。

前款规定的伤残职工或者死亡职工的近亲属就赔偿数额与单位发生争议的，以及前款规定的童工或者童工的近亲属就赔偿数额与单位发生争议的，按照处理劳动争议的有关规定处理。

第六十七条 本条例自2004年1月1日起施行。本条例施行前已受到事故伤害或者患职业病的职工尚未完成工伤认定的，按照本条例的规定执行。

特种设备安全监察条例

（2003年3月11日中华人民共和国国务院令第373 号公布，根据2009年1月24日《国务院关于修改〈特种设 备安全监察条例〉的决定》修订）

第一章　总　　则

第一条　为了加强特种设备的安全监察，防止和减少事故，保障人民群众生命和财产安全，促进经济发展，制定本条例。

第二条　本条例所称特种设备是指涉及生命安全、危险性较大的锅炉、压力容器（含气瓶，下同）、压力管道、电梯、起重机械、客运索道、大型游乐设施和场（厂）内专用机动车辆。

前款特种设备的目录由国务院负责特种设备安全监督管理的部门（以下简称国务院特种设备安全监督管理部门）制订，报国务院批准后执行。

第三条　特种设备的生产（含设计、制造、安装、改造、维修，下同）、使用、检验检测及其监督检查，应当遵守本条例，但本条例另有规定的除外。

军事装备、核设施、航空航天器、铁路机车、海上设施和船舶以及矿山井下使用的特种设备、民用机场专用设备的安全监察不适用本条例。

房屋建筑工地和市政工程工地用起重机械、场（厂）内专用机动车辆的安装、使用的监督管理，由建设行政主管部门依照有关法律、法规的规定执行。

第四条　国务院特种设备安全监督管理部门负责全国特种设备的安全监察工作，县以上地方负责特种设备安全监督管理的部门对本行政区域内特种设备实施安全监察（以下统称特种设备安全监督管理部门）。

第五条　特种设备生产、使用单位应当建立健全特种设备安全、节能管理制度和岗位安全、节能责任制度。

特种设备生产、使用单位的主要负责人应当对本单位特种设备的安全和节能全面负责。

特种设备生产、使用单位和特种设备检验检测机构，应当接受特种设备安全监督管理部门依法进行的特种设备安全监察。

第六条　特种设备检验检测机构，应当依照本条例规定，进行检验检测工作，对其检验检测结果、鉴定结论承担法律责任。

第七条　县级以上地方人民政府应当督促、支持特种设备安全监督管理部门依法履行安全监察职责，对特种设备安全监察中存在的重大问题及时予以协调、解决。

第八条　国家鼓励推行科学的管理方法，采用先进技术，提高特种设备安全性能和管理水平，增强特种设备生产、使用单位防范事故的能力，对取得显著成绩的单位和个人，给予奖励。

国家鼓励特种设备节能技术的研究、开发、示范和推广，促进特种设备节能技术创新和应用。

特种设备生产、使用单位和特种设备检验检测机构，应当保证必要的安全和节能投入。

国家鼓励实行特种设备责任保险制度，提高事故赔付能力。

第九条　任何单位和个人对违反本条例规定的行为，有权向特种设备安全监督管理部门和行政监察等有关部门举报。

特种设备安全监督管理部门应当建立特种设备安全监察举报制度，公布举报电话、信箱或者电子邮件地址，受理对特种设备生产、使用和检验检测违法行为的举报，并及时予以处理。

特种设备安全监督管理部门和行政监察等有关部门应当为举报人保密，并按照国家有关规定给予奖励。

第二章　特种设备的生产

第十条　特种设备生产单位，应当依照本条例规定以及国务院特种设备安全监督管理部门制订并公布的安全技术规范（以下简称安全技术规范）的要求，进行生产活动。

特种设备生产单位对其生产的特种设备的安全性能和能效指标负责，不得生产不符合安全性能要求和能效指标的特种设备，不得生产国家产业政策明令淘汰的特种设备。

第十一条　压力容器的设计单位应当经国务院特种设备安全监督管理部门许可，方可从事压力容器的设计活动。

压力容器的设计单位应当具备下列条件：

（一）有与压力容器设计相适应的设计人员、设计审核人员；

（二）有与压力容器设计相适应的场所和设备；

（三）有与压力容器设计相适应的健全的管理制度和责任制度。

第十二条　锅炉、压力容器中的气瓶（以下简称气瓶）、氧舱和客运索道、大型游乐设施以及高耗能特种设备的设计文件，应当经国务院特种设备安全监督管理部门核准的检验检测机构鉴定，方可用于制造。

第十三条　按照安全技术规范的要求，应当进行型式试验的特种设备产品、部件或者试制特种设备新产品、新部件、新材料，必须进行型式试验和能效测试。

第十四条　锅炉、压力容器、电梯、起重机械、客运索道、大型游乐设施及其安全附件、安全保护装置的制造、安装、改造单位，以及压力管道用管子、管件、阀门、法兰、补偿器、安全保护装置等（以下简称压力管道元件）的制造单位和场（厂）内专用机动车辆的制造、改造单位，应当经国务院特种设备安全监督管理部门许可，方可从事相应的活动。

前款特种设备的制造、安装、改造单位应当具备下列条件：

（一）有与特种设备制造、安装、改造相适应的专业技术人员和技术工人；

（二）有与特种设备制造、安装、改造相适应的生产条件和检测手段；

（三）有健全的质量管理制度和责任制度。

第十五条　特种设备出厂时，应当附有安全技术规范要求的设计文件、产品质量合格证明、安装及使用维修说明、监督检验证明等文件。

第十六条　锅炉、压力容器、电梯、起重机械、客运索道、大型游乐设施、场（厂）内专用机动车辆的维修单位，应当有与特种设备维修相适应的专业技术人员和技术工人以及必要的检测手段，并经省、自治区、直辖市特种设备安全监督管理部门许可，方可从事相应的维修活动。

第十七条 锅炉、压力容器、起重机械、客运索道、大型游乐设施的安装、改造、维修以及场（厂）内专用机动车辆的改造、维修，必须由依照本条例取得许可的单位进行。

电梯的安装、改造、维修，必须由电梯制造单位或者其通过合同委托、同意的依照本条例取得许可的单位进行。电梯制造单位对电梯质量以及安全运行涉及的质量问题负责。

特种设备安装、改造、维修的施工单位应当在施工前将拟进行的特种设备安装、改造、维修情况书面告知直辖市或者设区的市的特种设备安全监督管理部门，告知后即可施工。

第十八条 电梯井道的土建工程必须符合建筑工程质量要求。电梯安装施工过程中，电梯安装单位应当遵守施工现场的安全生产要求，落实现场安全防护措施。电梯安装施工过程中，施工现场的安全生产监督，由有关部门依照有关法律、行政法规的规定执行。

电梯安装施工过程中，电梯安装单位应当服从建筑施工总承包单位对施工现场的安全生产管理，并订立合同，明确各自的安全责任。

第十九条 电梯的制造、安装、改造和维修活动，必须严格遵守安全技术规范的要求。电梯制造单位委托或者同意其他单位进行电梯安装、改造、维修活动的，应当对其安装、改造、维修活动进行安全指导和监控。电梯的安装、改造、维修活动结束后，电梯制造单位应当按照安全技术规范的要求对电梯进行校验和调试，并对校验和调试的结果负责。

第二十条 锅炉、压力容器、电梯、起重机械、客运索道、大型游乐设施的安装、改造、维修以及场（厂）内专用机动车辆的改造、维修竣工后，安装、改造、维修的施工单位应当在验收后30日内将有关技术资料移交使用单位，高耗能特种设备还应当按照安全技术规范的要求提交能效测试报告。使用单位应当将其存入该特种设备的安全技术档案。

第二十一条 锅炉、压力容器、压力管道元件、起重机械、大型游乐设施的制造过程和锅炉、压力容器、电梯、起重机械、客运索道、大型游乐设施的安装、改造、重大维修过程，必须经国务院特种设备安全监督管理部门核准的检验检测机构按照安全技术规范的要求进行监督检验；未经监督检验合格的不得出厂或者交付使用。

第二十二条 移动式压力容器、气瓶充装单位应当经省、自治区、直辖市的特种设备安全监督管理部门许可，方可从事充装活动。

充装单位应当具备下列条件：

（一）有与充装和管理相适应的管理人员和技术人员；

（二）有与充装和管理相适应的充装设备、检测手段、场地厂房、器具、安全设施；

（三）有健全的充装管理制度、责任制度、紧急处理措施。

气瓶充装单位应当向气体使用者提供符合安全技术规范要求的气瓶，对使用者进行气瓶安全使用指导，并按照安全技术规范的要求办理气瓶使用登记，提出气瓶的定期检验要求。

第三章　特种设备的使用

第二十三条　特种设备使用单位，应当严格执行本条例和有关安全生产的法律、行政法规的规定，保证特种设备的安全使用。

第二十四条　特种设备使用单位应当使用符合安全技术规范要求的特种设备。特种设备投入使用前，使用单位应当核对其是否附有本条例第十五条规定的相关文件。

第二十五条　特种设备在投入使用前或者投入使用后30日内，特种设备使用单位应当向直辖市或者设区的市的特种设备安全监督管理部门登记。登记标志应当置于或者附着于该特种设备的显著位置。

第二十六条　特种设备使用单位应当建立特种设备安全技术档案。安全技术档案应当包括以下内容：

（一）特种设备的设计文件、制造单位、产品质量合格证明、使用维护说明等文件以及安装技术文件和资料；

（二）特种设备的定期检验和定期自行检查的记录；

（三）特种设备的日常使用状况记录；

（四）特种设备及其安全附件、安全保护装置、测量调控装置及有关附属仪器仪表的日常维护保养记录；

（五）特种设备运行故障和事故记录；

（六）高耗能特种设备的能效测试报告、能耗状况记录以及节能改造技术资料。

第二十七条　特种设备使用单位应当对在用特种设备进行经常性日常维护保养，并定期自行检查。

特种设备使用单位对在用特种设备应当至少每月进行一次自行检查，并作出记录。特种设备使用单位在对在用特种设备进行自行检查和日常维护保养时发现异常情况的，应当及时处理。

特种设备使用单位应当对在用特种设备的安全附件、安全保护装置、测量调控装置及有关附属仪器仪表进行定期校验、检修，并作出记录。

锅炉使用单位应当按照安全技术规范的要求进行锅炉水（介）质处理，并接受特种设备检验检测机构实施的水（介）质处理定期检验。

从事锅炉清洗的单位，应当按照安全技术规范的要求进行锅炉清洗，并接受特种设备检验检测机构实施的锅炉清洗过程监督检验。

第二十八条　特种设备使用单位应当按照安全技术规范的定期检验要求，在安全检验合格有效期届满前1个月向特种设备检验检测机构提出定期检验要求。

检验检测机构接到定期检验要求后，应当按照安全技术规范的要求及时进行安全性能检验和能效测试。

未经定期检验或者检验不合格的特种设备，不得继续使用。

第二十九条　特种设备出现故障或者发生异常情况，使用单位应当对其进行全面检查，消除事故隐患后，方可重新投入使用。

特种设备不符合能效指标的，特种设备使用单位应当采取相应措施进行整改。

第三十条 特种设备存在严重事故隐患，无改造、维修价值，或者超过安全技术规范规定使用年限，特种设备使用单位应当及时予以报废，并应当向原登记的特种设备安全监督管理部门办理注销。

第三十一条 电梯的日常维护保养必须由依照本条例取得许可的安装、改造、维修单位或者电梯制造单位进行。

电梯应当至少每15日进行一次清洁、润滑、调整和检查。

第三十二条 电梯的日常维护保养单位应当在维护保养中严格执行国家安全技术规范的要求，保证其维护保养的电梯的安全技术性能，并负责落实现场安全防护措施，保证施工安全。

电梯的日常维护保养单位，应当对其维护保养的电梯的安全性能负责。接到故障通知后，应当立即赶赴现场，并采取必要的应急救援措施。

第三十三条 电梯、客运索道、大型游乐设施等为公众提供服务的特种设备运营使用单位，应当设置特种设备安全管理机构或者配备专职的安全管理人员；其他特种设备使用单位，应当根据情况设置特种设备安全管理机构或者配备专职、兼职的安全管理人员。

特种设备的安全管理人员应当对特种设备使用状况进行经常性检查，发现问题的应当立即处理；情况紧急时，可以决定停止使用特种设备并及时报告本单位有关负责人。

第三十四条 客运索道、大型游乐设施的运营使用单位在客运索道、大型游乐设施每日投入使用前，应当进行试运行和例行安全检查，并对安全装置进行检查确认。

电梯、客运索道、大型游乐设施的运营使用单位应当将电梯、客运索道、大型游乐设施的安全注意事项和警示标志置于易于为乘客注意的显著位置。

第三十五条 客运索道、大型游乐设施的运营使用单位的主要负责人应当熟悉客运索道、大型游乐设施的相关安全知识，并全面负责客运索道、大型游乐设施的安全使用。

客运索道、大型游乐设施的运营使用单位的主要负责人至少应当每月召开一次会议，督促、检查客运索道、大型游乐设施的安全使用工作。

客运索道、大型游乐设施的运营使用单位，应当结合本单位的实际情况，配备相应数量的营救装备和急救物品。

第三十六条 电梯、客运索道、大型游乐设施的乘客应当遵守使用安全注意事项的要求，服从有关工作人员的指挥。

第三十七条 电梯投入使用后，电梯制造单位应当对其制造的电梯的安全运行情况进行跟踪调查和了解，对电梯的日常维护保养单位或者电梯的使用单位在安全运行方面存在的问题，提出改进建议，并提供必要的技术帮助。发现电梯存在严重事故隐患的，应当及时向特种设备安全监督管理部门报告。电梯制造单位对调查和了解的情况，应当作出记录。

第三十八条 锅炉、压力容器、电梯、起重机械、客运索道、大型游乐设施、场（厂）内专用机动车辆的作业人员及其相关管理人员（以下统称特种设备作业人员），应当按照国家有关规定经特种设备安全监督管理部门考核合格，取得国家统一格式的特种作业人员证书，方可从事相应的作业或者管理工作。

第三十九条　特种设备使用单位应当对特种设备作业人员进行特种设备安全、节能教育和培训，保证特种设备作业人员具备必要的特种设备安全、节能知识。

特种设备作业人员在作业中应当严格执行特种设备的操作规程和有关的安全规章制度。

第四十条　特种设备作业人员在作业过程中发现事故隐患或者其他不安全因素，应当立即向现场安全管理人员和单位有关负责人报告。

第四章　检　验　检　测

第四十一条　从事本条例规定的监督检验、定期检验、型式试验以及专门为特种设备生产、使用、检验检测提供无损检测服务的特种设备检验检测机构，应当经国务院特种设备安全监督管理部门核准。

特种设备使用单位设立的特种设备检验检测机构，经国务院特种设备安全监督管理部门核准，负责本单位核准范围内的特种设备定期检验工作。

第四十二条　特种设备检验检测机构，应当具备下列条件：

（一）有与所从事的检验检测工作相适应的检验检测人员；

（二）有与所从事的检验检测工作相适应的检验检测仪器和设备；

（三）有健全的检验检测管理制度、检验检测责任制度。

第四十三条　特种设备的监督检验、定期检验、型式试验和无损检测应当由依照本条例经核准的特种设备检验检测机构进行。

特种设备检验检测工作应当符合安全技术规范的要求。

第四十四条　从事本条例规定的监督检验、定期检验、型式试验和无损检测的特种设备检验检测人员应当经国务院特种设备安全监督管理部门组织考核合格，取得检验检测人员证书，方可从事检验检测工作。

检验检测人员从事检验检测工作，必须在特种设备检验检测机构执业，但不得同时在两个以上检验检测机构中执业。

第四十五条　特种设备检验检测机构和检验检测人员进行特种设备检验检测，应当遵循诚信原则和方便企业的原则，为特种设备生产、使用单位提供可靠、便捷的检验检测服务。

特种设备检验检测机构和检验检测人员对涉及的被检验检测单位的商业秘密，负有保密义务。

第四十六条　特种设备检验检测机构和检验检测人员应当客观、公正、及时地出具检验检测结果、鉴定结论。检验检测结果、鉴定结论经检验检测人员签字后，由检验检测机构负责人签署。

特种设备检验检测机构和检验检测人员对检验检测结果、鉴定结论负责。

国务院特种设备安全监督管理部门应当组织对特种设备检验检测机构的检验检测结果、鉴定结论进行监督抽查。县以上地方负责特种设备安全监督管理的部门在本行政区域内也可以组织监督抽查，但是要防止重复抽查。监督抽查结果应当向社会公布。

第四十七条 特种设备检验检测机构和检验检测人员不得从事特种设备的生产、销售，不得以其名义推荐或者监制、监销特种设备。

第四十八条 特种设备检验检测机构进行特种设备检验检测，发现严重事故隐患或者能耗严重超标的，应当及时告知特种设备使用单位，并立即向特种设备安全监督管理部门报告。

第四十九条 特种设备检验检测机构和检验检测人员利用检验检测工作故意刁难特种设备生产、使用单位，特种设备生产、使用单位有权向特种设备安全监督管理部门投诉，接到投诉的特种设备安全监督管理部门应当及时进行调查处理。

第五章 监督检查

第五十条 特种设备安全监督管理部门依照本条例规定，对特种设备生产、使用单位和检验检测机构实施安全监察。

对学校、幼儿园以及车站、客运码头、商场、体育场馆、展览馆、公园等公众聚集场所的特种设备，特种设备安全监督管理部门应当实施重点安全监察。

第五十一条 特种设备安全监督管理部门根据举报或者取得的涉嫌违法证据，对涉嫌违反本条例规定的行为进行查处时，可以行使下列职权：

（一）向特种设备生产、使用单位和检验检测机构的法定代表人、主要负责人和其他有关人员调查、了解与涉嫌从事违反本条例的生产、使用、检验检测有关的情况；

（二）查阅、复制特种设备生产、使用单位和检验检测机构的有关合同、发票、账簿以及其他有关资料；

（三）对有证据表明不符合安全技术规范要求的或者有其他严重事故隐患、能耗严重超标的特种设备，予以查封或者扣押。

第五十二条 依照本条例规定实施许可、核准、登记的特种设备安全监督管理部门，应当严格依照本条例规定条件和安全技术规范要求对有关事项进行审查；不符合本条例规定条件和安全技术规范要求的，不得许可、核准、登记；在申请办理许可、核准期间，特种设备安全监督管理部门发现申请人未经许可从事特种设备相应活动或者伪造许可、核准证书的，不予受理或者不予许可、核准，并在1年内不再受理其新的许可、核准申请。

未依法取得许可、核准、登记的单位擅自从事特种设备的生产、使用或者检验检测活动的，特种设备安全监督管理部门应当依法予以处理。

违反本条例规定，被依法撤销许可的，自撤销许可之日起3年内，特种设备安全监督管理部门不予受理其新的许可申请。

第五十三条 特种设备安全监督管理部门在办理本条例规定的有关行政审批事项时，其受理、审查、许可、核准的程序必须公开，并应当自受理申请之日起30日内，作出许可、核准或者不予许可、核准的决定；不予许可、核准的，应当书面向申请人说明理由。

第五十四条 地方各级特种设备安全监督管理部门不得以任何形式进行地方保护和地区封锁，不得对已经依照本条例规定在其他地方取得许可的特种设备生产单位重复进行许可，也不得要求对依照本条例规定在其他地方检验检测合格的特种设备，重复进行检验检测。

第五十五条 特种设备安全监督管理部门的安全监察人员（以下简称特种设备安全监察人员）应当熟悉相关法律、法规、规章和安全技术规范，具有相应的专业知识和工作经验，并经国务院特种设备安全监督管理部门考核，取得特种设备安全监察人员证书。

特种设备安全监察人员应当忠于职守、坚持原则、秉公执法。

第五十六条 特种设备安全监督管理部门对特种设备生产、使用单位和检验检测机构实施安全监察时，应当有两名以上特种设备安全监察人员参加，并出示有效的特种设备安全监察人员证件。

第五十七条 特种设备安全监督管理部门对特种设备生产、使用单位和检验检测机构实施安全监察，应当对每次安全监察的内容、发现的问题及处理情况，作出记录，并由参加安全监察的特种设备安全监察人员和被检查单位的有关负责人签字后归档。被检查单位的有关负责人拒绝签字的，特种设备安全监察人员应当将情况记录在案。

第五十八条 特种设备安全监督管理部门对特种设备生产、使用单位和检验检测机构进行安全监察时，发现有违反本条例规定和安全技术规范要求的行为或者在用的特种设备存在事故隐患、不符合能效指标的，应当以书面形式发出特种设备安全监察指令，责令有关单位及时采取措施，予以改正或者消除事故隐患。紧急情况下需要采取紧急处置措施的，应当随后补发书面通知。

第五十九条 特种设备安全监督管理部门对特种设备生产、使用单位和检验检测机构进行安全监察，发现重大违法行为或者严重事故隐患时，应当在采取必要措施的同时，及时向上级特种设备安全监督管理部门报告。接到报告的特种设备安全监督管理部门应当采取必要措施，及时予以处理。

对违法行为、严重事故隐患或者不符合能效指标的处理需要当地人民政府和有关部门的支持、配合时，特种设备安全监督管理部门应当报告当地人民政府，并通知其他有关部门。当地人民政府和其他有关部门应当采取必要措施，及时予以处理。

第六十条 国务院特种设备安全监督管理部门和省、自治区、直辖市特种设备安全监督管理部门应当定期向社会公布特种设备安全以及能效状况。

公布特种设备安全以及能效状况，应当包括下列内容：

（一）特种设备质量安全状况；

（二）特种设备事故的情况、特点、原因分析、防范对策；

（三）特种设备能效状况；

（四）其他需要公布的情况。

第六章　事故预防和调查处理

第六十一条　有下列情形之一的，为特别重大事故：

（一）特种设备事故造成30人以上死亡，或者100人以上重伤（包括急性工业中毒，下同），或者1亿元以上直接经济损失的；

（二）600兆瓦以上锅炉爆炸的；

（三）压力容器、压力管道有毒介质泄漏，造成15万人以上转移的；

（四）客运索道、大型游乐设施高空滞留100人以上并且时间在48小时以上的。

第六十二条　有下列情形之一的，为重大事故：

（一）特种设备事故造成10人以上30人以下死亡，或者50人以上100人以下重伤，或者5000万元以上1亿元以下直接经济损失的；

（二）600兆瓦以上锅炉因安全故障中断运行240小时以上的；

（三）压力容器、压力管道有毒介质泄漏，造成5万人以上15万人以下转移的；

（四）客运索道、大型游乐设施高空滞留100人以上并且时间在24小时以上48小时以下的。

第六十三条　有下列情形之一的，为较大事故：

（一）特种设备事故造成3人以上10人以下死亡，或者10人以上50人以下重伤，或者1000万元以上5000万元以下直接经济损失的；

（二）锅炉、压力容器、压力管道爆炸的；

（三）压力容器、压力管道有毒介质泄漏，造成1万人以上5万人以下转移的；

（四）起重机械整体倾覆的；

（五）客运索道、大型游乐设施高空滞留人员12小时以上的。

第六十四条　有下列情形之一的，为一般事故：

（一）特种设备事故造成3人以下死亡，或者10人以下重伤，或者1万元以上1000万元以下直接经济损失的；

（二）压力容器、压力管道有毒介质泄漏，造成500人以上1万人以下转移的；

（三）电梯轿厢滞留人员2小时以上的；

（四）起重机械主要受力结构件折断或者起升机构坠落的；

（五）客运索道高空滞留人员3.5小时以上12小时以下的；

（六）大型游乐设施高空滞留人员1小时以上12小时以下的。

除前款规定外，国务院特种设备安全监督管理部门可以对一般事故的其他情形做出补充规定。

第六十五条　特种设备安全监督管理部门应当制定特种设备应急预案。特种设备使用单位应当制定事故应急专项预案，并定期进行事故应急演练。

压力容器、压力管道发生爆炸或者泄漏，在抢险救援时应当区分介质特性，严格按照相关预案规定程序处理，防止二次爆炸。

第六十六条　特种设备事故发生后，事故发生单位应当立即启动事故应急预案，组织抢救，防止事故扩大，减少人员伤亡和财产损失，并及时向事故发生地县以上特种设备安全监督管理部门和有关部门报告。

县以上特种设备安全监督管理部门接到事故报告，应当尽快核实有关情况，立即向所在地人民政府报告，并逐级上报事故情况。必要时，特种设备安全监督管理部门可以越级上报事故情况。对特别重大事故、重大事故，国务院特种设备安全监督管理部门应当立即报告国务院并通报国务院安全生产监督管理部门等有关部门。

第六十七条 特别重大事故由国务院或者国务院授权有关部门组织事故调查组进行调查。

重大事故由国务院特种设备安全监督管理部门会同有关部门组织事故调查组进行调查。

较大事故由省、自治区、直辖市特种设备安全监督管理部门会同有关部门组织事故调查组进行调查。

一般事故由设区的市的特种设备安全监督管理部门会同有关部门组织事故调查组进行调查。

第六十八条 事故调查报告应当由负责组织事故调查的特种设备安全监督管理部门的所在地人民政府批复，并报上一级特种设备安全监督管理部门备案。

有关机关应当按照批复，依照法律、行政法规规定的权限和程序，对事故责任单位和有关人员进行行政处罚，对负有事故责任的国家工作人员进行处分。

第六十九条 特种设备安全监督管理部门应当在有关地方人民政府的领导下，组织开展特种设备事故调查处理工作。

有关地方人民政府应当支持、配合上级人民政府或者特种设备安全监督管理部门的事故调查处理工作，并提供必要的便利条件。

第七十条 特种设备安全监督管理部门应当对发生事故的原因进行分析，并根据特种设备的管理和技术特点、事故情况对相关安全技术规范进行评估；需要制定或者修订相关安全技术规范的，应当及时制定或者修订。

第七十一条 本章所称的“以上”包括本数，所称的“以下”不包括本数。

第七章 法 律 责 任

第七十二条 未经许可，擅自从事压力容器设计活动的，由特种设备安全监督管理部门予以取缔，处5万元以上20万元以下罚款；有违法所得的，没收违法所得；触犯刑律的，对负有责任的主管人员和其他直接责任人员依照刑法关于非法经营罪或者其他罪的规定，依法追究刑事责任。

第七十三条 锅炉、气瓶、氧舱和客运索道、大型游乐设施以及高耗能特种设备的设计文件，未经国务院特种设备安全监督管理部门核准的检验检测机构鉴定，擅自用于制造的，由特种设备安全监督管理部门责令改正，没收非法制造的产品，处5万元以上20万元以下罚款；触犯刑律的，对负有责任的主管人员和其他直接责任人员依照刑法关于生产、销售伪劣产品罪、非法经营罪或者其他罪的规定，依法追究刑事责任。

第七十四条 按照安全技术规范的要求应当进行型式试验的特种设备产品、部件或者试制特种设备新产品、新部件，未进行整机或者部件型式试验的，由特种设备安全监督管理部门责令限期改正；逾期未改正的，处2万元以上10万元以下罚款。

第七十五条 未经许可，擅自从事锅炉、压力容器、电梯、起重机械、客运索道、大型游乐设施、场（厂）内专用机动车辆及其安全附件、安全保护装置的制造、安装、改造以及压力管道元件的制造活动的，由特种设备安全监督管理部门予以取缔，没收非法制造的产品，已经实施安装、改造的，责令恢复原状或者责令限期由取得许可的单位重新安装、改造，处10万元以上50万元以下罚款；触犯刑律的，对负有责任的主管人员和其他直接责任人员依照刑法关于生产、销售伪劣产品罪、非法经营罪、重大责任事故罪或者其他罪的规定，依法追究刑事责任。

第七十六条 特种设备出厂时，未按照安全技术规范的要求附有设计文件、产品质量合格证明、安装及使用维修说明、监督检验证明等文件的，由特种设备安全监督管理部门责令改正；情节严重的，责令停止生产、销售，处违法生产、销售货值金额30%以下罚款；有违法所得的，没收违法所得。

第七十七条 未经许可，擅自从事锅炉、压力容器、电梯、起重机械、客运索道、大型游乐设施、场（厂）内专用机动车辆的维修或者日常维护保养的，由特种设备安全监督管理部门予以取缔，处1万元以上5万元以下罚款；有违法所得的，没收违法所得；触犯刑律的，对负有责任的主管人员和其他直接责任人员依照刑法关于非法经营罪、重大责任事故罪或者其他罪的规定，依法追究刑事责任。

第七十八条 锅炉、压力容器、电梯、起重机械、客运索道、大型游乐设施的安装、改造、维修的施工单位以及场（厂）内专用机动车辆的改造、维修单位，在施工前未将拟进行的特种设备安装、改造、维修情况书面告知直辖市或者设区的市的特种设备安全监督管理部门即行施工的，或者在验收后30日内未将有关技术资料移交锅炉、压力容器、电梯、起重机械、客运索道、大型游乐设施的使用单位的，由特种设备安全监督管理部门责令限期改正；逾期未改正的，处2000元以上1万元以下罚款。

第七十九条 锅炉、压力容器、压力管道元件、起重机械、大型游乐设施的制造过程和锅炉、压力容器、电梯、起重机械、客运索道、大型游乐设施的安装、改造、重大维修过程，以及锅炉清洗过程，未经国务院特种设备安全监督管理部门核准的检验检测机构按照安全技术规范的要求进行监督检验的，由特种设备安全监督管理部门责令改正，已经出厂的，没收违法生产、销售的产品，已经实施安装、改造、重大维修或者清洗的，责令限期进行监督检验，处5万元以上20万元以下罚款；有违法所得的，没收违法所得；情节严重的，撤销制造、安装、改造或者维修单位已经取得的许可，并由工商行政管理部门吊销其营业执照；触犯刑律的，对负有责任的主管人员和其他直接责任人员依照刑法关于生产、销售伪劣产品罪或者其他罪的规定，依法追究刑事责任。

第八十条 未经许可，擅自从事移动式压力容器或者气瓶充装活动的，由特种设备安全监督管理部门予以取缔，没收违法充装的气瓶，处10万元以上50万元以下罚款；有违法所得的，没收违法所得；触犯刑律的，对负有责任的主管人员和其他直接责任人员依照刑法关于非法经营罪或者其他罪的规定，依法追究刑事责任。

移动式压力容器、气瓶充装单位未按照安全技术规范的要求进行充装活动的，由特种设备安全监督管理部门责令改正，处2万元以上10万元以下罚款；情节严重的，撤销其充装资格。

第八十一条 电梯制造单位有下列情形之一的，由特种设备安全监督管理部门责令限期改正；逾期未改正的，予以通报批评：

（一）未依照本条例第十九条的规定对电梯进行校验、调试的；

（二）对电梯的安全运行情况进行跟踪调查和了解时，发现存在严重事故隐患，未及时向特种设备安全监督管理部门报告的。

第八十二条 已经取得许可、核准的特种设备生产单位、检验检测机构有下列行为之一的，由特种设备安全监督管理部门责令改正，处2万元以上10万元以下罚款；情节严重的，撤销其相应资格：

（一）未按照安全技术规范的要求办理许可证变更手续的；

（二）不再符合本条例规定或者安全技术规范要求的条件，继续从事特种设备生产、检验检测的；

（三）未依照本条例规定或者安全技术规范要求进行特种设备生产、检验检测的；

（四）伪造、变造、出租、出借、转让许可证书或者监督检验报告的。

第八十三条 特种设备使用单位有下列情形之一的，由特种设备安全监督管理部门责令限期改正；逾期未改正的，处2000元以上2万元以下罚款；情节严重的，责令停止使用或者停产停业整顿：

（一）特种设备投入使用前或者投入使用后30日内，未向特种设备安全监督管理部门登记，擅自将其投入使用的；

（二）未依照本条例第二十六条的规定，建立特种设备安全技术档案的；

（三）未依照本条例第二十七条的规定，对在用特种设备进行经常性日常维护保养和定期自行检查的，或者对在用特种设备的安全附件、安全保护装置、测量调控装置及有关附属仪器仪表进行定期校验、检修，并作出记录的；

（四）未按照安全技术规范的定期检验要求，在安全检验合格有效期届满前1个月向特种设备检验检测机构提出定期检验要求的；

（五）使用未经定期检验或者检验不合格的特种设备的；

（六）特种设备出现故障或者发生异常情况，未对其进行全面检查、消除事故隐患，继续投入使用的；

（七）未制定特种设备事故应急专项预案的；

（八）未依照本条例第三十一条第二款的规定，对电梯进行清洁、润滑、调整和检查的；

（九）未按照安全技术规范要求进行锅炉水（介）质处理的；

（十）特种设备不符合能效指标，未及时采取相应措施进行整改的。

特种设备使用单位使用未取得生产许可的单位生产的特种设备或者将非承压锅炉、非压力容器作为承压锅炉、压力容器使用的，由特种设备安全监督管理部门责令停止使用，予以没收，处2万元以上10万元以下罚款。

第八十四条 特种设备存在严重事故隐患，无改造、维修价值，或者超过安全技术规范规定的使用年限，特种设备使用单位未予以报废，并向原登记的特种设备安全监督管理部门办理注销的，由特种设备安全监督管理部门责令限期改正；逾期未改正的，处5万元以上20万元以下罚款。

第八十五条 电梯、客运索道、大型游乐设施的运营使用单位有下列情形之一的，由特种设备安全监督管理部门责令限期改正；逾期未改正的，责令停止使用或者停产停业整顿，处1万元以上5万元以下罚款：

（一）客运索道、大型游乐设施每日投入使用前，未进行试运行和例行安全检查，并对安全装置进行检查确认的；

（二）未将电梯、客运索道、大型游乐设施的安全注意事项和警示标志置于易于为乘客注意的显著位置的。

第八十六条 特种设备使用单位有下列情形之一的，由特种设备安全监督管理部门责令限期改正；逾期未改正的，责令停止使用或者停产停业整顿，处2000元以上2万元以下罚款：

（一）未依照本条例规定设置特种设备安全管理机构或者配备专职、兼职的安全管理人员的；

（二）从事特种设备作业的人员，未取得相应特种作业人员证书，上岗作业的；

（三）未对特种设备作业人员进行特种设备安全教育和培训的。

第八十七条 发生特种设备事故，有下列情形之一的，对单位，由特种设备安全监督管理部门处5万元以上20万元以下罚款；对主要负责人，由特种设备安全监督管理部门处4000元以上2万元以下罚款；属于国家工作人员的，依法给予处分；触犯刑律的，依照刑法关于重大责任事故罪或者其他罪的规定，依法追究刑事责任：

（一）特种设备使用单位的主要负责人在本单位发生特种设备事故时，不立即组织抢救或者在事故调查处理期间擅离职守或者逃匿的；

（二）特种设备使用单位的主要负责人对特种设备事故隐瞒不报、谎报或者拖延不报的。

第八十八条 对事故发生负有责任的单位，由特种设备安全监督管理部门依照下列规定处以罚款：

（一）发生一般事故的，处10万元以上20万元以下罚款；

（二）发生较大事故的，处20万元以上50万元以下罚款；

（三）发生重大事故的，处50万元以上200万元以下罚款。

第八十九条 对事故发生负有责任的单位的主要负责人未依法履行职责，导致事故发生的，由特种设备安全监督管理部门依照下列规定处以罚款；属于国家工作人员的，并依法给予处分；触犯刑律的，依照刑法关于重大责任事故罪或者其他罪的规定，依法追究刑事责任：

（一）发生一般事故的，处上一年年收入30%的罚款；

（二）发生较大事故的，处上一年年收入40%的罚款；

（三）发生重大事故的，处上一年年收入60%的罚款。

第九十条 特种设备作业人员违反特种设备的操作规程和有关的安全规章制度操作，或者在作业过程中发现事故隐患或者其他不安全因素，未立即向现场安全管理人员和单位有关负责人报告的，由特种设备使用单位给予批评教育、处分；情节严重的，撤销特种设备作业人员资格；触犯刑律的，依照刑法关于重大责任事故罪或者其他罪的规定，依法追究刑事责任。

第九十一条 未经核准，擅自从事本条例所规定的监督检验、定期检验、型式试验以及无损检测等检验检测活动的，由特种设备安全监督管理部门予以取缔，处5万元以上20万元以下罚款；有违法所得的，没收违法所得；触犯刑律的，对负有责任的主管人员和其他直接责任人员依照刑法关于非法经营罪或者其他罪的规定，依法追究刑事责任。

第九十二条 特种设备检验检测机构，有下列情形之一的，由特种设备安全监督管理部门处2万元以上10万元以下罚款；情节严重的，撤销其检验检测资格：

（一）聘用未经特种设备安全监督管理部门组织考核合格并取得检验检测人员证书的人员，从事相关检验检测工作的；

（二）在进行特种设备检验检测中，发现严重事故隐患或者能耗严重超标，未及时告知特种设备使用单位，并立即向特种设备安全监督管理部门报告的。

第九十三条 特种设备检验检测机构和检验检测人员，出具虚假的检验检测结果、鉴定结论或者检验检测结果、鉴定结论严重失实的，由特种设备安全监督管理部门对检验检测机构没收违法所得，处5万元以上20万元以下罚款，情节严重的，撤销其检验检测资格；对检验检测人员处5000元以上5万元以下罚款，情节严重的，撤销其检验检测资格，触犯刑律的，依照刑法关于中介组织人员提供虚假证明文件罪、中介组织人员出具证明文件重大失实罪或者其他罪的规定，依法追究刑事责任。

特种设备检验检测机构和检验检测人员，出具虚假的检验检测结果、鉴定结论或者检验检测结果、鉴定结论严重失实，造成损害的，应当承担赔偿责任。

第九十四条 特种设备检验检测机构或者检验检测人员从事特种设备的生产、销售，或者以其名义推荐或者监制、监销特种设备的，由特种设备安全监督管理部门撤销特种设备检验检测机构和检验检测人员的资格，处5万元以上20万元以下罚款；有违法所得的，没收违法所得。

第九十五条 特种设备检验检测机构和检验检测人员利用检验检测工作故意刁难特种设备生产、使用单位，由特种设备安全监督管理部门责令改正；拒不改正的，撤销其检验检测资格。

第九十六条 检验检测人员，从事检验检测工作，不在特种设备检验检测机构执业或者同时在两个以上检验检测机构中执业的，由特种设备安全监督管理部门责令改正，情节严重的，给予停止执业6个月以上2年以下的处罚；有违法所得的，没收违法所得。

第九十七条 特种设备安全监督管理部门及其特种设备安全监察人员，有下列违法行为之一的，对直接负责的主管人员和其他直接责任人员，依法给予降级或者撤职的处分；触犯刑律的，依照刑法关于受贿罪、滥用职权罪、玩忽职守罪或者其他罪的规定，依法追究刑事责任：

（一）不按照本条例规定的条件和安全技术规范要求，实施许可、核准、登记的；

（二）发现未经许可、核准、登记擅自从事特种设备的生产、使用或者检验检测活动不予取缔或者不依法予以处理的；

（三）发现特种设备生产、使用单位不再具备本条例规定的条件而不撤销其原许可，或者发现特种设备生产、使用违法行为不予查处的；

（四）发现特种设备检验检测机构不再具备本条例规定的条件而不撤销其原核准，或者对其出具虚假的检验检测结果、鉴定结论或者检验检测结果、鉴定结论严重失实的行为不予查处的；

（五）对依照本条例规定在其他地方取得许可的特种设备生产单位重复进行许可，或者对依照本条例规定在其他地方检验检测合格的特种设备，重复进行检验检测的；

（六）发现有违反本条例和安全技术规范的行为或者在用的特种设备存在严重事故隐患，不立即处理的；

（七）发现重大的违法行为或者严重事故隐患，未及时向上级特种设备安全监督管理部门报告，或者接到报告的特种设备安全监督管理部门不立即处理的；

（八）迟报、漏报、瞒报或者谎报事故的；

（九）妨碍事故救援或者事故调查处理的。

第九十八条 特种设备的生产、使用单位或者检验检测机构，拒不接受特种设备安全监督管理部门依法实施的安全监察的，由特种设备安全监督管理部门责令限期改正；逾期未改正的，责令停产停业整顿，处2万元以上10万元以下罚款；触犯刑律的，依照刑法关于妨害公务罪或者其他罪的规定，依法追究刑事责任。

特种设备生产、使用单位擅自动用、调换、转移、损毁被查封、扣押的特种设备或者其主要部件的，由特种设备安全监督管理部门责令改正，处5万元以上20万元以下罚款；情节严重的，撤销其相应资格。

第八章　附　　则

第九十九条 本条例下列用语的含义是：

（一）锅炉，是指利用各种燃料、电或者其他能源，将所盛装的液体加热到一定的参数，并对外输出热能的设备，其范围规定为容积大于或者等于30L的承压蒸汽锅炉；出口水压大于或者等于0.1MPa（表压），且额定功率大于或者等于0.1MW的承压热水锅炉；有机热载体锅炉。

（二）压力容器，是指盛装气体或者液体，承载一定压力的密闭设备，其范围规定为最高工作压力大于或者等于0.1MPa（表压），且压力与容积的乘积大于或者等于2.5MPa・L的气体、液化气体和最高工作温度高于或者等于标准沸点的液体的固定式容器和移动式容器；盛装公称工作压力大于或者等于0.2MPa（表压），且压力与容积的乘积大于或者等于1.0MPa・L的气体、液化气体和标准沸点等于或者低于60℃液体的气瓶；氧舱等。

（三）压力管道，是指利用一定的压力，用于输送气体或者液体的管状设备，其范围规定为最高工作压力大于或者等于0.1MPa（表压）的气体、液化气体、蒸汽介质或者可燃、易爆、有毒、有腐蚀性、最高工作温度高于或者等于标准沸点的液体介质，且公称直径大于25mm的管道。

（四）电梯，是指动力驱动，利用沿刚性导轨运行的箱体或者沿固定线路运行的梯级（踏步），进行升降或者平行运送人、货物的机电设备，包括载人（货）电梯、自动扶梯、自动人行道等。

（五）起重机械，是指用于垂直升降或者垂直升降并水平移动重物的机电设备，其范围规定为额定起重量大于或者等于0.5t的升降机；额定起重量大于或者等于1t，且提升高度大于或者等于2m的起重机和承重形式固定的电动葫芦等。

（六）客运索道，是指动力驱动，利用柔性绳索牵引箱体等运载工具运送人员的机电设备，包括客运架空索道、客运缆车、客运拖牵索道等。

（七）大型游乐设施，是指用于经营目的，承载乘客游乐的设施，其范围规定为设计最大运行线速度大于或者等于2m/s，或者运行高度距地面高于或者等于2m的载人大型游乐设施。

（八）场（厂）内专用机动车辆，是指除道路交通、农用车辆以外仅在工厂厂区、旅游景区、游乐场所等特定区域使用的专用机动车辆。

特种设备包括其所用的材料、附属的安全附件、安全保护装置和与安全保护装置相关的设施。

第一百条 压力管道设计、安装、使用的安全监督管理办法由国务院另行制定。

第一百零一条 国务院特种设备安全监督管理部门可以授权省、自治区、直辖市特种设备安全监督管理部门负责本条例规定的特种设备行政许可工作，具体办法由国务院特种设备安全监督管理部门制定。

第一百零二条 特种设备行政许可、检验检测，应当按照国家有关规定收取费用。

第一百零三条 本条例自2003年6月1日起施行。1982年2月6日国务院发布的《锅炉压力容器安全监察暂行条例》同时废止。

中华人民共和国劳动合同法实施条例

（2008年9月18日中华人民共和国国务院令第535号公布）

第一章 总 则

第一条 为了贯彻实施《中华人民共和国劳动合同法》（以下简称劳动合同法），制定本条例。

第二条 各级人民政府和县级以上人民政府劳动行政等有关部门以及工会等组织，应当采取措施，推动劳动合同法的贯彻实施，促进劳动关系的和谐。

第三条 依法成立的会计师事务所、律师事务所等合伙组织和基金会，属于劳动合同法规定的用人单位。

第二章 劳动合同的订立

第四条 劳动合同法规定的用人单位设立的分支机构，依法取得营业执照或者登记证书的，可以作为用人单位与劳动者订立劳动合同；未依法取得营业执照或者登记证书的，受用人单位委托可以与劳动者订立劳动合同。

第五条 自用工之日起一个月内，经用人单位书面通知后，劳动者不与用人单位订立书面劳动合同的，用人单位应当书面通知劳动者终止劳动关系，无需向劳动者支付经济补偿，但是应当依法向劳动者支付其实际工作时间的劳动报酬。

第六条 用人单位自用工之日起超过一个月不满一年未与劳动者订立书面劳动合同的，应当依照劳动合同法第八十二条的规定向劳动者每月支付两倍的工资，并与劳动者补订书面劳动合同；劳动者不与用人单位订立书面劳动合同的，用人单位应当书面通知劳动者终止劳动关系，并依照劳动合同法第四十七条的规定支付经济补偿。

前款规定的用人单位向劳动者每月支付两倍工资的起算时间为用工之日起满一个月的次日，截止时间为补订书面劳动合同的前一日。

第七条 用人单位自用工之日起满一年未与劳动者订立书面劳动合同的，自用工之日起满一个月的次日至满一年的前一日应当依照劳动合同法第八十二条的规定向劳动者每月支付两倍的工资，并视为自用工之日起满一年的当日已经与劳动者订立无固定期限劳动合同，应当立即与劳动者补订书面劳动合同。

第八条 劳动合同法第七条规定的职工名册，应当包括劳动者姓名、性别、公民身份号码、户籍地址及现住址、联系方式、用工形式、用工起始时间、劳动合同期限等内容。

第九条 劳动合同法第十四条第二款规定的连续工作满10年的起始时间，应当自用人单位用工之日起计算，包括劳动合同法施行前的工作年限。

第十条 劳动者非因本人原因从原用人单位被安排到新用人单位工作的，劳动者在原用人单位的工作年限合并计算为新用人单位的工作年限。原用人单位已经向劳动者支付经济补偿的，新用人单位在依法解除、终止劳动合同计算支付经济补偿的工作年限时，不再计算劳动者在原用人单位的工作年限。

第十一条 除劳动者与用人单位协商一致的情形外，劳动者依照劳动合同法第十四条第二款的规定，提出订立无固定期限劳动合同的，用人单位应当与其订立无固定期限劳动合同。对劳动合同的内容，双方应当按照合法、公平、平等自愿、协商一致、诚实信用的原则协商确定；对协商不一致的内容，依照劳动合同法第十八条的规定执行。

第十二条 地方各级人民政府及县级以上地方人民政府有关部门为安置就业困难人员提供的给予岗位补贴和社会保险补贴的公益性岗位，其劳动合同不适用劳动合同法有关无固定期限劳动合同的规定以及支付经济补偿的规定。

第十三条 用人单位与劳动者不得在劳动合同法第四十四条规定的劳动合同终止

情形之外约定其他的劳动合同终止条件。

第十四条 劳动合同履行地与用人单位注册地不一致的，有关劳动者的最低工资标准、劳动保护、劳动条件、职业危害防护和本地区上年度职工月平均工资标准等事项，按照劳动合同履行地的有关规定执行；用人单位注册地的有关标准高于劳动合同履行地的有关标准，且用人单位与劳动者约定按照用人单位注册地的有关规定执行的，从其约定。

第十五条 劳动者在试用期的工资不得低于本单位相同岗位最低档工资的80%或者不得低于劳动合同约定工资的80%，并不得低于用人单位所在地的最低工资标准。

第十六条 劳动合同法第二十二条第二款规定的培训费用，包括用人单位为了对劳动者进行专业技术培训而支付的有凭证的培训费用、培训期间的差旅费用以及因培训产生的用于该劳动者的其他直接费用。

第十七条 劳动合同期满，但是用人单位与劳动者依照劳动合同法第二十二条的规定约定的服务期尚未到期的，劳动合同应当续延至服务期满；双方另有约定的，从其约定。

第三章　劳动合同的解除和终止

第十八条 有下列情形之一的，依照劳动合同法规定的条件、程序，劳动者可以与用人单位解除固定期限劳动合同、无固定期限劳动合同或者以完成一定工作任务为期限的劳动合同：

（一）劳动者与用人单位协商一致的；

（二）劳动者提前30日以书面形式通知用人单位的；

（三）劳动者在试用期内提前3日通知用人单位的；

（四）用人单位未按照劳动合同约定提供劳动保护或者劳动条件的；

（五）用人单位未及时足额支付劳动报酬的；

（六）用人单位未依法为劳动者缴纳社会保险费的；

（七）用人单位的规章制度违反法律、法规的规定，损害劳动者权益的；

（八）用人单位以欺诈、胁迫的手段或者乘人之危，使劳动者在违背真实意思的情况下订立或者变更劳动合同的；

（九）用人单位在劳动合同中免除自己的法定责任、排除劳动者权利的；

（十）用人单位违反法律、行政法规强制性规定的；

（十一）用人单位以暴力、威胁或者非法限制人身自由的手段强迫劳动者劳动的；

（十二）用人单位违章指挥、强令冒险作业危及劳动者人身安全的；

（十三）法律、行政法规规定劳动者可以解除劳动合同的其他情形。

第十九条 有下列情形之一的，依照劳动合同法规定的条件、程序，用人单位可以与劳动者解除固定期限劳动合同、无固定期限劳动合同或者以完成一定工作任务为期限的劳动合同：

（一）用人单位与劳动者协商一致的；

（二）劳动者在试用期间被证明不符合录用条件的；

（三）劳动者严重违反用人单位的规章制度的；

（四）劳动者严重失职，营私舞弊，给用人单位造成重大损害的；

（五）劳动者同时与其他用人单位建立劳动关系，对完成本单位的工作任务造成严重影响，或者经用人单位提出，拒不改正的；

（六）劳动者以欺诈、胁迫的手段或者乘人之危，使用人单位在违背真实意思的情况下订立或者变更劳动合同的；

（七）劳动者被依法追究刑事责任的；

（八）劳动者患病或者非因工负伤，在规定的医疗期满后不能从事原工作，也不能从事由用人单位另行安排的工作的；

（九）劳动者不能胜任工作，经过培训或者调整工作岗位，仍不能胜任工作的；

（十）劳动合同订立时所依据的客观情况发生重大变化，致使劳动合同无法履行，经用人单位与劳动者协商，未能就变更劳动合同内容达成协议的；

（十一）用人单位依照企业破产法规定进行重整的；

（十二）用人单位生产经营发生严重困难的；

（十三）企业转产、重大技术革新或者经营方式调整，经变更劳动合同后，仍需裁减人员的；

（十四）其他因劳动合同订立时所依据的客观经济情况发生重大变化，致使劳动合同无法履行的。

第二十条 用人单位依照劳动合同法第四十条的规定，选择额外支付劳动者一个月工资解除劳动合同的，其额外支付的工资应当按照该劳动者上一个月的工资标准确定。

第二十一条 劳动者达到法定退休年龄的，劳动合同终止。

第二十二条 以完成一定工作任务为期限的劳动合同因任务完成而终止的，用人单位应当依照劳动合同法第四十七条的规定向劳动者支付经济补偿。

第二十三条 用人单位依法终止工伤职工的劳动合同的，除依照劳动合同法第四十七条的规定支付经济补偿外，还应当依照国家有关工伤保险的规定支付一次性工伤医疗补助金和伤残就业补助金。

第二十四条 用人单位出具的解除、终止劳动合同的证明，应当写明劳动合同期限、解除或者终止劳动合同的日期、工作岗位、在本单位的工作年限。

第二十五条 用人单位违反劳动合同法的规定解除或者终止劳动合同，依照劳动合同法第八十七条的规定支付了赔偿金的，不再支付经济补偿。赔偿金的计算年限自用工之日起计算。

第二十六条 用人单位与劳动者约定了服务期，劳动者依照劳动合同法第三十八条的规定解除劳动合同的，不属于违反服务期的约定，用人单位不得要求劳动者支付违约金。

有下列情形之一，用人单位与劳动者解除约定服务期的劳动合同的，劳动者应当按照劳动合同的约定向用人单位支付违约金：

（一）劳动者严重违反用人单位的规章制度的；

（二）劳动者严重失职，营私舞弊，给用人单位造成重大损害的；

（三）劳动者同时与其他用人单位建立劳动关系，对完成本单位的工作任务造成严重影响，或者经用人单位提出，拒不改正的；

（四）劳动者以欺诈、胁迫的手段或者乘人之危，使用人单位在违背真实意思的情况下订立或者变更劳动合同的；

（五）劳动者被依法追究刑事责任的。

第二十七条 劳动合同法第四十七条规定的经济补偿的月工资按照劳动者应得工资计算，包括计时工资或者计件工资以及奖金、津贴和补贴等货币性收入。劳动者在劳动合同解除或者终止前12个月的平均工资低于当地最低工资标准的，按照当地最低工资标准计算。劳动者工作不满12个月的，按照实际工作的月数计算平均工资。

第四章 劳务派遣特别规定

第二十八条 用人单位或者其所属单位出资或者合伙设立的劳务派遣单位，向本单位或者所属单位派遣劳动者的，属于劳动合同法第六十七条规定的不得设立的劳务派遣单位。

第二十九条 用工单位应当履行劳动合同法第六十二条规定的义务，维护被派遣劳动者的合法权益。

第三十条 劳务派遣单位不得以非全日制用工形式招用被派遣劳动者。

第三十一条 劳务派遣单位或者被派遣劳动者依法解除、终止劳动合同的经济补偿，依照劳动合同法第四十六条、第四十七条的规定执行。

第三十二条 劳务派遣单位违法解除或者终止被派遣劳动者的劳动合同的，依照劳动合同法第四十八条的规定执行。

第五章 法 律 责 任

第三十三条 用人单位违反劳动合同法有关建立职工名册规定的，由劳动行政部门责令限期改正；逾期不改正的，由劳动行政部门处2000元以上2万元以下的罚款。

第三十四条 用人单位依照劳动合同法的规定应当向劳动者每月支付两倍的工资或者应当向劳动者支付赔偿金而未支付的，劳动行政部门应当责令用人单位支付。

第三十五条 用工单位违反劳动合同法和本条例有关劳务派遣规定的，由劳动行政部门和其他有关主管部门责令改正；情节严重的，以每位被派遣劳动者1000元以上5000元以下的标准处以罚款；给被派遣劳动者造成损害的，劳务派遣单位和用工单位承担连带赔偿责任。

第六章 附 则

第三十六条 对违反劳动合同法和本条例的行为的投诉、举报，县级以上地方人民政府劳动行政部门依照《劳动保障监察条例》的规定处理。

第三十七条 劳动者与用人单位因订立、履行、变更、解除或者终止劳动合同发生争议的，依照《中华人民共和国劳动争议调解仲裁法》的规定处理。

第三十八条 本条例自公布之日起施行。

大型群众性活动安全管理条例

（2007年9月14日中华人民共和国国务院令第505号公布）

第一章 总 则

第一条 为了加强对大型群众性活动的安全管理，保护公民生命和财产安全，维护社会治安秩序和公共安全，制定本条例。

第二条 本条例所称大型群众性活动，是指法人或者其他组织面向社会公众举办的每场次预计参加人数达到1000人以上的下列活动：

（一）体育比赛活动；

（二）演唱会、音乐会等文艺演出活动；

（三）展览、展销等活动；

（四）游园、灯会、庙会、花会、焰火晚会等活动；

（五）人才招聘会、现场开奖的彩票销售等活动。

影剧院、音乐厅、公园、娱乐场所等在其日常业务范围内举办的活动，不适用本条例的规定。

第三条 大型群众性活动的安全管理应当遵循安全第一、预防为主的方针，坚持承办者负责、政府监管的原则。

第四条 县级以上人民政府公安机关负责大型群众性活动的安全管理工作。

县级以上人民政府其他有关主管部门按照各自的职责，负责大型群众性活动的有关安全工作。

第二章 安 全 责 任

第五条 大型群众性活动的承办者（以下简称承办者）对其承办活动的安全负责，承办者的主要负责人为大型群众性活动的安全责任人。

第六条 举办大型群众性活动，承办者应当制订大型群众性活动安全工作方案。

大型群众性活动安全工作方案包括下列内容：

（一）活动的时间、地点、内容及组织方式；

（二）安全工作人员的数量、任务分配和识别标志；

（三）活动场所消防安全措施；

（四）活动场所可容纳的人员数量以及活动预计参加人数；

（五）治安缓冲区域的设定及其标识；

（六）入场人员的票证查验和安全检查措施；

（七）车辆停放、疏导措施；

（八）现场秩序维护、人员疏导措施；

（九）应急救援预案。

第七条 承办者具体负责下列安全事项：

（一）落实大型群众性活动安全工作方案和安全责任制度，明确安全措施、安全工作人员岗位职责，开展大型群众性活动安全宣传教育；

（二）保障临时搭建的设施、建筑物的安全，消除安全隐患；

（三）按照负责许可的公安机关的要求，配备必要的安全检查设备，对参加大型群众性活动的人员进行安全检查，对拒不接受安全检查的，承办者有权拒绝其进入；

（四）按照核准的活动场所容纳人员数量、划定的区域发放或者出售门票；

（五）落实医疗救护、灭火、应急疏散等应急救援措施并组织演练；

（六）对妨碍大型群众性活动安全的行为及时予以制止，发现违法犯罪行为及时向公安机关报告；

（七）配备与大型群众性活动安全工作需要相适应的专业保安人员以及其他安全工作人员；

（八）为大型群众性活动的安全工作提供必要的保障。

第八条 大型群众性活动的场所管理者具体负责下列安全事项：

（一）保障活动场所、设施符合国家安全标准和安全规定；

（二）保障疏散通道、安全出口、消防车通道、应急广播、应急照明、疏散指示标志符合法律、法规、技术标准的规定；

（三）保障监控设备和消防设施、器材配置齐全、完好有效；

（四）提供必要的停车场地，并维护安全秩序。

第九条 参加大型群众性活动的人员应当遵守下列规定：

（一）遵守法律、法规和社会公德，不得妨碍社会治安、影响社会秩序；

（二）遵守大型群众性活动场所治安、消防等管理制度，接受安全检查，不得携带爆炸性、易燃性、放射性、毒害性、腐蚀性等危险物质或者非法携带枪支、弹药、管制器具；

（三）服从安全管理，不得展示侮辱性标语、条幅等物品，不得围攻裁判员、运动员或者其他工作人员，不得投掷杂物。

第十条 公安机关应当履行下列职责：

（一）审核承办者提交的大型群众性活动申请材料，实施安全许可；

（二）制订大型群众性活动安全监督方案和突发事件处置预案；

（三）指导对安全工作人员的教育培训；

（四）在大型群众性活动举办前，对活动场所组织安全检查，发现安全隐患及时责令改正；

（五）在大型群众性活动举办过程中，对安全工作的落实情况实施监督检查，发现安全隐患及时责令改正；

（六）依法查处大型群众性活动中的违法犯罪行为，处置危害公共安全的突发事件。

第三章　安　全　管　理

第十一条　公安机关对大型群众性活动实行安全许可制度。《营业性演出管理条例》对演出活动的安全管理另有规定的，从其规定。

举办大型群众性活动应当符合下列条件：

（一）承办者是依照法定程序成立的法人或者其他组织；

（二）大型群众性活动的内容不得违反宪法、法律、法规的规定，不得违反社会公德；

（三）具有符合本条例规定的安全工作方案，安全责任明确、措施有效；

（四）活动场所、设施符合安全要求。

第十二条　大型群众性活动的预计参加人数在1000人以上5000人以下的，由活动所在地县级人民政府公安机关实施安全许可；预计参加人数在5000人以上的，由活动所在地设区的市级人民政府公安机关或者直辖市人民政府公安机关实施安全许可；跨省、自治区、直辖市举办大型群众性活动的，由国务院公安部门实施安全许可。

第十三条　承办者应当在活动举办日的20日前提出安全许可申请，申请时，应当提交下列材料：

（一）承办者合法成立的证明以及安全责任人的身份证明；

（二）大型群众性活动方案及其说明，2个或者2个以上承办者共同承办大型群众性活动的，还应当提交联合承办的协议；

（三）大型群众性活动安全工作方案；

（四）活动场所管理者同意提供活动场所的证明。

依照法律、行政法规的规定，有关主管部门对大型群众性活动的承办者有资质、资格要求的，还应当提交有关资质、资格证明。

第十四条　公安机关收到申请材料应当依法做出受理或者不予受理的决定。对受理的申请，应当自受理之日起7日内进行审查，对活动场所进行查验，对符合安全条件的，做出许可的决定；对不符合安全条件的，做出不予许可的决定，并书面说明理由。

第十五条　对经安全许可的大型群众性活动，承办者不得擅自变更活动的时间、地点、内容或者扩大大型群众性活动的举办规模。

承办者变更大型群众性活动时间的，应当在原定举办活动时间之前向做出许可决定的公安机关申请变更，经公安机关同意方可变更。

承办者变更大型群众性活动地点、内容以及扩大大型群众性活动举办规模的，应当依照本条例的规定重新申请安全许可。

承办者取消举办大型群众性活动的，应当在原定举办活动时间之前书面告知做出安全许可决定的公安机关，并交回公安机关颁发的准予举办大型群众性活动的安全许可证件。

第十六条 对经安全许可的大型群众性活动，公安机关根据安全需要组织相应警力，维持活动现场周边的治安、交通秩序，预防和处置突发治安事件，查处违法犯罪活动。

第十七条 在大型群众性活动现场负责执行安全管理任务的公安机关工作人员，凭值勤证件进入大型群众性活动现场，依法履行安全管理职责。

公安机关和其他有关主管部门及其工作人员不得向承办者索取门票。

第十八条 承办者发现进入活动场所的人员达到核准数量时，应当立即停止验票；发现持有划定区域以外的门票或者持假票的人员，应当拒绝其入场并向活动现场的公安机关工作人员报告。

第十九条 在大型群众性活动举办过程中发生公共安全事故、治安案件的，安全责任人应当立即启动应急救援预案，并立即报告公安机关。

第四章 法 律 责 任

第二十条 承办者擅自变更大型群众性活动的时间、地点、内容或者擅自扩大大型群众性活动的举办规模的，由公安机关处1万元以上5万元以下罚款；有违法所得的，没收违法所得。

未经公安机关安全许可的大型群众性活动由公安机关予以取缔，对承办者处10万元以上30万元以下罚款。

第二十一条 承办者或者大型群众性活动场所管理者违反本条例规定致使发生重大伤亡事故、治安案件或者造成其他严重后果构成犯罪的，依法追究刑事责任；尚不构成犯罪的，对安全责任人和其他直接责任人员依法给予处分、治安管理处罚，对单位处1万元以上5万元以下罚款。

第二十二条 在大型群众性活动举办过程中发生公共安全事故，安全责任人不立即启动应急救援预案或者不立即向公安机关报告的，由公安机关对安全责任人和其他直接责任人员处5000元以上5万元以下罚款。

第二十三条 参加大型群众性活动的人员有违反本条例第九条规定行为的，由公安机关给予批评教育；有危害社会治安秩序、威胁公共安全行为的，公安机关可以将其强行带离现场，依法给予治安管理处罚；构成犯罪的，依法追究刑事责任。

第二十四条 有关主管部门的工作人员和直接负责的主管人员在履行大型群众性活动安全管理职责中，有滥用职权、玩忽职守、徇私舞弊行为的，依法给予处分；构成犯罪的，依法追究刑事责任。

第五章 附 则

第二十五条 县级以上各级人民政府、国务院部门直接举办的大型群众性活动的安全保卫工作，由举办活动的人民政府、国务院部门负责，不实行安全许可制度，但应当按照本条例的有关规定，责成或者会同有关公安机关制订更加严格的安全保卫工作方案，并组织实施。

第二十六条 本条例自2007年10月1日起施行。

生产安全事故报告和调查处理条例

（2007年4月9日中华人民共和国国务院令第493号公布）

第一章 总 则

第一条 为了规范生产安全事故的报告和调查处理，落实生产安全事故责任追究制度，防止和减少生产安全事故，根据《中华人民共和国安全生产法》和有关法律，制定本条例。

第二条 生产经营活动中发生的造成人身伤亡或者直接经济损失的生产安全事故的报告和调查处理，适用本条例；环境污染事故、核设施事故、国防科研生产事故的报告和调查处理不适用本条例。

第三条 根据生产安全事故（以下简称事故）造成的人员伤亡或者直接经济损失，事故一般分为以下等级：

（一）特别重大事故，是指造成30人以上死亡，或者100人以上重伤（包括急性工业中毒，下同），或者1亿元以上直接经济损失的事故；

（二）重大事故，是指造成10人以上30人以下死亡，或者50人以上100人以下重伤，或者5000万元以上1亿元以下直接经济损失的事故；

（三）较大事故，是指造成3人以上10人以下死亡，或者10人以上50人以下重伤，或者1000万元以上5000万元以下直接经济损失的事故；

（四）一般事故，是指造成3人以下死亡，或者10人以下重伤，或者1000万元以下直接经济损失的事故。

国务院安全生产监督管理部门可以会同国务院有关部门，制定事故等级划分的补充性规定。

本条第一款所称的“以上”包括本数，所称的“以下”不包括本数。

第四条 事故报告应当及时、准确、完整，任何单位和个人对事故不得迟报、漏报、谎报或者瞒报。

事故调查处理应当坚持实事求是、尊重科学的原则，及时、准确地查清事故经过、事故原因和事故损失，查明事故性质，认定事故责任，总结事故教训，提出整改措施，并对事故责任者依法追究责任。

第五条 县级以上人民政府应当依照本条例的规定，严格履行职责，及时、准确地完成事故调查处理工作。

事故发生地有关地方人民政府应当支持、配合上级人民政府或者有关部门的事故调查处理工作，并提供必要的便利条件。

参加事故调查处理的部门和单位应当互相配合，提高事故调查处理工作的效率。

第六条 工会依法参加事故调查处理，有权向有关部门提出处理意见。

第七条 任何单位和个人不得阻挠和干涉对事故的报告和依法调查处理。

第八条 对事故报告和调查处理中的违法行为，任何单位和个人有权向安全生产监督管理部门、监察机关或者其他有关部门举报，接到举报的部门应当依法及时处理。

第二章 事 故 报 告

第九条 事故发生后，事故现场有关人员应当立即向本单位负责人报告；单位负责人接到报告后，应当于1小时内向事故发生地县级以上人民政府安全生产监督管理部门和负有安全生产监督管理职责的有关部门报告。

情况紧急时，事故现场有关人员可以直接向事故发生地县级以上人民政府安全生产监督管理部门和负有安全生产监督管理职责的有关部门报告。

第十条 安全生产监督管理部门和负有安全生产监督管理职责的有关部门接到事故报告后，应当依照下列规定上报事故情况，并通知公安机关、劳动保障行政部门、工会和人民检察院：

（一）特别重大事故、重大事故逐级上报至国务院安全生产监督管理部门和负有安全生产监督管理职责的有关部门；

（二）较大事故逐级上报至省、自治区、直辖市人民政府安全生产监督管理部门和负有安全生产监督管理职责的有关部门；

（三）一般事故上报至设区的市级人民政府安全生产监督管理部门和负有安全生产监督管理职责的有关部门。

安全生产监督管理部门和负有安全生产监督管理职责的有关部门依照前款规定上报事故情况，应当同时报告本级人民政府。国务院安全生产监督管理部门和负有安全生产监督管理职责的有关部门以及省级人民政府接到发生特别重大事故、重大事故的报告后，应当立即报告国务院。

必要时，安全生产监督管理部门和负有安全生产监督管理职责的有关部门可以越级上报事故情况。

第十一条 安全生产监督管理部门和负有安全生产监督管理职责的有关部门逐级上报事故情况，每级上报的时间不得超过2小时。

第十二条 报告事故应当包括下列内容：

（一）事故发生单位概况；

（二）事故发生的时间、地点以及事故现场情况；

（三）事故的简要经过；

（四）事故已经造成或者可能造成的伤亡人数（包括下落不明的人数）和初步估计的直接经济损失；

（五）已经采取的措施；

（六）其他应当报告的情况。

第十三条 事故报告后出现新情况的，应当及时补报。

自事故发生之日起30日内，事故造成的伤亡人数发生变化的，应当及时补报。道路交通事故、火灾事故自发生之日起7日内，事故造成的伤亡人数发生变化的，应当及时补报。

第十四条 事故发生单位负责人接到事故报告后，应当立即启动事故相应应急预案，或者采取有效措施，组织抢救，防止事故扩大，减少人员伤亡和财产损失。

第十五条 事故发生地有关地方人民政府、安全生产监督管理部门和负有安全生产监督管理职责的有关部门接到事故报告后，其负责人应当立即赶赴事故现场，组织事故救援。

第十六条 事故发生后，有关单位和人员应当妥善保护事故现场以及相关证据，任何单位和个人不得破坏事故现场、毁灭相关证据。

因抢救人员、防止事故扩大以及疏通交通等原因，需要移动事故现场物件的，应当做出标志，绘制现场简图并做出书面记录，妥善保存现场重要痕迹、物证。

第十七条 事故发生地公安机关根据事故的情况，对涉嫌犯罪的，应当依法立案侦查，采取强制措施和侦查措施。犯罪嫌疑人逃匿的，公安机关应当迅速追捕归案。

第十八条 安全生产监督管理部门和负有安全生产监督管理职责的有关部门应当建立值班制度，并向社会公布值班电话，受理事故报告和举报。

第三章 事 故 调 查

第十九条 特别重大事故由国务院或者国务院授权有关部门组织事故调查组进行调查。

重大事故、较大事故、一般事故分别由事故发生地省级人民政府、设区的市级人民政府、县级人民政府负责调查。省级人民政府、设区的市级人民政府、县级人民政府可以直接组织事故调查组进行调查，也可以授权或者委托有关部门组织事故调查组进行调查。

未造成人员伤亡的一般事故，县级人民政府也可以委托事故发生单位组织事故调查组进行调查。

第二十条 上级人民政府认为必要时，可以调查由下级人民政府负责调查的事故。

自事故发生之日起30日内（道路交通事故、火灾事故自发生之日起7日内），因事故伤亡人数变化导致事故等级发生变化，依照本条例规定应当由上级人民政府负责调查的，上级人民政府可以另行组织事故调查组进行调查。

第二十一条 特别重大事故以下等级事故，事故发生地与事故发生单位不在同一个县级以上行政区域的，由事故发生地人民政府负责调查，事故发生单位所在地人民政府应当派人参加。

第二十二条 事故调查组的组成应当遵循精简、效能的原则。

根据事故的具体情况，事故调查组由有关人民政府、安全生产监督管理部门、负有安全生产监督管理职责的有关部门、监察机关、公安机关以及工会派人组成，并应当邀请人民检察院派人参加。

事故调查组可以聘请有关专家参与调查。

第二十三条 事故调查组成员应当具有事故调查所需要的知识和专长，并与所调查的事故没有直接利害关系。

第二十四条 事故调查组组长由负责事故调查的人民政府指定。事故调查组组长主持事故调查组的工作。

第二十五条 事故调查组履行下列职责：

（一）查明事故发生的经过、原因、人员伤亡情况及直接经济损失；

（二）认定事故的性质和事故责任；

（三）提出对事故责任者的处理建议；

（四）总结事故教训，提出防范和整改措施；

（五）提交事故调查报告。

第二十六条 事故调查组有权向有关单位和个人了解与事故有关的情况，并要求其提供相关文件、资料，有关单位和个人不得拒绝。

事故发生单位的负责人和有关人员在事故调查期间不得擅离职守，并应当随时接受事故调查组的询问，如实提供有关情况。

事故调查中发现涉嫌犯罪的，事故调查组应当及时将有关材料或者其复印件移交司法机关处理。

第二十七条 事故调查中需要进行技术鉴定的，事故调查组应当委托具有国家规定资质的单位进行技术鉴定。必要时，事故调查组可以直接组织专家进行技术鉴定。技术鉴定所需时间不计入事故调查期限。

第二十八条 事故调查组成员在事故调查工作中应当诚信公正、恪尽职守，遵守事故调查组的纪律，保守事故调查的秘密。

未经事故调查组组长允许，事故调查组成员不得擅自发布有关事故的信息。

第二十九条 事故调查组应当自事故发生之日起60日内提交事故调查报告；特殊情况下，经负责事故调查的人民政府批准，提交事故调查报告的期限可以适当延长，但延长的期限最长不超过60日。

第三十条 事故调查报告应当包括下列内容：

（一）事故发生单位概况；

（二）事故发生经过和事故救援情况；

（三）事故造成的人员伤亡和直接经济损失；

（四）事故发生的原因和事故性质；

（五）事故责任的认定以及对事故责任者的处理建议；

（六）事故防范和整改措施。

事故调查报告应当附具有关证据材料。事故调查组成员应当在事故调查报告上签名。

第三十一条 事故调查报告报送负责事故调查的人民政府后，事故调查工作即告结束。事故调查的有关资料应当归档保存。

第四章 事故处理

第三十二条 重大事故、较大事故、一般事故，负责事故调查的人民政府应当自收到事故调查报告之日起15日内做出批复；特别重大事故，30日内做出批复，特殊情况下，批复时间可以适当延长，但延长的时间最长不超过30日。

有关机关应当按照人民政府的批复，依照法律、行政法规规定的权限和程序，对事故发生单位和有关人员进行行政处罚，对负有事故责任的国家工作人员进行处分。

事故发生单位应当按照负责事故调查的人民政府的批复，对本单位负有事故责任的人员进行处理。

负有事故责任的人员涉嫌犯罪的，依法追究刑事责任。

第三十三条 事故发生单位应当认真吸取事故教训，落实防范和整改措施，防止事故再次发生。防范和整改措施的落实情况应当接受工会和职工的监督。

安全生产监督管理部门和负有安全生产监督管理职责的有关部门应当对事故发生单位落实防范和整改措施的情况进行监督检查。

第三十四条 事故处理的情况由负责事故调查的人民政府或者其授权的有关部门、机构向社会公布，依法应当保密的除外。

第五章 法律责任

第三十五条 事故发生单位主要负责人有下列行为之一的，处上一年年收入40%至80%的罚款；属于国家工作人员的，并依法给予处分；构成犯罪的，依法追究刑事责任：

（一）不立即组织事故抢救的；

（二）迟报或者漏报事故的；

（三）在事故调查处理期间擅离职守的。

第三十六条 事故发生单位及其有关人员有下列行为之一的，对事故发生单位处100万元以上500万元以下的罚款；对主要负责人、直接负责的主管人员和其他直接责任人员处上一年年收入60%至100%的罚款；属于国家工作人员的，并依法给予处分；构成违反治安管理行为的，由公安机关依法给予治安管理处罚；构成犯罪的，依法追究刑事责任：

（一）谎报或者瞒报事故的；

（二）伪造或者故意破坏事故现场的；

（三）转移、隐匿资金、财产，或者销毁有关证据、资料的；

（四）拒绝接受调查或者拒绝提供有关情况和资料的；

（五）在事故调查中作伪证或者指使他人作伪证的；

（六）事故发生后逃匿的。

第三十七条 事故发生单位对事故发生负有责任的，依照下列规定处以罚款：

（一）发生一般事故的，处10万元以上20万元以下的罚款；

（二）发生较大事故的，处20万元以上50万元以下的罚款；

（三）发生重大事故的，处50万元以上200万元以下的罚款；

（四）发生特别重大事故的，处200万元以上500万元以下的罚款。

第三十八条 事故发生单位主要负责人未依法履行安全生产管理职责，导致事故发生的，依照下列规定处以罚款；属于国家工作人员的，并依法给予处分；构成犯罪的，依法追究刑事责任：

（一）发生一般事故的，处上一年年收入30%的罚款；

（二）发生较大事故的，处上一年年收入40%的罚款；

（三）发生重大事故的，处上一年年收入60%的罚款；

（四）发生特别重大事故的，处上一年年收入80%的罚款。

第三十九条 有关地方人民政府、安全生产监督管理部门和负有安全生产监督管理职责的有关部门有下列行为之一的，对直接负责的主管人员和其他直接责任人员依法给予处分；构成犯罪的，依法追究刑事责任：

（一）不立即组织事故抢救的；

（二）迟报、漏报、谎报或者瞒报事故的；

（三）阻碍、干涉事故调查工作的；

（四）在事故调查中作伪证或者指使他人作伪证的。

第四十条 事故发生单位对事故发生负有责任的，由有关部门依法暂扣或者吊销其有关证照；对事故发生单位负有事故责任的有关人员，依法暂停或者撤销其与安全生产有关的执业资格、岗位证书；事故发生单位主要负责人受到刑事处罚或者撤职处分的，自刑罚执行完毕或者受处分之日起，5年内不得担任任何生产经营单位的主要负责人。

为发生事故的单位提供虚假证明的中介机构，由有关部门依法暂扣或者吊销其有关证照及其相关人员的执业资格；构成犯罪的，依法追究刑事责任。

第四十一条 参与事故调查的人员在事故调查中有下列行为之一的，依法给予处分；构成犯罪的，依法追究刑事责任：

（一）对事故调查工作不负责任，致使事故调查工作有重大疏漏的；

（二）包庇、袒护负有事故责任的人员或者借机打击报复的。

第四十二条 违反本条例规定，有关地方人民政府或者有关部门故意拖延或者拒绝落实经批复的对事故责任人的处理意见的，由监察机关对有关责任人员依法给予处分。

第四十三条 本条例规定的罚款的行政处罚，由安全生产监督管理部门决定。

法律、行政法规对行政处罚的种类、幅度和决定机关另有规定的，依照其规定。

第六章 附 则

第四十四条 没有造成人员伤亡，但是社会影响恶劣的事故，国务院或者有关地方人民政府认为需要调查处理的，依照本条例的有关规定执行。

国家机关、事业单位、人民团体发生的事故的报告和调查处理，参照本条例的规定执行。

第四十五条 特别重大事故以下等级事故的报告和调查处理，有关法律、行政法规或者国务院另有规定的，依照其规定。

第四十六条 本条例自2007年6月1日起施行。国务院1989年3月29日公布的《特别重大事故调查程序暂行规定》和1991年2月22日公布的《企业职工伤亡事故报告和处理规定》同时废止。

烟花爆竹安全管理条例

（2006年1月21日中华人民共和国国务院令第455号公布）

第一章 总 则

第一条 为了加强烟花爆竹安全管理，预防爆炸事故发生，保障公共安全和人身、财产的安全，制定本条例。

第二条 烟花爆竹的生产、经营、运输和燃放，适用本条例。

本条例所称烟花爆竹，是指烟花爆竹制品和用于生产烟花爆竹的民用黑火药、烟火药、引火线等物品。

第三条 国家对烟花爆竹的生产、经营、运输和举办焰火晚会以及其他大型焰火燃放活动，实行许可证制度。

未经许可，任何单位或者个人不得生产、经营、运输烟花爆竹，不得举办焰火晚会以及其他大型焰火燃放活动。

第四条 安全生产监督管理部门负责烟花爆竹的安全生产监督管理；公安部门负责烟花爆竹的公共安全管理；质量监督检验部门负责烟花爆竹的质量监督和进出口检验。

第五条 公安部门、安全生产监督管理部门、质量监督检验部门、工商行政管理部门应当按照职责分工，组织查处非法生产、经营、储存、运输、邮寄烟花爆竹以及非法燃放烟花爆竹的行为。

第六条 烟花爆竹生产、经营、运输企业和焰火晚会以及其他大型焰火燃放活动主办单位的主要负责人，对本单位的烟花爆竹安全工作负责。

烟花爆竹生产、经营、运输企业和焰火晚会以及其他大型焰火燃放活动主办单位应当建立健全安全责任制，制定各项安全管理制度和操作规程，并对从业人员定期进行安全教育、法制教育和岗位技术培训。

中华全国供销合作总社应当加强对本系统企业烟花爆竹经营活动的管理。

第七条 国家鼓励烟花爆竹生产企业采用提高安全程度和提升行业整体水平的新工艺、新配方和新技术。

第二章 生 产 安 全

第八条 生产烟花爆竹的企业，应当具备下列条件：

（一）符合当地产业结构规划；

（二）基本建设项目经过批准；

（三）选址符合城乡规划，并与周边建筑、设施保持必要的安全距离；

（四）厂房和仓库的设计、结构和材料以及防火、防爆、防雷、防静电等安全设备、设施符合国家有关标准和规范；

（五）生产设备、工艺符合安全标准；

（六）产品品种、规格、质量符合国家标准；

（七）有健全的安全生产责任制；

（八）有安全生产管理机构和专职安全生产管理人员；

（九）依法进行了安全评价；

（十）有事故应急救援预案、应急救援组织和人员，并配备必要的应急救援器材、设备；

（十一）法律、法规规定的其他条件。

第九条 生产烟花爆竹的企业，应当在投入生产前向所在地设区的市人民政府安全生产监督管理部门提出安全审查申请，并提交能够证明符合本条例第八条规定条件的有关材料。设区的市人民政府安全生产监督管理部门应当自收到材料之日起20日内提出安全审查初步意见，报省、自治区、直辖市人民政府安全生产监督管理部门审查。省、自治区、直辖市人民政府安全生产监督管理部门应当自受理申请之日起45日内进行安全审查，对符合条件的，核发《烟花爆竹安全生产许可证》；对不符合条件的，应当说明理由。

第十条 生产烟花爆竹的企业为扩大生产能力进行基本建设或者技术改造的，应当依照本条例的规定申请办理安全生产许可证。

生产烟花爆竹的企业，持《烟花爆竹安全生产许可证》到工商行政管理部门办理登记手续后，方可从事烟花爆竹生产活动。

第十一条 生产烟花爆竹的企业，应当按照安全生产许可证核定的产品种类进行生产，生产工序和生产作业应当执行有关国家标准和行业标准。

第十二条 生产烟花爆竹的企业，应当对生产作业人员进行安全生产知识教育，对从事药物混合、造粒、筛选、装药、筑药、压药、切引、搬运等危险工序的作业人员进行专业技术培训。从事危险工序的作业人员经设区的市人民政府安全生产监督管理部门考核合格，方可上岗作业。

第十三条 生产烟花爆竹使用的原料，应当符合国家标准的规定。生产烟花爆竹使用的原料，国家标准有用量限制的，不得超过规定的用量。不得使用国家标准规定禁止使用或者禁忌配伍的物质生产烟花爆竹。

第十四条 生产烟花爆竹的企业，应当按照国家标准的规定，在烟花爆竹产品上标注燃放说明，并在烟花爆竹包装物上印制易燃易爆危险物品警示标志。

第十五条 生产烟花爆竹的企业，应当对黑火药、烟火药、引火线的保管采取必要的安全技术措施，建立购买、领用、销售登记制度，防止黑火药、烟火药、引火线丢失。黑火药、烟火药、引火线丢失的，企业应当立即向当地安全生产监督管理部门和公安部门报告。

第三章 经营安全

第十六条 烟花爆竹的经营分为批发和零售。

从事烟花爆竹批发的企业和零售经营者的经营布点，应当经安全生产监督管理部门审批。

禁止在城市市区布设烟花爆竹批发场所；城市市区的烟花爆竹零售网点，应当按照严格控制的原则合理布设。

第十七条 从事烟花爆竹批发的企业，应当具备下列条件：

（一）具有企业法人条件；

（二）经营场所与周边建筑、设施保持必要的安全距离；

（三）有符合国家标准的经营场所和储存仓库；

（四）有保管员、仓库守护员；

（五）依法进行了安全评价；

（六）有事故应急救援预案、应急救援组织和人员，并配备必要的应急救援器材、设备；

（七）法律、法规规定的其他条件。

第十八条 烟花爆竹零售经营者，应当具备下列条件：

（一）主要负责人经过安全知识教育；

（二）实行专店或者专柜销售，设专人负责安全管理；

（三）经营场所配备必要的消防器材，张贴明显的安全警示标志；

（四）法律、法规规定的其他条件。

第十九条 申请从事烟花爆竹批发的企业，应当向所在地省、自治区、直辖市人民政府安全生产监督管理部门或者其委托的设区的市人民政府安全生产监督管理部门提出申请，并提供能够证明符合本条例第十七条规定条件的有关材料。受理申请的安全生产监督管理部门应当自受理申请之日起30日内对提交的有关材料和经营场所进行审查，对符合条件的，核发《烟花爆竹经营（批发）许可证》；对不符合条件的，应当说明理由。

申请从事烟花爆竹零售的经营者，应当向所在地县级人民政府安全生产监督管理部门提出申请，并提供能够证明符合本条例第十八条规定条件的有关材料。受理申请的安全生产监督管理部门应当自受理申请之日起20日内对提交的有关材料和经营场所进行审查，对符合条件的，核发《烟花爆竹经营（零售）许可证》；对不符合条件的，应当说明理由。

《烟花爆竹经营（零售）许可证》，应当载明经营负责人、经营场所地址、经营期限、烟花爆竹种类和限制存放量。

烟花爆竹的批发企业、零售经营者，持烟花爆竹经营许可证到工商行政管理部门办理登记手续后，方可从事烟花爆竹经营活动。

第二十条 从事烟花爆竹批发的企业，应当向生产烟花爆竹的企业采购烟花爆竹，向从事烟花爆竹零售的经营者供应烟花爆竹。从事烟花爆竹零售的经营者，应当向从事烟花爆竹批发的企业采购烟花爆竹。

从事烟花爆竹批发的企业、零售经营者不得采购和销售非法生产、经营的烟花爆竹。

从事烟花爆竹批发的企业，不得向从事烟花爆竹零售的经营者供应按照国家标准规定应由专业燃放人员燃放的烟花爆竹。从事烟花爆竹零售的经营者，不得销售按照国家标准规定应由专业燃放人员燃放的烟花爆竹。

第二十一条 生产、经营黑火药、烟火药、引火线的企业，不得向未取得烟花爆竹安全生产许可的任何单位或者个人销售黑火药、烟火药和引火线。

第四章 运 输 安 全

第二十二条 经由道路运输烟花爆竹的，应当经公安部门许可。

经由铁路、水路、航空运输烟花爆竹的，依照铁路、水路、航空运输安全管理的有关法律、法规、规章的规定执行。

第二十三条 经由道路运输烟花爆竹的，托运人应当向运达地县级人民政府公安部门提出申请，并提交下列有关材料：

（一）承运人从事危险货物运输的资质证明；

（二）驾驶员、押运员从事危险货物运输的资格证明；

（三）危险货物运输车辆的道路运输证明；

（四）托运人从事烟花爆竹生产、经营的资质证明；

（五）烟花爆竹的购销合同及运输烟花爆竹的种类、规格、数量；

（六）烟花爆竹的产品质量和包装合格证明；

（七）运输车辆牌号、运输时间、起始地点、行驶路线、经停地点。

第二十四条 受理申请的公安部门应当自受理申请之日起3日内对提交的有关材料进行审查，对符合条件的，核发《烟花爆竹道路运输许可证》；对不符合条件的，应当说明理由。

《烟花爆竹道路运输许可证》应当载明托运人、承运人、一次性运输有效期限、起始地点、行驶路线、经停地点、烟花爆竹的种类、规格和数量。

第二十五条 经由道路运输烟花爆竹的，除应当遵守《中华人民共和国道路交通安全法》外，还应当遵守下列规定：

（一）随车携带《烟花爆竹道路运输许可证》；

（二）不得违反运输许可事项；

（三）运输车辆悬挂或者安装符合国家标准的易燃易爆危险物品警示标志；

（四）烟花爆竹的装载符合国家有关标准和规范；

（五）装载烟花爆竹的车厢不得载人；

（六）运输车辆限速行驶，途中经停必须有专人看守；

（七）出现危险情况立即采取必要的措施，并报告当地公安部门。

第二十六条 烟花爆竹运达目的地后，收货人应当在3日内将《烟花爆竹道路运输许可证》交回发证机关核销。

第二十七条 禁止携带烟花爆竹搭乘公共交通工具。

禁止邮寄烟花爆竹，禁止在托运的行李、包裹、邮件中夹带烟花爆竹。

第五章 燃放安全

第二十八条 燃放烟花爆竹，应当遵守有关法律、法规和规章的规定。县级以上地方人民政府可以根据本行政区域的实际情况，确定限制或者禁止燃放烟花爆竹的时间、地点和种类。

第二十九条 各级人民政府和政府有关部门应当开展社会宣传活动，教育公民遵守有关法律、法规和规章，安全燃放烟花爆竹。

广播、电视、报刊等新闻媒体，应当做好安全燃放烟花爆竹的宣传、教育工作。

未成年人的监护人应当对未成年人进行安全燃放烟花爆竹的教育。

第三十条 禁止在下列地点燃放烟花爆竹：

（一）文物保护单位；

（二）车站、码头、飞机场等交通枢纽以及铁路线路安全保护区内；

（三）易燃易爆物品生产、储存单位；

（四）输变电设施安全保护区内；

（五）医疗机构、幼儿园、中小学校、敬老院；

（六）山林、草原等重点防火区；

（七）县级以上地方人民政府规定的禁止燃放烟花爆竹的其他地点。

第三十一条 燃放烟花爆竹，应当按照燃放说明燃放，不得以危害公共安全和人身、财产安全的方式燃放烟花爆竹。

第三十二条 举办焰火晚会以及其他大型焰火燃放活动，应当按照举办的时间、地点、环境、活动性质、规模以及燃放烟花爆竹的种类、规格和数量，确定危险等级，实行分级管理。分级管理的具体办法，由国务院公安部门规定。

第三十三条 申请举办焰火晚会以及其他大型焰火燃放活动，主办单位应当按照分级管理的规定，向有关人民政府公安部门提出申请，并提交下列有关材料：

（一）举办焰火晚会以及其他大型焰火燃放活动的时间、地点、环境、活动性质、规模；

（二）燃放烟花爆竹的种类、规格、数量；

（三）燃放作业方案；

（四）燃放作业单位、作业人员符合行业标准规定条件的证明。

受理申请的公安部门应当自受理申请之日起20日内对提交的有关材料进行审查，

对符合条件的，核发《焰火燃放许可证》；对不符合条件的，应当说明理由。

第三十四条 焰火晚会以及其他大型焰火燃放活动燃放作业单位和作业人员，应当按照焰火燃放安全规程和经许可的燃放作业方案进行燃放作业。

第三十五条 公安部门应当加强对危险等级较高的焰火晚会以及其他大型焰火燃放活动的监督检查。

第六章 法 律 责 任

第三十六条 对未经许可生产、经营烟花爆竹制品，或者向未取得烟花爆竹安全生产许可的单位或者个人销售黑火药、烟火药、引火线的，由安全生产监督管理部门责令停止非法生产、经营活动，处2万元以上10万元以下的罚款，并没收非法生产、经营的物品及违法所得。

对未经许可经由道路运输烟花爆竹的，由公安部门责令停止非法运输活动，处1万元以上5万元以下的罚款，并没收非法运输的物品及违法所得。

非法生产、经营、运输烟花爆竹，构成违反治安管理行为的，依法给予治安管理处罚；构成犯罪的，依法追究刑事责任。

第三十七条 生产烟花爆竹的企业有下列行为之一的，由安全生产监督管理部门责令限期改正，处1万元以上5万元以下的罚款；逾期不改正的，责令停产停业整顿，情节严重的，吊销安全生产许可证：

（一）未按照安全生产许可证核定的产品种类进行生产的；

（二）生产工序或者生产作业不符合有关国家标准、行业标准的；

（三）雇佣未经设区的市人民政府安全生产监督管理部门考核合格的人员从事危险工序作业的；

（四）生产烟花爆竹使用的原料不符合国家标准规定的，或者使用的原料超过国家标准规定的用量限制的；

（五）使用按照国家标准规定禁止使用或者禁忌配伍的物质生产烟花爆竹的；

（六）未按照国家标准的规定在烟花爆竹产品上标注燃放说明，或者未在烟花爆竹的包装物上印制易燃易爆危险物品警示标志的。

第三十八条 从事烟花爆竹批发的企业向从事烟花爆竹零售的经营者供应非法生产、经营的烟花爆竹，或者供应按照国家标准规定应由专业燃放人员燃放的烟花爆竹的，由安全生产监督管理部门责令停止违法行为，处2万元以上10万元以下的罚款，并没收非法经营的物品及违法所得；情节严重的，吊销烟花爆竹经营许可证。

从事烟花爆竹零售的经营者销售非法生产、经营的烟花爆竹，或者销售按照国家标准规定应由专业燃放人员燃放的烟花爆竹的，由安全生产监督管理部门责令停止违法行为，处1000元以上5000元以下的罚款，并没收非法经营的物品及违法所得；情节严重的，吊销烟花爆竹经营许可证。

第三十九条 生产、经营、使用黑火药、烟火药、引火线的企业，丢失黑火药、烟火药、引火线未及时向当地安全生产监督管理部门和公安部门报告的，由公安部门对企业主要负责人处5000元以上2万元以下的罚款，对丢失的物品予以追缴。

第四十条 经由道路运输烟花爆竹，有下列行为之一的，由公安部门责令改正，处200元以上2000元以下的罚款：

（一）违反运输许可事项的；

（二）未随车携带《烟花爆竹道路运输许可证》的；

（三）运输车辆没有悬挂或者安装符合国家标准的易燃易爆危险物品警示标志的；

（四）烟花爆竹的装载不符合国家有关标准和规范的；

（五）装载烟花爆竹的车厢载人的；

（六）超过危险物品运输车辆规定时速行驶的；

（七）运输车辆途中经停没有专人看守的；

（八）运达目的地后，未按规定时间将《烟花爆竹道路运输许可证》交回发证机关核销的。

第四十一条 对携带烟花爆竹搭乘公共交通工具，或者邮寄烟花爆竹以及在托运的行李、包裹、邮件中夹带烟花爆竹的，由公安部门没收非法携带、邮寄、夹带的烟花爆竹，可以并处200元以上1000元以下的罚款。

第四十二条 对未经许可举办焰火晚会以及其他大型焰火燃放活动，或者焰火晚会以及其他大型焰火燃放活动燃放作业单位和作业人员违反焰火燃放安全规程、燃放作业方案进行燃放作业的，由公安部门责令停止燃放，对责任单位处1万元以上5万元以下的罚款。

在禁止燃放烟花爆竹的时间、地点燃放烟花爆竹，或者以危害公共安全和人身、财产安全的方式燃放烟花爆竹的，由公安部门责令停止燃放，处100元以上500元以下的罚款；构成违反治安管理行为的，依法给予治安管理处罚。

第四十三条 对没收的非法烟花爆竹以及生产、经营企业弃置的废旧烟花爆竹，应当就地封存，并由公安部门组织销毁、处置。

第四十四条 安全生产监督管理部门、公安部门、质量监督检验部门、工商行政管理部门的工作人员，在烟花爆竹安全监管工作中滥用职权、玩忽职守、徇私舞弊，构成犯罪的，依法追究刑事责任；尚不构成犯罪的，依法给予行政处分。

第七章 附 则

第四十五条 《烟花爆竹安全生产许可证》《烟花爆竹经营（批发）许可证》《烟花爆竹经营（零售）许可证》，由国务院安全生产监督管理部门规定式样；《烟花爆竹道路运输许可证》《焰火燃放许可证》，由国务院公安部门规定式样。

第四十六条 本条例自公布之日起施行。

国务院关于预防煤矿生产安全事故的特别规定

（2005年9月3日中华人民共和国国务院令第446号公布）

第一条 为了及时发现并排除煤矿安全生产隐患，落实煤矿安全生产责任，预防煤矿生产安全事故发生，保障职工的生命安全和煤矿安全生产，制定本规定。

第二条 煤矿企业是预防煤矿生产安全事故的责任主体。煤矿企业负责人（包括一些煤矿企业的实际控制人，下同）对预防煤矿生产安全事故负主要责任。

第三条 国务院有关部门和地方各级人民政府应当建立并落实预防煤矿生产安全事故的责任制，监督检查煤矿企业预防煤矿生产安全事故的情况，及时解决煤矿生产安全事故预防工作中的重大问题。

第四条 县级以上地方人民政府负责煤矿安全生产监督管理的部门、国家煤矿安全监察机构设在省、自治区、直辖市的煤矿安全监察机构（以下简称煤矿安全监察机构），对所辖区域的煤矿重大安全生产隐患和违法行为负有检查和依法查处的职责。

县级以上地方人民政府负责煤矿安全生产监督管理的部门、煤矿安全监察机构不依法履行职责，不及时查处所辖区域的煤矿重大安全生产隐患和违法行为的，对直接责任人和主要负责人，根据情节轻重，给予记过、记大过、降级、撤职或者开除的行政处分；构成犯罪的，依法追究刑事责任。

第五条 煤矿未依法取得采矿许可证、安全生产许可证、煤炭生产许可证、营业执照和矿长未依法取得矿长资格证、矿长安全资格证的，煤矿不得从事生产。擅自从事生产的，属非法煤矿。

负责颁发前款规定证照的部门，一经发现煤矿无证照或者证照不全从事生产的，应当责令该煤矿立即停止生产，没收违法所得和开采出的煤炭以及采掘设备，并处违法所得1倍以上5倍以下的罚款；构成犯罪的，依法追究刑事责任；同时于2日内提请当地县级以上地方人民政府予以关闭，并可以向上一级地方人民政府报告。

第六条 负责颁发采矿许可证、安全生产许可证、煤炭生产许可证、营业执照和矿长资格证、矿长安全资格证的部门，向不符合法定条件的煤矿或者矿长颁发有关证照的，对直接责任人，根据情节轻重，给予降级、撤职或者开除的行政处分；对主要负责人，根据情节轻重，给予记大过、降级、撤职或者开除的行政处分；构成犯罪的，依法追究刑事责任。

前款规定颁发证照的部门，应当加强对取得证照煤矿的日常监督管理，促使煤矿持续符合取得证照应当具备的条件。不依法履行日常监督管理职责的，对主要负责人，根据情节轻重，给予记过、记大过、降级、撤职或者开除的行政处分；构成犯罪的，依法追究刑事责任。

第七条 在乡、镇人民政府所辖区域内发现有非法煤矿并且没有采取有效制止措施的，对乡、镇人民政府的主要负责人以及负有责任的相关负责人，根据情节轻重，给予降级、撤职或者开除的行政处分；在县级人民政府所辖区域内1个月内发现有2处或者2处以上非法煤矿并且没有采取有效制止措施的，对县级人民政府的主要负责人以及负有责任的相关负责人，根据情节轻重，给予降级、撤职或者开除的行政处分；构成犯罪的，依法追究刑事责任。

其他有关机关和部门对存在非法煤矿负有责任的，对主要负责人，属于行政机关工作人员的，根据情节轻重，给予记过、记大过、降级或者撤职的行政处分；不属于行政机关工作人员的，建议有关机关和部门给予相应的处分。

第八条 煤矿的通风、防瓦斯、防水、防火、防煤尘、防冒顶等安全设备、设施和条件应当符合国家标准、行业标准，并有防范生产安全事故发生的措施和完善的应急处理预案。

煤矿有下列重大安全生产隐患和行为的，应当立即停止生产，排除隐患：

（一）超能力、超强度或者超定员组织生产的；

（二）瓦斯超限作业的；

（三）煤与瓦斯突出矿井，未依照规定实施防突出措施的；

（四）高瓦斯矿井未建立瓦斯抽放系统和监控系统，或者瓦斯监控系统不能正常运行的；

（五）通风系统不完善、不可靠的；

（六）有严重水患，未采取有效措施的；

（七）超层越界开采的；

（八）有冲击地压危险，未采取有效措施的；

（九）自然发火严重，未采取有效措施的；

（十）使用明令禁止使用或者淘汰的设备、工艺的；

（十一）年产6万吨以上的煤矿没有双回路供电系统的；

（十二）新建煤矿边建设边生产，煤矿改扩建期间，在改扩建的区域生产，或者在其他区域的生产超出安全设计规定的范围和规模的；

（十三）煤矿实行整体承包生产经营后，未重新取得安全生产许可证和煤炭生产许可证，从事生产的，或者承包方再次转包的，以及煤矿将井下采掘工作面和井巷维修作业进行劳务承包的；

（十四）煤矿改制期间，未明确安全生产责任人和安全管理机构的，或者在完成改制后，未重新取得或者变更采矿许可证、安全生产许可证、煤炭生产许可证和营业执照的；

（十五）有其他重大安全生产隐患的。

第九条 煤矿企业应当建立健全安全生产隐患排查、治理和报告制度。煤矿企业应当对本规定第八条第二款所列情形定期组织排查，并将排查情况每季度向县级以上地方人民政府负责煤矿安全生产监督管理的部门、煤矿安全监察机构写出书面报告。报告应当经煤矿企业负责人签字。

煤矿企业未依照前款规定排查和报告的，由县级以上地方人民政府负责煤矿安全生产监督管理的部门或者煤矿安全监察机构责令限期改正；逾期未改正的，责令停产整顿，并对煤矿企业负责人处3万元以上15万元以下的罚款。

第十条 煤矿有本规定第八条第二款所列情形之一，仍然进行生产的，由县级以上地方人民政府负责煤矿安全生产监督管理的部门或者煤矿安全监察机构责令停产整顿，提出整顿的内容、时间等具体要求，处50万元以上200万元以下的罚款；对煤矿企业负责人处3万元以上15万元以下的罚款。

对3个月内2次或者2次以上发现有重大安全生产隐患，仍然进行生产的煤矿，县级以上地方人民政府负责煤矿安全生产监督管理的部门、煤矿安全监察机构应当提请有关地方人民政府关闭该煤矿，并由颁发证照的部门立即吊销矿长资格证和矿长安全资格证，该煤矿的法定代表人和矿长5年内不得再担任任何煤矿的法定代表人或者矿长。

第十一条 对被责令停产整顿的煤矿，颁发证照的部门应当暂扣采矿许可证、安全生产许可证、煤炭生产许可证、营业执照和矿长资格证、矿长安全资格证。

被责令停产整顿的煤矿应当制定整改方案，落实整改措施和安全技术规定；整改结束后要求恢复生产的，应当由县级以上地方人民政府负责煤矿安全生产监督管理的部门自收到恢复生产申请之日起60日内组织验收完毕；验收合格的，经组织验收的地方人民政府负责煤矿安全生产监督管理的部门的主要负责人签字，并经有关煤矿安全监察机构审核同意，报请有关地方人民政府主要负责人签字批准，颁发证照的部门发还证照，煤矿方可恢复生产；验收不合格的，由有关地方人民政府予以关闭。

被责令停产整顿的煤矿擅自从事生产的，县级以上地方人民政府负责煤矿安全生产监督管理的部门、煤矿安全监察机构应当提请有关地方人民政府予以关闭，没收违法所得，并处违法所得1倍以上5倍以下的罚款；构成犯罪的，依法追究刑事责任。

第十二条 对被责令停产整顿的煤矿，在停产整顿期间，由有关地方人民政府采取有效措施进行监督检查。因监督检查不力，煤矿在停产整顿期间继续生产的，对直接责任人，根据情节轻重，给予降级、撤职或者开除的行政处分；对有关负责人，根据情节轻重，给予记大过、降级、撤职或者开除的行政处分；构成犯罪的，依法追究刑事责任。

第十三条 对提请关闭的煤矿，县级以上地方人民政府负责煤矿安全生产监督管理的部门或者煤矿安全监察机构应当责令立即停止生产；有关地方人民政府应当在7日内作出关闭或者不予关闭的决定，并由其主要负责人签字存档。对决定关闭的，有关地方人民政府应当立即组织实施。

关闭煤矿应当达到下列要求：

（一）吊销相关证照；

（二）停止供应并处理火工用品；

（三）停止供电，拆除矿井生产设备、供电、通信线路；

（四）封闭、填实矿井井筒，平整井口场地，恢复地貌；

（五）妥善遣散从业人员。

关闭煤矿未达到前款规定要求的，对组织实施关闭的地方人民政府及其有关部门的负责人和直接责任人给予记过、记大过、降级、撤职或者开除的行政处分；构成犯罪的，依法追究刑事责任。

依照本条第一款规定决定关闭的煤矿，仍有开采价值的，经依法批准可以进行拍卖。

关闭的煤矿擅自恢复生产的，依照本规定第五条第二款规定予以处罚；构成犯罪的，依法追究刑事责任。

第十四条 县级以上地方人民政府负责煤矿安全生产监督管理的部门或者煤矿安全监察机构，发现煤矿有本规定第八条第二款所列情形之一的，应当将情况报送有关地方人民政府。

第十五条 煤矿存在瓦斯突出、自然发火、冲击地压、水害威胁等重大安全生产隐患，该煤矿在现有技术条件下难以有效防治的，县级以上地方人民政府负责煤矿安全生产监督管理的部门、煤矿安全监察机构应当责令其立即停止生产，并提请有关地方人民政府组织专家进行论证。专家论证应当客观、公正、科学。有关地方人民政府应当根据论证结论，作出是否关闭煤矿的决定，并组织实施。

第十六条 煤矿企业应当依照国家有关规定对井下作业人员进行安全生产教育和培训，保证井下作业人员具有必要的安全生产知识，熟悉有关安全生产规章制度和安全操作规程，掌握本岗位的安全操作技能，并建立培训档案。未进行安全生产教育和培训或者经教育和培训不合格的人员不得下井作业。

县级以上地方人民政府负责煤矿安全生产监督管理的部门应当对煤矿井下作业人员的安全生产教育和培训情况进行监督检查；煤矿安全监察机构应当对煤矿特种作业人员持证上岗情况进行监督检查。发现煤矿企业未依照国家有关规定对井下作业人员进行安全生产教育和培训或者特种作业人员无证上岗的，应当责令限期改正，处10万元以上50万元以下的罚款；逾期未改正的，责令停产整顿。

县级以上地方人民政府负责煤矿安全生产监督管理的部门、煤矿安全监察机构未履行前款规定的监督检查职责的，对主要负责人，根据情节轻重，给予警告、记过或者记大过的行政处分。

第十七条 县级以上地方人民政府负责煤矿安全生产监督管理的部门、煤矿安全监察机构在监督检查中，1个月内3次或者3次以上发现煤矿企业未依照国家有关规定对井下作业人员进行安全生产教育和培训或者特种作业人员无证上岗的，应当提请有关地方人民政府对该煤矿予以关闭。

第十八条 煤矿拒不执行县级以上地方人民政府负责煤矿安全生产监督管理的部门或者煤矿安全监察机构依法下达的执法指令的，由颁发证照的部门吊销矿长资格证和矿长安全资格证；构成违反治安管理行为的，由公安机关依照治安管理的法律、行政法规的规定处罚；构成犯罪的，依法追究刑事责任。

第十九条 县级以上地方人民政府负责煤矿安全生产监督管理的部门、煤矿安全监察机构对被责令停产整顿或者关闭的煤矿，应当自煤矿被责令停产整顿或者关闭之日起3日内在当地主要媒体公告。

被责令停产整顿的煤矿经验收合格恢复生产的，县级以上地方人民政府负责煤矿安全生产监督管理的部门、煤矿安全监察机构应当自煤矿验收合格恢复生产之日起3日内在同一媒体公告。

县级以上地方人民政府负责煤矿安全生产监督管理的部门、煤矿安全监察机构未依照本条第一款、第二款规定进行公告的，对有关负责人，根据情节轻重，给予警告、记过、记大过或者降级的行政处分。

公告所需费用由同级财政列支。

第二十条 国家机关工作人员和国有企业负责人不得违反国家规定投资入股煤矿（依法取得上市公司股票的除外），不得对煤矿的违法行为予以纵容、包庇。

国家行政机关工作人员和国有企业负责人违反前款规定的，根据情节轻重，给予降级、撤职或者开除的处分；构成犯罪的，依法追究刑事责任。

第二十一条 煤矿企业负责人和生产经营管理人员应当按照国家规定轮流带班下井，并建立下井登记档案。

县级以上地方人民政府负责煤矿安全生产监督管理的部门或者煤矿安全监察机构发现煤矿企业在生产过程中，1周内其负责人或者生产经营管理人员没有按照国家规定带班下井，或者下井登记档案虚假的，责令改正，并对该煤矿企业处3万元以上15万元以下的罚款。

第二十二条 煤矿企业应当免费为每位职工发放煤矿职工安全手册。

煤矿职工安全手册应当载明职工的权利、义务，煤矿重大安全生产隐患的情形和应急保护措施、方法以及安全生产隐患和违法行为的举报电话、受理部门。

煤矿企业没有为每位职工发放符合要求的职工安全手册的，由县级以上地方人民政府负责煤矿安全生产监督管理的部门或者煤矿安全监察机构责令限期改正；逾期未改正的，处5万元以下的罚款。

第二十三条 任何单位和个人发现煤矿有本规定第五条第一款和第八条第二款所列情形之一的，都有权向县级以上地方人民政府负责煤矿安全生产监督管理的部门或者煤矿安全监察机构举报。

受理的举报经调查属实的，受理举报的部门或者机构应当给予最先举报人1000元至1万元的奖励，所需费用由同级财政列支。

县级以上地方人民政府负责煤矿安全生产监督管理的部门或者煤矿安全监察机构接到举报后，应当及时调查处理；不及时调查处理的，对有关责任人，根据情节轻重，给予警告、记过、记大过或者降级的行政处分。

第二十四条 煤矿有违反本规定的违法行为，法律规定由有关部门查处的，有关部门应当依法进行查处。但是，对同一违法行为不得给予两次以上罚款的行政处罚。

第二十五条 国家行政机关工作人员、国有企业负责人有违反本规定的行为，依照本规定应当给予处分的，由监察机关或者任免机关依法作出处分决定。

国家行政机关工作人员、国有企业负责人对处分决定不服的，可以依法提出申诉。

第二十六条 当事人对行政处罚决定不服的，可以依法申请行政复议，或者依法直接向人民法院提起行政诉讼。

第二十七条 省、自治区、直辖市人民政府可以依据本规定制定具体实施办法。

第二十八条 本规定自公布之日起施行。

建设工程安全生产管理条例

（2003年11月24日中华人民共和国国务院令第393号公布）

第一章 总 则

第一条 为了加强建设工程安全生产监督管理，保障人民群众生命和财产安全，根据《中华人民共和国建筑法》《中华人民共和国安全生产法》，制定本条例。

第二条 在中华人民共和国境内从事建设工程的新建、扩建、改建和拆除等有关活动及实施对建设工程安全生产的监督管理，必须遵守本条例。

本条例所称建设工程，是指土木工程、建筑工程、线路管道和设备安装工程及装修工程。

第三条 建设工程安全生产管理，坚持安全第一、预防为主的方针。

第四条 建设单位、勘察单位、设计单位、施工单位、工程监理单位及其他与建设工程安全生产有关的单位，必须遵守安全生产法律、法规的规定，保证建设工程安全生产，依法承担建设工程安全生产责任。

第五条 国家鼓励建设工程安全生产的科学技术研究和先进技术的推广应用，推进建设工程安全生产的科学管理。

第二章 建设单位的安全责任

第六条 建设单位应当向施工单位提供施工现场及毗邻区域内供水、排水、供电、供气、供热、通信、广播电视等地下管线资料，气象和水文观测资料，相邻建筑物和构筑物、地下工程的有关资料，并保证资料的真实、准确、完整。

建设单位因建设工程需要，向有关部门或者单位查询前款规定的资料时，有关部门或者单位应当及时提供。

第七条 建设单位不得对勘察、设计、施工、工程监理等单位提出不符合建设工程安全生产法律、法规和强制性标准规定的要求，不得压缩合同约定的工期。

第八条 建设单位在编制工程概算时，应当确定建设工程安全作业环境及安全施工措施所需费用。

第九条 建设单位不得明示或者暗示施工单位购买、租赁、使用不符合安全施工要求的安全防护用具、机械设备、施工机具及配件、消防设施和器材。

第十条 建设单位在申请领取施工许可证时，应当提供建设工程有关安全施工措施的资料。

依法批准开工报告的建设工程，建设单位应当自开工报告批准之日起15日内，将保证安全施工的措施报送建设工程所在地的县级以上地方人民政府建设行政主管部门或者其他有关部门备案。

第十一条 建设单位应当将拆除工程发包给具有相应资质等级的施工单位。

建设单位应当在拆除工程施工15日前，将下列资料报送建设工程所在地的县级以上地方人民政府建设行政主管部门或者其他有关部门备案：

（一）施工单位资质等级证明；

（二）拟拆除建筑物、构筑物及可能危及毗邻建筑的说明；

（三）拆除施工组织方案；

（四）堆放、清除废弃物的措施。

实施爆破作业的，应当遵守国家有关民用爆炸物品管理的规定。

第三章 勘察、设计、工程监理及其他有关单位的安全责任

第十二条 勘察单位应当按照法律、法规和工程建设强制性标准进行勘察，提供的勘察文件应当真实、准确，满足建设工程安全生产的需要。

勘察单位在勘察作业时，应当严格执行操作规程，采取措施保证各类管线、设施和周边建筑物、构筑物的安全。

第十三条 设计单位应当按照法律、法规和工程建设强制性标准进行设计，防止因设计不合理导致生产安全事故的发生。

设计单位应当考虑施工安全操作和防护的需要，对涉及施工安全的重点部位和环节在设计文件中注明，并对防范生产安全事故提出指导意见。

采用新结构、新材料、新工艺的建设工程和特殊结构的建设工程，设计单位应当在设计中提出保障施工作业人员安全和预防生产安全事故的措施建议。

设计单位和注册建筑师等注册执业人员应当对其设计负责。

第十四条 工程监理单位应当审查施工组织设计中的安全技术措施或者专项施工方案是否符合工程建设强制性标准。

工程监理单位在实施监理过程中，发现存在安全事故隐患的，应当要求施工单位整改；情况严重的，应当要求施工单位暂时停止施工，并及时报告建设单位。施工单位拒不整改或者不停止施工的，工程监理单位应当及时向有关主管部门报告。

工程监理单位和监理工程师应当按照法律、法规和工程建设强制性标准实施监理，并对建设工程安全生产承担监理责任。

第十五条 为建设工程提供机械设备和配件的单位，应当按照安全施工的要求配备齐全有效的保险、限位等安全设施和装置。

第十六条 出租的机械设备和施工机具及配件，应当具有生产（制造）许可证、产品合格证。

出租单位应当对出租的机械设备和施工机具及配件的安全性能进行检测，在签订租赁协议时，应当出具检测合格证明。

禁止出租检测不合格的机械设备和施工机具及配件。

第十七条 在施工现场安装、拆卸施工起重机械和整体提升脚手架、模板等自升式架设设施，必须由具有相应资质的单位承担。

安装、拆卸施工起重机械和整体提升脚手架、模板等自升式架设设施，应当编制拆装方案、制定安全施工措施，并由专业技术人员现场监督。

施工起重机械和整体提升脚手架、模板等自升式架设设施安装完毕后，安装单位应当自检，出具自检合格证明，并向施工单位进行安全使用说明，办理验收手续并签字。

第十八条 施工起重机械和整体提升脚手架、模板等自升式架设设施的使用达到国家规定的检验检测期限的，必须经具有专业资质的检验检测机构检测。经检测不合格的，不得继续使用。

第十九条 检验检测机构对检测合格的施工起重机械和整体提升脚手架、模板等自升式架设设施，应当出具安全合格证明文件，并对检测结果负责。

第四章　施工单位的安全责任

第二十条 施工单位从事建设工程的新建、扩建、改建和拆除等活动，应当具备国家规定的注册资本、专业技术人员、技术装备和安全生产等条件，依法取得相应等级的资质证书，并在其资质等级许可的范围内承揽工程。

第二十一条 施工单位主要负责人依法对本单位的安全生产工作全面负责。施工单位应当建立健全安全生产责任制度和安全生产教育培训制度，制定安全生产规章制度和操作规程，保证本单位安全生产条件所需资金的投入，对所承担的建设工程进行定期和专项安全检查，并做好安全检查记录。

施工单位的项目负责人应当由取得相应执业资格的人员担任，对建设工程项目的安全施工负责，落实安全生产责任制度、安全生产规章制度和操作规程，确保安全生产费用的有效使用，并根据工程的特点组织制定安全施工措施，消除安全事故隐患，及时、如实报告生产安全事故。

第二十二条 施工单位对列入建设工程概算的安全作业环境及安全施工措施所需费用，应当用于施工安全防护用具及设施的采购和更新、安全施工措施的落实、安全生产条件的改善，不得挪作他用。

第二十三条 施工单位应当设立安全生产管理机构，配备专职安全生产管理人员。

专职安全生产管理人员负责对安全生产进行现场监督检查。发现安全事故隐患，应当及时向项目负责人和安全生产管理机构报告；对违章指挥、违章操作的，应当立即制止。

专职安全生产管理人员的配备办法由国务院建设行政主管部门会同国务院其他有关部门制定。

第二十四条 建设工程实行施工总承包的，由总承包单位对施工现场的安全生产负总责。

总承包单位应当自行完成建设工程主体结构的施工。

总承包单位依法将建设工程分包给其他单位的，分包合同中应当明确各自的安全生产方面的权利、义务。总承包单位和分包单位对分包工程的安全生产承担连带责任。

分包单位应当服从总承包单位的安全生产管理，分包单位不服从管理导致生产安全事故的，由分包单位承担主要责任。

第二十五条　垂直运输机械作业人员、安装拆卸工、爆破作业人员、起重信号工、登高架设作业人员等特种作业人员，必须按照国家有关规定经过专门的安全作业培训，并取得特种作业操作资格证书后，方可上岗作业。

第二十六条　施工单位应当在施工组织设计中编制安全技术措施和施工现场临时用电方案，对下列达到一定规模的危险性较大的分部分项工程编制专项施工方案，并附具安全验算结果，经施工单位技术负责人、总监理工程师签字后实施，由专职安全生产管理人员进行现场监督：

（一）基坑支护与降水工程；

（二）土方开挖工程；

（三）模板工程；

（四）起重吊装工程；

（五）脚手架工程；

（六）拆除、爆破工程；

（七）国务院建设行政主管部门或者其他有关部门规定的其他危险性较大的工程。

对前款所列工程中涉及深基坑、地下暗挖工程、高大模板工程的专项施工方案，施工单位还应当组织专家进行论证、审查。

本条第一款规定的达到一定规模的危险性较大工程的标准，由国务院建设行政主管部门会同国务院其他有关部门制定。

第二十七条　建设工程施工前，施工单位负责项目管理的技术人员应当对有关安全施工的技术要求向施工作业班组、作业人员作出详细说明，并由双方签字确认。

第二十八条　施工单位应当在施工现场入口处、施工起重机械、临时用电设施、脚手架、出入通道口、楼梯口、电梯井口、孔洞口、桥梁口、隧道口、基坑边沿、爆破物及有害危险气体和液体存放处等危险部位，设置明显的安全警示标志。安全警示标志必须符合国家标准。

施工单位应当根据不同施工阶段和周围环境及季节、气候的变化，在施工现场采取相应的安全施工措施。施工现场暂时停止施工的，施工单位应当做好现场防护，所需费用由责任方承担，或者按照合同约定执行。

第二十九条　施工单位应当将施工现场的办公、生活区与作业区分开设置，并保持安全距离；办公、生活区的选址应当符合安全性要求。职工的膳食、饮水、休息场所等应当符合卫生标准。施工单位不得在尚未竣工的建筑物内设置员工集体宿舍。

施工现场临时搭建的建筑物应当符合安全使用要求。施工现场使用的装配式活动房屋应当具有产品合格证。

第三十条　施工单位对因建设工程施工可能造成损害的毗邻建筑物、构筑物和地下管线等，应当采取专项防护措施。

施工单位应当遵守有关环境保护法律、法规的规定，在施工现场采取措施，防止或者减少粉尘、废气、废水、固体废物、噪声、振动和施工照明对人和环境的危害和污染。

在城市市区内的建设工程，施工单位应当对施工现场实行封闭围挡。

第三十一条 施工单位应当在施工现场建立消防安全责任制度，确定消防安全责任人，制定用火、用电、使用易燃易爆材料等各项消防安全管理制度和操作规程，设置消防通道、消防水源，配备消防设施和灭火器材，并在施工现场入口处设置明显标志。

第三十二条 施工单位应当向作业人员提供安全防护用具和安全防护服装，并书面告知危险岗位的操作规程和违章操作的危害。

作业人员有权对施工现场的作业条件、作业程序和作业方式中存在的安全问题提出批评、检举和控告，有权拒绝违章指挥和强令冒险作业。

在施工中发生危及人身安全的紧急情况时，作业人员有权立即停止作业或者在采取必要的应急措施后撤离危险区域。

第三十三条 作业人员应当遵守安全施工的强制性标准、规章制度和操作规程，正确使用安全防护用具、机械设备等。

第三十四条 施工单位采购、租赁的安全防护用具、机械设备、施工机具及配件，应当具有生产（制造）许可证、产品合格证，并在进入施工现场前进行查验。

施工现场的安全防护用具、机械设备、施工机具及配件必须由专人管理，定期进行检查、维修和保养，建立相应的资料档案，并按照国家有关规定及时报废。

第三十五条 施工单位在使用施工起重机械和整体提升脚手架、模板等自升式架设设施前，应当组织有关单位进行验收，也可以委托具有相应资质的检验检测机构进行验收；使用承租的机械设备和施工机具及配件的，由施工总承包单位、分包单位、出租单位和安装单位共同进行验收。验收合格的方可使用。

《特种设备安全监察条例》规定的施工起重机械，在验收前应当经有相应资质的检验检测机构监督检验合格。

施工单位应当自施工起重机械和整体提升脚手架、模板等自升式架设设施验收合格之日起30日内，向建设行政主管部门或者其他有关部门登记。登记标志应当置于或者附着于该设备的显著位置。

第三十六条 施工单位的主要负责人、项目负责人、专职安全生产管理人员应当经建设行政主管部门或者其他有关部门考核合格后方可任职。

施工单位应当对管理人员和作业人员每年至少进行一次安全生产教育培训，其教育培训情况记入个人工作档案。安全生产教育培训考核不合格的人员，不得上岗。

第三十七条 作业人员进入新的岗位或者新的施工现场前，应当接受安全生产教育培训。未经教育培训或者教育培训考核不合格的人员，不得上岗作业。

施工单位在采用新技术、新工艺、新设备、新材料时，应当对作业人员进行相应的安全生产教育培训。

第三十八条 施工单位应当为施工现场从事危险作业的人员办理意外伤害保险。

意外伤害保险费由施工单位支付。实行施工总承包的，由总承包单位支付意外伤害保险费。意外伤害保险期限自建设工程开工之日起至竣工验收合格止。

第五章 监 督 管 理

第三十九条 国务院负责安全生产监督管理的部门依照《中华人民共和国安全生产法》的规定，对全国建设工程安全生产工作实施综合监督管理。

县级以上地方人民政府负责安全生产监督管理的部门依照《中华人民共和国安全生产法》的规定，对本行政区域内建设工程安全生产工作实施综合监督管理。

第四十条 国务院建设行政主管部门对全国的建设工程安全生产实施监督管理。国务院铁路、交通、水利等有关部门按照国务院规定的职责分工，负责有关专业建设工程安全生产的监督管理。

县级以上地方人民政府建设行政主管部门对本行政区域内的建设工程安全生产实施监督管理。县级以上地方人民政府交通、水利等有关部门在各自的职责范围内，负责本行政区域内的专业建设工程安全生产的监督管理。

第四十一条 建设行政主管部门和其他有关部门应当将本条例第十条、第十一条规定的有关资料的主要内容抄送同级负责安全生产监督管理的部门。

第四十二条 建设行政主管部门在审核发放施工许可证时，应当对建设工程是否有安全施工措施进行审查，对没有安全施工措施的，不得颁发施工许可证。

建设行政主管部门或者其他有关部门对建设工程是否有安全施工措施进行审查时，不得收取费用。

第四十三条 县级以上人民政府负有建设工程安全生产监督管理职责的部门在各自的职责范围内履行安全监督检查职责时，有权采取下列措施：

（一）要求被检查单位提供有关建设工程安全生产的文件和资料；

（二）进入被检查单位施工现场进行检查；

（三）纠正施工中违反安全生产要求的行为；

（四）对检查中发现的安全事故隐患，责令立即排除；重大安全事故隐患排除前或者排除过程中无法保证安全的，责令从危险区域内撤出作业人员或者暂时停止施工。

第四十四条 建设行政主管部门或者其他有关部门可以将施工现场的监督检查委托给建设工程安全监督机构具体实施。

第四十五条 国家对严重危及施工安全的工艺、设备、材料实行淘汰制度。具体目录由国务院建设行政主管部门会同国务院其他有关部门制定并公布。

第四十六条 县级以上人民政府建设行政主管部门和其他有关部门应当及时受理对建设工程生产安全事故及安全事故隐患的检举、控告和投诉。

第六章 生产安全事故的应急救援和调查处理

第四十七条 县级以上地方人民政府建设行政主管部门应当根据本级人民政府的要求，制定本行政区域内建设工程特大生产安全事故应急救援预案。

第四十八条 施工单位应当制定本单位生产安全事故应急救援预案，建立应急救援组织或者配备应急救援人员，配备必要的应急救援器材、设备，并定期组织演练。

第四十九条 施工单位应当根据建设工程施工的特点、范围，对施工现场易发生重大事故的部位、环节进行监控，制定施工现场生产安全事故应急救援预案。实行施工总承包的，由总承包单位统一组织编制建设工程生产安全事故应急救援预案，工程总承包单位和分包单位按照应急救援预案，各自建立应急救援组织或者配备应急救援人员，配备救援器材、设备，并定期组织演练。

第五十条 施工单位发生生产安全事故，应当按照国家有关伤亡事故报告和调查处理的规定，及时、如实地向负责安全生产监督管理的部门、建设行政主管部门或者其他有关部门报告；特种设备发生事故的，还应当同时向特种设备安全监督管理部门报告。接到报告的部门应当按照国家有关规定，如实上报。

实行施工总承包的建设工程，由总承包单位负责上报事故。

第五十一条 发生生产安全事故后，施工单位应当采取措施防止事故扩大，保护事故现场。需要移动现场物品时，应当做出标记和书面记录，妥善保管有关证物。

第五十二条 建设工程生产安全事故的调查、对事故责任单位和责任人的处罚与处理，按照有关法律、法规的规定执行。

第七章 法 律 责 任

第五十三条 违反本条例的规定，县级以上人民政府建设行政主管部门或者其他有关行政管理部门的工作人员，有下列行为之一的，给予降级或者撤职的行政处分；构成犯罪的，依照刑法有关规定追究刑事责任：

（一）对不具备安全生产条件的施工单位颁发资质证书的；

（二）对没有安全施工措施的建设工程颁发施工许可证的；

（三）发现违法行为不予查处的；

（四）不依法履行监督管理职责的其他行为。

第五十四条 违反本条例的规定，建设单位未提供建设工程安全生产作业环境及安全施工措施所需费用的，责令限期改正；逾期未改正的，责令该建设工程停止施工。

建设单位未将保证安全施工的措施或者拆除工程的有关资料报送有关部门备案的，责令限期改正，给予警告。

第五十五条 违反本条例的规定，建设单位有下列行为之一的，责令限期改正，处20万元以上50万元以下的罚款；造成重大安全事故，构成犯罪的，对直接责任人员，依照刑法有关规定追究刑事责任；造成损失的，依法承担赔偿责任：

（一）对勘察、设计、施工、工程监理等单位提出不符合安全生产法律、法规和强制性标准规定的要求的；

（二）要求施工单位压缩合同约定的工期的；

（三）将拆除工程发包给不具有相应资质等级的施工单位的。

第五十六条 违反本条例的规定，勘察单位、设计单位有下列行为之一的，责令限期改正，处10万元以上30万元以下的罚款；情节严重的，责令停业整顿，降低资质等级，直至吊销资质证书；造成重大安全事故，构成犯罪的，对直接责任人员，依照刑法有关规定追究刑事责任；造成损失的，依法承担赔偿责任：

（一）未按照法律、法规和工程建设强制性标准进行勘察、设计的；

（二）采用新结构、新材料、新工艺的建设工程和特殊结构的建设工程，设计单位未在设计中提出保障施工作业人员安全和预防生产安全事故的措施建议的。

第五十七条 违反本条例的规定，工程监理单位有下列行为之一的，责令限期改正；逾期未改正的，责令停业整顿，并处10万元以上30万元以下的罚款；情节严重的，降低资质等级，直至吊销资质证书；造成重大安全事故，构成犯罪的，对直接责任人员，依照刑法有关规定追究刑事责任；造成损失的，依法承担赔偿责任：

（一）未对施工组织设计中的安全技术措施或者专项施工方案进行审查的；

（二）发现安全事故隐患未及时要求施工单位整改或者暂时停止施工的；

（三）施工单位拒不整改或者不停止施工，未及时向有关主管部门报告的；

（四）未依照法律、法规和工程建设强制性标准实施监理的。

第五十八条 注册执业人员未执行法律、法规和工程建设强制性标准的，责令停止执业3个月以上1年以下；情节严重的，吊销执业资格证书，5年内不予注册；造成重大安全事故的，终身不予注册；构成犯罪的，依照刑法有关规定追究刑事责任。

第五十九条 违反本条例的规定，为建设工程提供机械设备和配件的单位，未按照安全施工的要求配备齐全有效的保险、限位等安全设施和装置的，责令限期改正，处合同价款1倍以上3倍以下的罚款；造成损失的，依法承担赔偿责任。

第六十条 违反本条例的规定，出租单位出租未经安全性能检测或者经检测不合格的机械设备和施工机具及配件的，责令停业整顿，并处5万元以上10万元以下的罚款；造成损失的，依法承担赔偿责任。

第六十一条 违反本条例的规定，施工起重机械和整体提升脚手架、模板等自升式架设设施安装、拆卸单位有下列行为之一的，责令限期改正，处5万元以上10万元以下的罚款；情节严重的，责令停业整顿，降低资质等级，直至吊销资质证书；造成损失的，依法承担赔偿责任：

（一）未编制拆装方案、制定安全施工措施的；

（二）未由专业技术人员现场监督的；

（三）未出具自检合格证明或者出具虚假证明的；

（四）未向施工单位进行安全使用说明，办理移交手续的。

施工起重机械和整体提升脚手架、模板等自升式架设设施安装、拆卸单位有前款规定的第（一）项、第（三）项行为，经有关部门或者单位职工提出后，对事故隐患仍不采取措施，因而发生重大伤亡事故或者造成其他严重后果，构成犯罪的，对直接责任人员，依照刑法有关规定追究刑事责任。

第六十二条 违反本条例的规定，施工单位有下列行为之一的，责令限期改正；逾期未改正的，责令停业整顿，依照《中华人民共和国安全生产法》的有关规定处以罚款；造成重大安全事故，构成犯罪的，对直接责任人员，依照刑法有关规定追究刑事责任：

（一）未设立安全生产管理机构、配备专职安全生产管理人员或者分部分项工程施工时无专职安全生产管理人员现场监督的；

（二）施工单位的主要负责人、项目负责人、专职安全生产管理人员、作业人员或者特种作业人员，未经安全教育培训或者经考核不合格即从事相关工作的；

（三）未在施工现场的危险部位设置明显的安全警示标志，或者未按照国家有关规定在施工现场设置消防通道、消防水源、配备消防设施和灭火器材的；

（四）未向作业人员提供安全防护用具和安全防护服装的；

（五）未按照规定在施工起重机械和整体提升脚手架、模板等自升式架设设施验收合格后登记的；

（六）使用国家明令淘汰、禁止使用的危及施工安全的工艺、设备、材料的。

第六十三条 违反本条例的规定，施工单位挪用列入建设工程概算的安全生产作业环境及安全施工措施所需费用的，责令限期改正，处挪用费用20%以上50%以下的罚款；造成损失的，依法承担赔偿责任。

第六十四条 违反本条例的规定，施工单位有下列行为之一的，责令限期改正；逾期未改正的，责令停业整顿，并处5万元以上10万元以下的罚款；造成重大安全事故，构成犯罪的，对直接责任人员，依照刑法有关规定追究刑事责任：

（一）施工前未对有关安全施工的技术要求作出详细说明的；

（二）未根据不同施工阶段和周围环境及季节、气候的变化，在施工现场采取相应的安全施工措施，或者在城市市区内的建设工程的施工现场未实行封闭围挡的；

（三）在尚未竣工的建筑物内设置员工集体宿舍的；

（四）施工现场临时搭建的建筑物不符合安全使用要求的；

（五）未对因建设工程施工可能造成损害的毗邻建筑物、构筑物和地下管线等采取专项防护措施的。

施工单位有前款规定第（四）项、第（五）项行为，造成损失的，依法承担赔偿责任。

第六十五条 违反本条例的规定，施工单位有下列行为之一的，责令限期改正；逾期未改正的，责令停业整顿，并处10万元以上30万元以下的罚款；情节严重的，降低资质等级，直至吊销资质证书；造成重大安全事故，构成犯罪的，对直接责任人员，依照刑法有关规定追究刑事责任；造成损失的，依法承担赔偿责任：

（一）安全防护用具、机械设备、施工机具及配件在进入施工现场前未经查验或者查验不合格即投入使用的；

（二）使用未经验收或者验收不合格的施工起重机械和整体提升脚手架、模板等自升式架设设施的；

（三）委托不具有相应资质的单位承担施工现场安装、拆卸施工起重机械和整体提升脚手架、模板等自升式架设设施的；

（四）在施工组织设计中未编制安全技术措施、施工现场临时用电方案或者专项施工方案的。

第六十六条 违反本条例的规定，施工单位的主要负责人、项目负责人未履行安全生产管理职责的，责令限期改正；逾期未改正的，责令施工单位停业整顿；造成重大安全事故、重大伤亡事故或者其他严重后果，构成犯罪的，依照刑法有关规定追究刑事责任。

作业人员不服管理、违反规章制度和操作规程冒险作业造成重大伤亡事故或者其他严重后果，构成犯罪的，依照刑法有关规定追究刑事责任。

施工单位的主要负责人、项目负责人有前款违法行为，尚不够刑事处罚的，处2万元以上20万元以下的罚款或者按照管理权限给予撤职处分；自刑罚执行完毕或者受处分之日起，5年内不得担任任何施工单位的主要负责人、项目负责人。

第六十七条 施工单位取得资质证书后，降低安全生产条件的，责令限期改正；经整改仍未达到与其资质等级相适应的安全生产条件的，责令停业整顿，降低其资质等级直至吊销资质证书。

第六十八条 本条例规定的行政处罚，由建设行政主管部门或者其他有关部门依照法定职权决定。

违反消防安全管理规定的行为，由公安消防机构依法处罚。

有关法律、行政法规对建设工程安全生产违法行为的行政处罚决定机关另有规定的，从其规定。

第八章 附 则

第六十九条 抢险救灾和农民自建低层住宅的安全生产管理，不适用本条例。

第七十条 军事建设工程的安全生产管理，按照中央军事委员会的有关规定执行。

第七十一条 本条例自2004年2月1日起施行。

民用爆炸物品安全管理条例

（2006年5月10日中华人民共和国国务院令第466号公布，2014年7月29日《国务院关于修改部分行政法规的决定》第一次修正）

第一章 总 则

第一条 为了加强对民用爆炸物品的安全管理，预防爆炸事故发生，保障公民生命、财产安全和公共安全，制定本条例。

第二条 民用爆炸物品的生产、销售、购买、进出口、运输、爆破作业和储存以及硝酸铵的销售、购买，适用本条例。

本条例所称民用爆炸物品，是指用于非军事目的、列入民用爆炸物品品名表的各类火药、炸药及其制品和雷管、导火索等点火、起爆器材。

民用爆炸物品品名表，由国务院民用爆炸物品行业主管部门会同国务院公安部门制订、公布。

第三条 国家对民用爆炸物品的生产、销售、购买、运输和爆破作业实行许可证制度。

未经许可，任何单位或者个人不得生产、销售、购买、运输民用爆炸物品，不得从事爆破作业。

严禁转让、出借、转借、抵押、赠送、私藏或者非法持有民用爆炸物品。

第四条 民用爆炸物品行业主管部门负责民用爆炸物品生产、销售的安全监督管理。

公安机关负责民用爆炸物品公共安全管理和民用爆炸物品购买、运输、爆破作业的安全监督管理，监控民用爆炸物品流向。

安全生产监督、铁路、交通、民用航空主管部门依照法律、行政法规的规定，负责做好民用爆炸物品的有关安全监督管理工作。

国防科技工业主管部门、公安机关、工商行政管理部门按照职责分工，负责组织查处非法生产、销售、购买、储存、运输、邮寄、使用民用爆炸物品的行为。

第五条 民用爆炸物品生产、销售、购买、运输和爆破作业单位（以下称民用爆炸物品从业单位）的主要负责人是本单位民用爆炸物品安全管理责任人，对本单位的民用爆炸物品安全管理工作全面负责。

民用爆炸物品从业单位是治安保卫工作的重点单位，应当依法设置治安保卫机构或者配备治安保卫人员，设置技术防范设施，防止民用爆炸物品丢失、被盗、被抢。

民用爆炸物品从业单位应当建立安全管理制度、岗位安全责任制度，制订安全防范措施和事故应急预案，设置安全管理机构或者配备专职安全管理人员。

第六条 无民事行为能力人、限制民事行为能力人或者曾因犯罪受过刑事处罚的人，不得从事民用爆炸物品的生产、销售、购买、运输和爆破作业。

民用爆炸物品从业单位应当加强对本单位从业人员的安全教育、法制教育和岗位技术培训，从业人员经考核合格的，方可上岗作业；对有资格要求的岗位，应当配备具有相应资格的人员。

第七条 国家建立民用爆炸物品信息管理系统，对民用爆炸物品实行标识管理，监控民用爆炸物品流向。

民用爆炸物品生产企业、销售企业和爆破作业单位应当建立民用爆炸物品登记制度，如实将本单位生产、销售、购买、运输、储存、使用民用爆炸物品的品种、数量和流向信息输入计算机系统。

第八条 任何单位或者个人都有权举报违反民用爆炸物品安全管理规定的行为；接到举报的主管部门、公安机关应当立即查处，并为举报人员保密，对举报有功人员给予奖励。

第九条 国家鼓励民用爆炸物品从业单位采用提高民用爆炸物品安全性能的新技术，鼓励发展民用爆炸物品生产、配送、爆破作业一体化的经营模式。

第二章 生 产

第十条 设立民用爆炸物品生产企业，应当遵循统筹规划、合理布局的原则。

第十一条 申请从事民用爆炸物品生产的企业，应当具备下列条件：

（一）符合国家产业结构规划和产业技术标准；

（二）厂房和专用仓库的设计、结构、建筑材料、安全距离以及防火、防爆、防雷、防静电等安全设备、设施符合国家有关标准和规范；

（三）生产设备、工艺符合有关安全生产的技术标准和规程；

（四）有具备相应资格的专业技术人员、安全生产管理人员和生产岗位人员；

（五）有健全的安全管理制度、岗位安全责任制度；

（六）法律、行政法规规定的其他条件。

第十二条 申请从事民用爆炸物品生产的企业，应当向国务院民用爆炸物品行业主管部门提交申请书、可行性研究报告以及能够证明其符合本条例第十一条规定条件的有关材料。国务院民用爆炸物品行业主管部门应当自受理申请之日起45日内进行审查，对符合条件的，核发《民用爆炸物品生产许可证》；对不符合条件的，不予核发《民用爆炸物品生产许可证》，书面向申请人说明理由。

民用爆炸物品生产企业为调整生产能力及品种进行改建、扩建的，应当依照前款规定申请办理《民用爆炸物品生产许可证》。

民用爆炸物品生产企业持《民用爆炸物品生产许可证》到工商行政管理部门办理工商登记，并在办理工商登记后3日内，向所在地县级人民政府公安机关备案。

第十三条 取得《民用爆炸物品生产许可证》的企业应当在基本建设完成后，向省、自治区、直辖市人民政府民用爆炸物品行业主管部门申请安全生产许可。省、自治区、直辖市人民政府民用爆炸物品行业主管部门应当依照《安全生产许可证条例》的规定对其进行查验，对符合条件的，核发《民用爆炸物品安全生产许可证》。民用爆炸物品生产企业取得《民用爆炸物品安全生产许可证》后，方可生产民用爆炸物品。

第十四条 民用爆炸物品生产企业应当严格按照《民用爆炸物品生产许可证》核定的品种和产量进行生产，生产作业应当严格执行安全技术规程的规定。

第十五条 民用爆炸物品生产企业应当对民用爆炸物品做出警示标识、登记标识，对雷管编码打号。民用爆炸物品警示标识、登记标识和雷管编码规则，由国务院公安部门会同国务院民用爆炸物品行业主管部门规定。

第十六条 民用爆炸物品生产企业应当建立健全产品检验制度，保证民用爆炸物品的质量符合相关标准。民用爆炸物品的包装，应当符合法律、行政法规的规定以及相关标准。

第十七条 试验或者试制民用爆炸物品，必须在专门场地或者专门的试验室进行。严禁在生产车间或者仓库内试验或者试制民用爆炸物品。

第三章 销售和购买

第十八条 申请从事民用爆炸物品销售的企业，应当具备下列条件：

（一）符合对民用爆炸物品销售企业规划的要求；

（二）销售场所和专用仓库符合国家有关标准和规范；

（三）有具备相应资格的安全管理人员、仓库管理人员；

（四）有健全的安全管理制度、岗位安全责任制度；

（五）法律、行政法规规定的其他条件。

第十九条 申请从事民用爆炸物品销售的企业，应当向所在地省、自治区、直辖市人民政府民用爆炸物品行业主管部门提交申请书、可行性研究报告以及能够证明其符合本条例第十八条规定条件的有关材料。省、自治区、直辖市人民政府民用爆炸物品行业主管部门应当自受理申请之日起30日内进行审查，并对申请单位的销售场所和专用仓库等经营设施进行查验，对符合条件的，核发《民用爆炸物品销售许可证》；对不符合条件的，不予核发《民用爆炸物品销售许可证》，书面向申请人说明理由。

民用爆炸物品销售企业持《民用爆炸物品销售许可证》到工商行政管理部门办理工商登记后，方可销售民用爆炸物品。

民用爆炸物品销售企业应当在办理工商登记后3日内，向所在地县级人民政府公安机关备案。

第二十条 民用爆炸物品生产企业凭《民用爆炸物品生产许可证》，可以销售本企业生产的民用爆炸物品。

民用爆炸物品生产企业销售本企业生产的民用爆炸物品，不得超出核定的品种、产量。

第二十一条 民用爆炸物品使用单位申请购买民用爆炸物品的，应当向所在地县级人民政府公安机关提出购买申请，并提交下列有关材料：

（一）工商营业执照或者事业单位法人证书；

（二）《爆破作业单位许可证》或者其他合法使用的证明；

（三）购买单位的名称、地址、银行账户；

（四）购买的品种、数量和用途说明。

受理申请的公安机关应当自受理申请之日起5日内对提交的有关材料进行审查，对符合条件的，核发《民用爆炸物品购买许可证》；对不符合条件的，不予核发《民用爆炸物品购买许可证》，书面向申请人说明理由。

《民用爆炸物品购买许可证》应当载明许可购买的品种、数量、购买单位以及许可的有效期限。

第二十二条 民用爆炸物品生产企业凭《民用爆炸物品生产许可证》购买属于民用爆炸物品的原料，民用爆炸物品销售企业凭《民用爆炸物品销售许可证》向民用爆炸物品生产企业购买民用爆炸物品，民用爆炸物品使用单位凭《民用爆炸物品购买许可证》购买民用爆炸物品，还应当提供经办人的身份证明。

销售民用爆炸物品的企业，应当查验前款规定的许可证和经办人的身份证明；对持《民用爆炸物品购买许可证》购买的，应当按照许可的品种、数量销售。

第二十三条 销售、购买民用爆炸物品，应当通过银行账户进行交易，不得使用现金或者实物进行交易。

销售民用爆炸物品的企业，应当将购买单位的许可证、银行账户转账凭证、经办人的身份证明复印件保存2年备查。

第二十四条 销售民用爆炸物品的企业，应当自民用爆炸物品买卖成交之日起3日内，将销售的品种、数量和购买单位向所在地省、自治区、直辖市人民政府民用爆炸物品行业主管部门和所在地县级人民政府公安机关备案。

购买民用爆炸物品的单位，应当自民用爆炸物品买卖成交之日起3日内，将购买的品种、数量向所在地县级人民政府公安机关备案。

第二十五条 进出口民用爆炸物品，应当经国务院民用爆炸物品行业主管部门审批。进出口民用爆炸物品审批办法，由国务院国防科技工业主管部门会同国务院公安部门、海关总署规定。

进出口单位应当将进出口的民用爆炸物品的品种、数量向收货地或者出境口岸所在地县级人民政府公安机关备案。

第四章 运　　输

第二十六条 运输民用爆炸物品，收货单位应当向运达地县级人民政府公安机关提出申请，并提交包括下列内容的材料：

（一）民用爆炸物品生产企业、销售企业、使用单位以及进出口单位分别提供的《民用爆炸物品生产许可证》《民用爆炸物品销售许可证》《民用爆炸物品购买许可证》或者进出口批准证明；

（二）运输民用爆炸物品的品种、数量、包装材料和包装方式；

（三）运输民用爆炸物品的特性、出现险情的应急处置方法；

（四）运输时间、起始地点、运输路线、经停地点。

受理申请的公安机关应当自受理申请之日起3日内对提交的有关材料进行审查，对符合条件的，核发《民用爆炸物品运输许可证》；对不符合条件的，不予核发《民用爆炸物品运输许可证》，书面向申请人说明理由。

《民用爆炸物品运输许可证》应当载明收货单位、销售企业、承运人，一次性运输有效期限、起始地点、运输路线、经停地点，民用爆炸物品的品种、数量。

第二十七条 运输民用爆炸物品的，应当凭《民用爆炸物品运输许可证》，按照许可的品种、数量运输。

第二十八条 经由道路运输民用爆炸物品的，应当遵守下列规定：

（一）携带《民用爆炸物品运输许可证》；

（二）民用爆炸物品的装载符合国家有关标准和规范，车厢内不得载人；

（三）运输车辆安全技术状况应当符合国家有关安全技术标准的要求，并按照规定悬挂或者安装符合国家标准的易燃易爆危险物品警示标志；

（四）运输民用爆炸物品的车辆应当保持安全车速；

（五）按照规定的路线行驶，途中经停应当有专人看守，并远离建筑设施和人口稠密的地方，不得在许可以外的地点经停；

（六）按照安全操作规程装卸民用爆炸物品，并在装卸现场设置警戒，禁止无关人员进入；

（七）出现危险情况立即采取必要的应急处置措施，并报告当地公安机关。

第二十九条 民用爆炸物品运达目的地，收货单位应当进行验收后在《民用爆炸物品运输许可证》上签注，并在3日内将《民用爆炸物品运输许可证》交回发证机关核销。

第三十条 禁止携带民用爆炸物品搭乘公共交通工具或者进入公共场所。

禁止邮寄民用爆炸物品，禁止在托运的货物、行李、包裹、邮件中夹带民用爆炸物品。

第五章 爆 破 作 业

第三十一条 申请从事爆破作业的单位，应当具备下列条件：

（一）爆破作业属于合法的生产活动；

（二）有符合国家有关标准和规范的民用爆炸物品专用仓库；

（三）有具备相应资格的安全管理人员、仓库管理人员和具备国家规定执业资格的爆破作业人员；

（四）有健全的安全管理制度、岗位安全责任制度；

（五）有符合国家标准、行业标准的爆破作业专用设备；

（六）法律、行政法规规定的其他条件。

第三十二条 申请从事爆破作业的单位，应当按照国务院公安部门的规定，向有关人民政府公安机关提出申请，并提供能够证明其符合本条例第三十一条规定条件的有关材料。受理申请的公安机关应当自受理申请之日起20日内进行审查，对符合条件的，核发《爆破作业单位许可证》；对不符合条件的，不予核发《爆破作业单位许可证》，书面向申请人说明理由。

营业性爆破作业单位持《爆破作业单位许可证》到工商行政管理部门办理工商登记后，方可从事营业性爆破作业活动。

爆破作业单位应当在办理工商登记后3日内，向所在地县级人民政府公安机关备案。

第三十三条 爆破作业单位应当对本单位的爆破作业人员、安全管理人员、仓库管理人员进行专业技术培训。爆破作业人员应当经设区的市级人民政府公安机关考核合格，取得《爆破作业人员许可证》后，方可从事爆破作业。

第三十四条 爆破作业单位应当按照其资质等级承接爆破作业项目，爆破作业人员应当按照其资格等级从事爆破作业。爆破作业的分级管理办法由国务院公安部门规定。

第三十五条 在城市、风景名胜区和重要工程设施附近实施爆破作业的，应当向爆破作业所在地设区的市级人民政府公安机关提出申请，提交《爆破作业单位许可证》和具有相应资质的安全评估企业出具的爆破设计、施工方案评估报告。受理申请的公安机关应当自受理申请之日起20日内对提交的有关材料进行审查，对符合条件的，作出批准的决定；对不符合条件的，作出不予批准的决定，并书面向申请人说明理由。

实施前款规定的爆破作业，应当由具有相应资质的安全监理企业进行监理，由爆破作业所在地县级人民政府公安机关负责组织实施安全警戒。

第三十六条　爆破作业单位跨省、自治区、直辖市行政区域从事爆破作业的，应当事先将爆破作业项目的有关情况向爆破作业所在地县级人民政府公安机关报告。

第三十七条　爆破作业单位应当如实记载领取、发放民用爆炸物品的品种、数量、编号以及领取、发放人员姓名。领取民用爆炸物品的数量不得超过当班用量，作业后剩余的民用爆炸物品必须当班清退回库。

爆破作业单位应当将领取、发放民用爆炸物品的原始记录保存2年备查。

第三十八条　实施爆破作业，应当遵守国家有关标准和规范，在安全距离以外设置警示标志并安排警戒人员，防止无关人员进入；爆破作业结束后应当及时检查、排除未引爆的民用爆炸物品。

第三十九条　爆破作业单位不再使用民用爆炸物品时，应当将剩余的民用爆炸物品登记造册，报所在地县级人民政府公安机关组织监督销毁。

发现、拣拾无主民用爆炸物品的，应当立即报告当地公安机关。

第六章　储　　存

第四十条　民用爆炸物品应当储存在专用仓库内，并按照国家规定设置技术防范设施。

第四十一条　储存民用爆炸物品应当遵守下列规定：

（一）建立出入库检查、登记制度，收存和发放民用爆炸物品必须进行登记，做到账目清楚，账物相符；

（二）储存的民用爆炸物品数量不得超过储存设计容量，对性质相抵触的民用爆炸物品必须分库储存，严禁在库房内存放其他物品；

（三）专用仓库应当指定专人管理、看护，严禁无关人员进入仓库区内，严禁在仓库区内吸烟和用火，严禁把其他容易引起燃烧、爆炸的物品带入仓库区内，严禁在库房内住宿和进行其他活动；

（四）民用爆炸物品丢失、被盗、被抢，应当立即报告当地公安机关。

第四十二条　在爆破作业现场临时存放民用爆炸物品的，应当具备临时存放民用爆炸物品的条件，并设专人管理、看护，不得在不具备安全存放条件的场所存放民用爆炸物品。

第四十三条　民用爆炸物品变质和过期失效的，应当及时清理出库，并予以销毁。销毁前应当登记造册，提出销毁实施方案，报省、自治区、直辖市人民政府民用爆炸物品行业主管部门、所在地县级人民政府公安机关组织监督销毁。

第七章　法　律　责　任

第四十四条　非法制造、买卖、运输、储存民用爆炸物品，构成犯罪的，依法追究刑事责任；尚不构成犯罪，有违反治安管理行为的，依法给予治安管理处罚。

违反本条例规定，在生产、储存、运输、使用民用爆炸物品中发生重大事故，造成严重后果或者后果特别严重，构成犯罪的，依法追究刑事责任。

违反本条例规定，未经许可生产、销售民用爆炸物品的，由民用爆炸物品行业主管部门责令停止非法生产、销售活动，处10万元以上50万元以下的罚款，并没收非法生产、销售的民用爆炸物品及其违法所得。

违反本条例规定，未经许可购买、运输民用爆炸物品或者从事爆破作业的，由公安机关责令停止非法购买、运输、爆破作业活动，处5万元以上20万元以下的罚款，并没收非法购买、运输以及从事爆破作业使用的民用爆炸物品及其违法所得。

民用爆炸物品行业主管部门、公安机关对没收的非法民用爆炸物品，应当组织销毁。

第四十五条　违反本条例规定，生产、销售民用爆炸物品的企业有下列行为之一的，由民用爆炸物品行业主管部门责令限期改正，处10万元以上50万元以下的罚款；逾期不改正的，责令停产停业整顿；情节严重的，吊销《民用爆炸物品生产许可证》或者《民用爆炸物品销售许可证》：

（一）超出生产许可的品种、产量进行生产、销售的；

（二）违反安全技术规程生产作业的；

（三）民用爆炸物品的质量不符合相关标准的；

（四）民用爆炸物品的包装不符合法律、行政法规的规定以及相关标准的；

（五）超出购买许可的品种、数量销售民用爆炸物品的；

（六）向没有《民用爆炸物品生产许可证》《民用爆炸物品销售许可证》《民用爆炸物品购买许可证》的单位销售民用爆炸物品的；

（七）民用爆炸物品生产企业销售本企业生产的民用爆炸物品未按照规定向国防科技工业主管部门备案的；

（八）未经审批进出口民用爆炸物品的。

第四十六条　违反本条例规定，有下列情形之一的，由公安机关责令限期改正，处5万元以上20万元以下的罚款；逾期不改正的，责令停产停业整顿：

（一）未按照规定对民用爆炸物品做出警示标识、登记标识或者未对雷管编码打号的；

（二）超出购买许可的品种、数量购买民用爆炸物品的；

（三）使用现金或者实物进行民用爆炸物品交易的；

（四）未按照规定保存购买单位的许可证、银行账户转账凭证、经办人的身份证明复印件的；

（五）销售、购买、进出口民用爆炸物品，未按照规定向公安机关备案的；

（六）未按照规定建立民用爆炸物品登记制度，如实将本单位生产、销售、购买、运输、储存、使用民用爆炸物品的品种、数量和流向信息输入计算机系统的；

（七）未按照规定将《民用爆炸物品运输许可证》交回发证机关核销的。

第四十七条 违反本条例规定，经由道路运输民用爆炸物品，有下列情形之一的，由公安机关责令改正，处5万元以上20万元以下的罚款：

（一）违反运输许可事项的；

（二）未携带《民用爆炸物品运输许可证》的；

（三）违反有关标准和规范混装民用爆炸物品的；

（四）运输车辆未按照规定悬挂或者安装符合国家标准的易燃易爆危险物品警示标志的；

（五）未按照规定的路线行驶，途中经停没有专人看守或者在许可以外的地点经停的；

（六）装载民用爆炸物品的车厢载人的；

（七）出现危险情况未立即采取必要的应急处置措施、报告当地公安机关的。

第四十八条 违反本条例规定，从事爆破作业的单位有下列情形之一的，由公安机关责令停止违法行为或者限期改正，处10万元以上50万元以下的罚款；逾期不改正的，责令停产停业整顿；情节严重的，吊销《爆破作业单位许可证》：

（一）爆破作业单位未按照其资质等级从事爆破作业的；

（二）营业性爆破作业单位跨省、自治区、直辖市行政区域实施爆破作业，未按照规定事先向爆破作业所在地的县级人民政府公安机关报告的；

（三）爆破作业单位未按照规定建立民用爆炸物品领取登记制度、保存领取登记记录的；

（四）违反国家有关标准和规范实施爆破作业的。

爆破作业人员违反国家有关标准和规范的规定实施爆破作业的，由公安机关责令限期改正，情节严重的，吊销《爆破作业人员许可证》。

第四十九条 违反本条例规定，有下列情形之一的，由民用爆炸物品行业主管部门、公安机关按照职责责令限期改正，可以并处5万元以上20万元以下的罚款；逾期不改正的，责令停产停业整顿；情节严重的，吊销许可证：

（一）未按照规定在专用仓库设置技术防范设施的；

（二）未按照规定建立出入库检查、登记制度或者收存和发放民用爆炸物品，致使账物不符的；

（三）超量储存、在非专用仓库储存或者违反储存标准和规范储存民用爆炸物品的；

（四）有本条例规定的其他违反民用爆炸物品储存管理规定行为的。

第五十条 违反本条例规定，民用爆炸物品从业单位有下列情形之一的，由公安机关处2万元以上10万元以下的罚款；情节严重的，吊销其许可证；有违反治安管理行为的，依法给予治安管理处罚：

（一）违反安全管理制度，致使民用爆炸物品丢失、被盗、被抢的；

（二）民用爆炸物品丢失、被盗、被抢，未按照规定向当地公安机关报告或者故意隐瞒不报的；

（三）转让、出借、转借、抵押、赠送民用爆炸物品的。

第五十一条 违反本条例规定，携带民用爆炸物品搭乘公共交通工具或者进入公共场所，邮寄或者在托运的货物、行李、包裹、邮件中夹带民用爆炸物品，构成犯罪的，依法追究刑事责任；尚不构成犯罪的，由公安机关依法给予治安管理处罚，没收非法的民用爆炸物品，处1000元以上1万元以下的罚款。

第五十二条 民用爆炸物品从业单位的主要负责人未履行本条例规定的安全管理责任，导致发生重大伤亡事故或者造成其他严重后果，构成犯罪的，依法追究刑事责任；尚不构成犯罪的，对主要负责人给予撤职处分，对个人经营的投资人处2万元以上20万元以下的罚款。

第五十三条 民用爆炸物品行业主管部门、公安机关、工商行政管理部门的工作人员，在民用爆炸物品安全监督管理工作中滥用职权、玩忽职守或者徇私舞弊，构成犯罪的，依法追究刑事责任；尚不构成犯罪的，依法给予行政处分。

第八章　附　　则

第五十四条 《民用爆炸物品生产许可证》《民用爆炸物品销售许可证》，由民用爆炸物品行业主管部门规定式样；《民用爆炸物品购买许可证》《民用爆炸物品运输许可证》《爆破作业单位许可证》《爆破作业人员许可证》，由国务院公安部门规定式样。

第五十五条 本条例自2006年9月1日起施行。1984年1月6日国务院发布的《中华人民共和国民用爆炸物品管理条例》同时废止。

第三部分

国 务 院 文 件

关于推进安全生产领域改革发展的意见

中发〔2016〕32号

安全生产是关系人民群众生命财产安全的大事，是经济社会协调健康发展的标志，是党和政府对人民利益高度负责的要求。党中央、国务院历来高度重视安全生产工作，党的十八大以来作出一系列重大决策部署，推动全国安全生产工作取得积极进展。同时也要看到，当前我国正处在工业化、城镇化持续推进过程中，生产经营规模不断扩大，传统和新型生产经营方式并存，各类事故隐患和安全风险交织叠加，安全生产基础薄弱、监管体制机制和法律制度不完善、企业主体责任落实不力等问题依然突出，生产安全事故易发多发，尤其是重特大安全事故频发势头尚未得到有效遏制，一些事故发生呈现由高危行业领域向其他行业领域蔓延趋势，直接危及生产安全和公共安全。为进一步加强安全生产工作，现就推进安全生产领域改革发展提出如下意见。

一、总体要求

（一）指导思想。全面贯彻党的十八大和十八届三中、四中、五中、六中全会精神，以邓小平理论、“三个代表”重要思想、科学发展观为指导，深入贯彻习近平总书记系列重要讲话精神和治国理政新理念新思想新战略，进一步增强“四个意识”，紧紧围绕统筹推进“五位一体”总体布局和协调推进“四个全面”战略布局，牢固树立新发展理念，坚持安全发展，坚守发展决不能以牺牲安全为代价这条不可逾越的红线，以防范遏制重特大生产安全事故为重点，坚持安全第一、预防为主、综合治理的方针，加强领导、改革创新，协调联动、齐抓共管，着力强化企业安全生产主体责任，着力堵塞监督管理漏洞，着力解决不遵守法律法规的问题，依靠严密的责任体系、严格的法治措施、有效的体制机制、有力的基础保障和完善的系统治理，切实增强安全防范治理能力，大力提升我国安全生产整体水平，确保人民群众安康幸福、共享改革发展和社会文明进步成果。

（二）基本原则

——坚持安全发展。贯彻以人民为中心的发展思想，始终把人的生命安全放在首位，正确处理安全与发展的关系，大力实施安全发展战略，为经济社会发展提供强有力的安全保障。

——坚持改革创新。不断推进安全生产理论创新、制度创新、体制机制创新、科技创新和文化创新，增强企业内生动力，激发全社会创新活力，破解安全生产难题，推动安全生产与经济社会协调发展。

——坚持依法监管。大力弘扬社会主义法治精神，运用法治思维和法治方式，深化安全生产监管执法体制改革，完善安全生产法律法规和标准体系，严格规范公正文明执法，增强监管执法效能，提高安全生产法治化水平。

——坚持源头防范。严格安全生产市场准入，经济社会发展要以安全为前提，把安全生产贯穿城乡规划布局、设计、建设、管理和企业生产经营活动全过程。构建风险分级管控和隐患排查治理双重预防工作机制，严防风险演变、隐患升级导致生产安全事故发生。

——坚持系统治理。严密层级治理和行业治理、政府治理、社会治理相结合的安全生产治理体系，组织动员各方面力量实施社会共治。综合运用法律、行政、经济、市场等手段，落实人防、技防、物防措施，提升全社会安全生产治理能力。

（三）目标任务。到2020年，安全生产监管体制机制基本成熟，法律制度基本完善，全国生产安全事故总量明显减少，职业病危害防治取得积极进展，重特大生产安全事故频发势头得到有效遏制，安全生产整体水平与全面建成小康社会目标相适应。到2030年，实现安全生产治理体系和治理能力现代化，全民安全文明素质全面提升，安全生产保障能力显著增强，为实现中华民族伟大复兴的中国梦奠定稳固可靠的安全生产基础。

二、健全落实安全生产责任制

（四）明确地方党委和政府领导责任。坚持党政同责、一岗双责、齐抓共管、失职追责，完善安全生产责任体系。地方各级党委和政府要始终把安全生产摆在重要位置，加强组织领导。党政主要负责人是本地区安全生产第一责任人，班子其他成员对分管范围内的安全生产工作负领导责任。地方各级安全生产委员会主任由政府主要负责人担任，成员由同级党委和政府及相关部门负责人组成。

地方各级党委要认真贯彻执行党的安全生产方针，在统揽本地区经济社会发展全局中同步推进安全生产工作，定期研究决定安全生产重大问题。加强安全生产监管机构领导班子、干部队伍建设。严格安全生产履职绩效考核和失职责任追究。强化安全生产宣传教育和舆论引导。发挥人大对安全生产工作的监督促进作用、政协对安全生产工作的民主监督作用。推动组织、宣传、政法、机构编制等单位支持保障安全生产工作。动员社会各界积极参与、支持、监督安全生产工作。

地方各级政府要把安全生产纳入经济社会发展总体规划，制定实施安全生产专项规划，健全安全投入保障制度。及时研究部署安全生产工作，严格落实属地监管责任。充分发挥安全生产委员会作用，实施安全生产责任目标管理。建立安全生产巡查制度，督促各部门和下级政府履职尽责。加强安全生产监管执法能力建设，推进安全科技创新，提升信息化管理水平。严格安全准入标准，指导管控安全风险，督促整治重大隐患，强化源头治理。加强应急管理，完善安全生产应急救援体系。依法依规开展事故调查处理，督促落实问题整改。

（五）明确部门监管责任。按照管行业必须管安全、管业务必须管安全、管生产经营必须管安全和谁主管谁负责的原则，厘清安全生产综合监管与行业监管的关系，明确各有关部门安全生产和职业健康工作职责，并落实到部门工作职责规定中。安全生产监督管理部门负责安全生产法规标准和政策规划制定修订、执法监督、事故调查处理、应急救援管理、统计分析、宣传教育培训等综合性工作，承担职责范围内行业领域安全生产和职业健康监管执法职责。负有安全生产监督管理职责的有关部门依法依规履行相关行业领域安全生产和职业健康监管职责，强化监管执法，严厉查处违法违规行为。其他行业领域主管部门负有安全生产管理责任，要将安全生产工作作为行业领域管理的重要内容，从行业规划、产业政策、法规标准、行政许可等方面加强行业安全生产工作，指导督促企事业单位加强安全管理。党委和政府其他有关部门要在职责范围内为安全生产工作提供支持保障，共同推进安全发展。

（六）严格落实企业主体责任。企业对本单位安全生产和职业健康工作负全面责任，要严格履行安全生产法定责任，建立健全自我约束、持续改进的内生机制。企业实行全员安全生产责任制度，法定代表人和实际控制人同为安全生产第一责任人，主要技术负责人负有安全生产技术决策和指挥权，强化部门安全生产职责，落实一岗双责。完善落实混合所有制企业以及跨地区、多层级和境外中资企业投资主体的安全生产责任。建立企业全过程安全生产和职业健康管理制度，做到安全责任、管理、投入、培训和应急救援“五到位”。国有企业要发挥安全生产工作示范带头作用，自觉接受属地监管。

（七）健全责任考核机制。建立与全面建成小康社会相适应和体现安全发展水平的考核评价体系。完善考核制度，统筹整合、科学设定安全生产考核指标，加大安全生产在社会治安综合治理、精神文明建设等考核中的权重。各级政府要对同级安全生产委员会成员单位和下级政府实施严格的安全生产工作责任考核，实行过程考核与结果考核相结合。各地区各单位要建立安全生产绩效与履职评定、职务晋升、奖励惩处挂钩制度，严格落实安全生产“一票否决”制度。

（八）严格责任追究制度。实行党政领导干部任期安全生产责任制，日常工作依责尽职、发生事故依责追究。依法依规制定各有关部门安全生产权力和责任清单，尽职照单免责、失职照单问责。建立企业生产经营全过程安全责任追溯制度。严肃查处安全生产领域项目审批、行政许可、监管执法中的失职渎职和权钱交易等腐败行为。严格事故直报制度，对瞒报、谎报、漏报、迟报事故的单位和个人依法依规追责。对被追究刑事责任的生产经营者依法实施相应的职业禁入，对事故发生负有重大责任的社会服务机构和人员依法严肃追究法律责任，并依法实施相应的行业禁入。

三、改革安全监管监察体制

（九）完善监督管理体制。加强各级安全生产委员会组织领导，充分发挥其统筹协调作用，切实解决突出矛盾和问题。各级安全生产监督管理部门承担本级安全生产委员会日常工作，负责指导协调、监督检查、巡查考核本级政府有关部门和下级政府安全生产工作，履行综合监管职责。负有安全生产监督管理职责的部门，依照有关法律法规和部门职责，健全安全生产监管体制，严格落实监管职责。相关部门按照各自职责建立完善安全生产工作机制，形成齐抓共管格局。坚持管安全生产必须管职业健康，建立安全生产和职业健康一体化监管执法体制。

（十）改革重点行业领域安全监管监察体制。依托国家煤矿安全监察体制，加强非煤矿山安全生产监管监察，优化安全监察机构布局，将国家煤矿安全监察机构负责的安全生产行政许可事项移交给地方政府承担。着重加强危险化学品安全监管体制改革和力量建设，明确和落实危险化学品建设项目立项、规划、设计、施工及生产、储存、使用、销售、运输、废弃处置等环节的法定安全监管责任，建立有力的协调联动机制，消除监管空白。完善海洋石油安全生产监督管理体制机制，实行政企分开。理顺民航、铁路、电力等行业跨区域监管体制，明确行业监管、区域监管与地方监管职责。

（十一）进一步完善地方监管执法体制。地方各级党委和政府要将安全生产监督管理部门作为政府工作部门和行政执法机构，加强安全生产执法队伍建设，强化行政执法职能。统筹加强安全监管力量，重点充实市、县两级安全生产监管执法人员，强化乡镇（街道）安全生产监管力量建设。完善各类开发区、工业园区、港区、风景区等功能区安全生产监管体制，明确负责安全生产监督管理的机构，以及港区安全生产地方监管和部门监管责任。

（十二）健全应急救援管理体制。按照政事分开原则，推进安全生产应急救援管理体制改革，强化行政管理职能，提高组织协调能力和现场救援时效。健全省、市、县三级安全生产应急救援管理工作机制，建设联动互通的应急救援指挥平台。依托公安消防、大型企业、工业园区等应急救援力量，加强矿山和危险化学品等应急救援基地和队伍建设，实行区域化应急救援资源共享。

四、大力推进依法治理

（十三）健全法律法规体系。建立健全安全生产法律法规立改废释工作协调机制。加强涉及安全生产相关法规一致性审查，增强安全生产法制建设的系统性、可操作性。制定安全生产中长期立法规划，加快制定修订安全生产法配套法规。加强安全生产和职业健康法律法规衔接融合。研究修改刑法有关条款，将生产经营过程中极易导致重大生产安全事故的违法行为列入刑法调整范围。制定完善高危行业领域安全规程。设区的市根据立法法的立法精神，加强安全生产地方性法规建设，解决区域性安全生产突出问题。

（十四）完善标准体系。加快安全生产标准制定修订和整合，建立以强制性国家标准为主体的安全生产标准体系。鼓励依法成立的社会团体和企业制定更加严格规范的安全生产标准，结合国情积极借鉴实施国际先进标准。国务院安全生产监督管理部门负责生产经营单位职业危害预防治理国家标准制定发布工作；统筹提出安全生产强制性国家标准立项计划，有关部门按照职责分工组织起草、审查、实施和监督执行，国务院标准化行政主管部门负责及时立项、编号、对外通报、批准并发布。

（十五）严格安全准入制度。严格高危行业领域安全准入条件。按照强化监管与便民服务相结合原则，科学设置安全生产行政许可事项和办理程序，优化工作流程，简化办事环节，实施网上公开办理，接受社会监督。对与人民群众生命财产安全直接相关的行政许可事项，依法严格管理。对取消、下放、移交的行政许可事项，要加强事中事后安全监管。

（十六）规范监管执法行为。完善安全生产监管执法制度，明确每个生产经营单位安全生产监督和管理主体，制定实施执法计划，完善执法程序规定，依法严格查处各类违法违规行为。建立行政执法和刑事司法衔接制度，负有安全生产监督管理职责的部门要加强与公安、检察院、法院等协调配合，完善安全生产违法线索通报、案件移送与协查机制。对违法行为当事人拒不执行安全生产行政执法决定的，负有安全生产监督管理职责的部门应依法申请司法机关强制执行。完善司法机关参与事故调查机制，严肃查处违法犯罪行为。研究建立安全生产民事和行政公益诉讼制度。

（十七）完善执法监督机制。各级人大常委会要定期检查安全生产法律法规实施情况，开展专题询问。各级政协要围绕安全生产突出问题开展民主监督和协商调研。建立执法行为审议制度和重大行政执法决策机制，评估执法效果，防止滥用职权。健全领导干部非法干预安全生产监管执法的记录、通报和责任追究制度。完善安全生产执法纠错和执法信息公开制度，加强社会监督和舆论监督，保证执法严明、有错必纠。

（十八）健全监管执法保障体系。制定安全生产监管监察能力建设规划，明确监管执法装备及现场执法和应急救援用车配备标准，加强监管执法技术支撑体系建设，保障监管执法需要。建立完善负有安全生产监督管理职责的部门监管执法经费保障机制，将监管执法经费纳入同级财政全额保障范围。加强监管执法制度化、标准化、信息化建设，确保规范高效监管执法。建立安全生产监管执法人员依法履行法定职责制度，激励保证监管执法人员忠于职守、履职尽责。严格监管执法人员资格管理，制定安全生产监管执法人员录用标准，提高专业监管执法人员比例。建立健全安全生产监管执法人员凡进必考、入职培训、持证上岗和定期轮训制度。统一安全生产执法标志标识和制式服装。

（十九）完善事故调查处理机制。坚持问责与整改并重，充分发挥事故查处对加强和改进安全生产工作的促进作用。完善生产安全事故调查组组长负责制。健全典型事故提级调查、跨地区协同调查和工作督导机制。建立事故调查分析技术支撑体系，所有事故调查报告要设立技术和管理问题专篇，详细分析原因并全文发布，做好解读，回应公众关切。对事故调查发现有漏洞、缺陷的有关法律法规和标准制度，及时启动制定修订工作。建立事故暴露问题整改督办制度，事故结案后一年内，负责事故调查的地方政府和国务院有关部门要组织开展评估，及时向社会公开，对履职不力、整改措施不落实的，依法依规严肃追究有关单位和人员责任。

五、建立安全预防控制体系

（二十）加强安全风险管控。地方各级政府要建立完善安全风险评估与论证机制，科学合理确定企业选址和基础设施建设、居民生活区空间布局。高危项目审批必须把安全生产作为前置条件，城乡规划布局、设计、建设、管理等各项工作必须以安全为前提，实行重大安全风险“一票否决”。加强新材料、新工艺、新业态安全风险评估和管控。紧密结合供给侧结构性改革，推动高危产业转型升级。位置相邻、行业相近、业态相似的地区和行业要建立完善重大安全风险联防联控机制。构建国家、省、市、县四级重大危险源信息管理体系，对重点行业、重点区域、重点企业实行风险预警控制，有效防范重特大生产安全事故。

（二十一）强化企业预防措施。企业要定期开展风险评估和危害辨识。针对高危工艺、设备、物品、场所和岗位，建立分级管控制度，制定落实安全操作规程。树立隐患就是事故的观念，建立健全隐患排查治理制度、重大隐患治理情况向负有安全生产监督管理职责的部门和企业职代会“双报告”制度，实行自查自改自报闭环管理。严格执行安全生产和职业健康“三同时”制度。大力推进企业安全生产标准化建设，实现安全管理、操作行为、设备设施和作业环境的标准化。开展经常性的应急演练和人员避险自救培训，着力提升现场应急处置能力。

（二十二）建立隐患治理监督机制。制定生产安全事故隐患分级和排查治理标准。负有安全生产监督管理职责的部门要建立与企业隐患排查治理系统联网的信息平台，完善线上线下配套监管制度。强化隐患排查治理监督执法，对重大隐患整改不到位的企业依法采取停产停业、停止施工、停止供电和查封扣押等强制措施，按规定给予上限经济处罚，对构成犯罪的要移交司法机关依法追究刑事责任。严格重大隐患挂牌督办制度，对整改和督办不力的纳入政府核查问责范围，实行约谈告诫、公开曝光，情节严重的依法依规追究相关人员责任。

（二十三）强化城市运行安全保障。定期排查区域内安全风险点、危险源，落实管控措施，构建系统性、现代化的城市安全保障体系，推进安全发展示范城市建设。提高基础设施安全配置标准，重点加强对城市高层建筑、大型综合体、隧道桥梁、管线管廊、轨道交通、燃气、电力设施及电梯、游乐设施等的检测维护。完善大型群众性活动安全管理制度，加强人员密集场所安全监管。加强公安、民政、国土资源、住房城乡建设、交通运输、水利、农业、安全监管、气象、地震等相关部门的协调联动，严防自然灾害引发事故。

（二十四）加强重点领域工程治理。深入推进对煤矿瓦斯、水害等重大灾害以及矿山采空区、尾矿库的工程治理。加快实施人口密集区域的危险化学品和化工企业生产、仓储场所安全搬迁工程。深化油气开采、输送、炼化、码头接卸等领域安全整治。实施高速公路、乡村公路和急弯陡坡、临水临崖危险路段公路安全生命防护工程建设。加强高速铁路、跨海大桥、海底隧道、铁路浮桥、航运枢纽、港口等防灾监测、安全检测及防护系统建设。完善长途客运车辆、旅游客车、危险物品运输车辆和船舶生产制造标准，提高安全性能，强制安装智能视频监控报警、防碰撞和整车整船安全运行监管技术装备，对已运行的要加快安全技术装备改造升级。

（二十五）建立完善职业病防治体系。将职业病防治纳入各级政府民生工程及安全生产工作考核体系，制定职业病防治中长期规划，实施职业健康促进计划。加快职业病危害严重企业技术改造、转型升级和淘汰退出，加强高危粉尘、高毒物品等职业病危害源头治理。健全职业健康监管支撑保障体系，加强职业健康技术服务机构、职业病诊断鉴定机构和职业健康体检机构建设，强化职业病危害基础研究、预防控制、诊断鉴定、综合治疗能力。完善相关规定，扩大职业病患者救治范围，将职业病失能人员纳入社会保障范围，对符合条件的职业病患者落实医疗与生活救助措施。加强企业职业健康监管执法，督促落实职业病危害告知、日常监测、定期报告、防护保障和职业健康体检等制度措施，落实职业病防治主体责任。

六、加强安全基础保障能力建设

（二十六）完善安全投入长效机制。加强中央和地方财政安全生产预防及应急相关资金使用管理，加大安全生产与职业健康投入，强化审计监督。加强安全生产经济政策研究，完善安全生产专用设备企业所得税优惠目录。落实企业安全生产费用提取管理使用制度，建立企业增加安全投入的激励约束机制。健全投融资服务体系，引导企业集聚发展灾害防治、预测预警、检测监控、个体防护、应急处置、安全文化等技术、装备和服务产业。

（二十七）建立安全科技支撑体系。优化整合国家科技计划，统筹支持安全生产和职业健康领域科研项目，加强研发基地和博士后科研工作站建设。开展事故预防理论研究和关键技术装备研发，加快成果转化和推广应用。推动工业机器人、智能装备在危险工序和环节广泛应用。提升现代信息技术与安全生产融合度，统一标准规范，加快安全生产信息化建设，构建安全生产与职业健康信息化全国“一张网”。加强安全生产理论和政策研究，运用大数据技术开展安全生产规律性、关联性特征分析，提高安全生产决策科学化水平。

（二十八）健全社会化服务体系。将安全生产专业技术服务纳入现代服务业发展规划，培育多元化服务主体。建立政府购买安全生产服务制度。支持发展安全生产专业化行业组织，强化自治自律。完善注册安全工程师制度。改革完善安全生产和职业健康技术服务机构资质管理办法。支持相关机构开展安全生产和职业健康一体化评价等技术服务，严格实施评价公开制度，进一步激活和规范专业技术服务市场。鼓励中小微企业订单式、协作式购买运用安全生产管理和技术服务。建立安全生产和职业健康技术服务机构公示制度和由第三方实施的信用评定制度，严肃查处租借资质、违法挂靠、弄虚作假、垄断收费等各类违法违规行为。

（二十九）发挥市场机制推动作用。取消安全生产风险抵押金制度，建立健全安全生产责任保险制度，在矿山、危险化学品、烟花爆竹、交通运输、建筑施工、民用爆炸物品、金属冶炼、渔业生产等高危行业领域强制实施，切实发挥保险机构参与风险评估管控和事故预防功能。完善工伤保险制度，加快制定工伤预防费用的提取比例、使用和管理具体办法。积极推进安全生产诚信体系建设，完善企业安全生产不良记录“黑名单”制度，建立失信惩戒和守信激励机制。

（三十）健全安全宣传教育体系。将安全生产监督管理纳入各级党政领导干部培训内容。把安全知识普及纳入国民教育，建立完善中小学安全教育和高危行业职业安全教育体系。把安全生产纳入农民工技能培训内容。严格落实企业安全教育培训制度，切实做到先培训、后上岗。推进安全文化建设，加强警示教育，强化全民安全意识和法治意识。发挥工会、共青团、妇联等群团组织作用，依法维护职工群众的知情权、参与权与监督权。加强安全生产公益宣传和舆论监督。建立安全生产“12350”专线与社会公共管理平台统一接报、分类处置的举报投诉机制。鼓励开展安全生产志愿服务和慈善事业。加强安全生产国际交流合作，学习借鉴国外安全生产与职业健康先进经验。

各地区各部门要加强组织领导，严格实行领导干部安全生产工作责任制，根据本意见提出的任务和要求，结合实际认真研究制定实施办法，抓紧出台推进安全生产领域改革发展的具体政策措施，明确责任分工和时间进度要求，确保各项改革举措和工作要求落实到位。贯彻落实情况要及时向党中央、国务院报告，同时抄送国务院安全生产委员会办公室。中央全面深化改革领导小组办公室将适时牵头组织开展专项监督检查。

地方党政领导干部安全生产责任制规定

厅字〔2018〕13号

第一章　总　　则

第一条　为了加强地方各级党委和政府对安全生产工作的领导，健全落实安全生产责任制，树立安全发展理念，根据《中华人民共和国安全生产法》《中华人民共和国公务员法》等法律规定和《中共中央、国务院关于推进安全生产领域改革发展的意见》《中国共产党地方委员会工作条例》《中国共产党问责条例》等中央有关规定，制定本规定。

第二条　本规定适用于县级以上地方各级党委和政府领导班子成员（以下统称地方党政领导干部）。

县级以上地方各级党委工作机关、政府工作部门及相关机构领导干部，乡镇（街道）党政领导干部，各类开发区管理机构党政领导干部，参照本规定执行。

第三条　实行地方党政领导干部安全生产责任制，必须以习近平新时代中国特色社会主义思想为指导，切实增强政治意识、大局意识、核心意识、看齐意识，牢固树立发展决不能以牺牲安全为代价的红线意识，按照高质量发展要求，坚持安全发展、依法治理，综合运用巡查督查、考核考察、激励惩戒等措施，加强组织领导，强化属地管理，完善体制机制，有效防范安全生产风险，坚决遏制重特大生产安全事故，促使地方各级党政领导干部切实承担起“促一方发展、保一方平安”的政治责任，为统筹推进“五位一体”总体布局和协调推进“四个全面”战略布局营造良好稳定的安全生产环境。

第四条　实行地方党政领导干部安全生产责任制，应当坚持党政同责、一岗双责、齐抓共管、失职追责，坚持管行业必须管安全、管业务必须管安全、管生产经营必须管安全。

地方各级党委和政府主要负责人是本地区安全生产第一责任人，班子其他成员对分管范围内的安全生产工作负领导责任。

第二章　职　　责

第五条　地方各级党委主要负责人安全生产职责主要包括：

（一）认真贯彻执行党中央以及上级党委关于安全生产的决策部署和指示精神，安全生产方针政策、法律法规；

（二）把安全生产纳入党委议事日程和向全会报告工作的内容，及时组织研究解决安全生产重大问题；

（三）把安全生产纳入党委常委会及其成员职责清单，督促落实安全生产“一岗双责”制度；

（四）加强安全生产监管部门领导班子建设、干部队伍建设和机构建设，支持人大、政协监督安全生产工作，统筹协调各方面重视支持安全生产工作；

（五）推动将安全生产纳入经济社会发展全局，纳入国民经济和社会发展考核评价体系，作为衡量经济发展、社会治安综合治理、精神文明建设成效的重要指标和领导干部政绩考核的重要内容；

（六）大力弘扬生命至上、安全第一的思想，强化安全生产宣传教育和舆论引导，将安全生产方针政策和法律法规纳入党委理论学习中心组学习内容和干部培训内容。

第六条 县级以上地方各级政府主要负责人安全生产职责主要包括：

（一）认真贯彻落实党中央、国务院以及上级党委和政府、本级党委关于安全生产的决策部署和指示精神，安全生产方针政策、法律法规；

（二）把安全生产纳入政府重点工作和政府工作报告的重要内容，组织制定安全生产规划并纳入国民经济和社会发展规划，及时组织研究解决安全生产突出问题；

（三）组织制定政府领导干部年度安全生产重点工作责任清单并定期检查考核，在政府有关工作部门“三定”规定中明确安全生产职责；

（四）组织设立安全生产专项资金并列入本级财政预算、与财政收入保持同步增长，加强安全生产基础建设和监管能力建设，保障监管执法必需的人员、经费和车辆等装备；

（五）严格安全准入标准，推动构建安全风险分级管控和隐患排查治理预防工作机制，按照分级属地管理原则明确本地区各类生产经营单位的安全生产监管部门，依法领导和组织生产安全事故应急救援、调查处理及信息公开工作；

（六）领导本地区安全生产委员会工作，统筹协调安全生产工作，推动构建安全生产责任体系，组织开展安全生产巡查、考核等工作，推动加强高素质专业化安全监管执法队伍建设。

第七条 地方各级党委常委会其他成员按照职责分工，协调纪检监察机关和组织、宣传、政法、机构编制等单位支持保障安全生产工作，动员社会各界力量积极参与、支持、监督安全生产工作，抓好分管行业（领域）、部门（单位）的安全生产工作。

第八条 县级以上地方各级政府原则上由担任本级党委常委的政府领导干部分管安全生产工作，其安全生产职责主要包括：

（一）组织制定贯彻落实党中央、国务院以及上级及本级党委和政府关于安全生产决策部署，安全生产方针政策、法律法规的具体措施；

（二）协助党委主要负责人落实党委对安全生产的领导职责，督促落实本级党委关于安全生产的决策部署；

（三）协助政府主要负责人统筹推进本地区安全生产工作，负责领导安全生产委员会日常工作，组织实施安全生产监督检查、巡查、考核等工作，协调解决重点难点问题；

（四）组织实施安全风险分级管控和隐患排查治理预防工作机制建设，指导安全生产专项整治和联合执法行动，组织查处各类违法违规行为；

（五）加强安全生产应急救援体系建设，依法组织或者参与生产安全事故抢险救援和调查处理，组织开展生产安全事故责任追究和整改措施落实情况评估；

（六）统筹推进安全生产社会化服务体系建设、信息化建设、诚信体系建设和教育培训、科技支撑等工作。

第九条 县级以上地方各级政府其他领导干部安全生产职责主要包括：

（一）组织分管行业（领域）、部门（单位）贯彻执行党中央、国务院以及上级及本级党委和政府关于安全生产的决策部署，安全生产方针政策、法律法规；

（二）组织分管行业（领域）、部门（单位）健全和落实安全生产责任制，将安全生产工作与业务工作同时安排部署、同时组织实施、同时监督检查；

（三）指导分管行业（领域）、部门（单位）把安全生产工作纳入相关发展规划和年度工作计划，从行业规划、科技创新、产业政策、法规标准、行政许可、资产管理等方面加强和支持安全生产工作；

（四）统筹推进分管行业（领域）、部门（单位）安全生产工作，每年定期组织分析安全生产形势，及时研究解决安全生产问题，支持有关部门依法履行安全生产工作职责；

（五）组织开展分管行业（领域）、部门（单位）安全生产专项整治、目标管理、应急管理、查处违法违规生产经营行为等工作，推动构建安全风险分级管控和隐患排查治理预防工作机制。

第三章 考核考察

第十条 把地方党政领导干部落实安全生产责任情况纳入党委和政府督查督办重要内容，一并进行督促检查。

第十一条 建立完善地方各级党委和政府安全生产巡查工作制度，加强对下级党委和政府的安全生产巡查，推动安全生产责任措施落实。将巡查结果作为对被巡查地区党委和政府领导班子和有关领导干部考核、奖惩和使用的重要参考。

第十二条 建立完善地方各级党委和政府安全生产责任考核制度，对下级党委和政府安全生产工作情况进行全面评价，将考核结果与有关地方党政领导干部履职评定挂钩。

第十三条 在对地方各级党委和政府领导班子及其成员的年度考核、目标责任考核、绩效考核以及其他考核中，应当考核其落实安全生产责任情况，并将其作为确定考核结果的重要参考。

地方各级党委和政府领导班子及其成员在年度考核中，应当按照“一岗双责”要求，将履行安全生产工作责任情况列入述职内容。

第十四条 党委组织部门在考察地方党政领导干部拟任人选时，应当考察其履行安全生产工作职责情况。

有关部门在推荐、评选地方党政领导干部作为奖励人选时，应当考察其履行安全生产工作职责情况。

第十五条 实行安全生产责任考核情况公开制度。定期采取适当方式公布或者通报地方党政领导干部安全生产工作考核结果。

第四章 表 彰 奖 励

第十六条 对在加强安全生产工作、承担安全生产专项重要工作、参加抢险救护等方面作出显著成绩和重要贡献的地方党政领导干部，上级党委和政府应当按照有关规定给予表彰奖励。

第十七条 对在安全生产工作考核中成绩优秀的地方党政领导干部，上级党委和政府按照有关规定给予记功或者嘉奖。

第五章 责 任 追 究

第十八条 地方党政领导干部在落实安全生产工作责任中存在下列情形之一的，应当按照有关规定进行问责：

（一）履行本规定第二章所规定职责不到位的；

（二）阻挠、干涉安全生产监管执法或者生产安全事故调查处理工作的；

（三）对迟报、漏报、谎报或者瞒报生产安全事故负有领导责任的；

（四）对发生生产安全事故负有领导责任的；

（五）有其他应当问责情形的。

第十九条 对存在本规定第十八条情形的责任人员，应当根据情况采取通报、诫勉、停职检查、调整职务、责令辞职、降职、免职或者处分等方式问责；涉嫌职务违法犯罪的，由监察机关依法调查处置。

第二十条 严格落实安全生产“一票否决”制度，对因发生生产安全事故被追究领导责任的地方党政领导干部，在相关规定时限内，取消考核评优和评选各类先进资格，不得晋升职务、级别或者重用任职。

第二十一条 对工作不力导致生产安全事故人员伤亡和经济损失扩大，或者造成严重社会影响负有主要领导责任的地方党政领导干部，应当从重追究责任。

第二十二条 对主动采取补救措施，减少生产安全事故损失或者挽回社会不良影响的地方党政领导干部，可以从轻、减轻追究责任。

第二十三条 对职责范围内发生生产安全事故，经查实已经全面履行了本规定第二章所规定职责、法律法规规定有关职责，并全面落实了党委和政府有关工作部署的，不予追究地方有关党政领导干部的领导责任。

第二十四条 地方党政领导干部对发生生产安全事故负有领导责任且失职失责性质恶劣、后果严重的，不论是否已调离转岗、提拔或者退休，都应当严格追究其责任。

第二十五条 实施安全生产责任追究，应当依法依规、实事求是、客观公正，根据岗位职责、履职情况、履职条件等因素合理确定相应责任。

第二十六条 存在本规定第十八条情形应当问责的，由纪检监察机关、组织人事部门和安全生产监管部门按照权限和职责分别负责。

第六章 附 则

第二十七条 各省、自治区、直辖市党委和政府应当根据本规定制定实施细则。

第二十八条 本规定由应急管理部商中共中央组织部解释。

第二十九条 本规定自2018年4月8日起施行。

知识链接

问：这是我国第一部安全生产领域的党内法规，为什么要制定这样一个针对专项工作的党内法规？

答：党的十八大以来，以习近平同志为核心的党中央对安全生产高度重视。“党政同责、一岗双责、齐抓共管、失职追责”“管行业必须管安全、管业务必须管安全、管生产经营必须管安全”等重要批示指示，对地方党政领导干部的安全生产责任提出了明确要求。制定下发《地方党政领导干部安全生产责任制规定》（以下简称《规定》），意在加强组织领导，强化属地管理，完善体制机制，是把习近平总书记安全生产重要思想落实到党内法规层面，作为推进安全生产领域改革发展的重要制度性安排，是新时期全面从严治党的重要举措。

问：《规定》的出台，对于当前安全生产工作，以及新组建的应急管理部来说，有怎样的意义？

答：当前安全生产形势比较稳定，但仍然严峻，重特大生产安全事故时有发生，安全生产仍然是经济社会发展的薄弱环节。而地方党政领导干部是安全生产工作的“关键少数”，他们安全生产红线意识强不强、责任清不清、落实严不严、问责到不到位，直接影响一个地区的安全生产形势是否稳定。《规定》准确抓住“关键少数”，压实领导责任，推动落实“促一方发展、保一方平安”的政治责任。对于刚刚组建的应急管理部来说，强化安全管理，做好事前预防，将突发事件苗头和隐患及时化解，就是对改革最有力的支持，也是最有效的应急管理。

问：地方党政领导干部的安全生产责任主要有哪些？

答：按照抓“关键少数”、权责对等原则，《规定》对地方党政领导干部的主要安全生产职责进行了明确界定，力求科学定位、合理分工、协同一体。

地方党政主要负责人是本地区安全生产第一责任人，要牵头抓总。在这一部分，《规定》首次提出，要把安全生产纳入党委议事日程和向全会报告工作的内容，纳入政府重点工作和政府工作报告的重要内容，要在政府有关工作部门“三定”规定中明确安全生产职责。

党政领导班子中分管安全生产的领导干部要坚持目标导向和问题导向相结合，加强对安全生产综合监管和直接监管工作的领导，履行好统筹协调责任，要抓组织落实、抓统筹协调、抓风险管控和依法治理、抓应急和事故处理、抓基础保障。

党政领导班子中其他领导干部则要按照职责分工承担支持保障责任和领导责任。要组织分管行业（领域）、部门（单位）健全和落实安全生产责任制，将安全生产工作与业务工作同时安排部署、同时组织实施、同时监督检查。要组织开展分管行业（领域）、部门（单位）安全生产专项整治、目标管理、应急管理、查处违法违规生产经营行为等工作，推动构建安全风险分级管控和隐患排查治理预防工作机制。

问：依据《规定》，党政一把手是地方安全生产工作的第一责任人，县级以上地方各级政府原则上由担任本级党委常委的政府领导干部分管安全生产工作，这两条硬性规定的用意是什么？

答：这两条硬规定是针对当前安全生产工作中突出矛盾制定的，是强化安全生产领导机制的重要抓手，意在彰显安全生产工作在全局工作中的重要性。

长期以来，有的地方党政主要领导政绩观错位，安全生产工作“说起来重要，做起来往后靠”；有的地方党政班子中，长期是排位最后的分管安全生产。这直接导致当地对安全生产不重视、不研究、不投入，安全生产工作组织领导和支撑保障不到位。特别是面对GDP诱惑时，就把安全抛在脑后，红线失守、底线不保。一次又一次血的教训告诉我们，安全生产工作必须是“一把手工程”，必须放在全局工作的突出重要位置。

问：对地方党政领导干部的安全生产履职情况，《规定》从哪些方面进行考核考察？

答：《规定》将安全生产绩效与履职评定、职务晋升、奖励惩处挂钩，制定了“三项制度”，实行“三个纳入”。“三项制度”分别是：巡查制度，要加强对下级党委和政府的安全生产巡查；考核制度，要对下级党委和政府安全生产工作情况进行全面评价，将考核结果与有关地方党政领导干部履职评定挂钩；公开制度，要求定期采取适当方式公布或通报地方党政领导干部安全生产工作考核结果。“三个纳入”分别是纳入督查督办内容，纳入相关考核内容，纳入干部考察内容。

问：在问责追责方面，有哪些新举措？

答：《规定》除了界定了问责情形、问责方式外，还提出了五种问责新举措：一是“一票否决”，对因发生生产安全事故被追究领导责任的地方党政领导干部，在相关规定时限内，取消考核评优和评选各类先进的资格，不得晋升职务、级别或重用任职。二是从重追究，对工作不力导致生产安全事故人员伤亡和经济损失扩大，或造成严重社会影响负有主要领导责任的地方党政领导干部，应当从重追究责任。三是补救从轻，对主动采取补救措施，减少生产安全事故损失或挽回社会不良影响的地方党政领导干部，可以从轻、减轻追究责任。四是尽职免责，对职责范围内发生生产安全事故，经查实已经全面履行了规定职责，并全面落实了党委和政府有关工作部署的，不予追究相关地方党政领导干部的领导责任。五是终身问责，地方党政领导干部对发生生产安全事故负有领导责任且失职失责性质恶劣、后果严重的，不论是否已调离转岗、提拔或者退休，都应当严格追究责任。

问：除了问责追责，《规定》还列出了安全生产履职表彰奖励的条件，这是出于什么考虑？

答：奖惩结合，是所有健全完善的责任制度的必要特征，制定表彰奖励条件，能够鼓励地方党政领导干部更高质量地履职尽责，加快推动安全生产工作开创新局面。这次《规定》明确了地方党政领导干部安全生产履职情况的两种奖励方式：一是及时奖励，也是专项奖励，对在加强安全生产工作、承担安全生产专项重要工作、参加抢险救护等方面作出显著成绩和重要贡献的地方党政领导干部，上级党委和政府应当按照有关规定给予表彰奖励；二是定期奖励，也是综合奖励，对在安全生产工作考核中成绩优秀的地方党政领导干部，上级党委和政府按照有关规定给予记功或嘉奖。这些表彰奖励，都将严格按照党和国家有关荣誉表彰条例进行。

问：应急管理部对贯彻落实规定，有哪些要求？

答：压实地方党政领导干部责任，是安全生产责任体系的重要组成部分，但不是全部。制定出台《规定》，是为了充分发挥地方党政领导干部这一“关键少数”的作用，强化党对安全生产工作的领导，推进安全生产依法治理，最终促进企业落实安全生产主体责任。对于贯彻落实《规定》，应急管理部要求各级有关部门认真学习领会，在地方党委和政府的领导下更加积极地履职尽责，主动谋划、主动作为，当好参谋助手，推动安全生产工作迈上新台阶、开创新局面。

关于深化应急管理综合行政执法改革的意见

中办发〔2020〕35号

深化应急管理综合行政执法改革，是解决安全生产，防灾减灾救灾、应急救援等应急管理领域突出问题，防范化解重大安全风险，保护人民群众生命财产安全和维护社会稳定的内在要求。为贯彻落实《中共中央关于深化党和国家机构改革的决定》和《深化党和国家机构改革方案》部署要求，加快构建权责一致、权威高效的监管执法体制，提升安全防范能力水平，现就深化应急管理综合行政执法改革提出如下意见。

一、总体要求

（一）指导思想。以习近平新时代中国特色社会主义思想为指导，全面贯彻党的十九大和十九届二中、三中、四中全会精神，坚持以人民为中心的发展思想，坚持人民至上、生命至上，树牢安全发展理念，深化转职能、转方式、转作风，整合优化应急管理系统执法职能，统筹执法资源，强化执法力量，完善执法体系，不断强化应急管理综合行政执法能力，加快推进应急管理体系和能力现代化，着力防范化解重大安全风险，坚决遏制重特大事故，有效应对各类自然灾害，为实现“两个一百年”奋斗目标、实现中华民族伟大复兴的中国梦创造安全稳定的社会环境。

（二）工作原则

——坚持和加强党的全面领导。增强“四个意识”、坚定“四个自信”、做到

“两个维护”，自觉在思想上政治上行动上同以习近平同志为核心的党中央保持高度一致，把加强党对一切工作的领导贯穿应急管理综合行政执法改革各方面和全过程。

——坚持优化协同高效。统筹配置执法资源，加强专业化监管执法能力建设，强化部门协同配合，提高监管执法效能。突出加强安全生产执法工作，有效防范遏制生产安全事故发生。

——坚持全面依法行政。依法履行职权，完善执法程序，规范执法行为，做到严格规范公正文明执法。加强执法监督，落实执法责任，保障执法条件，做到有权必有责、用权受监督、违法受追究。

——坚持准军事化管理。用铁的纪律锤炼队伍，用过硬作风塑造队伍，严格制度标准，强化执行落实，立起新时代应急管理综合行政执法队伍的崭新形象，让党和人民信得过，靠得住、能放心。

——坚持统筹规划推进。按照应急管理体系和能力现代化要求，统筹安排、重点推进，加快健全应急管理综合行政执法体系。

二、主要任务

（一）整合监管执法职责。将法律法规赋予地方应急管理部门的有关危险化学品、烟花爆竹、矿山、工贸等行业领域安全生产监管，以及地质灾害、水旱灾害、森林草原火灾等有关应急抢险和灾害救助、防震减灾等方面的行政处罚、行政强制职能进行整合，组建应急管理综合行政执法队伍，以本级应急管理部门名义统一执法。已经实行跨领域跨部门综合行政执法的，可以继续探索；具备条件的地区可结合实际进行更大范围的综合行政执法。地方各级应急管理部门内设机构和综合行政执法队伍应建立协调联动机制，联合实施行政检查，减少检查频次，提高监管执法效能。

（二）健全监管执法体系。健全省市县三级应急管理综合行政执法体系，厘清不同层级执法管辖权限，明确监管执法职责。执法范围和执法重点，实施分类分级执法，避免多层多头重复执法、层层下放转移执法责任。各省、自治区应急管理部门要强化统筹协调和监督指导职责，承担法律法规规定由省级承担的安全生产、防灾减灾救灾、应急救援等应急管理行政执法职责，主要负责监督指导、重大案件查处、跨区域执法的组织协调等工作。各省、自治区应急管理部门原则上不设执法队伍，现有事业性质执法队伍要逐步清理消化，可按程序调用市县两级应急管理综合行政执法队伍人员力量。各直辖市应急管理综合行政执法体制和层级配置，由直辖市党委按照中央减少多层多头重复执法改革要求，结合实际研究确定。应急管理综合行政执法职责主要由市县两级承担。日常执法检查、一般违法案件查处以县级为主。设区的市主要承担法律法规直接赋予本级的执法职责，组织查处辖区内跨区域和具有重大影响的复杂案件，监督指导辖区内执法体系建设和执法工作。设区的市及其市辖区按照减少执法层级、不重复执法的要求，原则上实行以区为主的执法管理体制。市县两级应急管理部门原则上实行“局队合一”体制，形成监管执法合力。地方可根据实际情况探索具体落实形式，将人员编制向执法岗位倾斜，强化行政执法职能。应急管理执法体制调整后，安全生产执法工作只能加强不能削弱，上级应急管理部门应加强跨区域执法的组织协调。乡镇政府以及街道办事处、开发区和工业园区管理机构要落实相关职责，确保责有人负、事有人干。按照权责一致原则，通过依法赋予必要的监管执法权限等形式，强化基层属地管理。合理划分县乡应急管理执法职责，对乡镇（街道）有能力承担的简易执法事项，依法委托乡镇（街道）执法。地方政府要积极探索加强基层应急管理能力建设的途径方法，建立乡镇安全生产、防灾减灾救灾、应急救援等应急管理工作检查与县级专业执法协调配合机制。

（三）加强执法队伍建设。地方各级党委要结合本地经济发展规模、产业分布、企业数量、自然灾害和安全风险等级等特点，在现有机构编制规模内，整合优化职能和编制配备，统筹配置执法资源和执法力量，严格执行机构编制管理规定，规范机构编制管理。严格准入门槛，严禁将不符合行政执法类公务员管理规范要求的人员划入综合行政执法队伍，严禁挤占、挪用本应用于公益服务的事业编制。对现有执法人员，全部实行执法考试合格并取得执法资格证后方可上岗，对新招录人员，坚持凡进必考，严格实施执法人员持证上岗和资格管理制度，没有取得执法资格证的不得从事执法活动。突出安全生产、防灾减灾救灾、应急救援等应急管理专业性要求，建立执法人员入职培训、定期轮训和考核制度，入职培训不少于3个月，每年参加不少于2周的复训。提高应急管理综合行政执法队伍专业化素质，具有应急管理相关学历、职业资格和实践经验的执法人员数量，到2022年年底不低于应急管理在职执法人员的75%。加大安全生产、防灾减灾救灾、应急救援等领域急需紧缺专业人才引进和培养力度，提升一线执法人员履职能力。建立完善执法人员交流培养和考核奖惩机制，坚持依纪依法、客观公正追究执法失职渎职责任，建立健全容错纠错机制，充分调动广大执法人员动真碰硬、担当作为的积极性。

（四）下移执法重心。地方各级党委和政府要采取措施推动执法力量向基层和一线倾斜，执法人员编制重点用于执法一线，着力解决基层执法力量薄弱、专业能力不足及多层级重复执法等问题。合理规划、调整、部署基层执法机构，统一名称、规格、数量和层级，创新体制机制，优化人员配置，重点加强动态巡查、办案等执法一线工作力量。

（五）规范执法行为。全面梳理、规范和精简执法事项，加强对行政处罚、行政强制事项管理，编制统一执法目录，实行执法事项清单制度。建立完善行政处罚、行政强制权责清单，并依法及时动态调整，清理取消没有法律法规规章依据和交叉重复的执法事项，切实防止不合法、不合理执法现象。全面推行行政执法公示、执法全过程记录、重大执法决定法制审核等制度，及时主动公开执法职责、执法依据、执法标准、执法程序、监督途径、执法结果。对行政执法的启动、调查取证、审核决定、送达执行等进行全过程记录，全面系统归档保存，做到可回溯管理。落实重大执法决定法制审核责任，确保依法执法。健全行政处罚自由裁量标准，细化行政处罚等级，合理确定自由裁量幅度，防止执法随意、标准不一，确保执法处罚公平、公正、准确、合法。

（六）完善执法方式。地方各级应急管理部门要科学制定年度执法计划，突出重点行业领域和重点地区，确定辖区内重点企业名单，按明确的时间周期固定开展“全覆盖”执法检查；在此基础上，对其他企业实行“双随机、一公开”执法抽查。开展“执法+专家”式执法，寓服务于执法之中，推动企业负责人、安全管理人员和岗位操作员工全过程参加执法检查，进行“说理式执法”，增强企业自我防范风险意识和主动消除违法违规行为的自觉性。综合运用互联网、云计算、大数据等现代信息技术，提升监管执法数字化、精细化、智慧化水平。建立全国统一的应急管理监管执法信息平台，加强统计分析，提高执法效能，积极推行移动执法。加快各部门之间执法信息的开放共享、互联互通。加强应急管理执法检查跨部门协同配合，建立完善联合执法机制，增强执法合力。依法依规严格执行安全生产严重违法失信行为惩戒制度，对存在严重违法违规行为的惩戒对象及时纳入安全生产不良记录。对实施惩戒的企业，增加执法检查频次，提高震慑力。

（七）健全执法制度。完善行政执法程序，推行执法办案评议考核制度，建立健全执法评价体系，做到精准执法、规范执法、严格执法。严格落实“谁执法谁普法”普法责任制，将普法融入执法办案全过程。加强执法监督，完善内部、层级和外部监督机制。建立领导干部违法干预执法活动和插手具体案件查处责任追究制度，防止地方和部门保护主义。规范实施安全生产行政执法与刑事司法衔接制度，严格执行移送标准和程序，防止有案难移、有案不移和不查不办、以罚代刑现象。

（八）突出加强安全生产监管执法。应急管理综合行政执法体系建设、队伍建设、工作部署要突出加强安全生产监管执法这个关键。配齐配强安全生产监管执法专业人员力量，依法依规对企业开展安全生产执法检查，严厉打击各类非法违法行为，推动企业建立安全生产管理和技术团队。坚持以案说法，加强企业负责人安全生产法治教育，压实企业主要负责人第一责任人责任，督促企业严格落实安全生产主体责任。发挥安全生产综合监督管理职能作用，对发现不属于应急管理部门监管执法权限的安全生产问题隐患，及时移交有关部门依法查处。推动管行业必须管安全、管业务必须管安全、管生产经营必须管安全的安全生产监管职责落实到位。针对突出问题隐患，深入分析深层次矛盾，及时依法依规进行处理。严格落实安全生产考核巡查制度，推动地方各级党委和政府认真落实《地方党政领导干部安全生产责任制规定》。

（九）强化执法保障。按照事权与支出责任相适应原则，将应急管理执法工作经费纳入同级财政预算管理。严格执行罚缴分离和收支两条线管理制度，严禁罚没收入与所谓部门利益直接或者变相挂钩。强化执法人员职业保障，完善执法人员工资待遇保障政策，依法为执法人员参加工伤保险，鼓励各地区为执法人员购买人身意外伤害保险。结合应急管理系统全面实行准军事化管理，制定国家和省市县应急管理综合行政执法准军事化管理的标准规范，制定统一的应急管理综合行政执法装备标准，统筹配备执法装备。有关执法制式服装、标志和执法执勤用车配备，按中央统一规定执行。

三、组织实施

（一）提高思想认识。地方各级党委和政府及有关部门要充分认识当前自然灾害风险加剧，安全生产正处于爬坡过坎期，打好防范化解重大风险攻坚战任务艰巨的严峻现实。正确处理改革发展与安全生产、防灾减灾救灾、应急救援等应急管理工作的关系，强化底线思维、红线意识，始终把防范化解重大安全风险责任牢牢扛在肩上，树牢安全发展理念，绝不能只重发展不顾安全，更不能将其视作无关痛痒的事，搞形式主义、官僚主义。要通过建设强有力的应急管理综合行政执法队伍，大力推动安全生产、防灾减灾救灾、应急救援等应急管理工作，实现安全生产形势持续稳定好转、防范应对灾害事故更加有力有序有效。

（二）加强组织领导。地方各级党委和政府要切实担负起“促一方发展、保一方平安”的政治责任，按照深化应急管理综合行政执法改革任务要求，加强组织领导，把握改革方向，研究重大问题，科学制定方案，统筹部署实施。应急管理部要加强对地方推进改革的指导，会同中央组织部、中央编办、国家发展改革委、司法部、财政部、人力资源社会保障部等部门及时研究解决各地改革过程中的共性问题。中央和国家机关有关部门要加强支持配合，做好应急管理综合行政执法相关保障，明确改革配套政策，支持地方推进改革。

（三）严肃工作纪律。严格执行有关规定，严禁突击进人、突击提拔和突击调整交流干部。涉及机构变动、职责调整的机构必须服从大局，确保机构、职责、队伍等按要求及时调整到位，不允许搞变通、拖延改革。加强思想政治工作，在改革过程中，确保思想不乱、干劲不减、工作不断，保持工作连续性和稳定性，及时防范化解重大安全风险。

关于全面加强危险化学品安全生产工作的意见

厅字〔2020〕3号

为深刻吸取一些地区发生的重特大事故教训，举一反三，全面加强危险化学品安全生产工作，有力防范化解系统性安全风险，坚决遏制重特大事故发生，有效维护人民群众生命财产安全，现提出如下意见。

一、总体要求

以习近平新时代中国特色社会主义思想为指导，全面贯彻党的十九大和十九届二中、三中、四中全会精神，紧紧围绕统筹推进“五位一体”总体布局和协调推进“四个全面”战略布局，坚持总体国家安全观，按照高质量发展要求，以防控系统性安全风险为重点，完善和落实安全生产责任和管理制度，建立安全隐患排查和安全预防控制体系，加强源头治理、综合治理、精准治理，着力解决基础性、源头性、瓶颈性问题，加快实现危险化学品安全生产治理体系和治理能力现代化，全面提升安全发展水平，推动安全生产形势持续稳定好转，为经济社会发展营造安全稳定环境。

二、强化安全风险管控

（一）深入开展安全风险排查。按照《化工园区安全风险排查治理导则（试行）》和《危险化学品企业安全风险隐患排查治理导则》等相关制度规范，全面开展安全风险排查和隐患治理。严格落实地方党委和政府领导责任，结合实际细化排查标准，对危险化学品企业、化工园区或化工集中区（以下简称化工园区），组织实施精准化安全风险排查评估，分类建立完善安全风险数据库和信息管理系统，区分“红、橙、黄、蓝”四级安全风险，突出一、二级重大危险源和有毒有害、易燃易爆化工企业，按照“一企一策”“一园一策”原则，实施最严格的治理整顿。制定实施方案，深入组织开展危险化学品安全三年提升行动。

（二）推进产业结构调整。完善和推动落实化工产业转型升级的政策措施。严格落实国家产业结构调整指导目录，及时修订公布淘汰落后安全技术工艺、设备目录，各地区结合实际制定修订并严格落实危险化学品“禁限控”目录，结合深化供给侧结构性改革，依法淘汰不符合安全生产国家标准、行业标准条件的产能，有效防控风险。坚持全国“一盘棋”，严禁已淘汰落后产能异地落户、办厂进园，对违规批建、接收者依法依规追究责任。

（三）严格标准规范。制定化工园区建设标准、认定条件和管理办法。整合化工、石化和化学制药等安全生产标准，解决标准不一致问题，建立健全危险化学品安全生产标准体系。完善化工和涉及危险化学品的工程设计、施工和验收标准。提高化工和涉及危险化学品的生产装置设计、制造和维护标准。加快制定化工过程安全管理导则和精细化工反应安全风险评估标准等技术规范。鼓励先进化工企业对标国际标准和国外先进标准，制定严于国家标准或行业标准的企业标准。

三、强化全链条安全管理

（四）严格安全准入。各地区要坚持有所为、有所不为，确定化工产业发展定位，建立发展改革、工业和信息化、自然资源、生态环境、住房城乡建设和应急管理等部门参与的化工产业发展规划编制协调沟通机制。新建化工园区由省级政府组织开展安全风险评估、论证并完善和落实管控措施。涉及“两重点一重大”（重点监管的危险化工工艺、重点监管的危险化学品和危险化学品重大危险源）的危险化学品建设项目由设区的市级以上政府相关部门联合建立安全风险防控机制。建设内有化工园区的高新技术产业开发区、经济技术开发区或独立设置化工园区，有关部门应依据上下游产业链完备性、人才基础和管理能力等因素，完善落实安全防控措施。完善并严格落实化学品鉴定评估与登记有关规定，科学准确鉴定评估化学品的物理危险性、毒性，严禁未落实风险防控措施就投入生产。

（五）加强重点环节安全管控。对现有化工园区全面开展评估和达标认定。对新开发化工工艺进行安全性审查。2020年年底前实现涉及“两重点一重大”的化工装置或储运设施自动化控制系统装备率、重大危险源在线监测监控率均达到100%。加强全国油气管道发展规划与国土空间、交通运输等其他专项规划衔接。督促企业大力推进油气输送管道完整性管理，加快完善油气输送管道地理信息系统，强化油气输送管道高后果区管控。严格落实油气管道法定检验制度，提升油气管道法定检验覆盖率。加强涉及危险化学品的停车场安全管理，纳入信息化监管平台。强化托运、承运、装卸、车辆运行等危险货物运输全链条安全监管。提高危险化学品储罐等贮存设备设计标准。研究建立常压危险货物储罐强制监测制度。严格特大型公路桥梁、特长公路隧道、饮用水源地危险货物运输车辆通行管控。加强港口、机场、铁路站场等危险货物配套存储场所安全管理。加强相关企业及医院、学校、科研机构等单位危险化学品使用安全管理。

（六）强化废弃危险化学品等危险废物监管。全面开展废弃危险化学品等危险废物（以下简称危险废物）排查，对属性不明的固体废物进行鉴别鉴定，重点整治化工园区、化工企业、危险化学品单位等可能存在的违规堆存、随意倾倒、私自填埋危险废物等问题，确保危险废物贮存、运输、处置安全。加快制定危险废物贮存安全技术标准。建立完善危险废物由产生到处置各环节联单制度。建立部门联动、区域协作、重大案件会商督办制度，形成覆盖危险废物产生、收集、贮存、转移、运输、利用、处置等全过程的监管体系，加大打击故意隐瞒、偷放偷排或违法违规处置危险废物违法犯罪行为力度。加快危险废物综合处置技术装备研发，合理规划布点处置企业，加快处置设施建设，消除处置能力瓶颈。督促企业对重点环保设施和项目组织安全风险评估论证和隐患排查治理。

四、强化企业主体责任落实

（七）强化法治措施。积极研究修改刑法相关条款，严格责任追究。推进制定危险化学品安全和危险货物运输相关法律，修改安全生产法、安全生产许可证条例等，强化法治力度。严格执行执法公示制度、执法全过程记录制度和重大执法决定法制审核制度，细化安全生产行政处罚自由裁量标准，强化精准严格执法。落实职工及家属和社会公众对企业安全生产隐患举报奖励制度，依法严格查处举报案件。

（八）加大失信约束力度。危险化学品生产贮存企业主要负责人（法定代表人）必须认真履责，并作出安全承诺；因未履行安全生产职责受刑事处罚或撤职处分的，依法对其实施职业禁入；企业管理和技术团队必须具备相应的履职能力，做到责任到人、工作到位，对安全隐患排查治理不力、风险防控措施不落实的，依法依规追究相关责任人责任。对存在以隐蔽、欺骗或阻碍等方式逃避、对抗安全生产监管和环境保护监管，违章指挥、违章作业产生重大安全隐患，违规更改工艺流程，破坏监测监控设施，夹带、谎报、瞒报、匿报危险物品等严重危害人民群众生命财产安全的主观故意行为的单位及主要责任人，依法依规将其纳入信用记录，加强失信惩戒，从严监管。

（九）强化激励措施。全面推进危险化学品企业安全生产标准化建设，对一、二级标准化企业扩产扩能、进区入园等，在同等条件下分别给予优先考虑并减少检查频次。对国家鼓励发展的危险化学品项目，在投资总额内进口的自用先进危险品检测检验设备按照现行政策规定免征进口关税。落实安全生产专用设备投资抵免企业所得税优惠。提高危险化学品生产贮存企业安全生产费用提取标准。推动危险化学品企业建立安全生产内审机制和承诺制度，完善风险分级管控和隐患排查治理预防机制，并纳入安全生产标准化等级评审条件。

五、强化基础支撑保障

（十）提高科技与信息化水平。强化危险化学品安全研究支撑，加强危险化学品安全相关国家级科技创新平台建设，开展基础性、前瞻性研究。研究建立危险化学品全生命周期信息监管系统，综合利用电子标签、大数据、人工智能等高新技术，对生产、贮存、运输、使用、经营、废弃处置等各环节进行全过程信息化管理和监控，实现危险化学品来源可循、去向可溯、状态可控，做到企业、监管部门、执法部门及应急救援部门之间互联互通。将安全生产行政处罚信息统一纳入监管执法信息化系统，实现信息共享，取代层层备案。加强化工危险工艺本质安全、大型储罐安全保障、化工园区安全环保一体化风险防控等技术及装备研发。推进化工园区安全生产信息化智能化平台建设，实现对园区内企业、重点场所、重大危险源、基础设施实时风险监控预警。加快建成应急管理部门与辖区内化工园区和危险化学品企业联网的远程监控系统。

（十一）加强专业人才培养。实施安全技能提升行动计划，将化工、危险化学品企业从业人员作为高危行业领域职业技能提升行动的重点群体。危险化学品生产企业主要负责人、分管安全生产负责人必须具有化工类专业大专及以上学历和一定实践经验，专职安全管理人员至少要具备中级及以上化工专业技术职称或化工安全类注册安全工程师资格，新招一线岗位从业人员必须具有化工职业教育背景或普通高中及以上学历并接受危险化学品安全培训，经考核合格后方能上岗。企业通过内部培养或外部聘用形式建立化工专业技术团队。化工重点地区扶持建设一批化工相关职业院校（含技工院校），依托重点化工企业、化工园区或第三方专业机构建立实习实训基地。把化工过程安全管理知识纳入相关高校化工与制药类专业核心课程体系。

（十二）规范技术服务协作机制。加快培育一批专业能力强、社会信誉好的技术服务龙头企业，引入市场机制，为涉及危险化学品企业提供管理和技术服务。建立专家技术服务规范，分级分类开展精准指导帮扶。安全生产责任保险覆盖所有危险化学品企业。对安全评价、检测检验等中介机构和环境评价文件编制单位出具虚假报告和证明的，依法依规吊销其相关资质或资格；构成犯罪的，依法追究刑事责任。

（十三）加强危险化学品救援队伍建设。统筹国家综合性消防救援力量、危险化学品专业救援力量，合理规划布局建设立足化工园区、辐射周边、覆盖主要贮存区域的危险化学品应急救援基地。强化长江干线危险化学品应急处置能力建设。加强应急救援装备配备，健全应急救援预案，开展实训演练，提高区域协同救援能力。推进实施危险化学品事故应急指南，指导企业提高应急处置能力。

六、强化安全监管能力

（十四）完善监管体制机制。将涉恐涉爆涉毒危险化学品重大风险纳入国家安全管控范围，健全监管制度，加强重点监督。进一步调整完善危险化学品安全生产监督管理体制。按照“管行业必须管安全、管业务必须管安全、管生产经营必须管安全”和“谁主管谁负责”原则，严格落实相关部门危险化学品各环节安全监管责任，实施全主体、全品种、全链条安全监管。应急管理部门负责危险化学品安全生产监管工作和危险化学品安全监管综合工作；按照《危险化学品安全管理条例》规定，应急管理、交通运输、公安、铁路、民航、生态环境等部门分别承担危险化学品生产、贮存、使用、经营、运输、处置等环节相关安全监管责任；在相关安全监管职责未明确部门的情况下，应急管理部门承担危险化学品安全综合监督管理兜底责任。生态环境部门依法对危险废物的收集、贮存、处置等进行监督管理。应急管理部门和生态环境部门以及其他有关部门建立监管协作和联合执法工作机制，密切协调配合，实现信息及时、充分、有效共享，形成工作合力，共同做好危险化学品安全监管各项工作。完善国务院安全生产委员会工作机制，及时研究解决危险化学品安全突出问题，加强对相关单位履职情况的监督检查和考核通报。

（十五）健全执法体系。建立健全省、市、县三级安全生产执法体系。省级应急管理部门原则上不设执法队伍，由内设机构承担安全生产监管执法责任，市、县级应急管理部门一般实行“局队合一”体制。危险化学品重点县（市、区、旗）、危险化学品贮存量大的港区，以及各类开发区特别是内设化工园区的开发区，应强化危险化学品安全生产监管职责，落实落细监管执法责任，配齐配强专业执法力量。具体由地方党委和政府研究确定，按程序审批。

（十六）提升监管效能。严把危险化学品监管执法人员进人关，进一步明确资格标准，严格考试考核，突出专业素质，择优录用；可通过公务员聘任制方式选聘专业人才，到2022年年底具有安全生产相关专业学历和实践经验的执法人员数量不低于在职人员的75%。完善监管执法人员培训制度，入职培训不少于3个月，每年参加为期不少于2周的复训。实行危险化学品重点县（市、区、旗）监管执法人员到国有大型化工企业进行岗位实训。深化“放管服”改革，加强和规范事中事后监管，在对涉及危险化学品企业进行全覆盖监管基础上，实施分级分类动态严格监管，运用“两随机一公开”进行重点抽查、突击检查。严厉打击非法建设生产经营行为。省、市、县级应急管理部门对同一企业确定一个执法主体，避免多层多头重复执法。加强执法监督，既严格执法，又避免简单化、“一刀切”。大力推行“互联网+监管”“执法+专家”模式，及时发现风险隐患，及早预警防范。各地区根据工作需要，面向社会招聘执法辅助人员并健全相关管理制度。

各地区各有关部门要加强组织领导，认真落实党政同责、一岗双责、齐抓共管、失职追责安全生产责任制，整合一切条件、尽最大努力，加快推进危险化学品安全生产各项工作措施落地见效，重要情况及时向党中央、国务院报告。

知识链接

一、出台背景

江苏响水天嘉宜化工有限公司“3·21”特别重大爆炸事故造成重大人员伤亡和经济损失。党中央、国务院高度重视，习近平总书记多次作出重要指示，强调各地和有关部门要深刻吸取教训，加强安全隐患排查，严格落实安全生产责任制，坚决防范重特大事故发生，特别指出抓落实仍有很大差距，一定要举一反三、亡羊补牢。李克强总理主持召开国务院常务会议作出部署，强调加强危险化学品安全工作。刘鹤副总理，王勇、赵克志国务委员也作出批示，提出明确要求。

为认真贯彻落实党中央、国务院领导同志重要指示批示精神，推动加强危险化学品安全生产工作，全面梳理、深入分析了近年来发生的涉及危险化学品重特大事故教训，主要是安全与发展不平衡不充分的矛盾问题十分突出：我国作为世界第一化工大国，危险化学品生产经营单位达21万家，涉及2800多个种类，2018年产值占全国GDP的13.8%，在国民经济和社会发展中具有重要地位，但整体安全条件差、管理水平低、重大安全风险隐患集中，在危险化学品生产、贮存、运输、使用、废弃处置等环节已经形成了系统性安全风险，导致重特大事故时有发生，严重损害人民群众生命财产安全，严重影响经济高质量发展和社会稳定。对此，坚持问题导向、目标导向和结果导向，站在国家危险化学品安全治理体系和治理能力现代化的高度，深入开展调查研究，广泛听取基层和化工、安全、环保等专家意见，制定印发《关于全面加强危险化学品安全生产工作的意见》（以下简称《意见》），着力解决危险化学品安全生产基础性、源头性、瓶颈性问题，全面提升安全发展水平，推动安全生产形势持续稳定好转，为经济社会发展营造安全稳定环境，让人民群众有更多的安全感、幸福感。

二、从源头上防范化解危险化学品系统性安全风险的举措

近年来发生的一些危险化学品重特大事故暴露出有的地区化工园区和危险化学品建设项目缺乏规划布局、项目审批把关不严、标准条件不高、安全风险分析评估和管控措施不力等问题，在源头上埋下了安全隐患，必须强化源头治理，从根本上防范化解危险化学品系统性安全风险。对此，《意见》提出了四个方面举措。一是严格安全准入。明确各地区要坚持有所为、有所不为，确定化工产业发展定位，建立发展改革、工业和信息化、自然资源、生态环境、住房城乡建设和应急管理等部门参与的化工产业发展规划编制协调沟通机制。新建化工园区由省级政府组织开展安全风险评估、论证，并完善和落实管控措施，涉及“两重点一重大”（重点监管的危险化工工艺、重点监管的危险化学品和危险化学品重大危险源）的危险化学品建设项目由设区的市级以上政府相关部门联合建立安全风险防控机制。建设内有化工园区的高新技术产业开发区、经济技术开发区或独立设置化工园区，有关部门应依据上下游产业链完备性、人才基础和管理能力等因素，完善落实安全防控措施。完善并严格落实化学品鉴定评估与登记有关规定，科学准确鉴定评估化学品的物理危险性、毒性，严禁未落实风险防控措施投入生产。二是严格标准规范。制定化工园区建设标准、认定条件和管理办法。整合化工、石化和化学制药等安全生产标准，解决标准不一致问题，建立健全危险化学品安全生产标准体系。完善化工和涉及危险化学品的工程设计、施工和验收标准。提高化工和涉及危险化学品的生产装置设计、制造和维护标准。加快制定化工过程安全管理导则和精细化工反应安全风险评估标准等技术规范。鼓励先进化工企业对标国际标准和国外先进标准，制定严于国家标准或行业标准的企业标准。三是推进产业结构调整。严格落实国家产业结构调整指导目录，及时修订公布淘汰落后安全技术工艺、设备目录，各地区结合实际制定修订并严格落实危险化学品“禁限控”目录，结合深化供给侧结构性改革，依法淘汰不符合安全生产国家标准、行业标准条件的产能，有效防控风险。坚持全国“一盘棋”，严禁已淘汰落后产能异地落户、办厂进园，对违规批建、接收者依法依规追究责任。四是深入开展安全风险排查。按照《化工园区安全风险排查治理导则（试行）》《危险化学品企业安全风险隐患排查治理导则》等相关制度规范，全面开展安全风险排查和隐患治理。严格落实地方党委和政府领导责任，结合实际细化排查标准，对危险化学品企业和化工园区或化工集中区组织实施精准化安全风险排查评估，分类建立完善安全风险数据库和信息管理系统，区分“红、橙、黄、蓝”四级安全风险，突出一、二级重大危险源和有毒有害、易燃易爆化工企业，按照“一企一策”“一园一策”原则，实施最严格的治理整顿。制定实施方案，深入组织开展危险化学品安全三年提升行动。

三、在强化落实危险化学品企业主体责任方面的举措

企业安全生产主体责任不落实是导致危险化学品事故的主要原因。全面提升危险化学品安全生产工作水平，必须扭住企业这个责任主体，强化责任落实。一是强化法治措施。积极研究修改刑法相关条款，严格责任追究。推进制定危险化学品安全和危险货物运输相关法律，修改安全生产法、安全生产许可证条例等，强化法治力度。严格执行执法公示制度、执法全过程记录制度和重大执法决定法制审核制度，细化安全生产行政处罚自由裁量标准，强化精准严格执法。落实职工及家属和社会公众对企业安全生产隐患举报奖励制度，依法严格查处举报案件。二是加大失信约束力度。危险化学品生产贮存企业主要负责人（法定代表人）必须认真履责，并作出安全承诺；对因未履行安全生产职责受刑事处罚或撤职处分的，依法对其实施职业禁入；企业管理和技术团队必须具备相应的履职能力，做到责任到人、工作到位，对安全隐患排查治理不力、风险防控措施不落实的，依法依规追究相关责任人责任。对存在以隐蔽、欺骗或阻碍等方式逃避、对抗安全生产监管和环境保护监管，违章指挥、违章作业产生重大安全隐患，违规更改工艺流程，破坏监测监控设施，夹带、谎报、瞒报、匿报危险物品等严重危害人民群众生命财产安全的主观故意行为的单位及主要责任人，依法依规将其纳入信用记录，加强失信惩戒，从严监管。三是强化激励措施。全面推进危险化学品企业安全生产标准化建设，对一、二级标准化企业扩产扩能、进区入园等，在同等条件下分别给予优先考虑并减少检查频次。对国家鼓励发展的危险化学品项目，在投资总额内进口的自用先进危险品检测检验设备按照现行政策规定免征进口关税。落实安全生产专用设备投资抵免企业所得税优惠。提高危险化学品生产贮存企业安全生产费用提取标准。推动危险化学品企业建立安全生产内审机制和承诺制度，完善风险分级管控和隐患排查治理预防机制，并纳入安全生产标准化等级评审条件。

四、落实措施

（一）强化事故防控

江苏响水“3·21”事故暴露出涉事企业违法违规贮存和处置危险废物、有关部门监管缺位等问题，也反映出危险废物贮存安全技术标准缺乏、危险废物处置企业规划布点少、处置能力不足等深层次原因。对此，《意见》提出三项措施：一是明确生态环境部和应急管理部牵头，有关部门参加全面开展废弃危险化学品等危险废物（以下简称危险废物）排查，对属性不明的固体废物进行鉴别鉴定，重点整治化工园区、化工企业、危险化学品单位等可能存在的违规堆存、随意倾倒、私自填埋危险废物等问题，确保危险废物贮存、运输、处置安全。二是明确生态环境部门依法对危险废物的收集、贮存、处置等进行监督管理。三是加快制定危险废物贮存安全技术标准。建立完善危险废物由产生到处置各环节联单制度。建立部门联动、区域协作、重大案件会商督办制度，形成覆盖危险废物产生、收集、贮存、转移、运输、利用、处置等全过程的监管体系，加大打击故意隐瞒、偷放偷排或违法违规处置危险废物违法犯罪行为力度。加快危险废物综合处置技术装备研发，合理规划布点处置企业，加快处置设施建设，消除处置能力瓶颈。督促企业对重点环保设施和项目组织安全风险评估论证和隐患排查治理。

（二）强化危险化学品安全基础保障

我国化工行业发展粗放、基础薄弱，中小化工企业占80%以上，专业人才严重不足，全国危险化学品生产企业实际控制人和主要负责人中有化工背景的只有30%左右，安全管理人员中有化工背景的不到50%，同时，大多数中小化工企业技术改造资金不足，安全保障能力差，本质安全水平不高等。对此，《意见》提出四方面措施：

一是提高科技与信息化水平。强化危险化学品安全研究支撑，加强危险化学品安全相关国家级科技创新平台建设，开展基础性、前瞻性研究。研究建立危险化学品全生命周期信息监管系统，综合利用电子标签、大数据、人工智能等高新技术，对生产、贮存、运输、使用、经营、废弃处置等各环节进行全过程信息化管理和监控，实现危险化学品来源可循、去向可溯、状态可控，做到企业、监管部门、执法部门及应急救援部门之间互联互通。

二是加强专业人才培养。实施安全技能提升行动计划，将化工、危险化学品企业从业人员作为高危行业领域职业技能提升行动的重点群体。危险化学品生产企业主要负责人、分管安全生产负责人必须具有化工类专业大专及以上学历和一定实践经验，专职安全管理人员至少要具备中级及以上化工专业技术职称或化工安全类注册安全工程师资格，新招一线岗位从业人员必须具有化工职业教育背景或普通高中及以上学历并接受危险化学品安全培训，经考核合格后方能上岗。

三是规范技术服务协作机制。加快培育一批专业能力强、社会信誉好的技术服务龙头企业，引入市场机制，对涉及危险化学品企业提供管理和技术服务。

四是加强危险化学品救援队伍建设。统筹国家综合性消防救援力量、危险化学品专业救援力量，合理规划布局建设立足化工园区、辐射周边、覆盖主要贮存区域的危险化学品应急救援基地。强化长江干线危险化学品应急处置能力建设。加强应急救援装备配备，健全应急救援预案，开展实训演练，提高区域协同救援能力。推进实施危险化学品事故应急指南，指导企业提高应急处置能力。

（三）按照"三个必须"要求做好监督管理工作

按照"管行业必须管安全、管业务必须管安全、管生产经营必须管安全"原则，严格落实相关部门危险化学品各环节安全监管责任，实施全主体、全品种、全链条安全监管。

一是强化责任落实。《安全生产法》赋予了所有负有安全监管职责部门行政执法权，各有关部门要坚决按照"三个必须"和"谁主管谁负责"的原则，承担落实危险化学品安全监管责任。要将《意见》提出的措施任务分解细化，建立责任清单，明确时间表和路线图，加快制定配套制度措施办法。

二是完善监管体制机制。按照《危险化学品安全管理条例》的规定，应急管理、交通运输、公安、铁路、民航、生态环境等部门分别承担危险化学品生产、贮存、使用、经营、运输、处置等环节的相关安全监管责任。在相关安全监管职责未明确部门的情况下，应急管理部门承担危险化学品安全综合监督管理兜底责任。生态环境部门依法对危险废物的收集、贮存、处置等进行监督管理。应急管理部门和生态环境部门以及其他有关部门建立监管协作和联合执法工作机制，密切协调配合，实现信息及时、充分、有效共享，形成工作合力，共同做好危险化学品安全监管各项工作。

三是健全执法体系。省级应急管理部门原则上不设执法队伍，由内设机构承担安全生产监管执法责任，市、县级应急管理部门一般实行“局队合一”体制。危险化学品重点县（市、区、旗）、危险化学品贮存量大的港区，以及各类开发区特别是内设化工园区的开发区，应强化危险化学品安全生产监管职责，落实落细监管执法责任，配齐配强专业执法力量。

四是提升监管效能。深化“放管服”改革，加强和规范事中事后监管，在对涉及危险化学品企业进行全覆盖监管基础上，实施分级分类动态严格监管，运用“两随机一公开”进行重点抽查、突击检查。严厉打击非法建设生产经营行为。省、市、县级应急管理部门对同一企业确定一个执法主体，避免多层多头重复执法。加强执法监督，既严格执法，又避免简单化、“一刀切”。大力推行“互联网+监管”“执法+专家”模式，及时发现风险隐患，及早预警防范。

（四）抓好《意见》的贯彻落实

一是深入开展宣贯工作。充分发挥主流媒体和新媒体宣传作用，加大《意见》宣贯解读的传播力度和覆盖面，围绕事故警示、安全科普、安全要求多角度策划选题，使化工和危险化学品企业负责人、从业人员和广大群众关心关注安全。

二是研究制定实施细则。我国幅员辽阔，地区间差异较大，各地区应结合自身实际，按照发展规划、社会经济发展水平、风险防控能力等制定实施细则，既保证中央的决策部署落细落实，又针对本地区的突出矛盾和重点问题拿出实招硬招。

三是强化督查考核，推动落地见效。各地区、各有关部门要将贯彻落实《意见》作为督查督办的重点事项，对工作不力、落实不到位的，要通报批评、严肃问责。要将《意见》重点内容纳入安全生产巡查、考核，作为检验各地区、各有关部门和各有关单位履行安全生产责任制的重要依据。

关于推进城市安全发展的意见

中办发〔2018〕1号

随着我国城市化进程明显加快，城市人口、功能和规模不断扩大，发展方式、产业结构和区域布局发生了深刻变化，新材料、新能源、新工艺广泛应用，新产业、新业态、新领域大量涌现，城市运行系统日益复杂，安全风险不断增大。一些城市安全基础薄弱，安全管理水平与现代化城市发展要求不适应、不协调的问题比较突出。近年来，一些城市甚至大型城市相继发生重特大生产安全事故，给人民群众生命财产安全造成重大损失，暴露出城市安全管理存在不少漏洞和短板。为强化城市运行安全保障，有效防范事故发生，现就推进城市安全发展提出如下意见。

一、总体要求

（一）指导思想。全面贯彻党的十九大精神，以习近平新时代中国特色社会主义思想为指导，紧紧围绕统筹推进“五位一体”总体布局和协调推进“四个全面”战略布局，牢固树立安全发展理念，弘扬生命至上、安全第一的思想，强化安全红线意识，推进安全生产领域改革发展，切实把安全发展作为城市现代文明的重要标志，落实完善城市运行管理及相关方面的安全生产责任制，健全公共安全体系，打造共建共治共享的城市安全社会治理格局，促进建立以安全生产为基础的综合性、全方位、系统化的城市安全发展体系，全面提高城市安全保障水平，有效防范和坚决遏制重特大安全事故发生，为人民群众营造安居乐业、幸福安康的生产生活环境。

（二）基本原则。

——坚持生命至上、安全第一。牢固树立以人民为中心的发展思想，始终坚守发展决不能以牺牲安全为代价这条不可逾越的红线，严格落实地方各级党委和政府的领导责任、部门监管责任、企业主体责任，加强社会监督，强化城市安全生产防范措施落实，为人民群众提供更有保障、更可持续的安全感。

——坚持立足长效、依法治理。加强安全生产、职业健康法律法规和标准体系建设，增强安全生产法治意识，健全安全监管机制，规范执法行为，严格执法措施，全面提升城市安全生产法治化水平，加快建立城市安全治理长效机制。

——坚持系统建设、过程管控。健全公共安全体系，加强城市规划、设计、建设、运行等各个环节的安全管理，充分运用科技和信息化手段，加快推进安全风险管控、隐患排查治理体系和机制建设，强化系统性安全防范制度措施落实，严密防范各类事故发生。

——坚持统筹推动、综合施策。充分调动社会各方面的积极性，优化配置城市管理资源，加强安全生产综合治理，切实将城市安全发展建立在人民群众安全意识不断增强、从业人员安全技能素质显著提高、生产经营单位和区域安全保障水平持续改进的基础上，有效解决影响城市安全的突出矛盾和问题。

（三）总体目标。到2020年，城市安全发展取得明显进展，建成一批与全面建成小康社会目标相适应的安全发展示范城市；在深入推进示范创建的基础上，到2035年，城市安全发展体系更加完善，安全文明程度显著提升，建成与基本实现社会主义现代化相适应的安全发展城市。持续推进形成系统性、现代化的城市安全保障体系，加快建成以中心城区为基础，带动周边、辐射县乡、惠及民生的安全发展型城市，为把我国建成富强民主文明和谐美丽的社会主义现代化强国提供坚实稳固的安全保障。

二、加强城市安全源头治理

（四）科学制定规划。坚持安全发展理念，严密细致制定城市经济社会发展总体规划及城市规划、城市综合防灾减灾规划等专项规划，居民生活区、商业区、经济技术开发区、工业园区、港区以及其他功能区的空间布局要以安全为前提。加强建设项目实施前的评估论证工作，将安全生产的基本要求和保障措施落实到城市发展的各个领域、各个环节。

（五）完善安全法规和标准。加强体现安全生产区域特点的地方性法规建设，形成完善的城市安全法治体系。完善城市高层建筑、大型综合体、综合交通枢纽、隧道桥梁、管线管廊、道路交通、轨道交通、燃气工程、排水防涝、垃圾填埋场、渣土受纳场、电力设施及电梯、大型游乐设施等的技术标准，提高安全和应急设施的标准要求，增强抵御事故风险、保障安全运行的能力。

（六）加强基础设施安全管理。城市基础设施建设要坚持把安全放在第一位，严格把关。有序推进城市地下管网依据规划采取综合管廊模式进行建设。加强城市交通、供水、排水防涝、供热、供气和污水、污泥、垃圾处理等基础设施建设、运营过程中的安全监督管理，严格落实安全防范措施。强化与市政设施配套的安全设施建设，及时进行更换和升级改造。加强消防站点、水源等消防安全设施建设和维护，因地制宜规划建设特勤消防站、普通消防站、小型和微型消防站，缩短灭火救援响应时间。加快推进城区铁路平交道口立交化改造，加快消除人员密集区域铁路平交道口。加强城市交通基础设施建设，优化城市路网和交通组织，科学规范设置道路交通安全设施，完善行人过街安全设施。加强城市棚户区、城中村和危房改造过程中的安全监督管理，严格治理城市建成区违法建设。

（七）加快重点产业安全改造升级。完善高危行业企业退城入园、搬迁改造和退出转产扶持奖励政策。制定中心城区安全生产禁止和限制类产业目录，推动城市产业结构调整，治理整顿安全生产条件落后的生产经营单位，经整改仍不具备安全生产条件的，要依法实施关闭。加强矿产资源型城市塌（沉）陷区治理。加快推进城镇人口密集区不符合安全和卫生防护距离要求的危险化学品生产、储存企业就地改造达标、搬迁进入规范化工园区或依法关闭退出。引导企业集聚发展安全产业，改造提升传统行业工艺技术和安全装备水平。结合企业管理创新，大力推进企业安全生产标准化建设，不断提升安全生产管理水平。

三、健全城市安全防控机制

（八）强化安全风险管控。对城市安全风险进行全面辨识评估，建立城市安全风险信息管理平台，绘制“红、橙、黄、蓝”四色等级安全风险空间分布图。编制城市安全风险白皮书，及时更新发布。研究制定重大安全风险“一票否决”的具体情形和管理办法。明确风险管控的责任部门和单位，完善重大安全风险联防联控机制。对重点人员密集场所、安全风险较高的大型群众性活动开展安全风险评估，建立大客流监测预警和应急管控处置机制。

（九）深化隐患排查治理。制定城市安全隐患排查治理规范，健全隐患排查治理体系。进一步完善城市重大危险源辨识、申报、登记、监管制度，建立动态管理数据库，加快提升在线安全监控能力。强化对各类生产经营单位和场所落实隐患排查治理制度情况的监督检查，严格实施重大事故隐患挂牌督办。督促企业建立隐患自查自改评价制度，定期分析、评估隐患治理效果，不断完善隐患治理工作机制。加强施工前作业风险评估，强化检维修作业、临时用电作业、盲板抽堵作业、高空作业、吊装作业、断路作业、动土作业、立体交叉作业、有限空间作业、焊接与热切割作业以及塔吊、脚手架在使用和拆装过程中的安全管理，严禁违章违规行为，防范事故发生。加强广告牌、灯箱和楼房外墙附着物管理，严防倒塌和坠落事故。加强老旧城区火灾隐患排查，督促整改私拉乱接、超负荷用电、线路短路、线路老化和影响消防车通行的障碍物等问题。加强城市隧道、桥梁、易积水路段等道路交通安全隐患点段排查治理，保障道路安全通行条件。加强安全社区建设。推行高层建筑消防安全经理人或楼长制度，建立自我管理机制。明确电梯使用单位安全责任，督促使用、维保单位加强检测维护，保障电梯安全运行。加强对油、气、煤等易燃易爆场所雷电灾害隐患排查。加强地震风险普查及防控，强化城市活动断层探测。

（十）提升应急管理和救援能力。坚持快速、科学、有效救援，健全城市安全生产应急救援管理体系，加快推进建立城市应急救援信息共享机制，健全多部门协同预警发布和响应处置机制，提升防灾减灾救灾能力，提高城市生产安全事故处置水平。完善事故应急救援预案，实现政府预案与部门预案、企业预案、社区预案有效衔接，定期开展应急演练。加强各类专业化应急救援基地和队伍建设，重点加强危险化学品相对集中区域的应急救援能力建设，鼓励和支持有条件的社会救援力量参与应急救援。建立完善日常应急救援技术服务制度，不具备单独建立专业应急救援队伍的中小型企业要与相邻有关专业救援队伍签订救援服务协议，或者联合建立专业应急救援队伍。完善应急救援联动机制，强化应急状态下交通管制、警戒、疏散等防范措施。健全应急物资储备调用机制。开发适用高层建筑等条件下的应急救援装备设施，加强安全使用培训。强化有限空间作业和现场应急处置技能。根据城市人口分布和规模，充分利用公园、广场、校园等宽阔地带，建立完善应急避难场所。

四、提升城市安全监管效能

（十一）落实安全生产责任。完善党政同责、一岗双责、齐抓共管、失职追责的安全生产责任体系。全面落实城市各级党委和政府对本地区安全生产工作的领导责任、党政主要负责人第一责任人的责任，及时研究推进城市安全发展重点工作。按照管行业必须管安全、管业务必须管安全、管生产经营必须管安全和谁主管谁负责的原则，落实各相关部门安全生产和职业健康工作职责，做到责任落实无空档、监督管理无盲区。严格落实各类生产经营单位安全生产与职业健康主体责任，加强全员全过程全方位安全管理。

（十二）完善安全监管体制。加强负有安全生产监督管理职责部门之间的工作衔接，推动安全生产领域内综合执法，提高城市安全监管执法实效。合理调整执法队伍种类和结构，加强安全生产基层执法力量。科学划分经济技术开发区、工业园区、港区、风景名胜区等各类功能区的类型和规模，明确健全相应的安全生产监督管理机构。完善民航、铁路、电力等监管体制，界定行业监管和属地监管职责。理顺城市无人机、新型燃料、餐饮场所、未纳入施工许可管理的建筑施工等行业领域安全监管职责，落实安全监督检查责任。推进实施联合执法，解决影响人民群众生产生活安全的“城市病”。完善放管服工作机制，提高安全监管实效。

（十三）增强监管执法能力。加强安全生产监管执法机构规范化、标准化、信息化建设，充分运用移动执法终端、电子案卷等手段提高执法效能，改善现场执法、调查取证、应急处置等监管执法装备，实施执法全过程记录。实行派驻执法、跨区域执法或委托执法等方式，加强街道（乡镇）和各类功能区安全生产执法工作。加强安全监管执法教育培训，强化法治思维和法治手段，通过组织开展公开裁定、现场模拟执法、编制运用行政处罚和行政强制指导性案例等方式，提高安全监管执法人员业务素质能力。建立完善安全生产行政执法和刑事司法衔接制度。定期开展执法效果评估，强化执法措施落实。

（十四）严格规范监管执法。完善执法人员岗位责任制和考核机制，严格执法程序，加强现场精准执法，对违法行为及时作出处罚决定。依法明确停产停业、停止施工、停止使用相关设施或设备，停止供电、停止供应民用爆炸物品，查封、扣押、取缔和上限处罚等执法决定的适用情形、时限要求、执行责任，对推诿或消极执行、拒绝执行停止供电、停止供应民用爆炸物品的有关职能部门和单位，下达执法决定的部门可将有关情况提交行业主管部门或监察机关作出处理。严格执法信息公开制度，加强执法监督和巡查考核，对负有安全生产监督管理职责的部门未依法采取相应执法措施或降低执法标准的责任人实施问责。严肃事故调查处理，依法依规追究责任单位和责任人的责任。

五、强化城市安全保障能力

（十五）健全社会化服务体系。制定完善政府购买安全生产服务指导目录，强化城市安全专业技术服务力量。大力实施安全生产责任保险，突出事故预防功能。加快推进安全信用体系建设，强化失信惩戒和守信激励，明确和落实对有关单位及人员的惩戒和激励措施。将生产经营过程中极易导致生产安全事故的违法行为纳入安全生产领域严重失信联合惩戒“黑名单”管理。完善城市社区安全网格化工作体系，强化末梢管理。

（十六）强化安全科技创新和应用。加大城市安全运行设施资金投入，积极推广先进生产工艺和安全技术，提高安全自动监测和防控能力。加强城市安全监管信息化建设，建立完善安全生产监管与市场监管、应急保障、环境保护、治安防控、消防安全、道路交通、信用管理等部门公共数据资源开放共享机制，加快实现城市安全管理的系统化、智能化。深入推进城市生命线工程建设，积极研发和推广应用先进的风险防控、灾害防治、预测预警、监测监控、个体防护、应急处置、工程抗震等安全技术和产品。建立城市安全智库、知识库、案例库，健全辅助决策机制。升级城市放射性废物库安全保卫设施。

（十七）提升市民安全素质和技能。建立完善安全生产和职业健康相关法律法规、标准的查询、解读、公众互动交流信息平台。坚持谁执法谁普法的原则，加大普法力度，切实提升人民群众的安全法治意识。推进安全生产和职业健康宣传教育进企业、进机关、进学校、进社区、进农村、进家庭、进公共场所，推广普及安全常识和职业病危害防治知识，增强社会公众对应急预案的认知、协同能力及自救互救技能。积极开展安全文化创建活动，鼓励创作和传播安全生产主题公益广告、影视剧、微视频等作品。鼓励建设具有城市特色的安全文化教育体验基地、场馆，积极推进把安全文化元素融入公园、街道、社区，营造关爱生命、关注安全的浓厚社会氛围。

六、加强统筹推动

（十八）强化组织领导。城市安全发展工作由国务院安全生产委员会统一组织，国务院安全生产委员会办公室负责实施，中央和国家机关有关部门在职责范围内负责具体工作。各省（自治区、直辖市）党委和政府要切实加强领导，完善保障措施，扎实推进本地区城市安全发展工作，不断提高城市安全发展水平。

（十九）强化协同联动。把城市安全发展纳入安全生产工作巡查和考核的重要内容，充分发挥有关部门和单位的职能作用，加强规律性研究，形成工作合力。鼓励引导社会化服务机构、公益组织和志愿者参与推进城市安全发展，完善信息公开、举报奖励等制度，维护人民群众对城市安全发展的知情权、参与权、监督权。

（二十）强化示范引领。国务院安全生产委员会负责制定安全发展示范城市评价与管理办法，国务院安全生产委员会办公室负责制定评价细则，组织第三方评价，并组织各有关部门开展复核、公示，拟定命名或撤销命名“国家安全发展示范城市”名单，报国务院安全生产委员会审议通过后，以国务院安全生产委员会名义授牌或摘牌。各省（自治区、直辖市）党委和政府负责本地区安全发展示范城市建设工作。

省级政府安全生产工作考核办法

国办发〔2016〕64号

第一条 为严格落实安全生产责任，有效防范和遏制生产安全事故，促进安全生产形势根本好转，按照“党政同责、一岗双责、失职追责”的要求，根据《中华人民共和国安全生产法》《中华人民共和国职业病防治法》等法律法规和有关规定，制定本办法。

第二条 本办法适用于对各省、自治区、直辖市人民政府和新疆生产建设兵团（以下统称各省级政府）安全生产工作的年度考核。

第三条 考核工作在国务院领导下，由国务院安全生产委员会（以下简称国务院安委会）负责组织，国务院安委会办公室负责实施。

第四条 考核工作坚持客观公正、科学合理、公开透明、注重实效的原则，突出工作重点，注重工作过程，强化责任落实。

第五条 考核内容包括以下方面：

（一）健全责任体系。坚持管行业必须管安全、管业务必须管安全、管生产经营必须管安全，明确和落实党委政府领导责任、部门监管责任、企业主体责任，强化属地管理，严格工作考核，切实做到“党政同责、一岗双责、失职追责”。

（二）推进依法治理。坚持有法必依、执法必严、违法必究，严格执行安全生产法律法规，完善地方安全生产法规规章和标准体系，加强安全生产监管执法能力建设，依法依规查处各类生产安全事故。

（三）完善体制机制。健全安全生产监管执法机构，强化基层监管执法力量，落实监管执法经费、装备，创新监管机制，提高执法效能，健全安全生产应急救援管理体系。

（四）加强安全预防。建立和落实安全风险分级管控与隐患排查治理双重预防性工作机制，深入推进企业安全生产标准化建设，积极实施安全保障能力提升工程。

（五）强化基础建设。加大安全投入，提高安全科技和信息化水平，加强安全宣传教育培训，发挥市场机制推动作用，筑牢安全生产和职业卫生基础。

（六）防范遏制事故。加强重点行业领域事故防控，生产安全事故起数、死亡人数进一步减少，重特大事故得到有效遏制。

第六条 考核实行百分制评分，逐项扣分，单项分值扣完为止。

第七条 在健全安全生产体制机制法制、组织事故抢险救援等方面取得显著成绩的，经国务院安委会办公室认定，给予适当加分。

第八条 考核结果分为4个等级（以上包括本数，以下不包括本数）：

得分90分以上为优秀；

得分80分以上90分以下为良好；

得分60分以上80分以下为合格；

得分60分以下为不合格。

第九条 按照属地管理原则，强化重特大事故防控情况考核，严格实行“一票否决”制度，发生特别重大事故的按不合格评定。

第十条 建立信息化考评系统，动态报送、审查考核任务完成情况。各省级政府每年1月底前报送上一年度安全生产工作自评报告。国务院安委会办公室组织现场核查抽查。

第十一条 考核结果经国务院安委会审定、报国务院同意后，由国务院安委会向各省级政府通报，对考核结果为优秀的省级政府予以表彰。同时将考核结果抄送中央组织部、中央综治办、中央文明办，并向社会公开。

第十二条 对考核结果为不合格的省级政府，责令其在考核结果通报后一个月内，制定整改措施，向国务院安委会书面报告。国务院安委会办公室负责督促落实。

第十三条 对在考核工作中弄虚作假、瞒报谎报的单位，视情节轻重给予责令整改、通报批评、降低考核等次等惩处，造成不良影响的依法依规追究有关人员责任。

第十四条 国务院安委会办公室依据本办法和年度安全生产工作目标任务，拟定年度安全生产工作考核细则，经国务院安委会审定后实施。

第十五条 各省级政府应结合实际，制定和实施安全生产工作考核办法。

第十六条 本办法由国务院安委会办公室负责解释，自印发之日起施行。

关于加强安全生产监管执法的通知

国办发〔2015〕20号

为贯彻落实党的十八大、十八届二中、三中、四中全会精神和党中央、国务院有关决策部署，按照全面推进依法治国的要求，着力强化安全生产法治建设，严格执行安全生产法等法律法规，切实维护人民群众生命财产安全和健康权益，经国务院同意，现就加强安全生产监管执法有关要求通知如下：

一、健全完善安全生产法律法规和标准体系

（一）加快制修订相关法律法规。抓紧制定安全生产法实施条例等配套法规，积极推动矿山安全法、消防法、道路交通安全法、海上交通安全法、铁路法等相关法律修订出台，加快煤矿安全监察、石油天然气管道保护、民用航空安全保卫、重大设备监理、高毒物品与高危粉尘作业劳动保护、安全生产应急管理等有关法规的研究论证和制修订工作。各省级人民政府要推动安全生产地方性法规、规章制修订工作，健全安全生产法治保障体系。

（二）制定完善安全生产标准。国务院安全生产监督管理部门要加强统筹协调，会同有关部门制定实施安全生产标准发展规划和年度计划，加快制修订安全生产强制性国家标准，逐步缩减推荐性标准。其他负有安全生产监督管理职责的部门要建立完善行业安全管理标准，并在制修订其他行业和技术标准时充分考虑安全生产的要求。要根据经济社会发展和安全生产实际需要，科学建立和优化工作程序，尽可能缩短相关标准出台期限，对于安全生产工作急需标准要按照特事特办原则，加快完成制修订工作并及时向社会公布。

（三）及时做好相关规章制度修改完善工作。加强调查研究，准确把握和研判安全生产形势、特点和规律，认真调查分析每一起生产安全事故，深入剖析事故发生的技术原因和管理原因，有针对性地健全和完善相关规章制度。对事故调查反映出相关法规规章有漏洞和缺陷的，要在事故结案后立即启动制修订工作。要按照深化行政审批制度改革的要求，及时做好有关地方和部门规章及规范性文件清理工作，既要简政放权，又要确保安全准入门槛不降低、安全监管不放松。

二、依法落实安全生产责任

（四）建立完善安全监管责任制。依法加快建立生产经营单位负责、职工参与、政府监管、行业自律和社会监督的安全生产工作机制。全面建立“党政同责、一岗双责、齐抓共管”的安全生产责任体系，落实属地监管责任。负有安全生产监督管理职责的部门要加强对有关行业领域的监督管理，形成综合监管和行业监管合力，提高监管效能，切实做到管行业必须管安全、管业务必须管安全、管生产经营必须管安全。加强安全生产目标责任考核，各级安全生产监督管理部门要定期向同级组织部门报送安全生产情况，将其纳入领导干部政绩业绩考核内容，严格落实安全生产“一票否决”制度。

（五）督促落实企业安全生产主体责任。督促企业严格履行法定责任和义务，建立健全安全生产管理机构，按规定配齐安全生产管理人员和注册安全工程师，切实做到安全生产责任到位、投入到位、培训到位、基础管理到位和应急救援到位。国有大中型企业和规模以上企业要建立安全生产委员会，主任由董事长或总经理担任，董事长、党委书记、总经理对安全生产工作均负有领导责任，企业领导班子成员和管理人员实行安全生产“一岗双责”。所有企业都要建立生产安全风险警示和预防应急公告制度，完善风险排查、评估、预警和防控机制，加强风险预控管理，按规定将本单位重大危险源及相关安全措施、应急措施报有关地方人民政府安全生产监督管理部门和有关部门备案。

（六）进一步严格事故调查处理。各类生产安全事故发生后，各级人民政府必须按照事故等级和管辖权限，依法开展事故调查，并通知同级人民检察院介入调查。完善事故查处挂牌督办制度，按规定由省级、市级和县级人民政府分别负责查处的重大、较大和一般事故，分别由上一级人民政府安全生产委员会负责挂牌督办、审核把关。对性质严重、影响恶劣的重大事故，经国务院批准后，成立国务院事故调查组或由国务院授权有关部门组织事故调查组进行调查。对典型的较大事故，可由国务院安全生产委员会直接督办。建立事故调查处理信息通报和整改措施落实情况评估制度，所有事故都要在规定时限内结案并依法及时向社会全文公布事故调查报告，同时由负责查处事故的地方人民政府在事故结案1年后及时组织开展评估，评估情况报上级人民政府安全生产委员会办公室备案。

三、创新安全生产监管执法机制

（七）加强重点监管执法。地方各级人民政府和负有安全生产监督管理职责的部门要根据辖区、行业领域安全生产实际情况，分别筛选确定重点监管的市、县、乡镇（街道）、行政村（社区）和生产经营单位，实行跟踪监管、直接指导。国务院安全生产监督管理部门要组织各地区排查梳理高危企业分布情况和近5年来事故发生情况，确定重点监管对象，纳入国家重点监管调度范围并实行动态管理。进一步加强部门联合监管执法，做到密切配合、协调联动，依法严肃查处突出问题，并通过暗访暗查、约谈曝光、专家会诊、警示教育等方式督促整改。

（八）加强源头监管和治理。地方各级人民政府要将安全生产和职业病防治纳入经济社会发展规划，实现同步协调发展。各有关部门要进一步加强有关建设项目规划、设计环节的安全把关，防止从源头上产生隐患。建立岗位安全知识、职业病危害防护知识和实际操作技能考核制度，全面推行教考分离，对发生事故的要依法倒查企业安全生产培训制度落实情况。深入开展企业安全生产标准化建设，对不符合安全生产条件的企业要依法责令停产整顿，直至关闭退出。督促企业加强生产经营场所职业病危害源头治理，防止职业病发生。地方各级安全生产监督管理部门要建立与企业联网的隐患排查治理信息系统，实行企业自查自报自改与政府监督检查并网衔接，并建立健全线下配套监管制度，实现分级分类、互联互通、闭环管理。

（九）改进监督检查方式。各地区和相关部门要建立完善“四不两直”（不发通知、不打招呼、不听汇报、不用陪同和接待，直奔基层、直插现场）暗查暗访安全检查制度，制定事故隐患分类和分级挂牌督办标准，对重大事故隐患加大执法检查频次，强化预防控制措施。推行安全生产网格化动态监管机制，力争用3年左右时间覆盖到所有生产经营单位和乡村、社区。地方各级人民政府要营造良好的安全生产监管执法环境，不得以招商引资、发展经济等为由对安全生产监管执法设置障碍，2015年底前要全面清理、废除影响和阻碍安全生产监管执法的相关规定，并向上级人民政府报告。

（十）建立完善安全生产诚信约束机制。地方各级人民政府要将企业安全生产诚信建设作为社会信用体系建设的重要内容，建立健全企业安全生产信用记录并纳入国家和地方统一的信用信息共享交换平台。要实行安全生产“黑名单”制度并通过企业信用信息公示系统向社会公示，对列入“黑名单”的企业，在经营、投融资、政府采购、工程招投标、国有土地出让、授予荣誉、进出口、出入境、资质审核等方面依法予以限制或禁止。各地区要于2016年底前建立企业安全生产违法信息库，2018年底前实现全国联网，并面向社会公开查询。相关部门要加强联动，依法对失信企业进行惩戒约束。

（十一）加快监管执法信息化建设。整合建立安全生产综合信息平台，统筹推进安全生产监管执法信息化工作，实现与事故隐患排查治理、重大危险源监控、安全诚信、安全生产标准化、安全教育培训、安全专业人才、行政许可、监测检验、应急救援、事故责任追究等信息共建共享，消除信息孤岛。要大力提升安全生产“大数据”利用能力，加强安全生产周期性、关联性等特征分析，做到检索查询即时便捷、归纳分析系统科学，实现来源可查、去向可追、责任可究、规律可循。

（十二）运用市场机制加强安全监管。在依法推进各类用人单位参加工伤保险的同时，鼓励企业投保安全生产责任保险，并理顺安全生产责任保险与风险抵押金的关系，推动建立社会商业保险机构参与安全监管的机制。要在长途客运、危险货物道路运输领域继续实施承运人责任保险制度的同时，进一步推动在煤矿、非煤矿山、危险化学品、烟花爆竹、建筑施工、民用爆炸物品、特种设备、金属冶炼与加工、水上运输等高危行业和重点领域实行安全生产责任保险制度，推动公共聚集场所和易燃易爆危险品生产、储存、运输、销售企业投保火灾公共责任保险。建立健全国家、省、市、县四级安全生产专家队伍和服务机制。培育扶持科研院所、行业协会、专业服务组织和注册安全工程师事务所参与安全生产工作，积极提供安全管理和技术服务。

（十三）加强与司法机关的工作协调。制定安全生产非法违法行为等涉嫌犯罪案件移送规定，明确移送标准和程序，建立安全生产监管执法机构与公安机关和检察机关安全生产案情通报机制，加强相关部门间的执法协作，严厉查处打击各类违法犯罪行为。安全生产监督管理部门对逾期不履行安全生产行政决定的，要依法强制执行或者向人民法院申请强制执行，维护法律的权威性和约束力，切实保障公民生命安全和职业健康。

四、严格规范安全生产监管执法行为

（十四）建立权力和责任清单。按照强化安全生产监管与透明、高效、便民相结合的原则，进一步取消或下放安全生产行政审批事项，制定完善事中和事后监管办法，提高政府安全生产监管服务水平。地方各级人民政府及其相关部门、中央垂直管理部门设在地方的机构要依照安全生产法等法律法规和规章，以清单方式明确每项安全生产监管监察职权和责任，制定工作流程图，并通过政府网站和政府公告等载体，及时向社会公开，切实做到安全生产监管执法不缺位、不越位。

（十五）完善科学执法制度。各级安全生产监督管理部门要制定年度执法计划，明确重点监管对象、检查内容和执法措施，并根据安全生产实际情况及时进行调整和完善，确保执法效果。建立安全生产与职业卫生一体化监管执法制度，对同类事项进行综合执法，降低执法成本，提高监管实效。各有关部门依法对企业作出安全生产执法决定之日起20个工作日内，要向社会公开执法信息。

（十六）强化严格规范执法。各级安全生产监督管理部门和其他负有安全生产监督管理职责的部门要依法明确停产停业、停止施工、停止使用相关设施或者设备，停止供电、停止供应民用爆炸物品，查封、扣押、取缔和上限处罚等执法决定的具体情形、时限、执行责任和落实措施。加强执法监督，建立执法行为审议制度和重大行政执法决策机制，依法规范执法程序和自由裁量权，评估执法效果，防止滥用职权；对同类安全生产执法案件按不低于10%的比例，召集相关企业进行公开裁定。

五、加强安全生产监管执法能力建设

（十七）健全监管执法机构。2016年底前，所有的市、县级人民政府要健全安全生产监管执法机构，落实监管责任。地方各级人民政府要结合实际，强化安全生产基层执法力量，对安全生产监管人员结构进行调整，3年内实现专业监管人员配比不低于在职人员的75%。各市、县级人民政府要通过探索实行派驻执法、跨区域执法、委托执法和政府购买服务等方式，加强和规范乡镇（街道）及各类经济开发区安全生产监管执法工作。

（十八）加强监管执法保障建设。国务院安全生产监督管理部门、发展改革部门要做好安全生产监管部门和煤矿安全监察机构监管监察能力建设发展规划的编制实施工作。国务院社会保险行政部门要会同财政、安全生产监督管理等部门，在总结做好工伤预防试点工作基础上，抓紧制定工伤预防费提取比例、使用和管理的具体办法，加大对工伤预防的投入。地方各级人民政府要将安全生产监管执法机构作为政府行政执法机构，健全安全生产监管执法经费保障机制，将安全生产监管执法经费纳入同级财政保障范围，深入开展安全生产监管执法机构规范化、标准化建设，改善调查取证等执法装备，保障基层执法和应急救援用车，满足工作需要。

（十九）加强法治教育培训。按照谁执法、谁负责的原则，加强安全生产法等法律法规普法宣传教育，提高全民安全生产法治素养。地方各级人民政府要把安全法治纳入领导干部教育培训的重要内容，加强安全生产监管执法人员法律法规和执法程序培训，对新录用的安全生产监管执法人员坚持凡进必考必训，对在岗人员原则上每3年轮训一次，所有人员都要经执法资格培训考试合格后方可执证上岗。

（二十）加强监管执法队伍建设。地方各级人民政府和相关部门要加强安全生产监管执法人员的思想建设、作风建设和业务建设，建立健全监督考核机制。建立现场执法全过程记录制度，2017年底前，所有执法人员配备使用便携式移动执法终端，切实做到严格执法、科学执法、文明执法。进一步加强党风廉政建设，强化纪律约束，坚决查处腐败问题和失职渎职行为，宣传推广基层安全生产监管执法的先进典型，树立廉洁执法的良好社会形象。

各地区、各有关部门要充分认识进一步加强安全生产监管执法的重要意义，切实强化组织领导，积极抓好工作落实。各级领导干部要做尊法学法守法用法的模范，带头厉行法治、依法办事，运用法治思维和法治方式解决安全生产问题。国务院安全生产监督管理部门要会同有关部门认真开展监督检查，促进安全生产监管执法措施的落实，重大情况及时向国务院报告。

突发事件应急预案管理办法

国办发〔2013〕101号

第一章 总 则

第一条 为规范突发事件应急预案（以下简称应急预案）管理，增强应急预案的针对性、实用性和可操作性，依据《中华人民共和国突发事件应对法》等法律、行政法规，制订本办法。

第二条 本办法所称应急预案，是指各级人民政府及其部门、基层组织、企事业单位、社会团体等为依法、迅速、科学、有序应对突发事件，最大程度减少突发事件及其造成的损害而预先制定的工作方案。

第三条 应急预案的规划、编制、审批、发布、备案、演练、修订、培训、宣传教育等工作，适用本办法。

第四条 应急预案管理遵循统一规划、分类指导、分级负责、动态管理的原则。

第五条 应急预案编制要依据有关法律、行政法规和制度，紧密结合实际，合理确定内容，切实提高针对性、实用性和可操作性。

第二章 分类和内容

第六条 应急预案按照制定主体划分，分为政府及其部门应急预案、单位和基层组织应急预案两大类。

第七条 政府及其部门应急预案由各级人民政府及其部门制定，包括总体应急预案、专项应急预案、部门应急预案等。

总体应急预案是应急预案体系的总纲，是政府组织应对突发事件的总体制度安排，由县级以上各级人民政府制定。

专项应急预案是政府为应对某一类型或某几种类型突发事件，或者针对重要目标物保护、重大活动保障、应急资源保障等重要专项工作而预先制定的涉及多个部门职责的工作方案，由有关部门牵头制订，报本级人民政府批准后印发实施。

部门应急预案是政府有关部门根据总体应急预案、专项应急预案和部门职责，为应对本部门（行业、领域）突发事件，或者针对重要目标物保护、重大活动保障、应急资源保障等涉及部门工作而预先制定的工作方案，由各级政府有关部门制定。

鼓励相邻、相近的地方人民政府及其有关部门联合制定应对区域性、流域性突发事件的联合应急预案。

第八条 总体应急预案主要规定突发事件应对的基本原则、组织体系、运行机制，以及应急保障的总体安排等，明确相关各方的职责和任务。

针对突发事件应对的专项和部门应急预案，不同层级的预案内容各有所侧重。国家层面专项和部门应急预案侧重明确突发事件的应对原则、组织指挥机制、预警分级和事件分级标准、信息报告要求、分级响应及响应行动、应急保障措施等，重点规范国家层面应对行动，同时体现政策性和指导性；省级专项和部门应急预案侧重明确突发事件的组织指挥机制、信息报告要求、分级响应及响应行动、队伍物资保障及调动程序、市县级政府职责等，重点规范省级层面应对行动，同时体现指导性；市县级专项和部门应急预案侧重明确突发事件的组织指挥机制、风险评估、监测预警、信息报告、应急处置措施、队伍物资保障及调动程序等内容，重点规范市（地）级和县级层面应对行动，体现应急处置的主体职能；乡镇街道专项和部门应急预案侧重明确突发事件的预警信息传播、组织先期处置和自救互救、信息收集报告、人员临时安置等内容，重点规范乡镇层面应对行动，体现先期处置特点。

针对重要基础设施、生命线工程等重要目标物保护的专项和部门应急预案，侧重明确风险隐患及防范措施、监测预警、信息报告、应急处置和紧急恢复等内容。

针对重大活动保障制定的专项和部门应急预案，侧重明确活动安全风险隐患及防范措施、监测预警、信息报告、应急处置、人员疏散撤离组织和路线等内容。

针对为突发事件应对工作提供队伍、物资、装备、资金等资源保障的专项和部门应急预案，侧重明确组织指挥机制、资源布局、不同种类和级别突发事件发生后的资源调用程序等内容。

联合应急预案侧重明确相邻、相近地方人民政府及其部门间信息通报、处置措施衔接、应急资源共享等应急联动机制。

第九条 单位和基层组织应急预案由机关、企业、事业单位、社会团体和居委会、村委会等法人和基层组织制定，侧重明确应急响应责任人、风险隐患监测、信息报告、预警响应、应急处置、人员疏散撤离组织和路线、可调用或可请求援助的应急资源情况及如何实施等，体现自救互救、信息报告和先期处置特点。

大型企业集团可根据相关标准规范和实际工作需要，参照国际惯例，建立本集团应急预案体系。

第十条 政府及其部门、有关单位和基层组织可根据应急预案，并针对突发事件现场处置工作灵活制定现场工作方案，侧重明确现场组织指挥机制、应急队伍分工、不同情况下的应对措施、应急装备保障和自我保障等内容。

第十一条 政府及其部门、有关单位和基层组织可结合本地区、本部门和本单位具体情况，编制应急预案操作手册，内容一般包括风险隐患分析、处置工作程序、响应措施、应急队伍和装备物资情况，以及相关单位联络人员和电话等。

第十二条 对预案应急响应是否分级、如何分级、如何界定分级响应措施等，由预案制定单位根据本地区、本部门和本单位的实际情况确定。

第三章 预 案 编 制

第十三条 各级人民政府应当针对本行政区域多发易发突发事件、主要风险等，制定本级政府及其部门应急预案编制规划，并根据实际情况变化适时修订完善。

单位和基层组织可根据应对突发事件需要，制定本单位、本基层组织应急预案编制计划。

第十四条 应急预案编制部门和单位应组成预案编制工作小组，吸收预案涉及主要部门和单位业务相关人员、有关专家及有现场处置经验的人员参加。编制工作小组组长由应急预案编制部门或单位有关负责人担任。

第十五条 编制应急预案应当在开展风险评估和应急资源调查的基础上进行。

（一）风险评估。针对突发事件特点，识别事件的危害因素，分析事件可能产生的直接后果以及次生、衍生后果，评估各种后果的危害程度，提出控制风险、治理隐患的措施。

（二）应急资源调查。全面调查本地区、本单位第一时间可调用的应急队伍、装备、物资、场所等应急资源状况和合作区域内可请求援助的应急资源状况，必要时对本地居民应急资源情况进行调查，为制定应急响应措施提供依据。

第十六条 政府及其部门应急预案编制过程中应当广泛听取有关部门、单位和专家的意见，与相关的预案作好衔接。涉及其他单位职责的，应当书面征求相关单位意见。必要时，向社会公开征求意见。

单位和基层组织应急预案编制过程中，应根据法律、行政法规要求或实际需要，征求相关公民、法人或其他组织的意见。

第四章 审批、备案和公布

第十七条 预案编制工作小组或牵头单位应当将预案送审稿及各有关单位复函和意见采纳情况说明、编制工作说明等有关材料报送应急预案审批单位。因保密等原因需要发布应急预案简本的，应当将应急预案简本一起报送审批。

第十八条 应急预案审核内容主要包括预案是否符合有关法律、行政法规，是否与有关应急预案进行了衔接，各方面意见是否一致，主体内容是否完备，责任分工是否合理明确，应急响应级别设计是否合理，应对措施是否具体简明、管用可行等。必要时，应急预案审批单位可组织有关专家对应急预案进行评审。

第十九条 国家总体应急预案报国务院审批，以国务院名义印发；专项应急预案报国务院审批，以国务院办公厅名义印发；部门应急预案由部门有关会议审议决定，以部门名义印发，必要时，可以由国务院办公厅转发。

地方各级人民政府总体应急预案应当经本级人民政府常务会议审议，以本级人民政府名义印发；专项应急预案应当经本级人民政府审批，必要时经本级人民政府常务会议或专题会议审议，以本级人民政府办公厅（室）名义印发；部门应急预案应当经部门有关会议审议，以部门名义印发，必要时，可以由本级人民政府办公厅（室）转发。

单位和基层组织应急预案须经本单位或基层组织主要负责人或分管负责人签发，审批方式根据实际情况确定。

第二十条 应急预案审批单位应当在应急预案印发后的20个工作日内依照下列规定向有关单位备案：

（一）地方人民政府总体应急预案报送上一级人民政府备案。

（二）地方人民政府专项应急预案抄送上一级人民政府有关主管部门备案。

（三）部门应急预案报送本级人民政府备案。

（四）涉及需要与所在地政府联合应急处置的中央单位应急预案，应当向所在地县级人民政府备案。

法律、行政法规另有规定的从其规定。

第二十一条 自然灾害、事故灾难、公共卫生类政府及其部门应急预案，应向社会公布。对确需保密的应急预案，按有关规定执行。

第五章 应 急 演 练

第二十二条 应急预案编制单位应当建立应急演练制度，根据实际情况采取实战演练、桌面推演等方式，组织开展人员广泛参与、处置联动性强、形式多样、节约高效的应急演练。

专项应急预案、部门应急预案至少每3年进行一次应急演练。

地震、台风、洪涝、滑坡、山洪泥石流等自然灾害易发区域所在地政府，重要基础设施和城市供水、供电、供气、供热等生命线工程经营管理单位，矿山、建筑施工单位和易燃易爆物品、危险化学品、放射性物品等危险物品生产、经营、储运、使用单位，公共交通工具、公共场所和医院、学校等人员密集场所的经营单位或者管理单位等，应当有针对性地经常组织开展应急演练。

第二十三条 应急演练组织单位应当组织演练评估。评估的主要内容包括：演练的执行情况，预案的合理性与可操作性，指挥协调和应急联动情况，应急人员的处置情况，演练所用设备装备的适用性，对完善预案、应急准备、应急机制、应急措施等方面的意见和建议等。

鼓励委托第三方进行演练评估。

第六章 评 估 和 修 订

第二十四条 应急预案编制单位应当建立定期评估制度，分析评价预案内容的针对性、实用性和可操作性，实现应急预案的动态优化和科学规范管理。

第二十五条 有下列情形之一的，应当及时修订应急预案：

（一）有关法律、行政法规、规章、标准、上位预案中的有关规定发生变化的；

（二）应急指挥机构及其职责发生重大调整的；

（三）面临的风险发生重大变化的；

（四）重要应急资源发生重大变化的；

（五）预案中的其他重要信息发生变化的；

（六）在突发事件实际应对和应急演练中发现问题需要作出重大调整的；

（七）应急预案制定单位认为应当修订的其他情况。

第二十六条 应急预案修订涉及组织指挥体系与职责、应急处置程序、主要处置措施、突发事件分级标准等重要内容的，修订工作应参照本办法规定的预案编制、审批、备案、公布程序组织进行。仅涉及其他内容的，修订程序可根据情况适当简化。

第二十七条 各级政府及其部门、企事业单位、社会团体、公民等，可以向有关预案编制单位提出修订建议。

第七章 培训和宣传教育

第二十八条 应急预案编制单位应当通过编发培训材料、举办培训班、开展工作研讨等方式，对与应急预案实施密切相关的管理人员和专业救援人员等组织开展应急预案培训。

各级政府及其有关部门应将应急预案培训作为应急管理培训的重要内容，纳入领导干部培训、公务员培训、应急管理干部日常培训内容。

第二十九条 对需要公众广泛参与的非涉密的应急预案，编制单位应当充分利用互联网、广播、电视、报刊等多种媒体广泛宣传，制作通俗易懂、好记管用的宣传普及材料，向公众免费发放。

第八章 组织保障

第三十条 各级政府及其有关部门应对本行政区域、本行业（领域）应急预案管理工作加强指导和监督。国务院有关部门可根据需要编写应急预案编制指南，指导本行业（领域）应急预案编制工作。

第三十一条 各级政府及其有关部门、各有关单位要指定专门机构和人员负责相关具体工作，将应急预案规划、编制、审批、发布、演练、修订、培训、宣传教育等工作所需经费纳入预算统筹安排。

第九章 附 则

第三十二条 国务院有关部门、地方各级人民政府及其有关部门、大型企业集团等可根据实际情况，制定相关实施办法。

第三十三条 本办法由国务院办公厅负责解释。

第三十四条 本办法自印发之日起施行。

关于坚持科学发展安全发展促进安全生产形势持续稳定好转的意见

国发〔2011〕40号

安全生产事关人民群众生命财产安全，事关改革开放、经济发展和社会稳定大局，事关党和政府形象和声誉。为深入贯彻落实科学发展观，实现安全发展，促进全国安全生产形势持续稳定好转，提出以下意见：

一、充分认识坚持科学发展安全发展的重大意义

（一）坚持科学发展安全发展是对安全生产实践经验的科学总结。多年来，各地区、各部门、各单位深入贯彻落实科学发展观，按照党中央、国务院的决策部署，大力推进安全发展，全国安全生产工作取得了积极进展和明显成效。“十一五”期间，事故总量和重特大事故大幅度下降，全国各类事故死亡人数年均减少约1万人，反映安全生产状况的各项指标显著改善，安全生产形势持续稳定好转。实践表明，坚持科学发展安全发展，是对新时期安全生产客观规律的科学认识和准确把握，是保障人民群众生命财产安全的必然选择。

（二）坚持科学发展安全发展是解决安全生产问题的根本途径。我国正处于工业化、城镇化快速发展进程中，处于生产安全事故易发多发的高峰期，安全基础仍然比较薄弱，重特大事故尚未得到有效遏制，非法违法生产经营建设行为屡禁不止，安全责任不落实、防范和监督管理不到位等问题在一些地方和企业还比较突出。安全生产工作既要解决长期积累的深层次、结构性和区域性问题，又要应对不断出现的新情况、新问题，根本出路在于坚持科学发展安全发展。要把这一重要思想和理念落实到生产经营建设的每一个环节，使之成为衡量各行业领域、各生产经营单位安全生产工作的基本标准，自觉做到不安全不生产，实现安全与发展的有机统一。

（三）坚持科学发展安全发展是经济发展社会进步的必然要求。随着经济发展和社会进步，全社会对安全生产的期待不断提高，广大从业人员“体面劳动”意识不断增强，对加强安全监管监察、改善作业环境、保障职业安全健康权益等方面的要求越来越高。这就要求各地区、各部门、各单位必须始终把安全生产摆在经济社会发展重中之重的位置，自觉坚持科学发展安全发展，把安全真正作为发展的前提和基础，使经济社会发展切实建立在安全保障能力不断增强、劳动者生命安全和身体健康得到切实保障的基础之上，确保人民群众平安幸福地享有经济发展和社会进步的成果。

二、指导思想和基本原则

（四）指导思想。坚持以邓小平理论和“三个代表”重要思想为指导，深入贯彻落实科学发展观，牢固树立以人为本、安全发展的理念，始终把保障人民群众生命财产安全放在首位，大力实施安全发展战略，紧紧围绕科学发展主题和加快转变经济发展方式主线，自觉坚持“安全第一、预防为主、综合治理”方针，坚持速度、质量、效益与安全的有机统一，以强化和落实企业主体责任为重点，以事故预防为主攻方向，以规范生产为保障，以科技进步为支撑，认真落实安全生产各项措施，标本兼治、综合治理，有效防范和坚决遏制重特大事故，促进安全生产与经济社会同步协调发展。

（五）基本原则。——统筹兼顾，协调发展。正确处理安全生产与经济社会发展、与速度质量效益的关系，坚持把安全生产放在首要位置，促进区域、行业领域的科学、安全、可持续发展。——依法治安，综合治理。健全完善安全生产法律法规、制度标准体系，严格安全生产执法，严厉打击非法违法行为，综合运用法律、行政、经济等手段，推动安全生产工作规范、有序、高效开展。——突出预防，落实责任。加大安全投入，严格安全准入，深化隐患排查治理，筑牢安全生产基础，全面落实企业安全生产主体责任、政府及部门监管责任和属地管理责任。——依靠科技，创新管理。加快安全科技研发应用，加强专业技术人才队伍和高素质的职工队伍培养，创新安全管理体制机制和方式方法，不断提升安全保障能力和安全管理水平。

三、进一步加强安全生产法制建设

（六）健全完善安全生产法律制度体系。加快推进安全生产法等相关法律法规的修订制定工作。适应经济社会快速发展的新要求，制定高速铁路、高速公路、大型桥梁隧道、超高层建筑、城市轨道交通和地下管网等建设、运行、管理方面的安全法规规章。根据技术进步和产业升级需要，抓紧修订完善国家和行业安全技术标准，尽快健全覆盖各行业领域的安全生产标准体系。进一步建立完善安全生产激励约束、督促检查、行政问责、区域联动等制度，形成规范有力的制度保障体系。

（七）加大安全生产普法执法力度。加强安全生产法制教育，普及安全生产法律知识，提高全民安全法制意识，增强依法生产经营建设的自觉性。加强安全生产日常执法、重点执法和跟踪执法，强化相关部门及与司法机关的联合执法，确保执法实效。继续依法严厉打击各类非法违法生产经营建设行为，切实落实停产整顿、关闭取缔、严格问责的惩治措施。强化地方人民政府特别是县乡级人民政府责任，对打击非法生产不力的，要严肃追究责任。

（八）依法严肃查处各类事故。严格按照“科学严谨、依法依规、实事求是、注重实效”的原则，认真调查处理每一起事故，查明原因，依法严肃追究事故单位和有关责任人的责任，严厉查处事故背后的腐败行为，及时向社会公布调查进展和处理结果。认真落实事故查处分级挂牌督办、跟踪督办、警示通报、诫勉约谈和现场分析制度，深刻吸取事故教训，查找安全漏洞，完善相关管理措施，切实改进安全生产工作。

四、全面落实安全生产责任

（九）认真落实企业安全生产主体责任。企业必须严格遵守和执行安全生产法律法规、规章制度与技术标准，依法依规加强安全生产，加大安全投入，健全安全管理机构，加强班组安全建设，保持安全设备设施完好有效。企业主要负责人、实际控制人要切实承担安全生产第一责任人的责任，带头执行现场带班制度，加强现场安全管理。强化企业技术负责人技术决策和指挥权，注重发挥注册安全工程师对企业安全状况诊断、评估、整改方面的作用。企业主要负责人、安全管理人员、特种作业人员一律经严格考核、持证上岗。企业用工要严格依照劳动合同法与职工签订劳动合同，职工必须全部经培训合格后上岗。

（十）强化地方人民政府安全监管责任。地方各级人民政府要健全完善安全生产责任制，把安全生产作为衡量地方经济发展、社会管理、文明建设成效的重要指标，切实履行属地管理职责，对辖区内各类企业包括中央、省属企业实施严格的安全生产监督检查和管理。严格落实地方行政首长安全生产第一责任人的责任，建立健全政府领导班子成员安全生产“一岗双责”制度。省、市、县级政府主要负责人要定期研究部署安全生产工作，组织解决安全生产重点难点问题。

（十一）切实履行部门安全生产管理和监督职责。健全完善安全生产综合监管与行业监管相结合的工作机制，强化安全生产监管部门对安全生产的综合监管，全面落实行业主管部门的专业监管、行业管理和指导职责。相关部门、境内投资主体和派出企业要切实加强对境外中资企业安全生产工作的指导和管理。要不断探索创新与经济运行、社会管理相适应的安全监管模式，建立健全与企业信誉、项目核准、用地审批、证券融资、银行贷款等方面相挂钩的安全生产约束机制。

五、着力强化安全生产基础

（十二）严格安全生产准入条件。要认真执行安全生产许可制度和产业政策，严格技术和安全质量标准，严把行业安全准入关。强化建设项目安全核准，把安全生产条件作为高危行业建设项目审批的前置条件，未通过安全评估的不准立项；未经批准擅自开工建设的，要依法取缔。严格执行建设项目安全设施“三同时”（同时设计、同时施工、同时投产和使用）制度。制定和实施高危行业从业人员资格标准。加强对安全生产专业服务机构管理，实行严格的资格认证制度，确保其评价、检测结果的专业性和客观性。

（十三）加强安全生产风险监控管理。充分运用科技和信息手段，建立健全安全生产隐患排查治理体系，强化监测监控、预报预警，及时发现和消除安全隐患。企业要定期进行安全风险评估分析，重大隐患要及时报安全监管监察和行业主管部门备案。各级政府要对重大隐患实行挂牌督办，确保监控、整改、防范等措施落实到位。各地区要建立重大危险源管理档案，实施动态全程监控。

（十四）推进安全生产标准化建设。在工矿商贸和交通运输行业领域普遍开展岗位达标、专业达标和企业达标建设，对在规定期限内未实现达标的企业，要依据有关规定暂扣其生产许可证、安全生产许可证，责令停产整顿；对整改逾期仍未达标的，要依法予以关闭。加强安全标准化分级考核评价，将评价结果向银行、证券、保险、担保等主管部门通报，作为企业信用评级的重要参考依据。

（十五）加强职业病危害防治工作。要严格执行职业病防治法，认真实施国家职业病防治规划，深入落实职业危害防护设施“三同时”制度，切实抓好煤（矽）尘、热害、高毒物质等职业危害防范治理。对可能产生职业病危害的建设项目，必须进行严格的职业病危害预评价，未提交预评价报告或预评价报告未经审核同意的，一律不得批准建设；对职业病危害防控措施不到位的企业，要依法责令其整改，情节严重的要依法予以关闭。切实做好职业病诊断、鉴定和治疗，保障职工安全健康权益。

六、深化重点行业领域安全专项整治

（十六）深入推进煤矿瓦斯防治和整合技改。加快建设“通风可靠、抽采达标、监控有效、管理到位”的瓦斯综合治理工作体系，完善落实瓦斯抽采利用扶持政策，推进瓦斯防治技术创新。严格控制高瓦斯和煤与瓦斯突出矿井建设项目审批。建立完善煤矿瓦斯防治能力评估制度，对不具备防治能力的高瓦斯和煤与瓦斯突出矿井，要严格按规定停产整改、重组或依法关闭。继续运用中央预算内投资扶持煤矿安全技术改造，支持煤矿整顿关闭和兼并重组。加强对整合技改煤矿的安全管理，加快推进煤矿井下安全避险系统建设和小煤矿机械化改造。

（十七）加大交通运输安全综合治理力度。加强道路长途客运安全管理，修订完善长途客运车辆安全技术标准，逐步淘汰安全性能差的运营车型。强化交通运输企业安全主体责任，禁止客运车辆挂靠运营，禁止非法改装车辆从事旅客运输。严格长途客运、危险品车辆驾驶人资格准入，研究建立长途客车驾驶人强制休息制度，持续严厉整治超载、超限、超速、酒后驾驶、高速公路违规停车等违法行为。加强道路运输车辆动态监管，严格按规定强制安装具有行驶记录功能的卫星定位装置并实行联网联控。提高道路建设质量，完善安全防护设施，加强桥梁、隧道、码头安全隐患排查治理。加强高速铁路和城市轨道交通建设运营安全管理。继续强化民航、农村和山区交通、水上交通的安全监管，特别要抓紧完善校车安全法规和标准，依法强化校车安全监管。

（十八）严格危险化学品安全管理。全面开展危险化学品安全管理现状普查评估，建立危险化学品安全管理信息系统。科学规划化工园区，优化化工企业布局，严格控制城镇涉及危险化学品的建设项目。各地区要积极研究制定鼓励支持政策，加快城区高风险危险化学品生产、储存企业搬迁。地方各级人民政府要组织开展地下危险化学品输送管道设施安全整治，加强和规范城镇地面开挖作业管理。继续推进化工装置自动控制系统改造。切实加强烟花爆竹和民用爆炸物品的安全监管，深入开展“三超一改”（超范围、超定员、超药量和擅自改变工房用途）和礼花弹等高危产品专项治理。

（十九）深化非煤矿山安全整治。进一步完善矿产资源开发整合常态化管理机制，制定实施非煤矿山主要矿种最小开采规模和最低服务年限标准。研究制定充填开采标准和规定。积极推行尾矿库一次性筑坝、在线监测技术，搞好尾矿综合利用。全面加强矿井安全避险系统建设，组织实施非煤矿山采空区监测监控等科技示范工程。加强陆地和海洋石油天然气勘探开采的安全管理，重点防范井喷失控、硫化氢中毒、海上溢油等事故。

（二十）加强建筑施工安全生产管理。按照“谁发证、谁审批、谁负责”的原则，进一步落实建筑工程招投标、资质审批、施工许可、现场作业等各环节安全监管责任。强化建筑工程参建各方企业安全生产主体责任。严密排查治理起重机、吊罐、脚手架等设施设备安全隐患。建立建筑工程安全生产信息系统，健全施工企业和从业人员安全信用体系，完善失信惩戒制度。建立完善铁路、公路、水利、核电等重点工程项目安全风险评估制度。严厉打击超越资质范围承揽工程、违法分包转包工程等不法行为。

（二十一）加强消防、冶金等其他行业领域的安全监管。地方各级人民政府要把消防规划纳入当地城乡规划，切实加强公共消防设施建设。大力实施社会消防安全“防火墙”工程，落实建设项目消防安全设计审核、验收和备案抽查制度，严禁使用不符合消防安全要求的装修装饰材料和建筑外保温材料。严格落实人员密集场所、大型集会活动等安全责任制，严防拥挤踩踏事故。加强冶金、有色等其他工贸行业企业安全专项治理，严格执行压力容器、电梯、游乐设施等特种设备安全管理制度，加强电力、农机和渔船安全管理。

七、大力加强安全保障能力建设

（二十二）持续加大安全生产投入。探索建立中央、地方、企业和社会共同承担的安全生产长效投入机制，加大对贫困地区和高危行业领域倾斜。完善有利于安全生产的财政、税收、信贷政策，强化政府投资对安全生产投入的引导和带动作用。企业在年度财务预算中必须确定必要的安全投入，提足用好安全生产费用。完善落实工伤保险制度，积极稳妥推行安全生产责任保险制度，发挥保险机制的预防和促进作用。

（二十三）充分发挥科技支撑作用。整合安全科技优势资源，建立完善以企业为主体、以市场为导向、产学研用相结合的安全技术创新体系。加快推进安全生产关键技术及装备的研发，在事故预防预警、防治控制、抢险处置等方面尽快推出一批具有自主知识产权的科技成果。积极推广应用安全性能可靠、先进适用的新技术、新工艺、新设备和新材料。企业必须加快国家规定的各项安全系统和装备建设，提高生产安全防护水平。加强安全生产信息化建设，建立健全信息科技支撑服务体系。

（二十四）加强产业政策引导。加大高危行业企业重组力度，进一步整合浪费资源、安全保障低的落后产能，加快淘汰不符合安全标准、职业危害严重、危及安全生产的落后技术、工艺和装备。地方各级人民政府要制定相关政策，遏制安全水平低、保障能力差的项目的建设和延续。对存在落后技术设备、构成重大安全隐患的企业，要予以公布，责令其限期整改，逾期未整改的依法予以关闭。把安全产业纳入国家重点支持的战略产业，积极发展安全装备融资租赁业务，促进企业加快提升安全装备水平。

（二十五）加强安全人才和监管监察队伍建设。加强安全科学与工程学科建设，办好安全工程类高等教育和职业教育，重点培养中高级安全工程与管理人才。鼓励高等院校、职业学校进一步落实完善校企合作办学、对口单招、订单式培养等政策，加快培养高危行业专业人才和生产一线急需技能型人才。加快建设专业化的安全监管监察队伍，建立以岗位职责为基础的能力评价体系，加强在岗人员业务培训。进一步充实基层监管力量，改善监管监察装备和条件，创新安全监管监察机制，切实做到严格、公正、廉洁、文明执法。

八、建设更加高效的应急救援体系

（二十六）加强应急救援队伍和基地建设。抓紧7个国家级、14个区域性矿山应急救援基地建设，加快推进重点行业领域的专业应急救援队伍建设。县级以上地方人民政府要结合实际，整合应急资源，依托大型企业、公安消防等救援力量，加强本地区应急救援队伍建设。建立紧急医学救援体系，提升事故医疗救治能力。建立救援队伍社会化服务补偿机制，鼓励和引导社会力量参与应急救援。

（二十七）完善应急救援机制和基础条件。健全省、市、县及中央企业安全生产应急管理体系，加快建设应急平台，完善应急救援协调联动机制。建立健全自然灾害预报预警联合处置机制，加强安监、气象、地震、海洋等部门的协调配合，严防自然灾害引发事故灾难。建立完善企业安全生产动态监控及预警预报体系。加强应急救援装备建设，强化应急物资和紧急运输能力储备，提高应急处置效率。

（二十八）加强预案管理和应急演练。建立健全安全生产应急预案体系，加强动态修订完善。落实省、市、县三级安全生产预案报备制度，加强企业预案与政府相关应急预案的衔接。定期开展应急预案演练，切实提高事故救援实战能力。企业生产现场带班人员、班组长和调度人员在遇到险情时，要按照预案规定，立即组织停产撤人。

九、积极推进安全文化建设

（二十九）加强安全知识普及和技能培训。加强安全教育基地建设，充分利用电视、互联网、报纸、广播等多种形式和手段普及安全常识，增强全社会科学发展、安全发展的思想意识。在中小学广泛普及安全基础教育，加强防灾避险演练。全面开展安全生产、应急避险和职业健康知识进企业、进学校、进乡村、进社区、进家庭活动，努力提升全民安全素质。大力开展企业全员安全培训，重点强化高危行业和中小企业一线员工安全培训。完善农民工向产业工人转化过程中的安全教育培训机制。建立完善安全技术人员继续教育制度。大型企业要建立健全职业教育和培训机构。加强地方政府安全生产分管领导干部的安全培训，提高安全管理水平。

（三十）推动安全文化发展繁荣。充分利用社会资源和市场机制，培育发展安全文化产业，打造安全文化精品，促进安全文化市场繁荣。加强安全公益宣传，大力倡导“关注安全、关爱生命”的安全文化。建设安全文化主题公园、主题街道和安全社区，创建若干安全文化示范企业和安全发展示范城市。推进安全文化理论和建设手段创新，构建自我约束、持续改进的长效机制，不断提高安全文化建设水平，切实发挥其对安全生产工作的引领和推动作用。

十、切实加强组织领导和监督

（三十一）健全完善安全生产工作格局。各地区要进一步健全完善政府统一领导、部门依法监管、企业全面负责、群众参与监督、全社会广泛支持的安全生产工作格局，形成各方面齐抓共管的合力。要切实加强安全生产工作的组织领导，充分发挥各级政府安全生产委员会及其办公室的指导协调作用，落实各成员单位工作责任。县级以上人民政府要依法健全完善安全生产、职业健康监管体系，安全生产任务较重的乡镇要加强安全监管力量建设，确保事有人做、责有人负。

（三十二）加强安全生产绩效考核。把安全生产考核控制指标纳入经济社会发展考核评价指标体系，加大各级领导干部政绩业绩考核中安全生产的权重和考核力度。把安全生产工作纳入社会主义精神文明和党风廉政建设、社会管理综合治理体系之中。制定完善安全生产奖惩制度，对成效显著的单位和个人要以适当形式予以表扬和奖励，对违法违规、失职渎职的，依法严格追究责任。

（三十三）发挥社会公众的参与监督作用。推进安全生产政务公开，健全行政许可网上申请、受理、审批制度。落实安全生产新闻发布制度和救援工作报道机制，完善隐患、事故举报奖励制度，加强社会监督、舆论监督和群众监督。支持各级工会、共青团、妇联等群众组织动员广大职工开展群众性安全生产监督和隐患排查，落实职工岗位安全责任，推进群防群治。

第四部分

部 门 规 章

社会消防技术服务管理规定

（2021年9月13日中华人民共和国应急管理部令第7号公布）

第一章 总 则

第一条 为规范社会消防技术服务活动，维护消防技术服务市场秩序，促进提高消防技术服务质量，根据《中华人民共和国消防法》，制定本规定。

第二条 在中华人民共和国境内从事社会消防技术服务活动、对消防技术服务机构实施监督管理，适用本规定。

本规定所称消防技术服务机构是指从事消防设施维护保养检测、消防安全评估等社会消防技术服务活动的企业。

第三条 消防技术服务机构及其从业人员开展社会消防技术服务活动应当遵循客观独立、合法公正、诚实信用的原则。

本规定所称消防技术服务从业人员，是指依法取得注册消防工程师资格并在消防技术服务机构中执业的专业技术人员，以及按照有关规定取得相应消防行业特有工种职业资格，在消防技术服务机构中从事社会消防技术服务活动的人员。

第四条 消防技术服务行业组织应当加强行业自律管理，规范从业行为，促进提升服务质量。

消防技术服务行业组织不得从事营利性社会消防技术服务活动，不得从事或者通过消防技术服务机构进行行业垄断。

第二章 从 业 条 件

第五条 从事消防设施维护保养检测的消防技术服务机构，应当具备下列条件：

（一）取得企业法人资格；

（二）工作场所建筑面积不少于200平方米；

（三）消防技术服务基础设备和消防设施维护保养检测设备配备符合有关规定要求；

（四）注册消防工程师不少于2人，其中一级注册消防工程师不少于1人；

（五）取得消防设施操作员国家职业资格证书的人员不少于6人，其中中级技能等级以上的不少于2人；

（六）健全的质量管理体系。

第六条 从事消防安全评估的消防技术服务机构，应当具备下列条件：

（一）取得企业法人资格；

（二）工作场所建筑面积不少于100平方米；

（三）消防技术服务基础设备和消防安全评估设备配备符合有关规定要求；

（四）注册消防工程师不少于2人，其中一级注册消防工程师不少于1人；

（五）健全的消防安全评估过程控制体系。

第七条 同时从事消防设施维护保养检测、消防安全评估的消防技术服务机构，应当具备下列条件：

（一）取得企业法人资格；

（二）工作场所建筑面积不少于200平方米；

（三）消防技术服务基础设备和消防设施维护保养检测、消防安全评估设备配备符合规定的要求；

（四）注册消防工程师不少于2人，其中一级注册消防工程师不少于1人；

（五）取得消防设施操作员国家职业资格证书的人员不少于6人，其中中级技能等级以上的不少于2人；

（六）健全的质量管理和消防安全评估过程控制体系。

第八条 消防技术服务机构可以在全国范围内从业。

第三章 社会消防技术服务活动

第九条 消防技术服务机构及其从业人员应当依照法律法规、技术标准和从业准则，开展下列社会消防技术服务活动，并对服务质量负责：

（一）消防设施维护保养检测机构可以从事建筑消防设施维护保养、检测活动；

（二）消防安全评估机构可以从事区域消防安全评估、社会单位消防安全评估、大型活动消防安全评估等活动，以及消防法律法规、消防技术标准、火灾隐患整改、消防安全管理、消防宣传教育等方面的咨询活动。

消防技术服务机构出具的结论文件，可以作为消防救援机构实施消防监督管理和单位（场所）开展消防安全管理的依据。

第十条 消防设施维护保养检测机构应当按照国家标准、行业标准规定的工艺、流程开展维护保养检测，保证经维护保养的建筑消防设施符合国家标准、行业标准。

第十一条 消防技术服务机构应当依法与从业人员签订劳动合同，加强对所属从业人员的管理。注册消防工程师不得同时在两个以上社会组织执业。

第十二条 消防技术服务机构应当设立技术负责人，对本机构的消防技术服务实施质量监督管理，对出具的书面结论文件进行技术审核。技术负责人应当具备一级注册消防工程师资格。

第十三条 消防技术服务机构承接业务，应当与委托人签订消防技术服务合同，并明确项目负责人。项目负责人应当具备相应的注册消防工程师资格。

消防技术服务机构不得转包、分包消防技术服务项目。

第十四条 消防技术服务机构出具的书面结论文件应当由技术负责人、项目负责人签名并加盖执业印章，同时加盖消防技术服务机构印章。

消防设施维护保养检测机构对建筑消防设施进行维护保养后，应当制作包含消防技术服务机构名称及项目负责人、维护保养日期等信息的标识，在消防设施所在建筑的醒目位置上予以公示。

第十五条 消防技术服务机构应当对服务情况作出客观、真实、完整的记录，按消防技术服务项目建立消防技术服务档案。

消防技术服务档案保管期限为6年。

第十六条 消防技术服务机构应当在其经营场所的醒目位置公示营业执照、工作程序、收费标准、从业守则、注册消防工程师注册证书、投诉电话等事项。

第十七条 消防技术服务机构收费应当遵守价格管理法律法规的规定。

第十八条 消防技术服务机构在从事社会消防技术服务活动中，不得有下列行为：

（一）不具备从业条件，从事社会消防技术服务活动；

（二）出具虚假、失实文件；

（三）消防设施维护保养检测机构的项目负责人或者消防设施操作员未到现场实地开展工作；

（四）泄露委托人商业秘密；

（五）指派无相应资格从业人员从事社会消防技术服务活动；

（六）冒用其他消防技术服务机构名义从事社会消防技术服务活动；

（七）法律、法规、规章禁止的其他行为。

第四章 监 督 管 理

第十九条 县级以上人民政府消防救援机构依照有关法律、法规和本规定，对本行政区域内的社会消防技术服务活动实施监督管理。

消防技术服务机构及其从业人员对消防救援机构依法进行的监督管理应当协助和配合，不得拒绝或者阻挠。

第二十条 应急管理部消防救援局应当建立和完善全国统一的社会消防技术服务信息系统，公布消防技术服务机构及其从业人员的有关信息，发布从业、诚信和监督管理信息，并为社会提供有关信息查询服务。

第二十一条 县级以上人民政府消防救援机构对社会消防技术服务活动开展监督检查的形式有：

（一）结合日常消防监督检查工作，对消防技术服务质量实施监督抽查；

（二）根据需要实施专项检查；

（三）发生火灾事故后实施倒查；

（四）对举报投诉和交办移送的消防技术服务机构及其从业人员的违法从业行为进行核查。

开展社会消防技术服务活动监督检查可以根据实际需要，通过网上核查、服务单位实地核查、机构办公场所现场检查等方式实施。

第二十二条 消防救援机构在对单位（场所）实施日常消防监督检查时，可以对为该单位（场所）提供服务的消防技术服务机构的服务质量实施监督抽查。抽查内容为：

（一）是否冒用其他消防技术服务机构名义从事社会消防技术服务活动；

（二）从事相关社会消防技术服务活动的人员是否具有相应资格；

（三）是否按照国家标准、行业标准维护保养、检测建筑消防设施，经维护保养的建筑消防设施是否符合国家标准、行业标准；

（四）消防设施维护保养检测机构的项目负责人或者消防设施操作员是否到现场实地开展工作；

（五）是否出具虚假、失实文件；

（六）出具的书面结论文件是否由技术负责人、项目负责人签名、盖章，并加盖消防技术服务机构印章；

（七）是否与委托人签订消防技术服务合同；

（八）是否在经其维护保养的消防设施所在建筑的醒目位置公示消防技术服务信息。

第二十三条 消防救援机构根据消防监督管理需要，可以对辖区内从业的消防技术服务机构进行专项检查。专项检查应当随机抽取检查对象，随机选派检查人员，检查情况及查处结果及时向社会公开。专项检查可以抽查下列内容：

（一）是否具备从业条件；

（二）所属注册消防工程师是否同时在两个以上社会组织执业；

（三）从事相关社会消防技术服务活动的人员是否具有相应资格；

（四）是否转包、分包消防技术服务项目；

（五）是否出具虚假、失实文件；

（六）是否设立技术负责人、明确项目负责人，出具的书面结论文件是否由技术负责人、项目负责人签名、盖章，并加盖消防技术服务机构印章；

（七）是否与委托人签订消防技术服务合同；

（八）是否在经营场所公示营业执照、工作程序、收费标准、从业守则、注册消防工程师注册证书、投诉电话等事项；

（九）是否建立和保管消防技术服务档案。

第二十四条 发生有人员死亡或者造成重大社会影响的火灾，消防救援机构开展火灾事故调查时，应当对为起火单位（场所）提供服务的消防技术服务机构实施倒查。

消防救援机构组织调查其他火灾，可以根据需要对为起火单位（场所）提供服务的消防技术服务机构实施倒查。

倒查按照本规定第二十二条、第二十三条的抽查内容实施。

第二十五条 消防救援机构及其工作人员不得设立消防技术服务机构，不得参与消防技术服务机构的经营活动，不得指定或者变相指定消防技术服务机构，不得利用职务接受有关单位或者个人财物，不得滥用行政权力排除、限制竞争。

第五章　法　律　责　任

第二十六条 消防技术服务机构违反本规定，冒用其他消防技术服务机构名义从事社会消防技术服务活动的，责令改正，处2万元以上3万元以下罚款。

第二十七条 消防技术服务机构违反本规定，有下列情形之一的，责令改正，处

1万元以上2万元以下罚款：

（一）所属注册消防工程师同时在两个以上社会组织执业的；

（二）指派无相应资格从业人员从事社会消防技术服务活动的；

（三）转包、分包消防技术服务项目的。

对有前款第一项行为的注册消防工程师，处5000元以上1万元以下罚款。

第二十八条 消防技术服务机构违反本规定，有下列情形之一的，责令改正，处1万元以下罚款：

（一）未设立技术负责人、未明确项目负责人的；

（二）出具的书面结论文件未经技术负责人、项目负责人签名、盖章，或者未加盖消防技术服务机构印章的；

（三）承接业务未依法与委托人签订消防技术服务合同的；

（四）消防设施维护保养检测机构的项目负责人或者消防设施操作员未到现场实地开展工作的；

（五）未建立或者保管消防技术服务档案的；

（六）未公示营业执照、工作程序、收费标准、从业守则、注册消防工程师注册证书、投诉电话等事项的。

第二十九条 消防技术服务机构不具备从业条件从事社会消防技术服务活动或者出具虚假文件、失实文件的，或者不按照国家标准、行业标准开展社会消防技术服务活动的，由消防救援机构依照《中华人民共和国消防法》第六十九条的有关规定处罚。

第三十条 消防设施维护保养检测机构未按照本规定要求在经其维护保养的消防设施所在建筑的醒目位置上公示消防技术服务信息的，责令改正，处5000元以下罚款。

第三十一条 消防救援机构对消防技术服务机构及其从业人员实施积分信用管理，具体办法由应急管理部消防救援局制定。

第三十二条 消防技术服务机构有违反本规定的行为，给他人造成损失的，依法承担赔偿责任；经维护保养的建筑消防设施不能正常运行，发生火灾时未发挥应有作用，导致伤亡、损失扩大的，从重处罚；构成犯罪的，依法追究刑事责任。

第三十三条 本规定中的行政处罚由违法行为地设区的市级、县级人民政府消防救援机构决定。

第三十四条 消防技术服务机构及其从业人员对消防救援机构在消防技术服务监督管理中作出的具体行政行为不服的，可以依法申请行政复议或者提起行政诉讼。

第三十五条 消防救援机构的工作人员设立消防技术服务机构，或者参与消防技术服务机构的经营活动，或者指定、变相指定消防技术服务机构，或者利用职务接受有关单位、个人财物，或者滥用行政权力排除、限制竞争，或者有其他滥用职权、玩忽职守、徇私舞弊的行为，依照有关规定给予处分；构成犯罪的，依法追究刑事责任。

第六章　附　　则

第三十六条　保修期内的建筑消防设施由施工单位进行维护保养的，不适用本规定。

第三十七条　本规定所称虚假文件，是指消防技术服务机构未提供服务或者以篡改结果方式出具的消防技术文件，或者出具的与当时实际情况严重不符、结论定性严重偏离客观实际的消防技术文件。

本规定所称失实文件，是指消防技术服务机构出具的与当时实际情况部分不符、结论定性部分偏离客观实际的消防技术文件。

第三十八条　本规定中的“以上”“以下”均含本数。

第三十九条　执行本规定所需要的文书式样，以及消防技术服务机构应当配备的仪器、设备、设施目录，由应急管理部制定。

第四十条　本规定自2021年11月9日起施行。

高层民用建筑消防安全管理规定

（2021年6月21日中华人民共和国应急管理部令第5号公布）

第一章　总　　则

第一条　为了加强高层民用建筑消防安全管理，预防火灾和减少火灾危害，根据《中华人民共和国消防法》等法律、行政法规和国务院有关规定，制定本规定。

第二条　本规定适用于已经建成且依法投入使用的高层民用建筑（包括高层住宅建筑和高层公共建筑）的消防安全管理。

第三条　高层民用建筑消防安全管理贯彻预防为主、防消结合的方针，实行消防安全责任制。

建筑高度超过100米的高层民用建筑应当实行更加严格的消防安全管理。

第二章　消防安全职责

第四条　高层民用建筑的业主、使用人是高层民用建筑消防安全责任主体，对高层民用建筑的消防安全负责。高层民用建筑的业主、使用人是单位的，其法定代表人或者主要负责人是本单位的消防安全责任人。

高层民用建筑的业主、使用人可以委托物业服务企业或者消防技术服务机构等专业服务单位（以下统称消防服务单位）提供消防安全服务，并应当在服务合同中约定消防安全服务的具体内容。

第五条 同一高层民用建筑有两个及以上业主、使用人的，各业主、使用人对其专有部分的消防安全负责，对共有部分的消防安全共同负责。

同一高层民用建筑有两个及以上业主、使用人的，应当共同委托物业服务企业，或者明确一个业主、使用人作为统一管理人，对共有部分的消防安全实行统一管理，协调、指导业主、使用人共同做好整栋建筑的消防安全工作，并通过书面形式约定各方消防安全责任。

第六条 高层民用建筑以承包、租赁或者委托经营、管理等形式交由承包人、承租人、经营管理人使用的，当事人在订立承包、租赁、委托管理等合同时，应当明确各方消防安全责任。委托方、出租方依照法律规定，可以对承包方、承租方、受托方的消防安全工作统一协调、管理。

实行承包、租赁或者委托经营、管理时，业主应当提供符合消防安全要求的建筑物，督促使用人加强消防安全管理。

第七条 高层公共建筑的业主单位、使用单位应当履行下列消防安全职责：

（一）遵守消防法律法规，建立和落实消防安全管理制度；

（二）明确消防安全管理机构或者消防安全管理人员；

（三）组织开展防火巡查、检查，及时消除火灾隐患；

（四）确保疏散通道、安全出口、消防车通道畅通；

（五）对建筑消防设施、器材定期进行检验、维修，确保完好有效；

（六）组织消防宣传教育培训，制定灭火和应急疏散预案，定期组织消防演练；

（七）按照规定建立专职消防队、志愿消防队（微型消防站）等消防组织；

（八）法律、法规规定的其他消防安全职责。

委托物业服务企业，或者明确统一管理人实施消防安全管理的，物业服务企业或者统一管理人应当按照约定履行前款规定的消防安全职责，业主单位、使用单位应当督促并配合物业服务企业或者统一管理人做好消防安全工作。

第八条 高层公共建筑的业主、使用人、物业服务企业或者统一管理人应当明确专人担任消防安全管理人，负责整栋建筑的消防安全管理工作，并在建筑显著位置公示其姓名、联系方式和消防安全管理职责。

高层公共建筑的消防安全管理人应当履行下列消防安全管理职责：

（一）拟订年度消防工作计划，组织实施日常消防安全管理工作；

（二）组织开展防火检查、巡查和火灾隐患整改工作；

（三）组织实施对建筑共用消防设施设备的维护保养；

（四）管理专职消防队、志愿消防队（微型消防站）等消防组织；

（五）组织开展消防安全的宣传教育和培训；

（六）组织编制灭火和应急疏散综合预案并开展演练。

高层公共建筑的消防安全管理人应当具备与其职责相适应的消防安全知识和管理能力。对建筑高度超过100米的高层公共建筑，鼓励有关单位聘用相应级别的注册消防工程师或者相关工程类中级及以上专业技术职务的人员担任消防安全管理人。

第九条 高层住宅建筑的业主、使用人应当履行下列消防安全义务：

（一）遵守住宅小区防火安全公约和管理规约约定的消防安全事项；

（二）按照不动产权属证书载明的用途使用建筑；

（三）配合消防服务单位做好消防安全工作；

（四）按照法律规定承担消防服务费用以及建筑消防设施维修、更新和改造的相关费用；

（五）维护消防安全，保护消防设施，预防火灾，报告火警，成年人参加有组织的灭火工作；

（六）法律、法规规定的其他消防安全义务。

第十条 接受委托的高层住宅建筑的物业服务企业应当依法履行下列消防安全职责：

（一）落实消防安全责任，制定消防安全制度，拟订年度消防安全工作计划和组织保障方案；

（二）明确具体部门或者人员负责消防安全管理工作；

（三）对管理区域内的共用消防设施、器材和消防标志定期进行检测、维护保养，确保完好有效；

（四）组织开展防火巡查、检查，及时消除火灾隐患；

（五）保障疏散通道、安全出口、消防车通道畅通，对占用、堵塞、封闭疏散通道、安全出口、消防车通道等违规行为予以制止；制止无效的，及时报告消防救援机构等有关行政管理部门依法处理；

（六）督促业主、使用人履行消防安全义务；

（七）定期向所在住宅小区业主委员会和业主、使用人通报消防安全情况，提示消防安全风险；

（八）组织开展经常性的消防宣传教育；

（九）制定灭火和应急疏散预案，并定期组织演练；

（十）法律、法规规定和合同约定的其他消防安全职责。

第十一条 消防救援机构和其他负责消防监督检查的机构依法对高层民用建筑进行消防监督检查，督促业主、使用人、受委托的消防服务单位等落实消防安全责任；对监督检查中发现的火灾隐患，通知有关单位或者个人立即采取措施消除隐患。

消防救援机构应当加强高层民用建筑消防安全法律、法规的宣传，督促、指导有关单位做好高层民用建筑消防安全宣传教育工作。

第十二条 村民委员会、居民委员会应当依法组织制定防火安全公约，对高层民用建筑进行防火安全检查，协助人民政府和有关部门加强消防宣传教育；对老年人、未成年人、残疾人等开展有针对性的消防宣传教育，加强消防安全帮扶。

第十三条 供水、供电、供气、供热、通信、有线电视等专业运营单位依法对高层民用建筑内由其管理的设施设备消防安全负责，并定期进行检查和维护。

第三章 消防安全管理

第十四条 高层民用建筑施工期间，建设单位应当与施工单位明确施工现场的消防安全责任。施工期间应当严格落实现场防范措施，配置消防器材，指定专人监护，采取防火分隔措施，不得影响其他区域的人员安全疏散和建筑消防设施的正常使用。

高层民用建筑的业主、使用人不得擅自变更建筑使用功能、改变防火防烟分区，不得违反消防技术标准使用易燃、可燃装修装饰材料。

第十五条 高层民用建筑的业主、使用人或者物业服务企业、统一管理人应当对动用明火作业实行严格的消防安全管理，不得在具有火灾、爆炸危险的场所使用明火；因施工等特殊情况需要进行电焊、气焊等明火作业的，应当按照规定办理动火审批手续，落实现场监护人，配备消防器材，并在建筑主入口和作业现场显著位置公告。作业人员应当依法持证上岗，严格遵守消防安全规定，清除周围及下方的易燃、可燃物，采取防火隔离措施。作业完毕后，应当进行全面检查，消除遗留火种。

高层公共建筑内的商场、公共娱乐场所不得在营业期间动火施工。

高层公共建筑内应当确定禁火禁烟区域，并设置明显标志。

第十六条 高层民用建筑内电器设备的安装使用及其线路敷设、维护保养和检测应当符合消防技术标准及管理规定。

高层民用建筑业主、使用人或者消防服务单位，应当安排专业机构或者电工定期对管理区域内由其管理的电器设备及线路进行检查；对不符合安全要求的，应当及时维修、更换。

第十七条 高层民用建筑内燃气用具的安装使用及其管路敷设、维护保养和检测应当符合消防技术标准及管理规定。禁止违反燃气安全使用规定，擅自安装、改装、拆除燃气设备和用具。

高层民用建筑使用燃气应当采用管道供气方式。禁止在高层民用建筑地下部分使用液化石油气。

第十八条 禁止在高层民用建筑内违反国家规定生产、储存、经营甲、乙类火灾危险性物品。

第十九条 设有建筑外墙外保温系统的高层民用建筑，其管理单位应当在主入口及周边相关显著位置，设置提示性和警示性标识，标示外墙外保温材料的燃烧性能、防火要求。对高层民用建筑外墙外保温系统破损、开裂和脱落的，应当及时修复。高层民用建筑在进行外墙外保温系统施工时，建设单位应当采取必要的防火隔离以及限制住人和使用的措施，确保建筑内人员安全。

禁止使用易燃、可燃材料作为高层民用建筑外墙外保温材料。禁止在其建筑内及周边禁放区域燃放烟花爆竹；禁止在其外墙周围堆放可燃物。对于使用难燃外墙外保温材料或者采用与基层墙体、装饰层之间有空腔的建筑外墙外保温系统的高层民用建筑，禁止在其外墙动火用电。

第二十条 高层民用建筑的电缆井、管道井等竖向管井和电缆桥架应当在每层楼板处进行防火封堵，管井检查门应当采用防火门。

禁止占用电缆井、管道井，或者在电缆井、管道井等竖向管井堆放杂物。

第二十一条 高层民用建筑的户外广告牌、外装饰不得采用易燃、可燃材料，不得妨碍防烟排烟、逃生和灭火救援，不得改变或者破坏建筑立面防火结构。

禁止在高层民用建筑外窗设置影响逃生和灭火救援的障碍物。

建筑高度超过50米的高层民用建筑外墙上设置的装饰、广告牌应当采用不燃材料并易于破拆。

第二十二条 禁止在消防车通道、消防车登高操作场地设置构筑物、停车泊位、固定隔离桩等障碍物。

禁止在消防车通道上方、登高操作面设置妨碍消防车作业的架空管线、广告牌、装饰物等障碍物。

第二十三条 高层公共建筑内餐饮场所的经营单位应当及时对厨房灶具和排油烟罩设施进行清洗，排油烟管道每季度至少进行一次检查、清洗。

高层住宅建筑的公共排油烟管道应当定期检查，并采取防火措施。

第二十四条 除为满足高层民用建筑的使用功能所设置的自用物品暂存库房、档案室和资料室等附属库房外，禁止在高层民用建筑内设置其他库房。

高层民用建筑的附属库房应当采取相应的防火分隔措施，严格遵守有关消防安全管理规定。

第二十五条 高层民用建筑内的锅炉房、变配电室、空调机房、自备发电机房、储油间、消防水泵房、消防水箱间、防排烟风机房等设备用房应当按照消防技术标准设置，确定为消防安全重点部位，设置明显的防火标志，实行严格管理，并不得占用和堆放杂物。

第二十六条 高层民用建筑消防控制室应当由其管理单位实行24小时值班制度，每班不应少于2名值班人员。

消防控制室值班操作人员应当依法取得相应等级的消防行业特有工种职业资格证书，熟练掌握火警处置程序和要求，按照有关规定检查自动消防设施、联动控制设备运行情况，确保其处于正常工作状态。

消防控制室内应当保存高层民用建筑总平面布局图、平面布置图和消防设施系统图及控制逻辑关系说明、建筑消防设施维修保养记录和检测报告等资料。

第二十七条 高层公共建筑内有关单位、高层住宅建筑所在社区居民委员会或者物业服务企业按照规定建立的专职消防队、志愿消防队（微型消防站）等消防组织，应当配备必要的人员、场所和器材、装备，定期进行消防技能培训和演练，开展防火巡查、消防宣传，及时处置、扑救初起火灾。

第二十八条 高层民用建筑的疏散通道、安全出口应当保持畅通，禁止堆放物品、锁闭出口、设置障碍物。平时需要控制人员出入或者设有门禁系统的疏散门，应当保证发生火灾时易于开启，并在现场显著位置设置醒目的提示和使用标识。

高层民用建筑的常闭式防火门应当保持常闭，闭门器、顺序器等部件应当完好有效；常开式防火门应当保证发生火灾时自动关闭并反馈信号。

禁止圈占、遮挡消火栓，禁止在消火栓箱内堆放杂物，禁止在防火卷帘下堆放物品。

第二十九条 高层民用建筑内应当在显著位置设置标识，指示避难层（间）的位置。

禁止占用高层民用建筑避难层（间）和避难走道或者堆放杂物，禁止锁闭避难层（间）和避难走道出入口。

第三十条 高层公共建筑的业主、使用人应当按照国家标准、行业标准配备灭火器材以及自救呼吸器、逃生缓降器、逃生绳等逃生疏散设施器材。

高层住宅建筑应当在公共区域的显著位置摆放灭火器材，有条件的配置自救呼吸器、逃生绳、救援哨、疏散用手电筒等逃生疏散设施器材。

鼓励高层住宅建筑的居民家庭制定火灾疏散逃生计划，并配置必要的灭火和逃生疏散器材。

第三十一条 高层民用建筑的消防车通道、消防车登高操作场地、灭火救援窗、灭火救援破拆口、消防车取水口、室外消火栓、消防水泵接合器、常闭式防火门等应当设置明显的提示性、警示性标识。消防车通道、消防车登高操作场地、防火卷帘下方还应当在地面标识出禁止占用的区域范围。消火栓箱、灭火器箱上应当张贴使用方法的标识。

高层民用建筑的消防设施配电柜电源开关、消防设备用房内管道阀门等应当标识开、关状态；对需要保持常开或者常闭状态的阀门，应当采取铅封等限位措施。

第三十二条 不具备自主维护保养检测能力的高层民用建筑业主、使用人或者物业服务企业应当聘请具备从业条件的消防技术服务机构或者消防设施施工安装企业对建筑消防设施进行维护保养和检测；存在故障、缺损的，应当立即组织维修、更换，确保完好有效。

因维修等需要停用建筑消防设施的，高层民用建筑的管理单位应当严格履行内部审批手续，制定应急方案，落实防范措施，并在建筑入口处等显著位置公告。

第三十三条 高层公共建筑消防设施的维修、更新、改造的费用，由业主、使用人按照有关法律规定承担，共有部分按照专有部分建筑面积所占比例承担。

高层住宅建筑的消防设施日常运行、维护和维修、更新、改造费用，由业主依照法律规定承担；委托消防服务单位的，消防设施的日常运行、维护和检测费用应当纳入物业服务或者消防技术服务专项费用。共用消防设施的维修、更新、改造费用，可以依法从住宅专项维修资金列支。

第三十四条 高层民用建筑应当进行每日防火巡查，并填写巡查记录。其中，高层公共建筑内公众聚集场所在营业期间应当至少每2小时进行一次防火巡查，医院、养老院、寄宿制学校、幼儿园应当进行白天和夜间防火巡查，高层住宅建筑和高层公共建筑内的其他场所可以结合实际确定防火巡查的频次。

防火巡查应当包括下列内容：

（一）用火、用电、用气有无违章情况；

（二）安全出口、疏散通道、消防车通道畅通情况；

（三）消防设施、器材完好情况，常闭式防火门关闭情况；

（四）消防安全重点部位人员在岗在位等情况。

第三十五条 高层住宅建筑应当每月至少开展一次防火检查，高层公共建筑应当每半个月至少开展一次防火检查，并填写检查记录。

防火检查应当包括下列内容：

（一）安全出口和疏散设施情况；

（二）消防车通道、消防车登高操作场地和消防水源情况；

（三）灭火器材配置及有效情况；

（四）用火、用电、用气和危险品管理制度落实情况；

（五）消防控制室值班和消防设施运行情况；

（六）人员教育培训情况；

（七）重点部位管理情况；

（八）火灾隐患整改以及防范措施的落实等情况。

第三十六条 对防火巡查、检查发现的火灾隐患，高层民用建筑的业主、使用人、受委托的消防服务单位，应当立即采取措施予以整改。

对不能当场改正的火灾隐患，应当明确整改责任、期限，落实整改措施，整改期间应当采取临时防范措施，确保消防安全；必要时，应当暂时停止使用危险部位。

第三十七条 禁止在高层民用建筑公共门厅、疏散走道、楼梯间、安全出口停放电动自行车或者为电动自行车充电。

鼓励在高层住宅小区内设置电动自行车集中存放和充电的场所。电动自行车存放、充电场所应当独立设置，并与高层民用建筑保持安全距离；确需设置在高层民用建筑内的，应当与该建筑的其他部分进行防火分隔。

电动自行车存放、充电场所应当配备必要的消防器材，充电设施应当具备充满自动断电功能。

第三十八条 鼓励高层民用建筑推广应用物联网和智能化技术手段对电气、燃气消防安全和消防设施运行等进行监控和预警。

未设置自动消防设施的高层住宅建筑，鼓励因地制宜安装火灾报警和喷水灭火系统、火灾应急广播以及可燃气体探测、无线手动火灾报警、无线声光火灾警报等消防设施。

第三十九条 高层民用建筑的业主、使用人或者消防服务单位、统一管理人应当每年至少组织开展一次整栋建筑的消防安全评估。消防安全评估报告应当包括存在的消防安全问题、火灾隐患以及改进措施等内容。

第四十条 鼓励、引导高层公共建筑的业主、使用人投保火灾公众责任保险。

第四章 消防宣传教育和灭火疏散预案

第四十一条 高层公共建筑内的单位应当每半年至少对员工开展一次消防安全教育培训。

高层公共建筑内的单位应当对本单位员工进行上岗前消防安全培训，并对消防安全管理人员、消防控制室值班人员和操作人员、电工、保安员等重点岗位人员组织专门培训。

高层住宅建筑的物业服务企业应当每年至少对居住人员进行一次消防安全教育培

训，进行一次疏散演练。

第四十二条 高层民用建筑应当在每层的显著位置张贴安全疏散示意图，公共区域电子显示屏应当播放消防安全提示和消防安全知识。

高层公共建筑除遵守本条第一款规定外，还应当在首层显著位置提示公众注意火灾危险，以及安全出口、疏散通道和灭火器材的位置。

高层住宅小区除遵守本条第一款规定外，还应当在显著位置设置消防安全宣传栏，在高层住宅建筑单元入口处提示安全用火、用电、用气，以及电动自行车存放、充电等消防安全常识。

第四十三条 高层民用建筑应当结合场所特点，分级分类编制灭火和应急疏散预案。

规模较大或者功能业态复杂，且有两个及以上业主、使用人或者多个职能部门的高层公共建筑，有关单位应当编制灭火和应急疏散总预案，各单位或者职能部门应当根据场所、功能分区、岗位实际编制专项灭火和应急疏散预案或者现场处置方案（以下统称分预案）。

灭火和应急疏散预案应当明确应急组织机构，确定承担通信联络、灭火、疏散和救护任务的人员及其职责，明确报警、联络、灭火、疏散等处置程序和措施。

第四十四条 高层民用建筑的业主、使用人、受委托的消防服务单位应当结合实际，按照灭火和应急疏散总预案和分预案分别组织实施消防演练。

高层民用建筑应当每年至少进行一次全要素综合演练，建筑高度超过100米的高层公共建筑应当每半年至少进行一次全要素综合演练。编制分预案的，有关单位和职能部门应当每季度至少进行一次综合演练或者专项灭火、疏散演练。

演练前，有关单位应当告知演练范围内的人员并进行公告；演练时，应当设置明显标识；演练结束后，应当进行总结评估，并及时对预案进行修订和完善。

第四十五条 高层公共建筑内的人员密集场所应当按照楼层、区域确定疏散引导员,负责在火灾发生时组织、引导在场人员安全疏散。

第四十六条 火灾发生时，发现火灾的人员应当立即拨打119电话报警。

火灾发生后，高层民用建筑的业主、使用人、消防服务单位应当迅速启动灭火和应急疏散预案，组织人员疏散，扑救初起火灾。

火灾扑灭后，高层民用建筑的业主、使用人、消防服务单位应当组织保护火灾现场，协助火灾调查。

第五章 法 律 责 任

第四十七条 违反本规定，有下列行为之一的，由消防救援机构责令改正，对经营性单位和个人处2000元以上10000元以下罚款，对非经营性单位和个人处500元以上1000元以下罚款：

（一）在高层民用建筑内进行电焊、气焊等明火作业，未履行动火审批手续、进行公告，或者未落实消防现场监护措施的；

（二）高层民用建筑设置的户外广告牌、外装饰妨碍防烟排烟、逃生和灭火救援，或者改变、破坏建筑立面防火结构的；

（三）未设置外墙外保温材料提示性和警示性标识，或者未及时修复破损、开裂和脱落的外墙外保温系统的；

（四）未按照规定落实消防控制室值班制度，或者安排不具备相应条件的人员值班的；

（五）未按照规定建立专职消防队、志愿消防队等消防组织的；

（六）因维修等需要停用建筑消防设施未进行公告、未制定应急预案或者未落实防范措施的；

（七）在高层民用建筑的公共门厅、疏散走道、楼梯间、安全出口停放电动自行车或者为电动自行车充电，拒不改正的。

第四十八条 违反本规定的其他消防安全违法行为，依照《中华人民共和国消防法》第六十条、第六十一条、第六十四条、第六十五条、第六十六条、第六十七条、第六十八条、第六十九条和有关法律法规予以处罚；构成犯罪的，依法追究刑事责任。

第四十九条 消防救援机构及其工作人员在高层民用建筑消防监督检查中，滥用职权、玩忽职守、徇私舞弊的，对直接负责的主管人员和其他直接责任人员依法给予处分；构成犯罪的，依法追究刑事责任。

第六章 附 则

第五十条 本规定下列用语的含义：

（一）高层住宅建筑，是指建筑高度大于27米的住宅建筑。

（二）高层公共建筑，是指建筑高度大于24米的非单层公共建筑，包括宿舍建筑、公寓建筑、办公建筑、科研建筑、文化建筑、商业建筑、体育建筑、医疗建筑、交通建筑、旅游建筑、通信建筑等。

（三）业主，是指高层民用建筑的所有权人，包括单位和个人。

（四）使用人，是指高层民用建筑的承租人和其他实际使用人，包括单位和个人。

第五十一条 本规定自2021年8月1日起施行。

生产安全事故应急预案管理办法

（2016年6月3日国家安全生产监督管理总局令第88号公布，根据2019年7月11日应急管理部令第2号《关于修改〈生产安全事故应急预案管理办法〉的决定》修正）

第一章 总 则

第一条 为规范生产安全事故应急预案管理工作，迅速有效处置生产安全事故，依据《中华人民共和国突发事件应对法》《中华人民共和国安全生产法》《生产安全事故应急条例》等法律、行政法规和《突发事件应急预案管理办法》（国办发〔2013〕101号），制定本办法。

第二条 生产安全事故应急预案（以下简称应急预案）的编制、评审、公布、备案、实施及监督管理工作，适用本办法。

第三条 应急预案的管理实行属地为主、分级负责、分类指导、综合协调、动态管理的原则。

第四条 应急管理部负责全国应急预案的综合协调管理工作。国务院其他负有安全生产监督管理职责的部门在各自职责范围内，负责相关行业、领域应急预案的管理工作。

县级以上地方各级人民政府应急管理部门负责本行政区域内应急预案的综合协调管理工作。县级以上地方各级人民政府其他负有安全生产监督管理职责的部门按照各自的职责负责有关行业、领域应急预案的管理工作。

第五条 生产经营单位主要负责人负责组织编制和实施本单位的应急预案，并对应急预案的真实性和实用性负责；各分管负责人应当按照职责分工落实应急预案规定的职责。

第六条 生产经营单位应急预案分为综合应急预案、专项应急预案和现场处置方案。

综合应急预案，是指生产经营单位为应对各种生产安全事故而制定的综合性工作方案，是本单位应对生产安全事故的总体工作程序、措施和应急预案体系的总纲。

专项应急预案，是指生产经营单位为应对某一种或者多种类型生产安全事故，或者针对重要生产设施、重大危险源、重大活动防止生产安全事故而制定的专项性工作方案。

现场处置方案，是指生产经营单位根据不同生产安全事故类型，针对具体场所、装置或者设施所制定的应急处置措施。

第二章 应急预案的编制

第七条 应急预案的编制应当遵循以人为本、依法依规、符合实际、注重实效的原则，以应急处置为核心，明确应急职责、规范应急程序、细化保障措施。

第八条 应急预案的编制应当符合下列基本要求：

（一）有关法律、法规、规章和标准的规定；

（二）本地区、本部门、本单位的安全生产实际情况；

（三）本地区、本部门、本单位的危险性分析情况；

（四）应急组织和人员的职责分工明确，并有具体的落实措施；

（五）有明确、具体的应急程序和处置措施，并与其应急能力相适应；

（六）有明确的应急保障措施，满足本地区、本部门、本单位的应急工作需要；

（七）应急预案基本要素齐全、完整，应急预案附件提供的信息准确；

（八）应急预案内容与相关应急预案相互衔接。

第九条 编制应急预案应当成立编制工作小组，由本单位有关负责人任组长，吸收与应急预案有关的职能部门和单位的人员，以及有现场处置经验的人员参加。

第十条 编制应急预案前，编制单位应当进行事故风险辨识、评估和应急资源调查。

事故风险辨识、评估，是指针对不同事故种类及特点，识别存在的危险危害因素，分析事故可能产生的直接后果以及次生、衍生后果，评估各种后果的危害程度和影响范围，提出防范和控制事故风险措施的过程。

应急资源调查，是指全面调查本地区、本单位第一时间可以调用的应急资源状况和合作区域内可以请求援助的应急资源状况，并结合事故风险辨识评估结论制定应急措施的过程。

第十一条 地方各级人民政府应急管理部门和其他负有安全生产监督管理职责的部门应当根据法律、法规、规章和同级人民政府以及上一级人民政府应急管理部门和其他负有安全生产监督管理职责的部门的应急预案，结合工作实际，组织编制相应的部门应急预案。

部门应急预案应当根据本地区、本部门的实际情况，明确信息报告、响应分级、指挥权移交、警戒疏散等内容。

第十二条 生产经营单位应当根据有关法律、法规、规章和相关标准，结合本单位组织管理体系、生产规模和可能发生的事故特点，与相关预案保持衔接，确立本单位的应急预案体系，编制相应的应急预案，并体现自救互救和先期处置等特点。

第十三条 生产经营单位风险种类多、可能发生多种类型事故的，应当组织编制综合应急预案。

综合应急预案应当规定应急组织机构及其职责、应急预案体系、事故风险描述、预警及信息报告、应急响应、保障措施、应急预案管理等内容。

第十四条 对于某一种或者多种类型的事故风险，生产经营单位可以编制相应的专项应急预案，或将专项应急预案并入综合应急预案。

专项应急预案应当规定应急指挥机构与职责、处置程序和措施等内容。

第十五条 对于危险性较大的场所、装置或者设施，生产经营单位应当编制现场处置方案。

现场处置方案应当规定应急工作职责、应急处置措施和注意事项等内容。

事故风险单一、危险性小的生产经营单位，可以只编制现场处置方案。

第十六条 生产经营单位应急预案应当包括向上级应急管理机构报告的内容、应急组织机构和人员的联系方式、应急物资储备清单等附件信息。附件信息发生变化时，应当及时更新，确保准确有效。

第十七条 生产经营单位组织应急预案编制过程中，应当根据法律、法规、规章的规定或者实际需要，征求相关应急救援队伍、公民、法人或者其他组织的意见。

第十八条 生产经营单位编制的各类应急预案之间应当相互衔接，并与相关人民政府及其部门、应急救援队伍和涉及的其他单位的应急预案相衔接。

第十九条 生产经营单位应当在编制应急预案的基础上，针对工作场所、岗位的特点，编制简明、实用、有效的应急处置卡。

应急处置卡应当规定重点岗位、人员的应急处置程序和措施，以及相关联络人员和联系方式，便于从业人员携带。

第三章 应急预案的评审、公布和备案

第二十条 地方各级人民政府应急管理部门应当组织有关专家对本部门编制的部门应急预案进行审定；必要时，可以召开听证会，听取社会有关方面的意见。

第二十一条 矿山、金属冶炼企业和易燃易爆物品、危险化学品的生产、经营（带储存设施的，下同）、储存、运输企业，以及使用危险化学品达到国家规定数量的化工企业、烟花爆竹生产、批发经营企业和中型规模以上的其他生产经营单位，应当对本单位编制的应急预案进行评审，并形成书面评审纪要。

前款规定以外的其他生产经营单位可以根据自身需要，对本单位编制的应急预案进行论证。

第二十二条 参加应急预案评审的人员应当包括有关安全生产及应急管理方面的专家。

评审人员与所评审应急预案的生产经营单位有利害关系的，应当回避。

第二十三条 应急预案的评审或者论证应当注重基本要素的完整性、组织体系的合理性、应急处置程序和措施的针对性、应急保障措施的可行性、应急预案的衔接性等内容。

第二十四条 生产经营单位的应急预案经评审或者论证后，由本单位主要负责人签署，向本单位从业人员公布，并及时发放到本单位有关部门、岗位和相关应急救援队伍。

事故风险可能影响周边其他单位、人员的，生产经营单位应当将有关事故风险的性质、影响范围和应急防范措施告知周边的其他单位和人员。

第二十五条 地方各级人民政府应急管理部门的应急预案，应当报同级人民政府备案，同时抄送上一级人民政府应急管理部门，并依法向社会公布。

地方各级人民政府其他负有安全生产监督管理职责的部门的应急预案，应当抄送同级人民政府应急管理部门。

第二十六条 易燃易爆物品、危险化学品等危险物品的生产、经营、储存、运输单位，矿山、金属冶炼、城市轨道交通运营、建筑施工单位，以及宾馆、商场、娱乐场所、旅游景区等人员密集场所经营单位，应当在应急预案公布之日起20个工作日内，按照分级属地原则，向县级以上人民政府应急管理部门和其他负有安全生产监督管理职责的部门进行备案，并依法向社会公布。

前款所列单位属于中央企业的，其总部（上市公司）的应急预案，报国务院主管的负有安全生产监督管理职责的部门备案，并抄送应急管理部；其所属单位的应急预案报所在地的省、自治区、直辖市或者设区的市级人民政府主管的负有安全生产监督

管理职责的部门备案，并抄送同级人民政府应急管理部门。

本条第一款所列单位不属于中央企业的，其中非煤矿山、金属冶炼和危险化学品生产、经营、储存、运输企业，以及使用危险化学品达到国家规定数量的化工企业、烟花爆竹生产、批发经营企业的应急预案，按照隶属关系报所在地县级以上地方人民政府应急管理部门备案；本款前述单位以外的其他生产经营单位应急预案的备案，由省、自治区、直辖市人民政府负有安全生产监督管理职责的部门确定。

油气输送管道运营单位的应急预案，除按照本条第一款、第二款的规定备案外，还应当抄送所经行政区域的县级人民政府应急管理部门。

海洋石油开采企业的应急预案，除按照本条第一款、第二款的规定备案外，还应当抄送所经行政区域的县级人民政府应急管理部门和海洋石油安全监管机构。

煤矿企业的应急预案除按照本条第一款、第二款的规定备案外，还应当抄送所在地的煤矿安全监察机构。

第二十七条 生产经营单位申报应急预案备案，应当提交下列材料：

（一）应急预案备案申报表；

（二）本办法第二十一条所列单位，应当提供应急预案评审意见；

（三）应急预案电子文档；

（四）风险评估结果和应急资源调查清单。

第二十八条 受理备案登记的负有安全生产监督管理职责的部门应当在5个工作日内对应急预案材料进行核对，材料齐全的，应当予以备案并出具应急预案备案登记表；材料不齐全的，不予备案并一次性告知需要补齐的材料。逾期不予备案又不说明理由的，视为已经备案。

对于实行安全生产许可的生产经营单位，已经进行应急预案备案的，在申请安全生产许可证时，可以不提供相应的应急预案，仅提供应急预案备案登记表。

第二十九条 各级人民政府负有安全生产监督管理职责的部门应当建立应急预案备案登记建档制度，指导、督促生产经营单位做好应急预案的备案登记工作。

第四章 应急预案的实施

第三十条 各级人民政府应急管理部门、各类生产经营单位应当采取多种形式开展应急预案的宣传教育，普及生产安全事故避险、自救和互救知识，提高从业人员和社会公众的安全意识与应急处置技能。

第三十一条 各级人民政府应急管理部门应当将本部门应急预案的培训纳入安全生产培训工作计划，并组织实施本行政区域内重点生产经营单位的应急预案培训工作。

生产经营单位应当组织开展本单位的应急预案、应急知识、自救互救和避险逃生技能的培训活动，使有关人员了解应急预案内容，熟悉应急职责、应急处置程序和措施。

应急培训的时间、地点、内容、师资、参加人员和考核结果等情况应当如实记入本单位的安全生产教育和培训档案。

第三十二条 各级人民政府应急管理部门应当至少每两年组织一次应急预案演练，提高本部门、本地区生产安全事故应急处置能力。

第三十三条 生产经营单位应当制定本单位的应急预案演练计划，根据本单位的事故风险特点，每年至少组织一次综合应急预案演练或者专项应急预案演练，每半年至少组织一次现场处置方案演练。

易燃易爆物品、危险化学品等危险物品的生产、经营、储存、运输单位，矿山、金属冶炼、城市轨道交通运营、建筑施工单位，以及宾馆、商场、娱乐场所、旅游景区等人员密集场所经营单位，应当至少每半年组织一次生产安全事故应急预案演练，并将演练情况报送所在地县级以上地方人民政府负有安全生产监督管理职责的部门。

县级以上地方人民政府负有安全生产监督管理职责的部门应当对本行政区域内前款规定的重点生产经营单位的生产安全事故应急救援预案演练进行抽查；发现演练不符合要求的，应当责令限期改正。

第三十四条 应急预案演练结束后，应急预案演练组织单位应当对应急预案演练效果进行评估，撰写应急预案演练评估报告，分析存在的问题，并对应急预案提出修订意见。

第三十五条 应急预案编制单位应当建立应急预案定期评估制度，对预案内容的针对性和实用性进行分析，并对应急预案是否需要修订作出结论。

矿山、金属冶炼、建筑施工企业和易燃易爆物品、危险化学品等危险物品的生产、经营、储存、运输企业、使用危险化学品达到国家规定数量的化工企业、烟花爆竹生产、批发经营企业和中型规模以上的其他生产经营单位，应当每三年进行一次应急预案评估。

应急预案评估可以邀请相关专业机构或者有关专家、有实际应急救援工作经验的人员参加，必要时可以委托安全生产技术服务机构实施。

第三十六条 有下列情形之一的，应急预案应当及时修订并归档：

（一）依据的法律、法规、规章、标准及上位预案中的有关规定发生重大变化的；

（二）应急指挥机构及其职责发生调整的；

（三）安全生产面临的风险发生重大变化的；

（四）重要应急资源发生重大变化的；

（五）在应急演练和事故应急救援中发现需要修订预案的重大问题的；

（六）编制单位认为应当修订的其他情况。

第三十七条 应急预案修订涉及组织指挥体系与职责、应急处置程序、主要处置措施、应急响应分级等内容变更的，修订工作应当参照本办法规定的应急预案编制程序进行，并按照有关应急预案报备程序重新备案。

第三十八条 生产经营单位应当按照应急预案的规定，落实应急指挥体系、应急救援队伍、应急物资及装备，建立应急物资、装备配备及其使用档案，并对应急物资、装备进行定期检测和维护，使其处于适用状态。

第三十九条 生产经营单位发生事故时，应当第一时间启动应急响应，组织有关力量进行救援，并按照规定将事故信息及应急响应启动情况报告事故发生地县级以上人民政府应急管理部门和其他负有安全生产监督管理职责的部门。

第四十条 生产安全事故应急处置和应急救援结束后，事故发生单位应当对应急预案实施情况进行总结评估。

第五章 监督管理

第四十一条 各级人民政府应急管理部门和煤矿安全监察机构应当将生产经营单位应急预案工作纳入年度监督检查计划，明确检查的重点内容和标准，并严格按照计划开展执法检查。

第四十二条 地方各级人民政府应急管理部门应当每年对应急预案的监督管理工作情况进行总结，并报上一级人民政府应急管理部门。

第四十三条 对于在应急预案管理工作中做出显著成绩的单位和人员，各级人民政府应急管理部门、生产经营单位可以给予表彰和奖励。

第六章 法律责任

第四十四条 生产经营单位有下列情形之一的，由县级以上人民政府应急管理等部门依照《中华人民共和国安全生产法》第九十四条的规定，责令限期改正，可以处5万元以下罚款；逾期未改正的，责令停产停业整顿，并处5万元以上10万元以下的罚款，对直接负责的主管人员和其他直接责任人员处1万元以上2万元以下的罚款：

（一）未按照规定编制应急预案的；

（二）未按照规定定期组织应急预案演练的。

第四十五条 生产经营单位有下列情形之一的，由县级以上人民政府应急管理部门责令限期改正，可以处1万元以上3万元以下的罚款：

（一）在应急预案编制前未按照规定开展风险辨识、评估和应急资源调查的；

（二）未按照规定开展应急预案评审的；

（三）事故风险可能影响周边单位、人员的，未将事故风险的性质、影响范围和应急防范措施告知周边单位和人员的；

（四）未按照规定开展应急预案评估的；

（五）未按照规定进行应急预案修订的；

（六）未落实应急预案规定的应急物资及装备的。

生产经营单位未按照规定进行应急预案备案的，由县级以上人民政府应急管理等部门依照职责责令限期改正；逾期未改正的，处3万元以上5万元以下的罚款，对直接负责的主管人员和其他直接责任人员处1万元以上2万元以下的罚款。

第七章 附则

第四十六条 《生产经营单位生产安全事故应急预案备案申报表》和《生产经营单位生产安全事故应急预案备案登记表》由应急管理部统一制定。

第四十七条 各省、自治区、直辖市应急管理部门可以依据本办法的规定，结合本地区实际制定实施细则。

第四十八条 对储存、使用易燃易爆物品、危险化学品等危险物品的科研机构、学校、医院等单位的安全事故应急预案的管理，参照本办法的有关规定执行。

第四十九条 本办法自2016年7月1日起施行。

生产经营单位安全培训规定

（2006年1月17日国家安全生产监督管理总局令第3号公布，根据2013年8月29日国家安全生产监督管理总局令第63号第一次修正，根据2015年5月29日国家安全生产监管总局令第80号第二次修正）

第一章 总 则

第一条 为加强和规范生产经营单位安全培训工作，提高从业人员安全素质，防范伤亡事故，减轻职业危害，根据安全生产法和有关法律、行政法规，制定本规定。

第二条 工矿商贸生产经营单位（以下简称生产经营单位）从业人员的安全培训，适用本规定。

第三条 生产经营单位负责本单位从业人员安全培训工作。

生产经营单位应当按照安全生产法和有关法律、行政法规和本规定，建立健全安全培训工作制度。

第四条 生产经营单位应当进行安全培训的从业人员包括主要负责人、安全生产管理人员、特种作业人员和其他从业人员。

生产经营单位使用被派遣劳动者的，应当将被派遣劳动者纳入本单位从业人员统一管理，对被派遣劳动者进行岗位安全操作规程和安全操作技能的教育和培训。劳务派遣单位应当对被派遣劳动者进行必要的安全生产教育和培训。

生产经营单位接收中等职业学校、高等学校学生实习的，应当对实习学生进行相应的安全生产教育和培训，提供必要的劳动防护用品。学校应当协助生产经营单位对实习学生进行安全生产教育和培训。

生产经营单位从业人员应当接受安全培训，熟悉有关安全生产规章制度和安全操作规程，具备必要的安全生产知识，掌握本岗位的安全操作技能，了解事故应急处理措施，知悉自身在安全生产方面的权利和义务。

未经安全培训合格的从业人员，不得上岗作业。

第五条 国家安全生产监督管理总局指导全国安全培训工作，依法对全国的安全培训工作实施监督管理。

国务院有关主管部门按照各自职责指导监督本行业安全培训工作，并按照本规定制定实施办法。

国家煤矿安全监察局指导监督检查全国煤矿安全培训工作。

各级安全生产监督管理部门和煤矿安全监察机构（以下简称安全生产监管监察部门）按照各自的职责，依法对生产经营单位的安全培训工作实施监督管理。

第二章 主要负责人、安全生产管理人员的安全培训

第六条 生产经营单位主要负责人和安全生产管理人员应当接受安全培训，具备与所从事的生产经营活动相适应的安全生产知识和管理能力。

第七条 生产经营单位主要负责人安全培训应当包括下列内容：

（一）国家安全生产方针、政策和有关安全生产的法律、法规、规章及标准；

（二）安全生产管理基本知识、安全生产技术、安全生产专业知识；

（三）重大危险源管理、重大事故防范、应急管理和救援组织以及事故调查处理的有关规定；

（四）职业危害及其预防措施；

（五）国内外先进的安全生产管理经验；

（六）典型事故和应急救援案例分析；

（七）其他需要培训的内容。

第八条 生产经营单位安全生产管理人员安全培训应当包括下列内容：

（一）国家安全生产方针、政策和有关安全生产的法律、法规、规章及标准；

（二）安全生产管理、安全生产技术、职业卫生等知识；

（三）伤亡事故统计、报告及职业危害的调查处理方法；

（四）应急管理、应急预案编制以及应急处置的内容和要求；

（五）国内外先进的安全生产管理经验；

（六）典型事故和应急救援案例分析；

（七）其他需要培训的内容。

第九条 生产经营单位主要负责人和安全生产管理人员初次安全培训时间不得少于32学时。每年再培训时间不得少于12学时。

煤矿、非煤矿山、危险化学品、烟花爆竹、金属冶炼等生产经营单位主要负责人和安全生产管理人员初次安全培训时间不得少于48学时，每年再培训时间不得少于16学时。

第十条 生产经营单位主要负责人和安全生产管理人员的安全培训必须依照安全生产监管监察部门制定的安全培训大纲实施。

非煤矿山、危险化学品、烟花爆竹、金属冶炼等生产经营单位主要负责人和安全生产管理人员的安全培训大纲及考核标准由国家安全生产监督管理总局统一制定。

煤矿主要负责人和安全生产管理人员的安全培训大纲及考核标准由国家煤矿安全监察局制定。

煤矿、非煤矿山、危险化学品、烟花爆竹、金属冶炼以外的其他生产经营单位主要负责人和安全管理人员的安全培训大纲及考核标准，由省、自治区、直辖市安全生产监督管理部门制定。

第三章 其他从业人员的安全培训

第十一条 煤矿、非煤矿山、危险化学品、烟花爆竹、金属冶炼等生产经营单位必须对新上岗的临时工、合同工、劳务工、轮换工、协议工等进行强制性安全培训，保证其具备本岗位安全操作、自救互救以及应急处置所需的知识和技能后，方能安排上岗作业。

第十二条 加工、制造业等生产单位的其他从业人员，在上岗前必须经过厂（矿）、车间（工段、区、队）、班组三级安全培训教育。

生产经营单位应当根据工作性质对其他从业人员进行安全培训，保证其具备本岗位安全操作、应急处置等知识和技能。

第十三条 生产经营单位新上岗的从业人员，岗前安全培训时间不得少于24学时。

煤矿、非煤矿山、危险化学品、烟花爆竹、金属冶炼等生产经营单位新上岗的从业人员安全培训时间不得少于72学时，每年再培训的时间不得少于20学时。

第十四条 厂（矿）级岗前安全培训内容应当包括：

（一）本单位安全生产情况及安全生产基本知识；

（二）本单位安全生产规章制度和劳动纪律；

（三）从业人员安全生产权利和义务；

（四）有关事故案例等。

煤矿、非煤矿山、危险化学品、烟花爆竹、金属冶炼等生产经营单位厂（矿）级安全培训除包括上述内容外，应当增加事故应急救援、事故应急预案演练及防范措施等内容。

第十五条 车间（工段、区、队）级岗前安全培训内容应当包括：

（一）工作环境及危险因素；

（二）所从事工种可能遭受的职业伤害和伤亡事故；

（三）所从事工种的安全职责、操作技能及强制性标准；

（四）自救互救、急救方法、疏散和现场紧急情况的处理；

（五）安全设备设施、个人防护用品的使用和维护；

（六）本车间（工段、区、队）安全生产状况及规章制度；

（七）预防事故和职业危害的措施及应注意的安全事项；

（八）有关事故案例；

（九）其他需要培训的内容。

第十六条 班组级岗前安全培训内容应当包括：

（一）岗位安全操作规程；

（二）岗位之间工作衔接配合的安全与职业卫生事项；

（三）有关事故案例；

（四）其他需要培训的内容。

第十七条 从业人员在本生产经营单位内调整工作岗位或离岗一年以上重新上岗时，应当重新接受车间（工段、区、队）和班组级的安全培训。

生产经营单位采用新工艺、新技术、新材料或者使用新设备时，应当对有关从业人员重新进行有针对性的安全培训。

第十八条 生产经营单位的特种作业人员，必须按照国家有关法律、法规的规定接受专门的安全培训，经考核合格，取得特种作业操作资格证书后，方可上岗作业。

特种作业人员的范围和培训考核管理办法，另行规定。

第四章 安全培训的组织实施

第十九条 生产经营单位从业人员的安全培训工作，由生产经营单位组织实施。

生产经营单位应当坚持以考促学、以讲促学，确保全体从业人员熟练掌握岗位安全生产知识和技能；煤矿、非煤矿山、危险化学品、烟花爆竹、金属冶炼等生产经营单位还应当完善和落实师傅带徒弟制度。

第二十条 具备安全培训条件的生产经营单位，应当以自主培训为主；可以委托具备安全培训条件的机构，对从业人员进行安全培训。

不具备安全培训条件的生产经营单位，应当委托具备安全培训条件的机构，对从业人员进行安全培训。

生产经营单位委托其他机构进行安全培训的，保证安全培训的责任仍由本单位负责。

第二十一条 生产经营单位应当将安全培训工作纳入本单位年度工作计划。保证本单位安全培训工作所需资金。

生产经营单位的主要负责人负责组织制定并实施本单位安全培训计划。

第二十二条 生产经营单位应当建立健全从业人员安全生产教育和培训档案，由生产经营单位的安全生产管理机构以及安全生产管理人员详细、准确记录培训的时间、内容、参加人员以及考核结果等情况。

第二十三条 生产经营单位安排从业人员进行安全培训期间，应当支付工资和必要的费用。

第五章 监 督 管 理

第二十四条 煤矿、非煤矿山、危险化学品、烟花爆竹、金属冶炼等生产经营单位主要负责人和安全生产管理人员，自任职之日起6个月内，必须经安全生产监管监察部门对其安全生产知识和管理能力考核合格。

第二十五条 安全生产监管监察部门依法对生产经营单位安全培训情况进行监督检查，督促生产经营单位按照国家有关法律法规和本规定开展安全培训工作。

县级以上地方人民政府负责煤矿安全生产监督管理的部门对煤矿井下作业人员的安全培训情况进行监督检查。煤矿安全监察机构对煤矿特种作业人员安全培训及其持证上岗的情况进行监督检查。

第二十六条 各级安全生产监管监察部门对生产经营单位安全培训及其持证上岗的情况进行监督检查，主要包括以下内容：

（一）安全培训制度、计划的制定及其实施的情况；

（二）煤矿、非煤矿山、危险化学品、烟花爆竹、金属冶炼等生产经营单位主要负责人和安全生产管理人员安全培训以及安全生产知识和管理能力考核的情况；其他生产经营单位主要负责人和安全生产管理人员培训的情况；

（三）特种作业人员操作资格证持证上岗的情况；

（四）建立安全生产教育和培训档案，并如实记录的情况；

（五）对从业人员现场抽考本职工作的安全生产知识；

（六）其他需要检查的内容。

第二十七条　安全生产监管监察部门对煤矿、非煤矿山、危险化学品、烟花爆竹、金属冶炼等生产经营单位的主要负责人、安全管理人员应当按照本规定严格考核。考核不得收费。

安全生产监管监察部门负责考核的有关人员不得玩忽职守和滥用职权。

第二十八条　安全生产监管监察部门检查中发现安全生产教育和培训责任落实不到位、有关从业人员未经培训合格的，应当视为生产安全事故隐患，责令生产经营单位立即停止违法行为，限期整改，并依法予以处罚。

第六章　罚　　则

第二十九条　生产经营单位有下列行为之一的，由安全生产监管监察部门责令其限期改正，可以处1万元以上3万元以下的罚款：

（一）未将安全培训工作纳入本单位工作计划并保证安全培训工作所需资金的；

（二）从业人员进行安全培训期间未支付工资并承担安全培训费用的。

第三十条　生产经营单位有下列行为之一的，由安全生产监管监察部门责令其限期改正，可以处5万元以下的罚款；逾期未改正的，责令停产停业整顿，并处5万元以上10万元以下的罚款，对其直接负责的主管人员和其他直接责任人员处1万元以上2万元以下的罚款：

（一）煤矿、非煤矿山、危险化学品、烟花爆竹、金属冶炼等生产经营单位主要负责人和安全管理人员未按照规定经考核合格的；

（二）未按照规定对从业人员、被派遣劳动者、实习学生进行安全生产教育和培训或者未如实告知其有关安全生产事项的；

（三）未如实记录安全生产教育和培训情况的；

（四）特种作业人员未按照规定经专门的安全技术培训并取得特种作业人员操作资格证书，上岗作业的。

县级以上地方人民政府负责煤矿安全生产监督管理的部门发现煤矿未按照本规定对井下作业人员进行安全培训的，责令限期改正，处10万元以上50万元以下的罚款；逾期未改正的，责令停产停业整顿。

煤矿安全监察机构发现煤矿特种作业人员无证上岗作业的，责令限期改正，处10万元以上50万元以下的罚款；逾期未改正的，责令停产停业整顿。

第三十一条　安全生产监管监察部门有关人员在考核、发证工作中玩忽职守、滥用职权的，由上级安全生产监管监察部门或者行政监察部门给予记过、记大过的行政处分。

第七章　附　　则

第三十二条　生产经营单位主要负责人是指有限责任公司或者股份有限公司的董事长、总经理，其他生产经营单位的厂长、经理、（矿务局）局长、矿长（含实际控制人）等。

生产经营单位安全生产管理人员是指生产经营单位分管安全生产的负责人、安全生产管理机构负责人及其管理人员，以及未设安全生产管理机构的生产经营单位专、兼职安全生产管理人员等。

生产经营单位其他从业人员是指除主要负责人、安全生产管理人员和特种作业人员以外，该单位从事生产经营活动的所有人员，包括其他负责人、其他管理人员、技术人员和各岗位的工人以及临时聘用的人员。

第三十三条　省、自治区、直辖市安全生产监督管理部门和省级煤矿安全监察机构可以根据本规定制定实施细则，报国家安全生产监督管理总局和国家煤矿安全监察局备案。

第三十四条　本规定自2006年3月1日起施行。

安全生产培训管理办法

（2012年1月19日国家安全生产监督管理总局令第44号公布，根据2013年8月29日国家安全生产监督管理总局令第63号第一次修正，根据2015年5月29日国家安全生产监督管理总局令第80号第二次修正）

第一章　总　　则

第一条　为了加强安全生产培训管理，规范安全生产培训秩序，保证安全生产培训质量，促进安全生产培训工作健康发展，根据《中华人民共和国安全生产法》和有关法律、行政法规的规定，制定本办法。

第二条　安全培训机构、生产经营单位从事安全生产培训（以下简称安全培训）活动以及安全生产监督管理部门、煤矿安全监察机构、地方人民政府负责煤矿安全培训的部门对安全培训工作实施监督管理，适用本办法。

第三条　本办法所称安全培训是指以提高安全监管监察人员、生产经营单位从业人员和从事安全生产工作的相关人员的安全素质为目的的教育培训活动。

前款所称安全监管监察人员是指县级以上各级人民政府安全生产监督管理部门、各级煤矿安全监察机构从事安全监管监察、行政执法的安全生产监管人员和煤矿安全监察人员；生产经营单位从业人员是指生产经营单位主要负责人、安全生产管理人员、特种作业人员及其他从业人员；从事安全生产工作的相关人员是指从事安全教育培训工作的教师、危险化学品登记机构的登记人员和承担安全评价、咨询、检测、检验的人员及注册安全工程师、安全生产应急救援人员等。

第四条 安全培训工作实行统一规划、归口管理、分级实施、分类指导、教考分离的原则。

国家安全生产监督管理总局（以下简称国家安全监管总局）指导全国安全培训工作，依法对全国的安全培训工作实施监督管理。

国家煤矿安全监察局（以下简称国家煤矿安监局）指导全国煤矿安全培训工作，依法对全国煤矿安全培训工作实施监督管理。

国家安全生产应急救援指挥中心指导全国安全生产应急救援培训工作。

县级以上地方各级人民政府安全生产监督管理部门依法对本行政区域内的安全培训工作实施监督管理。

省、自治区、直辖市人民政府负责煤矿安全培训的部门、省级煤矿安全监察机构（以下统称省级煤矿安全培训监管机构）按照各自工作职责，依法对所辖区域煤矿安全培训工作实施监督管理。

第五条 安全培训的机构应当具备从事安全培训工作所需要的条件。从事危险物品的生产、经营、储存单位以及矿山、金属冶炼单位的主要负责人和安全生产管理人员，特种作业人员以及注册安全工程师等相关人员培训的安全培训机构，应当将教师、教学和实习实训设施等情况书面报告所在地安全生产监督管理部门、煤矿安全培训监管机构。

安全生产相关社会组织依照法律、行政法规和章程，为生产经营单位提供安全培训有关服务，对安全培训机构实行自律管理，促进安全培训工作水平的提升。

第二章 安 全 培 训

第六条 安全培训应当按照规定的安全培训大纲进行。

安全监管监察人员，危险物品的生产、经营、储存单位与非煤矿山、金属冶炼单位的主要负责人和安全生产管理人员、特种作业人员以及从事安全生产工作的相关人员的安全培训大纲，由国家安全监管总局组织制定。

煤矿企业的主要负责人和安全生产管理人员、特种作业人员的培训大纲由国家煤矿安监局组织制定。

除危险物品的生产、经营、储存单位和矿山、金属冶炼单位以外其他生产经营单位的主要负责人、安全生产管理人员及其他从业人员的安全培训大纲，由省级安全生产监督管理部门、省级煤矿安全培训监管机构组织制定。

第七条 国家安全监管总局、省级安全生产监督管理部门定期组织优秀安全培训教材的评选。

安全培训机构应当优先使用优秀安全培训教材。

第八条 国家安全监管总局负责省级以上安全生产监督管理部门的安全生产监管人员、各级煤矿安全监察机构的煤矿安全监察人员的培训工作。

省级安全生产监督管理部门负责市级、县级安全生产监督管理部门的安全生产监管人员的培训工作。

生产经营单位的从业人员的安全培训，由生产经营单位负责。

危险化学品登记机构的登记人员和承担安全评价、咨询、检测、检验的人员及注册安全工程师、安全生产应急救援人员的安全培训，按照有关法律、法规、规章的规定进行。

第九条 对从业人员的安全培训，具备安全培训条件的生产经营单位应当以自主培训为主，也可以委托具备安全培训条件的机构进行安全培训。

不具备安全培训条件的生产经营单位，应当委托具有安全培训条件的机构对从业人员进行安全培训。

生产经营单位委托其他机构进行安全培训的，保证安全培训的责任仍由本单位负责。

第十条 生产经营单位应当建立安全培训管理制度，保障从业人员安全培训所需经费，对从业人员进行与其所从事岗位相应的安全教育培训；从业人员调整工作岗位或者采用新工艺、新技术、新设备、新材料的，应当对其进行专门的安全教育和培训。未经安全教育和培训合格的从业人员，不得上岗作业。

生产经营单位使用被派遣劳动者的，应当将被派遣劳动者纳入本单位从业人员统一管理，对被派遣劳动者进行岗位安全操作规程和安全操作技能的教育和培训。劳务派遣单位应当对被派遣劳动者进行必要的安全生产教育和培训。

生产经营单位接收中等职业学校、高等学校学生实习的，应当对实习学生进行相应的安全生产教育和培训，提供必要的劳动防护用品。学校应当协助生产经营单位对实习学生进行安全生产教育和培训。

从业人员安全培训的时间、内容、参加人员以及考核结果等情况，生产经营单位应当如实记录并建档备查。

第十一条 生产经营单位从业人员的培训内容和培训时间，应当符合《生产经营单位安全培训规定》和有关标准的规定。

第十二条 中央企业的分公司、子公司及其所属单位和其他生产经营单位，发生造成人员死亡的生产安全事故的，其主要负责人和安全生产管理人员应当重新参加安全培训。

特种作业人员对造成人员死亡的生产安全事故负有直接责任的，应当按照《特种作业人员安全技术培训考核管理规定》重新参加安全培训。

第十三条 国家鼓励生产经营单位实行师傅带徒弟制度。

矿山新招的井下作业人员和危险物品生产经营单位新招的危险工艺操作岗位人员，除按照规定进行安全培训外，还应当在有经验的职工带领下实习满2个月后，方可独立上岗作业。

第十四条 国家鼓励生产经营单位招录职业院校毕业生。

职业院校毕业生从事与所学专业相关的作业，可以免予参加初次培训，实际操作培训除外。

第十五条　安全培训机构应当建立安全培训工作制度和人员培训档案。安全培训相关情况，应当如实记录并建档备查。

第十六条　安全培训机构从事安全培训工作的收费，应当符合法律、法规的规定。法律、法规没有规定的，应当按照行业自律标准或者指导性标准收费。

第十七条　国家鼓励安全培训机构和生产经营单位利用现代信息技术开展安全培训，包括远程培训。

第三章　安全培训的考核

第十八条　安全监管监察人员、从事安全生产工作的相关人员、依照有关法律法规应当接受安全生产知识和管理能力考核的生产经营单位主要负责人和安全生产管理人员、特种作业人员的安全培训的考核，应当坚持教考分离、统一标准、统一题库、分级负责的原则，分步推行有远程视频监控的计算机考试。

第十九条　安全监管监察人员，危险物品的生产、经营、储存单位及非煤矿山、金属冶炼单位主要负责人、安全生产管理人员和特种作业人员，以及从事安全生产工作的相关人员的考核标准，由国家安全监管总局统一制定。

煤矿企业的主要负责人、安全生产管理人员和特种作业人员的考核标准，由国家煤矿安监局制定。

除危险物品的生产、经营、储存单位和矿山、金属冶炼单位以外其他生产经营单位主要负责人、安全生产管理人员及其他从业人员的考核标准，由省级安全生产监督管理部门制定。

第二十条　国家安全监管总局负责省级以上安全生产监督管理部门的安全生产监管人员、各级煤矿安全监察机构的煤矿安全监察人员的考核；负责中央企业的总公司、总厂或者集团公司的主要负责人和安全生产管理人员的考核。

省级安全生产监督管理部门负责市级、县级安全生产监督管理部门的安全生产监管人员的考核；负责省属生产经营单位和中央企业分公司、子公司及其所属单位的主要负责人和安全生产管理人员的考核；负责特种作业人员的考核。

市级安全生产监督管理部门负责本行政区域内除中央企业、省属生产经营单位以外的其他生产经营单位的主要负责人和安全生产管理人员的考核。

省级煤矿安全培训监管机构负责所辖区域内煤矿企业的主要负责人、安全生产管理人员和特种作业人员的考核。

除主要负责人、安全生产管理人员、特种作业人员以外的生产经营单位的其他从业人员的考核，由生产经营单位按照省级安全生产监督管理部门公布的考核标准，自行组织考核。

第二十一条　安全生产监督管理部门、煤矿安全培训监管机构和生产经营单位应当制定安全培训的考核制度，建立考核管理档案备查。

第四章　安全培训的发证

第二十二条　接受安全培训人员经考核合格的，由考核部门在考核结束后10个工作日内颁发相应的证书。

第二十三条　安全生产监管人员经考核合格后，颁发安全生产监管执法证；煤矿安全监察人员经考核合格后，颁发煤矿安全监察执法证；危险物品的生产、经营、储存单位和矿山、金属冶炼单位主要负责人、安全生产管理人员经考核合格后，颁发安全合格证；特种作业人员经考核合格后，颁发《中华人民共和国特种作业操作证》（以下简称特种作业操作证）；危险化学品登记机构的登记人员经考核合格后，颁发上岗证；其他人员经培训合格后，颁发培训合格证。

第二十四条　安全生产监管执法证、煤矿安全监察执法证、安全合格证、特种作业操作证和上岗证的式样，由国家安全监管总局统一规定。培训合格证的式样，由负责培训考核的部门规定。

第二十五条　安全生产监管执法证、煤矿安全监察执法证、安全合格证的有效期为3年。有效期届满需要延期的，应当于有效期届满30日前向原发证部门申请办理延期手续。

特种作业人员的考核发证按照《特种作业人员安全技术培训考核管理规定》执行。

第二十六条　特种作业操作证和省级安全生产监督管理部门、省级煤矿安全培训监管机构颁发的主要负责人、安全生产管理人员的安全合格证，在全国范围内有效。

第二十七条　承担安全评价、咨询、检测、检验的人员和安全生产应急救援人员的考核、发证，按照有关法律、法规、规章的规定执行。

第五章　监　督　管　理

第二十八条　安全生产监督管理部门、煤矿安全培训监管机构应当依照法律、法规和本办法的规定，加强对安全培训工作的监督管理，对生产经营单位、安全培训机构违反有关法律、法规和本办法的行为，依法作出处理。

省级安全生产监督管理部门、省级煤矿安全培训监管机构应当定期统计分析本行政区域内安全培训、考核、发证情况，并报国家安全监管总局。

第二十九条　安全生产监督管理部门和煤矿安全培训监管机构应当对安全培训机构开展安全培训活动的情况进行监督检查，检查内容包括：

（一）具备从事安全培训工作所需要的条件的情况；

（二）建立培训管理制度和教师配备的情况；

（三）执行培训大纲、建立培训档案和培训保障的情况；

（四）培训收费的情况；

（五）法律法规规定的其他内容。

第三十条　安全生产监督管理部门、煤矿安全培训监管机构应当对生产经营单位的安全培训情况进行监督检查，检查内容包括：

（一）安全培训制度、年度培训计划、安全培训管理档案的制定和实施的情况；

（二）安全培训经费投入和使用的情况；

（三）主要负责人、安全生产管理人员接受安全生产知识和管理能力考核的情况；

（四）特种作业人员持证上岗的情况；

（五）应用新工艺、新技术、新材料、新设备以及转岗前对从业人员安全培训的情况；

（六）其他从业人员安全培训的情况；

（七）法律法规规定的其他内容。

第三十一条　任何单位或者个人对生产经营单位、安全培训机构违反有关法律、法规和本办法的行为，均有权向安全生产监督管理部门、煤矿安全监察机构、煤矿安全培训监管机构报告或者举报。

接到举报的部门或者机构应当为举报人保密，并按照有关规定对举报进行核查和处理。

第三十二条　监察机关依照《中华人民共和国行政监察法》等法律、行政法规的规定，对安全生产监督管理部门、煤矿安全监察机构、煤矿安全培训监管机构及其工作人员履行安全培训工作监督管理职责情况实施监察。

第六章　法　律　责　任

第三十三条　安全生产监督管理部门、煤矿安全监察机构、煤矿安全培训监管机构的工作人员在安全培训监督管理工作中滥用职权、玩忽职守、徇私舞弊的，依照有关规定给予处分；构成犯罪的，依法追究刑事责任。

第三十四条　安全培训机构有下列情形之一的，责令限期改正，处1万元以下的罚款；逾期未改正的，给予警告，处1万元以上3万元以下的罚款：

（一）不具备安全培训条件的；

（二）未按照统一的培训大纲组织教学培训的；

（三）未建立培训档案或者培训档案管理不规范的；

安全培训机构采取不正当竞争手段，故意贬低、诋毁其他安全培训机构的，依照前款规定处罚。

第三十五条　生产经营单位主要负责人、安全生产管理人员、特种作业人员以欺骗、贿赂等不正当手段取得安全合格证或者特种作业操作证的，除撤销其相关证书外，处3000元以下的罚款，并自撤销其相关证书之日起3年内不得再次申请该证书。

第三十六条　生产经营单位有下列情形之一的，责令改正，处3万元以下的罚款：

（一）从业人员安全培训的时间少于《生产经营单位安全培训规定》或者有关标准规定的；

（二）矿山新招的井下作业人员和危险物品生产经营单位新招的危险工艺操作岗位人员，未经实习期满独立上岗作业的；

（三）相关人员未按照本办法第十二条规定重新参加安全培训的。

第三十七条 生产经营单位存在违反有关法律、法规中安全生产教育培训的其他行为的，依照相关法律、法规的规定予以处罚。

第七章 附 则

第三十八条 本办法自2012年3月1日起施行。2004年12月28日公布的《安全生产培训管理办法》（原国家安全生产监督管理局〈国家煤矿安全监察局〉令第20号）同时废止。

特种作业人员安全技术培训考核管理规定

（2010年5月24日国家安全生产监督管理总局令第30号公布，根据2013年8月29日国家安全生产监督管理总局令第63号第一次修正，根据2015年5月29日国家安全生产监督管理总局令第80号第二次修正）

第一章 总 则

第一条 为了规范特种作业人员的安全技术培训考核工作，提高特种作业人员的安全技术水平，防止和减少伤亡事故，根据《安全生产法》《行政许可法》等有关法律、行政法规，制定本规定。

第二条 生产经营单位特种作业人员的安全技术培训、考核、发证、复审及其监督管理工作，适用本规定。

有关法律、行政法规和国务院对有关特种作业人员管理另有规定的，从其规定。

第三条 本规定所称特种作业，是指容易发生事故，对操作者本人、他人的安全健康及设备、设施的安全可能造成重大危害的作业。特种作业的范围由特种作业目录规定。

本规定所称特种作业人员，是指直接从事特种作业的从业人员。

第四条 特种作业人员应当符合下列条件：

（一）年满18周岁，且不超过国家法定退休年龄；

（二）经社区或者县级以上医疗机构体检健康合格，并无妨碍从事相应特种作业的器质性心脏病、癫痫病、美尼尔氏症、眩晕症、癔病、震颤麻痹症、精神病、痴呆症以及其他疾病和生理缺陷；

（三）具有初中及以上文化程度；

（四）具备必要的安全技术知识与技能；

（五）相应特种作业规定的其他条件。

危险化学品特种作业人员除符合前款第一项、第二项、第四项和第五项规定的条件外，应当具备高中或者相当于高中及以上文化程度。

第五条 特种作业人员必须经专门的安全技术培训并考核合格，取得《中华人民共和国特种作业操作证》（以下简称特种作业操作证）后，方可上岗作业。

第六条 特种作业人员的安全技术培训、考核、发证、复审工作实行统一监管、分级实施、教考分离的原则。

第七条 国家安全生产监督管理总局（以下简称安全监管总局）指导、监督全国特种作业人员的安全技术培训、考核、发证、复审工作；省、自治区、直辖市人民政府安全生产监督管理部门指导、监督本行政区域特种作业人员的安全技术培训工作，负责本行政区域特种作业人员的考核、发证、复审工作；县级以上地方人民政府安全生产监督管理部门负责监督检查本行政区域特种作业人员的安全技术培训和持证上岗工作。

国家煤矿安全监察局（以下简称煤矿安监局）指导、监督全国煤矿特种作业人员（含煤矿矿井使用的特种设备作业人员）的安全技术培训、考核、发证、复审工作；省、自治区、直辖市人民政府负责煤矿特种作业人员考核发证工作的部门或者指定的机构指导、监督本行政区域煤矿特种作业人员的安全技术培训工作，负责本行政区域煤矿特种作业人员的考核、发证、复审工作。

省、自治区、直辖市人民政府安全生产监督管理部门和负责煤矿特种作业人员考核发证工作的部门或者指定的机构（以下统称考核发证机关）可以委托设区的市人民政府安全生产监督管理部门和负责煤矿特种作业人员考核发证工作的部门或者指定的机构实施特种作业人员的考核、发证、复审工作。

第八条 对特种作业人员安全技术培训、考核、发证、复审工作中的违法行为，任何单位和个人均有权向安全监管总局、煤矿安监局和省、自治区、直辖市及设区的市人民政府安全生产监督管理部门、负责煤矿特种作业人员考核发证工作的部门或者指定的机构举报。

第二章 培 训

第九条 特种作业人员应当接受与其所从事的特种作业相应的安全技术理论培训和实际操作培训。

已经取得职业高中、技工学校及中专以上学历的毕业生从事与其所学专业相应的特种作业，持学历证明经考核发证机关同意，可以免予相关专业的培训。

跨省、自治区、直辖市从业的特种作业人员，可以在户籍所在地或者从业所在地参加培训。

第十条 对特种作业人员的安全技术培训，具备安全培训条件的生产经营单位应当以自主培训为主，也可以委托具备安全培训条件的机构进行培训。

不具备安全培训条件的生产经营单位，应当委托具备安全培训条件的机构进行培训。

生产经营单位委托其他机构进行特种作业人员安全技术培训的，保证安全技术培训的责任仍由本单位负责。

第十一条 从事特种作业人员安全技术培训的机构（以下统称培训机构），应当制定相应的培训计划、教学安排，并按照安全监管总局、煤矿安监局制定的特种作业人员培训大纲和煤矿特种作业人员培训大纲进行特种作业人员的安全技术培训。

第三章 考 核 发 证

第十二条 特种作业人员的考核包括考试和审核两部分。考试由考核发证机关或其委托的单位负责；审核由考核发证机关负责。

安全监管总局、煤矿安监局分别制定特种作业人员、煤矿特种作业人员的考核标准，并建立相应的考试题库。

考核发证机关或其委托的单位应当按照安全监管总局、煤矿安监局统一制定的考核标准进行考核。

第十三条 参加特种作业操作资格考试的人员，应当填写考试申请表，由申请人或者申请人的用人单位持学历证明或者培训机构出具的培训证明向申请人户籍所在地或者从业所在地的考核发证机关或其委托的单位提出申请。

考核发证机关或其委托的单位收到申请后，应当在60日内组织考试。

特种作业操作资格考试包括安全技术理论考试和实际操作考试两部分。考试不及格的，允许补考1次。经补考仍不及格的，重新参加相应的安全技术培训。

第十四条 考核发证机关委托承担特种作业操作资格考试的单位应当具备相应的场所、设施、设备等条件，建立相应的管理制度，并公布收费标准等信息。

第十五条 考核发证机关或其委托承担特种作业操作资格考试的单位，应当在考试结束后10个工作日内公布考试成绩。

第十六条 符合本规定第四条规定并经考试合格的特种作业人员，应当向其户籍所在地或者从业所在地的考核发证机关申请办理特种作业操作证，并提交身份证复印件、学历证书复印件、体检证明、考试合格证明等材料。

第十七条 收到申请的考核发证机关应当在5个工作日内完成对特种作业人员所提交申请材料的审查，作出受理或者不予受理的决定。能够当场作出受理决定的，应当当场作出受理决定；申请材料不齐全或者不符合要求的，应当当场或者在5个工作日内一次告知申请人需要补正的全部内容，逾期不告知的，视为自收到申请材料之日起即已被受理。

第十八条 对已经受理的申请，考核发证机关应当在20个工作日内完成审核工作。符合条件的，颁发特种作业操作证；不符合条件的，应当说明理由。

第十九条 特种作业操作证有效期为6年，在全国范围内有效。

特种作业操作证由安全监管总局统一式样、标准及编号。

第二十条 特种作业操作证遗失的，应当向原考核发证机关提出书面申请，经原考核发证机关审查同意后，予以补发。

特种作业操作证所记载的信息发生变化或者损毁的，应当向原考核发证机关提出书面申请，经原考核发证机关审查确认后，予以更换或者更新。

第四章 复 审

第二十一条 特种作业操作证每3年复审1次。

特种作业人员在特种作业操作证有效期内，连续从事本工种10年以上，严格遵守有关安全生产法律法规的，经原考核发证机关或者从业所在地考核发证机关同意，特种作业操作证的复审时间可以延长至每6年1次。

第二十二条 特种作业操作证需要复审的，应当在期满前60日内，由申请人或者申请人的用人单位向原考核发证机关或者从业所在地考核发证机关提出申请，并提交下列材料：

（一）社区或者县级以上医疗机构出具的健康证明；

（二）从事特种作业的情况；

（三）安全培训考试合格记录。

特种作业操作证有效期届满需要延期换证的，应当按照前款的规定申请延期复审。

第二十三条 特种作业操作证申请复审或者延期复审前，特种作业人员应当参加必要的安全培训并考试合格。

安全培训时间不少于8个学时，主要培训法律、法规、标准、事故案例和有关新工艺、新技术、新装备等知识。

第二十四条 申请复审的，考核发证机关应当在收到申请之日起20个工作日内完成复审工作。复审合格的，由考核发证机关签章、登记，予以确认；不合格的，说明理由。

申请延期复审的，经复审合格后，由考核发证机关重新颁发特种作业操作证。

第二十五条 特种作业人员有下列情形之一的，复审或者延期复审不予通过：

（一）健康体检不合格的；

（二）违章操作造成严重后果或者有2次以上违章行为，并经查证确实的；

（三）有安全生产违法行为，并给予行政处罚的；

（四）拒绝、阻碍安全生产监管监察部门监督检查的；

（五）未按规定参加安全培训，或者考试不合格的；

（六）具有本规定第三十条、第三十一条规定情形的。

第二十六条 特种作业操作证复审或者延期复审符合本规定第二十五条第二项、第三项、第四项、第五项情形的，按照本规定经重新安全培训考试合格后，再办理复审或者延期复审手续。

再复审、延期复审仍不合格，或者未按期复审的，特种作业操作证失效。

第二十七条 申请人对复审或者延期复审有异议的，可以依法申请行政复议或者提起行政诉讼。

第五章 监 督 管 理

第二十八条 考核发证机关或其委托的单位及其工作人员应当忠于职守、坚持原则、廉洁自律，按照法律、法规、规章的规定进行特种作业人员的考核、发证、复审工作，接受社会的监督。

第二十九条 考核发证机关应当加强对特种作业人员的监督检查，发现其具有本规定第三十条规定情形的，及时撤销特种作业操作证；对依法应当给予行政处罚的安全生产违法行为，按照有关规定依法对生产经营单位及其特种作业人员实施行政处罚。

考核发证机关应当建立特种作业人员管理信息系统，方便用人单位和社会公众查询；对于注销特种作业操作证的特种作业人员，应当及时向社会公告。

第三十条 有下列情形之一的，考核发证机关应当撤销特种作业操作证：

（一）超过特种作业操作证有效期未延期复审的；

（二）特种作业人员的身体条件已不适合继续从事特种作业的；

（三）对发生生产安全事故负有责任的；

（四）特种作业操作证记载虚假信息的；

（五）以欺骗、贿赂等不正当手段取得特种作业操作证的。

特种作业人员违反前款第四项、第五项规定的，3年内不得再次申请特种作业操作证。

第三十一条 有下列情形之一的，考核发证机关应当注销特种作业操作证：

（一）特种作业人员死亡的；

（二）特种作业人员提出注销申请的；

（三）特种作业操作证被依法撤销的。

第三十二条 离开特种作业岗位6个月以上的特种作业人员，应当重新进行实际操作考试，经确认合格后方可上岗作业。

第三十三条 省、自治区、直辖市人民政府安全生产监督管理部门和负责煤矿特种作业人员考核发证工作的部门或者指定的机构应当每年分别向安全监管总局、煤矿安监局报告特种作业人员的考核发证情况。

第三十四条 生产经营单位应当加强对本单位特种作业人员的管理，建立健全特种作业人员培训、复审档案，做好申报、培训、考核、复审的组织工作和日常的检查工作。

第三十五条 特种作业人员在劳动合同期满后变动工作单位的，原工作单位不得以任何理由扣押其特种作业操作证。

跨省、自治区、直辖市从业的特种作业人员应当接受从业所在地考核发证机关的监督管理。

第三十六条 生产经营单位不得印制、伪造、倒卖特种作业操作证，或者使用非法印制、伪造、倒卖的特种作业操作证。

特种作业人员不得伪造、涂改、转借、转让、冒用特种作业操作证或者使用伪造的特种作业操作证。

第六章 罚 则

第三十七条 考核发证机关或其委托的单位及其工作人员在特种作业人员考核、

发证和复审工作中滥用职权、玩忽职守、徇私舞弊的，依法给予行政处分；构成犯罪的，依法追究刑事责任。

第三十八条 生产经营单位未建立健全特种作业人员档案的，给予警告，并处1万元以下的罚款。

第三十九条 生产经营单位使用未取得特种作业操作证的特种作业人员上岗作业的，责令限期改正，可以处5万元以下的罚款；逾期未改正的，责令停产停业整顿，并处5万元以上10万元以下的罚款，对直接负责的主管人员和其他直接责任人员处1万元以上2万元以下的罚款。

煤矿企业使用未取得特种作业操作证的特种作业人员上岗作业的，依照《国务院关于预防煤矿生产安全事故的特别规定》的规定处罚。

第四十条 生产经营单位非法印制、伪造、倒卖特种作业操作证，或者使用非法印制、伪造、倒卖的特种作业操作证的，给予警告，并处1万元以上3万元以下的罚款；构成犯罪的，依法追究刑事责任。

第四十一条 特种作业人员伪造、涂改特种作业操作证或者使用伪造的特种作业操作证的，给予警告，并处1000元以上5000元以下的罚款。

特种作业人员转借、转让、冒用特种作业操作证的，给予警告，并处2000元以上1万元以下的罚款。

第七章 附 则

第四十二条 特种作业人员培训、考试的收费标准，由省、自治区、直辖市人民政府安全生产监督管理部门会同负责煤矿特种作业人员考核发证工作的部门或者指定的机构统一制定，报同级人民政府物价、财政部门批准后执行，证书工本费由考核发证机关列入同级财政预算。

第四十三条 省、自治区、直辖市人民政府安全生产监督管理部门和负责煤矿特种作业人员考核发证工作的部门或者指定的机构可以结合本地区实际，制定实施细则，报安全监管总局、煤矿安监局备案。

第四十四条 本规定自2010年7月1日起施行。1999年7月12日原国家经贸委发布的《特种作业人员安全技术培训考核管理办法》（原国家经贸委令第13号）同时废止。

知识链接

特种作业目录

1 电工作业。指对电气设备进行运行、维护、安装、检修、改造、施工、调试等作业（不含电力系统进网作业）。

1.1 高压电工作业。指对1千伏（kV）及以上的高压电气设备进行运行、维护、安装、检修、改造、施工、调试、试验及绝缘工、器具进行试验的作业。

1.2　低压电工作业。指对1千伏（kV）以下的低压电器设备进行安装、调试、运行操作、维护、检修、改造施工和试验的作业。

1.3　防爆电气作业。指对各种防爆电气设备进行安装、检修、维护的作业。

适用于除煤矿井下以外的防爆电气作业。

2　焊接与热切割作业。指运用焊接或者热切割方法对材料进行加工的作业（不含《特种设备安全监察条例》规定的有关作业）。

2.1　熔化焊接与热切割作业。指使用局部加热的方法将连接处的金属或其他材料加热至熔化状态而完成焊接与切割的作业。

适用于气焊与气割、焊条电弧焊与碳弧气刨、埋弧焊、气体保护焊、等离子弧焊、电渣焊、电子束焊、激光焊、氧熔剂切割、激光切割、等离子切割等作业。

2.2　压力焊作业。指利用焊接时施加一定压力而完成的焊接作业。

适用于电阻焊、气压焊、爆炸焊、摩擦焊、冷压焊、超声波焊、锻焊等作业。

2.3　钎焊作业。指使用比母材熔点低的材料作钎料，将焊件和钎料加热到高于钎料熔点，但低于母材熔点的温度，利用液态钎料润湿母材，填充接头间隙并与母材相互扩散而实现连接焊件的作业。

适用于火焰钎焊作业、电阻钎焊作业、感应钎焊作业、浸渍钎焊作业、炉中钎焊作业，不包括烙铁钎焊作业。

3　高处作业。指专门或经常在坠落高度基准面2米及以上有可能坠落的高处进行的作业。

3.1　登高架设作业。指在高处从事脚手架、跨越架架设或拆除的作业。

3.2　高处安装、维护、拆除作业。指在高处从事安装、维护、拆除的作业。

适用于利用专用设备进行建筑物内外装饰、清洁、装修，电力、电信等线路架设，高处管道架设，小型空调高处安装、维修，各种设备设施与户外广告设施的安装、检修、维护以及在高处从事建筑物、设备设施拆除作业。

4　制冷与空调作业。指对大中型制冷与空调设备运行操作、安装与修理的作业。

4.1　制冷与空调设备运行操作作业。指对各类生产经营企业和事业等单位的大中型制冷与空调设备运行操作的作业。

适用于化工类（石化、化工、天然气液化、工艺性空调）生产企业，机械类（冷加工、冷处理、工艺性空调）生产企业，食品类（酿造、饮料、速冻或冷冻调理食品、工艺性空调）生产企业，农副产品加工类（屠宰及肉食品加工、水产加工、果蔬加工）生产企业，仓储类（冷库、速冻加工、制冰）生产经营企业，运输类（冷藏运输）经营企业，服务类（电信机房、体育场馆、建筑的集中空调）经营企业和事业等单位的大中型制冷与空调设备运行操作作业。

4.2　制冷与空调设备安装修理作业。指对4.1所指制冷与空调设备整机、部件及相关系统进行安装、调试与维修的作业。

5　煤矿安全作业

5.1　煤矿井下电气作业。指从事煤矿井下机电设备的安装、调试、巡检、维修和故障处理，保证本班机电设备安全运行的作业。

适用于与煤共生、伴生的坑探、矿井建设、开采过程中的井下电钳等作业。

5.2 煤矿井下爆破作业。指在煤矿井下进行爆破的作业。

5.3 煤矿安全监测监控作业。指从事煤矿井下安全监测监控系统的安装、调试、巡检、维修，保证其安全运行的作业。

适用于与煤共生、伴生的坑探、矿井建设、开采过程中的安全监测监控作业。

5.4 煤矿瓦斯检查作业。指从事煤矿井下瓦斯巡检工作，负责管辖范围内通风设施的完好及通风、瓦斯情况检查，按规定填写各种记录，及时处理或汇报发现的问题的作业。

适用于与煤共生、伴生的矿井建设、开采过程中的煤矿井下瓦斯检查作业。

5.5 煤矿安全检查作业。指从事煤矿安全监督检查，巡检生产作业场所的安全设施和安全生产状况，检查并督促处理相应事故隐患的作业。

5.6 煤矿提升机操作作业。指操作煤矿的提升设备运送人员、矿石、矸石和物料，并负责巡检和运行记录的作业。

适用于操作煤矿提升机，包括立井、暗立井提升机，斜井、暗斜井提升机以及露天矿山斜坡卷扬提升的提升机作业。

5.7 煤矿采煤机（掘进机）操作作业。指在采煤工作面、掘进工作面操作采煤机、掘进机，从事落煤、装煤、掘进工作，负责采煤机、掘进机巡检和运行记录，保证采煤机、掘进机安全运行的作业。

适用于煤矿开采、掘进过程中的采煤机、掘进机作业。

5.8 煤矿瓦斯抽采作业。指从事煤矿井下瓦斯抽采钻孔施工、封孔、瓦斯流量测定及瓦斯抽采设备操作等，保证瓦斯抽采工作安全进行的作业。

适用于煤矿、与煤共生和伴生的矿井建设、开采过程中的煤矿地面和井下瓦斯抽采作业。

5.9 煤矿防突作业。指从事煤与瓦斯突出的预测预报、相关参数的收集与分析、防治突出措施的实施与检查、防突效果检验等，保证防突工作安全进行的作业。

适用于煤矿、与煤共生和伴生的矿井建设、开采过程中的煤矿井下煤与瓦斯防突作业。

5.10 煤矿探放水作业。指从事煤矿探放水的预测预报、相关参数的收集与分析、探放水措施的实施与检查、效果检验等，保证探放水工作安全进行的作业。

适用于煤矿、与煤共生和伴生的矿井建设、开采过程中的煤矿井下探放水作业。

6 金属非金属矿山安全作业

6.1 金属非金属矿井通风作业。指安装井下局部通风机，操作地面主要扇风机、井下局部通风机和辅助通风机，操作、维护矿井通风构筑物，进行井下防尘，使矿井通风系统正常运行，保证局部通风，以预防中毒窒息和除尘等的作业。

6.2 尾矿作业。指从事尾矿库放矿、筑坝、巡坝、抽洪和排渗设施的作业。

适用于金属非金属矿山的尾矿作业。

6.3 金属非金属矿山安全检查作业。指从事金属非金属矿山安全监督检查，巡检生产作业场所的安全设施和安全生产状况，检查并督促处理相应事故隐患的作业。

6.4 金属非金属矿山提升机操作作业。指操作金属非金属矿山的提升设备运送人员、矿石、矸石和物料，及负责巡检和运行记录的作业。

适用于金属非金属矿山的提升机，包括竖井、盲竖井提升机，斜井、盲斜井提升机以及露天矿山斜坡卷扬提升的提升机作业。

6.5 金属非金属矿山支柱作业。指在井下检查井巷和采场顶、帮的稳定性，撬浮石，进行支护的作业。

6.6 金属非金属矿山井下电气作业。指从事金属非金属矿山井下机电设备的安装、调试、巡检、维修和故障处理，保证机电设备安全运行的作业。

6.7 金属非金属矿山排水作业。指从事金属非金属矿山排水设备日常使用、维护、巡检的作业。

6.8 金属非金属矿山爆破作业。指在露天和井下进行爆破的作业。

7 石油天然气安全作业

7.1 司钻作业。指石油、天然气开采过程中操作钻机起升钻具的作业。

适用于陆上石油、天然气司钻（含钻井司钻、作业司钻及勘探司钻）作业。

8 冶金（有色）生产安全作业

8.1 煤气作业。指冶金、有色企业内从事煤气生产、储存、输送、使用、维护检修的作业。

9 危险化学品安全作业

指从事危险化工工艺过程操作及化工自动化控制仪表安装、维修、维护的作业。

9.1 光气及光气化工艺作业。指光气合成以及厂内光气储存、输送和使用岗位的作业。

适用于一氧化碳与氯气反应得到光气，光气合成双光气、三光气，采用光气作单体合成聚碳酸酯，甲苯二异氰酸酯（TDI）制备，4，4'-二苯基甲烷二异氰酸酯（MDI）制备等工艺过程的操作作业。

9.2 氯碱电解工艺作业。指氯化钠和氯化钾电解、液氯储存和充装岗位的作业。

适用于氯化钠（食盐）水溶液电解生产氯气、氢氧化钠、氢气，氯化钾水溶液电解生产氯气、氢氧化钾、氢气等工艺过程的操作作业。

9.3 氯化工艺作业。指液氯储存、气化和氯化反应岗位的作业。

适用于取代氯化，加成氯化，氧氯化等工艺过程的操作作业。

9.4 硝化工艺作业。指硝化反应、精馏分离岗位的作业。

适用于直接硝化法，间接硝化法，亚硝化法等工艺过程的操作作业。

9.5 合成氨工艺作业。指压缩、氨合成反应、液氨储存岗位的作业。

适用于节能氨五工艺法（AMV），德士古水煤浆加压气化法、凯洛格法，甲醇与合成氨联合生产的联醇法，纯碱与合成氨联合生产的联碱法，采用变换催化剂、氧化锌脱硫剂和甲烷催化剂的“三催化”气体净化法工艺过程的操作作业。

9.6 裂解（裂化）工艺作业。指石油系的烃类原料裂解（裂化）岗位的作业。

适用于热裂解制烯烃工艺，重油催化裂化制汽油、柴油、丙烯、丁烯，乙苯裂解制苯乙烯，二氟一氯甲烷（HCFC-22）热裂解制得四氟乙烯（TFE），二氟一氯乙烷（HCFC-142b）热裂解制得偏氟乙烯（VDF），四氟乙烯和八氟环丁烷热裂解制得六氟乙烯（HFP）工艺过程的操作作业。

9.7 氟化工艺作业。指氟化反应岗位的作业。

适用于直接氟化，金属氟化物或氟化氢气体氟化，置换氟化以及其他氟化物的制备等工艺过程的操作作业。

9.8 加氢工艺作业。指加氢反应岗位的作业。

适用于不饱和炔烃、烯烃的三键和双键加氢，芳烃加氢，含氧化合物加氢，含氮化合物加氢以及油品加氢等工艺过程的操作作业。

9.9 重氮化工艺作业。指重氮化反应、重氮盐后处理岗位的作业。

适用于顺法、反加法、亚硝酰硫酸法、硫酸铜触媒法以及盐析法等工艺过程的操作作业。

9.10 氧化工艺作业。指氧化反应岗位的作业。

适用于乙烯氧化制环氧乙烷，甲醇氧化制备甲醛，对二甲苯氧化制备对苯二甲酸，异丙苯经氧化-酸解联产苯酚和丙酮，环己烷氧化制环己酮，天然气氧化制乙炔，丁烯、丁烷、C4馏分或苯的氧化制顺丁烯二酸酐，邻二甲苯或萘的氧化制备邻苯二甲酸酐，均四甲苯的氧化制备均苯四甲酸二酐，苊的氧化制1，8-萘二甲酸酐，3-甲基吡啶氧化制3-吡啶甲酸（烟酸），4-甲基吡啶氧化制4-吡啶甲酸（异烟酸），2-乙基己醇（异辛醇）氧化制备2-乙基己酸（异辛酸），对氯甲苯氧化制备对氯苯甲醛和对氯苯甲酸，甲苯氧化制备苯甲醛、苯甲酸，对硝基甲苯氧化制备对硝基苯甲酸，环十二醇/酮混合物的开环氧化制备十二碳二酸，环己酮/醇混合物的氧化制己二酸，乙二醛硝酸氧化法合成乙醛酸，以及丁醛氧化制丁酸以及氨氧化制硝酸等工艺过程的操作作业。

9.11 过氧化工艺作业。指过氧化反应、过氧化物储存岗位的作业。

适用于双氧水的生产，乙酸在硫酸存在下与双氧水作用制备过氧乙酸水溶液，酸酐与双氧水作用直接制备过氧二酸，苯甲酰氯与双氧水的碱性溶液作用制备过氧化苯甲酰，以及异丙苯经空气氧化生产过氧化氢异丙苯等工艺过程的操作作业。

9.12 胺基化工艺作业。指胺基化反应岗位的作业。

适用于邻硝基氯苯与氨水反应制备邻硝基苯胺，对硝基氯苯与氨水反应制备对硝基苯胺，间甲酚与氯化铵的混合物在催化剂和氨水作用下生成间甲苯胺，甲醇在催化剂和氨气作用下制备甲胺，1-硝基蒽醌与过量的氨水在氯苯中制备1-氨基蒽醌，2，6-蒽醌二磺酸氨解制备2，6-二氨基蒽醌，苯乙烯与胺反应制备N-取代苯乙胺，环氧乙烷或亚乙基亚胺与胺或氨发生开环加成反应制备氨基乙醇或二胺，甲苯经氨氧化制备苯甲腈，以及丙烯氨氧化制备丙烯腈等工艺过程的操作作业。

9.13 磺化工艺作业。指磺化反应岗位的作业。

适用于三氧化硫磺化法，共沸去水磺化法，氯磺酸磺化法，烘焙磺化法，以及亚硫酸盐磺化法等工艺过程的操作作业。

9.14 聚合工艺作业。指聚合反应岗位的作业。

适用于聚烯烃、聚氯乙烯、合成纤维、橡胶、乳液、涂料黏合剂生产以及氟化物聚合等工艺过程的操作作业。

9.15 烷基化工艺作业。指烷基化反应岗位的作业。

适用于C-烷基化反应，N-烷基化反应，O-烷基化反应等工艺过程的操作作业。

9.16　化工自动化控制仪表作业。指化工自动化控制仪表系统安装、维修、维护的作业。

10　烟花爆竹安全作业。指从事烟花爆竹生产、储存中的药物混合、造粒、筛选、装药、筑药、压药、搬运等危险工序的作业。

10.1　烟火药制造作业。指从事烟火药的粉碎、配药、混合、造粒、筛选、干燥、包装等作业。

10.2　黑火药制造作业。指从事黑火药的潮药、浆硝、包片、碎片、油压、抛光和包浆等作业。

10.3　引火线制造作业。指从事引火线的制引、浆引、漆引、切引等作业。

10.4　烟花爆竹产品涉药作业。指从事烟花爆竹产品加工中的压药、装药、筑药、褙药剂、已装药的钻孔等作业。

10.5　烟花爆竹储存作业。指从事烟花爆竹仓库保管、守护、搬运等作业。

11　安全监管总局认定的其他作业

安全评价机构管理规定

（2009年7月1日国家安全生产监督管理总局令第22号公布，根据2013年8月29日国家安全生产监督管理总局令第63号第一次修正，根据2015年5月29日国家安全生产监督管理总局令第80号第二次修正）

第一章　总　　则

第一条　为加强安全评价机构的管理，规范安全评价行为，建立公正、公平、竞争、有序的安全评价技术服务体系，根据《安全生产法》《行政许可法》和有关规定，制定本规定。

第二条　在中华人民共和国境内申请安全评价资质、从事法定安全评价活动以及安全生产监督管理部门、煤矿安全监察机构实施安全评价机构资质监督管理，适用本规定。

第三条　国家对安全评价机构实行资质许可制度。安全评价机构应当取得相应的安全评价资质证书（以下简称资质证书），并在资质证书确定的业务范围内从事安全评价活动。

未取得资质证书的安全评价机构，不得从事法定安全评价活动。

本规定所称的安全评价机构，是指依法从事安全评价活动的社会中介组织。

第四条　安全评价机构的资质分为甲级、乙级两种，根据其专业人员构成、技术条件确定各自的业务范围。

甲级资质由省、自治区、直辖市安全生产监督管理部门（以下简称省级安全生产监督管理部门）、省级煤矿安全监察机构审核，国家安全生产监督管理总局审批、颁发证书；乙级资质由设区的市级安全生产监督管理部门、煤矿安全监察分局审核，省级安全生产监督管理部门、省级煤矿安全监察机构审批、颁发证书。

省级安全生产监督管理部门、设区的市级安全生产监督管理部门负责除煤矿以外的安全评价机构资质的审批、审核工作，省级煤矿安全监察机构、煤矿安全监察分局负责煤矿的安全评价机构资质的审批、审核工作。

未设立煤矿安全监察机构的省、自治区、直辖市，由省级安全生产监督管理部门、设区的市级安全生产监督管理部门负责煤矿的安全评价机构资质的审批、审核工作。

第五条 根据社会经济发展水平、区域经济结构和安全评价工作的需要，国家对安全评价机构的设置实行统筹规划、合理布局和总量控制。

第六条 取得甲级资质的安全评价机构，可以根据确定的业务范围在全国范围内从事安全评价活动；取得乙级资质的安全评价机构，可以根据确定的业务范围在其所在的省、自治区、直辖市内从事安全评价活动。

下列建设项目或者企业的安全评价，必须由取得甲级资质的安全评价机构承担：

（一）国务院及其投资主管部门审批（核准、备案）的建设项目；

（二）跨省、自治区、直辖市的建设项目；

（三）生产剧毒化学品的建设项目；

（四）生产剧毒化学品的企业和其他大型生产企业。

法律、法规和国务院或其有关部门对安全评价有特殊规定的，依照其规定。

第七条 国家安全生产监督管理总局、省级安全生产监督管理部门、省级煤矿安全监察机构定期向社会公布取得甲级、乙级资质的安全评价机构的名称、业务范围、从业人员、技术装备等相关信息，并接受社会监督。

第二章 取得资质的条件和程序

第八条 安全评价机构申请甲级资质，应当具备下列条件：

（一）具有法人资格，固定资产400万元以上；

（二）有与其开展工作相适应的固定工作场所和设施、设备，具有必要的技术支撑条件；

（三）取得安全评价机构乙级资质3年以上，且没有违法行为记录；

（四）有健全的内部管理制度和安全评价过程控制体系；

（五）有25名以上专职安全评价师，其中一级安全评价师20%以上、二级安全评价师30%以上。按照不少于专职安全评价师30%的比例配备注册安全工程师。安全评价师、注册安全工程师有与其申报业务相适应的专业能力；

（六）法定代表人通过具备安全培训条件的机构组织的相关安全生产和安全评价知识培训，并考试合格；

（七）设有专职技术负责人和过程控制负责人。专职技术负责人有二级以上安全评价师和注册安全工程师资格，并具有与所申报业务相适应的高级专业技术职称；

（八）法律、行政法规、规章规定的其他条件。

第九条 安全评价机构申请乙级资质，应当具备下列条件：

（一）具有法人资格，固定资产200万元以上；

（二）有与其开展工作相适应的固定工作场所和设施设备，具有必要的技术支撑条件；

（三）有健全的内部管理制度和安全评价过程控制体系；

（四）有16名以上专职安全评价师，其中一级安全评价师20%以上、二级安全评价师30%以上。按照不少于专职安全评价师30%的比例配备注册安全工程师。安全评价师、注册安全工程师有与其申报业务相适应的专业能力；

（五）法定代表人通过具备安全培训条件的机构组织的相关安全生产和安全评价知识培训，并考试合格；

（六）设有专职技术负责人和过程控制负责人。专职技术负责人有二级以上安全评价师和注册安全工程师资格，并具有与所申报业务相适应的高级专业技术职称；

（七）法律、行政法规、规章规定的其他条件。

第十条 申请甲级、乙级资质的机构，应当按照本规定第四条的规定，于每年6月向国家安全生产监督管理总局、省级安全生产监督管理部门、省级煤矿安全监察机构（以下简称资质审批机关）提出申请。

第十一条 申请甲级资质，按照下列程序办理：

（一）申请人将安全评价机构资质申请表和本规定第八条规定的证明材料，报所在地省级安全生产监督管理部门、省级煤矿安全监察机构审核；

（二）省级安全生产监督管理部门、省级煤矿安全监察机构应当在5日内对申请人提供的证明材料进行预审以决定是否受理。予以受理的，自受理申请之日起20日内完成审核工作，并将审核报告和证明材料报国家安全生产监督管理总局；不予受理的，向申请人书面说明理由；

（三）国家安全生产监督管理总局接到审核报告和证明材料后，应当按照本规定的要求进行审批，并在20日内完成审批工作。经审批合格的，颁发资质证书；不合格的，不予颁发资质证书，并书面说明理由。

第十二条 申请乙级资质，按照下列程序办理：

（一）申请人将安全评价机构资质申请表和本规定第九条规定的证明材料，报所在地设区的市级安全生产监督管理部门、煤矿安全监察分局审核；

（二）设区的市级安全生产监督管理部门、煤矿安全监察分局应当在5日内对申请人提供的证明材料进行预审并决定是否受理。予以受理的，自受理申请之日起20日内完成审核工作，并将审核报告和证明材料报省级安全生产监督管理部门、省级煤矿安全监察机构；不予受理的，向申请人书面说明理由；

（三）省级安全生产监督管理部门、省级煤矿安全监察机构接到审核报告和证明材料后，应当按照本规定的要求进行审批，并在20日内完成审批工作。经审批合格的，颁发资质证书，并填写乙级资质安全评价机构审批备案表，自颁发资质证书之日起30日内报国家安全生产监督管理总局备案；不合格的，不予颁发资质证书，并书面说明理由。

第十三条 安全生产监督管理部门、煤矿安全监察机构进行资质审核、审批时，可以采用形式审查、现场审查、综合审查相结合的方式。

形式审查，是指对申请人提供的文件、材料是否符合规定要求所进行的审查。

现场审查，是指对申请人提供的文件、材料的实质内容进行的现场核查。

综合审查，是指对申请人提供的文件、材料及其真实性的综合评定。

安全生产监督管理部门、煤矿安全监察机构需要对申请材料的实质内容进行核实的，应当指派两名以上工作人员进行现场审查。现场审查所需时间不计入资质审核、审批期限。

第十四条 安全评价机构取得资质1年以上，需要增加业务范围的，应当按照本规定第四条的规定于每年9月向资质审批机关提出申请。

申请增加业务范围的程序按照本规定第十一条、第十二条、第十三条的规定办理。

第十五条 安全评价机构的资质证书遗失的，应当及时在有关电视、报刊等媒体上予以声明，并向原资质审批机关申请补发。

第十六条 甲级、乙级资质证书的有效期均为3年。资质证书有效期满需要延期的，安全评价机构应当于期满前3个月向原资质审批机关提出申请，经复审合格后予以办理延期手续；不合格的，不予办理延期手续。

第十七条 安全评价机构有下列情形之一的，应当在发生变化之日起30日内向原资质审批机关申请办理资质证书变更手续：

（一）机构分立或者合并的；

（二）机构名称或者地址发生变化的；

（三）法定代表人、技术负责人发生变化的。

第十八条 安全评价机构有下列情形之一的，资质审批机关应当注销其资质：

（一）资质证书有效期届满未申请延期或者申请延期但不予批准的；

（二）被依法终止的；

（三）自行申请注销的。

第十九条 安全评价机构甲级、乙级资质证书由国家安全生产监督管理总局统一印制。

第三章 安全评价活动

第二十条 安全评价机构应当依照法律、法规、规章、国家标准或者行业标准的规定，遵循客观公正、诚实守信、公平竞争的原则，遵守执业准则，恪守职业道德，依法独立开展安全评价活动，客观、如实地反映所评价的安全事项，并对作出的安全评价结果承担法律责任。

被评价对象的安全生产条件发生重大变化的，被评价对象应当及时委托有资质的安全评价机构重新进行安全评价；未委托重新进行安全评价的，由被评价对象对其产生的后果负责。

第二十一条 安全评价机构开展安全评价业务活动时，应当依法与委托方签订安全评价技术服务合同，明确评价对象、评价范围以及双方的权利、义务和责任。

安全评价机构与被评价对象有利害关系的，应当回避。

建设项目的安全预评价和安全验收评价不得委托同一个安全评价机构。

第二十二条 安全评价机构从事安全评价活动的收费，必须符合法律、法规和有关财政收费的规定。法律、法规和有关财政收费没有规定的，应当按照行业自律标准或者指导性标准收费；没有行业自律和指导性收费标准的，双方可以通过合同协商确定。

省级安全生产监督管理部门、省级煤矿安全监察机构可以根据本行政区域经济发展水平、产业结构以及周边区域收费情况，出台本行政区域的收费指导意见，报国家安全生产监督管理总局备案。

第二十三条 安全评价机构及其从业人员在从事安全评价活动中，不得有下列行为：

（一）泄露被评价对象的技术秘密和商业秘密；

（二）伪造、转让或者租借资质、资格证书；

（三）超出资质证书业务范围从事安全评价活动；

（四）出具虚假或者严重失实的安全评价报告；

（五）转包安全评价项目；

（六）擅自更改、简化评价程序和相关内容；

（七）同时在两个以上安全评价机构从业；

（八）故意贬低、诋毁其他安全评价机构；

（九）从业人员不到现场开展安全评价活动；

（十）法律、法规和规章规定的其他违法、违规行为。

第二十四条 安全评价机构应当建立健全内部管理制度和安全评价过程控制体系。安全评价过程控制记录、被评价对象现场勘查记录、影像资料及相关证明材料，应当及时归档，妥善保管。技术负责人和过程控制负责人应当按照法律、法规、规章和国家标准、行业标准的规定，加强安全评价活动全过程管理。

安全评价机构应当依法与从业人员签订劳动合同，并为其提供必要的劳动防护用品。

第二十五条 取得甲级资质的安全评价机构跨省、自治区、直辖市开展安全评价活动，应当填写甲级资质安全评价机构跨省（自治区、直辖市）开展评价工作报告表，报送评价项目所在地的省级安全生产监督管理部门、省级煤矿安全监察机构备案，并接受其监督检查。

第二十六条 从事安全评价活动的安全评价师、注册安全工程师应当每年参加必要的继续教育，不断提高安全评价水平。

第二十七条 安全评价行业组织应当加强自律管理，维护安全评价市场秩序，推进安全评价诚信体系建设，建立并完善从业人员管理制度，强化对从业人员的监督。

第四章 监督管理

第二十八条 安全生产监督管理部门、煤矿安全监察机构及其工作人员应当坚持公开、公平、公正的原则，严格按照法律、法规和本规定，审核、审批和颁发资质证书。

第二十九条 对已经取得资质证书的安全评价机构，安全生产监督管理部门、煤矿安全监察机构应当加强监督检查；发现安全评价机构不具备资质条件的，依照规定予以处理。监督检查记录应当经检查人员和安全评价机构负责人签字后归档。

安全评价机构及其从业人员应当接受安全生产监督管理部门、煤矿安全监察机构及其工作人员的监督检查。

对违法违规的安全评价机构和从业人员，安全生产监督管理部门、煤矿安全监察机构应当建立“黑名单”制度，及时向社会公告。

第三十条 安全生产监督管理部门、煤矿安全监察机构应当建立健全安全评价的申诉、投诉和举报制度，受理社会和个人的申诉、投诉和举报，并依法处理。

第三十一条 国家对安全评价机构实行定期考核。

安全评价机构应当每年填写安全评价工作业绩表，经被评价对象确认后，分别报国家安全生产监督管理总局、省级安全生产监督管理部门、省级煤矿安全监察机构备案。安全评价工作业绩表列入安全评价机构考核的重要内容。

对安全评价机构在资质证书有效期内没有开展相应活动的，核减相应的业务范围；定期考核不合格的，依照本规定予以处理。

第三十二条 安全生产监督管理部门、煤矿安全监察机构及其工作人员不得有下列行为：

（一）要求被评价对象接受指定的安全评价机构进行安全评价；

（二）以备案为由，变相设立法律、法规规定以外的行政许可；

（三）采取任何形式的地区保护，限制外地评价机构到本地区开展评价活动；

（四）干预安全评价机构开展正常活动；

（五）以任何理由或者任何方式向安全评价机构收取费用或者变相收取费用；

（六）向安全评价机构摊派财物；

（七）在安全评价机构报销任何费用。

第三十三条 监察机关依照《行政监察法》的规定，对安全生产监督管理部门、煤矿安全监察机构及其工作人员履行安全评价资质监督管理职责实施监察。

第五章 罚 则

第三十四条 安全生产监督管理部门、煤矿安全监察机构工作人员在对安全评价机构实施行政许可和监督检查工作中滥用职权、玩忽职守、徇私舞弊的，依照有关规定给予处理。

第三十五条 安全评价机构未取得相应资质证书，或者冒用资质证书、使用伪造的资质证书从事安全评价活动的，给予警告，并处2万元以上3万元以下的罚款。

转让、租借资质证书或者转包安全评价项目的，给予警告，并处1万元以上2万元以下的罚款。

安全评价机构的资质证书有效期届满未办理延期或者未经批准延期擅自从事安全评价活动的，依照本条第一款的规定处罚。

第三十六条 安全评价机构有下列情形之一的，给予警告，并处1万元以下的罚款；情节严重的，暂停资质半年，并处3万元以下的罚款；对相关责任人依法给予处理：

（一）从业人员不到现场开展评价活动的；

（二）安全评价报告与实际情况不符，或者评价报告存在重大疏漏，但尚未造成重大损失的；

（三）未按照有关法律、法规、规章和国家标准、行业标准的规定从事安全评价活动的；

（四）泄露被评价对象的技术秘密和商业秘密的；

（五）采取不正当竞争手段，故意贬低、诋毁其他安全评价机构，并造成严重影响的；

（六）未按规定办理资质证书变更手续的；

（七）定期考核不合格，经整改后仍达不到规定要求的；

（八）内部管理混乱，安全评价过程控制未有效实施的；

（九）未依法与委托方签订安全评价技术服务合同的；

（十）拒绝、阻碍安全生产监督管理部门、煤矿安全监察机构依法监督检查的。

第三十七条 安全评价机构出具虚假证明或者虚假评价报告，尚不构成刑事处罚的，没收违法所得，违法所得在5000元以上的，并处违法所得二倍以上五倍以下的罚款；没有违法所得或者违法所得不足5000元的，单处或者并处5000元以上2万元以下的罚款，对其直接负责的主管人员和其他责任人员处5000元以上5万元以下的罚款；给他人造成损害的，与被评价对象承担连带赔偿责任。

对有前款违法行为的，撤销其相应的资质。

第三十八条 安全评价机构有下列情形之一的，撤销其相应资质：

（一）不符合本规定第八条、第九条规定的资质条件的；

（二）弄虚作假骗取资质证书的；

（三）有其他依法应当撤销资质的情形的。

第三十九条 本规定所规定的行政处罚，由省级以上安全生产监督管理部门、煤矿安全监察机构决定。对甲级资质评价机构的处罚，国家安全生产监督管理总局可以委托省级安全生产监督管理部门、省级煤矿安全监察机构实施。

撤销资质证书的行政处罚由原资质审批机关决定。

第六章　附　　则

第四十条 本规定所称安全评价师，是指取得国家职业资格，专门从事安全评价活动的人员。

第四十一条 本规定施行前已经取得相应资质的安全评价机构，应于其资质证书有效期满前3个月，按照本规定的条件和程序，重新申请取得相应的安全评价资质；逾期不申请或者经复审不符合规定的相应资质条件，继续从事安全评价活动的，依照本规定第三十五条第一款的规定处罚。

申请海洋石油天然气开采安全评价机构资质的，由国家安全生产监督管理总局直接受理，其资质条件参照本规定执行。

第四十二条 本规定所称的“以上”“以下”，均包括本数。

第四十三条 本规定自2009年10月1日起施行。原国家安全生产监督管理局（国家煤矿安全监察局）2004年10月20日公布的《安全评价机构管理规定》同时废止。

安全评价检测检验机构管理办法

（2019年3月20日中华人民共和国应急管理部令第1号公布）

第一章 总 则

第一条 为了加强安全评价机构、安全生产检测检验机构（以下统称安全评价检测检验机构）的管理，规范安全评价、安全生产检测检验行为，依据《中华人民共和国安全生产法》《中华人民共和国行政许可法》等有关规定，制定本办法。

第二条 在中华人民共和国领域内申请安全评价检测检验机构资质，从事法定的安全评价、检测检验服务（附件1），以及应急管理部门、煤矿安全生产监督管理部门实施安全评价检测检验机构资质认可和监督管理适用本办法。

从事海洋石油天然气开采的安全评价检测检验机构的管理办法，另行制定。

第三条 国务院应急管理部门负责指导全国安全评价检测检验机构管理工作，建立安全评价检测检验机构信息查询系统，完善安全评价、检测检验标准体系。

省级人民政府应急管理部门、煤矿安全生产监督管理部门（以下统称资质认可机关）按照各自的职责，分别负责安全评价检测检验机构资质认可和监督管理工作。

设区的市级人民政府、县级人民政府应急管理部门、煤矿安全生产监督管理部门按照各自的职责，对安全评价检测检验机构执业行为实施监督检查，并对发现的违法行为依法实施行政处罚。

第四条 安全评价检测检验机构及其从业人员应当依照法律、法规、规章、标准，遵循科学公正、独立客观、安全准确、诚实守信的原则和执业准则，独立开展安全评价和检测检验，并对其作出的安全评价和检测检验结果负责。

第五条 国家支持发展安全评价、检测检验技术服务的行业组织，鼓励有关行业组织建立安全评价检测检验机构信用评定制度，健全技术服务能力评定体系，完善技术仲裁工作机制，强化行业自律，规范执业行为，维护行业秩序。

第二章　资　质　认　可

第六条　申请安全评价机构资质应当具备下列条件：

（一）独立法人资格，固定资产不少于八百万元；

（二）工作场所建筑面积不少于一千平方米，其中档案室不少于一百平方米，设施、设备、软件等技术支撑条件满足工作需求；

（三）承担矿山、金属冶炼、危险化学品生产和储存、烟花爆竹等业务范围安全评价的机构，其专职安全评价师不低于本办法规定的配备标准（附件1）；

（四）承担单一业务范围的安全评价机构，其专职安全评价师不少于二十五人；每增加一个行业（领域），按照专业配备标准至少增加五名专职安全评价师；专职安全评价师中，一级安全评价师比例不低于百分之二十，一级和二级安全评价师的总数比例不低于百分之五十，且中级及以上注册安全工程师比例不低于百分之三十；

（五）健全的内部管理制度和安全评价过程控制体系；

（六）法定代表人出具知悉并承担安全评价的法律责任、义务、权利和风险的承诺书；

（七）配备专职技术负责人和过程控制负责人；专职技术负责人具有一级安全评价师职业资格，并具有与所开展业务相匹配的高级专业技术职称，在本行业领域工作八年以上；专职过程控制负责人具有安全评价师职业资格；

（八）正常运行并可以供公众查询机构信息的网站；

（九）截至申请之日三年内无重大违法失信记录；

（十）法律、行政法规规定的其他条件。

第七条　申请安全生产检测检验机构资质应当具备下列条件：

（一）独立法人资格，固定资产不少于一千万元；

（二）工作场所建筑面积不少于一千平方米，有与从事安全生产检测检验相适应的设施、设备和环境，检测检验设施、设备原值不少于八百万元；

（三）承担单一业务范围的安全生产检测检验机构，其专业技术人员不少于二十五人；每增加一个行业（领域），至少增加五名专业技术人员；专业技术人员中，中级及以上注册安全工程师比例不低于百分之三十，中级及以上技术职称比例不低于百分之五十，且高级技术职称人员比例不低于百分之二十五；

（四）专业技术人员具有与承担安全生产检测检验相适应的专业技能，以及在本行业领域工作两年以上；

（五）法定代表人出具知悉并承担安全生产检测检验的法律责任、义务、权利和风险的承诺书；

（六）主持安全生产检测检验工作的负责人、技术负责人、质量负责人具有高级技术职称，在本行业领域工作八年以上；

（七）符合安全生产检测检验机构能力通用要求等相关标准和规范性文件规定的文件化管理体系；

（八）正常运行并可以供公众查询机构信息的网站；

（九）截至申请之日三年内无重大违法失信记录；

（十）法律、行政法规规定的其他条件。

第八条 下列机构不得申请安全评价检测检验机构资质：

（一）本办法第三条规定部门所属的事业单位及其出资设立的企业法人；

（二）本办法第三条规定部门主管的社会组织及其出资设立的企业法人；

（三）本条第一项、第二项中的企业法人出资设立（含控股、参股）的企业法人。

第九条 符合本办法第六条、第七条规定条件的申请人申请安全评价检测检验机构资质的，应当将申请材料报送其注册地的资质认可机关。

申请材料清单目录由国务院应急管理部门另行规定。

第十条 资质认可机关自收到申请材料之日起五个工作日内，对材料齐全、符合规定形式的申请，应当予以受理，并出具书面受理文书；对材料不齐全或者不符合规定形式的，应当当场或者五个工作日内一次性告知申请人需要补正的全部内容；对不予受理的，应当说明理由并出具书面凭证。

第十一条 资质认可机关应当自受理之日起二十个工作日内，对审查合格的，在本部门网站予以公告，公开有关信息（附件2、附件3），颁发资质证书，并将相关信息纳入安全评价检测检验机构信息查询系统；对审查不合格的，不予颁发资质证书，说明理由并出具书面凭证。

需要专家评审的，专家评审时间不计入本条第一款规定的审查期限内，但最长不超过三个月。

资质证书的式样和编号规则由国务院应急管理部门另行规定。

第十二条 安全评价检测检验机构的名称、注册地址、实验室条件、法定代表人、专职技术负责人、授权签字人发生变化的，应当自发生变化之日起三十日内向原资质认可机关提出书面变更申请。资质认可机关经审查后符合条件的，在本部门网站予以公告，并及时更新安全评价检测检验机构信息查询系统相关信息。

安全评价检测检验机构因改制、分立或者合并等原因发生变化的，应当自发生变化之日起三十日内向原资质认可机关书面申请重新核定资质条件和业务范围。

安全评价检测检验机构取得资质一年以上，需要变更业务范围的，应当向原资质认可机关提出书面申请。资质认可机关收到申请后应当按照本办法第九条至第十一条的规定办理。

第十三条 安全评价检测检验机构资质证书有效期五年。资质证书有效期届满需要延续的，应当在有效期届满三个月前向原资质认可机关提出申请。原资质认可机关应当按照本办法第九条至第十一条的规定办理。

第十四条 安全评价检测检验机构有下列情形之一的，原资质认可机关应当注销其资质，在本部门网站予以公告，并纳入安全评价检测检验机构信息查询系统：

（一）法人资格终止；

（二）资质证书有效期届满未延续；

（三）自行申请注销；

（四）被依法撤销、撤回、吊销资质；

（五）法律、行政法规规定的应当注销资质的其他情形。

安全评价检测检验机构资质注销后无资质承继单位的，原安全评价检测检验机构及相关人员应当对注销前作出的安全评价检测检验结果继续负责。

第三章　技　术　服　务

第十五条　生产经营单位可以自主选择具备本办法规定资质的安全评价检测检验机构，接受其资质认可范围内的安全评价、检测检验服务。

第十六条　生产经营单位委托安全评价检测检验机构开展技术服务时，应当签订委托技术服务合同，明确服务对象、范围、权利、义务和责任。

生产经营单位委托安全评价检测检验机构为其提供安全生产技术服务的，保证安全生产的责任仍由本单位负责。应急管理部门、煤矿安全生产监督管理部门以安全评价报告、检测检验报告为依据，作出相关行政许可、行政处罚决定的，应当对其决定承担相应法律责任。

第十七条　安全评价检测检验机构应当建立信息公开制度，加强内部管理，严格自我约束。专职技术负责人和过程控制负责人应当按照法规标准的规定，加强安全评价、检测检验活动的管理。

安全评价项目组组长应当具有与业务相关的二级以上安全评价师资格，并在本行业领域工作三年以上。项目组其他组成人员应当符合安全评价项目专职安全评价师专业能力配备标准。

第十八条　安全评价检测检验机构开展技术服务时，应当如实记录过程控制、现场勘验和检测检验的情况，并与现场图像影像等证明资料一并及时归档。

安全评价检测检验机构应当按照有关规定在网上公开安全评价报告、安全生产检测检验报告相关信息及现场勘验图像影像。

第十九条　安全评价检测检验机构应当在开展现场技术服务前七个工作日内，书面告知（附件4）项目实施地资质认可机关，接受资质认可机关及其下级部门的监督抽查。

第二十条　生产经营单位应当对本单位安全评价、检测检验过程进行监督，并对本单位所提供资料、安全评价和检测检验对象的真实性、可靠性负责，承担有关法律责任。

生产经营单位对安全评价检测检验机构提出的事故预防、隐患整改意见，应当及时落实。

第二十一条　安全评价、检测检验的技术服务收费按照有关规定执行。实行政府指导价或者政府定价管理的，严格执行政府指导价或者政府定价政策；实行市场调节价的，由委托方和受托方通过合同协商确定。安全评价检测检验机构应当主动公开服务收费标准，方便用户和社会公众查询。

审批部门在审批过程中委托开展的安全评价检测检验技术服务，服务费用一律由审批部门支付并纳入部门预算，对审批对象免费。

第二十二条　安全评价检测检验机构及其从业人员不得有下列行为：

（一）违反法规标准的规定开展安全评价、检测检验的；

（二）不再具备资质条件或者资质过期从事安全评价、检测检验的；

（三）超出资质认可业务范围，从事法定的安全评价、检测检验的；

（四）出租、出借安全评价检测检验资质证书的；

（五）出具虚假或者重大疏漏的安全评价、检测检验报告的；

（六）违反有关法规标准规定，更改或者简化安全评价、检测检验程序和相关内容的；

（七）专职安全评价师、专业技术人员同时在两个以上安全评价检测检验机构从业的；

（八）安全评价项目组组长及负责勘验人员不到现场实际地点开展勘验等有关工作的；

（九）承担现场检测检验的人员不到现场实际地点开展设备检测检验等有关工作的；

（十）冒用他人名义或者允许他人冒用本人名义在安全评价、检测检验报告和原始记录中签名的；

（十一）不接受资质认可机关及其下级部门监督抽查的。

本办法所称虚假报告，是指安全评价报告、安全生产检测检验报告内容与当时实际情况严重不符，报告结论定性严重偏离客观实际。

第四章　监　督　检　查

第二十三条　资质认可机关应当建立健全安全评价检测检验机构资质认可、监督检查、属地管理的相关制度和程序，加强事中事后监管，并向社会公开监督检查情况和处理结果。

国务院应急管理部门可以对资质认可机关开展资质认可等工作情况实施综合评估，发现涉及重大生产安全事故、存在违法违规认可等问题的，可以采取约谈、通报，撤销其资质认可决定，以及暂停其资质认可权等措施。

第二十四条　资质认可机关应当将其认可的安全评价检测检验机构纳入年度安全生产监督检查计划范围。按照国务院有关“双随机、一公开”的规定实施监督检查，并确保每三年至少覆盖一次。

安全评价检测检验机构从事跨区域技术服务的，项目实施地资质认可机关应当及时核查其资质有效性、认可范围等信息，并对其技术服务实施抽查。

资质认可机关及其下级部门应当对本行政区域内登记注册的安全评价检测检验机构资质条件保持情况、接受行政处罚和投诉举报等情况进行重点监督检查。

第二十五条　资质认可机关及其下级部门、煤矿安全监察机构、事故调查组在安全生产行政许可、建设项目安全设施“三同时”审查、监督检查和事故调查中，发现生产经营单位和安全评价检测检验机构在安全评价、检测检验活动中有违法违规行为的，应当依法实施行政处罚。

吊销、撤销安全评价检测检验机构资质的，由原资质认可机关决定。

对安全评价检测检验机构作出行政处罚等决定，决定机关应当将有关情况及时纳入安全评价检测检验机构信息查询系统。

第二十六条 负有安全生产监督管理职责的部门及其工作人员不得干预安全评价检测检验机构正常活动。除政府采购的技术服务外，不得要求生产经营单位接受指定的安全评价检测检验机构的技术服务。

没有法律法规依据或者国务院规定，不得以备案、登记、年检、换证、要求设立分支机构等形式，设置或者变相设置安全评价检测检验机构准入障碍。

第五章 法律责任

第二十七条 申请人隐瞒有关情况或者提供虚假材料申请资质（包括资质延续、资质变更、增加业务范围等）的，资质认可机关不予受理或者不予行政许可，并给予警告。该申请人在一年内不得再次申请。

第二十八条 申请人以欺骗、贿赂等不正当手段取得资质（包括资质延续、资质变更、增加业务范围等）的，应当予以撤销。该申请人在三年内不得再次申请；构成犯罪的，依法追究刑事责任。

第二十九条 未取得资质的机构及其有关人员擅自从事安全评价、检测检验服务的，责令立即停止违法行为，依照下列规定给予处罚：

（一）机构有违法所得的，没收其违法所得，并处违法所得一倍以上三倍以下的罚款，但最高不得超过三万元；没有违法所得的，处五千元以上一万元以下的罚款；

（二）有关人员处五千元以上一万元以下的罚款。

对有前款违法行为的机构及其人员，由资质认可机关记入有关机构和人员的信用记录，并依照有关规定予以公告。

第三十条 安全评价检测检验机构有下列情形之一的，责令改正或者责令限期改正，给予警告，可以并处一万元以下的罚款；逾期未改正的，处一万元以上三万元以下的罚款，对相关责任人处一千元以上五千元以下的罚款；情节严重的，处一万元以上三万元以下的罚款，对相关责任人处五千元以上一万元以下的罚款：

（一）未依法与委托方签订技术服务合同的；

（二）违反法规标准规定更改或者简化安全评价、检测检验程序和相关内容的；

（三）未按规定公开安全评价报告、安全生产检测检验报告相关信息及现场勘验图像影像资料的；

（四）未在开展现场技术服务前七个工作日内，书面告知项目实施地资质认可机关的；

（五）机构名称、注册地址、实验室条件、法定代表人、专职技术负责人、授权签字人发生变化之日起三十日内未向原资质认可机关提出变更申请的；

（六）未按照有关法规标准的强制性规定从事安全评价、检测检验活动的；

（七）出租、出借安全评价检测检验资质证书的；

（八）安全评价项目组组长及负责勘验人员不到现场实际地点开展勘验等有关工作的；

（九）承担现场检测检验的人员不到现场实际地点开展设备检测检验等有关工作的；

（十）安全评价报告存在法规标准引用错误、关键危险有害因素漏项、重大危险源辨识错误、对策措施建议与存在问题严重不符等重大疏漏，但尚未造成重大损失的；

（十一）安全生产检测检验报告存在法规标准引用错误、关键项目漏检、结论不明确等重大疏漏，但尚未造成重大损失的。

第三十一条　承担安全评价、检测检验工作的机构，出具虚假证明的，没收违法所得；违法所得在十万元以上的，并处违法所得二倍以上五倍以下的罚款；没有违法所得或者违法所得不足十万元的，单处或者并处十万元以上二十万元以下的罚款；对其直接负责的主管人员和其他直接责任人员处二万元以上五万元以下的罚款；给他人造成损害的，与生产经营单位承担连带赔偿责任；构成犯罪的，依照刑法有关规定追究刑事责任。

对有前款违法行为的机构，由资质认可机关吊销其相应资质，向社会公告，按照国家有关规定对相关机构及其责任人员实行行业禁入，纳入不良记录“黑名单”管理，以及安全评价检测检验机构信息查询系统。

第六章　附　　则

第三十二条　本办法自2019年5月1日起施行。原国家安全生产监督管理总局2007年1月31日公布、2015年5月29日修改的《安全生产检测检验机构管理规定》（原国家安全生产监督管理总局令第12号），2009年7月1日公布、2013年8月29日、2015年5月29日修改的《安全评价机构管理规定》（原国家安全生产监督管理总局令第22号）同时废止。

附件1

安全评价机构业务范围与专职安全评价师专业能力配备标准

业务范围	专职安全评价师专业能力配备标准
煤炭开采业	安全、机械、电气、采矿、通风、矿建、地质各1名及以上。
金属、非金属矿及其他矿采选业	安全、机械、电气、采矿、通风、地质、水工结构各1名及以上。
陆地石油和天然气开采业	安全、机械、电气、采油、储运各1名及以上。
陆上油气管道运输业	油气储运2名及以上，设备、仪表、电气、防腐、安全各1名及以上。
石油加工业，化学原料、化学品及医药制造业	化工工艺、化工机械、电气、安全各2名及以上，自动化1名及以上。
烟花爆竹制造业	火炸药（爆炸技术）、机械、电气、安全各1名及以上。
金属冶炼	安全、机械、电气、冶金、有色金属各1名及以上。

备注：

1. 安全评价师专业能力与学科基础专业对照表另行制定。
2. 安全生产检测检验资质认可业务范围以矿山井下特种设备目录为准。

附件2

安全评价机构信息公开表

（样式）

<table>
<tr><td>机构名称</td><td colspan="3"></td></tr>
<tr><td>统一社会信用代码/注册号</td><td colspan="3"></td></tr>
<tr><td>办公地址</td><td></td><td>邮政编码</td><td></td></tr>
<tr><td>机构信息公开网址</td><td></td><td>法定代表人</td><td></td></tr>
<tr><td>联系人</td><td></td><td>联系电话</td><td></td></tr>
<tr><td>专职技术负责人</td><td></td><td>过程控制负责人</td><td></td></tr>
<tr><td>资质证书编号</td><td></td><td>发证日期</td><td></td></tr>
<tr><td>资质证书批准部门</td><td></td><td>有效日期</td><td></td></tr>
<tr><td colspan="4">业务范围</td></tr>
<tr><td colspan="4"></td></tr>
</table>

<table>
<tr><td colspan="6">本机构的安全评价师</td></tr>
<tr><td>姓 名</td><td>专 业</td><td>证书号码</td><td>姓 名</td><td>专 业</td><td>证书号码</td></tr>
<tr><td></td><td></td><td></td><td></td><td></td><td></td></tr>
<tr><td></td><td></td><td></td><td></td><td></td><td></td></tr>
</table>

<table>
<tr><td colspan="4">机构违法受处罚信息（初次申请不填写）</td></tr>
<tr><td>违法事实</td><td>处罚决定</td><td>处罚时间</td><td>执法机关</td></tr>
<tr><td></td><td></td><td></td><td></td></tr>
<tr><td></td><td></td><td></td><td></td></tr>
</table>

附件3

安全生产检测检验机构信息公开表

（样式）

<table>
<tr><td colspan="4">机构名称</td><td colspan="7"></td></tr>
<tr><td colspan="4">统一社会信用代码/注册号</td><td colspan="7"></td></tr>
<tr><td colspan="4">通信地址</td><td colspan="4"></td><td colspan="2">邮政编码</td><td></td></tr>
<tr><td colspan="4">实验室地址</td><td colspan="4"></td><td colspan="2">邮政编码</td><td></td></tr>
<tr><td colspan="4">机构信息公开网址</td><td colspan="4"></td><td colspan="2">法定代表人</td><td></td></tr>
<tr><td colspan="4">机构联系人</td><td colspan="4"></td><td colspan="2">联系电话</td><td></td></tr>
<tr><td colspan="4">主持检测检验工作负责人</td><td colspan="4"></td><td colspan="2">技术负责人</td><td></td></tr>
<tr><td colspan="4">资质证书编号</td><td colspan="4"></td><td colspan="2">发证日期</td><td></td></tr>
<tr><td colspan="4">资质证书批准部门</td><td colspan="4"></td><td colspan="2">有效日期</td><td></td></tr>
<tr><td colspan="11">批准的业务范围</td></tr>
<tr><td rowspan="2">序号</td><td colspan="2" rowspan="2">被检对象</td><td colspan="4">项目/参数</td><td colspan="2" rowspan="2">依据标准
编号及名称</td><td rowspan="2">限制范围</td><td rowspan="2">说明</td></tr>
<tr><td colspan="2">序号</td><td colspan="2">名称</td></tr>
<tr><td></td><td colspan="2"></td><td colspan="2"></td><td colspan="2"></td><td colspan="2"></td><td></td><td></td></tr>
<tr><td></td><td colspan="2"></td><td colspan="2"></td><td colspan="2"></td><td colspan="2"></td><td></td><td></td></tr>
<tr><td></td><td colspan="2"></td><td colspan="2"></td><td colspan="2"></td><td colspan="2"></td><td></td><td></td></tr>
<tr><td colspan="11">批准的授权签字人及授权签字领域</td></tr>
<tr><td>序号</td><td colspan="4">姓名</td><td colspan="6">授权签字领域</td></tr>
<tr><td></td><td colspan="4"></td><td colspan="6"></td></tr>
<tr><td></td><td colspan="4"></td><td colspan="6"></td></tr>
<tr><td colspan="11">机构违法受处罚信息（初次申请不填写）</td></tr>
<tr><td colspan="2">违法事实</td><td colspan="4">处罚决定</td><td colspan="3">处罚时间</td><td colspan="2">执法机关</td></tr>
<tr><td colspan="2"></td><td colspan="4"></td><td colspan="3"></td><td colspan="2"></td></tr>
<tr><td colspan="2"></td><td colspan="4"></td><td colspan="3"></td><td colspan="2"></td></tr>
</table>

附件4

安全评价检测检验机构从业告知书

（样式）

________：

我单位承接了________☐安全评价/☐安全生产检测检验项目，拟于近期开展技术服务活动，现按照规定将有关信息告知如下。

<table>
<tr><td>机构名称</td><td colspan="5"></td></tr>
<tr><td>机构资质证书编号</td><td colspan="2"></td><td colspan="2">机构信息公开网址</td><td></td></tr>
<tr><td>办公地址</td><td colspan="3"></td><td>邮政编码</td><td></td></tr>
<tr><td>法定代表人</td><td></td><td>联系人</td><td></td><td>联系电话</td><td></td></tr>
<tr><td>项目名称</td><td colspan="5"></td></tr>
<tr><td>项目地址</td><td colspan="5"></td></tr>
<tr><td>项目所属行业</td><td colspan="5"></td></tr>
<tr><td>项目组长</td><td colspan="2"></td><td colspan="2">联系电话</td><td></td></tr>
<tr><td>技术服务期限</td><td colspan="5"></td></tr>
<tr><td>计划现场勘验（检测检验）时间</td><td colspan="5"></td></tr>
<tr><td colspan="6">项目组成员、专业及工作任务（安全评价机构填写）</td></tr>
<tr><td>姓 名</td><td colspan="2">专 业</td><td colspan="3">工作任务</td></tr>
<tr><td></td><td colspan="2"></td><td colspan="3"></td></tr>
<tr><td></td><td colspan="2"></td><td colspan="3"></td></tr>
<tr><td colspan="6">现场检测检验人员（安全生产检测检验机构填写）</td></tr>
<tr><td colspan="3">姓 名</td><td colspan="3">检测检验项目</td></tr>
<tr><td colspan="3"></td><td colspan="3"></td></tr>
<tr><td colspan="3"></td><td colspan="3"></td></tr>
</table>

知识链接

一、制定背景

《安全生产检测检验机构管理规定》（原安全监管总局令第12号）、《安全评价机构管理规定》（原安全监管总局令第22号）实施以来，有效地规范了安全评价机构、安全生产检测检验机构（以下统称评价检测机构）从业行为，发挥了评价检测机构事故防范技术支撑作用。上述两规章实施已有十年左右，有些内容与《安全生产法》相关规定、国务院“放管服”改革要求、安全生产实际需求不相适应，总结原规章实施经验和存在问题，出台新的《安全评价检测检验机构管理办法》（以下简称《管理办法》）已十分必要。

（一）出台《管理办法》是落实党的十八届五中全会精神，改革安全评审制度的任务要求。《中共中央关于制定国民经济和社会发展第十三个五年规划的建议》提出了“改革安全评审制度，健全预警应急机制”的任务要求。《中共中央 国务院关于推进安全生产领域改革发展的意见》要求“改革完善安全生产和职业健康技术服务机构资质管理办法”“科学设置安全生产行政许可事项和办理程序”。《管理办法》顺应安全生产现实需要，对标应急管理工作大局，对评价检测机构资质认可、监督管理、检查考核等进行了系统性改革。《管理办法》对规范机构从业行为、提升机构技术保障能力、引导行业转型升级具有较强的指导意义和引领作用。

（二）出台《管理办法》是落实国务院“放管服”改革精神，推进便民服务、激发市场活力的重要举措。党的十八大以来，国务院大力推进“放管服”改革，连续出台系列重要文件，持续深化行政审批及中介服务事项改革。2019年2月27日，国务院发布《关于取消和下放一批行政许可事项的决定》（国发〔2019〕6号），将评价检测机构资质认可交由省级应急管理部门、省级煤矿安全生产监管部门（以下统称资质认可机关）实施，并对评价检测机构监管体系改革提出了新的更高要求。《管理办法》修改了原管理规定中与“放管服”改革要求不适应的内容，理顺了与安全生产社会化服务体系建设不匹配的环节，为优化便民服务、强化属地监管、推进“一网通办”、激发市场主体活力提供了法制保障和政策支持。

（三）出台《管理办法》是重塑专业机构监管体系、引领行业规范发展的现实需要。现行评价检测机构准入条件较低，已不能完全满足技术支撑需要；评价检测机构跨区域从业还存在不同程度的行政壁垒和障碍；属地安全监管监察部门对机构及其从业人员行政处罚的依据还不够充分。上述问题影响行业的规范从业、公平竞争、健康发展和有效监管。《管理办法》通过合并资质等级、压缩审批层级、精简许可范围、取消从业地域限制，推行一个准入标准许可、一个证书全国执业、一个信息平台查询，为机构执业、行业发展和监督检查提供了更为便捷高效的制度设计。

二、起草过程

（一）成立起草小组，评估现行管理体系。2017年初，相关职能部门组织科研院所、行业协会和部分专业机构代表等成立了《管理办法》起草小组。2017年1至6月，相关职能部门按照党中央、国务院深化安全评审制度改革的要求，通过发放调查问卷、实地调研、座谈交流等形式，系统评估原《安全生产检测检验机构管理规定》《安全评价机构管理规定》实施的经验和不足，听取有关方面的意见和建议，在此基础上起草小组形成了《管理办法》（征求意见稿）。

（二）开门制定部门规章，广泛征求社会意见。《管理办法》（征求意见稿）分别于2017年10至11月在原安全监管总局网站，2017年12月至2018年1月在原国务院法制办网站向社会公开征求意见建议，共收到各方面意见建议311条。

（三）组织专业研讨分析，不断完善条款表述。2017年12月至2018年5月，相关职能部门分别在北京、广东、浙江召开了三次专业论证会议，对条款内容逐条细化完善，形成了《管理办法》（送审稿）。

（四）协调沟通论证，按程序审议报批。2018年5月，相关职能部门就《管理办法》（送审稿）主动与有关业务司局进行沟通，形成了一致意见；之后，又向应急管理部分管领导报告了起草背景、修改原因、主要经过和重点内容，提出了提请部长办公会审议的建议。2018年6月，应急管理部第8次部长办公会审议并原则通过《管理办法》送审稿，要求进一步征求相关部委意见后，按程序发布实施。

（五）落实国务院决定，及时发布实施。按照部长办公会意见，再次征求了中央机构编制委员会办公室、国务院推进政府职能转变和“放管服”改革协调小组办公室、国家发展改革委意见后进行了完善。2019年2月，国务院发布《关于取消和下放一批行政许可事项的决定》（国发〔2019〕6号）后，应急管理部于3月20日发布《管理办法》，自2019年5月1日起施行。

三、主要改革内容

（一）将原两个规章合二为一。虽然安全评价、安全生产检测检验在技术方法、执业要求、过程管理等方面有所侧重和不同，但在资质条件设定、许可程序管理、执法监管等行政管理方面较为类似，且国务院公布的行政许可清单中将安全评价机构资质认可、检测检验机构资质认可归并为一项许可。鉴此，新的《管理办法》将原《安全生产检测检验机构管理规定》《安全评价机构管理规定》有关内容进行了整合，合并制定为一个部门规章。

（二）大幅归并精简许可事项。按照国务院“放管服”改革要求，主要归并精简了以下事项：一是取消评价检测机构的甲级、乙级分级设置，分别整合为安全评价资质、安全生产检测检验资质。二是取消甲级资质由应急管理部审批（机构改革前由安全监管总局审批）、乙级资质由省级安全监管监察部门审批的分级审批规定，将安全评价资质、安全生产检测检验资质统一交由省级应急管理部门、省级煤矿安全生产监管部门审批。三是取消评价检测机构从业地域限制，取得安全评价基础资质、检测检验基础资质的机构可以在全国范围内开展业务。四是取消评价检测机构计划性数量限制，不再拟定数量和区域发展规划。五是依法对《安全生产法》第二十九条、第三十四条规定的行业领域和范围（矿山、金属冶炼建设项目和用于生产、储存、装卸危险物品的建设项目；矿山井下特种设备等）实施资质认可，对法律法规依据不充分的其他行业领域不再实行资质认可管理。六是进一步简化程序、简政放权，将资质有效期由三年延长为五年。

（三）科学设置机构准入条件。按照既满足安全生产现实需要，又鼓励机构综合发展、做大做强的原则，《管理办法》规定安全评价机构的准入条件为：固定资产不少于800万元，工作场所面积不少于1000平方米，专职安全评价师配置不少于25人。《管理办法》规定安全生产检测检验机构的准入条件为：固定资产不少于1000万元，工作场所面积（含实验室）不少于1000平方米，专业技术人员不少于25人。同时按其申请业务范围的多少，每增加一个业务范围（行业领域），按专业配比增加5名专职安全评价师（检测检验机构增加5名专业技术人员）。

（四）强化事中事后监管。一是强化资质保持，《管理办法》规定资质认可机关通过制定年度监督检查计划、实施“双随机、一公开”监管等，确保每三年对本部门颁发资质证书的评价检测机构监督检查覆盖一次。二是强化属地监管，要求机构在开展现场技术服务前七个工作日内书面告知项目实施地资质认可机关，接受资质认可机关及其下级有关部门的监督检查。三是强化日常执法，要求有关部门发现机构违法违规行为的，依法实施处罚，并告知资质认可机关。四是强化联合惩戒，提高对违法违规行为的处罚力度，对失信机构和人员实行行业禁入和纳入安全生产不良记录“黑名单”管理，并依法实施联合惩戒。五是实行信息共享，以安全评价检测检验机构信息查询系统、国家企业信用信息公示系统、全国信用信息共享平台、安全评价师查询平台、注册安全工程师查询系统等为依托，及时查询、公布和共享执法检查、行政处罚、失信惩戒等信息。六是引导行业自律，发挥行业协会自律管理作用，积极推进信用评估、综合能力和专业能力评定等相关标准和体系建设，引导机构提升服务能力、质量和水平；协助开展技术仲裁，促进公平竞争，维护从业秩序。

（五）规范政府监管行为。一是杜绝行政干预，要求资质认可机关及其下级有关部门和工作人员不得干预机构正常活动，不得设定或变相设定机构从业准入障碍。二是杜绝“红顶中介”，要求应急管理系统、各级煤矿安全生产监管部门等所属事业单位、管理的社会组织及其举办的企业不得申请评价检测机构资质。三是明确各方责任，评价检测机构对其出具的技术服务报告负责；生产经营单位委托评价检测机构为其提供技术服务的，保障安全生产的责任仍由本单位负责；相关方采信报告内容作出许可或处罚决定的，对其决定事项承担相应法律责任。

安全生产违法行为行政处罚办法

（2007年11月30日国家安全生产监督管理总局令第15号公布，根据2015年4月2日国家安全生产监督管理总局令第77号修正）

第一章 总　　则

第一条 为了制裁安全生产违法行为，规范安全生产行政处罚工作，依照行政处罚法、安全生产法及其他有关法律、行政法规的规定，制定本办法。

第二条 县级以上人民政府安全生产监督管理部门对生产经营单位及其有关人员在生产经营活动中违反有关安全生产的法律、行政法规、部门规章、国家标准、行业标准和规程的违法行为（以下统称安全生产违法行为）实施行政处罚，适用本办法。

煤矿安全监察机构依照本办法和煤矿安全监察行政处罚办法，对煤矿、煤矿安全生产中介机构等生产经营单位及其有关人员的安全生产违法行为实施行政处罚。

有关法律、行政法规对安全生产违法行为行政处罚的种类、幅度或者决定机关另有规定的，依照其规定。

第三条 对安全生产违法行为实施行政处罚，应当遵循公平、公正、公开的原则。

安全生产监督管理部门或者煤矿安全监察机构（以下统称安全监管监察部门）及其行政执法人员实施行政处罚，必须以事实为依据。行政处罚应当与安全生产违法行为的事实、性质、情节以及社会危害程度相当。

第四条 生产经营单位及其有关人员对安全监管监察部门给予的行政处罚，依法享有陈述权、申辩权和听证权；对行政处罚不服的，有权依法申请行政复议或者提起行政诉讼；因违法给予行政处罚受到损害的，有权依法申请国家赔偿。

第二章　行政处罚的种类、管辖

第五条　安全生产违法行为行政处罚的种类：

（一）警告；

（二）罚款；

（三）没收违法所得、没收非法开采的煤炭产品、采掘设备；

（四）责令停产停业整顿、责令停产停业、责令停止建设、责令停止施工；

（五）暂扣或者吊销有关许可证，暂停或者撤销有关执业资格、岗位证书；

（六）关闭；

（七）拘留；

（八）安全生产法律、行政法规规定的其他行政处罚。

第六条　县级以上安全监管监察部门应当按照本章的规定，在各自的职责范围内对安全生产违法行为行政处罚行使管辖权。

安全生产违法行为的行政处罚，由安全生产违法行为发生地的县级以上安全监管监察部门管辖。中央企业及其所属企业、有关人员的安全生产违法行为的行政处罚，由安全生产违法行为发生地的设区的市级以上安全监管监察部门管辖。

暂扣、吊销有关许可证和暂停、撤销有关执业资格、岗位证书的行政处罚，由发证机关决定。其中，暂扣有关许可证和暂停有关执业资格、岗位证书的期限一般不得超过6个月；法律、行政法规另有规定的，依照其规定。

给予关闭的行政处罚，由县级以上安全监管监察部门报请县级以上人民政府按照国务院规定的权限决定。

给予拘留的行政处罚，由县级以上安全监管监察部门建议公安机关依照治安管理处罚法的规定决定。

第七条　两个以上安全监管监察部门因行政处罚管辖权发生争议的，由其共同的上一级安全监管监察部门指定管辖。

第八条　对报告或者举报的安全生产违法行为，安全监管监察部门应当受理；发现不属于自己管辖的，应当及时移送有管辖权的部门。

受移送的安全监管监察部门对管辖权有异议的，应当报请共同的上一级安全监管监察部门指定管辖。

第九条　安全生产违法行为涉嫌犯罪的，安全监管监察部门应当将案件移送司法机关，依法追究刑事责任；尚不够刑事处罚但依法应当给予行政处罚的，由安全监管监察部门管辖。

第十条　上级安全监管监察部门可以直接查处下级安全监管监察部门管辖的案件，也可以将自己管辖的案件交由下级安全监管监察部门管辖。

下级安全监管监察部门可以将重大、疑难案件报请上级安全监管监察部门管辖。

第十一条　上级安全监管监察部门有权对下级安全监管监察部门违法或者不适当的行政处罚予以纠正或者撤销。

第十二条　安全监管监察部门根据需要，可以在其法定职权范围内委托符合《行政处罚法》第十九条规定条件的组织或者乡、镇人民政府以及街道办事处、开发区管理机构等地方人民政府的派出机构实施行政处罚。受委托的单位在委托范围内，以委托的安全监管监察部门名义实施行政处罚。

委托的安全监管监察部门应当监督检查受委托的单位实施行政处罚，并对其实施行政处罚的后果承担法律责任。

第三章　行政处罚的程序

第十三条　安全生产行政执法人员在执行公务时，必须出示省级以上安全生产监督管理部门或者县级以上地方人民政府统一制作的有效行政执法证件。其中对煤矿进行安全监察，必须出示国家安全生产监督管理总局统一制作的煤矿安全监察员证。

第十四条　安全监管监察部门及其行政执法人员在监督检查时发现生产经营单位存在事故隐患的，应当按照下列规定采取现场处理措施：

（一）能够立即排除的，应当责令立即排除；

（二）重大事故隐患排除前或者排除过程中无法保证安全的，应当责令从危险区域撤出作业人员，并责令暂时停产停业、停止建设、停止施工或者停止使用相关设施、设备，限期排除隐患。

隐患排除后，经安全监管监察部门审查同意，方可恢复生产经营和使用。

本条第一款第（二）项规定的责令暂时停产停业、停止建设、停止施工或者停止使用相关设施、设备的期限一般不超过6个月；法律、行政法规另有规定的，依照其规定。

第十五条　对有根据认为不符合安全生产的国家标准或者行业标准的在用设施、设备、器材，违法生产、储存、使用、经营、运输的危险物品，以及违法生产、储存、使用、经营危险物品的作业场所，安全监管监察部门应当依照《行政强制法》的规定予以查封或者扣押。查封或者扣押的期限不得超过30日，情况复杂的，经安全监管监察部门负责人批准，最多可以延长30日，并在查封或者扣押期限内作出处理决定：

（一）对违法事实清楚、依法应当没收的非法财物予以没收；

（二）法律、行政法规规定应当销毁的，依法销毁；

（三）法律、行政法规规定应当解除查封、扣押的，作出解除查封、扣押的决定。

实施查封、扣押，应当制作并当场交付查封、扣押决定书和清单。

第十六条　安全监管监察部门依法对存在重大事故隐患的生产经营单位作出停产停业、停止施工、停止使用相关设施、设备的决定，生产经营单位应当依法执行，及时消除事故隐患。生产经营单位拒不执行，有发生生产安全事故的现实危险的，在保证安全的前提下，经本部门主要负责人批准，安全监管监察部门可以采取通知有关单位停止供电、停止供应民用爆炸物品等措施，强制生产经营单位履行决定。通知应当采用书面形式，有关单位应当予以配合。

安全监管监察部门依照前款规定采取停止供电措施，除有危及生产安全的紧急情形外，应当提前24小时通知生产经营单位。生产经营单位依法履行行政决定、采取相应措施消除事故隐患的，安全监管监察部门应当及时解除前款规定的措施。

第十七条 生产经营单位被责令限期改正或者限期进行隐患排除治理的，应当在规定限期内完成。因不可抗力无法在规定限期内完成的，应当在进行整改或者治理的同时，于限期届满前10日内提出书面延期申请，安全监管监察部门应当在收到申请之日起5日内书面答复是否准予延期。

生产经营单位提出复查申请或者整改、治理限期届满的，安全监管监察部门应当自申请或者限期届满之日起10日内进行复查，填写复查意见书，由被复查单位和安全监管监察部门复查人员签名后存档。逾期未整改、未治理或者整改、治理不合格的，安全监管监察部门应当依法给予行政处罚。

第十八条 安全监管监察部门在作出行政处罚决定前，应当填写行政处罚告知书，告知当事人作出行政处罚决定的事实、理由、依据，以及当事人依法享有的权利，并送达当事人。当事人应当在收到行政处罚告知书之日起3日内进行陈述、申辩，或者依法提出听证要求，逾期视为放弃上述权利。

第十九条 安全监管监察部门应当充分听取当事人的陈述和申辩，对当事人提出的事实、理由和证据，应当进行复核；当事人提出的事实、理由和证据成立的，安全监管监察部门应当采纳。

安全监管监察部门不得因当事人陈述或者申辩而加重处罚。

第二十条 安全监管监察部门对安全生产违法行为实施行政处罚，应当符合法定程序，制作行政执法文书。

第一节 简 易 程 序

第二十一条 违法事实确凿并有法定依据，对个人处以50元以下罚款、对生产经营单位处以1000元以下罚款或者警告的行政处罚的，安全生产行政执法人员可以当场作出行政处罚决定。

第二十二条 安全生产行政执法人员当场作出行政处罚决定，应当填写预定格式、编有号码的行政处罚决定书并当场交付当事人。

安全生产行政执法人员当场作出行政处罚决定后应当及时报告，并在5日内报所属安全监管监察部门备案。

第二节 一 般 程 序

第二十三条 除依照简易程序当场作出的行政处罚外，安全监管监察部门发现生产经营单位及其有关人员有应当给予行政处罚的行为的，应当予以立案，填写立案审批表，并全面、客观、公正地进行调查，收集有关证据。对确需立即查处的安全生产违法行为，可以先行调查取证，并在5日内补办立案手续。

第二十四条 对已经立案的案件，由立案审批人指定两名或者两名以上安全生产行政执法人员进行调查。

有下列情形之一的，承办案件的安全生产行政执法人员应当回避：

（一）本人是本案的当事人或者当事人的近亲属的；

（二）本人或者其近亲属与本案有利害关系的；

（三）与本人有其他利害关系，可能影响案件的公正处理的。

安全生产行政执法人员的回避，由派出其进行调查的安全监管监察部门的负责人决定。进行调查的安全监管监察部门负责人的回避，由该部门负责人集体讨论决定。回避决定作出之前，承办案件的安全生产行政执法人员不得擅自停止对案件的调查。

第二十五条 进行案件调查时，安全生产行政执法人员不得少于两名。当事人或者有关人员应当如实回答安全生产行政执法人员的询问，并协助调查或者检查，不得拒绝、阻挠或者提供虚假情况。

询问或者检查应当制作笔录。笔录应当记载时间、地点、询问和检查情况，并由被询问人、被检查单位和安全生产行政执法人员签名或者盖章；被询问人、被检查单位要求补正的，应当允许。被询问人或者被检查单位拒绝签名或者盖章的，安全生产行政执法人员应当在笔录上注明原因并签名。

第二十六条 安全生产行政执法人员应当收集、调取与案件有关的原始凭证作为证据。调取原始凭证确有困难的，可以复制，复制件应当注明“经核对与原件无异”的字样和原始凭证存放的单位及其处所，并由出具证据的人员签名或者单位盖章。

第二十七条 安全生产行政执法人员在收集证据时，可以采取抽样取证的方法；在证据可能灭失或者以后难以取得的情况下，经本单位负责人批准，可以先行登记保存，并应当在7日内作出处理决定：

（一）违法事实成立依法应当没收的，作出行政处罚决定，予以没收；依法应当扣留或者封存的，予以扣留或者封存；

（二）违法事实不成立，或者依法不应当予以没收、扣留、封存的，解除登记保存。

第二十八条 安全生产行政执法人员对与案件有关的物品、场所进行勘验检查时，应当通知当事人到场，制作勘验笔录，并由当事人核对无误后签名或者盖章。当事人拒绝到场的，可以邀请在场的其他人员作证，并在勘验笔录中注明原因并签名；也可以采用录音、录像等方式记录有关物品、场所的情况后，再进行勘验检查。

第二十九条 案件调查终结后，负责承办案件的安全生产行政执法人员应当填写案件处理呈批表，连同有关证据材料一并报本部门负责人审批。

安全监管监察部门负责人应当及时对案件调查结果进行审查，根据不同情况，分别作出以下决定：

（一）确有应受行政处罚的违法行为的，根据情节轻重及具体情况，作出行政处罚决定；

（二）违法行为轻微，依法可以不予行政处罚的，不予行政处罚；

（三）违法事实不能成立，不得给予行政处罚；

（四）违法行为涉嫌犯罪的，移送司法机关处理。

对严重安全生产违法行为给予责令停产停业整顿、责令停产停业、责令停止建设、责令停止施工、吊销有关许可证、撤销有关执业资格或者岗位证书、5万元以上罚款、没收违法所得、没收非法开采的煤炭产品或者采掘设备价值5万元以上的行政处罚的，应当由安全监管监察部门的负责人集体讨论决定。

第三十条 安全监管监察部门依照本办法第二十九条的规定给予行政处罚，应当制作行政处罚决定书。行政处罚决定书应当载明下列事项：

（一）当事人的姓名或者名称、地址或者住址；

（二）违法事实和证据；

（三）行政处罚的种类和依据；

（四）行政处罚的履行方式和期限；

（五）不服行政处罚决定，申请行政复议或者提起行政诉讼的途径和期限；

（六）作出行政处罚决定的安全监管监察部门的名称和作出决定的日期。

行政处罚决定书必须盖有作出行政处罚决定的安全监管监察部门的印章。

第三十一条 行政处罚决定书应当在宣告后当场交付当事人；当事人不在场的，安全监管监察部门应当在7日内依照民事诉讼法的有关规定，将行政处罚决定书送达当事人或者其他的法定受送达人：

（一）送达必须有送达回执，由受送达人在送达回执上注明收到日期，签名或者盖章；

（二）送达应当直接送交受送达人。受送达人是个人的，本人不在交他的同住成年家属签收，并在行政处罚决定书送达回执的备注栏内注明与受送达人的关系；

（三）受送达人是法人或者其他组织的，应当由法人的法定代表人、其他组织的主要负责人或者该法人、组织负责收件的人签收；

（四）受送达人指定代收人的，交代收人签收并注明受当事人委托的情况；

（五）直接送达确有困难的，可以挂号邮寄送达，也可以委托当地安全监管监察部门代为送达，代为送达的安全监管监察部门收到文书后，必须立即交受送达人签收；

（六）当事人或者他的同住成年家属拒绝接收的，送达人应当邀请有关基层组织或者所在单位的代表到场，说明情况，在行政处罚决定书送达回执上记明拒收的事由和日期，由送达人、见证人签名或者盖章，将行政处罚决定书留在当事人的住所；也可以把行政处罚决定书留在受送达人的住所，并采用拍照、录像等方式记录送达过程，即视为送达；

（七）受送达人下落不明，或者用以上方式无法送达的，可以公告送达，自公告发布之日起经过60日，即视为送达。公告送达，应当在案卷中注明原因和经过。

安全监管监察部门送达其他行政处罚执法文书，按照前款规定办理。

第三十二条 行政处罚案件应当自立案之日起30日内作出行政处罚决定；由于客观原因不能完成的，经安全监管监察部门负责人同意，可以延长，但不得超过90日；特殊情况需进一步延长的，应当经上一级安全监管监察部门批准，可延长至180日。

第三节 听 证 程 序

第三十三条 安全监管监察部门作出责令停产停业整顿、责令停产停业、吊销有关许可证、撤销有关执业资格、岗位证书或者较大数额罚款的行政处罚决定之前，应当告知当事人有要求举行听证的权利；当事人要求听证的，安全监管监察部门应当组织听证，不得向当事人收取听证费用。

前款所称较大数额罚款，为省、自治区、直辖市人大常委会或者人民政府规定的数额；没有规定数额的，其数额对个人罚款为2万元以上，对生产经营单位罚款为5万元以上。

第三十四条 当事人要求听证的，应当在安全监管监察部门依照本办法第十八条规定告知后3日内以书面方式提出。

第三十五条 当事人提出听证要求后，安全监管监察部门应当在收到书面申请之日起15日内举行听证会，并在举行听证会的7日前，通知当事人举行听证的时间、地点。

当事人应当按期参加听证。当事人有正当理由要求延期的，经组织听证的安全监管监察部门负责人批准可以延期1次；当事人未按期参加听证，并且未事先说明理由的，视为放弃听证权利。

第三十六条 听证参加人由听证主持人、听证员、案件调查人员、当事人及其委托代理人、书记员组成。

听证主持人、听证员、书记员应当由组织听证的安全监管监察部门负责人指定的非本案调查人员担任。

当事人可以委托1至2名代理人参加听证，并提交委托书。

第三十七条 除涉及国家秘密、商业秘密或者个人隐私外，听证应当公开举行。

第三十八条 当事人在听证中的权利和义务：

（一）有权对案件涉及的事实、适用法律及有关情况进行陈述和申辩；

（二）有权对案件调查人员提出的证据质证并提出新的证据；

（三）如实回答主持人的提问；

（四）遵守听证会场纪律，服从听证主持人指挥。

第三十九条 听证按照下列程序进行：

（一）书记员宣布听证会场纪律、当事人的权利和义务。听证主持人宣布案由，核实听证参加人名单，宣布听证开始；

（二）案件调查人员提出当事人的违法事实、出示证据，说明拟作出的行政处罚的内容及法律依据；

（三）当事人或者其委托代理人对案件的事实、证据、适用的法律等进行陈述和申辩，提交新的证据材料；

（四）听证主持人就案件的有关问题向当事人、案件调查人员、证人询问；

（五）案件调查人员、当事人或者其委托代理人相互辩论；

（六）当事人或者其委托代理人作最后陈述；

（七）听证主持人宣布听证结束。

听证笔录应当当场交当事人核对无误后签名或者盖章。

第四十条 有下列情形之一的，应当中止听证：

（一）需要重新调查取证的；

（二）需要通知新证人到场作证的；

（三）因不可抗力无法继续进行听证的。

第四十一条 有下列情形之一的，应当终止听证：

（一）当事人撤回听证要求的；

（二）当事人无正当理由不按时参加听证的；

（三）拟作出的行政处罚决定已经变更，不适用听证程序的。

第四十二条 听证结束后，听证主持人应当依据听证情况，填写听证会报告书，提出处理意见并附听证笔录报安全监管监察部门负责人审查。安全监管监察部门依照本办法第二十九条的规定作出决定。

第四章 行政处罚的适用

第四十三条 生产经营单位的决策机构、主要负责人、个人经营的投资人（包括实际控制人，下同）未依法保证下列安全生产所必需的资金投入之一，致使生产经营单位不具备安全生产条件的，责令限期改正，提供必需的资金，可以对生产经营单位处1万元以上3万元以下罚款，对生产经营单位的主要负责人、个人经营的投资人处5000元以上1万元以下罚款；逾期未改正的，责令生产经营单位停产停业整顿：

（一）提取或者使用安全生产费用；

（二）用于配备劳动防护用品的经费；

（三）用于安全生产教育和培训的经费。

（四）国家规定的其他安全生产所必须的资金投入。

生产经营单位主要负责人、个人经营的投资人有前款违法行为，导致发生生产安全事故的，依照《生产安全事故罚款处罚规定（试行）》的规定给予处罚。

第四十四条 生产经营单位的主要负责人未依法履行安全生产管理职责，导致生产安全事故发生的，依照《生产安全事故罚款处罚规定（试行）》的规定给予处罚。

第四十五条 生产经营单位及其主要负责人或者其他人员有下列行为之一的，给予警告，并可以对生产经营单位处1万元以上3万元以下罚款，对其主要负责人、其他有关人员处1000元以上1万元以下的罚款：

（一）违反操作规程或者安全管理规定作业的；

（二）违章指挥从业人员或者强令从业人员违章、冒险作业的；

（三）发现从业人员违章作业不加制止的；

（四）超过核定的生产能力、强度或者定员进行生产的；

（五）对被查封或者扣押的设施、设备、器材、危险物品和作业场所，擅自启封或者使用的；

（六）故意提供虚假情况或者隐瞒存在的事故隐患以及其他安全问题的；

（七）拒不执行安全监管监察部门依法下达的安全监管监察指令的。

第四十六条 危险物品的生产、经营、储存单位以及矿山、金属冶炼单位有下列行为之一的，责令改正，并可以处1万元以上3万元以下的罚款：

（一）未建立应急救援组织或者生产经营规模较小、未指定兼职应急救援人员的；

（二）未配备必要的应急救援器材、设备和物资，并进行经常性维护、保养，保证正常运转的。

第四十七条 生产经营单位与从业人员订立协议，免除或者减轻其对从业人员因生产安全事故伤亡依法应承担的责任的，该协议无效；对生产经营单位的主要负责人、个人经营的投资人按照下列规定处以罚款：

（一）在协议中减轻因生产安全事故伤亡对从业人员依法应承担的责任的，处2万元以上5万元以下的罚款；

（二）在协议中免除因生产安全事故伤亡对从业人员依法应承担的责任的，处5万元以上10万元以下的罚款。

第四十八条 生产经营单位不具备法律、行政法规和国家标准、行业标准规定的安全生产条件，经责令停产停业整顿仍不具备安全生产条件的，安全监管监察部门应当提请有管辖权的人民政府予以关闭；人民政府决定关闭的，安全监管监察部门应当依法吊销其有关许可证。

第四十九条 生产经营单位转让安全生产许可证的，没收违法所得，吊销安全生产许可证，并按照下列规定处以罚款：

（一）接受转让的单位和个人未发生生产安全事故的，处10万元以上30万元以下的罚款；

（二）接受转让的单位和个人发生生产安全事故但没有造成人员死亡的，处30万元以上40万元以下的罚款；

（三）接受转让的单位和个人发生人员死亡生产安全事故的，处40万元以上50万元以下的罚款。

第五十条 知道或者应当知道生产经营单位未取得安全生产许可证或者其他批准文件擅自从事生产经营活动，仍为其提供生产经营场所、运输、保管、仓储等条件的，责令立即停止违法行为，有违法所得的，没收违法所得，并处违法所得1倍以上3倍以下的罚款，但是最高不得超过3万元；没有违法所得的，并处5000元以上1万元以下的罚款。

第五十一条 生产经营单位及其有关人员弄虚作假，骗取或者勾结、串通行政审批工作人员取得安全生产许可证书及其他批准文件的，撤销许可及批准文件，并按照下列规定处以罚款：

（一）生产经营单位有违法所得的，没收违法所得，并处违法所得1倍以上3倍以下的罚款，但是最高不得超过3万元；没有违法所得的，并处5000元以上1万元以下的罚款；

（二）对有关人员处1000元以上1万元以下的罚款。

有前款规定违法行为的生产经营单位及其有关人员在3年内不得再次申请该行政许可。

生产经营单位及其有关人员未依法办理安全生产许可证书变更手续的，责令限期改正，并对生产经营单位处1万元以上3万元以下的罚款，对有关人员处1000元以上5000元以下的罚款。

第五十二条 未取得相应资格、资质证书的机构及其有关人员从事安全评价、认证、检测、检验工作，责令停止违法行为，并按照下列规定处以罚款：

（一）机构有违法所得的，没收违法所得，并处违法所得1倍以上3倍以下的罚款，但是最高不得超过3万元；没有违法所得的，并处5000元以上1万元以下的罚款；

（二）有关人员处5000元以上1万元以下的罚款。

第五十三条 生产经营单位及其有关人员触犯不同的法律规定，有两个以上应当给予行政处罚的安全生产违法行为的，安全监管监察部门应当适用不同的法律规定，分别裁量，合并处罚。

第五十四条 对同一生产经营单位及其有关人员的同一安全生产违法行为，不得给予两次以上罚款的行政处罚。

第五十五条 生产经营单位及其有关人员有下列情形之一的，应当从重处罚：

（一）危及公共安全或者其他生产经营单位安全的，经责令限期改正，逾期未改正的；

（二）一年内因同一违法行为受到两次以上行政处罚的；

（三）拒不整改或者整改不力，其违法行为呈持续状态的；

（四）拒绝、阻碍或者以暴力威胁行政执法人员的。

第五十六条 生产经营单位及其有关人员有下列情形之一的，应当依法从轻或者减轻行政处罚：

（一）已满14周岁不满18周岁的公民实施安全生产违法行为的；

（二）主动消除或者减轻安全生产违法行为危害后果的；

（三）受他人胁迫实施安全生产违法行为的；

（四）配合安全监管监察部门查处安全生产违法行为，有立功表现的；

（五）主动投案，向安全监管监察部门如实交待自己的违法行为的；

（六）具有法律、行政法规规定的其他从轻或者减轻处罚情形的。

有从轻处罚情节的，应当在法定处罚幅度的中档以下确定行政处罚标准，但不得低于法定处罚幅度的下限。

本条第一款第（四）项所称的立功表现，是指当事人有揭发他人安全生产违法行为，并经查证属实；或者提供查处其他安全生产违法行为的重要线索，并经查证属实；或者阻止他人实施安全生产违法行为；或者协助司法机关抓捕其他违法犯罪嫌疑人的行为。

安全生产违法行为轻微并及时纠正，没有造成危害后果的，不予行政处罚。

第五章 行政处罚的执行和备案

第五十七条 安全监管监察部门实施行政处罚时，应当同时责令生产经营单位及其有关人员停止、改正或者限期改正违法行为。

第五十八条 本办法所称的违法所得，按照下列规定计算：

（一）生产、加工产品的，以生产、加工产品的销售收入作为违法所得；

（二）销售商品的，以销售收入作为违法所得；

（三）提供安全生产中介、租赁等服务的，以服务收入或者报酬作为违法所得；

（四）销售收入无法计算的，按当地同类同等规模的生产经营单位的平均销售收入计算；

（五）服务收入、报酬无法计算的，按照当地同行业同种服务的平均收入或者报酬计算。

第五十九条 行政处罚决定依法作出后，当事人应当在行政处罚决定的期限内，予以履行；当事人逾期不履的，作出行政处罚决定的安全监管监察部门可以采取下列措施：

（一）到期不缴纳罚款的，每日按罚款数额的3%加处罚款，但不得超过罚款数额；

（二）根据法律规定，将查封、扣押的设施、设备、器材和危险物品拍卖所得价款抵缴罚款；

（三）申请人民法院强制执行。

当事人对行政处罚决定不服申请行政复议或者提起行政诉讼的，行政处罚不停止执行，法律另有规定的除外。

第六十条 安全生产行政执法人员当场收缴罚款的，应当出具省、自治区、直辖市财政部门统一制发的罚款收据；当场收缴的罚款，应当自收缴罚款之日起2日内，交至所属安全监管监察部门；安全监管监察部门应当在2日内将罚款缴付指定的银行。

第六十一条 除依法应当予以销毁的物品外，需要将查封、扣押的设施、设备、器材和危险物品拍卖抵缴罚款的，依照法律或者国家有关规定处理。销毁物品，依照国家有关规定处理；没有规定的，经县级以上安全监管监察部门负责人批准，由两名以上安全生产行政执法人员监督销毁，并制作销毁记录。处理物品，应当制作清单。

第六十二条 罚款、没收违法所得的款项和没收非法开采的煤炭产品、采掘设备，必须按照有关规定上缴，任何单位和个人不得截留、私分或者变相私分。

第六十三条 县级安全生产监督管理部门处以5万元以上罚款、没收违法所得、没收非法生产的煤炭产品或者采掘设备价值5万元以上、责令停产停业、停止建设、停止施工、停产停业整顿、吊销有关资格、岗位证书或者许可证的行政处罚的，应当自作出行政处罚决定之日起10日内报设区的市级安全生产监督管理部门备案。

第六十四条 设区的市级安全生产监管监察部门处以10万元以上罚款、没收违法所得、没收非法生产的煤炭产品或者采掘设备价值10万元以上、责令停产停业、停止建设、停止施工、停产停业整顿、吊销有关资格、岗位证书或者许可证的行政处罚的，应当自作出行政处罚决定之日起10日内报省级安全监管监察部门备案。

第六十五条 省级安全监管监察部门处以50万元以上罚款、没收违法所得、没收非法生产的煤炭产品或者采掘设备价值50万元以上、责令停产停业、停止建设、停止施工、停产停业整顿、吊销有关资格、岗位证书或者许可证的行政处罚的，应当自作出行政处罚决定之日起10日内报国家安全生产监督管理总局或者国家煤矿安全监察局备案。

对上级安全监管监察部门交办案件给予行政处罚的，由决定行政处罚的安全监管监察部门自作出行政处罚决定之日起10日内报上级安全监管监察部门备案。

第六十六条 行政处罚执行完毕后，案件材料应当按照有关规定立卷归档。

案卷立案归档后，任何单位和个人不得擅自增加、抽取、涂改和销毁案卷材料。未经安全监管监察部门负责人批准，任何单位和个人不得借阅案卷。

第六章　附　　则

第六十七条　安全生产监督管理部门所用的行政处罚文书式样，由国家安全生产监督管理总局统一制定。

煤矿安全监察机构所用的行政处罚文书式样，由国家煤矿安全监察局统一制定。

第六十八条　本办法所称的生产经营单位，是指合法和非法从事生产或者经营活动的基本单元，包括企业法人、不具备企业法人资格的合伙组织、个体工商户和自然人等生产经营主体。

第六十九条　本办法自2008年1月1日起施行。原国家安全生产监督管理局（国家煤矿安全监察局）2003年5月19日公布的《安全生产违法行为行政处罚办法》、2001年4月27日公布的《煤矿安全监察程序暂行规定》同时废止。

安全生产监管监察职责和行政执法责任追究的规定

（2009年7月25日国家安全生产监督管理总局令第24号公布，根据2013年8月29日国家安全生产监督管理总局令第63号第一次修正，根据2015年4月2日国家安全生产监督管理总局令第77号第二次修正）

第一章　总　　则

第一条　为促进安全生产监督管理部门、煤矿安全监察机构及其行政执法人员依法履行职责，落实行政执法责任，保障公民、法人和其他组织合法权益，根据《公务员法》《安全生产法》《安全生产许可证条例》等法律法规和国务院有关规定，制定本规定。

第二条　县级以上人民政府安全生产监督管理部门、煤矿安全监察机构（以下统称安全监管监察部门）及其内设机构、行政执法人员履行安全生产监管监察职责和实施行政执法责任追究，适用本规定；法律、法规对行政执法责任追究或者党政领导干部问责另有规定的，依照其规定。

本规定所称行政执法责任追究，是指对作出违法、不当的安全监管监察行政执法行为（以下简称行政执法行为），或者未履行法定职责的安全监管监察部门及其内设机构、行政执法人员，实施行政责任追究（以下简称责任追究）。

第三条　责任追究应当遵循公正公平、有错必纠、责罚相当、惩教结合的原则，做到事实清楚、证据确凿、定性准确、处理适当、程序合法、手续完备。

第四条　责任追究实行回避制度。与违法、不当行政执法行为或者责任人有利害关系，或者有其他特殊关系，可能影响公正处理的人员，实施责任追究时应当回避。

安全监管监察部门负责人的回避由该部门负责人集体讨论决定，其他人员的回避由该部门负责人决定。

第二章 安全生产监管监察和行政执法职责

第五条 县级以上人民政府安全生产监督管理部门依法对本行政区域内安全生产工作实施综合监督管理，指导协调和监督检查本级人民政府有关部门依法履行安全生产监督管理职责；对本行政区域内没有其他行政主管部门负责安全生产监督管理的生产经营单位实施安全生产监督管理；对下级人民政府安全生产工作进行监督检查。

煤矿安全监察机构依法履行国家煤矿安全监察职责，实施煤矿安全监察行政执法，对煤矿安全进行重点监察、专项监察和定期监察，对地方人民政府依法履行煤矿安全生产监督管理职责的情况进行监督检查。

第六条 安全监管监察部门应当依照《安全生产法》和其他有关法律、法规、规章和本级人民政府、上级安全监管监察部门规定的安全监管监察职责，根据各自的监管监察权限、行政执法人员数量、监管监察的生产经营单位状况、技术装备和经费保障等实际情况，制定本部门年度安全监管或者煤矿安全监察执法工作计划，并按照执法工作计划进行监管监察，发现事故隐患，应当依法及时处理。

安全监管执法工作计划应当报本级人民政府批准后实施，并报上一级安全监管部门备案；煤矿安全监察执法工作计划应当报上一级煤矿安全监察机构批准后实施。安全监管和煤矿安全监察执法工作计划因特殊情况需要作出重大调整或者变更的，应当及时报原批准单位批准，并按照批准后的计划执行。

安全监管和煤矿安全监察执法工作计划应当包括监管监察的对象、时间、次数、主要事项、方式和职责分工等内容。根据安全监管监察工作需要，安全监管监察部门可以按照安全监管和煤矿安全监察执法工作计划编制现场检查方案，对作业现场的安全生产实施监督检查。

第七条 安全监管监察部门应当按照各自权限，依照法律、法规、规章和国家标准或者行业标准规定的安全生产条件和程序，履行下列行政审批或者考核职责：

（一）矿山、金属冶炼建设项目和用于生产、储存危险物品的建设项目安全设施的设计审查；

（二）矿山企业、危险化学品和烟花爆竹生产企业的安全生产许可；

（三）危险化学品经营许可；

（四）非药品类易制毒化学品生产、经营许可；

（五）烟花爆竹经营（批发、零售）许可；

（六）矿山、危险化学品、烟花爆竹生产经营单位和金属冶炼单位主要负责人、安全生产管理人员的安全资格认定，特种作业人员（特种设备作业人员除外）操作资格认定；

（七）涉及人身安全、危险性较大的海洋石油开采特种设备和矿山井下特种设备安全使用证或者安全标志的核发；

（八）安全生产检测检验、安全评价机构资质的认可；

（九）注册助理安全工程师资格、注册安全工程师执业资格的考试和注册；

（十）法律、行政法规和国务院设定的其他行政审批或者考核职责。

行政许可申请人对其申请材料实质内容的真实性负责。安全监管监察部门对符合法定条件的申请，应当依法予以受理，并作出准予或者不予行政许可的决定。根据法定条件和程序，需要对申请材料的实质内容进行核实的，应当指派两名以上行政执法人员进行核查。

对未依法取得行政许可或者验收合格擅自从事有关活动的生产经营单位，安全监管监察部门发现或者接到举报后，属于本部门行政许可职责范围的，应当及时依法查处；属于其他部门行政许可职责范围的，应当及时移送相关部门。对已经依法取得本部门行政许可的生产经营单位，发现其不再具备安全生产条件的，安全监管监察部门应当依法暂扣或者吊销原行政许可证件。

第八条　安全监管监察部门应当按照年度安全监管和煤矿安全监察执法工作计划、现场检查方案，对生产经营单位是否具备有关法律、法规、规章和国家标准或者行业标准规定的安全生产条件进行监督检查，重点监督检查下列事项：

（一）依法通过有关安全生产行政审批的情况；

（二）有关人员的安全生产教育和培训、考核情况；

（三）建立和落实安全生产责任制、安全生产规章制度和操作规程、作业规程的情况；

（四）按照国家规定提取和使用安全生产费用，安排用于配备劳动防护用品、进行安全生产教育和培训的经费，以及其他安全生产投入的情况；

（五）依法设置安全生产管理机构和配备安全生产管理人员的情况；

（六）危险物品的生产、储存单位以及矿山、金属冶炼单位配备或者聘用注册安全工程师的情况；

（七）从业人员、被派遣劳动者和实习学生受到安全生产教育、培训及其教育培训档案的情况；

（八）新建、改建、扩建工程项目的安全设施与主体工程同时设计、同时施工、同时投入生产和使用，以及按规定办理设计审查和竣工验收的情况；

（九）在有较大危险因素的生产经营场所和有关设施、设备上，设置安全警示标志的情况；

（十）对安全设备的维护、保养、定期检测的情况；

（十一）重大危险源登记建档、定期检测、评估、监控和制定应急预案的情况；

（十二）教育和督促从业人员严格执行本单位的安全生产规章制度和安全操作规程，并向从业人员如实告知作业场所和工作岗位存在的危险因素、防范措施以及事故应急措施的情况；

（十三）为从业人员提供符合国家标准或者行业标准的劳动防护用品，并监督、教育从业人员按照使用规则正确佩戴和使用的情况；

（十四）在同一作业区域内进行生产经营活动，可能危及对方生产安全的，与对方签订安全生产管理协议，明确各自的安全生产管理职责和应当采取的安全措施，并指定专职安全生产管理人员进行安全检查与协调的情况；

（十五）对承包单位、承租单位的安全生产工作实行统一协调、管理，定期进行安全检查，督促整改安全问题的情况；

（十六）建立健全生产安全事故隐患排查治理制度，及时发现并消除事故隐患，如实记录事故隐患治理，以及向从业人员通报的情况；

（十七）制定、实施生产安全事故应急预案，定期组织应急预案演练，以及有关应急预案备案的情况；

（十八）危险物品的生产、经营、储存单位以及矿山、金属冶炼单位建立应急救援组织或者兼职救援队伍、签订应急救援协议，以及应急救援器材、设备和物资的配备、维护、保养的情况；

（十九）按照规定报告生产安全事故的情况；

（二十）依法应当监督检查的其他情况。

第九条 安全监管监察部门在监督检查中，发现生产经营单位存在安全生产违法行为或者事故隐患的，应当依法采取下列现场处理措施：

（一）当场予以纠正；

（二）责令限期改正、责令限期达到要求；

（三）责令立即停止作业（施工）、责令立即停止使用、责令立即排除事故隐患；

（四）责令从危险区域撤出作业人员；

（五）责令暂时停产停业、停止建设、停止施工或者停止使用相关设备、设施；

（六）依法应当采取的其他现场处理措施。

第十条 被责令限期改正、限期达到要求、暂时停产停业、停止建设、停止施工或者停止使用的生产经营单位提出复查申请或者整改、治理限期届满的，安全监管监察部门应当自收到申请或者限期届满之日起10日内进行复查，并填写复查意见书，由被复查单位和安全监管监察部门复查人员签名后存档。

煤矿安全监察机构依照有关规定将复查工作移交给县级以上地方人民政府负责煤矿安全生产监督管理的部门的，应当及时将相应的执法文书抄送该部门并备案。县级以上地方人民政府负责煤矿安全生产监督管理的部门应当自收到煤矿申请或者限期届满之日起10日内进行复查，并填写复查意见书，由被复查煤矿和复查人员签名后存档，并将复查意见书及时抄送移交复查的煤矿安全监察机构。

对逾期未整改、治理或者整改、治理不合格的生产经营单位，安全监管监察部门应当依法给予行政处罚，并依法提请县级以上地方人民政府按照规定的权限决定关闭。

第十一条 安全监管监察部门在监督检查中，发现生产经营单位存在安全生产非法、违法行为的，有权依法采取下列行政强制措施：

（一）对有根据认为不符合安全生产的国家标准或者行业标准的在用设施、设备、器材，违法生产、储存、使用、经营、运输的危险物品，以及违法生产、储存、使用、经营危险物品的作业场所予以查封或者扣押，并依法作出处理决定；

（二）扣押相关的证据材料和违法物品，临时查封有关场所；

（三）法律、法规规定的其他行政强制措施。

实施查封、扣押的，应当制作并当场交付查封、扣押决定书和清单。

第十二条 安全监管监察部门依法对存在重大事故隐患的生产经营单位作出停产停业、停止施工、停止使用相关设施、设备的决定，生产经营单位应当依法执行，及时消除事故隐患。生产经营单位拒不执行，有发生生产安全事故的现实危险的，在保证安全的前提下，经本部门主要负责人批准，安全监管监察部门可以采取通知有关单位停止供电、停止供应民用爆炸物品等措施，强制生产经营单位履行决定。通知应当采用书面形式，有关单位应当予以配合。

安全监管监察部门依照前款规定采取停止供电措施，除有危及生产安全的紧急情形外，应当提前24小时通知生产经营单位。生产经营单位依法履行行政决定、采取相应措施消除事故隐患的，安全监管监察部门应当及时解除前款规定的措施。

第十三条 安全监管监察部门在监督检查中，发现生产经营单位存在的安全问题涉及有关地方人民政府或其有关部门的，应当及时向有关地方人民政府报告或其有关部门通报。

第十四条 安全监管监察部门应当严格依照法律、法规和规章规定的行政处罚的行为、种类、幅度和程序，按照各自的管辖权限，对监督检查中发现的生产经营单位及有关人员的安全生产非法、违法行为实施行政处罚。

对到期不缴纳罚款的，安全监管监察部门可以每日按罚款数额的百分之三加处罚款。

生产经营单位拒不执行安全监管监察部门行政处罚决定的，作出行政处罚决定的安全监管监察部门可以依法申请人民法院强制执行；拒不执行处罚决定可能导致生产安全事故的，应当及时向有关地方人民政府报告或其有关部门通报。

第十五条 安全监管监察部门对生产经营单位及其从业人员作出现场处理措施、行政强制措施和行政处罚决定等行政执法行为前，应当充分听取当事人的陈述、申辩，对其提出的事实、理由和证据，应当进行复核。当事人提出的事实、理由和证据成立的，应当予以采纳。

安全监管监察部门对生产经营单位及其从业人员作出现场处理措施、行政强制措施和行政处罚决定等行政执法行为时，应当依法制作有关法律文书，并按照规定送达当事人。

第十六条 安全监管监察部门应当依法履行下列生产安全事故报告和调查处理职责：

（一）建立值班制度，并向社会公布值班电话，受理事故报告和举报；

（二）按照法定的时限、内容和程序逐级上报和补报事故；

（三）接到事故报告后，按照规定派人立即赶赴事故现场，组织或者指导协调事故救援；

（四）按照规定组织或者参加事故调查处理；

（五）对事故发生单位落实事故防范和整改措施的情况进行监督检查；

（六）依法对事故责任单位和有关责任人员实施行政处罚；

（七）依法应当履行的其他职责。

第十七条 安全监管监察部门应当依法受理、调查和处理本部门法定职责范围内的举报事项，并形成书面材料。调查处理情况应当答复举报人，但举报人的姓名、名称、住址不清的除外。对不属于本部门职责范围的举报事项，应当依法予以登记，并告知举报人向有权机关提出。

第十八条　安全监管监察部门应当依法受理行政复议申请，审理行政复议案件，并作出处理或者决定。

第三章　责任追究的范围与承担责任的主体

第十九条　安全监管监察部门及其内设机构、行政执法人员履行本规定第二章规定的行政执法职责，有下列违法或者不当的情形之一，致使行政执法行为被撤销、变更、确认违法，或者被责令履行法定职责、承担行政赔偿责任的，应当实施责任追究：

（一）超越、滥用法定职权的；

（二）主要事实不清、证据不足的；

（三）适用依据错误的；

（四）行政裁量明显不当的；

（五）违反法定程序的；

（六）未按照年度安全监管或者煤矿安全监察执法工作计划、现场检查方案履行法定职责的；

（七）其他违法或者不当的情形。

前款所称的行政执法行为被撤销、变更、确认违法，或者被责令履行法定职责、承担行政赔偿责任，是指行政执法行为被人民法院生效的判决、裁定，或者行政复议机关等有权机关的决定予以撤销、变更、确认违法或者被责令履行法定职责、承担行政赔偿责任的情形。

第二十条　有下列情形之一的，安全监管监察部门及其内设机构、行政执法人员不承担责任：

（一）因生产经营单位、中介机构等行政管理相对人的行为，致使安全监管监察部门及其内设机构、行政执法人员无法作出正确行政执法行为的；

（二）因有关行政执法依据规定不一致，致使行政执法行为适用法律、法规和规章依据不当的；

（三）因不能预见、不能避免并不能克服的不可抗力致使行政执法行为违法、不当或者未履行法定职责的；

（四）违法、不当的行政执法行为情节轻微并及时纠正，没有造成不良后果或者不良后果被及时消除的；

（五）按照批准、备案的安全监管或者煤矿安全监察执法工作计划、现场检查方案和法律、法规、规章规定的方式、程序已经履行安全生产监管监察职责的；

（六）对发现的安全生产非法、违法行为和事故隐患已经依法查处，因生产经营单位及其从业人员拒不执行安全生产监管监察指令导致生产安全事故的；

（七）生产经营单位非法生产或者经责令停产停业整顿后仍不具备安全生产条件，安全监管监察部门已经依法提请县级以上地方人民政府决定取缔或者关闭的；

（八）对拒不执行行政处罚决定的生产经营单位，安全监管监察部门已经依法申请人民法院强制执行的；

（九）安全监管监察部门已经依法向县级以上地方人民政府提出加强和改善安全生产监督管理建议的；

（十）依法不承担责任的其他情形。

第二十一条 承办人直接作出违法或者不当行政执法行为的，由承办人承担责任。

第二十二条 对安全监管监察部门应当经审核、批准作出的行政执法行为，分别按照下列情形区分并承担责任：

（一）承办人未经审核人、批准人审批擅自作出行政执法行为，或者不按审核、批准的内容实施，致使行政执法行为违法或者不当的，由承办人承担责任；

（二）承办人弄虚作假、徇私舞弊，或者承办人提出的意见错误，审核人、批准人没有发现或者发现后未予以纠正，致使行政执法行为违法或者不当的，由承办人承担主要责任，审核人、批准人承担次要责任；

（三）审核人改变或者不采纳承办人的正确意见，批准人批准该审核意见，致使行政执法行为违法或者不当的，由审核人承担主要责任，批准人承担次要责任；

（四）审核人未报请批准人批准而擅自作出决定，致使行政执法行为违法或者不当的，由审核人承担责任；

（五）审核人弄虚作假、徇私舞弊，致使批准人作出错误决定的，由审核人承担责任；

（六）批准人改变或者不采纳承办人、审核人的正确意见，致使行政执法行为违法或者不当的，由批准人承担责任；

（七）未经承办人拟办、审核人审核，批准人直接作出违法或者不当的行政执法行为的，由批准人承担责任。

第二十三条 因安全监管监察部门指派不具有行政执法资格的单位或者人员执法，致使行政执法行为违法或者不当的，由指派部门及其负责人承担责任。

第二十四条 因安全监管监察部门负责人集体研究决定，致使行政执法行为违法或者不当的，主要负责人应当承担主要责任，参与作出决定的其他负责人应当分别承担相应的责任。

安全监管监察部门负责人擅自改变集体决定，致使行政执法行为违法或者不当的，由该负责人承担全部责任。

第二十五条 两名以上行政执法人员共同作出违法或者不当行政执法行为的，由主办人员承担主要责任，其他人员承担次要责任；不能区分主要、次要责任人的，共同承担责任。

因安全监管监察部门内设机构单独决定，致使行政执法行为违法或者不当的，由该机构承担全部责任；因两个以上内设机构共同决定，致使行政执法行为违法或者不当的，由有关内设机构共同承担责任。

第二十六条 经安全监管监察部门内设机构会签作出的行政执法行为，分别按照下列情形区分并承担责任：

（一）主办机构提供的有关事实、证据不真实、不准确或者不完整，会签机构通过审查能够提出正确意见但没有提出，致使行政执法行为违法或者不当的，由主办机构承担主要责任，会签机构承担次要责任；

（二）主办机构没有采纳会签机构提出的正确意见，致使行政执法行为违法或者不当的，由主办机构承担责任。

第二十七条 因执行上级安全监管监察部门的指示、批复，致使行政执法行为违法或者不当的，由作出指示、批复的上级安全监管监察部门承担责任。

因请示、报告单位隐瞒事实或者未完整提供真实情况等原因，致使上级安全监管监察部门作出错误指示、批复的，由请示、报告单位承担责任。

第二十八条 下级安全监管监察部门认为上级的决定或者命令有错误的，可以向上级提出改正、撤销该决定或者命令的意见；上级不改变该决定或者命令，或者要求立即执行的，下级安全监管监察部门应当执行该决定或者命令，其不当或者违法责任由上级安全监管监察部门承担。

第二十九条 上级安全监管监察部门改变、撤销下级安全监管监察部门作出的行政执法行为，致使行政执法行为违法或者不当的，由上级安全监管监察部门及其有关内设机构、行政执法人员依照本章规定分别承担相应责任。

第三十条 安全监管监察部门及其内设机构、行政执法人员不履行法定职责的，应当根据各自的职责分工，依照本章规定区分并承担责任。

第四章 责任追究的方式与适用

第三十一条 对安全监管监察部门及其内设机构的责任追究包括下列方式：

（一）责令限期改正；

（二）通报批评；

（三）取消当年评优评先资格；

（四）法律、法规和规章规定的其他方式。

对行政执法人员的责任追究包括下列方式：

（一）批评教育；

（二）离岗培训；

（三）取消当年评优评先资格；

（四）暂扣行政执法证件；

（五）调离执法岗位；

（六）法律、法规和规章规定的其他方式。

本条第一款和第二款规定的责任追究方式，可以单独或者合并适用。

第三十二条 对安全监管监察部门及其内设机构、行政执法人员实施责任追究的时候，应当根据违法、不当行政执法行为的事实、性质、情节和对于社会的危害程度，依照本规定的有关条款决定。

第三十三条 违法或者不当行政执法行为的情节较轻、危害较小的，对安全监管监察部门责令限期改正，对行政执法人员予以批评教育或者离岗培训，并取消当年评优评先资格。

违法或者不当行政执法行为的情节较重、危害较大的，对安全监管监察部门责令限期改正，予以通报批评，并取消当年评优评先资格；对行政执法人员予以调离执法岗位或者暂扣行政执法证件，并取消当年评优评先资格。

第三十四条 安全监管监察部门及其内设机构在年度行政执法评议考核中被确定为不合格的，责令限期改正，并予以通报批评、取消当年评优评先资格。

行政执法人员在年度行政执法评议考核中被确定为不称职的，予以离岗培训、暂扣行政执法证件，并取消当年评优评先资格。

第三十五条 一年内被申请行政复议或者被提起行政诉讼的行政执法行为中，被撤销、变更、确认违法的比例占20%以上（含本数，下同）的，应当责令有关安全监管监察部门限期改正，并取消当年评优评先资格。

第三十六条 安全监管监察部门承担行政赔偿责任的，应当依照《国家赔偿法》第十四条的规定，责令有故意或者重大过失的行政执法人员承担全部或者部分行政赔偿费用。

第三十七条 对实施违法或者不当的行政执法行为，或者未履行法定职责的行政执法人员，依照《公务员法》《行政机关公务员处分条例》等的规定应当给予行政处分或者辞退处理的，依照其规定。

第三十八条 行政执法人员的行政执法行为涉嫌犯罪的，移交司法机关处理。

第三十九条 有下列情形之一的，可以从轻或者减轻追究责任：

（一）违反本规定第十一条至第十四条所规定的职责，未造成严重后果的；

（二）主动采取措施，有效避免损失或者挽回影响的；

（三）积极配合责任追究，并且主动承担责任的；

（四）依法可以从轻的其他情形。

第四十条 有下列情形之一的，应当从重追究责任：

（一）因违法、不当行政执法行为或者不履行法定职责，严重损害国家声誉，或者造成恶劣社会影响，或者致使公共财产、国家和人民利益遭受重大损失的；

（二）滥用职权、玩忽职守、徇私舞弊，致使行政执法行为违法、不当的；

（三）弄虚作假、隐瞒真相，干扰、阻碍责任追究的；

（四）对检举人、控告人、申诉人和实施责任追究的人员打击、报复、陷害的；

（五）一年内出现两次以上应当追究责任的情形的；

（六）依法应当从重追究责任的其他情形。

第五章　责任追究的机关与程序

第四十一条 安全生产监督管理部门及其负责人的责任，按照干部管理权限，由其上级安全生产监督管理部门或者本级人民政府行政监察机关追究；所属内设机构和其他行政执法人员的责任，由所在安全生产监督管理部门追究。

煤矿安全监察机构及其负责人的责任，按照干部管理权限，由其上级煤矿安全监察机构追究；所属内设机构及其行政执法人员的责任，由所在煤矿安全监察机构追究。

第四十二条 安全监管监察部门进行责任追究，按照下列程序办理：

（一）负责法制工作的机构自行政执法行为被确认违法、不当之日起15日内，将有关当事人的情况书面通报本部门负责行政监察工作的机构；

（二）负责行政监察工作的机构自收到法制工作机构通报或者直接收到有关行政执法行为违法、不当的举报之日起60日内调查核实有关情况，提出责任追究的建议，报本部门领导班子集体讨论决定；

（三）负责人事工作的机构自责任追究决定作出之日起15日内落实决定事项。

法律、法规对责任追究的程序另有规定的，依照其规定。

第四十三条 安全监管监察部门实施责任追究应当制作《行政执法责任追究决定书》。《行政执法责任追究决定书》由负责行政监察工作的机构草拟，安全监管监察部门作出决定。

《行政执法责任追究决定书》应当写明责任追究的事实、依据、方式、批准机关、生效时间、当事人的申诉期限及受理机关等。离岗培训和暂扣行政执法证件的，还应当写明培训和暂扣的期限等。

第四十四条 安全监管监察部门作出责任追究决定前，负责行政监察工作的机构应当将追究责任的有关事实、理由和依据告知当事人，并听取其陈述和申辩。对其合理意见，应当予以采纳。

《行政执法责任追究决定书》应当送到当事人，以及当事人所在的单位和内设机构。责任追究决定作出后，作出决定的安全监管监察部门应当派人与当事人谈话，做好思想工作，督促其做好工作交接等后续工作。

当事人对责任追究决定不服的，可以依照《公务员法》等规定申请复核和提出申诉。申诉期间，不停止责任追究决定的执行。

第四十五条 对当事人的责任追究情况应当作为其考核、奖惩、任免的重要依据。安全监管监察部门负责人事工作的机构应当将责任追究的有关材料记入当事人个人档案。

第六章 附　　则

第四十六条 本规定所称的安全生产非法行为，是指公民、法人或者其他组织未依法取得安全监管监察部门的行政许可，擅自从事生产经营活动的行为，或者该行政许可已经失效，继续从事生产经营活动的行为。

本规定所称的安全生产违法行为，是指公民、法人或者其他组织违反有关安全生产的法律、法规、规章、国家标准、行业标准的规定，从事生产经营活动的行为。

本规定所称的违法的行政执法行为，是指违反法律、法规、规章规定的职责、程序所作出的具体行政行为。

本规定所称的不当的行政执法行为，是指违反客观、适度、公平、公正、合理等适用法律的一般原则所作出的具体行政行为。

第四十七条 依法授权或者委托行使安全生产行政执法职责的单位及其行政执法人员的责任追究，参照本规定执行。

第四十八条 本规定自2009年10月1日起施行。省、自治区、直辖市人民代表大会及其常务委员会或者省、自治区、直辖市人民政府对地方安全生产监督管理部门及其内设机构、行政执法人员的责任追究另有规定的，依照其规定。

生产安全事故罚款处罚规定（试行）

（2007年7月12日国家安全生产监督管理总局令第13号公布，根据2011年9月1日国家安全生产监督管理总局令第42号第一次修正，根据2015年4月2日国家安全生产监督管理总局令第77号第二次修正）

第一条 为防止和减少生产安全事故，严格追究生产安全事故发生单位及其有关责任人员的法律责任，正确适用事故罚款的行政处罚，依照《安全生产法》《生产安全事故报告和调查处理条例》（以下简称《条例》）的规定，制定本规定。

第二条 安全生产监督管理部门和煤矿安全监察机构对生产安全事故发生单位（以下简称事故发生单位）及其主要负责人、直接负责的主管人员和其他责任人员等有关责任人员依照《安全生产法》和《条例》实施罚款的行政处罚，适用本规定。

第三条 本规定所称事故发生单位是指对事故发生负有责任的生产经营单位。

本规定所称主要负责人是指有限责任公司、股份有限公司的董事长或者总经理或者个人经营的投资人，其他生产经营单位的厂长、经理、局长、矿长（含实际控制人）等人员。

第四条 本规定所称事故发生单位主要负责人、直接负责的主管人员和其他直接责任人员的上一年年收入，属于国有生产经营单位的，是指该单位上级主管部门所确定的上一年年收入总额；属于非国有生产经营单位的，是指经财务、税务部门核定的上一年年收入总额。

生产经营单位提供虚假资料或者由于财务、税务部门无法核定等原因致使有关人员的上一年年收入难以确定的，按照下列办法确定：

（一）主要负责人的上一年年收入，按照本省、自治区、直辖市上一年度职工平均工资的5倍以上10倍以下计算；

（二）直接负责的主管人员和其他直接责任人员的上一年年收入，按照本省、自治区、直辖市上一年度职工平均工资的1倍以上5倍以下计算。

第五条 《条例》所称的迟报、漏报、谎报和瞒报，依照下列情形认定：

（一）报告事故的时间超过规定时限的，属于迟报；

（二）因过失对应当上报的事故或者事故发生的时间、地点、类别、伤亡人数、直接经济损失等内容遗漏未报的，属于漏报；

（三）故意不如实报告事故发生的时间、地点、初步原因、性质、伤亡人数和涉险人数、直接经济损失等有关内容的，属于谎报；

（四）隐瞒已经发生的事故，超过规定时限未向安全监管监察部门和有关部门报告，经查证属实的，属于瞒报。

第六条 对事故发生单位及其有关责任人员处以罚款的行政处罚，依照下列规定决定：

（一）对发生特别重大事故的单位及其有关责任人员罚款的行政处罚，由国家安全生产监督管理总局决定；

（二）对发生重大事故的单位及其有关责任人员罚款的行政处罚，由省级人民政府安全生产监督管理部门决定；

（三）对发生较大事故的单位及其有关责任人员罚款的行政处罚，由设区的市级人民政府安全生产监督管理部门决定；

（四）对发生一般事故的单位及其有关责任人员罚款的行政处罚，由县级人民政府安全生产监督管理部门决定。

上级安全生产监督管理部门可以指定下一级安全生产监督管理部门对事故发生单位及其有关责任人员实施行政处罚。

第七条 对煤矿事故发生单位及其有关责任人员处以罚款的行政处罚，依照下列规定执行：

（一）对发生特别重大事故的煤矿及其有关责任人员罚款的行政处罚，由国家煤矿安全监察局决定；

（二）对发生重大事故和较大事故的煤矿及其有关责任人员罚款的行政处罚，由省级煤矿安全监察机构决定；

（三）对发生一般事故的煤矿及其有关责任人员罚款的行政处罚，由省级煤矿安全监察机构所属分局决定。

上级煤矿安全监察机构可以指定下一级煤矿安全监察机构对事故发生单位及其有关责任人员实施行政处罚。

第八条 特别重大事故以下等级事故，事故发生地与事故发生单位所在地不在同一个县级以上行政区域的，由事故发生地的安全生产监督管理部门或者煤矿安全监察机构依照本规定第六条或者第七条规定的权限实施行政处罚。

第九条 安全生产监督管理部门和煤矿安全监察机构对事故发生单位及其有关责任人员实施罚款的行政处罚，依照《安全生产违法行为行政处罚办法》规定的程序执行。

第十条 事故发生单位及其有关责任人员对安全生产监督管理部门和煤矿安全监察机构给予的行政处罚，享有陈述、申辩的权利；对行政处罚不服的，有权依法申请行政复议或者提起行政诉讼。

第十一条 事故发生单位主要负责人有《安全生产法》第一百零六条、《条例》第三十五条规定的下列行为之一的，依照下列规定处以罚款：

（一）事故发生单位主要负责人在事故发生后不立即组织事故抢救的，处上一年年收入100%的罚款；

（二）事故发生单位主要负责人迟报事故的，处上一年年收入60%至80%的罚款；漏报事故的，处上一年年收入40%至60%的罚款；

（三）事故发生单位主要负责人在事故调查处理期间擅离职守的，处上一年年收入80%至100%的罚款。

第十二条 事故发生单位有《条例》第三十六条规定行为之一的，依照《国家安全监管总局关于印发〈安全生产行政处罚自由裁量标准〉的通知》（安监总政法〔2010〕137号）等规定给予罚款。

第十三条 事故发生单位的主要负责人、直接负责的主管人员和其他直接责任人员有《安全生产法》第一百零六条、《条例》第三十六条规定的下列行为之一的，依照下列规定处以罚款：

（一）伪造、故意破坏事故现场，或者转移、隐匿资金、财产、销毁有关证据、资料，或者拒绝接受调查，或者拒绝提供有关情况和资料，或者在事故调查中作伪证，或者指使他人作伪证的，处上一年年收入80%至90%的罚款；

（二）谎报、瞒报事故或者事故发生后逃匿的，处上一年年收入100%的罚款。

第十四条 事故发生单位对造成3人以下死亡，或者3人以上10人以下重伤（包括急性工业中毒，下同），或者300万元以上1000万元以下直接经济损失的一般事故负有责任的，处20万元以上50万元以下的罚款。

事故发生单位有本条第一款规定的行为且有谎报或者瞒报事故情节的，处50万元的罚款。

第十五条 事故发生单位对较大事故发生负有责任的，依照下列规定处以罚款：

（一）造成3人以上6人以下死亡，或者10人以上30人以下重伤，或者1000万元以上3000万元以下直接经济损失的，处50万元以上70万元以下的罚款；

（二）造成6人以上10人以下死亡，或者30人以上50人以下重伤，或者3000万元以上5000万元以下直接经济损失的，处70万元以上100万元以下的罚款。

事故发生单位对较大事故发生负有责任且有谎报或者瞒报情节的，处100万元的罚款。

第十六条 事故发生单位对重大事故发生负有责任的，依照下列规定处以罚款：

（一）造成10人以上15人以下死亡，或者50人以上70人以下重伤，或者5000万元以上7000万元以下直接经济损失的，处100万元以上300万元以下的罚款；

（二）造成15人以上30人以下死亡，或者70人以上100人以下重伤，或者7000万元以上1亿元以下直接经济损失的，处300万元以上500万元以下的罚款。

事故发生单位对重大事故发生负有责任且有谎报或者瞒报情节的，处500万元的罚款。

第十七条 事故发生单位对特别重大事故发生负有责任的，依照下列规定处以罚款：

（一）造成30人以上40人以下死亡，或者100人以上120人以下重伤，或者1亿元以上1.2亿元以下直接经济损失的，处500万元以上1000万元以下的罚款；

（二）造成40人以上50人以下死亡，或者120人以上150人以下重伤，或者1.2亿元以上1.5亿元以下直接经济损失的，处1000万元以上1500万元以下的罚款；

（三）造成50人以上死亡，或者150人以上重伤，或者1.5亿元以上直接经济损失的，处1500万元以上2000万元以下的罚款。

事故发生单位对特别重大事故发生负有责任且有下列情形之一的，处2000万元的罚款：

（一）谎报特别重大事故的；

（二）瞒报特别重大事故的；

（三）未依法取得有关行政审批或者证照擅自从事生产经营活动的；

（四）拒绝、阻碍行政执法的；

（五）拒不执行有关停产停业、停止施工、停止使用相关设备或者设施的行政执法指令的；

（六）明知存在事故隐患，仍然进行生产经营活动的；

（七）一年内已经发生2起以上较大事故，或者1起重大以上事故，再次发生特别重大事故的；

（八）地下矿山负责人未按照规定带班下井的。

第十八条 事故发生单位主要负责人未依法履行安全生产管理职责，导致事故发生的，依照下列规定处以罚款：

（一）发生一般事故的，处上一年年收入30%的罚款；

（二）发生较大事故的，处上一年年收入40%的罚款；

（三）发生重大事故的，处上一年年收入60%的罚款；

（四）发生特别重大事故的，处上一年年收入80%的罚款。

第十九条 个人经营的投资人未依照《安全生产法》的规定保证安全生产所必需的资金投入，致使生产经营单位不具备安全生产条件，导致发生生产安全事故的，依照下列规定对个人经营的投资人处以罚款：

（一）发生一般事故的，处2万元以上5万元以下的罚款；

（二）发生较大事故的，处5万元以上10万元以下的罚款；

（三）发生重大事故的，处10万元以上15万元以下的罚款；

（四）发生特别重大事故的，处15万元以上20万元以下的罚款。

第二十条 违反《条例》和本规定，事故发生单位及其有关责任人员有两种以上应当处以罚款的行为的，安全生产监督管理部门或者煤矿安全监察机构应当分别裁量，合并作出处罚决定。

第二十一条 对事故发生负有责任的其他单位及其有关责任人员处以罚款的行政处罚，依照相关法律、法规和规章的规定实施。

第二十二条 本规定自公布之日起施行。

注册安全工程师管理规定

（2007年1月11日国家安全生产监督管理总局令第11号公布，根据2013年8月29日国家安全生产监督管理总局令第63号修正）

第一章　总　　则

第一条　为了加强注册安全工程师的管理，保障注册安全工程师依法执业，根据《安全生产法》等有关法律、行政法规，制定本规定。

第二条　取得中华人民共和国注册安全工程师执业资格证书的人员注册以及注册后的执业、继续教育及其监督管理，适用本规定。

第三条　本规定所称注册安全工程师是指取得中华人民共和国注册安全工程师执业资格证书（以下简称资格证书），在生产经营单位从事安全生产管理、安全技术工作或者在安全生产中介机构从事安全生产专业服务工作，并按照本规定注册取得中华人民共和国注册安全工程师执业证（以下简称执业证）和执业印章的人员。

第四条　注册安全工程师应当严格执行国家法律、法规和本规定，恪守职业道德和执业准则。

第五条　国家安全生产监督管理总局（以下简称安全监管总局）对全国注册安全工程师的注册、执业活动实施统一监督管理。国务院有关主管部门（以下简称部门注册机构）对本系统注册安全工程师的注册、执业活动实施监督管理。

省、自治区、直辖市人民政府安全生产监督管理部门对本行政区域内注册安全工程师的注册、执业活动实施监督管理。

省级煤矿安全监察机构（以下与省、自治区、直辖市人民政府安全生产监督管理部门统称省级注册机构）对所辖区域内煤矿安全注册安全工程师的注册、执业活动实施监督管理。

第六条　从业人员300人以上的煤矿、非煤矿矿山、建筑施工单位和危险物品生产、经营单位，应当按照不少于安全生产管理人员15%的比例配备注册安全工程师；安全生产管理人员在7人以下的，至少配备1名。

前款规定以外的其他生产经营单位，应当配备注册安全工程师或者委托安全生产中介机构选派注册安全工程师提供安全生产服务。

安全生产中介机构应当按照不少于安全生产专业服务人员30%的比例配备注册安全工程师。

生产经营单位和安全生产中介机构（以下统称聘用单位）应当为本单位专业技术人员参加注册安全工程师执业资格考试以及注册安全工程师注册、继续教育提供便利。

第二章 注 册

第七条 取得资格证书的人员，经注册取得执业证和执业印章后方可以注册安全工程师的名义执业。

第八条 申请注册的人员，必须同时具备下列条件：

（一）取得资格证书；

（二）在生产经营单位从事安全生产管理、安全技术工作或者在安全生产中介机构从事安全生产专业服务工作。

第九条 注册安全工程师实行分类注册，注册类别包括：

（一）煤矿安全；

（二）非煤矿矿山安全；

（三）建筑施工安全；

（四）危险物品安全；

（五）其他安全。

第十条 取得资格证书的人员申请注册，按照下列程序办理：

（一）申请人向聘用单位提出申请，聘用单位同意后，将申请人按本规定第十一条、第十三条、第十四条规定的申请材料报送部门、省级注册机构；中央企业总公司（总厂、集团公司）经安全监管总局认可，可以将本企业申请人的申请材料直接报送安全监管总局；申请人和聘用单位应当对申请材料的真实性负责；

（二）部门、省级注册机构在收到申请人的申请材料后，应当作出是否受理的决定，并向申请人出具书面凭证；申请材料不齐全或者不符合要求，应当当场或者在5日内一次性告知申请人需要补正的全部内容。逾期不告知的，自收到申请材料之日起即为受理。部门、省级注册机构自受理申请之日起20日内将初步核查意见和全部申请材料报送安全监管总局；

（三）安全监管总局自收到部门、省级注册机构以及中央企业总公司（总厂、集团公司）报送的材料之日起20日内完成复审并作出书面决定。准予注册的，自作出决定之日起10日内，颁发执业证和执业印章，并在公众媒体上予以公告；不予注册的，应当书面说明理由。

第十一条 申请初始注册应当提交下列材料：

（一）注册申请表；

（二）申请人资格证书（复印件）；

（三）申请人与聘用单位签订的劳动合同或者聘用文件（复印件）；

（四）申请人有效身份证件或者身份证明（复印件）。

第十二条 申请人有下列情形之一的，不予注册：

（一）不具有完全民事行为能力的；

（二）在申请注册过程中有弄虚作假行为的；

（三）同时在两个或者两个以上聘用单位申请注册的；

（四）安全监管总局规定的不予注册的其他情形。

第十三条 注册有效期为3年，自准予注册之日起计算。

注册有效期满需要延续注册的，申请人应当在有效期满30日前，按照本规定第十条规定的程序提出申请。注册审批机关应当在有效期满前作出是否准予延续注册的决定；逾期未作决定的，视为准予延续。

申请延续注册，应当提交下列材料：

（一）注册申请表；

（二）申请人执业证；

（三）申请人与聘用单位签订的劳动合同或者聘用文件（复印件）；

（四）聘用单位出具的申请人执业期间履职情况证明材料；

（五）注册有效期内达到继续教育要求的证明材料。

第十四条 在注册有效期内，注册安全工程师变更执业单位，应当按照本规定第十条规定的程序提出申请，办理变更注册手续。变更注册后仍延续原注册有效期。

申请变更注册，应当提交下列材料：

（一）注册申请表；

（二）申请人执业证；

（三）申请人与原聘用单位合同到期或解聘证明（复印件）；

（四）申请人与新聘用单位签订的劳动合同或者聘用文件（复印件）。

注册安全工程师在办理变更注册手续期间不得执业。

第十五条 有下列情形之一的，注册安全工程师应当及时告知执业证和执业印章颁发机关；重新具备条件的，按照本规定第十一条、第十四条申请重新注册或者变更注册：

（一）注册有效期满未延续注册的；

（二）聘用单位被吊销营业执照的；

（三）聘用单位被吊销相应资质证书的；

（四）与聘用单位解除劳动关系的。

第十六条 执业证颁发机关发现有下列情形之一的，应当将执业证和执业印章收回，并办理注销注册手续：

（一）注册安全工程师受到刑事处罚的；

（二）有本规定第十五条规定情形之一未申请重新注册或者变更注册的；

（三）法律、法规规定的其他情形。

第三章 执　　业

第十七条 注册安全工程师的执业范围包括：

（一）安全生产管理；

（二）安全生产检查；

（三）安全评价或者安全评估；

（四）安全检测检验；

（五）安全生产技术咨询、服务；

（六）安全生产教育和培训；

（七）法律、法规规定的其他安全生产技术服务。

第十八条 注册安全工程师应当由聘用单位委派，并按照注册类别在规定的执业范围内执业，同时在出具的各种文件、报告上签字和加盖执业印章。

第十九条 生产经营单位的下列安全生产工作，应有注册安全工程师参与并签署意见：

（一）制定安全生产规章制度、安全技术操作规程和作业规程；

（二）排查事故隐患，制定整改方案和安全措施；

（三）制定从业人员安全培训计划；

（四）选用和发放劳动防护用品；

（五）生产安全事故调查；

（六）制定重大危险源检测、评估、监控措施和应急救援预案；

（七）其他安全生产工作事项。

第二十条 聘用单位应当为注册安全工程师建立执业活动档案，并保证档案内容的真实性。

第四章 权 利 和 义 务

第二十一条 注册安全工程师享有下列权利：

（一）使用注册安全工程师称谓；

（二）从事规定范围内的执业活动；

（三）对执业中发现的不符合安全生产要求的事项提出意见和建议；

（四）参加继续教育；

（五）使用本人的执业证和执业印章；

（六）获得相应的劳动报酬；

（七）对侵犯本人权利的行为进行申诉；

（八）法律、法规规定的其他权利。

第二十二条 注册安全工程师应当履行下列义务：

（一）保证执业活动的质量，承担相应的责任；

（二）接受继续教育，不断提高执业水准；

（三）在本人执业活动所形成的有关报告上署名；

（四）维护国家、公众的利益和受聘单位的合法权益；

（五）保守执业活动中的秘密；

（六）不得出租、出借、涂改、变造执业证和执业印章；

（七）不得同时在两个或者两个以上单位受聘执业；

（八）法律、法规规定的其他义务。

第五章　继　续　教　育

第二十三条　继续教育按照注册类别分类进行。

注册安全工程师在每个注册周期内应当参加继续教育，时间累计不得少于48学时。

第二十四条　继续教育由部门、省级注册机构按照统一制定的大纲组织实施。中央企业注册安全工程师的继续教育可以由中央企业总公司（总厂、集团公司）组织实施。

继续教育应当由具备安全培训条件的机构承担。

第二十五条　煤矿安全、非煤矿矿山安全、危险物品安全（民用爆破器材安全除外）和其他安全类注册安全工程师继续教育大纲，由安全监管总局组织制定；建筑施工安全、民用爆破器材安全注册安全工程师继续教育大纲，由安全监管总局会同国务院有关主管部门组织制定。

第六章　监　督　管　理

第二十六条　安全生产监督管理部门、煤矿安全监察机构和有关主管部门的工作人员应当坚持公开、公正、公平的原则，严格按照法律、行政法规和本规定，对申请注册的人员进行资格审查，颁发执业证和执业印章。

第二十七条　安全监管总局对准予注册以及注销注册、撤销注册、吊销执业证的人员名单向社会公告，接受社会监督。

第二十八条　对注册安全工程师的执业活动，安全生产监督管理部门、煤矿安全监察机构和有关主管部门应当进行监督检查。

第七章　罚　　则

第二十九条　安全生产监督管理部门、煤矿安全监察机构或者有关主管部门发现申请人、聘用单位隐瞒有关情况或者提供虚假材料申请注册的，应当不予受理或者不予注册；申请人一年内不得再次申请注册。

第三十条　未经注册擅自以注册安全工程师名义执业的，由县级以上安全生产监督管理部门、有关主管部门或者煤矿安全监察机构责令其停止违法活动，没收违法所得，并处三万元以下的罚款；造成损失的，依法承担赔偿责任。

第三十一条　注册安全工程师以欺骗、贿赂等不正当手段取得执业证的，由县级以上安全生产监督管理部门、有关主管部门或者煤矿安全监察机构处三万元以下的罚款；由执业证颁发机关撤销其注册，当事人三年内不得再次申请注册。

第三十二条　注册安全工程师有下列行为之一的，由县级以上安全生产监督管理部门、有关主管部门或者煤矿安全监察机构处三万元以下的罚款；由执业证颁发机关吊销其执业证，当事人五年内不得再次申请注册；造成损失的，依法承担赔偿责任；

构成犯罪的，依法追究刑事责任：

（一）准许他人以本人名义执业的；

（二）以个人名义承接业务、收取费用的；

（三）出租、出借、涂改、变造执业证和执业印章的；

（四）泄漏执业过程中应当保守的秘密并造成严重后果的；

（五）利用执业之便，贪污、索贿、受贿或者谋取不正当利益的；

（六）提供虚假执业活动成果的；

（七）超出执业范围或者聘用单位业务范围从事执业活动的；

（八）法律、法规、规章规定的其他违法行为。

第三十三条 在注册工作中，工作人员有下列行为之一的，依照有关规定给予行政处分：

（一）利用职务之便，索取或者收受他人财物或者谋取不正当利益的；

（二）对发现不符合条件的申请人准予注册的；

（三）对符合条件的申请人不予注册的。

第八章 附 则

第三十四条 获准在中华人民共和国境内就业的外籍人员及香港特别行政区、澳门特别行政区、台湾地区的专业人员，符合本规定要求的，按照本规定执行。

第三十五条 本规定自2007年3月1日起施行。原国家安全生产监督管理局2004年公布的《注册安全工程师注册管理办法》同时废止。

安全生产监管监察部门信息公开办法

（2012年9月21日国家安全生产监督管理总局令第56号公布）

第一章 总 则

第一条 为了深化政务公开，加强政务服务，保障公民、法人和其他组织依法获取安全生产监管监察部门信息，促进依法行政，依据《中华人民共和国政府信息公开条例》（以下简称《政府信息公开条例》）和有关法律、行政法规的规定，制定本办法。

第二条 安全生产监督管理部门、煤矿安全监察机构（以下统称安全生产监管监察部门）公开本部门信息，适用本办法。

第三条 本办法所称安全生产监管监察部门信息（以下简称信息），是指安全生产监管监察部门在依法履行安全生产监管监察职责过程中，制作或者获取的，以一定形式记录、保存的信息。

第四条　安全生产监管监察部门应当加强对信息公开工作的组织领导，建立健全安全生产政府信息公开制度。

第五条　安全生产监管监察部门应当指定专门机构负责本部门信息公开的日常工作，具体职责是：

（一）组织制定本部门信息公开的制度；

（二）组织编制本部门信息公开指南、公开目录和公开工作年度报告；

（三）组织、协调本部门内设机构的信息公开工作；

（四）组织维护和更新本部门已经公开的信息；

（五）统一受理和答复向本部门提出的信息公开申请；

（六）负责对拟公开信息的保密审查工作进行程序审核；

（七）本部门规定与信息公开有关的其他职责。

安全生产监管监察部门的其他内设机构应当依照本办法的规定，负责审核并主动公开本机构有关信息，并配合协助前款规定的专门机构做好本部门信息公开工作。

第六条　安全生产监管监察部门应当依据有关法律、行政法规的规定加强对信息公开工作的保密审查，确保国家秘密信息安全。

第七条　安全生产监管监察部门负责行政监察的机构应当加强对本部门信息公开工作的监督检查。

第八条　安全生产监管监察部门应当建立健全信息公开的协调机制。安全生产监管监察部门拟发布的信息涉及其他行政机关或者与其他行政机关联合制作的，应当由负责发布信息的内设机构与其他行政机关进行沟通、确认，确保信息发布及时、准确。

安全生产监管监察部门拟发布的信息依照国家有关规定需要批准的，未经批准不得发布。

第九条　安全生产监管监察部门应当遵循依法、公正、公开、便民的原则，及时、准确地公开信息，但危及国家安全、公共安全、经济安全和社会稳定的信息除外。

安全生产监管监察部门发现影响或者可能影响社会稳定、扰乱安全生产秩序的虚假或者不完整信息的，应当按照实事求是和审慎处理的原则，在职责范围内发布准确的信息予以澄清，及时回应社会关切，正确引导社会舆论。

第二章　公　开　范　围

第十条　安全生产监管监察部门应当依照《政府信息公开条例》第九条的规定，在本部门职责范围内确定主动公开的信息的具体内容，并重点公开下列信息：

（一）本部门基本信息，包括职能、内设机构、负责人姓名、办公地点、办事程序、联系方式等；

（二）安全生产法律、法规、规章、标准和规范性文件；

（三）安全生产的专项规划及相关政策；

（四）安全生产行政许可的事项、负责承办的内设机构、依据、条件、数量、程序、期限以及申请行政许可需要提交的全部材料的目录及办理情况；

（五）行政事业性收费的项目、依据、标准；

（六）地方人民政府规定需要主动公开的财政信息；

（七）开展安全生产监督检查的情况；

（八）生产安全事故的发生情况，社会影响较大的生产安全事故的应急处置和救援情况，经过有关人民政府或者主管部门依法批复的事故调查和处理情况；

（九）法律、法规和规章规定应当公开的其他信息。

安全生产有关决策、规定或者规划、计划、方案等，涉及公民、法人和其他组织切身利益或者有重大社会影响的，在决策前应当广泛征求有关公民、法人和其他组织的意见，并以适当方式反馈或者公布意见采纳情况。

第十一条 除本办法第十条规定应当主动公开的信息外，公民、法人或者其他组织可以根据自身生产、生活、科研等特殊需要，申请获取相关信息。

公民、法人或者其他组织使用安全生产监管监察部门公开的信息，不得损害国家利益、公共利益和他人的合法权益。

第十二条 安全生产监管监察部门的下列信息不予公开：

（一）涉及国家秘密以及危及国家安全、公共安全、经济安全和社会稳定的；

（二）属于商业秘密或者公开后可能导致商业秘密被泄露的；

（三）属于个人隐私或者公开后可能导致对个人隐私权造成侵害的；

（四）在日常工作中制作或者获取的内部管理信息；

（五）尚未形成，需要进行汇总、加工、重新制作（作区分处理的除外），或者需要向其他行政机关、公民、法人或者其他组织搜集的信息；

（六）处于讨论、研究或者审查中的过程性信息；

（七）依照法律、法规和国务院规定不予公开的其他信息。

安全生产监管监察部门有证据证明与申请人生产、生活、科研等特殊需要无关的信息，可以不予提供。

与安全生产行政执法有关的信息，公开后可能影响检查、调查、取证等安全生产行政执法活动，或者危及公民、法人和其他组织人身或者财产安全的，安全生产监管监察部门可以暂时不予公开。在行政执法活动结束后，再依照本办法的规定予以公开。

涉及商业秘密、个人隐私，经权利人同意公开，或者安全生产监管监察部门认为不公开可能对公共利益造成重大影响的信息，可以予以公开。

第三章 公开方式和程序

第十三条 安全生产监管监察部门应当通过政府网站、公报、新闻发布会或者报刊、广播、电视等便于公众知晓的方式主动公开本办法第十条规定的信息，并依照《政府信息公开条例》的规定及时向当地档案馆和公共图书馆提供主动公开的信息。具体办法由安全生产监管监察部门与当地档案馆、公共图书馆协商制定。

安全生产监管监察部门可以根据需要，在办公地点设立信息查阅室、信息公告栏、电子信息屏等场所、设施公开信息。

第十四条 安全生产监管监察部门制作的信息，由制作该信息的部门负责公开；安全生产监管监察部门从公民、法人或者其他组织获取的信息，由保存该信息的行政机关负责公开。法律、法规对政府信息公开的权限另有规定的，从其规定。

第十五条 安全生产监管监察部门在制作信息时，应当明确该信息的公开属性，包括主动公开、依申请公开或者不予公开。

对于需要主动公开的信息，安全生产监管监察部门应当自该信息形成或者变更之日起20个工作日内予以公开。法律、法规对公开期限另有规定的，从其规定。

第十六条 公民、法人或者其他组织依照本办法第十一条的规定申请获取信息的，应当按照“一事一申请”的原则填写《信息公开申请表》，向安全生产监管监察部门提出申请；填写《信息公开申请表》确有困难的，申请人可以口头提出，由受理该申请的安全生产监管监察部门代为填写，申请人签字确认。

第十七条 安全生产监管监察部门收到《信息公开申请表》后，负责信息公开的专门机构应当进行审查，符合要求的，予以受理，并在收到《信息公开申请表》之日起3个工作日内向申请人出具申请登记回执；不予受理的，应当书面告知申请人不予受理的理由。

第十八条 安全生产监管监察部门受理信息公开申请后，负责信息公开的专门机构能够当场答复的，应当当场答复；不能够当场答复的，应当及时转送本部门相关内设机构办理。

安全生产监管监察部门受理的信息公开申请，应当自收到《信息公开申请表》之日起15个工作日内按照本办法第十九条的规定予以答复；不能在15个工作日内作出答复的，经本部门负责信息公开的专门机构负责人同意，可以适当延长答复期限，并书面告知申请人，延长答复的期限最长不得超过15个工作日。

申请获取的信息涉及第三方权益的，受理申请的安全生产监管监察部门征求第三方意见所需时间不计算在前款规定的期限内。

第十九条 对于已经受理的信息公开申请，安全生产监管监察部门应当根据下列情况分别予以答复：

（一）属于本部门信息公开范围的，应当书面告知申请人获取该信息的方式、途径，或者直接向申请人提供该信息；

（二）属于不予公开范围的，应当书面告知申请人不予公开的理由、依据；

（三）依法不属于本部门职能范围或者信息不存在的，应当书面告知申请人，对能够确定该信息的公开机关的，应当告知申请人该行政机关的名称和联系方式；

（四）申请内容不明确的，应当书面告知申请人作出更改、补充。

申请获取的信息中含有不应当公开的内容，但是能够作区分处理的，安全生产监管监察部门应当向申请人提供可以公开的信息内容。

第二十条 申请获取的信息涉及商业秘密、个人隐私，或者公开后可能损害第三方合法权益的，受理申请的安全生产监管监察部门应当书面征求第三方的意见。第三方不同意公开的，不得公开；但是，受理申请的安全生产监管监察部门认为不公开可能对公共利益造成重大影响的，应当予以公开，并将决定公开的信息内容和理由书面通知第三方。

第二十一条 公民、法人和其他组织有证据证明与其自身相关的信息不准确的，有权要求更正。受理申请的安全生产监管监察部门经核实后，应当予以更正，并将更正后的信息书面告知申请人；无权更正的，应当转送有权更正的部门或者其他行政机关处理，并告知申请人。

第二十二条 对于依申请公开的信息，安全生产监管监察部门应当按照申请人要求的形式予以提供；无法按照申请人要求的形式提供的，可以通过安排申请人查阅相关资料、提供复制件或者其他适当的形式提供。

第二十三条 安全生产监管监察部门依申请提供信息，除可以按照国家规定的标准向申请人收取检索、复制、邮寄等成本费用外，不得收取其他费用。

申请获取信息的公民确有经济困难的，经本人申请、安全生产监管监察部门负责信息公开的专门机构负责人审核同意，可以减免相关费用。

第四章 监督与保障

第二十四条 安全生产监管监察部门应当建立健全信息发布保密审查制度，明确保密审查的人员、方法、程序和责任。

安全生产监管监察部门在公开信息前，应当依照《中华人民共和国保守国家秘密法》《安全生产工作国家秘密范围的规定》等法律、行政法规和有关保密制度，对拟公开的信息进行保密审查。

安全生产监管监察部门在保密审查过程中不能确定是否涉及国家秘密的，应当说明信息来源和本部门的保密审查意见，报上级安全生产监管监察部门或者本级保密行政管理部门确定。

第二十五条 安全生产监管监察部门应当编制、公布本部门信息公开指南及信息公开目录，并及时更新。

信息公开指南应当包括信息的分类、编排体系、获取方式和信息公开专门机构的名称、办公地址、办公时间、联系电话、传真号码、电子邮箱等内容。

信息公开目录应当包括信息的索引、名称、信息内容概述、生成日期、公开时间等内容。

第二十六条 安全生产监管监察部门应当建立健全信息公开工作考核制度、社会评议制度和责任追究制度，定期对信息公开工作进行考核、评议。

第二十七条 安全生产监管监察部门应当于每年3月31日前公布本部门上一年度信息公开工作年度报告。年度报告应当包括下列内容：

（一）本部门主动公开信息的情况；

（二）本部门依申请公开信息和不予公开信息的情况；

（三）信息公开工作的收费及减免情况；

（四）因信息公开申请行政复议、提起行政诉讼的情况；

（五）信息公开工作存在的主要问题及改进情况；

（六）其他需要报告的事项。

第二十八条 公民、法人或者其他组织认为安全生产监管监察部门不依法履行信息公开义务的，可以向上级安全生产监管监察部门举报。收到举报的安全生产监管监察部门应当依照《信访条例》的规定予以处理，督促被举报的安全生产监管监察部门依法履行信息公开义务。

第二十九条 公民、法人或者其他组织认为信息公开工作中的具体行政行为侵犯其合法权益的，可以依法申请行政复议或者提起行政诉讼。

第三十条 安全生产监管监察部门及其工作人员违反本办法的规定，有下列情形之一的，由本部门负责行政监察的机构或者其上级安全生产监管监察部门责令改正；情节严重的，对部门主要负责人、直接负责的主管人员和其他直接责任人员依法给予处分；构成犯罪的，依法追究刑事责任：

（一）不依法履行信息公开义务的；

（二）不及时更新公开的信息内容、信息公开指南和信息公开目录的；

（三）违反规定收取费用的；

（四）通过其他组织、个人以有偿服务方式提供信息的；

（五）公开不应当公开的信息的；

（六）故意提供虚假信息的；

（七）违反有关法律法规和本办法规定的其他行为。

第五章　附　　则

第三十一条 国家安全生产监督管理总局管理的具有行政职能的事业单位的有关信息公开，参照本办法执行。

第三十二条 本办法自2012年11月1日起施行。

安全生产行政处罚自由裁量适用规则（试行）

（2010年7月15日国家安全生产监督管理总局令第31号公布）

第一章　总　　则

第一条 为了正确适用安全生产法律、行政法规和部门规章，规范安全生产监督管理部门合法、适当地行使行政处罚自由裁量权，根据《行政处罚法》《安全生产法》《职业病防治法》等法律、行政法规和部门规章的规定，制定本规则。

第二条 县级以上安全生产监督管理部门或其委托实施行政处罚的组织或者机构（以下统称安全监管执法机关）依照安全生产法律、行政法规和部门规章作出行政处罚行使自由裁量权的，适用本规则；具体实施行政处罚需要自由裁量的，参照《安全生产行政处罚自由裁量标准》（以下简称《标准》）执行。

煤矿安全监察机构对煤矿安全生产违法行为作出行政处罚行使自由裁量权的，适用《煤矿安全监察行政处罚自由裁量实施标准（试行）》。

法律、行政法规和地方性法规对行政处罚自由裁量另有规定的，适用其规定；原国家安全监管局、国家安全监管总局公布的部门规章与本规则不一致的，适用本规则。

第三条　本规则所称的行政处罚自由裁量权，是指安全监管执法机关在对安全生产违法行为实施行政处罚时，根据立法目的和行政处罚的原则，在法律、行政法规和部门规章规定的行政处罚的种类和幅度内，综合考量违法的事实、性质、手段、后果、情节和改正措施等因素，正确、适当地确定行政处罚的种类、幅度或者作出不予行政处罚决定的选择适用权限。

第四条　各级安全监管执法机关应当加强对各自管辖范围内安全生产行政处罚自由裁量行为的监督检查。

上级安全监管执法机关有权对下级安全监管执法机关违法或者不当的行政处罚予以纠正或者撤销。

第二章　行政处罚自由裁量的考量原则

第五条　行使行政处罚自由裁量权，应当遵循程序法定原则，严格遵守法律、行政法规和部门规章规定的程序。

第六条　行使行政处罚自由裁量权，应当遵循合法、公平、公正、公开的原则，过罚相当的原则和处罚与教育相结合的原则，依法维护公民、法人和其他组织的合法权益，确保行政处罚自由裁量权行使的合法性和合理性。

第七条　行使行政处罚自由裁量权，应当以事实为依据、以法律为准绳，全面分析违法行为的主体、客体、主观方面、客观方面等因素，综合裁量，合理确定应否给予行政处罚或者应当给予行政处罚的种类、幅度。给予行政处罚的种类、幅度应当与违法行为的事实、性质、情节、认知态度以及社会危害程度相当。

对同一类违法主体实施的性质相同、情节相近或者相似、危害后果基本相当的违法行为，在行使行政处罚自由裁量权时，适用的法律依据、处罚种类应当基本一致，处罚幅度应当基本相当。

第八条　同一个违法行为违反不同法律、行政法规或者部门规章规定的，在适用具体法律条文时应当遵循下列原则：

（一）优先适用法律效力高的规定；

（二）法律效力相同，属于特别规定的优先适用；

（三）法律效力相同，生效时间在后的优先适用。

第九条　法律对同一个违法行为设定了行政处罚的，按照下列原则行使自由裁量权：

（一）同一法律规定实施某个违法行为应当（可以）处以罚款的行政处罚确定的，参照《标准》对其罚款幅度予以细化；

（二）同一法律规定实施某个违法行为应当（可以）处以不同种类（包括警告、没收违法所得、暂扣或者吊销许可证等）的行政处罚的，参照《标准》给予相应种类的行政处罚；

（三）同一法律规定实施某个违法行为根据情节轻重不同处以不同种类的行政处罚的，参照《标准》确定的情节给予相应种类的行政处罚。

第十条 生产经营单位及其有关人员违反不同的法律规定，或者违反同一条款的不同违法情形，有两个以上应当给予行政处罚的违法行为的，应当适用不同的法律规定或者同一法律条款规定的不同违法情形，分别裁量，合并处罚。

第三章 行政处罚自由裁量的适用规则

第十一条 法律、行政法规或者部门规章规定应当先予责令改正或者责令限期改正的，应当先予书面责令当事人在规定期限内予以改正；当事人逾期不改正的，再依法决定行政处罚。

第十二条 法律、行政法规或者部门规章规定的多种处罚应当并处的，不得选择适用；规定可以并处的，可以选择适用。

法律、行政法规或者部门规章明确规定的处罚种类可以单处也可以并处的，可以选择适用，但应分清主罚项和次罚项。

法律、行政法规规定应当先予没收物品、没收违法所得，再作其他处罚的，不得直接选择适用其他处罚。

第十三条 法律、行政法规或者部门规章已经规定处罚种类的，实施自由裁量权时，不得改变行政处罚种类；对当事人实施罚款的，其罚款额不得高于法律、行政法规或者部门规章规定数额的上限，也不得低于其规定数额的下限。

第十四条 当事人有下列情形之一的，应当依法从轻处罚：

（一）已满14周岁不满18周岁的公民实施安全生产违法行为的；

（二）主动消除或者减轻安全生产违法行为危害后果的；

（三）受他人胁迫实施安全生产违法行为的；

（四）配合安全监管执法机关查处安全生产违法行为，有立功表现的；

（五）主动投案，向安全监管执法机关如实交待自己的违法行为的；

（六）具有法律、行政法规规定的其他从轻处罚情形的。

有从轻处罚情节的，应当在法定处罚幅度的中档以下确定行政处罚标准，但不得低于法定处罚幅度的下限。

本条第一款第（四）项所称的立功表现，是指当事人有揭发他人安全生产违法行为，并经查证属实；或者提供查处其他安全生产违法行为的重要线索，并经查证属实；或者阻止他人实施安全生产违法行为；或者协助司法机关抓捕其他违法犯罪嫌疑人的行为。

第十五条 当事人有下列情形之一的，应当依法从重处罚：

（一）危及公共安全或者其他生产经营单位及其人员安全，经责令限期改正，逾期未改正的；

（二）一年内因同一种安全生产违法行为受到两次以上行政处罚的；

（三）拒不整改或者整改不力，其违法行为处于持续状态的；

（四）拒绝、阻碍或者以暴力威胁行政执法人员的；

（五）在处置突发事件期间实施安全生产违法行为的；

（六）隐匿、销毁违法行为证据的；

（七）违法行为情节恶劣，造成人身死亡（重伤、急性工业中毒）或者严重社会影响的；

（八）故意实施违法行为的；

（九）对举报人、证人打击报复的；

（十）未依法排查治理事故隐患的；

（十一）发生生产安全事故后逃匿或者瞒报、谎报的；

（十二）具有法律、行政法规规定的其他从重处罚情形的。

有从重处罚情节的，应当在法定处罚幅度内选择较高或者最高幅度确定处罚标准，但不得高于法定处罚幅度上限。

第十六条 当事人有下列情形之一的，不予处罚：

（一）证据不足，安全生产违法事实不能成立的；

（二）安全生产违法行为轻微并及时纠正，没有造成危害后果的；

（三）不满14周岁的公民实施安全生产违法行为的；

（四）精神病人在不能辨认或者不能控制自己行为时实施安全生产违法行为的；

（五）安全生产违法行为在两年内未被发现的，法律另有规定的除外；

（六）具有法律、行政法规、部门规章规定的其他情形的。

前款第五项规定的期限，从违法行为发生之日起计算，违法行为有连续或者继续状态的，从行为终了之日起计算。

第十七条 《标准》所称的违法所得，按照下列规定计算：

（一）生产、加工产品的，以生产、加工的产品及其销售收入作为违法所得；

（二）销售商品的，以销售收入作为违法所得；

（三）提供安全生产中介、租赁等服务的，以服务收入或者报酬作为违法所得；

（四）销售收入无法计算的，按照当地同类同等规模的生产经营单位的平均销售收入计算；

（五）服务收入、报酬无法计算的，按照当地同行业同种服务的平均收入或者报酬计算。

第四章 行政处罚自由裁量的审核与监督

第十八条 除当场行政处罚外，行政处罚自由裁量结果实行审核制度。

案件调查终结后，案件承办人员应当对拟作出行政处罚的种类和幅度提出建议，并说明行使自由裁量权的事实、理由和依据；案件审核人员应当对处罚依据、额度等提出审核意见，并将审核意见报送安全监管执法机关负责人审查决定；安全监管执法机关已经成立行政处罚案件审核委员会的，审核意见报案件审核委员会审查决定。

对安全生产违法行为给予从轻或者从重处罚的自由裁量结果，应当由安全监管执法机关的负责人集体讨论决定。

第十九条 行政处罚案件实行备案审查制度。

各级安全监管执法机关负责法制工作的机构负责本机关行政处罚案件的备案审查工作，对各类安全生产行政处罚案件的实体内容、执法程序、自由裁量的合法性、适当性以及相关证据进行事后审查，并定期对行政执法案卷进行复查和监督。

第二十条 行使安全生产行政处罚自由裁量权的裁量结果应当公开，允许社会公众查阅，但涉及国家秘密、商业秘密或者个人隐私的除外。

第二十一条 行政监察机关对安全监管执法机关及其工作人员行使行政处罚自由裁量权实施监察。

安全监管执法机关及其工作人员行使行政处罚自由裁量权明显不当的，必须及时予以纠正；对有关责任人员依照《安全生产监管监察职责和行政执法责任追究的暂行规定》处理。

第五章 附 则

第二十二条 违反《安全生产法》有关规定发生生产安全事故，应当给予生产经营单位的主要负责人、个人经营的投资人和其他责任人员罚款的，依照《安全生产法》第八十条、第八十一条的规定处罚。

违反《安全生产法》以外的有关法律、行政法规、部门规章的规定发生生产安全事故，应当给予生产经营单位的主要负责人、个人经营的投资人和其他责任人员罚款的，依照《生产安全事故报告和调查处理条例》的规定处罚。

第二十三条 行政处罚自由裁量审查和备案审查的具体办法，由地方各级安全监管执法机关根据本机关实际制定，并报上一级安全监管执法机关备案。

第二十四条 安全生产违法行为涉嫌构成刑事犯罪的，应当依据规定程序移交司法机关，不得以罚代刑。

第二十五条 本规则自2010年10月1日起施行。

生产安全事故信息报告和处置办法

（2009年6月16日国家安全生产监督管理总局令第21号公布）

第一章 总 则

第一条 为了规范生产安全事故信息的报告和处置工作，根据《安全生产法》

《生产安全事故报告和调查处理条例》等有关法律、行政法规，制定本办法。

第二条 生产经营单位报告生产安全事故信息和安全生产监督管理部门、煤矿安全监察机构对生产安全事故信息的报告和处置工作，适用本办法。

第三条 本办法规定的应当报告和处置的生产安全事故信息（以下简称事故信息），是指已经发生的生产安全事故和较大涉险事故的信息。

第四条 事故信息的报告应当及时、准确和完整，信息的处置应当遵循快速高效、协同配合、分级负责的原则。

安全生产监督管理部门负责各类生产经营单位的事故信息报告和处置工作。煤矿安全监察机构负责煤矿的事故信息报告和处置工作。

第五条 安全生产监督管理部门、煤矿安全监察机构应当建立事故信息报告和处置制度，设立事故信息调度机构，实行24小时不间断调度值班，并向社会公布值班电话，受理事故信息报告和举报。

第二章 事故信息的报告

第六条 生产经营单位发生生产安全事故或者较大涉险事故，其单位负责人接到事故信息报告后应当于1小时内报告事故发生地县级安全生产监督管理部门、煤矿安全监察分局。

发生较大以上生产安全事故的，事故发生单位在依照第一款规定报告的同时，应当在1小时内报告省级安全生产监督管理部门、省级煤矿安全监察机构。

发生重大、特别重大生产安全事故的，事故发生单位在依照本条第一款、第二款规定报告的同时，可以立即报告国家安全生产监督管理总局、国家煤矿安全监察局。

第七条 安全生产监督管理部门、煤矿安全监察机构接到事故发生单位的事故信息报告后，应当按照下列规定上报事故情况，同时书面通知同级公安机关、劳动保障部门、工会、人民检察院和有关部门：

（一）一般事故和较大涉险事故逐级上报至设区的市级安全生产监督管理部门、省级煤矿安全监察机构；

（二）较大事故逐级上报至省级安全生产监督管理部门、省级煤矿安全监察机构；

（三）重大事故、特别重大事故逐级上报至国家安全生产监督管理总局、国家煤矿安全监察局。

前款规定的逐级上报，每一级上报时间不得超过2小时。安全生产监督管理部门依照前款规定上报事故情况时，应当同时报告本级人民政府。

第八条 发生较大生产安全事故或者社会影响重大的事故的，县级、市级安全生产监督管理部门或者煤矿安全监察分局接到事故报告后，在依照本办法第七条规定逐级上报的同时，应当在1小时内先用电话快报省级安全生产监督管理部门、省级煤矿安全监察机构，随后补报文字报告；乡镇安监站（办）可以根据事故情况越级直接报告省级安全生产监督管理部门、省级煤矿安全监察机构。

第九条 发生重大、特别重大生产安全事故或者社会影响恶劣的事故的，县级、市级安全生产监督管理部门或者煤矿安全监察分局接到事故报告后，在依照本办法

第七条规定逐级上报的同时，应当在1小时内先用电话快报省级安全生产监督管理部门、省级煤矿安全监察机构，随后补报文字报告；必要时，可以直接用电话报告国家安全生产监督管理总局、国家煤矿安全监察局。

省级安全生产监督管理部门、省级煤矿安全监察机构接到事故报告后，应当在1小时内先用电话快报国家安全生产监督管理总局、国家煤矿安全监察局，随后补报文字报告。

国家安全生产监督管理总局、国家煤矿安全监察局接到事故报告后，应当在1小时内先用电话快报国务院总值班室，随后补报文字报告。

第十条 报告事故信息，应当包括下列内容：

（一）事故发生单位的名称、地址、性质、产能等基本情况；

（二）事故发生的时间、地点以及事故现场情况；

（三）事故的简要经过（包括应急救援情况）；

（四）事故已经造成或者可能造成的伤亡人数（包括下落不明、涉险的人数）和初步估计的直接经济损失；

（五）已经采取的措施；

（六）其他应当报告的情况。

使用电话快报，应当包括下列内容：

（一）事故发生单位的名称、地址、性质；

（二）事故发生的时间、地点；

（三）事故已经造成或者可能造成的伤亡人数（包括下落不明、涉险的人数）。

第十一条 事故具体情况暂时不清楚的，负责事故报告的单位可以先报事故概况，随后补报事故全面情况。

事故信息报告后出现新情况的，负责事故报告的单位应当依照本办法第六条、第七条、第八条、第九条的规定及时续报。较大涉险事故、一般事故、较大事故每日至少续报1次；重大事故、特别重大事故每日至少续报2次。

自事故发生之日起30日内（道路交通、火灾事故自发生之日起7日内），事故造成的伤亡人数发生变化的，应于当日续报。

第十二条 安全生产监督管理部门、煤矿安全监察机构接到任何单位或者个人的事故信息举报后，应当立即与事故单位或者下一级安全生产监督管理部门、煤矿安全监察机构联系，并进行调查核实。

下一级安全生产监督管理部门、煤矿安全监察机构接到上级安全生产监督管理部门、煤矿安全监察机构的事故信息举报核查通知后，应当立即组织查证核实，并在2个月内向上一级安全生产监督管理部门、煤矿安全监察机构报告核实结果。

对发生较大涉险事故的，安全生产监督管理部门、煤矿安全监察机构依照本条第二款规定向上一级安全生产监督管理部门、煤矿安全监察机构报告核实结果；对发生生产安全事故的，安全生产监督管理部门、煤矿安全监察机构应当在5日内对事故情况进行初步查证，并将事故初步查证的简要情况报告上一级安全生产监督管理部门、煤矿安全监察机构，详细核实结果在2个月内报告。

第十三条 事故信息经初步查证后，负责查证的安全生产监督管理部门、煤矿安全监察机构应当立即报告本级人民政府和上一级安全生产监督管理部门、煤矿安全监察机构，并书面通知公安机关、劳动保障部门、工会、人民检察院和有关部门。

第十四条 安全生产监督管理部门与煤矿安全监察机构之间，安全生产监督管理部门、煤矿安全监察机构与其他负有安全生产监督管理职责的部门之间，应当建立有关事故信息的通报制度，及时沟通事故信息。

第十五条 对于事故信息的每周、每月、每年的统计报告，按照有关规定执行。

第三章 事故信息的处置

第十六条 安全生产监督管理部门、煤矿安全监察机构应当建立事故信息处置责任制，做好事故信息的核实、跟踪、分析、统计工作。

第十七条 发生生产安全事故或者较大涉险事故后，安全生产监督管理部门、煤矿安全监察机构应当立即研究、确定并组织实施相关处置措施。安全生产监督管理部门、煤矿安全监察机构负责人按照职责分工负责相关工作。

第十八条 安全生产监督管理部门、煤矿安全监察机构接到生产安全事故报告后，应当按照下列规定派员立即赶赴事故现场：

（一）发生一般事故的，县级安全生产监督管理部门、煤矿安全监察分局负责人立即赶赴事故现场；

（二）发生较大事故的，设区的市级安全生产监督管理部门、省级煤矿安全监察局负责人应当立即赶赴事故现场；

（三）发生重大事故的，省级安全监督管理部门、省级煤矿安全监察局负责人立即赶赴事故现场；

（四）发生特别重大事故的，国家安全生产监督管理总局、国家煤矿安全监察局负责人立即赶赴事故现场。

上级安全生产监督管理部门、煤矿安全监察机构认为必要的，可以派员赶赴事故现场。

第十九条 安全生产监督管理部门、煤矿安全监察机构负责人及其有关人员赶赴事故现场后，应当随时保持与本单位的联系。有关事故信息发生重大变化的，应当依照本办法有关规定及时向本单位或者上级安全生产监督管理部门、煤矿安全监察机构报告。

第二十条 安全生产监督管理部门、煤矿安全监察机构应当依照有关规定定期向社会公布事故信息。

任何单位和个人不得擅自发布事故信息。

第二十一条 安全生产监督管理部门、煤矿安全监察机构应当根据事故信息报告的情况，启动相应的应急救援预案，或者组织有关应急救援队伍协助地方人民政府开展应急救援工作。

第二十二条 安全生产监督管理部门、煤矿安全监察机构按照有关规定组织或者参加事故调查处理工作。

第四章　罚　　则

第二十三条　安全生产监督管理部门、煤矿安全监察机构及其工作人员未依法履行事故信息报告和处置职责的，依照有关规定予以处理。

第二十四条　生产经营单位及其有关人员对生产安全事故迟报、漏报、谎报或者瞒报的，依照有关规定予以处罚。

第二十五条　生产经营单位对较大涉险事故迟报、漏报、谎报或者瞒报的，给予警告，并处3万元以下的罚款。

第五章　附　　则

第二十六条　本办法所称的较大涉险事故是指：

（一）涉险10人以上的事故；

（二）造成3人以上被困或者下落不明的事故；

（三）紧急疏散人员500人以上的事故；

（四）因生产安全事故对环境造成严重污染（人员密集场所、生活水源、农田、河流、水库、湖泊等）的事故；

（五）危及重要场所和设施安全（电站、重要水利设施、危化品库、油气站和车站、码头、港口、机场及其他人员密集场所等）的事故；

（六）其他较大涉险事故。

第二十七条　省级安全生产监督管理部门、省级煤矿安全监察机构可以根据本办法的规定，制定具体的实施办法。

第二十八条　本办法自2009年7月1日起施行。

安全生产事故隐患排查治理暂行规定

（2007年12月28日国家安全生产监督管理总局令第16号公布）

第一章　总　　则

第一条　为了建立安全生产事故隐患排查治理长效机制，强化安全生产主体责任，加强事故隐患监督管理，防止和减少事故，保障人民群众生命财产安全，根据安全生产法等法律、行政法规，制定本规定。

第二条　生产经营单位安全生产事故隐患排查治理和安全生产监督管理部门、煤矿安全监察机构（以下统称安全监管监察部门）实施监管监察，适用本规定。

有关法律、行政法规对安全生产事故隐患排查治理另有规定的，依照其规定。

第三条 本规定所称安全生产事故隐患（以下简称事故隐患），是指生产经营单位违反安全生产法律、法规、规章、标准、规程和安全生产管理制度的规定，或者因其他因素在生产经营活动中存在可能导致事故发生的物的危险状态、人的不安全行为和管理上的缺陷。

事故隐患分为一般事故隐患和重大事故隐患。一般事故隐患，是指危害和整改难度较小，发现后能够立即整改排除的隐患。重大事故隐患，是指危害和整改难度较大，应当全部或者局部停产停业，并经过一定时间整改治理方能排除的隐患，或者因外部因素影响致使生产经营单位自身难以排除的隐患。

第四条 生产经营单位应当建立健全事故隐患排查治理制度。

生产经营单位主要负责人对本单位事故隐患排查治理工作全面负责。

第五条 各级安全监管监察部门按照职责对所辖区域内生产经营单位排查治理事故隐患工作依法实施综合监督管理；各级人民政府有关部门在各自职责范围内对生产经营单位排查治理事故隐患工作依法实施监督管理。

第六条 任何单位和个人发现事故隐患，均有权向安全监管监察部门和有关部门报告。

安全监管监察部门接到事故隐患报告后，应当按照职责分工立即组织核实并予以查处；发现所报告事故隐患应当由其他有关部门处理的，应当立即移送有关部门并记录备查。

第二章 生产经营单位的职责

第七条 生产经营单位应当依照法律、法规、规章、标准和规程的要求从事生产经营活动。严禁非法从事生产经营活动。

第八条 生产经营单位是事故隐患排查、治理和防控的责任主体。

生产经营单位应当建立健全事故隐患排查治理和建档监控等制度，逐级建立并落实从主要负责人到每个从业人员的隐患排查治理和监控责任制。

第九条 生产经营单位应当保证事故隐患排查治理所需的资金，建立资金使用专项制度。

第十条 生产经营单位应当定期组织安全生产管理人员、工程技术人员和其他相关人员排查本单位的事故隐患。对排查出的事故隐患，应当按照事故隐患的等级进行登记，建立事故隐患信息档案，并按照职责分工实施监控治理。

第十一条 生产经营单位应当建立事故隐患报告和举报奖励制度，鼓励、发动职工发现和排除事故隐患，鼓励社会公众举报。对发现、排除和举报事故隐患的有功人员，应当给予物质奖励和表彰。

第十二条 生产经营单位将生产经营项目、场所、设备发包、出租的，应当与承包、承租单位签订安全生产管理协议，并在协议中明确各方对事故隐患排查、治理和防控的管理职责。生产经营单位对承包、承租单位的事故隐患排查治理负有统一协调和监督管理的职责。

第十三条 安全监管监察部门和有关部门的监督检查人员依法履行事故隐患监督检查职责时，生产经营单位应当积极配合，不得拒绝和阻挠。

第十四条 生产经营单位应当每季、每年对本单位事故隐患排查治理情况进行统计分析，并分别于下一季度15日前和下一年1月31日前向安全监管监察部门和有关部门报送书面统计分析表。统计分析表应当由生产经营单位主要负责人签字。

对于重大事故隐患，生产经营单位除依照前款规定报送外，应当及时向安全监管监察部门和有关部门报告。重大事故隐患报告内容应当包括：

（一）隐患的现状及其产生原因；

（二）隐患的危害程度和整改难易程度分析；

（三）隐患的治理方案。

第十五条 对于一般事故隐患，由生产经营单位（车间、分厂、区队等）负责人或者有关人员立即组织整改。

对于重大事故隐患，由生产经营单位主要负责人组织制定并实施事故隐患治理方案。重大事故隐患治理方案应当包括以下内容：

（一）治理的目标和任务；

（二）采取的方法和措施；

（三）经费和物资的落实；

（四）负责治理的机构和人员；

（五）治理的时限和要求；

（六）安全措施和应急预案。

第十六条 生产经营单位在事故隐患治理过程中，应当采取相应的安全防范措施，防止事故发生。事故隐患排除前或者排除过程中无法保证安全的，应当从危险区域内撤出作业人员，并疏散可能危及的其他人员，设置警戒标志，暂时停产停业或者停止使用；对暂时难以停产或者停止使用的相关生产储存装置、设施、设备，应当加强维护和保养，防止事故发生。

第十七条 生产经营单位应当加强对自然灾害的预防。对于因自然灾害可能导致事故灾难的隐患，应当按照有关法律、法规、标准和本规定的要求排查治理，采取可靠的预防措施，制定应急预案。在接到有关自然灾害预报时，应当及时向下属单位发出预警通知；发生自然灾害可能危及生产经营单位和人员安全的情况时，应当采取撤离人员、停止作业、加强监测等安全措施，并及时向当地人民政府及其有关部门报告。

第十八条 地方人民政府或者安全监管监察部门及有关部门挂牌督办并责令全部或者局部停产停业治理的重大事故隐患，治理工作结束后，有条件的生产经营单位应当组织本单位的技术人员和专家对重大事故隐患的治理情况进行评估；其他生产经营单位应当委托具备相应资质的安全评价机构对重大事故隐患的治理情况进行评估。

经治理后符合安全生产条件的，生产经营单位应当向安全监管监察部门和有关部门提出恢复生产的书面申请，经安全监管监察部门和有关部门审查同意后，方可恢复生产经营。申请报告应当包括治理方案的内容、项目和安全评价机构出具的评价报告等。

第三章 监 督 管 理

第十九条 安全监管监察部门应当指导、监督生产经营单位按照有关法律、法规、规章、标准和规程的要求，建立健全事故隐患排查治理等各项制度。

第二十条 安全监管监察部门应当建立事故隐患排查治理监督检查制度，定期组织对生产经营单位事故隐患排查治理情况开展监督检查；应当加强对重点单位的事故隐患排查治理情况的监督检查。对检查过程中发现的重大事故隐患，应当下达整改指令书，并建立信息管理台账。必要时，报告同级人民政府并对重大事故隐患实行挂牌督办。

安全监管监察部门应当配合有关部门做好对生产经营单位事故隐患排查治理情况开展的监督检查，依法查处事故隐患排查治理的非法和违法行为及其责任者。

安全监管监察部门发现属于其他有关部门职责范围内的重大事故隐患的，应该及时将有关资料移送有管辖权的有关部门，并记录备查。

第二十一条 已经取得安全生产许可证的生产经营单位，在其被挂牌督办的重大事故隐患治理结束前，安全监管监察部门应当加强监督检查。必要时，可以提请原许可证颁发机关依法暂扣其安全生产许可证。

第二十二条 安全监管监察部门应当会同有关部门把重大事故隐患整改纳入重点行业领域的安全专项整治中加以治理，落实相应责任。

第二十三条 对挂牌督办并采取全部或者局部停产停业治理的重大事故隐患，安全监管监察部门收到生产经营单位恢复生产的申请报告后，应当在10日内进行现场审查。审查合格的，对事故隐患进行核销，同意恢复生产经营；审查不合格的，依法责令改正或者下达停产整改指令。对整改无望或者生产经营单位拒不执行整改指令的，依法实施行政处罚；不具备安全生产条件的，依法提请县级以上人民政府按照国务院规定的权限予以关闭。

第二十四条 安全监管监察部门应当每季将本行政区域重大事故隐患的排查治理情况和统计分析表逐级报至省级安全监管监察部门备案。

省级安全监管监察部门应当每半年将本行政区域重大事故隐患的排查治理情况和统计分析表报国家安全生产监督管理总局备案。

第四章 罚 则

第二十五条 生产经营单位及其主要负责人未履行事故隐患排查治理职责，导致发生生产安全事故的，依法给予行政处罚。

第二十六条 生产经营单位违反本规定，有下列行为之一的，由安全监管监察部门给予警告，并处三万元以下的罚款：

（一）未建立安全生产事故隐患排查治理等各项制度的；

（二）未按规定上报事故隐患排查治理统计分析表的；

（三）未制定事故隐患治理方案的；

（四）重大事故隐患不报或者未及时报告的；

（五）未对事故隐患进行排查治理擅自生产经营的；

（六）整改不合格或者未经安全监管监察部门审查同意擅自恢复生产经营的。

第二十七条 承担检测检验、安全评价的中介机构，出具虚假评价证明，尚不够刑事处罚的，没收违法所得，违法所得在五千元以上的，并处违法所得二倍以上五倍以下的罚款，没有违法所得或者违法所得不足五千元的，单处或者并处五千元以上二万元以下的罚款，同时可对其直接负责的主管人员和其他直接责任人员处五千元以上五万元以下的罚款；给他人造成损害的，与生产经营单位承担连带赔偿责任。

对有前款违法行为的机构，撤销其相应的资质。

第二十八条 生产经营单位事故隐患排查治理过程中违反有关安全生产法律、法规、规章、标准和规程规定的，依法给予行政处罚。

第二十九条 安全监管监察部门的工作人员未依法履行职责的，按照有关规定处理。

第五章　附　　则

第三十条 省级安全监管监察部门可以根据本规定，制定事故隐患排查治理和监督管理实施细则。

第三十一条 事业单位、人民团体以及其他经济组织的事故隐患排查治理，参照本规定执行。

第三十二条 本规定自2008年2月1日起施行。

安全生产行政复议规定

（2007年10月8日国家安全生产监督管理总局令第14号公布）

第一章　总　　则

第一条 为了规范安全生产行政复议工作，解决行政争议，根据《中华人民共和国行政复议法》和《中华人民共和国行政复议法实施条例》，制定本规定。

第二条 公民、法人或者其他组织认为安全生产监督管理部门、煤矿安全监察机构（以下统称安全监管监察部门）的具体行政行为侵犯其合法权益，向安全生产行政复议机关申请行政复议，安全生产行政复议机关受理行政复议申请，作出行政复议决定，适用本规定。

第三条 依法履行行政复议职责的安全监管监察部门是安全生产行政复议机关。

安全生产行政复议机关负责法制工作的机构是本机关的行政复议机构（以下简称安全生产行政复议机构）。

安全生产行政复议机关应当领导、支持本机关行政复议机构依法办理行政复议事项，并依照有关规定充实、配备专职行政复议人员，保证行政复议机构的办案能力与工作任务相适应。

第四条 国家安全生产监督管理总局办理行政复议案件按照下列程序，统一受理，分工负责：

（一）政策法规司按照本规定规定的期限，对行政复议申请进行初步审查，做出受理或者不予受理的决定。对决定受理的，将案卷材料转送相关业务司局分口承办；

（二）相关业务司局收到案卷材料后，应当在30日内了解核实有关情况，提出处理意见；

（三）政策法规司根据处理意见，在20日内拟定行政复议决定书，提交本局负责人集体讨论或者主管负责人审定；

（四）本局负责人集体讨论通过或者主管负责人同意后，政策法规司制作行政复议决定书，并送达申请人、被申请人和第三人。

国家煤矿安全监察局和省级及省级以下安全监管监察部门办理行政复议案件参照上述程序执行。

第二章 行政复议范围与管辖

第五条 公民、法人或者其他组织对安全监管监察部门作出的下列具体行政行为不服，可以申请行政复议：

（一）行政处罚决定；

（二）行政强制措施；

（三）行政许可的变更、中止、撤销、撤回等决定；

（四）认为符合法定条件，申请安全监管监察部门办理许可证、资格证等行政许可手续，安全监管监察部门没有依法办理的；

（五）认为安全监管监察部门违法收费或者违法要求履行义务的；

（六）认为安全监管监察部门其他具体行政行为侵犯其合法权益的。

第六条 公民、法人或者其他组织认为安全监管监察部门的具体行政行为所依据的规定不合法，在对具体行政行为申请行政复议时，可以依据行政复议法第七条的规定一并提出审查申请。

第七条 安全监管监察部门作出的下列行政行为，不属于安全生产行政复议范围：

（一）生产安全事故调查报告；

（二）不具有强制力的行政指导行为和信访答复行为；

（三）生产安全事故隐患认定；

（四）公告信息发布；

（五）法律、行政法规规定的非具体行政行为。

第八条 对县级以上地方人民政府安全生产监督管理部门作出的具体行政行为不

服的，可以向上一级安全生产监督管理部门申请行政复议，也可以向同级人民政府申请行政复议。已向同级人民政府提出行政复议申请，且同级人民政府已经受理的，上一级安全生产监督管理部门不再受理。

对国家安全生产监督管理总局作出的具体行政行为不服的，向国家安全生产监督管理总局申请行政复议。

第九条 对煤矿安全监察分局作出的具体行政行为不服的，向该分局所隶属的省级煤矿安全监察局申请行政复议。

对省级煤矿安全监察机构作出的具体行政行为不服的，向国家安全生产监督管理总局申请行政复议。

对国家煤矿安全监察局作出的具体行政行为不服的，向国家煤矿安全监察局申请行政复议。

第十条 安全监管监察部门设立的派出机构、内设机构或者其他组织，未经法律、行政法规授权，对外以自己名义作出具体行政行为的，该安全监管监察部门为被申请人。

第十一条 对安全监管监察部门依法委托的机构，以委托的安全监管监察部门名义作出的具体行政行为不服的，依照本规定第八条和第九条的规定申请行政复议。

第十二条 对安全监管监察部门与有关部门共同作出的具体行政行为不服的，可以向其共同的上一级行政机关申请行政复议。共同作出具体行政行为的安全监管监察部门与有关部门为共同被申请人。

对国家安全生产监督管理总局与国务院其他部门共同作出的具体行政行为不服的，可以向国家安全生产监督管理总局或者共同作出具体行政行为的其他任何一个部门提起行政复议申请，由作出具体行政行为的部门共同作出行政复议决定。

第十三条 下级安全监管监察部门依照法律、行政法规、规章规定，经上级安全监管监察部门批准作出具体行政行为的，批准机关为被申请人。

第三章 行政复议的申请与受理

第十四条 安全监管监察部门作出具体行政行为，依法应当向有关公民、法人或者其他组织送达法律文书而未送达的，视为该公民、法人或者其他组织不知道该具体行政行为。

安全监管监察部门作出的具体行政行为对公民、法人或者其他组织的权利、义务可能产生不利影响的，应当告知其申请行政复议的权利、行政复议机关和行政复议申请期限。

第十五条 行政复议可以书面申请，也可以当场口头申请。书面申请可以采取当面递交、邮寄或者传真等方式提出，并在行政复议申请书中载明《行政复议法实施条例》第十九条规定的事项。

当场口头申请的，安全生产行政复议机构应当按照第一款规定的事项，当场制作行政复议申请笔录交申请人核对或者向申请人宣读，并由申请人签字确认。

第十六条 安全生产行政复议机构应当自收到行政复议申请之日起3日内对复议

申请是否符合下列条件进行初步审查：

（一）有明确的申请人和被申请人；

（二）申请人与具体行政行为有利害关系；

（三）有具体的行政复议请求和事实依据；

（四）在法定申请期限内提出；

（五）属于本规定第五条规定的行政复议范围；

（六）属于收到行政复议申请的行政复议机关的职责范围；

（七）其他行政复议机关尚未受理同一行政复议申请，人民法院尚未受理同一主体就同一事实提起的行政诉讼。

第十七条 行政复议申请错列被申请人的，安全生产行政复议机构应当告知申请人变更被申请人。

第十八条 行政复议申请材料不齐全或者表述不清楚的，安全生产行政复议机构可以自收到该行政复议申请之日起5日内书面通知申请人补正。补正通知应当载明需要补正的事项和合理的补正期限。无正当理由逾期不补正的，视为申请人放弃行政复议申请。补正申请材料所用时间不计入行政复议审理期限。

第十九条 经初步审查后，安全生产行政复议机构应当自收到行政复议申请之日起5日内按下列规定作出处理：

（一）符合本规定第十六条规定的，予以受理，并制发行政复议受理决定书；

（二）不符合本规定第十六条规定的，决定不予受理，并制发行政复议申请不予受理决定书；

（三）不属于本机关职责范围的，应当告知申请人向有权受理的行政复议机关提出。

第二十条 行政复议期间，安全生产行政复议机构认为申请人以外的公民、法人或者其他组织与被审查的具体行政行为有利害关系的，可以通知其作为第三人参加行政复议。

行政复议期间，申请人以外的公民、法人或者其他组织与被审查的具体行政行为有利害关系的，可以向安全生产行政复议机构申请作为第三人参加行政复议。

第四章 行政复议的审理和决定

第二十一条 安全生产行政复议机构审理行政复议案件，应当由2名以上行政复议人员参加。

第二十二条 安全生产行政复议机构应当自行政复议申请受理之日起7日内，将行政复议申请书副本或者行政复议申请笔录复印件发送被申请人。

被申请人应当自收到申请书副本或者行政复议申请笔录复印件之日起10日内，按照复议机构要求的份数提出书面答复，并提交当初作出具体行政行为的证据、依据和其他有关材料。

被申请人书面答复应当载明下列事项，并加盖单位公章：

（一）作出具体行政行为的基本过程和情况；

（二）作出具体行政行为的事实依据和有关证据材料；

（三）作出具体行政行为所依据的法律、行政法规、规章和规范性文件的文号、具体条款和内容；

（四）对申请人复议请求的意见和理由；

（五）答复的年月日。

第二十三条 有下列情形之一的，被申请人经安全生产行政复议机构允许可以补充相关证据：

（一）在作出具体行政行为时已经收集证据，但因不可抗力等正当理由不能提供的；

（二）申请人或者第三人在行政复议过程中，提出了其在安全监管监察部门实施具体行政行为过程中没有提出的申辩理由或者证据的。

第二十四条 有下列情形之一的，申请人应当提供证明材料：

（一）认为被申请人不履行法定职责的，提供曾经要求被申请人履行法定职责而被申请人未履行的证明材料，但被申请人依法应当主动履行的除外；

（二）申请行政复议时一并提出行政赔偿请求的，提供受具体行政行为侵害而造成损害的证明材料；

（三）申请人自己主张的事实；

（四）法律、行政法规规定由申请人提供证据材料的其他情形。

第二十五条 申请人、被申请人、第三人应当对其提交的证据材料分类编号，对证据材料的来源、证明对象和内容作简要说明，并在证据材料上签字或者盖章，注明提交日期。

证据材料是复印件的，应当经复议机构核对无误，并注明原件存放的单位和处所。

第二十六条 行政复议原则上采取书面审理的方式，但对重大、复杂的案件，申请人提出要求或者安全生产行政复议机构认为必要时，可以采取听证的方式审理。

听证应当保障当事人平等的陈述、质证和辩论的权利。

第二十七条 安全生产行政复议机构采取听证的方式审理复议案件，应当制作听证笔录并载明下列事项：

（一）案由，听证的时间、地点；

（二）申请人、被申请人、第三人及其代理人的基本情况；

（三）听证主持人、听证员、书记员的姓名、职务等；

（四）申请人、被申请人、第三人争议的焦点问题，有关事实、证据和依据；

（五）其他应当记载的事项。

申请人、被申请人、第三人应当核对听证笔录并签字或者盖章。

第二十八条 安全生产行政复议机构认为必要时，可以实地调查核实证据。调查核实时，行政复议人员不得少于2人，并应当向当事人或者有关人员出示证件。

需要现场勘验的，现场勘验所用时间不计入行政复议审理期限。

第二十九条 安全生产行政复议期间涉及专门事项需要鉴定的，当事人可以自行委托鉴定机构进行鉴定，也可以申请行政复议机构委托鉴定机构进行鉴定。鉴定费用由当事人承担。鉴定所用时间不计入行政复议审理期限。

第三十条 申请人在行政复议决定作出前自愿撤回行政复议申请的，经行政复议机构同意，可以撤回。

申请人撤回行政复议申请的，不得以同一事实和理由再次提出行政复议申请。但是，申请人能够证明撤回行政复议申请违背其真实意思表示的除外。

第三十一条 行政复议申请由两个以上申请人共同提出，在行政复议决定作出前，部分申请人撤回行政复议申请的，安全生产行政复议机关应当就其他申请人未撤回的行政复议申请作出行政复议决定。

第三十二条 被申请人在复议期间改变原具体行政行为的，应当书面告知复议机构。

被申请人改变原具体行政行为，申请人撤回复议申请的，行政复议终止；申请人不撤回复议申请的，安全生产行政复议机关经审查认为原具体行政行为违法的，应当作出确认其违法的复议决定；认为原具体行政行为合法的，应当作出维持的复议决定。

第三十三条 公民、法人或者其他组织对安全监管监察部门行使法律、行政法规规定的自由裁量权作出的具体行政行为不服申请行政复议，申请人与被申请人在行政复议决定作出前自愿达成和解的，应当向安全生产行政复议机构提交书面和解协议；和解内容不损害社会公共利益和他人合法权益的，安全生产行政复议机构应当准许。

第三十四条 有下列情形之一的，安全生产行政复议机构可以按照自愿、合法的原则进行调解：

（一）公民、法人或者其他组织对安全监管监察部门行使法律、行政法规规定的自由裁量权作出的具体行政行为不服申请行政复议的；

（二）当事人之间的行政赔偿或者行政补偿的纠纷。

当事人经调解达成协议的，安全生产行政复议机关应当制作行政复议调解书。调解书应当载明行政复议请求、事实、理由和调解结果，并加盖安全生产行政复议机关印章。行政复议调解书经双方当事人签字，即具有法律效力。

调解未达成协议或者调解书生效前一方反悔的，安全生产行政复议机关应当及时作出行政复议决定。

第三十五条 安全生产行政复议机构应当对被申请人作出的具体行政行为进行审查，提出意见，经安全生产行政复议机关集体讨论通过或者负责人同意后，依法作出行政复议决定。

第三十六条 被申请人被责令重新作出具体行政行为的，应当在法律、行政法规、规章规定的期限内重新作出具体行政行为；法律、行政法规、规章未规定期限的，重新作出具体行政行为的期限为60日。

被申请人不得以同一事实和理由作出与原具体行政行为相同或者基本相同的具体行政行为。但因违反法定程序被责令重新作出具体行政行为的除外。

第三十七条 申请人在申请行政复议时一并提出行政赔偿请求，安全生产行政复议机关对符合国家赔偿法有关规定应当给予赔偿的，在决定撤销、变更具体行政行为或者确认具体行政行为违法时，应当同时决定被申请人依法给予赔偿。

申请人在申请行政复议时没有提出行政赔偿请求的，安全生产行政复议机关在依法决定撤销或者变更原具体行政行为确定的罚款以及对设备、设施、器材的扣押、查封等强制措施时，应当同时责令被申请人返还罚款，解除对设备、设施、器材的扣押、查封等强制措施。

第三十八条 安全生产行政复议机关在申请人的行政复议请求范围内，不得作出对申请人更为不利的行政复议决定。

第五章 附 则

第三十九条 安全生产行政复议机关及其工作人员和被申请人在安全生产行政复议工作中违反本规定的，依照行政复议法及其实施条例的规定，追究法律责任。

第四十条 行政复议期间的计算和行政复议文书的送达，依照民事诉讼法关于期间、送达的规定执行。

本规定关于行政复议期间有关“3日”“5日”“7日”的规定是指工作日，不含节假日。

第四十一条 安全生产行政复议案件审理完毕，案件承办人应当将案件材料在10日内立卷、归档。

下一级安全生产行政复议机关应当在作出行政复议决定之日起15日内将行政复议决定书报上一级安全生产行政复议机构备案。

第四十二条 安全监管行政复议机关办理行政复议案件，使用国家安全生产监督管理总局统一制定的文书式样。

煤矿安全监察行政复议机关办理行政复议案件，使用国家煤矿安全监察局统一制定的文书式样。

第四十三条 本规定自2007年11月1日起施行。原国家经济贸易委员会2003年2月18日公布的《安全生产行政复议暂行办法》和原国家安全生产监督管理局（国家煤矿安全监察局）2003年6月20日公布的《煤矿安全监察行政复议规定》同时废止。

安全生产监督罚款管理暂行办法

（2004年11月3日国家安全生产监督管理总局令第15号公布）

第一条 为加强安全生产监督罚款管理工作，依法实施安全生产综合监督管理，根据《安全生产法》《罚款决定与罚款收缴分离实施办法》和《财政部关于做好安全生产监督有关罚款收入管理工作的通知》等法律、法规和有关规定，制定本办法。

第二条 县级以上人民政府安全生产监督管理部门（以下简称安全生产监督管理部门）对生产经营单位及其有关人员在生产经营活动中违反安全生产的法律、行政法规、部门规章、国家标准、行业标准和规程的违法行为（以下简称安全生产违法行为）依法实施罚款，适用本办法。

第三条 安全生产监督罚款实行处罚决定与罚款收缴分离。

安全生产监督管理部门按照有关规定，对安全生产违法行为实施罚款，开具安全生产监督管理行政处罚决定书；被处罚人持安全生产监督管理部门开具的行政处罚决定书到指定的代收银行及其分支机构缴纳罚款。

罚款代收银行的确定以及会计科目的使用应严格按照财政部《罚款代收代缴管理办法》和其他有关规定办理。代收银行的代收手续费按照《财政部、中国人民银行关于代收罚款手续费有关问题的通知》的规定执行。

第四条 罚款票据使用省、自治区、直辖市财政部门统一印制的罚款收据，并由代收银行负责管理。

安全生产监督管理部门可领取小额罚款票据，并负责管理。罚没款票据的使用，应当符合罚款票据管理暂行规定。

尚未实行银行代收的罚款，由县级以上安全生产监督管理部门统一向同级财政部门购领罚款票据，并负责本单位罚款票据的管理。

第五条 安全生产监督罚款收入纳入同级财政预算，实行“收支两条线”管理。罚款缴库时间按照当地财政部门有关规定办理。

第六条 安全生产监督管理部门定期到代收银行索取缴款票据，据以登记统计，并和安全生产监督管理行政处罚决定书核对。

各地安全生产监督管理部门应于每季度终了后7日内将罚款统计表（格式附后）逐级上报。各省级安全生产监督管理部门应于每半年（年）终了后15日内将罚款统计表报国家安全生产监督管理局。

第七条 安全生产监督管理部门罚款收入的缴库情况，应接受同级财政部门的检查和监督。

第八条 安全生产监督罚款应严格执行国家有关罚款收支管理的规定，对违反“收支两条线”管理的机构和个人，依照《违反行政事业性收费和罚没收入收支两条线管理规定行政处分暂行规定》追究责任。

第九条 本办法自公布之日起施行。

冶金企业和有色金属企业安全生产规定

（2018年1月4日国家安全生产监督管理总局令第91号公布）

第一章 总 则

第一条 为了加强冶金企业和有色金属企业安全生产工作，预防和减少生产安全事故与职业病，保障从业人员安全健康，根据《中华人民共和国安全生产法》《中华人民共和国职业病防治法》，制定本规定。

第二条 冶金企业和有色金属企业（以下统称企业）的安全生产（含职业健康，下同）和监督管理，适用本规定。

机械铸造企业中金属冶炼活动的安全生产和监督管理参照本规定执行。

第三条 本规定所称冶金企业，是指从事黑色金属冶炼及压延加工业等生产活动的企业。

本规定所称有色金属企业，是指从事有色金属冶炼及压延加工业等生产活动的企业。

本规定所称金属冶炼，是指冶金企业和有色金属企业从事达到国家规定规模（体量）的高温熔融金属及熔渣（以下统称高温熔融金属）的生产活动。

黑色金属冶炼及压延加工业、有色金属冶炼及压延加工业的具体目录，由国家安全生产监督管理总局参照《国民经济行业分类》（GB/T 4754）制定并公布。

第四条 企业是安全生产的责任主体。企业所属不具备法人资格的分支机构的安全生产工作，由企业承担管理责任。

第五条 国家安全生产监督管理总局指导、监督全国冶金企业和有色金属企业安全生产工作。

县级以上地方人民政府安全生产监督管理部门和有关部门（以下统称负有冶金有色安全生产监管职责的部门）根据本级人民政府规定的职责，按照属地监管、分级负责的原则，对本行政区域内的冶金企业和有色金属企业的安全生产工作实施监督管理。

第二章 企业的安全生产保障

第六条 企业应当遵守有关安全生产法律、行政法规、规章和国家标准或者行业标准的规定。

企业应当建立安全风险管控和事故隐患排查治理双重预防机制，落实从主要负责人到每一名从业人员的安全风险管控和事故隐患排查治理责任制。

第七条 企业应当按照规定开展安全生产标准化建设工作，推进安全健康管理系统化、岗位操作行为规范化、设备设施本质安全化和作业环境器具定置化，并持续改进。

第八条 企业应当建立健全全员安全生产责任制，主要负责人（包括法定代表人和实际控制人，下同）是本企业安全生产的第一责任人，对本企业的安全生产工作全面负责；其他负责人对分管范围内的安全生产工作负责；各职能部门负责人对职责范围内的安全生产工作负责。

第九条 企业主要负责人应当每年向股东会或者职工代表大会报告本企业安全生产状况，接受股东和从业人员对安全生产工作的监督。

第十条 企业存在金属冶炼工艺，从业人员在一百人以上的，应当设置安全生产管理机构或者配备不低于从业人员千分之三的专职安全生产管理人员，但最低不少于三人；从业人员在一百人以下的，应当设置安全生产管理机构或者配备专职安全生产管理人员。

第十一条 企业主要负责人、安全生产管理人员应当接受安全生产教育和培训，具备与本企业生产经营活动相适应的安全生产知识和管理能力。其中，存在金属冶炼工艺的企业的主要负责人、安全生产管理人员自任职之日起六个月内，必须接受负有冶金有色安全生产监管职责的部门对其进行安全生产知识和管理能力考核，并考核合格。

企业应当按照国家有关规定对从业人员进行安全生产教育和培训，保证从业人员具备必要的安全生产知识，了解有关安全生产法律法规，熟悉本企业规章制度和安全技术操作规程，掌握本岗位安全操作技能，并建立培训档案，记录培训、考核等情况。未经安全生产教育培训合格的从业人员，不得上岗作业。

企业应当对新上岗从业人员进行厂（公司）、车间（职能部门）、班组三级安全生产教育和培训；对调整工作岗位、离岗半年以上重新上岗的从业人员，应当经车间（职能部门）、班组安全生产教育和培训合格后，方可上岗作业。

新工艺、新技术、新材料、新设备投入使用前，企业应当对有关操作岗位人员进行专门的安全生产教育和培训。

第十二条 企业从事煤气生产、储存、输送、使用、维护检修作业的特种作业人员必须依法经专门的安全技术培训，并经考核合格，取得《中华人民共和国特种作业操作证》后，方可上岗作业。

第十三条 企业新建、改建、扩建工程项目（以下统称建设项目）的安全设施和职业病防护设施应当严格执行国家有关安全生产、职业病防治法律、行政法规和国家标准或者行业标准的规定，并与主体工程同时设计、同时施工、同时投入生产和使用。安全设施和职业病防护设施的投资应当纳入建设项目概算。

第十四条 金属冶炼建设项目在可行性研究阶段，建设单位应当依法进行安全评价。

建设项目在初步设计阶段，建设单位应当委托具备国家规定资质的设计单位对其安全设施进行设计，并编制安全设施设计。

建设项目竣工投入生产或者使用前，建设单位应当按照有关规定进行安全设施竣工验收。

第十五条 国家安全生产监督管理总局负责实施国务院审批（核准、备案）的金属冶炼建设项目的安全设施设计审查。

省、自治区、直辖市人民政府负有冶金有色安全生产监管职责的部门对本行政区域内金属冶炼建设项目实施指导和监督管理，确定并公布本行政区域内有关部门对金属冶炼建设项目安全设施设计审查的管辖权限。

第十六条 企业应当对本企业存在的各类危险因素进行辨识，在有较大危险因素的场所和设施、设备上，按照有关国家标准、行业标准的要求设置安全警示标志，并定期进行检查维护。

对于辨识出的重大危险源，企业应当登记建档、监测监控，定期检测、评估，制定应急预案并定期开展应急演练。

企业应当将重大危险源及有关安全措施、应急预案报有关地方人民政府负有冶金有色安全生产监管职责的部门备案。

第十七条 企业应当建立应急救援组织。生产规模较小的，可以不建立应急救援组织，但应当指定兼职的应急救援人员，并且可以与邻近的应急救援队伍签订应急救援协议。

企业应当配备必要的应急救援器材、设备和物资，并进行经常性维护、保养，保证正常运转。

第十八条 企业应当采取有效措施预防、控制和消除职业病危害，保证工作场所的职业卫生条件符合法律、行政法规和国家标准或者行业标准的规定。

企业应当定期对工作场所存在的职业病危害因素进行检测、评价，检测结果应当在本企业醒目位置进行公布。

第十九条 企业应当按照有关规定加强职业健康监护工作，对接触职业病危害的从业人员，应当在上岗前、在岗期间和离岗时组织职业健康检查，将检查结果书面告知从业人员，并为其建立职业健康监护档案。

第二十条 企业应当加强对施工、检修等重点工程和生产经营项目、场所的承包单位的安全管理，不得将有关工程、项目、场所发包给不具备安全生产条件或者相应资质的单位。企业和承包单位的承包协议应当明确约定双方的安全生产责任和义务。

企业应当对承包单位的安全生产进行统一协调、管理，对从事检修工程的承包单位检修方案中的安全措施和应急处置措施进行审核，监督承包单位落实。

企业应当对承包检修作业现场进行安全交底，并安排专人负责安全检查和协调。

第二十一条 企业应当从合法的劳务公司录用劳务人员，并与劳务公司签订合同，对劳务人员进行统一的安全生产教育和培训。

第二十二条 企业的正常生产活动与其他单位的建设施工或者检修活动同时在本企业同一作业区域内进行的，企业应当指定专职安全生产管理人员负责作业现场的安全检查工作，对有关作业活动进行统一协调、管理。

第二十三条 企业应当建立健全设备设施安全管理制度，加强设备设施的检查、维护、保养和检修，确保设备设施安全运行。

对重要岗位的电气、机械等设备，企业应当实行操作牌制度。

第二十四条 企业不得使用不符合国家标准或者行业标准的技术、工艺和设备；对现有工艺、设备进行更新或者改造的，不得降低其安全技术性能。

第二十五条 企业的建（构）筑物应当按照国家标准或者行业标准规定，采取防火、防爆、防雷、防震、防腐蚀、隔热等防护措施，对承受重荷载、荷载发生变化或者受高温熔融金属喷溅、酸碱腐蚀等危害的建（构）筑物，应当定期对建（构）筑物结构进行安全检查。

第二十六条 企业对起重设备进行改造并增加荷重的，应当同时对承重厂房结构进行荷载核定，并对承重结构采取必要的加固措施，确保承重结构具有足够的承重能力。

第二十七条 企业的操作室、会议室、活动室、休息室、更衣室等场所不得设置在高温熔融金属吊运的影响范围内。进行高温熔融金属吊运时，吊罐（包）与大型槽体、高压设备、高压管路、压力容器的安全距离应当符合有关国家标准或者行业标准的规定，并采取有效的防护措施。

第二十八条 企业在进行高温熔融金属冶炼、保温、运输、吊运过程中，应当采取防止泄漏、喷溅、爆炸伤人的安全措施，其影响区域不得有非生产性积水。

高温熔融金属运输专用路线应当避开煤气、氧气、氢气、天然气、水管等管道及电缆；确需通过的，运输车辆与管道、电缆之间应当保持足够的安全距离，并采取有效的隔热措施。

严禁运输高温熔融金属的车辆在管道或者电缆下方，以及有易燃易爆物质的区域停留。

第二十九条 企业对电炉、电解车间应当采取防雨措施和有效的排水设施，防止雨水进入槽下地坪，确保电炉、电解槽下没有积水。

企业对电炉、铸造熔炼炉、保温炉、倾翻炉、铸机、流液槽、熔盐电解槽等设备，应当设置熔融金属紧急排放和储存的设施，并在设备周围设置拦挡围堰，防止熔融金属外流。

第三十条 吊运高温熔融金属的起重机，应当满足《起重机械安全技术监察规程—桥式起重机》（TSG Q0002）和《起重机械定期检验规则》（TSG Q7015）的要求。

企业应当定期对吊运、盛装熔融金属的吊具、罐体（本体、耳轴）进行安全检查和探伤检测。

第三十一条 生产、储存、使用煤气的企业应当建立煤气防护站（组），配备必要的煤气防护人员、煤气检测报警装置及防护设施，并且每年至少组织一次煤气事故应急演练。

第三十二条 生产、储存、使用煤气的企业应当严格执行《工业企业煤气安全规程》（GB 6222），在可能发生煤气泄漏、聚集的场所，设置固定式煤气检测报警仪和安全警示标志。

进入煤气区域作业的人员，应当携带便携式一氧化碳检测报警仪，配备空气呼吸器，并由企业安排专门人员进行安全管理。

煤气柜区域应当设有隔离围栏，安装在线监控设备，并由企业安排专门人员值守。煤气柜区域严禁烟火。

第三十三条 企业对涉及煤气、氧气、氢气等易燃易爆危险化学品生产、输送、使用、储存的设施以及油库、电缆隧道（沟）等重点防火部位，应当按照有关规定采取有效、可靠的防火、防爆和防泄漏措施。

企业对具有爆炸危险环境的场所，应当按照《爆炸性气体环境用电气设备》（GB 3836）及《爆炸危险环境电力装置设计规范》（GB 50058）设置自动检测报警和防灭火装置。

第三十四条 企业对反应槽、罐、池、釜和储液罐、酸洗槽应当采取防腐蚀措施，设置事故池，进行经常性安全检查、维护、保养，并定期检测，保证正常运转。

企业实施浸出、萃取作业时，应当采取防火防爆、防冒槽喷溅和防中毒等安全措施。

第三十五条 企业从事产生酸雾危害的电解作业时，应当采取防止酸雾扩散及槽体、厂房防腐措施。电解车间应当保持厂房通风良好，防止电解产生的氢气聚集。

第三十六条 企业在使用酸、碱的作业场所，应当采取防止人员灼伤的措施，并设置安全喷淋或者洗涤设施。

采用剧毒物品的电镀、钝化等作业，企业应当在电镀槽的下方设置事故池，并加强对剧毒物品的安全管理。

第三十七条 企业对生产过程中存在二氧化硫、氯气、砷化氢、氟化氢等有毒有害气体的工作场所，应当采取防止人员中毒的措施。

企业对存在铅、镉、铬、砷、汞等重金属蒸气、粉尘的作业场所，应当采取预防重金属中毒的措施。

第三十八条 企业应当建立有限空间、动火、高处作业、能源介质停送等较大危险作业和检修、维修作业审批制度，实施工作票（作业票）和操作票管理，严格履行内部审批手续，并安排专门人员进行现场安全管理，确保作业安全。

第三十九条 企业在生产装置复产前，应当组织安全检查，进行安全条件确认。

第三章　监　督　管　理

第四十条 负有冶金有色安全生产监管职责的部门应当依法加强对企业安全生产工作的监督检查，明确每个企业的安全生产监督管理主体，发现存在事故隐患的，应当及时处理；发现重大事故隐患的，实施挂牌督办。

第四十一条 负有冶金有色安全生产监管职责的部门应当将企业安全生产标准化建设、安全生产风险管控和隐患排查治理双重预防机制的建立情况纳入安全生产年度监督检查计划，并按照计划检查督促企业开展工作。

第四十二条 负有冶金有色安全生产监管职责的部门应当加强对监督检查人员的冶金和有色金属安全生产专业知识的培训，提高其行政执法能力。

第四十三条 负有冶金有色安全生产监管职责的部门应当为进入有限空间等特定作业场所进行监督检查的人员，配备必需的个体防护用品和监测检查仪器。

第四十四条 负有冶金有色安全生产监管职责的部门应当加强对本行政区域内企业应急预案的备案管理，并将重大事故应急救援纳入地方人民政府应急救援体系。

第四章　法　律　责　任

第四十五条 监督检查人员在对企业进行监督检查时，滥用职权、玩忽职守、徇私舞弊的，依照有关规定给予处分；构成犯罪的，依法追究刑事责任。

第四十六条 企业违反本规定第二十四条至第三十七条的规定，构成生产安全事故隐患的，责令立即消除或者限期消除事故隐患；企业拒不执行的，责令停产停业整顿，并处十万元以上五十万元以下的罚款，对其直接负责的主管人员和其他直接责任人员处二万元以上五万元以下的罚款。

第四十七条 企业违反本规定的其他违法行为，分别依照《中华人民共和国安全生产法》《中华人民共和国职业病防治法》等的规定追究法律责任。

第五章 附 则

第四十八条 本规定自2018年3月1日起施行。国家安全生产监督管理总局2009年9月8日公布的《冶金企业安全生产监督管理规定》（国家安全生产监督管理总局令第26号）同时废止。

烟花爆竹生产经营安全规定

（2018年1月15日国家安全生产监督管理总局令第93号公布）

第一章 总 则

第一条 为了加强烟花爆竹生产经营安全工作，预防和减少生产安全事故，根据《中华人民共和国安全生产法》和《烟花爆竹安全管理条例》等有关法律、行政法规，制定本规定。

第二条 烟花爆竹生产企业（以下简称生产企业）、烟花爆竹批发企业（以下简称批发企业）和烟花爆竹零售经营者（以下简称零售经营者）的安全生产及其监督管理，适用本规定。

生产企业、批发企业、零售经营者统称生产经营单位。

第三条 生产经营单位应当落实安全生产主体责任，其主要负责人（包括法定代表人、实际控制人，下同）是本单位安全生产工作的第一责任人，对本单位的安全生产工作全面负责。其他负责人在各自职责范围内对本单位安全生产工作负责。

第四条 县级以上地方人民政府安全生产监督管理部门按照属地监管、分类分级负责的原则，对本行政区域内生产经营单位安全生产工作实施监督管理。

地方各级人民政府安全生产监督管理部门在本级人民政府的统一领导下，按照职责分工，会同其他有关部门依法查处非法生产经营烟花爆竹行为。

第二章 生产经营单位的安全生产保障

第五条 生产经营单位应当具备有关法律、行政法规和国家标准或者行业标准规定的安全生产条件，并依法取得相应行政许可。

第六条 生产企业、批发企业应当建立健全全员安全生产责任制，建立健全安全生产工作责任体系，制定并落实符合法律、行政法规和国家标准或者行业标准的安全生产规章制度和操作规程。

第七条 生产企业、批发企业应当不断完善安全生产基础设施，持续保障和提升安全生产条件。

生产企业、批发企业的防雷设施应当经具有相应资质的机构设计、施工，确保符合相关国家标准或者行业标准的规定；防范静电危害的措施应当符合相关国家标准或者行业标准的规定。

生产企业、批发企业在工艺技术条件发生变化和扩大生产储存规模投入生产前，应当对企业的总体布局、工艺流程、危险性工（库）房、安全防护屏障、防火防雷防静电等基础设施进行安全评价。

新的国家标准、行业标准公布后，生产企业、批发企业应当对企业的总体布局、工艺流程、危险性工（库）房、安全防护屏障、防火防雷防静电等基础设施以及安全管理制度进行符合性检查，并依据新的国家标准、行业标准采取相应的改进、完善措施。

鼓励生产企业、批发企业制定并实施严于国家标准、行业标准的企业标准。

第八条 生产企业应当积极推进烟花爆竹生产工艺技术进步，采用本质安全、性能可靠、自动化程度高的机械设备和生产工艺，使用安全、环保的生产原材料。禁止使用国家明令禁止或者淘汰的生产工艺、机械设备及原材料。禁止从业人员自行携带工具、设备进入企业从事生产作业。

第九条 生产企业的涉药生产环节采用新工艺、使用新设备前，应当组织具有相应能力的机构、专家进行安全性能、安全技术要求论证。

第十条 生产企业、批发企业应当保证下列事项所需安全生产资金投入：

（一）安全设备设施维修维护；

（二）工（库）房按国家标准、行业标准规定的条件改造；

（三）重点部位和库房监控；

（四）安全风险管控与隐患排查治理；

（五）风险评估与安全评价；

（六）安全生产教育培训；

（七）劳动防护用品配备；

（八）应急救援器材和物资配备；

（九）应急救援训练及演练；

（十）投保安全生产责任保险等其他需要投入资金的安全生产事项。

第十一条 生产企业、批发企业的生产区、总仓库区、工（库）房及其他有较大危险因素的生产经营场所和有关设施设备上，应当设置明显的安全警示标志；所有工（库）房应当按照国家标准或者行业标准的规定设置准确、清晰、醒目的定员、定量、定级标识。

零售经营场所应当设置清晰、醒目的易燃易爆以及周边严禁烟火、严禁燃放烟花爆竹的安全标志。

第十二条 生产经营单位应当对本单位从业人员进行烟花爆竹安全知识、岗位操作技能等培训，未经安全生产教育和培训的从业人员，不得上岗作业。危险工序作业等特种作业人员应当依法取得相应资格，方可上岗作业。

生产经营单位的主要负责人和安全生产管理人员应当由安全生产监督管理部门对其进行安全生产知识和管理能力考核合格。考核不得收费。

第十三条 生产企业可以依法申请设立批发企业和零售经营场所。批发企业可以依法申请设立零售经营场所。

生产经营单位应当严格按照安全生产许可或者经营许可批准的范围，组织开展生产经营活动。禁止在许可证载明的场所外从事烟花爆竹生产、经营、储存活动，禁止许可证过期继续从事生产经营活动。禁止销售超标、违禁烟花爆竹产品或者非法烟花爆竹产品。

生产企业不得向其他企业销售烟花爆竹含药半成品，不得从其他企业购买烟花爆竹含药半成品加工后销售，不得购买其他企业烟花爆竹成品加贴本企业标签后销售。

批发企业不得向零售经营者或者个人销售专业燃放类烟花爆竹产品。

零售经营者不得在居民居住场所同一建筑物内经营、储存烟花爆竹。

第十四条 生产企业、批发企业应当在权责明晰的组织架构下统一组织开展生产经营活动。禁止分包、转包工（库）房、生产线、生产设备设施或者出租、出借、转让许可证。

第十五条 生产企业、批发企业应当依法建立安全风险分级管控和事故隐患排查治理双重预防机制，采取技术、管理等措施，管控安全风险，及时消除事故隐患，建立安全风险分级管控和事故隐患排查治理档案，如实记录安全风险分级管控和事故隐患排查治理情况，并向本企业从业人员通报。

第十六条 生产企业、批发企业必须建立值班制度和现场巡查制度，全面掌握当日各岗位人员数量及药物分布等安全生产情况，确保不超员超量，并及时处置异常情况。

生产企业、批发企业的危险品生产区、总仓库区，应当确保二十四小时有人值班，并保持监控设施有效、通信畅通。

第十七条 生产企业、批发企业应当建立从业人员、外来人员、车辆进出厂（库）区登记制度，对进出厂（库）区的从业人员、外来人员、车辆如实登记记录，随时掌握厂（库）区人员和车辆的情况。禁止无关人员和车辆进入厂（库）区。禁止未安装阻火装置等不符合国家标准或者行业标准规定安全条件的机动车辆进入生产区和仓库区。

第十八条 生产企业和经营黑火药、引火线的批发企业应当要求供货单位提供并查验购进的黑火药、引火线及化工原材料的质检报告或者产品合格证，确保其安全性能符合国家标准或者行业标准的规定；对总仓库和中转库的黑火药、引火线、烟火药及裸药效果件，应当建立并实施由专人管理、登记、分发的安全管理制度。

第十九条 生产企业、批发企业应当加强日常安全检查，采取安全监控、巡查检查等措施，及时发现、纠正违反安全操作规程和规章制度的行为。禁止工（库）房超员、超量作业，禁止擅自改变工（库）房设计用途，禁止作业人员随意串岗、换岗、离岗。

第二十条 生产企业、批发企业应当按照设计用途、危险等级、核定药量使用药物总库和成品总库，并按规定堆码，分类分级存放，保持仓库内通道畅通，准确记录药物和产品数量。

禁止在仓库内进行拆箱、包装作业。禁止将性质不相容的物质混存。禁止将高危险等级物品储存在危险等级低的仓库。禁止在烟花爆竹仓库储存不属于烟花爆竹的其他危险物品。

第二十一条 生产企业的中转库数量、核定存药量、药物储存时间，应当符合国家标准或者行业标准规定，确保药物、半成品、成品合理中转，保障生产流程顺畅。禁止在中转库内超量或者超时储存药物、半成品、成品。

第二十二条 生产企业、批发企业应当定期检查工（库）房、安全设施、电气线路、机械设备等的运行状况和作业环境，及时维护保养；对有药物粉尘的工房，应当按照操作规程及时清理冲洗。

对工（库）房、安全设施、电气线路、机械设备等进行检测、检修、维修、改造作业前，生产企业、批发企业应当制定安全作业方案，停止相关生产经营活动，转移烟花爆竹成品、半成品和原材料，清除残存药物和粉尘，切断被检测、检修、维修、改造的电气线路和机械设备电源，严格控制检修、维修作业人员数量，撤离无关的人员。

第二十三条 生产企业、批发企业在烟花爆竹购销活动中，应当依法签订规范的烟花爆竹买卖合同，建立烟花爆竹买卖合同和流向管理制度，使用全国统一的烟花爆竹流向管理信息系统，如实登记烟花爆竹流向。

生产企业应当在专业燃放类产品包装（包括运输包装和销售包装）及个人燃放类产品运输包装上张贴流向登记标签，并在产品入库和销售出库时登记录入。

批发企业购进烟花爆竹时，应当查验流向登记标签，并在产品入库和销售出库时登记录入。

第二十四条 生产企业、批发企业所生产、销售烟花爆竹的质量、包装、标志应当符合国家标准或者行业标准的规定。

第二十五条 在生产企业、批发企业内部及生产区、库区之间运输烟花爆竹成品、半成品及原材料时，应当使用符合国家标准或者行业标准规定安全条件的车辆、工具。企业内部运输应当严格按照规定路线、速度行驶。

生产企业、批发企业装卸烟花爆竹成品、半成品及原材料时，应当严格遵守作业规程。禁止碰撞、拖拉、抛摔、翻滚、摩擦、挤压等不安全行为。

第二十六条 生产企业、批发企业应当及时妥善处置生产经营过程中产生的各类危险性废弃物。不得留存过期的烟花爆竹成品、半成品、原材料及各类危险性废弃物。

第二十七条 批发企业应当向零售经营者及零售经营场所提供烟花爆竹配送服务。配送烟花爆竹抵达零售经营场所装卸作业时，应当轻拿轻放、妥善码放，禁止碰撞、拖拉、抛摔、翻滚、摩擦、挤压等不安全行为。

第二十八条 零售经营者应当向批发企业采购烟花爆竹并接受批发企业配送服务，不得到企业仓库自行提取烟花爆竹。

第三章 监 督 管 理

第二十九条 地方各级安全生产监督管理部门应当加强对本行政区域内生产经营单位的监督检查，明确每个生产经营单位的安全生产监督管理主体，制定并落实年度监督检查计划，对生产经营单位的安全生产违法行为，依法实施行政处罚。

第三十条 安全生产监督管理部门可以根据需要，委托专业技术服务机构对生产经营单位的安全设施等进行检验检测，并承担检验检测费用，不得向企业收取。专业技术服务机构对其作出的检验检测结果负责。委托检验检测结果可以作为行政执法的依据。

生产经营单位不得拒绝、阻挠安全生产监督管理部门委托的专业技术服务机构开展检验检测工作。

第三十一条 安全生产监督管理部门应当为进入企业现场的监督检查人员配备必要的执法装备、检测检验设备及个人防护用品，确保执法检查人员人身安全。

第三十二条 安全生产监督管理部门监督检查中发现生产经营单位存在不属于本部门职责范围的违法行为的，应当及时移送有关部门处理。

第四章 法 律 责 任

第三十三条 生产企业、批发企业有下列行为之一的，责令限期改正；逾期未改正的，处一万元以上三万元以下的罚款：

（一）工（库）房没有设置准确、清晰、醒目的定员、定量、定级标识的；

（二）未向零售经营者或者零售经营场所提供烟花爆竹配送服务的。

第三十四条 生产企业、批发企业有下列行为之一的，责令限期改正，可以处五万元以下的罚款；逾期未改正的，处五万元以上二十万元以下的罚款，对其直接负责的主管人员和其他直接责任人员处一万元以上二万元以下的罚款；情节严重的，责令停产停业整顿：

（一）防范静电危害的措施不符合相关国家标准或者行业标准规定的；

（二）使用新安全设备，未进行安全性论证的；

（三）在生产区、工（库）房等有药区域对安全设备进行检测、改造作业时，未将工（库）房内的药物、有药半成品、成品搬走并清理作业现场的。

第三十五条 生产企业、批发企业有下列行为之一的，责令限期改正，可以处十万元以下的罚款；逾期未改正的，责令停产停业整顿，并处十万元以上二十万元以下的罚款，对其直接负责的主管人员和其他直接责任人员处二万元以上五万元以下的罚款：

（一）未建立从业人员、外来人员、车辆出入厂（库）区登记制度的；

（二）未制定专人管理、登记、分发黑火药、引火线、烟火药及库存和中转效果件的安全管理制度的；

（三）未建立烟花爆竹买卖合同管理制度的；

（四）未按规定建立烟花爆竹流向管理制度的。

第三十六条 零售经营者有下列行为之一的，责令其限期改正，可以处一千元以上五千元以下的罚款；逾期未改正的，处五千元以上一万元以下的罚款：

（一）超越许可证载明限量储存烟花爆竹的；

（二）到批发企业仓库自行提取烟花爆竹的。

第三十七条 生产经营单位有下列行为之一的，责令改正；拒不改正的，处一万元以上三万元以下的罚款，对其直接负责的主管人员和其他直接责任人员处五千元以上一万元以下的罚款：

（一）对工（库）房、安全设施、电气线路、机械设备等进行检测、检修、维修、改造作业前，未制定安全作业方案，或者未切断被检修、维修的电气线路和机械设备电源的；

（二）拒绝、阻挠受安全生产监督管理部门委托的专业技术服务机构开展检验、检测的。

第三十八条 生产经营单位未采取措施消除下列事故隐患的，责令立即消除或者限期消除；生产经营单位拒不执行的，责令停产停业整顿，并处十万元以上五十万元以下的罚款，对其直接负责的主管人员和其他直接责任人员处二万元以上五万元以下的罚款：

（一）工（库）房超过核定人员、药量或者擅自改变设计用途使用工（库）房的；

（二）仓库内堆码、分类分级储存等违反国家标准或者行业标准规定的；

（三）在仓库内进行拆箱、包装作业，将性质不相容的物质混存的；

（四）在中转库、中转间内，超量、超时储存药物、半成品、成品的；

（五）留存过期及废弃的烟花爆竹成品、半成品、原材料等危险废弃物的；

（六）企业内部及生产区、库区之间运输烟花爆竹成品、半成品及原材料的车辆、工具不符合国家标准或者行业标准规定安全条件的；

（七）允许未安装阻火装置等不具备国家标准或者行业标准规定安全条件的机动车辆进入生产区和仓库区的；

（八）其他事故隐患。

第三十九条 违反本规定，构成《中华人民共和国安全生产法》及其他法律、行政法规规定的其他违法行为的，依照《中华人民共和国安全生产法》等法律、行政法规的规定处理。涉嫌犯罪的，依法移送司法机关追究刑事责任。

第五章 附 则

第四十条 本规定中的行政处罚，由县级以上安全生产监督管理部门决定。

第四十一条 本规定自2018年3月1日起施行。

烟花爆竹经营许可实施办法

（2013年10月16日国家安全生产监督管理总局令第65号公布）

第一章 总 则

第一条 为了规范烟花爆竹经营单位安全条件和经营行为，做好烟花爆竹经营许可证颁发和管理工作，加强烟花爆竹经营安全监督管理，根据《烟花爆竹安全管理条例》等法律、行政法规，制定本办法。

第二条 烟花爆竹经营许可证的申请、审查、颁发及其监督管理，适用本办法。

第三条 从事烟花爆竹批发的企业（以下简称批发企业）和从事烟花爆竹零售的经营者（以下简称零售经营者）应当按照本办法的规定，分别取得《烟花爆竹经营（批发）许可证》（以下简称批发许可证）和《烟花爆竹经营（零售）许可证》（以下简称零售许可证）。

从事烟花爆竹进出口的企业，应当按照本办法的规定申请办理批发许可证。

未取得烟花爆竹经营许可证的，任何单位或者个人不得从事烟花爆竹经营活动。

第四条 烟花爆竹经营单位的布点，应当按照保障安全、统一规划、合理布局、总量控制、适度竞争的原则审批；对从事黑火药、引火线批发和烟花爆竹进出口的企业，应当按照严格许可条件、严格控制数量的原则审批。

批发企业不得在城市建成区内设立烟花爆竹储存仓库，不得在批发（展示）场所摆放有药样品；严格控制城市建成区内烟花爆竹零售点数量，且烟花爆竹零售点不得与居民居住场所设置在同一建筑物内。

第五条 烟花爆竹经营许可证的颁发和管理，实行企业申请、分级发证、属地监管的原则。

国家安全生产监督管理总局（以下简称安全监管总局）负责指导、监督全国烟花爆竹经营许可证的颁发和管理工作。

省、自治区、直辖市人民政府安全生产监督管理部门（以下简称省级安全监管局）负责制定本行政区域的批发企业布点规划，统一批发许可编号，指导、监督本行政区域内烟花爆竹经营许可证的颁发和管理工作。

设区的市级人民政府安全生产监督管理部门（以下简称市级安全监管局）根据省级安全监管局的批发企业布点规划和统一编号，负责本行政区域内烟花爆竹批发许可证的颁发和管理工作。

县级人民政府安全生产监督管理部门（以下简称县级安全监管局，与市级安全监管局统称发证机关）负责本行政区域内零售经营布点规划与零售许可证的颁发和管理工作。

第二章　批发许可证的申请和颁发

第六条　批发企业应当符合下列条件：

（一）具备企业法人条件；

（二）符合所在地省级安全监管局制定的批发企业布点规划；

（三）具有与其经营规模和产品相适应的仓储设施。仓库的内外部安全距离、库房布局、建筑结构、疏散通道、消防、防爆、防雷、防静电等安全设施以及电气设施等，符合《烟花爆竹工程设计安全规范》（GB 50161）等国家标准和行业标准的规定。仓储区域及仓库安装有符合《烟花爆竹企业安全监控系统通用技术条件》（AQ 4101）规定的监控设施，并设立符合《烟花爆竹安全生产标志》（AQ 4114）规定的安全警示标志和标识牌；

（四）具备与其经营规模、产品和销售区域范围相适应的配送服务能力；

（五）建立安全生产责任制和各项安全管理制度、操作规程。安全管理制度和操作规程至少包括：仓库安全管理制度、仓库保管守卫制度、防火防爆安全管理制度、安全检查和隐患排查治理制度、事故应急救援与事故报告制度、买卖合同管理制度、产品流向登记制度、产品检验验收制度、从业人员安全教育培训制度、违规违章行为处罚制度、企业负责人值（带）班制度、安全生产费用提取和使用制度、装卸（搬运）作业安全规程；

（六）有安全管理机构或者专职安全生产管理人员；

（七）主要负责人、分管安全生产负责人、安全生产管理人员具备烟花爆竹经营方面的安全知识和管理能力，并经培训考核合格，取得相应资格证书。仓库保管员、守护员接受烟花爆竹专业知识培训，并经考核合格，取得相应资格证书。其他从业人员经本单位安全知识培训合格；

（八）按照《烟花爆竹流向登记通用规范》（AQ 4102）和烟花爆竹流向信息化管理的有关规定，建立并应用烟花爆竹流向信息化管理系统；

（九）有事故应急救援预案、应急救援组织和人员，并配备必要的应急救援器材、设备；

（十）依法进行安全评价；

（十一）法律、法规规定的其他条件。

从事烟花爆竹进出口的企业申请领取批发许可证，应当具备前款第一项至第三项和第五项至第十一项规定的条件。

第七条　从事黑火药、引火线批发的企业，除具备本办法第六条规定的条件外，还应当具备必要的黑火药、引火线安全保管措施，自有的专用运输车辆能够满足其配送服务需要，且符合国家相关标准。

第八条　批发企业申请领取批发许可证时，应当向发证机关提交下列申请文件、资料，并对其真实性负责：

（一）批发许可证申请书（一式三份）；

（二）企业法人营业执照副本或者企业名称工商预核准文件复制件；

（三）安全生产责任制文件、事故应急救援预案备案登记文件、安全管理制度和操作规程的目录清单；

（四）主要负责人、分管安全生产负责人、安全生产管理人员和仓库保管员、守护员的相关资格证书复制件；

（五）具备相应资质的设计单位出具的库区外部安全距离实测图和库区仓储设施平面布置图；

（六）具备相应资质的安全评价机构出具的安全评价报告，安全评价报告至少包括本办法第六条第三项、第四项、第八项、第九项和第七条规定条件的符合性评价内容；

（七）建设项目安全设施设计审查和竣工验收的证明材料；

（八）从事黑火药、引火线批发的企业自有专用运输车辆以及驾驶员、押运员的相关资质（资格）证书复制件；

（九）法律、法规规定的其他文件、资料。

第九条 发证机关对申请人提交的申请书及文件、资料，应当按照下列规定分别处理：

（一）申请事项不属于本发证机关职责范围的，应当即时作出不予受理的决定，并告知申请人向相应发证机关申请；

（二）申请材料存在可以当场更改的错误的，应当允许或者要求申请人当场更正，并在更正后即时出具受理的书面凭证；

（三）申请材料不齐全或者不符合要求的，应当当场或者在5个工作日内书面一次告知申请人需要补正的全部内容。逾期不告知的，自收到申请材料之日起即为受理；

（四）申请材料齐全、符合要求或者按照要求全部补正的，自收到申请材料或者全部补正材料之日起即为受理。

第十条 发证机关受理申请后，应当对申请材料进行审查。需要对经营储存场所的安全条件进行现场核查的，应当指派2名以上工作人员组织技术人员进行现场核查。对烟花爆竹进出口企业和设有1.1级仓库的企业，应当指派2名以上工作人员组织技术人员进行现场核查。负责现场核查的人员应当提出书面核查意见。

第十一条 发证机关应当自受理申请之日起30个工作日内作出颁发或者不予颁发批发许可证的决定。

对决定不予颁发的，应当自作出决定之日起10个工作日内书面通知申请人并说明理由；对决定颁发的，应当自作出决定之日起10个工作日内送达或者通知申请人领取批发许可证。

发证机关在审查过程中，现场核查和企业整改所需时间，不计算在本办法规定的期限内。

第十二条 批发许可证的有效期限为3年。

批发许可证有效期满后，批发企业拟继续从事烟花爆竹批发经营活动的，应当在有效期届满前3个月向原发证机关提出延期申请，并提交下列文件、资料：

（一）批发许可证延期申请书（一式三份）；

（二）本办法第八条第三项、第四项、第五项、第八项规定的文件、资料；

（三）安全生产标准化达标的证明材料。

第十三条 发证机关受理延期申请后，应当按照本办法第十条、第十一条规定，办理批发许可证延期手续。

第十四条 批发企业符合下列条件的，经发证机关同意，可以不再现场核查，直接办理批发许可证延期手续：

（一）严格遵守有关法律、法规和本办法规定，无违法违规经营行为的；

（二）取得批发许可证后，持续加强安全生产管理，不断提升安全生产条件，达到安全生产标准化二级以上的；

（三）接受发证机关及所在地人民政府安全生产监督管理部门的监督检查的；

（四）未发生生产安全伤亡事故的。

第十五条 批发企业在批发许可证有效期内变更企业名称、主要负责人和注册地址的，应当自变更之日起10个工作日内向原发证机关提出变更，并提交下列文件、资料：

（一）批发许可证变更申请书（一式三份）；

（二）变更后的企业名称工商预核准文件或者工商营业执照副本复制件；

（三）变更后的主要负责人安全资格证书复制件。

批发企业变更经营许可范围、储存仓库地址和仓储设施新建、改建、扩建的，应当重新申请办理许可手续。

第三章　零售许可证的申请和颁发

第十六条 零售经营者应当符合下列条件：

（一）符合所在地县级安全监管局制定的零售经营布点规划；

（二）主要负责人经过安全培训合格，销售人员经过安全知识教育；

（三）春节期间零售点、城市长期零售点实行专店销售。乡村长期零售点在淡季实行专柜销售时，安排专人销售，专柜相对独立，并与其他柜台保持一定的距离，保证安全通道畅通；

（四）零售场所的面积不小于10平方米，其周边50米范围内没有其他烟花爆竹零售点，并与学校、幼儿园、医院、集贸市场等人员密集场所和加油站等易燃易爆物品生产、储存设施等重点建筑物保持100米以上的安全距离；

（五）零售场所配备必要的消防器材，张贴明显的安全警示标志；

（六）法律、法规规定的其他条件。

第十七条 零售经营者申请领取零售许可证时，应当向所在地发证机关提交申请书、零售点及其周围安全条件说明和发证机关要求提供的其他材料。

第十八条 发证机关受理申请后，应当对申请材料和零售场所的安全条件进行现场核查。负责现场核查的人员应当提出书面核查意见。

第十九条 发证机关应当自受理申请之日起20个工作日内作出颁发或者不予颁发零售许可证的决定，并书面告知申请人。对决定不予颁发的，应当书面说明理由。

第二十条 零售许可证上载明的储存限量由发证机关根据国家标准或者行业标准的规定，结合零售点及其周围安全条件确定。

第二十一条 零售许可证的有效期限由发证机关确定，最长不超过2年。零售许可证有效期满后拟继续从事烟花爆竹零售经营活动，或者在有效期内变更零售点名称、主要负责人、零售场所和许可范围的，应当重新申请取得零售许可证。

第四章 监 督 管 理

第二十二条 批发企业、零售经营者不得采购和销售非法生产、经营的烟花爆竹和产品质量不符合国家标准或者行业标准规定的烟花爆竹。

批发企业不得向未取得零售许可证的单位或者个人销售烟花爆竹，不得向零售经营者销售礼花弹等应当由专业燃放人员燃放的烟花爆竹；从事黑火药、引火线批发的企业不得向无《烟花爆竹安全生产许可证》的单位或者个人销售烟火药、黑火药、引火线。

零售经营者应当向批发企业采购烟花爆竹，不得采购、储存和销售礼花弹等应当由专业燃放人员燃放的烟花爆竹，不得采购、储存和销售烟火药、黑火药、引火线。

第二十三条 禁止在烟花爆竹经营许可证载明的储存（零售）场所以外储存烟花爆竹。

烟花爆竹仓库储存的烟花爆竹品种、规格和数量，不得超过国家标准或者行业标准规定的危险等级和核定限量。

零售点存放的烟花爆竹品种和数量，不得超过烟花爆竹经营许可证载明的范围和限量。

第二十四条 批发企业对非法生产、假冒伪劣、过期、含有违禁药物以及其他存在严重质量问题的烟花爆竹，应当及时、妥善销毁。

对执法检查收缴的前款规定的烟花爆竹，不得与正常的烟花爆竹产品同库存放。

第二十五条 批发企业应当建立并严格执行合同管理、流向登记制度，健全合同管理和流向登记档案，并留存3年备查。

黑火药、引火线批发企业的采购、销售记录，应当自购买或者销售之日起3日内报所在地县级安全监管局备案。

第二十六条 烟花爆竹经营单位不得出租、出借、转让、买卖、冒用或者使用伪造的烟花爆竹经营许可证。

第二十七条 烟花爆竹经营单位应当在经营（办公）场所显著位置悬挂烟花爆竹经营许可证正本。批发企业应当在储存仓库留存批发许可证副本。

第二十八条 对违反本办法规定的程序、超越职权或者不具备本办法规定的安全条件颁发的烟花爆竹经营许可证，发证机关应当依法撤销其经营许可证。

取得烟花爆竹经营许可证的单位依法终止烟花爆竹经营活动的，发证机关应当依法注销其经营许可证。

第二十九条 发证机关应当坚持公开、公平、公正的原则，严格依照本办法的规定审查、核发烟花爆竹经营许可证，建立健全烟花爆竹经营许可证的档案管理制度和信息化管理系统，并定期向社会公告取证企业的名单。

省级安全监管局应当加强烟花爆竹经营许可工作的监督检查，并于每年3月15日前，将本行政区域内上年度烟花爆竹经营许可证的颁发和管理情况报告安全监管总局。

第三十条 任何单位或者个人对违反《烟花爆竹安全管理条例》和本办法规定的行为，有权向安全生产监督管理部门或者监察机关等有关部门举报。

第五章 法 律 责 任

第三十一条 对未经许可经营、超许可范围经营、许可证过期继续经营烟花爆竹的，责令其停止非法经营活动，处2万元以上10万元以下的罚款，并没收非法经营的物品及违法所得。

第三十二条 批发企业有下列行为之一的，责令其限期改正，处5000元以上3万元以下的罚款：

（一）在城市建成区内设立烟花爆竹储存仓库，或者在批发（展示）场所摆放有药样品的；

（二）采购和销售质量不符合国家标准或者行业标准规定的烟花爆竹的；

（三）在仓库内违反国家标准或者行业标准规定储存烟花爆竹的；

（四）在烟花爆竹经营许可证载明的仓库以外储存烟花爆竹的；

（五）对假冒伪劣、过期、含有超量、违禁药物以及其他存在严重质量问题的烟花爆竹未及时销毁的；

（六）未执行合同管理、流向登记制度或者未按照规定应用烟花爆竹流向管理信息系统的；

（七）未将黑火药、引火线的采购、销售记录报所在地县级安全监管局备案的；

（八）仓储设施新建、改建、扩建后，未重新申请办理许可手续的；

（九）变更企业名称、主要负责人、注册地址，未申请办理许可证变更手续的；

（十）向未取得零售许可证的单位或者个人销售烟花爆竹的。

第三十三条 批发企业有下列行为之一的，责令其停业整顿，依法暂扣批发许可证，处2万元以上10万元以下的罚款，并没收非法经营的物品及违法所得；情节严重的，依法吊销批发许可证：

（一）向未取得烟花爆竹安全生产许可证的单位或者个人销售烟火药、黑火药、引火线的；

（二）向零售经营者供应非法生产、经营的烟花爆竹的；

（三）向零售经营者供应礼花弹等按照国家标准规定应当由专业人员燃放的烟花爆竹的。

第三十四条 零售经营者有下列行为之一的，责令其停止违法行为，处1000元以上5000元以下的罚款，并没收非法经营的物品及违法所得；情节严重的，依法吊销零售许可证：

（一）销售非法生产、经营的烟花爆竹的；

（二）销售礼花弹等按照国家标准规定应当由专业人员燃放的烟花爆竹的。

第三十五条 零售经营者有下列行为之一的，责令其限期改正，处1000元以上5000元以下的罚款；情节严重的，处5000元以上30000元以下的罚款：

（一）变更零售点名称、主要负责人或者经营场所，未重新办理零售许可证的；

（二）存放的烟花爆竹数量超过零售许可证载明范围的。

第三十六条 烟花爆竹经营单位出租、出借、转让、买卖烟花爆竹经营许可证的，责令其停止违法行为，处1万元以上3万元以下的罚款，并依法撤销烟花爆竹经营许可证。

冒用或者使用伪造的烟花爆竹经营许可证的，依照本办法第三十一条的规定处罚。

第三十七条 申请人隐瞒有关情况或者提供虚假材料申请烟花爆竹经营许可证的，发证机关不予受理，该申请人1年内不得再次提出烟花爆竹经营许可申请。

以欺骗、贿赂等不正当手段取得烟花爆竹经营许可证的，应当予以撤销，该经营单位3年内不得再次提出烟花爆竹经营许可申请。

第三十八条 安全生产监督管理部门工作人员在实施烟花爆竹经营许可和监督管理工作中，滥用职权、玩忽职守、徇私舞弊，未依法履行烟花爆竹经营许可证审查、颁发和监督管理职责的，依照有关规定给予处分；构成犯罪的，依法追究刑事责任。

第三十九条 本办法规定的行政处罚，由安全生产监督管理部门决定，暂扣、吊销经营许可证的行政处罚由发证机关决定。

第六章 附 则

第四十条 烟花爆竹经营许可证分为正本、副本，正本为悬挂式，副本为折页式，具有同等法律效力。

烟花爆竹经营许可证由安全监管总局统一规定式样。

第四十一条 省级安全监管局可以依据国家有关法律、行政法规和本办法的规定制定实施细则。

第四十二条 本办法自2013年12月1日起施行，安全监管总局2006年8月26日公布的《烟花爆竹经营许可实施办法》同时废止。

知识链接

一、修订背景

2006年8月，国家安全监管总局颁布了《烟花爆竹经营许可实施办法》（原国家安全生产监督管理总局令第7号，以下简称原《办法》），对贯彻落实《烟花爆竹安全管理条例》（国务院令第455号，以下简称《条例》），加强烟花爆竹经营安全管理发挥了重要作用。该办法实施7年来，相继出现了一些新的情况。

一是烟花爆竹安全监管相关政策和要求更加严格。《国务院办公厅转发安全监管总局等部门关于进一步加强烟花爆竹安全监督管理工作意见的通知》（国办发〔2010〕53号，以下简称国办53号文）、《国务院安委会办公室关于烟花爆竹生产经营企业贯彻落实〈国务院关于进一步加强企业安全生产工作的通知〉的实施意见》

（安委办〔2010〕30号，以下简称安委办30号文）等规范性文件，对烟花爆竹经营安全管理和经营许可审批工作提出了新要求。

二是国务院对烟花爆竹经营许可权限进行了调整。根据国家行政审批体制改革的总体要求，《国务院关于第六批取消和调整行政审批项目的决定》（国发〔2012〕52号）明确规定，将烟花爆竹批发许可的实施机关由省级安全监管局下放调整为设区的市级安全监管局。

三是相关上位法和标准进一步修订和完善。修订后的《消防法》等法律法规，对烟花爆竹零售场所安全条件作出了新的要求；《烟花爆竹工程设计安全规范》（GB 50161—2009）、《烟花爆竹作业安全技术规程》（GB 11652—2012）、《烟花爆竹安全与质量》（GB 10631—2013）三个重要国家标准已经做了重大修订，《烟花爆竹企业安全监控系统通用技术条件》（AQ 4101—2008）、《烟花爆竹流向登记通用规范》（AQ 4102—2008）等安全生产行业标准陆续发布实施，进一步细化了对烟花爆竹经营活动的安全要求。

四是烟花爆竹经营许可实践中积累了大量经验。原《办法》施行7年来，在烟花爆竹经营许可实践工作中积累了许多好的工作经验，应进行认真总结和吸取。

二、修订原则

深入贯彻落实《条例》及国办53号文、安委办30号文等规范性文件精神，通过严格烟花爆竹经营安全条件，提高准入门槛，规范许可程序，强化监督管理，加大处罚力度，以进一步规范烟花爆竹企业经营行为，保障烟花爆竹经营安全，促进烟花爆竹产业安全、健康发展。

三、修订过程

国家安全监管总局监管三司在总结烟花爆竹经营许可工作经验，听取重点地区意见的基础上，组织有关单位经过认真研究，于2011年开始进行原《办法》修订工作，并于当年年底形成修订初稿；2012年3月征求了全国各省级安全监管局的意见，5月组织召开12个重点省级安全监管局参加的修订研讨会。2012年6月，国家安全监管总局政法司在政府网站发布修订征求意见稿，广泛征求并采纳社会各界的意见；2013年5月国家安全监管总局政法司组织召开《办法》修订法审会。经反复研究、协商和修改，《办法（草案）》逐步成熟完善，9月16日经国家安全监管总局局长办公会议审议通过。

四、主要内容

《办法》分6章、共42条，与原《办法》相比，章节数目相同，增加12条。具体修订内容主要有：

（一）进一步明确了《办法》适用范围和烟花爆竹经营许可对象及许可原则。一是明确本办法适用于烟花爆竹经营许可证的申请、审查、颁发、管理和经营单位的安全监管（第二条）。二是明确规定从事烟花爆竹进出口的企业，应当申请办理批发许可证（第三条第二款）。此规定不仅适用于从事烟花爆竹进出口活动的批发企业，烟花爆竹生产企业从事产品进出口活动，也应当依据此规定申请办理批发许可证。三是进一步表述了经营布点原则（第四条）。对烟花爆竹经营单位布点总原则，增加了“适度竞争”内容，避免出现独家垄断经营等有悖市场经济原则且不利于监管的现象；对黑火药、引火线批发及烟花爆竹进出口企业，规定“严格许可条件、严格控制数量”的审批原则；为减少烟花爆竹经营活动对城市特别是居民居住场所的影响，规定“批发企业不得在城市建成区内设立烟花爆竹储存仓库，严格控制城市建成区内烟花爆竹零售点数量，烟花爆竹零售点不得与居民居住场所设置在同一建筑物内”。

（二）调整烟花爆竹经营许可实施机关，明确各级安全监管部门职责。一是根据《国务院关于第六批取消和调整行政审批项目的决定》，调整了烟花爆竹经营许可实施机关，将批发许可证的颁发和管理实施机关由省级安全监管局调整为设区的市级安全监管局（第五条第四款），同时赋予省级安全监管局制定批发企业布点规划和统一批发许可编号职责（第五条第三款）。二是进一步明确县级安全监管局的零售经营布点规划职责（第五条第五款），将零售许可证有效期限的确定由省级安全监管局调整为县级安全监管局（第二十一条）。三是明确了烟花爆竹经营许可证颁发和管理的属地监管原则（第五条第一款），将除暂扣、吊销经营许可证外的行政处罚权赋予各级安全监管部门（第三十九条）。

（三）严格了烟花爆竹经营许可条件并调整了许可证有效期限。一是在批发企业和零售点的许可条件中，均增加了符合布点规划的要求（第六条第二项、第十六条第一项）。二是根据近年来有关技术标准的新要求，完善了批发企业基础设施安全条件和安全管理制度要求，增加了监控设施、安全警示标志和标识牌、流向信息化管理等方面规定（第六条第三项），明确了安全生产责任制和安全管理制度、操作规程应包括的基本内容（第六条第五项），对黑火药、引火线批发企业安全保管措施和配送能力作出了专门规定（第七条）。三是强调了进出口企业应具备的条件，除配送服务能力外，进出口企业与内销批发企业应具备相同条件（第六条第二款），不具有仓储设施等基本条件的“皮包公司”将不能取得烟花爆竹批发许可证。四是对《条例》中零售点“实行专店或者专柜销售”的规定进行了细化，明确规定春节期间所有零售点、城市长期零售点实行专店销售，乡村长期零售点在淡季才可实行专柜销售（第十六条第三项）。五是对零售场所与学校、幼儿园、医院、集贸市场等人员密集场所和加油站等易燃易爆物品生产、储存设施等重点建筑物的安全距离作出了具体规定（第十六条第四项，规定为 100 米 以上）。六是明确规定发证机关应根据有关技术标准规定及安全条件确定零售点储存限量，在许可证上载明（第二十条）。七是将批发许可证有效期由2年修改为3年（第十二条）。

（四）进一步规范了烟花爆竹经营许可工作程序。一是调整了申请许可应提交的材料规定，确保材料与条件规定的对应性（第八条、第十七条），明确规定了批发企业安全评价报告应具备的基本内容（第八条第六项），并体现建设项目安全设施“三同时”有关规定，将安全设施设计审查和竣工验收证明材料列为批发企业申请材料（第八条第七项）。二是明确了对许可审查过程中现场核查的情形、人员、程序等要求，规定对烟花爆竹进出口企业和设有1.1级仓库的企业必须指派2名以上工作人员组织技术人员进行现场检查（第十条），零售场所必须进行现场核查（第十八条），现场核查应当提出书面核查意见。三是结合企业安全生产标准化工作，对批发许可证到期后对延期应具备的条件、应提交的材料及办理程序作出了明确规定（第十三、十四条）；明确规定零售许可证到期后，继续从事零售经营活动一律须重新申请取得许可

（第二十一条）。

（五）增加并强化了监督管理内容。一是为严防高危险性烟花爆竹产品流入社会、危害公共安全，进一步明确规定禁止礼花弹等专业燃放类产品进入零售环节（第二十二条）。二是对禁止在许可证载明的储存（零售）场所以外储存烟花爆竹作出了明确规定（第二十二条）。三是针对近年来安全检查中经常发现批发企业仓库内执法机关收缴的非法生产、假冒伪劣等产品与企业经营的合格产品混存等隐患问题，规定批发企业对非法生产、假冒伪劣、过期、含违禁药物以及其他存在严重质量问题的烟花爆竹，应当及时、妥善销毁，不得将执法收缴的烟花爆竹与正常烟花爆竹产品同库存放（第二十四条）。四是为加强烟花爆竹产品流向信息化管理和买卖合同管理，规定批发企业应当建立并严格执行合同管理、流向登记制度（第二十五条）。

（六）加大了对非法违法行为的处罚力度。一是对未经许可经营、超许可范围经营、许可证过期继续经营烟花爆竹的，责令其停止非法经营活动，处2万元以上10万元以下的罚款，并没收非法经营的物品及违法所得（第三十一条）。二是对批发企业的10种违规行为，责令其限期改正，处5000元以上3万元以下的罚款（第三十二条）；对批发企业的3种违规行为，责令其停业整顿，依法暂扣批发许可证，处2万元以上10万元以下的罚款，并没收非法经营的物品及违法所得，情节严重的，依法吊销批发许可证（第三十三条）。三是对零售单位的2种违规行为，责令其停止违法行为，处1000元以上5000元以下的罚款，并没收非法经营的物品及违法所得，情节严重的，依法吊销零售许可证（第三十四条）；对零售单位的2种违规行为加大了处罚力度，责令其限期改正，处1000元以上5000元以下的罚款；情节严重的，处5000元以上30000元以下的罚款（第三十五条）。四是对出租、出借、转让、买卖以及冒用或者使用伪造烟花爆竹经营许可证的行为，作出了责令停止违法行为，并处罚款，依法撤销经营许可证的规定，对冒用或者使用伪造的烟花爆竹经营许可证的，依照《办法》第三十一条的规定按照未经许可从事烟花爆竹经营处罚（第三十六条）。

烟花爆竹生产企业安全生产许可证实施办法

（2012年7月1日国家安全生产监督管理总局令第54号公布）

第一章　总　　则

第一条　为了严格烟花爆竹生产企业安全生产准入条件，规范烟花爆竹安全生产许可证的颁发和管理工作，根据《安全生产许可证条例》《烟花爆竹安全管理条例》等法律、行政法规，制定本办法。

第二条　本办法所称烟花爆竹生产企业（以下简称企业），是指依法设立并取得工商营业执照或者企业名称工商预先核准文件，从事烟花爆竹生产的企业。

第三条 企业应当依照本办法的规定取得烟花爆竹安全生产许可证（以下简称安全生产许可证）。

未取得安全生产许可证的，不得从事烟花爆竹生产活动。

第四条 安全生产许可证的颁发和管理工作实行企业申请、一级发证、属地监管的原则。

第五条 国家安全生产监督管理总局负责指导、监督全国安全生产许可证的颁发和管理工作，并对安全生产许可证进行统一编号。

省、自治区、直辖市人民政府安全生产监督管理部门按照全国统一配号，负责本行政区域内安全生产许可证的颁发和管理工作。

第二章 申请安全生产许可证的条件

第六条 企业的设立应当符合国家产业政策和当地产业结构规划，企业的选址应当符合当地城乡规划。

企业与周边建筑、设施的安全距离必须符合国家标准、行业标准的规定。

第七条 企业的基本建设项目应当依照有关规定经县级以上人民政府或者有关部门批准，并符合下列条件：

（一）建设项目的设计由具有乙级以上军工行业的弹箭、火炸药、民爆器材工程设计类别工程设计资质或者化工石化医药行业的有机化工、石油冶炼、石油产品深加工工程设计类型工程设计资质的单位承担；

（二）建设项目的设计符合《烟花爆竹工程设计安全规范》（GB 50161）的要求，并依法进行安全设施设计审查和竣工验收。

第八条 企业的厂房和仓库等基础设施、生产设备、生产工艺以及防火、防爆、防雷、防静电等安全设备设施必须符合《烟花爆竹工程设计安全规范》（GB 50161）、《烟花爆竹作业安全技术规程》（GB 11652）等国家标准、行业标准的规定。

从事礼花弹生产的企业除符合前款规定外，还应当符合礼花弹生产安全条件的规定。

第九条 企业的药物和成品总仓库、药物和半成品中转库、机械混药和装药工房、晾晒场、烘干房等重点部位应当根据《烟花爆竹企业安全监控系统通用技术条件》（AQ 4101）的规定安装视频监控和异常情况报警装置，并设置明显的安全警示标志。

第十条 企业的生产厂房数量和储存仓库面积应当与其生产品种及规模相适应。

第十一条 企业生产的产品品种、类别、级别、规格、质量、包装、标志应当符合《烟花爆竹安全与质量》（GB 10631）等国家标准、行业标准的规定。

第十二条 企业应当设置安全生产管理机构，配备专职安全生产管理人员，并符合下列要求：

（一）确定安全生产主管人员；

（二）配备占本企业从业人员总数1%以上且至少有2名专职安全生产管理人员；

（三）配备占本企业从业人员总数5%以上的兼职安全员。

第十三条 企业应当建立健全主要负责人、分管负责人、安全生产管理人员、职能部门、岗位的安全生产责任制，制定下列安全生产规章制度和操作规程：

（一）符合《烟花爆竹作业安全技术规程》（GB 11652）等国家标准、行业标准规定的岗位安全操作规程；

（二）药物存储管理、领取管理和余（废）药处理制度；

（三）企业负责人及涉裸药生产线负责人值（带）班制度；

（四）特种作业人员管理制度；

（五）从业人员安全教育培训制度；

（六）安全检查和隐患排查治理制度；

（七）产品购销合同和销售流向登记管理制度；

（八）新产品、新药物研发管理制度；

（九）安全设施设备维护管理制度；

（十）原材料购买、检验、储存及使用管理制度；

（十一）职工出入厂（库）区登记制度；

（十二）厂（库）区门卫值班（守卫）制度；

（十三）重大危险源（重点危险部位）监控管理制度；

（十四）安全生产费用提取和使用制度；

（十五）劳动防护用品配备、使用和管理制度；

（十六）工作场所职业病危害防治制度。

第十四条 企业主要负责人、分管安全生产负责人和专职安全生产管理人员应当经专门的安全生产培训和安全生产监督管理部门考核合格，取得安全资格证。

从事药物混合、造粒、筛选、装药、筑药、压药、切引、搬运等危险工序和烟花爆竹仓库保管、守护的特种作业人员，应当接受专业知识培训，并经考核合格取得特种作业操作证。

其他岗位从业人员应当依照有关规定经本岗位安全生产知识教育和培训合格。

第十五条 企业应当依法参加工伤保险，为从业人员缴纳保险费。

第十六条 企业应当依照国家有关规定提取和使用安全生产费用，不得挪作他用。

第十七条 企业必须为从业人员配备符合国家标准或者行业标准的劳动防护用品，并依照有关规定对从业人员进行职业健康检查。

第十八条 企业应当建立生产安全事故应急救援组织，制定事故应急预案，并配备应急救援人员和必要的应急救援器材、设备。

第十九条 企业应当根据《烟花爆竹流向登记通用规范》（AQ 4102）和国家有关烟花爆竹流向信息化管理的规定，建立并应用烟花爆竹流向管理信息系统。

第二十条 企业应当依法进行安全评价。安全评价报告应当包括本办法第六条、第七条、第八条、第九条、第十条、第十七条、第十八条规定条件的符合性评价内容。

第三章 安全生产许可证的申请和颁发

第二十一条 企业申请安全生产许可证，应当向所在地设区的市级人民政府安全生产监督管理部门（以下统称初审机关）提出安全审查申请，提交下列文件、资料，并对其真实性负责：

（一）安全生产许可证申请书（一式三份）；

（二）工商营业执照或者企业名称工商预先核准文件（复制件）；

（三）建设项目安全设施设计审查和竣工验收的证明材料；

（四）安全生产管理机构及安全生产管理人员配备情况的书面文件；

（五）各种安全生产责任制文件（复制件）；

（六）安全生产规章制度和岗位安全操作规程目录清单；

（七）企业主要负责人、分管安全生产负责人、专职安全生产管理人员名单和安全资格证（复制件）；

（八）特种作业人员的特种作业操作证（复制件）和其他从业人员安全生产教育培训合格的证明材料；

（九）为从业人员缴纳工伤保险费的证明材料；

（十）安全生产费用提取和使用情况的证明材料；

（十一）具备资质的中介机构出具的安全评价报告。

第二十二条 新建企业申请安全生产许可证，应当在建设项目竣工验收通过之日起20个工作日内向所在地初审机关提出安全审查申请。

第二十三条 初审机关收到企业提交的安全审查申请后，应当对企业的设立是否符合国家产业政策和当地产业结构规划、企业的选址是否符合城乡规划以及有关申请文件、资料是否符合要求进行初步审查，并自收到申请之日起20个工作日内提出初步审查意见（以下简称初审意见），连同申请文件、资料一并报省、自治区、直辖市人民政府安全生产监督管理部门（以下简称发证机关）。

初审机关在审查过程中，可以就企业的有关情况征求企业所在地县级人民政府的意见。

第二十四条 发证机关收到初审机关报送的申请文件、资料和初审意见后，应当按照下列情况分别作出处理：

（一）申请文件、资料不齐全或者不符合要求的，当场告知或者在5个工作日内出具补正通知书，一次告知企业需要补正的全部内容；逾期不告知的，自收到申请材料之日起即为受理；

（二）申请文件、资料齐全，符合要求或者按照发证机关要求提交全部补正材料的，自收到申请文件、资料或者全部补正材料之日起即为受理。

发证机关应当将受理或者不予受理决定书面告知申请企业和初审机关。

第二十五条 发证机关受理申请后，应当结合初审意见，组织有关人员对申请文件、资料进行审查。需要到现场核查的，应当指派2名以上工作人员进行现场核查；对从事黑火药、引火线、礼花弹生产的企业，应当指派2名以上工作人员进行现场核查。

发证机关应当自受理之日起45个工作日内作出颁发或者不予颁发安全生产许可证的决定。

对决定颁发的，发证机关应当自决定之日起10个工作日内送达或者通知企业领取安全生产许可证；对不予颁发的，应当在10个工作日内书面通知企业并说明理由。

现场核查所需时间不计算在本条规定的期限内。

第二十六条　安全生产许可证分为正副本，正本为悬挂式，副本为折页式。正本、副本具有同等法律效力。

第四章　安全生产许可证的变更和延期

第二十七条　企业在安全生产许可证有效期内有下列情形之一的，应当按照本办法第二十八条的规定申请变更安全生产许可证：

（一）改建、扩建烟花爆竹生产（含储存）设施的；

（二）变更产品类别、级别范围的；

（三）变更企业主要负责人的；

（四）变更企业名称的。

第二十八条　企业有本办法第二十七条第一项情形申请变更的，应当自建设项目通过竣工验收之日起20个工作日内向所在地初审机关提出安全审查申请，并提交安全生产许可证变更申请书（一式三份）和建设项目安全设施设计审查和竣工验收的证明材料。

企业有本办法第二十七条第二项情形申请变更的，应当向所在地初审机关提出安全审查申请，并提交安全生产许可证变更申请书（一式三份）和专项安全评价报告（减少生产产品品种的除外）。

企业有本办法第二十七条第三项情形申请变更的，应当向所在地发证机关提交安全生产许可证变更申请书（一式三份）和主要负责人安全资格证（复制件）。

企业有本办法第二十七条第四项情形申请变更的，应当自取得变更后的工商营业执照或者企业名称工商预先核准文件之日起10个工作日内，向所在地发证机关提交安全生产许可证变更申请书（一式三份）和工商营业执照或者企业名称工商预先核准文件（复制件）。

第二十九条　对本办法第二十七条第一项、第二项情形的安全生产许可证变更申请，初审机关、发证机关应当按照本办法第二十三条、第二十四条、第二十五条的规定进行审查，并办理变更手续。

对本办法第二十七条第三项、第四项情形的安全生产许可证变更申请，发证机关应当自收到变更申请材料之日起5个工作日内完成审查，并办理变更手续。

第三十条　安全生产许可证有效期为3年。安全生产许可证有效期满需要延期的，企业应当于有效期届满前3个月向原发证机关申请办理延期手续。

第三十一条　企业提出延期申请的，应当向发证机关提交下列文件、资料：

（一）安全生产许可证延期申请书（一式三份）；

（二）本办法第二十一条第四项至第十一项规定的文件、资料；

（三）达到安全生产标准化三级的证明材料。

发证机关收到延期申请后，应当按照本办法第二十四条、第二十五条的规定办理延期手续。

第三十二条 企业在安全生产许可证有效期内符合下列条件，在许可证有效期届满时，经原发证机关同意，不再审查，直接办理延期手续：

（一）严格遵守有关安全生产法律、法规和本办法；

（二）取得安全生产许可证后，加强日常安全生产管理，不断提升安全生产条件，达到安全生产标准化二级以上；

（三）接受发证机关及所在地人民政府安全生产监督管理部门的监督检查；

（四）未发生生产安全死亡事故。

第三十三条 对决定批准延期、变更安全生产许可证的，发证机关应当收回原证，换发新证。

第五章 监 督 管 理

第三十四条 安全生产许可证发证机关和初审机关应当坚持公开、公平、公正的原则，严格依照有关行政许可的法律法规和本办法，审查、颁发安全生产许可证。

发证机关和初审机关工作人员在安全生产许可证审查、颁发、管理工作中，不得索取或者接受企业的财物，不得谋取其他不正当利益。

第三十五条 发证机关及所在地人民政府安全生产监督管理部门应当加强对烟花爆竹生产企业的监督检查，督促其依照法律、法规、规章和国家标准、行业标准的规定进行生产。

第三十六条 发证机关发现企业以欺骗、贿赂等不正当手段取得安全生产许可证的，应当撤销已颁发的安全生产许可证。

第三十七条 取得安全生产许可证的企业有下列情形之一的，发证机关应当注销其安全生产许可证：

（一）安全生产许可证有效期满未被批准延期的；

（二）终止烟花爆竹生产活动的；

（三）安全生产许可证被依法撤销的；

（四）安全生产许可证被依法吊销的。

发证机关注销安全生产许可证后，应当在当地主要媒体或者本机关政府网站上及时公告被注销安全生产许可证的企业名单，并通报同级人民政府有关部门和企业所在地县级人民政府。

第三十八条 发证机关应当建立健全安全生产许可证档案管理制度，并应用信息化手段管理安全生产许可证档案。

第三十九条 发证机关应当每6个月向社会公布一次取得安全生产许可证的企业情况，并于每年1月15日前将本行政区域内上一年度安全生产许可证的颁发和管理情况报国家安全生产监督管理总局。

第四十条 企业取得安全生产许可证后，不得出租、转让安全生产许可证，不得将企业、生产线或者工（库）房转包、分包给不具备安全生产条件或者相应资质的其他任何单位或者个人，不得多股东各自独立进行烟花爆竹生产活动。

企业不得从其他企业购买烟花爆竹半成品加工后销售或者购买其他企业烟花爆竹成品加贴本企业标签后销售，不得向其他企业销售烟花爆竹半成品。从事礼花弹生产的企业不得将礼花弹销售给未经公安机关批准的燃放活动。

第四十一条 任何单位或者个人对违反《安全生产许可证条例》《烟花爆竹安全管理条例》和本办法规定的行为，有权向安全生产监督管理部门或者监察机关等有关部门举报。

第六章 法 律 责 任

第四十二条 发证机关、初审机关及其工作人员有下列行为之一的，给予降级或者撤职的行政处分；构成犯罪的，依法追究刑事责任：

（一）向不符合本办法规定的安全生产条件的企业颁发安全生产许可证的；

（二）发现企业未依法取得安全生产许可证擅自从事烟花爆竹生产活动，不依法处理的；

（三）发现取得安全生产许可证的企业不再具备本办法规定的安全生产条件，不依法处理的；

（四）接到违反本办法规定行为的举报后，不及时处理的；

（五）在安全生产许可证颁发、管理和监督检查工作中，索取或者接受企业财物、帮助企业弄虚作假或者谋取其他不正当利益的。

第四十三条 企业有下列行为之一的，责令停止违法活动或者限期改正，并处1万元以上3万元以下的罚款：

（一）变更企业主要负责人或者名称，未办理安全生产许可证变更手续的；

（二）从其他企业购买烟花爆竹半成品加工后销售，或者购买其他企业烟花爆竹成品加贴本企业标签后销售，或者向其他企业销售烟花爆竹半成品的。

第四十四条 企业有下列行为之一的，依法暂扣其安全生产许可证：

（一）多股东各自独立进行烟花爆竹生产活动的；

（二）从事礼花弹生产的企业将礼花弹销售给未经公安机关批准的燃放活动的；

（三）改建、扩建烟花爆竹生产（含储存）设施未办理安全生产许可证变更手续的；

（四）发生较大以上生产安全责任事故的；

（五）不再具备本办法规定的安全生产条件的。

企业有前款第一项、第二项、第三项行为之一的，并处1万元以上3万元以下的罚款。

第四十五条 企业有下列行为之一的，依法吊销其安全生产许可证：

（一）出租、转让安全生产许可证的；

（二）被暂扣安全生产许可证，经停产整顿后仍不具备本办法规定的安全生产条件的。

企业有前款第一项行为的，没收违法所得，并处10万元以上50万元以下的罚款。

第四十六条 企业有下列行为之一的，责令停止生产，没收违法所得，并处10万元以上50万元以下的罚款：

（一）未取得安全生产许可证擅自进行烟花爆竹生产的；

（二）变更产品类别或者级别范围未办理安全生产许可证变更手续的。

第四十七条 企业取得安全生产许可证后，将企业、生产线或者工（库）房转包、分包给不具备安全生产条件或者相应资质的其他单位或者个人，依照《中华人民共和国安全生产法》的有关规定给予处罚。

第四十八条 本办法规定的行政处罚，由安全生产监督管理部门决定，暂扣、吊销安全生产许可证的行政处罚由发证机关决定。

第七章 附 则

第四十九条 安全生产许可证由国家安全生产监督管理总局统一印制。

第五十条 本办法自2012年8月1日起施行。原国家安全生产监督管理局、国家煤矿安全监察局 2004年5月17日公布的《烟花爆竹生产企业安全生产许可证实施办法》同时废止。

知识链接

一、修订背景

依据《安全生产许可证条例》（国务院令第397号，以下简称《许可证条例》），原国家安全监管局于2004年5月颁布了《烟花爆竹生产企业安全生产许可证实施办法》（国家安全监管局令第11号，以下简称原《办法》）。原《办法》实施以来，相继出现了一些新的情况。

一是烟花爆竹安全管理行政法规进一步完善。2006年国务院颁布了《烟花爆竹安全管理条例》（国务院令第455号，以下简称《烟花条例》），调整了烟花爆竹安全生产许可工作程序，进一步完善了烟花爆竹生产企业安全生产条件。

二是烟花爆竹安全生产许可的相关政策进一步细化。《国务院办公厅转发安全监管总局等部门关于进一步加强烟花爆竹安全监督管理工作意见的通知》（国办发〔2010〕53号，以下简称《国办通知》）、《国务院安委会办公室关于烟花爆竹生产经营企业贯彻落实〈国务院关于进一步加强企业安全生产工作的通知〉的实施意见》（安委办〔2010〕30号）等规范性文件先后出台，进一步细化了烟花爆竹生产企业安全生产许可以及监管工作要求。

三是有关烟花爆竹安全技术标准作了重大修订。《烟花爆竹工程设计安全规范》（GB 50161）和《烟花爆竹作业安全技术规程》（GB 11652）已进行了重大修订。

四是烟花爆竹生产企业现状发生了较大变化。通过实施整顿改造提升，烟花爆竹生产实现了从家庭作坊到初步工厂化的转变，安全生产基础条件大幅度提升。

五是烟花爆竹安全生产许可工作中积累了大量实践经验。在7年多两轮许可实践工作中积累了许多好的工作经验，应进行认真总结和吸取。综上，修订《烟花爆竹生产企业安全生产许可证实施办法》时机成熟，且势在必行。

二、修订过程

国家安全监管总局在前期广泛、深入调研的基础上，于2011年5月开始进行《办法》修订工作，通过召开研讨会、书面征求意见等形式广泛听取意见，于10月初形成《办法（草案）》，并通过国务院法制办网站向社会公开征求意见。2012年4月，又专门组织开展了立法调研，听取了有关基层安监部门和烟花爆竹生产企业的意见。经反复研究、协商和修改，《办法（草案）》逐步成熟完善，5月21日经国家安全监管总局局长办公会议审议通过。

三、主要内容及修订变化

《办法》分7章，共50条，包括总则、申请安全生产许可证的条件、安全生产许可证的申请和颁发、安全生产许可证的变更和延期、监督管理、法律责任、附则。《办法》在《许可证条例》《烟花条例》及相关法律法规标准规范框架下，针对烟花爆竹行业现状和烟花爆竹生产企业（以下简称企业）特点，进一步规范了企业的安全生产条件，安全生产许可证的申请、颁发、变更、延期工作程序，对取得安全生产许可证企业的监督管理措施，以及违反本办法的相应法律责任；并且明确了各级安全监管部门在烟花爆竹安全生产许可及安全监管工作中的职责分工以及企业的权利义务。这次修订主要体现在以下四个方面：

（一）细化并严格了烟花爆竹生产企业安全生产条件

《办法》在《许可证条例》第六条和《烟花条例》第八条确定的基本框架下，以第二章共15条明确规定了烟花爆竹生产企业申请安全生产许可证应具备的安全生产条件。与原《办法》相比，内容进一步细化、条件进一步完善，体现了近年来烟花爆竹安全监管工作中一些新的政策要求，具有较强的可操作性。

一是补充完善了对企业设立条件、选址、建设项目设计和审查、验收的规定。明确企业设立应当符合国家产业政策和当地产业结构规划，选址应当符合当地城乡规划。对企业建设项目设计单位应当具备的资质，以及建设项目应当符合的设计标准和应当履行的审查、验收手续等进行了规定。

二是调整了企业基础设施、生产工艺及产品应符合条件的表述。对企业应当符合相关标准规范要求的表述，由直接列举内容修订为引用标准名称，不再逐条列出。其中，明确了礼花弹生产企业应符合的条件，体现了礼花弹专项治理的相关政策；对企业应当安装视频监控和异常情况报警装置及设置安全警示标志并符合相关行业标准规定，进行了明确表述；作为对引用相关标准的补充，明确规定企业生产厂房数量和仓库面积应当与其生产品种及规模相适应。

三是细化了对企业内部安全管理要求的规定。规定企业应当配备专、兼职安全生产管理人员的数量较原《办法》增加；明确了企业应当建立健全安全生产责任制、规章制度和操作规程的具体内容；依据《烟花条例》规定对企业应当持证上岗人员的规定进行了补充完善；补充了对企业烟花爆竹流向信息化管理的规定。

四是体现了推动安全生产标准化创建和规范安全评价工作的政策导向。在安全生产许可证申请条件以及初次取证申请和延期申请应提供的材料中，对企业依法进行安全评价，安全评价报告应该包括的内容进行了明确规定；在安全生产延期条件中，规定安全生产标准化三级达标作为烟花爆竹安全生产许可证延期的基本条件，同时作为鼓励性政策对安全生产标准化二级以上达标企业适当简化延期手续。

（二）进一步规范了安全生产许可相关工作程序以及各级安全监管部门职责分工

《办法》根据《烟花条例》第九条有关安全生产许可证申请和颁发审查程序的规定，对各级安全监管部门安全生产许可证颁发和管理的职责进行了细化，并对安全生产许可证申请、审查、颁发、变更、延期及相关处罚的工作程序进行了细化规定。

一是明确了初审机关和发证机关的职责分工。对设区的市级安全监管部门初审，省级安全监管部门审查、颁发及办理延期、变更安全生产许可证中的职责权限划分和工作流程进行了细化规定，并明确了初审机关、发证机关审查的内容及发证机关必须派员现场审查的情形。

二是规定安全生产许可证由国家安全监管总局统一编号。此规定旨在强化对全国安全生产许可证颁发、管理工作的指导和监督。为贯彻落实这项规定，国家安全监管总局于 2012年8月1日以《关于认真贯彻落实〈烟花爆竹生产企业安全生产许可证实施办法〉的通知》（安监总管三〔2012〕100号）附件印发了《烟花爆竹安全生产许可证编号规则》。各地发证机关将使用“金安”工程烟花爆竹安全监管子系统在线办理烟花爆竹安全生产许可流程，获取国家安全监管总局统一编制的安全生产许可证号码。

三是细化规定了安全生产许可证变更的各种情形和程序。明确规定改建、扩建烟花爆竹生产（含储存）设施的，应当在建设项目通过竣工验收后的规定时间内申请变更，并提交建设项目安全设施设计审查和竣工验收证明材料；变更产品类别、级别的，应当进行专项安全评价，上述两种情形变更安全生产许可证应当由初审机关初审；变更企业主要负责人和企业名称的，直接向发证机关申请变更。

四是明确了相关行政处罚的权限。本办法规定的行政处罚，各级安全监管部门均可作出决定，但暂扣、吊销安全生产许可证的行政处罚由发证机关决定。

（三）增加监督管理的内容

为进一步强化监督管理，落实《国办通知》要求及近年来有关专项治理的政策措施，在监督管理一章中特别增加了对相关禁止行为的规定。

一是明令禁止转包分包行为。规定企业取得安全生产许可证后，不得出租、转让安全生产许可证，不得将企业、生产线或者工（库）房转包、分包给不具备安全生产条件或者相应资质的其他任何单位或者个人，不得多股东各自独立进行烟花爆竹生产活动。

二是命令禁止违规买卖半成品和礼花弹。规定企业不得从其他企业购买烟花爆竹半成品加工后销售或者购买其他企业烟花爆竹成品加贴本企业标签后销售，不得向其他企业销售烟花爆竹半成品；从事礼花弹生产的企业不得将礼花弹销售给未经公安机关批准的燃放活动。

此外，加强社会公众和舆论参与监督，还规定发证机关注销安全生产许可证后，应当在当地主要媒体或者本机关政府网站上及时公告被注销安全生产许可证的企业名单。

（四）强化对非法违法行为的处罚

与安全生产条件和监督管理内容调整相对应，细化了对相关非法违法行为的法律责任，对突出非法违法行为实行更加严厉的处罚。

一是对企业出租、转让安全生产许可证和转包分包生产行为的处罚作出了更为具体的规定。明确规定：出租、转让安全生产许可证的，依法吊销安全生产许可证，没收违法所得，并处10万元以上50万元以下罚款；企业取得安全生产许可证后，将企业、生产线或者工（库）房转包、分包给不具备安全生产条件或者相应资质的其他单位或者个人，依照《中华人民共和国安全生产法》的有关规定给予处罚；多股东各自独立进行烟花爆竹生产活动的，依法暂扣安全生产许可证，并处1万元以上3万元以下的罚款。

二是对未取得安全生产许可证擅自生产的行为实行严厉处罚。明确规定未取得安全生产许可证（含安全生产许可证过期、超许可范围）擅自进行烟花爆竹生产的，按照《许可证条例》的规定，责令停止生产，没收违法所得，并处10万元以上50万元以下的罚款。

三是对涉及礼花弹的违规行为和发生事故企业的处罚作出了规定。明确规定：从事礼花弹生产的企业将礼花弹销售给未经公安机关批准的燃放活动的，依法暂扣安全生产许可证，并处1万元以上3万元以下的罚款；发生较大以上生产安全责任事故的，依法暂扣安全生产许可证。

建设项目职业病防护设施“三同时”监督管理办法

（2017年3月9日国家安全生产监督管理总局令第90号公布）

第一章 总 则

第一条 为了预防、控制和消除建设项目可能产生的职业病危害，加强和规范建设项目职业病防护设施建设的监督管理，根据《中华人民共和国职业病防治法》，制定本办法。

第二条 安全生产监督管理部门职责范围内、可能产生职业病危害的新建、改建、扩建和技术改造、技术引进建设项目（以下统称建设项目）职业病防护设施建设及其监督管理，适用本办法。

本办法所称的可能产生职业病危害的建设项目，是指存在或者产生职业病危害因素分类目录所列职业病危害因素的建设项目。

本办法所称的职业病防护设施，是指消除或者降低工作场所的职业病危害因素的浓度或者强度，预防和减少职业病危害因素对劳动者健康的损害或者影响，保护劳动者健康的设备、设施、装置、构（建）筑物等的总称。

第三条 负责本办法第二条规定建设项目投资、管理的单位（以下简称建设单位）是建设项目职业病防护设施建设的责任主体。

建设项目职业病防护设施必须与主体工程同时设计、同时施工、同时投入生产和使用（以下统称建设项目职业病防护设施“三同时”）。建设单位应当优先采用有利于保护劳动者健康的新技术、新工艺、新设备和新材料，职业病防护设施所需费用应当纳入建设项目工程预算。

第四条 建设单位对可能产生职业病危害的建设项目，应当依照本办法进行职业病危害预评价、职业病防护设施设计、职业病危害控制效果评价及相应的评审，组织职业病防护设施验收，建立健全建设项目职业卫生管理制度与档案。

建设项目职业病防护设施“三同时”工作可以与安全设施“三同时”工作一并进行。建设单位可以将建设项目职业病危害预评价和安全预评价、职业病防护设施设计和安全设施设计、职业病危害控制效果评价和安全验收评价合并出具报告或者设计，并对职业病防护设施与安全设施一并组织验收。

第五条 国家安全生产监督管理总局在国务院规定的职责范围内对全国建设项目职业病防护设施“三同时”实施监督管理。

县级以上地方各级人民政府安全生产监督管理部门依法在本级人民政府规定的职责范围内对本行政区域内的建设项目职业病防护设施“三同时”实施分类分级监督管理，具体办法由省级安全生产监督管理部门制定，并报国家安全生产监督管理总局备案。

跨两个及两个以上行政区域的建设项目职业病防护设施“三同时”由其共同的上一级人民政府安全生产监督管理部门实施监督管理。

上一级人民政府安全生产监督管理部门根据工作需要，可以将其负责的建设项目职业病防护设施“三同时”监督管理工作委托下一级人民政府安全生产监督管理部门实施；接受委托的安全生产监督管理部门不得再委托。

第六条 国家根据建设项目可能产生职业病危害的风险程度，将建设项目分为职业病危害一般、较重和严重3个类别，并对职业病危害严重建设项目实施重点监督检查。

建设项目职业病危害分类管理目录由国家安全生产监督管理总局制定并公布。省级安全生产监督管理部门可以根据本地区实际情况，对建设项目职业病危害分类管理目录作出补充规定，但不得低于国家安全生产监督管理总局规定的管理层级。

第七条 安全生产监督管理部门应当建立职业卫生专家库（以下简称专家库），并根据需要聘请专家库专家参与建设项目职业病防护设施“三同时”的监督检查工作。

专家库专家应当熟悉职业病危害防治有关法律、法规、规章、标准，具有较高的专业技术水平、实践经验和有关业务背景及良好的职业道德，按照客观、公正的原则，对所参与的工作提出技术意见，并对该意见负责。

专家库专家实行回避制度，参加监督检查的专家库专家不得参与该建设项目职业病防护设施“三同时”的评审及验收等相应工作，不得与该建设项目建设单位、评价单位、设计单位、施工单位或者监理单位等相关单位存在直接利害关系。

第八条 除国家保密的建设项目外，产生职业病危害的建设单位应当通过公告栏、网站等方式及时公布建设项目职业病危害预评价、职业病防护设施设计、职业病危害控制效果评价的承担单位、评价结论、评审时间及评审意见，以及职业病防护设施验收时间、验收方案和验收意见等信息，供本单位劳动者和安全生产监督管理部门查询。

第二章 职业病危害预评价

第九条 对可能产生职业病危害的建设项目，建设单位应当在建设项目可行性论证阶段进行职业病危害预评价，编制预评价报告。

第十条 建设项目职业病危害预评价报告应当符合职业病防治有关法律、法规、规章和标准的要求，并包括下列主要内容：

（一）建设项目概况，主要包括项目名称、建设地点、建设内容、工作制度、岗位设置及人员数量等；

（二）建设项目可能产生的职业病危害因素及其对工作场所、劳动者健康影响与危害程度的分析与评价；

（三）对建设项目拟采取的职业病防护设施和防护措施进行分析、评价，并提出对策与建议；

（四）评价结论，明确建设项目的职业病危害风险类别及拟采取的职业病防护设施和防护措施是否符合职业病防治有关法律、法规、规章和标准的要求。

第十一条 建设单位进行职业病危害预评价时，对建设项目可能产生的职业病危害因素及其对工作场所、劳动者健康影响与危害程度的分析与评价，可以运用工程分析、类比调查等方法。其中，类比调查数据应当采用获得资质认可的职业卫生技术服务机构出具的、与建设项目规模和工艺类似的用人单位职业病危害因素检测结果。

第十二条 职业病危害预评价报告编制完成后，属于职业病危害一般或者较重的建设项目，其建设单位主要负责人或其指定的负责人应当组织具有职业卫生相关专业背景的中级及中级以上专业技术职称人员或者具有职业卫生相关专业背景的注册安全工程师（以下统称职业卫生专业技术人员）对职业病危害预评价报告进行评审，并形成是否符合职业病防治有关法律、法规、规章和标准要求的评审意见；属于职业病危害严重的建设项目，其建设单位主要负责人或其指定的负责人应当组织外单位职业卫生专业技术人员参加评审工作，并形成评审意见。

建设单位应当按照评审意见对职业病危害预评价报告进行修改完善，并对最终的职业病危害预评价报告的真实性、客观性和合规性负责。职业病危害预评价工作过程应当形成书面报告备查。书面报告的具体格式由国家安全生产监督管理总局另行制定。

第十三条 建设项目职业病危害预评价报告有下列情形之一的，建设单位不得通过评审：

（一）对建设项目可能产生的职业病危害因素识别不全，未对工作场所职业病危害对劳动者健康影响与危害程度进行分析与评价的，或者评价不符合要求的；

（二）未对建设项目拟采取的职业病防护设施和防护措施进行分析、评价，对存在的问题未提出对策措施的；

（三）建设项目职业病危害风险分析与评价不正确的；

（四）评价结论和对策措施不正确的；

（五）不符合职业病防治有关法律、法规、规章和标准规定的其他情形的。

第十四条 建设项目职业病危害预评价报告通过评审后，建设项目的生产规模、工艺等发生变更导致职业病危害风险发生重大变化的，建设单位应当对变更内容重新进行职业病危害预评价和评审。

第三章 职业病防护设施设计

第十五条 存在职业病危害的建设项目，建设单位应当在施工前按照职业病防治有关法律、法规、规章和标准的要求，进行职业病防护设施设计。

第十六条 建设项目职业病防护设施设计应当包括下列内容：

（一）设计依据；

（二）建设项目概况及工程分析；

（三）职业病危害因素分析及危害程度预测；

（四）拟采取的职业病防护设施和应急救援设施的名称、规格、型号、数量、分布，并对防控性能进行分析；

（五）辅助用室及卫生设施的设置情况；

（六）对预评价报告中拟采取的职业病防护设施、防护措施及对策措施采纳情况的说明；

（七）职业病防护设施和应急救援设施投资预算明细表；

（八）职业病防护设施和应急救援设施可以达到的预期效果及评价。

第十七条 职业病防护设施设计完成后，属于职业病危害一般或者较重的建设项目，其建设单位主要负责人或其指定的负责人应当组织职业卫生专业技术人员对职业病防护设施设计进行评审，并形成是否符合职业病防治有关法律、法规、规章和标准要求的评审意见；属于职业病危害严重的建设项目，其建设单位主要负责人或其指定的负责人应当组织外单位职业卫生专业技术人员参加评审工作，并形成评审意见。

建设单位应当按照评审意见对职业病防护设施设计进行修改完善，并对最终的职业病防护设施设计的真实性、客观性和合规性负责。职业病防护设施设计工作过程应当形成书面报告备查。书面报告的具体格式由国家安全生产监督管理总局另行制定。

第十八条 建设项目职业病防护设施设计有下列情形之一的，建设单位不得通过评审和开工建设：

（一）未对建设项目主要职业病危害进行防护设施设计或者设计内容不全的；

（二）职业病防护设施设计未按照评审意见进行修改完善的；

（三）未采纳职业病危害预评价报告中的对策措施，且未作充分论证说明的；

（四）未对职业病防护设施和应急救援设施的预期效果进行评价的；

（五）不符合职业病防治有关法律、法规、规章和标准规定的其他情形的。

第十九条 建设单位应当按照评审通过的设计和有关规定组织职业病防护设施的

采购和施工。

第二十条 建设项目职业病防护设施设计在完成评审后，建设项目的生产规模、工艺等发生变更导致职业病危害风险发生重大变化的，建设单位应当对变更的内容重新进行职业病防护设施设计和评审。

第四章 职业病危害控制效果评价与防护设施验收

第二十一条 建设项目职业病防护设施建设期间，建设单位应当对其进行经常性的检查，对发现的问题及时进行整改。

第二十二条 建设项目投入生产或者使用前，建设单位应当依照职业病防治有关法律、法规、规章和标准要求，采取下列职业病危害防治管理措施：

（一）设置或者指定职业卫生管理机构，配备专职或者兼职的职业卫生管理人员；

（二）制定职业病防治计划和实施方案；

（三）建立、健全职业卫生管理制度和操作规程；

（四）建立、健全职业卫生档案和劳动者健康监护档案；

（五）实施由专人负责的职业病危害因素日常监测，并确保监测系统处于正常运行状态；

（六）对工作场所进行职业病危害因素检测、评价；

（七）建设单位的主要负责人和职业卫生管理人员应当接受职业卫生培训，并组织劳动者进行上岗前的职业卫生培训；

（八）按照规定组织从事接触职业病危害作业的劳动者进行上岗前职业健康检查，并将检查结果书面告知劳动者；

（九）在醒目位置设置公告栏，公布有关职业病危害防治的规章制度、操作规程、职业病危害事故应急救援措施和工作场所职业病危害因素检测结果。对产生严重职业病危害的作业岗位，应当在其醒目位置，设置警示标识和中文警示说明；

（十）为劳动者个人提供符合要求的职业病防护用品；

（十一）建立、健全职业病危害事故应急救援预案；

（十二）职业病防治有关法律、法规、规章和标准要求的其他管理措施。

第二十三条 建设项目完工后，需要进行试运行的，其配套建设的职业病防护设施必须与主体工程同时投入试运行。

试运行时间应当不少于30日，最长不得超过180日，国家有关部门另有规定或者特殊要求的行业除外。

第二十四条 建设项目在竣工验收前或者试运行期间，建设单位应当进行职业病危害控制效果评价，编制评价报告。建设项目职业病危害控制效果评价报告应当符合职业病防治有关法律、法规、规章和标准的要求，包括下列主要内容：

（一）建设项目概况；

（二）职业病防护设施设计执行情况分析、评价；

（三）职业病防护设施检测和运行情况分析、评价；

（四）工作场所职业病危害因素检测分析、评价；

（五）工作场所职业病危害因素日常监测情况分析、评价；

（六）职业病危害因素对劳动者健康危害程度分析、评价；

（七）职业病危害防治管理措施分析、评价；

（八）职业健康监护状况分析、评价；

（九）职业病危害事故应急救援和控制措施分析、评价；

（十）正常生产后建设项目职业病防治效果预期分析、评价；

（十一）职业病危害防护补充措施及建议；

（十二）评价结论，明确建设项目的职业病危害风险类别，以及采取控制效果评价报告所提对策建议后，职业病防护设施和防护措施是否符合职业病防治有关法律、法规、规章和标准的要求。

第二十五条 建设单位在职业病防护设施验收前，应当编制验收方案。验收方案应当包括下列内容：

（一）建设项目概况和风险类别，以及职业病危害预评价、职业病防护设施设计执行情况；

（二）参与验收的人员及其工作内容、责任；

（三）验收工作时间安排、程序等。

建设单位应当在职业病防护设施验收前20日将验收方案向管辖该建设项目的安全生产监督管理部门进行书面报告。

第二十六条 属于职业病危害一般或者较重的建设项目，其建设单位主要负责人或其指定的负责人应当组织职业卫生专业技术人员对职业病危害控制效果评价报告进行评审以及对职业病防护设施进行验收，并形成是否符合职业病防治有关法律、法规、规章和标准要求的评审意见和验收意见。属于职业病危害严重的建设项目，其建设单位主要负责人或其指定的负责人应当组织外单位职业卫生专业技术人员参加评审和验收工作，并形成评审和验收意见。

建设单位应当按照评审与验收意见对职业病危害控制效果评价报告和职业病防护设施进行整改完善，并对最终的职业病危害控制效果评价报告和职业病防护设施验收结果的真实性、合规性和有效性负责。

建设单位应当将职业病危害控制效果评价和职业病防护设施验收工作过程形成书面报告备查，其中职业病危害严重的建设项目应当在验收完成之日起20日内向管辖该建设项目的安全生产监督管理部门提交书面报告。书面报告的具体格式由国家安全生产监督管理总局另行制定。

第二十七条 有下列情形之一的，建设项目职业病危害控制效果评价报告不得通过评审、职业病防护设施不得通过验收：

（一）评价报告内容不符合本办法第二十四条要求的；

（二）评价报告未按照评审意见整改的；

（三）未按照建设项目职业病防护设施设计组织施工，且未充分论证说明的；

（四）职业病危害防治管理措施不符合本办法第二十二条要求的；

（五）职业病防护设施未按照验收意见整改的；

（六）不符合职业病防治有关法律、法规、规章和标准规定的其他情形的。

第二十八条 分期建设、分期投入生产或者使用的建设项目，其配套的职业病防护设施应当分期与建设项目同步进行验收。

第二十九条 建设项目职业病防护设施未按照规定验收合格的，不得投入生产或者使用。

第五章 监督检查

第三十条 安全生产监督管理部门应当在职责范围内按照分类分级监管的原则，将建设单位开展建设项目职业病防护设施“三同时”情况的监督检查纳入安全生产年度监督检查计划，并按照监督检查计划与安全设施“三同时”实施一体化监督检查，对发现的违法行为应当依法予以处理；对违法行为情节严重的，应当按照规定纳入安全生产不良记录“黑名单”管理。

第三十一条 安全生产监督管理部门应当依法对建设单位开展建设项目职业病危害预评价情况进行监督检查，重点监督检查下列事项：

（一）是否进行建设项目职业病危害预评价；

（二）是否对建设项目可能产生的职业病危害因素及其对工作场所、劳动者健康影响与危害程度进行分析、评价；

（三）是否对建设项目拟采取的职业病防护设施和防护措施进行评价，是否提出对策与建议；

（四）是否明确建设项目职业病危害风险类别；

（五）主要负责人或其指定的负责人是否组织职业卫生专业技术人员对职业病危害预评价报告进行评审，职业病危害预评价报告是否按照评审意见进行修改完善；

（六）职业病危害预评价工作过程是否形成书面报告备查；

（七）是否按照本办法规定公布建设项目职业病危害预评价情况；

（八）依法应当监督检查的其他事项。

第三十二条 安全生产监督管理部门应当依法对建设单位开展建设项目职业病防护设施设计情况进行监督检查，重点监督检查下列事项：

（一）是否进行职业病防护设施设计；

（二）是否采纳职业病危害预评价报告中的对策与建议，如未采纳是否进行充分论证说明；

（三）是否明确职业病防护设施和应急救援设施的名称、规格、型号、数量、分布，并对防控性能进行分析；

（四）是否明确辅助用室及卫生设施的设置情况；

（五）是否明确职业病防护设施和应急救援设施投资预算；

（六）主要负责人或其指定的负责人是否组织职业卫生专业技术人员对职业病防护设施设计进行评审，职业病防护设施设计是否按照评审意见进行修改完善；

（七）职业病防护设施设计工作过程是否形成书面报告备查；

（八）是否按照本办法规定公布建设项目职业病防护设施设计情况；

（九）依法应当监督检查的其他事项。

第三十三条 安全生产监督管理部门应当依法对建设单位开展建设项目职业病危害控制效果评价及职业病防护设施验收情况进行监督检查，重点监督检查下列事项：

（一）是否进行职业病危害控制效果评价及职业病防护设施验收；

（二）职业病危害防治管理措施是否齐全；

（三）主要负责人或其指定的负责人是否组织职业卫生专业技术人员对建设项目职业病危害控制效果评价报告进行评审和对职业病防护设施进行验收，是否按照评审意见和验收意见对职业病危害控制效果评价报告和职业病防护设施进行整改完善；

（四）建设项目职业病危害控制效果评价及职业病防护设施验收工作过程是否形成书面报告备查；

（五）建设项目职业病防护设施验收方案、职业病危害严重建设项目职业病危害控制效果评价与职业病防护设施验收工作报告是否按照规定向安全生产监督管理部门进行报告；

（六）是否按照本办法规定公布建设项目职业病危害控制效果评价和职业病防护设施验收情况；

（七）依法应当监督检查的其他事项。

第三十四条 安全生产监督管理部门应当按照下列规定对建设单位组织的验收活动和验收结果进行监督核查，并纳入安全生产年度监督检查计划：

（一）对职业病危害严重建设项目的职业病防护设施的验收方案和验收工作报告，全部进行监督核查；

（二）对职业病危害较重和一般的建设项目职业病防护设施的验收方案和验收工作报告，按照国家安全生产监督管理总局规定的“双随机”方式实施抽查。

第三十五条 安全生产监督管理部门应当加强监督检查人员建设项目职业病防护设施“三同时”知识的培训，提高业务素质。

第三十六条 安全生产监督管理部门及其工作人员不得有下列行为：

（一）强制要求建设单位接受指定的机构、职业卫生专业技术人员开展建设项目职业病防护设施“三同时”有关工作；

（二）以任何理由或者方式向建设单位和有关机构收取或者变相收取费用；

（三）向建设单位摊派财物、推销产品；

（四）在建设单位和有关机构报销任何费用。

第三十七条 任何单位或者个人发现建设单位、安全生产监督管理部门及其工作人员、有关机构和人员违反职业病防治有关法律、法规、标准和本办法规定的行为，均有权向安全生产监督管理部门或者有关部门举报。

受理举报的安全生产监督管理部门应当为举报人保密，并依法对举报内容进行核查和处理。

第三十八条 上级安全生产监督管理部门应当加强对下级安全生产监督管理部门建设项目职业病防护设施“三同时”监督执法工作的检查、指导。

地方各级安全生产监督管理部门应当定期汇总分析有关监督执法情况，并按照要求逐级上报。

第六章　法　律　责　任

第三十九条　建设单位有下列行为之一的，由安全生产监督管理部门给予警告，责令限期改正；逾期不改正的，处10万元以上50万元以下的罚款；情节严重的，责令停止产生职业病危害的作业，或者提请有关人民政府按照国务院规定的权限责令停建、关闭：

（一）未按照本办法规定进行职业病危害预评价的；

（二）建设项目的职业病防护设施未按照规定与主体工程同时设计、同时施工、同时投入生产和使用的；

（三）建设项目的职业病防护设施设计不符合国家职业卫生标准和卫生要求的；

（四）未按照本办法规定对职业病防护设施进行职业病危害控制效果评价的；

（五）建设项目竣工投入生产和使用前，职业病防护设施未按照本办法规定验收合格的。

第四十条　建设单位有下列行为之一的，由安全生产监督管理部门给予警告，责令限期改正；逾期不改正的，处5000元以上3万元以下的罚款：

（一）未按照本办法规定，对职业病危害预评价报告、职业病防护设施设计、职业病危害控制效果评价报告进行评审或者组织职业病防护设施验收的；

（二）职业病危害预评价、职业病防护设施设计、职业病危害控制效果评价或者职业病防护设施验收工作过程未形成书面报告备查的；

（三）建设项目的生产规模、工艺等发生变更导致职业病危害风险发生重大变化的，建设单位对变更内容未重新进行职业病危害预评价和评审，或者未重新进行职业病防护设施设计和评审的；

（四）需要试运行的职业病防护设施未与主体工程同时试运行的；

（五）建设单位未按照本办法第八条规定公布有关信息的。

第四十一条　建设单位在职业病危害预评价报告、职业病防护设施设计、职业病危害控制效果评价报告编制、评审以及职业病防护设施验收等过程中弄虚作假的，由安全生产监督管理部门责令限期改正，给予警告，可以并处5000元以上3万元以下的罚款。

第四十二条　建设单位未按照规定及时、如实报告建设项目职业病防护设施验收方案，或者职业病危害严重建设项目未提交职业病危害控制效果评价与职业病防护设施验收的书面报告的，由安全生产监督管理部门责令限期改正，给予警告，可以并处5000元以上3万元以下的罚款。

第四十三条　参与建设项目职业病防护设施“三同时”监督检查工作的专家库专家违反职业道德或者行为规范，降低标准、弄虚作假、牟取私利，作出显失公正或者虚假意见的，由安全生产监督管理部门将其从专家库除名，终身不得再担任专家库专家。职业卫生专业技术人员在建设项目职业病防护设施“三同时”评审、验收等活动中涉嫌犯罪的，移送司法机关依法追究刑事责任。

第四十四条　违反本办法规定的其他行为，依照《中华人民共和国职业病防治法》有关规定给予处理。

第七章 附 则

第四十五条 煤矿建设项目职业病防护设施“三同时”的监督检查工作按照新修订发布的《煤矿和煤层气地面开采建设项目安全设施监察规定》执行，煤矿安全监察机构按照规定履行国家监察职责。

第四十六条 本办法自2017年5月1日起施行。国家安全安全生产监督管理总局2012年4月27日公布的《建设项目职业卫生“三同时”监督管理暂行办法》同时废止。

知识链接

关于《建设项目职业病防护设施“三同时”监督管理办法》有关问题的说明

为促进各地加强建设项目职业病防护设施“三同时”监督检查工作，现就《建设项目职业病防护设施“三同时”监督管理办法》（国家安全生产监督管理总局令第90号，以下简称90号令）、《国家安全监管总局办公厅关于贯彻落实〈建设项目职业病防护设施“三同时”监督管理办法〉的通知》（安监总厅安健〔2017〕37号，以下简称37号文）涉及安全监管部门监督检查有关问题作如下说明。

一、取消行政审批后，安全监管部门如何开展建设项目职业病防护设施“三同时”监督检查？

安全监管部门应当重点做好以下五个方面的工作：

一是充分认识建设项目职业病防护设施“三同时”监督检查工作的重要性。建设项目职业病防护设施“三同时”监督检查是职业健康监管执法的重要组成部分，各地要高度重视，统一部署、检查与考核，确保取消行政审批后监管执法工作不削弱。国家安全监管总局已将建设项目职业病防护设施“三同时”监管工作纳入2017年省级政府安全生产考核评分内容，请地方各级安全监管部门尽早抓好落实。

二是建立健全监督检查工作长效机制。重点建立健全与投资主管部门的信息沟通与共享机制，以及建设项目安全设施与职业病防护设施“三同时”一体化监督执法机制。

三是切实履行监督检查职责。地方安监部门要制订符合实际的年度监督检查计划，重点对建设项目相对集中的工业区、开发区以及职业病危害严重行业领域建设单位开展监督检查，对存在违法行为的建设单位责令限期整改，下达限期整改执法文书，对逾期不整改或整改不到位的，依法进行处罚，不能只检查不执法处罚。

四是做好宣传教育培训。组织开展专题培训，确保安全监管执法人员正确领会和把握90号令规定的监督检查内容和37号文的具体要求。强化重点行业领域企业主要负责人和职业健康管理人员培训，明确其主体责任。积极宣传依法落实建设项目职业病防护设施“三同时”的先进建设单位，对典型违法违规建设单位进行曝光与通报。

五是建立监督检查信息通报制度。省级安全监管部门要定期统计分析建设项目职业病防护设施“三同时”监督检查信息，对不开展监督检查以及发现违法违规行为不依法进行处罚的地区要进行通报，并将有关情况报送国家安全监管总局职业健康司。

二、安全监管部门如何有效获取建设项目的信息？

当前地方各级安全监管部门可通过以下渠道获取建设项目信息：

一是通过全国投资项目在线审批监管平台了解各级政府层面审批、核准、备案的建设项目信息。

二是地方各级安全监管部门要主动与当地发展改革、工信、招商等部门建立建设项目信息交流机制，及时掌握有关建设项目信息。

三是建设单位通过公告栏、网站公布的建设项目职业病防护设施“三同时”信息。

四是建设单位向安全监管部门提交的建设项目职业病防护设施验收方案、职业病危害严重建设项目控制效果评价和职业病防护设施验收工作过程报告等有关信息。

五是相关举报信息。

三、如何理解和实施分类分级监督管理？

（一）建设项目职业病危害风险分类

90号令将建设项目职业病危害风险分为严重、较重、一般三个类别，地方安全监管部门应当结合《国家安全监管总局关于公布建设项目职业病危害风险分类管理目录（2012年版）的通知》（安监总安健〔2012〕73号）文件精神和建设项目职业病危害评价报告对建设项目分类意见，对职业病危害严重建设项目实施重点监督检查，对较重、一般的建设项目实施随机抽查。

（二）建设项目职业病防护设施“三同时”分级监督检查

90号令第五条明确了建设项目职业病防护设施“三同时”分级监督检查的原则。国家安全生产监督管理总局在国务院规定的职责范围内对全国建设项目职业病防护设施“三同时”实施监督管理。省级安全生产监督管理部门负责制定本行政区域内的分类分级监管办法，明确省、市、县级安全监管部门的建设项目职业病防护设施“三同时”监管职责。

需要指出的是，国务院及其投资主管部门审批、核准或备案，并且跨省（自治区、直辖市）的建设项目由国家安全监管总局负责监督检查，其他（含国务院及其投资主管部门审批、核准或备案，但不跨省、自治区、直辖市）建设项目按照分级、属地监管的原则由地方安全监管部门负责监督检查。

四、如何实施建设项目职业病防护设施“三同时”与安全设施“三同时”一体化监督检查？

建设项目“三同时”一体化监管执法主要包括三个方面：一是对于非煤矿山、危险化学品等实施安全生产许可行业领域的建设项目，各级安全监管部门应当在审批建设项目安全设施“三同时”时，督促建设单位落实职业病防护设施“三同时”各项要求，提高这些行业领域的建设项目职业病防护设施“三同时”实施率（即建设项目职业病危害预评价、职业病防护设施设计、职业病危害控制效果评价和职业病防护设施验收的实施率）。二是地方各级安全监管部门在日常监督检查中，要依据年度执法计划开展监督检查工作，确保建设项目安全设施和职业病防护设施“三同时”工作同步部署、同步检查。三是将建设项目安全设施和职业病防护设施“三同时”监督检查纳入安全生产巡查和责任考核之中。

五、安全监管部门如何对建设单位组织的验收活动和验收结果进行监督核查？

《职业病防治法》第18条规定安全监管部门应当加强对建设单位组织的验收活动和验收结果的监督核查。90号令第34条规定安全监管部门对职业病危害严重建设项目的职业病防护设施的验收方案和验收工作报告全部进行监督核查；对职业病危害较重和一般的建设项目职业病防护设施的验收方案和验收工作报告，按照“双随机”方式实施抽查。监督核查和抽查的重点是验收方案和验收工作报告是否分别符合37号文之建设项目职业病防护设施验收方案（式样）、建设项目职业病危害控制效果评价和职业病防护设施验收工作过程报告（式样）的要求。

在做好对验收方案和验收工作报告检查的同时，安全监管部门还应当加强对建设单位验收活动、验收结果的现场监督核查，特别是对建设项目验收方案和验收工作报告检查中发现存在弄虚作假嫌疑或其他问题的，地方安全监管部门应当按分级、属地监管的原则对有关建设项目进行现场核查。对核实的违法违规行为依法进行处罚，并按照有关要求进行公开。现场监督核查的重点是职业病防护设施防护效果、90号令第二十二条落实情况以及评审（验收）意见整改情况。

六、如何依法落实好《职业病防治法》第69条和90号令第39条规定？

《职业病防治法》和90号令均要求安全监管部门对违反“三同时”有关规定的建设单位，给予警告，责令限期改正；逾期不改正的，处十万元以上五十万元以下的罚款；情节严重的，责令停止产生职业病危害的作业，或者提请有关人民政府按照国务院规定的权限责令停建、关闭。

按照上述规定并结合当前实际，地方安全监管部门应当根据以下两种具体情况分别进行相应处罚：

一是2017年5月1日90号令实施以后，尚未竣工验收的建设项目没有依法履行建设项目职业病防护设施“三同时”制度的，安全监管部门检查发现后要督促建设单位依法全面履行职业病防护设施“三同时”法律规定各项要求。即：未按要求进行职业病危害预评价的要责令限期补做预评价，未按要求进行职业病防护设施设计的要责令限期补做设计，未按要求进行职业病危害控制效果评价的要责令限期补做控制效果评价，未按要求进行职业病防护设施验收的要按规定责令限期补做验收。安全监管部门不能仅以职业病危害现状评价或职业病危害控制效果评价来替代建设项目职业病防护设施“三同时”制度的全面落实。逾期不改正的建设单位，安全监管部门要按照职业病防治法第69条和90号令第39条规定对其进行处罚。

二是在2017年5月1日90号令实施之前，已经正式投产运行没有依法开展建设项目职业病防护设施“三同时”的用人单位，安全监管部门检查发现后应当责令其限期完成工作场所职业病危害因素检测、评价；存在工作场所职业病危害因素浓度或强度超过国家职业卫生标准等违法情形，且拒不改正或逾期不改正的，安全监管部门应当按照职业病防治法律、法规和规章的相关规定对其进行处罚。

七、职业病防护设施“三同时”评审（验收）工作程序要求存在直接利害关系的人员不能作为评审（验收）组成员，具体是指哪些人？

建设项目负责人、承担建设项目职业病危害评价、检测以及职业病防护设施设计单位的人员是存在直接利害关系人员，不能作为该建设项目评审（验收）组成员。

知识链接

关于《建设项目职业病防护设施“三同时”监督管理办法》若干技术问题的解读

建设项目职业病防护设施“三同时”是从源头上预防、控制和消除职业病危害的一项重要法律制度，也是贯彻落实“预防为主、防治结合”方针、保障劳动者职业健康权益的有效手段。《建设项目职业病防护设施“三同时”监督管理办法》（国家安全生产监督管理总局令第90号，以下简称《办法》）发布以来，引起了社会上的普遍关注，在如何把握和执行《办法》的相关要求等方面提出了一些值得探讨的热点问题，在建设单位和评审专家层面的理解上出现了不同的认识和困惑。为了推动《办法》的科学有效实施，切实发挥《办法》的规范与指导作用，现从专业技术的角度就有关热点问题解读如下。

一、何谓可能产生职业病危害的建设项目？

《办法》规定可能产生职业病危害的建设项目应当开展建设项目职业病防护设施“三同时”工作。如何确定建设项目是否属于可能产生职业病危害的建设项目？

基于我国经济社会发展的阶段性，《职业病防治法》将法律约束的职业病危害界定为“是指对从事职业活动的劳动者可能导致职业病的各种危害”。我国目前对职业病实行目录管理，由国务院有关部门统一制定并公布，因此，从法律的角度，《办法》所称可能产生职业病危害的建设项目，是指可能导致劳动者罹患法定职业病（10大类132种）的建设项目。而法定职业病是由于劳动者在职业活动过程中接触相应的危害因素引起，因此，从定性的角度，也可以说可能产生职业病危害的建设项目，是指可能产生导致劳动者罹患法定职业病的危害因素且存在劳动者职业性接触的建设项目。

由于《职业病危害因素分类目录》所列职业病危害因素包含了能够导致法定职业病的危害因素，因此，《办法》指出“本办法所称的可能产生职业病危害的建设项目，是指存在或者产生职业病危害因素分类目录所列职业病危害因素的建设项目”。或者更加严谨来说，是指存在或者产生《职业病危害因素分类目录》中的职业病危害因素且存在劳动者职业性接触的建设项目。

二、应该采用什么方法进行职业病危害预评价？

所谓职业病危害预评价，是指对可能产生职业病危害的建设项目，针对其可能产生的职业病危害因素、对劳动者的健康影响与危害程度、所需防护措施等进行预测性分析与评价，确定建设项目在职业病防治方面的可行性，为职业病防护设施设计提供基础。因此，职业病危害预评价是由识别、分析、评价、控制等若干步骤组成的一个系统过程。作为进行职业病危害预评价的方法，它既包括这一系统过程的总体实施方法，也包括系统过程中每一实施步骤的具体方法。

对于这一系统过程的总体实施方法，我国基于职业病防治法修订以前行政审批的目的，目前主要采用了“法规符合性评价与管理”的方法，亦即将建设项目的职业接触水平以及拟采取的防护设施、个体防护措施、总体布局、职业卫生管理措施等情况，与有关法规标准要求进行对比，并针对不符合法规标准情况提出补充措施建议，从而完善建设项目对各项职业病危害防治措施的管理。但是，这一方法的主要缺陷，是该方法的应用有赖于国家具有健全的针对各类危害因素防护措施要求的法规或标准，否则很容易导致评价结果偏离对主要风险的控制而成为形式化、空洞化。因此，对于这一系统过程的总体方法，目前工业发达国家均采用了风险评价与管理的方法，不仅可以强化对不可接受风险的关注与控制，还可以避免因法规标准难以健全而对企业自主管理带来的影响。对于这一系统过程的每一具体步骤的实施方法，则应根据其相应的内容采用不同的具体方法，如职业病危害因素识别与职业接触分析可采用工程分析的方法、职业接触程度的预测可采用类比调查方法等。

为此，针对职业病危害预评价的实施方法，《办法》给出了工程分析、类比调查等方法示例，《职业病危害评价通则》（GBZ/T 277—2016）也提出了检查表法、风险评估法等参考方法。因此，建议建设单位在具体评价过程中，可以在参照《办法》等给出的实施方法的基础上，综合运用工程分析、类比调查、风险评价等方法进行评估。

三、如何评判建设项目职业病防护设施是否符合职业病防治有关法律、法规、规章和标准要求？

《办法》中规定，建设单位应当组织相关人员对完成的职业病危害预评价报告、职业病防护设施设计以及职业病危害控制效果评价报告进行评审，并形成建设项目是否符合职业病防治有关法律、法规、规章和标准要求的评审意见。那么，如何评判建设项目职业病防护设施是否符合职业病防治有关法律、法规、规章和标准要求呢？

我国《职业病防治法》第十五条明确规定，产生职业病危害的用人单位的设立除应当符合法律、行政法规规定的设立条件外，其工作场所还应当符合下列职业卫生要求：

（1）职业病危害因素的强度或者浓度符合国家职业卫生标准。

（2）有与职业病危害防护相适应的设施。

（3）生产布局合理，符合有害与无害作业分开的原则。

（4）有配套的更衣间、洗浴间、孕妇休息间等卫生设施。

（5）设备、工具、用具等设施符合保护劳动者生理、心理健康的要求。

上述要求，构成当今我国从法律的角度评判建设项目是否符合职业卫生法规标准的基本原则。因此，对于职业病危害预评价报告、职业病防护设施设计以及职业病危害控制效果评价报告的评审，应该立足这一基本原则，并结合职业病危害预评价、职业病防护设施设计以及职业病危害控制效果评价的各自目的与任务，分别评判其是否符合法规标准要求。

1. 职业病危害预评价报告的法规符合性

职业病危害预评价的目的与任务，是在建设项目初步设计之前，评价建设项目预期存在的职业健康风险，提出初步设计时应当采取的旨在消除或降低职业健康风险并且符合相关法规要求的工程防护技术措施建议。因此，对职业病危害预评价报告法规符合性的判定应当满足下列要求：

（1）评价报告对可能产生职业病危害因素的识别以及劳动者的职业接触分析符合建设项目的实际情况，而且基本准确、全面。

（2）对劳动者预期职业健康风险的评价结果基本客观、可信。

（3）提出了消除职业健康风险或降低职业健康风险的工程防护技术措施建议。

2. 职业病防护设施设计的法规符合性

职业病防护设施设计的目的与任务，是针对可行性研究报告以及职业病危害预评价报告提出的工程防护技术措施，提出能够予以施工建设且满足相关标准要求的工程设计，包括防护设施的规格型号、设计图纸、技术参数等。因此，对职业病防护设施设计法规符合性的判定应当满足下列要求：

（1）对可行性研究报告、职业病危害预评价报告提出的工程防护技术措施进行了设计，或者提出替代可行性研究报告、预评价报告相关建议的设计，并做出详细说明。

（2）提出的职业病防护设施设计的具体内容符合有关职业卫生标准的技术要求。

（3）提出的职业病防护设施设计预期能够确保劳动者的职业接触符合国家职业接触限值标准要求。

3. 职业病危害控制效果评价报告的法规符合性

职业病危害控制效果评价的目的与任务，是确认建设项目对职业健康风险的控制效果，评价防护设施的符合性与有效性，并对建设项目的职业健康风险，提出有效的控制措施要求。因此，对职业病危害控制效果评价报告法规符合性的判定应当满足下列要求：

（1）对建设项目职业健康风险的评价结果客观、可信。

（2）对照90号令第二十二条有关管理措施要求，对建设单位落实情况进行分析、评价。

（3）按照法律、法规、标准要求，开展职业病危害因素检测、评价。

（4）对建设项目职业病防护设施效果进行客观分析与评价。

（5）对职业健康风险预防控制提出具体明确的控制措施要求。

四、如何编制职业病危害预评价报告、职业病防护设施设计以及职业病危害控制效果评价报告？

2016年7月2日修改实施的《职业病防治法》取消了安全监管部门对建设项目职业病危害预评价、职业病防护设施设计以及职业病危害控制效果评价的行政审批事项，有关建设项目职业病危害预评价、职业病防护设施设计和职业病危害控制效果评价等导则标准正在制修订过程中。因此，在上述标准出台前，建议按照《办法》和《国家安全监管总局办公厅关于贯彻落实〈建设项目职业病防护设施“三同时”监督管理办法〉的通知》（安监总厅安健〔2017〕37号）要求，并参照《职业病危害评价通则》（GBZ/T 277—2016）、《建设项目职业病危害预评价报告编制要求》（ZW—JB—2014—004）、《建设项目职业病防护设施设计专篇编制要求》（ZW-

JB-2014-002）、《建设项目职业病危害控制效果评价报告编制要求》（ZW—JB—2014—003）编制职业病危害预评价报告、职业病防护设施设计和职业病危害控制效果评价报告。

五、评价报告如何确定建设项目的职业病危害风险类别?

《办法》中，无论是对职业病危害预评价报告还是职业病危害控制效果评价报告，均提出了要明确建设项目的职业病危害风险类别的要求。那么，如何确定建设项目的职业病危害风险类别呢?

对于建设项目依照职业病危害风险情况实行分类监管是国际上一种的通行做法。例如，日本《劳动安全卫生法》规定，对于采矿业、制造业、电力生产、高危气体、汽车整备业、机械修理业等六大职业病危害风险较高的行业领域，实行建设项目计划的申报制度，即该六大行业领域所属的建设项目必须在其施工前一个月将该项目的建设计划向日本属地劳动基准监督署（相当于我国的安全监管部门）申报。建设项目的职业病危害风险分类是行政监管部门在统筹国家职业病危害发生情况基础上所做出的一种行政指南性分类，其目的是为了进行分类监管，《国家安全监管总局关于公布建设项目职业病危害风险分类管理目录（2012年版）的通知》（安监总安健〔2012〕73号）对可能存在职业病危害的主要行业按照严重、较重和一般3个类别进行了指导性分类。因此，对于建设项目的职业病危害风险类别，应当在参考建设项目职业病危害分类管理目录的基础上，根据建设项目的实际情况，结合风险评价结果来合理确定该建设项目职业病危害的风险类别。

建设项目职业病危害评价中所说的职业病危害风险分级，是综合建设项目职业病危害因素的危害程度与劳动者的职业接触水平所做出的一种风险可容忍性分级，其目的是为了针对性地采取措施降低建设项目不可接受风险的风险水平。因此，应注意建设项目职业病危害风险分类与建设项目中劳动者的职业健康风险分级是两种截然不同性质的风险分类（分级）。也就是说，职业病危害一般的建设项目，如果其防护措施不到位，也可能存在不可接受的职业健康风险，而职业病危害严重的建设项目，如果防护措施到位，其职业健康风险可以消除或大幅降低。

六、建设项目职业病防护设施“三同时”相关工作是否需要委托专业技术服务机构进行?

依据《职业病防治法》的相关规定，对于可能产生职业病危害的建设项目，建设单位在可行性论证阶段应当进行职业病危害预评价，建设单位的职业病防护设施设计应当符合国家职业卫生标准和卫生要求，建设单位应当在竣工验收前进行职业病危害控制效果评价。对于建设单位如何实施评价和设计工作，是需要委托专业技术服务机构进行，还是自行实施，现行法律上没有提出明确的要求。但是，为保证建设项目职业病防护设施“三同时”工作质量，切实从源头控制职业病危害，对于大多数不具备能力的建设单位，建议其委托专业的职业卫生技术服务机构实施建设项目职业病危害评价工作，委托具有相关设计资质的单位承担职业病防护设施设计，主要理由有两点：

（一）具备评价或设计能力专业技术人员的分布限制

无论是职业病危害预评价，还是职业病防护设施设计以及职业病危害控制效果评价工作，都是一项技术性、专业性极强的工作，它既需要进行职业病危害因素的识别、职业接触分析、职业病危害因素检测与评价，也需要对高风险岗位与人群职业病防护技术措施进行合理策划并对相关措施的法规符合性进行检查与判断。因此，为了确保通过评价或设计来真正实现前期预防的根本目的，需要由具备相关专业技术能力的人员来实施评价或设计。例如，欧美等工业发达国家均由具备工业卫生师这类专业技术资格的人员实施法规要求的风险评价。但是，我国目前尚未建立类似国外工业卫生师的职业资格管理制度，大多数企业现有的职业卫生管理人员专业知识和业务能力不足，尚不具备实施建设项目评价的知识与能力。目前，我国具备这些知识与能力的专业技术人员，主要是分布在具有资质的职业卫生技术服务机构。因此，基于当前职业卫生专业技术人员的分布限制，建设单位的职业病危害评价工作由职业卫生技术服务机构实施比较符合实际。

同理，职业病防护设施设计需要既掌握设计能力，又了解安全生产与职业健康相关法规、标准，具有一定实践经验的专业技术人员来实施，这些人员往往集中在具有设计资质的单位，否则，相关设计难以符合要求，甚至导致劳动者职业健康权益受损。

（二）职业病危害因素检测、评价机构的行政许可限制

无论是建设项目职业病危害预评价，还是职业病危害控制效果评价，其本质都是对职业接触水平的检测、评价与管理，国外称之为风险评价。亦即，离开了职业接触水平的检测（包括类比检测）、评价与管理，无从谈及建设项目的职业病危害预评价和职业病危害控制效果评价。依据《职业病防治法》的规定，职业病危害因素检测、评价应当由依法设立的取得国务院安全生产监督管理部门或者设区的市级以上地方人民政府安全生产监督管理部门按照职责分工给予资质认可的职业卫生技术服务机构进行。因此，基于职业病危害因素检测、评价机构的行政许可限制，避免检测、评价工作的脱节，对于大多数不具备能力的建设单位，建议其委托专业的职业卫生技术服务机构一并实施建设项目职业病危害评价与检测，以确保评价工作质量符合法规、标准要求，切实从源头保护劳动者职业健康。

七、如何理解建设项目职业病防护设施“三同时”工作可与安全设施“三同时”工作一并进行？

安全生产和职业健康作为保护劳动者生命安全与健康权益的两个方面，同属于用人单位履行劳动保护社会责任与义务问题，彼此密不可分。为此，美国、英国和日本等工业发达国家均对安全生产与职业健康进行了一体化立法以及一体化授权政府同一行政部门监管。我国目前虽然《安全生产法》与《职业病防治法》两法分立，但安全生产和职业健康的监督管理职责一体化地授予了安全生产监督管理部门。因此，为了推动建设项目“三同时”工作的一体化监管，减轻建设单位建设项目评价、防护设施设计等分散管理的负担，《办法》提出了“建设项目职业病防护设施‘三同时’工作可以与安全设施‘三同时’工作一并进行”，这也是工业发达国家的通行做法。理想的“一并进行”既包括评价或设计过程以及评价报告或设计专篇的一体化，也包括监管工作组织与企业内部评审和验收组织的一体化。但是，目前我国有关建设项目职业病危害预评价、职业病危害控制效果评价以及职业病防护设施设计与安全预评价、

安全验收评价和安全设施设计的法律、法规、规章要求相对独立，特别是两者在相关标准要求上存在较大差异，多数从事评价或设计的专业技术人员也相对独立。因此，当前较难实现两项评价或设计的有机融合。作为过渡阶段，《办法》所称“一并进行”，主要是指行政机关的监督检查过程一体化组织，以及在分别满足现行安全评价与职业病危害评价、安全设施与职业病防护设施设计（验收）法规、标准要求的前提条件下，鼓励建设单位委托具有相应能力的机构，一并开展评价工作或有关设施设计，合并组织评审与验收工作。

建设项目安全设施“三同时”监督管理办法

（2010年12月14日国家安全生产监督管理总局令第36号公布，根据2015年4月2日国家安全生产监督管理总局令第77号修正）

第一章 总 则

第一条 为加强建设项目安全管理，预防和减少生产安全事故，保障从业人员生命和财产安全，根据《中华人民共和国安全生产法》和《国务院关于进一步加强企业安全生产工作的通知》等法律、行政法规和规定，制定本办法。

第二条 经县级以上人民政府及其有关主管部门依法审批、核准或者备案的生产经营单位新建、改建、扩建工程项目（以下统称建设项目）安全设施的建设及其监督管理，适用本办法。

法律、行政法规及国务院对建设项目安全设施建设及其监督管理另有规定的，依照其规定。

第三条 本办法所称的建设项目安全设施，是指生产经营单位在生产经营活动中用于预防生产安全事故的设备、设施、装置、构（建）筑物和其他技术措施的总称。

第四条 生产经营单位是建设项目安全设施建设的责任主体。建设项目安全设施必须与主体工程同时设计、同时施工、同时投入生产和使用（以下简称“三同时”）。安全设施投资应当纳入建设项目概算。

第五条 国家安全生产监督管理总局对全国建设项目安全设施“三同时”实施综合监督管理，并在国务院规定的职责范围内承担有关建设项目安全设施“三同时”的监督管理。

县级以上地方各级安全生产监督管理部门对本行政区域内的建设项目安全设施“三同时”实施综合监督管理，并在本级人民政府规定的职责范围内承担本级人民政府及其有关主管部门审批、核准或者备案的建设项目安全设施“三同时”的监督管理。

跨两个及两个以上行政区域的建设项目安全设施“三同时”由其共同的上一级人民政府安全生产监督管理部门实施监督管理。

上一级人民政府安全生产监督管理部门根据工作需要，可以将其负责监督管理的建设项目安全设施“三同时”工作委托下一级人民政府安全生产监督管理部门实施监督管理。

第六条 安全生产监督管理部门应当加强建设项目安全设施建设的日常安全监管，落实有关行政许可及其监管责任，督促生产经营单位落实安全设施建设责任。

第二章 建设项目安全预评价

第七条 下列建设项目在进行可行性研究时，生产经营单位应当按照国家规定，进行安全预评价：

（一）非煤矿矿山建设项目；

（二）生产、储存危险化学品（包括使用长输管道输送危险化学品，下同）的建设项目；

（三）生产、储存烟花爆竹的建设项目；

（四）金属冶炼建设项目；

（五）使用危险化学品从事生产并且使用量达到规定数量的化工建设项目（属于危险化学品生产的除外，下同）；

（六）法律、行政法规和国务院规定的其他建设项目。

第八条 生产经营单位应当委托具有相应资质的安全评价机构，对其建设项目进行安全预评价，并编制安全预评价报告。

建设项目安全预评价报告应当符合国家标准或者行业标准的规定。

生产、储存危险化学品的建设项目和化工建设项目安全预评价报告除符合本条第二款的规定外，还应当符合有关危险化学品建设项目的规定。

第九条 本办法第七条规定以外的其他建设项目，生产经营单位应当对其安全生产条件和设施进行综合分析，形成书面报告备查。

第三章 建设项目安全设施设计审查

第十条 生产经营单位在建设项目初步设计时，应当委托有相应资质的设计单位对建设项目安全设施同时进行设计，编制安全设施设计。

安全设施设计必须符合有关法律、法规、规章和国家标准或者行业标准、技术规范的规定，并尽可能采用先进适用的工艺、技术和可靠的设备、设施。本办法第七条规定的建设项目安全设施设计还应当充分考虑建设项目安全预评价报告提出的安全对策措施。

安全设施设计单位、设计人应当对其编制的设计文件负责。

第十一条 建设项目安全设施设计应当包括下列内容：

（一）设计依据；

（二）建设项目概述；

（三）建设项目潜在的危险、有害因素和危险、有害程度及周边环境安全分析；

（四）建筑及场地布置；

（五）重大危险源分析及检测监控；

（六）安全设施设计采取的防范措施；

（七）安全生产管理机构设置或者安全生产管理人员配备要求；

（八）从业人员安全生产教育和培训要求；

（九）工艺、技术和设备、设施的先进性和可靠性分析；

（十）安全设施专项投资概算；

（十一）安全预评价报告中的安全对策及建议采纳情况；

（十二）预期效果以及存在的问题与建议；

（十三）可能出现的事故预防及应急救援措施；

（十四）法律、法规、规章、标准规定需要说明的其他事项。

第十二条 本办法第七条第（一）项、第（二）项、第（三）项、第（四）项规定的建设项目安全设施设计完成后，生产经营单位应当按照本办法第五条的规定向安全生产监督管理部门提出审查申请，并提交下列文件资料：

（一）建设项目审批、核准或者备案的文件；

（二）建设项目安全设施设计审查申请；

（三）设计单位的设计资质证明文件；

（四）建设项目安全设施设计；

（五）建设项目安全预评价报告及相关文件资料；

（六）法律、行政法规、规章规定的其他文件资料。

安全生产监督管理部门收到申请后，对属于本部门职责范围内的，应当及时进行审查，并在收到申请后5个工作日内作出受理或者不予受理的决定，书面告知申请人；对不属于本部门职责范围内的，应当将有关文件资料转送有审查权的安全生产监督管理部门，并书面告知申请人。

第十三条 对已经受理的建设项目安全设施设计审查申请，安全生产监督管理部门应当自受理之日起20个工作日内作出是否批准的决定，并书面告知申请人。20个工作日内不能作出决定的，经本部门负责人批准，可以延长10个工作日，并应当将延长期限的理由书面告知申请人。

第十四条 建设项目安全设施设计有下列情形之一的，不予批准，并不得开工建设：

（一）无建设项目审批、核准或者备案文件的；

（二）未委托具有相应资质的设计单位进行设计的；

（三）安全预评价报告由未取得相应资质的安全评价机构编制的；

（四）设计内容不符合有关安全生产的法律、法规、规章和国家标准或者行业标准、技术规范的规定的；

（五）未采纳安全预评价报告中的安全对策和建议，且未作充分论证说明的；

（六）不符合法律、行政法规规定的其他条件的。

建设项目安全设施设计审查未予批准的，生产经营单位经过整改后可以向原审查部门申请再审。

第十五条 已经批准的建设项目及其安全设施设计有下列情形之一的，生产经营单位应当报原批准部门审查同意；未经审查同意的，不得开工建设：

（一）建设项目的规模、生产工艺、原料、设备发生重大变更的；

（二）改变安全设施设计且可能降低安全性能的；

（三）在施工期间重新设计的。

第十六条 本办法第七条第（一）项、第（二）项、第（三）项和第（四）项规定以外的建设项目安全设施设计，由生产经营单位组织审查，形成书面报告备查。

第四章 建设项目安全设施施工和竣工验收

第十七条 建设项目安全设施的施工应当由取得相应资质的施工单位进行，并与建设项目主体工程同时施工。

施工单位应当在施工组织设计中编制安全技术措施和施工现场临时用电方案，同时对危险性较大的分部分项工程依法编制专项施工方案，并附具安全验算结果，经施工单位技术负责人、总监理工程师签字后实施。

施工单位应当严格按照安全设施设计和相关施工技术标准、规范施工，并对安全设施的工程质量负责。

第十八条 施工单位发现安全设施设计文件有错漏的，应当及时向生产经营单位、设计单位提出。生产经营单位、设计单位应当及时处理。

施工单位发现安全设施存在重大事故隐患时，应当立即停止施工并报告生产经营单位进行整改。整改合格后，方可恢复施工。

第十九条 工程监理单位应当审查施工组织设计中的安全技术措施或者专项施工方案是否符合工程建设强制性标准。

工程监理单位在实施监理过程中，发现存在事故隐患的，应当要求施工单位整改；情况严重的，应当要求施工单位暂时停止施工，并及时报告生产经营单位。施工单位拒不整改或者不停止施工的，工程监理单位应当及时向有关主管部门报告。

工程监理单位、监理人员应当按照法律、法规和工程建设强制性标准实施监理，并对安全设施工程的工程质量承担监理责任。

第二十条 建设项目安全设施建成后，生产经营单位应当对安全设施进行检查，对发现的问题及时整改。

第二十一条 本办法第七条规定的建设项目竣工后，根据规定建设项目需要试运行（包括生产、使用，下同）的，应当在正式投入生产或者使用前进行试运行。

试运行时间应当不少于30日，最长不得超过180日，国家有关部门有规定或者特殊要求的行业除外。

生产、储存危险化学品的建设项目和化工建设项目，应当在建设项目试运行前将试运行方案报负责建设项目安全许可的安全生产监督管理部门备案。

第二十二条 本办法第七条规定的建设项目安全设施竣工或者试运行完成后，生产经营单位应当委托具有相应资质的安全评价机构对安全设施进行验收评价，并编制建设项目安全验收评价报告。

建设项目安全验收评价报告应当符合国家标准或者行业标准的规定。

生产、储存危险化学品的建设项目和化工建设项目安全验收评价报告除符合本条第二款的规定外，还应当符合有关危险化学品建设项目的规定。

第二十三条 建设项目竣工投入生产或者使用前，生产经营单位应当组织对安全设施进行竣工验收，并形成书面报告备查。安全设施竣工验收合格后，方可投入生产和使用。

安全监管部门应当按照下列方式之一对本办法第七条第（一）项、第（二）项、第（三）项和第（四）项规定建设项目的竣工验收活动和验收结果的监督核查：

（一）对安全设施竣工验收报告按照不少于总数10%的比例进行随机抽查；

（二）在实施有关安全许可时，对建设项目安全设施竣工验收报告进行审查。

抽查和审查以书面方式为主。对竣工验收报告的实质内容存在疑问，需要到现场核查的，安全监管部门应当指派两名以上工作人员对有关内容进行现场核查。工作人员应当提出现场核查意见，并如实记录在案。

第二十四条 建设项目的安全设施有下列情形之一的，建设单位不得通过竣工验收，并不得投入生产或者使用：

（一）未选择具有相应资质的施工单位施工的；

（二）未按照建设项目安全设施设计文件施工或者施工质量未达到建设项目安全设施设计文件要求的；

（三）建设项目安全设施的施工不符合国家有关施工技术标准的；

（四）未选择具有相应资质的安全评价机构进行安全验收评价或者安全验收评价不合格的；

（五）安全设施和安全生产条件不符合有关安全生产法律、法规、规章和国家标准或者行业标准、技术规范规定的；

（六）发现建设项目试运行期间存在事故隐患未整改的；

（七）未依法设置安全生产管理机构或者配备安全生产管理人员的；

（八）从业人员未经过安全生产教育和培训或者不具备相应资格的；

（九）不符合法律、行政法规规定的其他条件的。

第二十五条 生产经营单位应当按照档案管理的规定，建立建设项目安全设施“三同时”文件资料档案，并妥善保存。

第二十六条 建设项目安全设施未与主体工程同时设计、同时施工或者同时投入使用的，安全生产监督管理部门对与此有关的行政许可一律不予审批，同时责令生产经营单位立即停止施工、限期改正违法行为，对有关生产经营单位和人员依法给予行政处罚。

第五章 法 律 责 任

第二十七条 建设项目安全设施“三同时”违反本办法的规定，安全生产监督管理部门及其工作人员给予审批通过或者颁发有关许可证的，依法给予行政处分。

第二十八条 生产经营单位对本办法第七条第（一）项、第（二）项、第（三）项和第（四）项规定的建设项目有下列情形之一的，责令停止建设或者停产停业整顿，限期改正；逾期未改正的，处50万元以上100万元以下的罚款，对其直接负责的主管人员和其他直接责任人员处2万元以上5万元以下的罚款；构成犯罪的，依照刑法有关规定追究刑事责任：

（一）未按照本办法规定对建设项目进行安全评价的；

（二）没有安全设施设计或者安全设施设计未按照规定报经安全生产监督管理部门审查同意，擅自开工的；

（三）施工单位未按照批准的安全设施设计施工的；

（四）投入生产或者使用前，安全设施未经验收合格的。

第二十九条 已经批准的建设项目安全设施设计发生重大变更，生产经营单位未报原批准部门审查同意擅自开工建设的，责令限期改正，可以并处1万元以上3万元以下的罚款。

第三十条 本办法第七条第（一）项、第（二）项、第（三）项和第（四）项规定以外的建设项目有下列情形之一的，对有关生产经营单位责令限期改正，可以并处5000元以上3万元以下的罚款：

（一）没有安全设施设计的；

（二）安全设施设计未组织审查，并形成书面审查报告的；

（三）施工单位未按照安全设施设计施工的；

（四）投入生产或者使用前，安全设施未经竣工验收合格，并形成书面报告的。

第三十一条 承担建设项目安全评价的机构弄虚作假、出具虚假报告，尚未构成犯罪的，没收违法所得，违法所得在10万元以上的，并处违法所得二倍以上五倍以下的罚款；没有违法所得或者违法所得不足10万元的，单处或者并处10万元以上20万元以下的罚款，对其直接负责的主管人员和其他直接责任人员处2万元以上5万元以下的罚款；给他人造成损害的，与生产经营单位承担连带赔偿责任。

对有前款违法行为的机构，吊销其相应资质。

第三十二条 本办法规定的行政处罚由安全生产监督管理部门决定。法律、行政法规对行政处罚的种类、幅度和决定机关另有规定的，依照其规定。

安全生产监督管理部门对应当由其他有关部门进行处理的“三同时”问题，应当及时移送有关部门并形成记录备查。

第六章 附　　则

第三十三条 本办法自2011年2月1日起施行。

建设工程消防设计审查验收管理暂行规定

（2020年4月1日中华人民共和国住房和城乡建设部令第51号公布）

第一章 总 则

第一条 为了加强建设工程消防设计审查验收管理，保证建设工程消防设计、施工质量，根据《中华人民共和国建筑法》《中华人民共和国消防法》《建设工程质量管理条例》等法律、行政法规，制定本规定。

第二条 特殊建设工程的消防设计审查、消防验收，以及其他建设工程的消防验收备案（以下简称备案）、抽查，适用本规定。

本规定所称特殊建设工程，是指本规定第十四条所列的建设工程。

本规定所称其他建设工程，是指特殊建设工程以外的其他按照国家工程建设消防技术标准需要进行消防设计的建设工程。

第三条 国务院住房和城乡建设主管部门负责指导监督全国建设工程消防设计审查验收工作。

县级以上地方人民政府住房和城乡建设主管部门（以下简称消防设计审查验收主管部门）依职责承担本行政区域内建设工程的消防设计审查、消防验收、备案和抽查工作。

跨行政区域建设工程的消防设计审查、消防验收、备案和抽查工作，由该建设工程所在行政区域消防设计审查验收主管部门共同的上一级主管部门指定负责。

第四条 消防设计审查验收主管部门应当运用互联网技术等信息化手段开展消防设计审查、消防验收、备案和抽查工作，建立健全有关单位和从业人员的信用管理制度，不断提升政务服务水平。

第五条 消防设计审查验收主管部门实施消防设计审查、消防验收、备案和抽查工作所需经费，按照《中华人民共和国行政许可法》等有关法律法规的规定执行。

第六条 消防设计审查验收主管部门应当及时将消防验收、备案和抽查情况告知消防救援机构，并与消防救援机构共享建筑平面图、消防设施平面布置图、消防设施系统图等资料。

第七条 从事建设工程消防设计审查验收的工作人员，以及建设、设计、施工、工程监理、技术服务等单位的从业人员，应当具备相应的专业技术能力，定期参加职业培训。

第二章 有关单位的消防设计、施工质量责任与义务

第八条 建设单位依法对建设工程消防设计、施工质量负首要责任。设计、施

工、工程监理、技术服务等单位依法对建设工程消防设计、施工质量负主体责任。建设、设计、施工、工程监理、技术服务等单位的从业人员依法对建设工程消防设计、施工质量承担相应的个人责任。

第九条 建设单位应当履行下列消防设计、施工质量责任和义务：

（一）不得明示或者暗示设计、施工、工程监理、技术服务等单位及其从业人员违反建设工程法律法规和国家工程建设消防技术标准，降低建设工程消防设计、施工质量；

（二）依法申请建设工程消防设计审查、消防验收，办理备案并接受抽查；

（三）实行工程监理的建设工程，依法将消防施工质量委托监理；

（四）委托具有相应资质的设计、施工、工程监理单位；

（五）按照工程消防设计要求和合同约定，选用合格的消防产品和满足防火性能要求的建筑材料、建筑构配件和设备；

（六）组织有关单位进行建设工程竣工验收时，对建设工程是否符合消防要求进行查验；

（七）依法及时向档案管理机构移交建设工程消防有关档案。

第十条 设计单位应当履行下列消防设计、施工质量责任和义务：

（一）按照建设工程法律法规和国家工程建设消防技术标准进行设计，编制符合要求的消防设计文件，不得违反国家工程建设消防技术标准强制性条文；

（二）在设计文件中选用的消防产品和具有防火性能要求的建筑材料、建筑构配件和设备，应当注明规格、性能等技术指标，符合国家规定的标准；

（三）参加建设单位组织的建设工程竣工验收，对建设工程消防设计实施情况签章确认，并对建设工程消防设计质量负责。

第十一条 施工单位应当履行下列消防设计、施工质量责任和义务：

（一）按照建设工程法律法规、国家工程建设消防技术标准，以及经消防设计审查合格或者满足工程需要的消防设计文件组织施工，不得擅自改变消防设计进行施工，降低消防施工质量；

（二）按照消防设计要求、施工技术标准和合同约定检验消防产品和具有防火性能要求的建筑材料、建筑构配件和设备的质量，使用合格产品，保证消防施工质量；

（三）参加建设单位组织的建设工程竣工验收，对建设工程消防施工质量签章确认，并对建设工程消防施工质量负责。

第十二条 工程监理单位应当履行下列消防设计、施工质量责任和义务：

（一）按照建设工程法律法规、国家工程建设消防技术标准，以及经消防设计审查合格或者满足工程需要的消防设计文件实施工程监理；

（二）在消防产品和具有防火性能要求的建筑材料、建筑构配件和设备使用、安装前，核查产品质量证明文件，不得同意使用或者安装不合格的消防产品和防火性能不符合要求的建筑材料、建筑构配件和设备；

（三）参加建设单位组织的建设工程竣工验收，对建设工程消防施工质量签章确认，并对建设工程消防施工质量承担监理责任。

第十三条 提供建设工程消防设计图纸技术审查、消防设施检测或者建设工程消防验收现场评定等服务的技术服务机构，应当按照建设工程法律法规、国家工程建设消防技术标准和国家有关规定提供服务，并对出具的意见或者报告负责。

第三章　特殊建设工程的消防设计审查

第十四条　具有下列情形之一的建设工程是特殊建设工程：

（一）总建筑面积大于二万平方米的体育场馆、会堂，公共展览馆、博物馆的展示厅；

（二）总建筑面积大于一万五千平方米的民用机场航站楼、客运车站候车室、客运码头候船厅；

（三）总建筑面积大于一万平方米的宾馆、饭店、商场、市场；

（四）总建筑面积大于二千五百平方米的影剧院，公共图书馆的阅览室，营业性室内健身、休闲场馆，医院的门诊楼，大学的教学楼、图书馆、食堂，劳动密集型企业的生产加工车间，寺庙、教堂；

（五）总建筑面积大于一千平方米的托儿所、幼儿园的儿童用房，儿童游乐厅等室内儿童活动场所，养老院、福利院，医院、疗养院的病房楼，中小学校的教学楼、图书馆、食堂，学校的集体宿舍，劳动密集型企业的员工集体宿舍；

（六）总建筑面积大于五百平方米的歌舞厅、录像厅、放映厅、卡拉ＯＫ厅、夜总会、游艺厅、桑拿浴室、网吧、酒吧，具有娱乐功能的餐馆、茶馆、咖啡厅；

（七）国家工程建设消防技术标准规定的一类高层住宅建筑；

（八）城市轨道交通、隧道工程，大型发电、变配电工程；

（九）生产、储存、装卸易燃易爆危险物品的工厂、仓库和专用车站、码头，易燃易爆气体和液体的充装站、供应站、调压站；

（十）国家机关办公楼、电力调度楼、电信楼、邮政楼、防灾指挥调度楼、广播电视楼、档案楼；

（十一）设有本条第一项至第六项所列情形的建设工程；

（十二）本条第十项、第十一项规定以外的单体建筑面积大于四万平方米或者建筑高度超过五十米的公共建筑。

第十五条　对特殊建设工程实行消防设计审查制度。

特殊建设工程的建设单位应当向消防设计审查验收主管部门申请消防设计审查，消防设计审查验收主管部门依法对审查的结果负责。

特殊建设工程未经消防设计审查或者审查不合格的，建设单位、施工单位不得施工。

第十六条　建设单位申请消防设计审查，应当提交下列材料：

（一）消防设计审查申请表；

（二）消防设计文件；

（三）依法需要办理建设工程规划许可的，应当提交建设工程规划许可文件；

（四）依法需要批准的临时性建筑，应当提交批准文件。

第十七条　特殊建设工程具有下列情形之一的，建设单位除提交本规定第十六条所列材料外，还应当同时提交特殊消防设计技术资料：

（一）国家工程建设消防技术标准没有规定，必须采用国际标准或者境外工程建设消防技术标准的；

（二）消防设计文件拟采用的新技术、新工艺、新材料不符合国家工程建设消防技术标准规定的。

前款所称特殊消防设计技术资料，应当包括特殊消防设计文件，设计采用的国际标准、境外工程建设消防技术标准的中文文本，以及有关的应用实例、产品说明等资料。

第十八条 消防设计审查验收主管部门收到建设单位提交的消防设计审查申请后，对申请材料齐全的，应当出具受理凭证；申请材料不齐全的，应当一次性告知需要补正的全部内容。

第十九条 对具有本规定第十七条情形之一的建设工程，消防设计审查验收主管部门应当自受理消防设计审查申请之日起五个工作日内，将申请材料报送省、自治区、直辖市人民政府住房和城乡建设主管部门组织专家评审。

第二十条 省、自治区、直辖市人民政府住房和城乡建设主管部门应当建立由具有工程消防、建筑等专业高级技术职称人员组成的专家库，制定专家库管理制度。

第二十一条 省、自治区、直辖市人民政府住房和城乡建设主管部门应当在收到申请材料之日起十个工作日内组织召开专家评审会，对建设单位提交的特殊消防设计技术资料进行评审。

评审专家从专家库随机抽取，对于技术复杂、专业性强或者国家有特殊要求的项目，可以直接邀请相应专业的中国科学院院士、中国工程院院士、全国工程勘察设计大师以及境外具有相应资历的专家参加评审；与特殊建设工程设计单位有利害关系的专家不得参加评审。

评审专家应当符合相关专业要求，总数不得少于七人，且独立出具评审意见。特殊消防设计技术资料经四分之三以上评审专家同意即为评审通过，评审专家有不同意见的，应当注明。省、自治区、直辖市人民政府住房和城乡建设主管部门应当将专家评审意见，书面通知报请评审的消防设计审查验收主管部门，同时报国务院住房和城乡建设主管部门备案。

第二十二条 消防设计审查验收主管部门应当自受理消防设计审查申请之日起十五个工作日内出具书面审查意见。依照本规定需要组织专家评审的，专家评审时间不超过二十个工作日。

第二十三条 对符合下列条件的，消防设计审查验收主管部门应当出具消防设计审查合格意见：

（一）申请材料齐全、符合法定形式；

（二）设计单位具有相应资质；

（三）消防设计文件符合国家工程建设消防技术标准（具有本规定第十七条情形之一的特殊建设工程，特殊消防设计技术资料通过专家评审）。

对不符合前款规定条件的，消防设计审查验收主管部门应当出具消防设计审查不合格意见，并说明理由。

第二十四条 实行施工图设计文件联合审查的，应当将建设工程消防设计的技术审查并入联合审查。

第二十五条 建设、设计、施工单位不得擅自修改经审查合格的消防设计文件。确需修改的，建设单位应当依照本规定重新申请消防设计审查。

第四章 特殊建设工程的消防验收

第二十六条 对特殊建设工程实行消防验收制度。

特殊建设工程竣工验收后，建设单位应当向消防设计审查验收主管部门申请消防验收；未经消防验收或者消防验收不合格的，禁止投入使用。

第二十七条 建设单位组织竣工验收时，应当对建设工程是否符合下列要求进行查验：

（一）完成工程消防设计和合同约定的消防各项内容；

（二）有完整的工程消防技术档案和施工管理资料（含涉及消防的建筑材料、建筑构配件和设备的进场试验报告）；

（三）建设单位对工程涉及消防的各分部分项工程验收合格；施工、设计、工程监理、技术服务等单位确认工程消防质量符合有关标准；

（四）消防设施性能、系统功能联调联试等内容检测合格。

经查验不符合前款规定的建设工程，建设单位不得编制工程竣工验收报告。

第二十八条 建设单位申请消防验收，应当提交下列材料：

（一）消防验收申请表；

（二）工程竣工验收报告；

（三）涉及消防的建设工程竣工图纸。

消防设计审查验收主管部门收到建设单位提交的消防验收申请后，对申请材料齐全的，应当出具受理凭证；申请材料不齐全的，应当一次性告知需要补正的全部内容。

第二十九条 消防设计审查验收主管部门受理消防验收申请后，应当按照国家有关规定，对特殊建设工程进行现场评定。现场评定包括对建筑物防（灭）火设施的外观进行现场抽样查看；通过专业仪器设备对涉及距离、高度、宽度、长度、面积、厚度等可测量的指标进行现场抽样测量；对消防设施的功能进行抽样测试、联调联试消防设施的系统功能等内容。

第三十条 消防设计审查验收主管部门应当自受理消防验收申请之日起十五日内出具消防验收意见。对符合下列条件的，应当出具消防验收合格意见：

（一）申请材料齐全、符合法定形式；

（二）工程竣工验收报告内容完备；

（三）涉及消防的建设工程竣工图纸与经审查合格的消防设计文件相符；

（四）现场评定结论合格。

对不符合前款规定条件的，消防设计审查验收主管部门应当出具消防验收不合格意见，并说明理由。

第三十一条 实行规划、土地、消防、人防、档案等事项联合验收的建设工程，消防验收意见由地方人民政府指定的部门统一出具。

第五章　其他建设工程的消防设计、备案与抽查

第三十二条　其他建设工程，建设单位申请施工许可或者申请批准开工报告时，应当提供满足施工需要的消防设计图纸及技术资料。

未提供满足施工需要的消防设计图纸及技术资料的，有关部门不得发放施工许可证或者批准开工报告。

第三十三条　对其他建设工程实行备案抽查制度。

其他建设工程经依法抽查不合格的，应当停止使用。

第三十四条　其他建设工程竣工验收合格之日起五个工作日内，建设单位应当报消防设计审查验收主管部门备案。

建设单位办理备案，应当提交下列材料：

（一）消防验收备案表；

（二）工程竣工验收报告；

（三）涉及消防的建设工程竣工图纸。

本规定第二十七条有关建设单位竣工验收消防查验的规定，适用于其他建设工程。

第三十五条　消防设计审查验收主管部门收到建设单位备案材料后，对备案材料齐全的，应当出具备案凭证；备案材料不齐全的，应当一次性告知需要补正的全部内容。

第三十六条　消防设计审查验收主管部门应当对备案的其他建设工程进行抽查。抽查工作推行“双随机、一公开”制度，随机抽取检查对象，随机选派检查人员。抽取比例由省、自治区、直辖市人民政府住房和城乡建设主管部门，结合辖区内消防设计、施工质量情况确定，并向社会公示。

消防设计审查验收主管部门应当自其他建设工程被确定为检查对象之日起十五个工作日内，按照建设工程消防验收有关规定完成检查，制作检查记录。检查结果应当通知建设单位，并向社会公示。

第三十七条　建设单位收到检查不合格整改通知后，应当停止使用建设工程，并组织整改，整改完成后，向消防设计审查验收主管部门申请复查。

消防设计审查验收主管部门应当自收到书面申请之日起七个工作日内进行复查，并出具复查意见。复查合格后方可使用建设工程。

第六章　附　　则

第三十八条　违反本规定的行为，依照《中华人民共和国建筑法》《中华人民共和国消防法》《建设工程质量管理条例》等法律法规给予处罚；构成犯罪的，依法追究刑事责任。

建设、设计、施工、工程监理、技术服务等单位及其从业人员违反有关建设工程

法律法规和国家工程建设消防技术标准，除依法给予处罚或者追究刑事责任外，还应当依法承担相应的民事责任。

第三十九条 建设工程消防设计审查验收规则和执行本规定所需要的文书式样，由国务院住房和城乡建设主管部门制定。

第四十条 新颁布的国家工程建设消防技术标准实施之前，建设工程的消防设计已经依法审查合格的，按原审查意见的标准执行。

第四十一条 住宅室内装饰装修、村民自建住宅、救灾和非人员密集场所的临时性建筑的建设活动，不适用本规定。

第四十二条 省、自治区、直辖市人民政府住房和城乡建设主管部门可以根据有关法律法规和本规定，结合本地实际情况，制定实施细则。

第四十三条 本规定自2020年6月1日起施行。

建筑施工企业安全生产许可证管理规定

（2004年7月5日中华人民共和国建设部令第128号发布，依据2015年1月22日《住房和城乡建设部关于修改＜市政公用设施抗灾设防管理规定＞等部门规章的决定》修改）

第一章 总 则

第一条 为了严格规范建筑施工企业安全生产条件，进一步加强安全生产监督管理，防止和减少生产安全事故，根据《安全生产许可证条例》《建设工程安全生产管理条例》等有关行政法规，制定本规定。

第二条 国家对建筑施工企业实行安全生产许可制度。

建筑施工企业未取得安全生产许可证的，不得从事建筑施工活动。

本规定所称建筑施工企业，是指从事土木工程、建筑工程、线路管道和设备安装工程及装修工程的新建、扩建、改建和拆除等有关活动的企业。

第三条 国务院住房城乡建设主管部门负责对全国建筑施工企业安全生产许可证的颁发和管理工作进行监督指导。

省、自治区、直辖市人民政府住房城乡建设主管部门负责本行政区域内建筑施工企业安全生产许可证的颁发和管理工作。

市、县人民政府住房城乡建设主管部门负责本行政区域内建筑施工企业安全生产许可证的监督管理，并将监督检查中发现的企业违法行为及时报告安全生产许可证颁发管理机关。

第二章 安全生产条件

第四条 建筑施工企业取得安全生产许可证，应当具备下列安全生产条件：

（一）建立、健全安全生产责任制，制定完备的安全生产规章制度和操作规程；

（二）保证本单位安全生产条件所需资金的投入；

（三）设置安全生产管理机构，按照国家有关规定配备专职安全生产管理人员；

（四）主要负责人、项目负责人、专职安全生产管理人员经住房城乡建设主管部门或者其他有关部门考核合格；

（五）特种作业人员经有关业务主管部门考核合格，取得特种作业操作资格证书；

（六）管理人员和作业人员每年至少进行一次安全生产教育培训并考核合格；

（七）依法参加工伤保险，依法为施工现场从事危险作业的人员办理意外伤害保险，为从业人员交纳保险费；

（八）施工现场的办公、生活区及作业场所和安全防护用具、机械设备、施工机具及配件符合有关安全生产法律、法规、标准和规程的要求；

（九）有职业危害防治措施，并为作业人员配备符合国家标准或者行业标准的安全防护用具和安全防护服装；

（十）有对危险性较大的分部分项工程及施工现场易发生重大事故的部位、环节的预防、监控措施和应急预案；

（十一）有生产安全事故应急救援预案、应急救援组织或者应急救援人员，配备必要的应急救援器材、设备；

（十二）法律、法规规定的其他条件。

第三章 安全生产许可证的申请与颁发

第五条 建筑施工企业从事建筑施工活动前，应当依照本规定向企业注册所在地省、自治区、直辖市人民政府住房城乡建设主管部门申请领取安全生产许可证。

第六条 建筑施工企业申请安全生产许可证时，应当向住房城乡建设主管部门提供下列材料：

（一）建筑施工企业安全生产许可证申请表；

（二）企业法人营业执照；

（三）第四条规定的相关文件、材料。

建筑施工企业申请安全生产许可证，应当对申请材料实质内容的真实性负责，不得隐瞒有关情况或者提供虚假材料。

第七条 住房城乡建设主管部门应当自受理建筑施工企业的申请之日起45日内审查完毕；经审查符合安全生产条件的，颁发安全生产许可证；不符合安全生产条件的，不予颁发安全生产许可证，书面通知企业并说明理由。企业自接到通知之日起应当进行整改，整改合格后方可再次提出申请。

住房城乡建设主管部门审查建筑施工企业安全生产许可证申请，涉及铁路、交通、水利等有关专业工程时，可以征求铁路、交通、水利等有关部门的意见。

第八条 安全生产许可证的有效期为3年。安全生产许可证有效期满需要延期的，企业应当于期满前3个月向原安全生产许可证颁发管理机关申请办理延期手续。

企业在安全生产许可证有效期内，严格遵守有关安全生产的法律法规，未发生死亡事故的，安全生产许可证有效期届满时，经原安全生产许可证颁发管理机关同意，不再审查，安全生产许可证有效期延期3年。

第九条 建筑施工企业变更名称、地址、法定代表人等，应当在变更后10日内，到原安全生产许可证颁发管理机关办理安全生产许可证变更手续。

第十条 建筑施工企业破产、倒闭、撤销的，应当将安全生产许可证交回原安全生产许可证颁发管理机关予以注销。

第十一条 建筑施工企业遗失安全生产许可证，应当立即向原安全生产许可证颁发管理机关报告，并在公众媒体上声明作废后，方可申请补办。

第十二条 安全生产许可证申请表采用建设部规定的统一式样。

安全生产许可证采用国务院安全生产监督管理部门规定的统一式样。

安全生产许可证分正本和副本，正、副本具有同等法律效力。

第四章 监 督 管 理

第十三条 县级以上人民政府住房城乡建设主管部门应当加强对建筑施工企业安全生产许可证的监督管理。住房城乡建设主管部门在审核发放施工许可证时，应当对已经确定的建筑施工企业是否有安全生产许可证进行审查，对没有取得安全生产许可证的，不得颁发施工许可证。

第十四条 跨省从事建筑施工活动的建筑施工企业有违反本规定行为的，由工程所在地的省级人民政府住房城乡建设主管部门将建筑施工企业在本地区的违法事实、处理结果和处理建议抄告原安全生产许可证颁发管理机关。

第十五条 建筑施工企业取得安全生产许可证后，不得降低安全生产条件，并应当加强日常安全生产管理，接受住房城乡建设主管部门的监督检查。安全生产许可证颁发管理机关发现企业不再具备安全生产条件的，应当暂扣或者吊销安全生产许可证。

第十六条 安全生产许可证颁发管理机关或者其上级行政机关发现有下列情形之一的，可以撤销已经颁发的安全生产许可证：

（一）安全生产许可证颁发管理机关工作人员滥用职权、玩忽职守颁发安全生产许可证的；

（二）超越法定职权颁发安全生产许可证的；

（三）违反法定程序颁发安全生产许可证的；

（四）对不具备安全生产条件的建筑施工企业颁发安全生产许可证的；

（五）依法可以撤销已经颁发的安全生产许可证的其他情形。

依照前款规定撤销安全生产许可证，建筑施工企业的合法权益受到损害的，住房城乡建设主管部门应当依法给予赔偿。

第十七条 安全生产许可证颁发管理机关应当建立、健全安全生产许可证档案管理制度，定期向社会公布企业取得安全生产许可证的情况，每年向同级安全生产监督管理部门通报建筑施工企业安全生产许可证颁发和管理情况。

第十八条 建筑施工企业不得转让、冒用安全生产许可证或者使用伪造的安全生产许可证。

第十九条 住房城乡建设主管部门工作人员在安全生产许可证颁发、管理和监督检查工作中，不得索取或者接受建筑施工企业的财物，不得谋取其他利益。

第二十条 任何单位或者个人对违反本规定的行为，有权向安全生产许可证颁发管理机关或者监察机关等有关部门举报。

第五章 罚　　则

第二十一条 违反本规定，住房城乡建设主管部门工作人员有下列行为之一的，给予降级或者撤职的行政处分；构成犯罪的，依法追究刑事责任：

（一）向不符合安全生产条件的建筑施工企业颁发安全生产许可证的；

（二）发现建筑施工企业未依法取得安全生产许可证擅自从事建筑施工活动，不依法处理的；

（三）发现取得安全生产许可证的建筑施工企业不再具备安全生产条件，不依法处理的；

（四）接到对违反本规定行为的举报后，不及时处理的；

（五）在安全生产许可证颁发、管理和监督检查工作中，索取或者接受建筑施工企业的财物，或者谋取其他利益的。

由于建筑施工企业弄虚作假，造成前款第（一）项行为的，对住房城乡建设主管部门工作人员不予处分。

第二十二条 取得安全生产许可证的建筑施工企业，发生重大安全事故的，暂扣安全生产许可证并限期整改。

第二十三条 建筑施工企业不再具备安全生产条件的，暂扣安全生产许可证并限期整改；情节严重的，吊销安全生产许可证。

第二十四条 违反本规定，建筑施工企业未取得安全生产许可证擅自从事建筑施工活动的，责令其在建项目停止施工，没收违法所得，并处10万元以上50万元以下的罚款；造成重大安全事故或者其他严重后果，构成犯罪的，依法追究刑事责任。

第二十五条 违反本规定，安全生产许可证有效期满未办理延期手续，继续从事建筑施工活动的，责令其在建项目停止施工，限期补办延期手续，没收违法所得，并处5万元以上10万元以下的罚款；逾期仍不办理延期手续，继续从事建筑施工活动的，依照本规定第二十四条的规定处罚。

第二十六条 违反本规定，建筑施工企业转让安全生产许可证的，没收违法所得，处10万元以上50万元以下的罚款，并吊销安全生产许可证；构成犯罪的，依法追究刑事责任；接受转让的，依照本规定第二十四条的规定处罚。

冒用安全生产许可证或者使用伪造的安全生产许可证的，依照本规定第二十四条的规定处罚。

第二十七条 违反本规定，建筑施工企业隐瞒有关情况或者提供虚假材料申请安全生产许可证的，不予受理或者不予颁发安全生产许可证，并给予警告，1年内不得申请安全生产许可证。

建筑施工企业以欺骗、贿赂等不正当手段取得安全生产许可证的，撤销安全生产许可证，3年内不得再次申请安全生产许可证；构成犯罪的，依法追究刑事责任。

第二十八条 本规定的暂扣、吊销安全生产许可证的行政处罚，由安全生产许可证的颁发管理机关决定；其他行政处罚，由县级以上地方人民政府住房城乡建设主管部门决定。

第六章 附 则

第二十九条 本规定施行前已依法从事建筑施工活动的建筑施工企业，应当自《安全生产许可证条例》施行之日起（2004年1月13日起）1年内向住房城乡建设主管部门申请办理建筑施工企业安全生产许可证；逾期不办理安全生产许可证，或者经审查不符合本规定的安全生产条件，未取得安全生产许可证，继续进行建筑施工活动的，依照本规定第二十四条的规定处罚。

第三十条 本规定自公布之日起施行。

建筑施工企业主要负责人、项目负责人和专职安全生产管理人员安全生产管理规定

（2014年6月25日中华人民共和国住房和城乡建设部令第17号公布）

第一章 总 则

第一条 为了加强房屋建筑和市政基础设施工程施工安全监督管理，提高建筑施工企业主要负责人、项目负责人和专职安全生产管理人员（以下合称“安管人员”）的安全生产管理能力，根据《中华人民共和国安全生产法》《建设工程安全生产管理条例》等法律法规，制定本规定。

第二条 在中华人民共和国境内从事房屋建筑和市政基础设施工程施工活动的建筑施工企业的“安管人员”，参加安全生产考核，履行安全生产责任，以及对其实施安全生产监督管理，应当符合本规定。

第三条 企业主要负责人，是指对本企业生产经营活动和安全生产工作具有决策权的领导人员。

项目负责人，是指取得相应注册执业资格，由企业法定代表人授权，负责具体工

程项目管理的人员。

专职安全生产管理人员，是指在企业专职从事安全生产管理工作的人员，包括企业安全生产管理机构的人员和工程项目专职从事安全生产管理工作的人员。

第四条 国务院住房城乡建设主管部门负责对全国“安管人员”安全生产工作进行监督管理。

县级以上地方人民政府住房城乡建设主管部门负责对本行政区域内“安管人员”安全生产工作进行监督管理。

第二章 考 核 发 证

第五条 “安管人员”应当通过其受聘企业，向企业工商注册地的省、自治区、直辖市人民政府住房城乡建设主管部门（以下简称考核机关）申请安全生产考核，并取得安全生产考核合格证书。安全生产考核不得收费。

第六条 申请参加安全生产考核的“安管人员”，应当具备相应文化程度、专业技术职称和一定安全生产工作经历，与企业确立劳动关系，并经企业年度安全生产教育培训合格。

第七条 安全生产考核包括安全生产知识考核和管理能力考核。

安全生产知识考核内容包括：建筑施工安全的法律法规、规章制度、标准规范，建筑施工安全管理基本理论等。

安全生产管理能力考核内容包括：建立和落实安全生产管理制度、辨识和监控危险性较大的分部分项工程、发现和消除安全事故隐患、报告和处置生产安全事故等方面的能力。

第八条 对安全生产考核合格的，考核机关应当在20个工作日内核发安全生产考核合格证书，并予以公告；对不合格的，应当通过“安管人员”所在企业通知本人并说明理由。

第九条 安全生产考核合格证书有效期为3年，证书在全国范围内有效。

证书式样由国务院住房城乡建设主管部门统一规定。

第十条 安全生产考核合格证书有效期届满需要延续的，“安管人员”应当在有效期届满前3个月内，由本人通过受聘企业向原考核机关申请证书延续。准予证书延续的，证书有效期延续3年。

对证书有效期内未因生产安全事故或者违反本规定受到行政处罚，信用档案中无不良行为记录，且已按规定参加企业和县级以上人民政府住房城乡建设主管部门组织的安全生产教育培训的，考核机关应当在受理延续申请之日起20个工作日内，准予证书延续。

第十一条 “安管人员”变更受聘企业的，应当与原聘用企业解除劳动关系，并通过新聘用企业到考核机关申请办理证书变更手续。考核机关应当在受理变更申请之日起5个工作日内办理完毕。

第十二条 “安管人员”遗失安全生产考核合格证书的，应当在公共媒体上声明作废，通过其受聘企业向原考核机关申请补办。考核机关应当在受理申请之日起5个工作日内办理完毕。

第十三条 “安管人员”不得涂改、倒卖、出租、出借或者以其他形式非法转让安全生产考核合格证书。

第三章 安 全 责 任

第十四条 主要负责人对本企业安全生产工作全面负责，应当建立健全企业安全生产管理体系，设置安全生产管理机构，配备专职安全生产管理人员，保证安全生产投入，督促检查本企业安全生产工作，及时消除安全事故隐患，落实安全生产责任。

第十五条 主要负责人应当与项目负责人签订安全生产责任书，确定项目安全生产考核目标、奖惩措施，以及企业为项目提供的安全管理和技术保障措施。

工程项目实行总承包的，总承包企业应当与分包企业签订安全生产协议，明确双方安全生产责任。

第十六条 主要负责人应当按规定检查企业所承担的工程项目，考核项目负责人安全生产管理能力。发现项目负责人履职不到位的，应当责令其改正；必要时，调整项目负责人。检查情况应当记入企业和项目安全管理档案。

第十七条 项目负责人对本项目安全生产管理全面负责，应当建立项目安全生产管理体系，明确项目管理人员安全职责，落实安全生产管理制度，确保项目安全生产费用有效使用。

第十八条 项目负责人应当按规定实施项目安全生产管理，监控危险性较大分部分项工程，及时排查处理施工现场安全事故隐患，隐患排查处理情况应当记入项目安全管理档案；发生事故时，应当按规定及时报告并开展现场救援。

工程项目实行总承包的，总承包企业项目负责人应当定期考核分包企业安全生产管理情况。

第十九条 企业安全生产管理机构专职安全生产管理人员应当检查在建项目安全生产管理情况，重点检查项目负责人、项目专职安全生产管理人员履责情况，处理在建项目违规违章行为，并记入企业安全管理档案。

第二十条 项目专职安全生产管理人员应当每天在施工现场开展安全检查，现场监督危险性较大的分部分项工程安全专项施工方案实施。对检查中发现的安全事故隐患，应当立即处理；不能处理的，应当及时报告项目负责人和企业安全生产管理机构。项目负责人应当及时处理。检查及处理情况应当记入项目安全管理档案。

第二十一条 建筑施工企业应当建立安全生产教育培训制度，制定年度培训计划，每年对“安管人员”进行培训和考核，考核不合格的，不得上岗。培训情况应当记入企业安全生产教育培训档案。

第二十二条 建筑施工企业安全生产管理机构和工程项目应当按规定配备相应数量和相关专业的专职安全生产管理人员。危险性较大的分部分项工程施工时，应当安排专职安全生产管理人员现场监督。

第四章 监 督 管 理

第二十三条 县级以上人民政府住房城乡建设主管部门应当依照有关法律法规和本规定，对“安管人员”持证上岗、教育培训和履行职责等情况进行监督检查。

第二十四条 县级以上人民政府住房城乡建设主管部门在实施监督检查时，应当有两名以上监督检查人员参加，不得妨碍企业正常的生产经营活动，不得索取或者收受企业的财物，不得谋取其他利益。

有关企业和个人对依法进行的监督检查应当协助与配合，不得拒绝或者阻挠。

第二十五条 县级以上人民政府住房城乡建设主管部门依法进行监督检查时，发现“安管人员”有违反本规定行为的，应当依法查处并将违法事实、处理结果或者处理建议告知考核机关。

第二十六条 考核机关应当建立本行政区域内“安管人员”的信用档案。违法违规行为、被投诉举报处理、行政处罚等情况应当作为不良行为记入信用档案，并按规定向社会公开。

“安管人员”及其受聘企业应当按规定向考核机关提供相关信息。

第五章 法 律 责 任

第二十七条 “安管人员”隐瞒有关情况或者提供虚假材料申请安全生产考核的，考核机关不予考核，并给予警告；“安管人员”1年内不得再次申请考核。

“安管人员”以欺骗、贿赂等不正当手段取得安全生产考核合格证书的，由原考核机关撤销安全生产考核合格证书；“安管人员”3年内不得再次申请考核。

第二十八条 “安管人员”涂改、倒卖、出租、出借或者以其他形式非法转让安全生产考核合格证书的，由县级以上地方人民政府住房城乡建设主管部门给予警告，并处1000元以上5000元以下的罚款。

第二十九条 建筑施工企业未按规定开展“安管人员”安全生产教育培训考核，或者未按规定如实将考核情况记入安全生产教育培训档案的，由县级以上地方人民政府住房城乡建设主管部门责令限期改正，并处2万元以下的罚款。

第三十条 建筑施工企业有下列行为之一的，由县级以上人民政府住房城乡建设主管部门责令限期改正；逾期未改正的，责令停业整顿，并处2万元以下的罚款；导致不具备《安全生产许可证条例》规定的安全生产条件的，应当依法暂扣或者吊销安全生产许可证：

（一）未按规定设立安全生产管理机构的；

（二）未按规定配备专职安全生产管理人员的；

（三）危险性较大的分部分项工程施工时未安排专职安全生产管理人员现场监督的；

（四）“安管人员”未取得安全生产考核合格证书的。

第三十一条 “安管人员”未按规定办理证书变更的，由县级以上地方人民政府住房城乡建设主管部门责令限期改正，并处1000元以上5000元以下的罚款。

第三十二条 主要负责人、项目负责人未按规定履行安全生产管理职责的，由县级以上人民政府住房城乡建设主管部门责令限期改正；逾期未改正的，责令建筑施工企业停业整顿；造成生产安全事故或者其他严重后果的，按照《生产安全事故报告和调查处理条例》的有关规定，依法暂扣或者吊销安全生产考核合格证书；构成犯罪的，依法追究刑事责任。

主要负责人、项目负责人有前款违法行为，尚不够刑事处罚的，处2万元以上20万元以下的罚款或者按照管理权限给予撤职处分；自刑罚执行完毕或者受处分之日起，5年内不得担任建筑施工企业的主要负责人、项目负责人。

第三十三条 专职安全生产管理人员未按规定履行安全生产管理职责的，由县级以上地方人民政府住房城乡建设主管部门责令限期改正，并处1000元以上5000元以下的罚款；造成生产安全事故或者其他严重后果的，按照《生产安全事故报告和调查处理条例》的有关规定，依法暂扣或者吊销安全生产考核合格证书；构成犯罪的，依法追究刑事责任。

第三十四条 县级以上人民政府住房城乡建设主管部门及其工作人员，有下列情形之一的，由其上级行政机关或者监察机关责令改正，对直接负责的主管人员和其他直接责任人员依法给予处分；构成犯罪的，依法追究刑事责任：

（一）向不具备法定条件的“安管人员”核发安全生产考核合格证书的；

（二）对符合法定条件的“安管人员”不予核发或者不在法定期限内核发安全生产考核合格证书的；

（三）对符合法定条件的申请不予受理或者未在法定期限内办理完毕的；

（四）利用职务上的便利，索取或者收受他人财物或者谋取其他利益的；

（五）不依法履行监督管理职责，造成严重后果的。

第六章 附 则

第三十五条 本规定自2014年9月1日起施行。

工贸企业有限空间作业安全管理与监督暂行规定

（2013年5月20日国家安全生产监督管理总局令第59号公布，根据2015年5月29日国家安全生产监督管理总局令第80号修正）

第一章 总 则

第一条 为了加强对冶金、有色、建材、机械、轻工、纺织、烟草、商贸企业

（以下统称工贸企业）有限空间作业的安全管理与监督，预防和减少生产安全事故，保障作业人员的安全与健康，根据《中华人民共和国安全生产法》等法律、行政法规，制定本规定。

第二条 工贸企业有限空间作业的安全管理与监督，适用本规定。

本规定所称有限空间，是指封闭或者部分封闭，与外界相对隔离，出入口较为狭窄，作业人员不能长时间在内工作，自然通风不良，易造成有毒有害、易燃易爆物质积聚或者氧含量不足的空间。工贸企业有限空间的目录由国家安全生产监督管理总局确定、调整并公布。

第三条 工贸企业是本企业有限空间作业安全的责任主体，其主要负责人对本企业有限空间作业安全全面负责，相关负责人在各自职责范围内对本企业有限空间作业安全负责。

第四条 国家安全生产监督管理总局对全国工贸企业有限空间作业安全实施监督管理。

县级以上地方各级安全生产监督管理部门按照属地监管、分级负责的原则，对本行政区域内工贸企业有限空间作业安全实施监督管理。省、自治区、直辖市人民政府对工贸企业有限空间作业的安全生产监督管理职责另有规定的，依照其规定。

第二章　有限空间作业的安全保障

第五条 存在有限空间作业的工贸企业应当建立下列安全生产制度和规程：

（一）有限空间作业安全责任制度；

（二）有限空间作业审批制度；

（三）有限空间作业现场安全管理制度；

（四）有限空间作业现场负责人、监护人员、作业人员、应急救援人员安全培训教育制度；

（五）有限空间作业应急管理制度；

（六）有限空间作业安全操作规程。

第六条 工贸企业应当对从事有限空间作业的现场负责人、监护人员、作业人员、应急救援人员进行专项安全培训。专项安全培训应当包括下列内容：

（一）有限空间作业的危险有害因素和安全防范措施；

（二）有限空间作业的安全操作规程；

（三）检测仪器、劳动防护用品的正确使用；

（四）紧急情况下的应急处置措施。

安全培训应当有专门记录，并由参加培训的人员签字确认。

第七条 工贸企业应当对本企业的有限空间进行辨识，确定有限空间的数量、位置以及危险有害因素等基本情况，建立有限空间管理台账，并及时更新。

第八条 工贸企业实施有限空间作业前，应当对作业环境进行评估，分析存在的危险有害因素，提出消除、控制危害的措施，制定有限空间作业方案，并经本企业安全生产管理人员审核，负责人批准。

第九条 工贸企业应当按照有限空间作业方案，明确作业现场负责人、监护人员、作业人员及其安全职责。

第十条 工贸企业实施有限空间作业前，应当将有限空间作业方案和作业现场可能存在的危险有害因素、防控措施告知作业人员。现场负责人应当监督作业人员按照方案进行作业准备。

第十一条 工贸企业应当采取可靠的隔断（隔离）措施，将可能危及作业安全的设施设备、存在有毒有害物质的空间与作业地点隔开。

第十二条 有限空间作业应当严格遵守“先通风、再检测、后作业”的原则。检测指标包括氧浓度、易燃易爆物质（可燃性气体、爆炸性粉尘）浓度、有毒有害气体浓度。检测应当符合相关国家标准或者行业标准的规定。

未经通风和检测合格，任何人员不得进入有限空间作业。检测的时间不得早于作业开始前30分钟。

第十三条 检测人员进行检测时，应当记录检测的时间、地点、气体种类、浓度等信息。检测记录经检测人员签字后存档。

检测人员应当采取相应的安全防护措施，防止中毒窒息等事故发生。

第十四条 有限空间内盛装或者残留的物料对作业存在危害时，作业人员应当在作业前对物料进行清洗、清空或者置换。经检测，有限空间的危险有害因素符合《工作场所有害因素职业接触限值第一部分化学有害因素》（GBZ 2.1）的要求后，方可进入有限空间作业。

第十五条 在有限空间作业过程中，工贸企业应当采取通风措施，保持空气流通，禁止采用纯氧通风换气。

发现通风设备停止运转、有限空间内氧含量浓度低于或者有毒有害气体浓度高于国家标准或者行业标准规定的限值时，工贸企业必须立即停止有限空间作业，清点作业人员，撤离作业现场。

第十六条 在有限空间作业过程中，工贸企业应当对作业场所中的危险有害因素进行定时检测或者连续监测。

作业中断超过30分钟，作业人员再次进入有限空间作业前，应当重新通风、检测合格后方可进入。

第十七条 有限空间作业场所的照明灯具电压应当符合《特低电压限值》（GB/T 3805）等国家标准或者行业标准的规定；作业场所存在可燃性气体、粉尘的，其电气设施设备及照明灯具的防爆安全要求应当符合《爆炸性环境第一部分：设备通用要求》（GB 3836.1）等国家标准或者行业标准的规定。

第十八条 工贸企业应当根据有限空间存在危险有害因素的种类和危害程度，为作业人员提供符合国家标准或者行业标准规定的劳动防护用品，并教育监督作业人员正确佩戴与使用。

第十九条 工贸企业有限空间作业还应当符合下列要求：

（一）保持有限空间出入口畅通；

（二）设置明显的安全警示标志和警示说明；

（三）作业前清点作业人员和工器具；

（四）作业人员与外部有可靠的通信联络；

（五）监护人员不得离开作业现场，并与作业人员保持联系；

（六）存在交叉作业时，采取避免互相伤害的措施。

第二十条　有限空间作业结束后，作业现场负责人、监护人员应当对作业现场进行清理，撤离作业人员。

第二十一条　工贸企业应当根据本企业有限空间作业的特点，制定应急预案，并配备相关的呼吸器、防毒面罩、通信设备、安全绳索等应急装备和器材。有限空间作业的现场负责人、监护人员、作业人员和应急救援人员应当掌握相关应急预案内容，定期进行演练，提高应急处置能力。

第二十二条　工贸企业将有限空间作业发包给其他单位实施的，应当发包给具备国家规定资质或者安全生产条件的承包方，并与承包方签订专门的安全生产管理协议或者在承包合同中明确各自的安全生产职责。工贸企业应当对承包单位的安全生产工作统一协调、管理，定期进行安全检查，发现安全问题的，应当及时督促整改。

工贸企业对其发包的有限空间作业安全承担主体责任。承包方对其承包的有限空间作业安全承担直接责任。

第二十三条　有限空间作业中发生事故后，现场有关人员应当立即报警，禁止盲目施救。应急救援人员实施救援时，应当做好自身防护，佩戴必要的呼吸器具、救援器材。

第三章　有限空间作业的安全监督管理

第二十四条　安全生产监督管理部门应当加强对工贸企业有限空间作业的监督检查，将检查纳入年度执法工作计划。对发现的事故隐患和违法行为，依法作出处理。

第二十五条　安全生产监督管理部门对工贸企业有限空间作业实施监督检查时，应当重点抽查有限空间作业安全管理制度、有限空间管理台账、检测记录、劳动防护用品配备、应急救援演练、专项安全培训等情况。

第二十六条　安全生产监督管理部门应当加强对行政执法人员的有限空间作业安全知识培训，并为检查有限空间作业安全的行政执法人员配备必需的劳动防护用品、检测仪器。

第二十七条　安全生产监督管理部门及其行政执法人员发现有限空间作业存在重大事故隐患的，应当责令立即或者限期整改；重大事故隐患排除前或者排除过程中无法保证安全的，应当责令暂时停止作业，撤出作业人员；重大事故隐患排除后，经审查同意，方可恢复作业。

第四章　法　律　责　任

第二十八条　工贸企业有下列行为之一的，由县级以上安全生产监督管理部门责令限期改正，可以处5万元以下的罚款；逾期未改正的，处5万元以上20万元以下的罚款，其直接负责的主管人员和其他直接责任人员处1万元以上2万元以下的罚款；情节严重的，责令停产停业整顿：

（一）未在有限空间作业场所设置明显的安全警示标志的；

（二）未按照本规定为作业人员提供符合国家标准或者行业标准的劳动防护用品的。

第二十九条 工贸企业有下列情形之一的，由县级以上安全生产监督管理部门责令限期改正，可以处5万元以下的罚款；逾期未改正的，责令停产停业整顿，并处5万元以上10万元以下的罚款，对其直接负责的主管人员和其他直接责任人员处1万元以上2万元以下的罚款：

（一）未按照本规定对有限空间的现场负责人、监护人员、作业人员和应急救援人员进行安全培训的；

（二）未按照本规定对有限空间作业制定应急预案，或者定期进行演练的。

第三十条 工贸企业有下列情形之一的，由县级以上安全生产监督管理部门责令限期改正，可以处3万元以下的罚款，对其直接负责的主管人员和其他直接责任人员处1万元以下的罚款：

（一）未按照本规定对有限空间作业进行辨识、提出防范措施、建立有限空间管理台账的；

（二）未按照本规定对有限空间作业制定作业方案或者方案未经审批擅自作业的；

（三）有限空间作业未按照本规定进行危险有害因素检测或者监测，并实行专人监护作业的。

第五章 附 则

第三十一条 本规定自2013年7月1日起施行。

尾矿库安全监督管理规定

（2011年5月4日国家安全生产监督管理总局令第38号公布，根据2015年5月26日国家安全生产监督管理总局令第78号修正）

第一章 总 则

第一条 为了预防和减少尾矿库生产安全事故，保障人民群众生命和财产安全，根据《安全生产法》《矿山安全法》等有关法律、行政法规，制定本规定。

第二条 尾矿库的建设、运行、回采、闭库及其安全管理与监督工作，适用本规定。

核工业矿山尾矿库、电厂灰渣库的安全监督管理工作，不适用本规定。

第三条 尾矿库建设、运行、回采、闭库的安全技术要求以及尾矿库等别划分标准，按照《尾矿库安全技术规程》（AQ 2006—2005）执行。

第四条 尾矿库生产经营单位（以下简称生产经营单位）应当建立健全尾矿库安全生产责任制，建立健全安全生产规章制度和安全技术操作规程，对尾矿库实施有效的安全管理。

第五条 生产经营单位应当保证尾矿库具备安全生产条件所必需的资金投入，建立相应的安全管理机构或者配备相应的安全管理人员、专业技术人员。

第六条 生产经营单位主要负责人和安全管理人员应当依照有关规定经培训考核合格并取得安全资格证书。

直接从事尾矿库放矿、筑坝、巡坝、排洪和排渗设施操作的作业人员必须取得特种作业操作证书，方可上岗作业。

第七条 国家安全生产监督管理总局负责在国务院规定的职责范围内对有关尾矿库建设项目进行安全设施设计审查。

前款规定以外的其他尾矿库建设项目安全设施设计审查，由省级安全生产监督管理部门按照分级管理的原则作出规定。

第八条 鼓励生产经营单位应用尾矿库在线监测、尾矿充填、干式排尾、尾矿综合利用等先进适用技术。

一等、二等、三等尾矿库应当安装在线监测系统。

鼓励生产经营单位将尾矿回采再利用后进行回填。

第二章 尾矿库建设

第九条 尾矿库建设项目包括新建、改建、扩建以及回采、闭库的尾矿库建设工程。

尾矿库建设项目安全设施设计审查与竣工验收应当符合有关法律、行政法规的规定。

第十条 尾矿库的勘察单位应当具有矿山工程或者岩土工程类勘察资质。设计单位应当具有金属非金属矿山工程设计资质。安全评价单位应当具有尾矿库评价资质。施工单位应当具有矿山工程施工资质。施工监理单位应当具有矿山工程监理资质。

尾矿库的勘察、设计、安全评价、施工、监理等单位除符合前款规定外，还应当按照尾矿库的等别符合下列规定：

（一）一等、二等、三等尾矿库建设项目，其勘察、设计、安全评价、监理单位具有甲级资质，施工单位具有总承包一级或者特级资质；

（二）四等、五等尾矿库建设项目，其勘察、设计、安全评价、监理单位具有乙级或者乙级以上资质，施工单位具有总承包三级或者三级以上资质，或者专业承包一级、二级资质。

第十一条 尾矿库建设项目应当进行安全设施设计，对尾矿库库址及尾矿坝稳定性、尾矿库防洪能力、排洪设施和安全观测设施的可靠性进行充分论证。

第十二条 尾矿库库址应当由设计单位根据库容、坝高、库区地形条件、水文地质、气象、下游居民区和重要工业构筑物等情况，经科学论证后，合理确定。

第十三条 尾矿库建设项目应当进行安全设施设计并经安全生产监督管理部门审查批准后方可施工。无安全设施设计或者安全设施设计未经审查批准的，不得施工。

严禁未经设计并审查批准擅自加高尾矿库坝体。

第十四条 尾矿库施工应当执行有关法律、行政法规和国家标准、行业标准的规定，严格按照设计施工，确保工程质量，并做好施工记录。

生产经营单位应当建立尾矿库工程档案和日常管理档案，特别是隐蔽工程档案、安全检查档案和隐患排查治理档案，并长期保存。

第十五条 施工中需要对设计进行局部修改的，应当经原设计单位同意；对涉及尾矿库库址、等别、排洪方式、尾矿坝坝型等重大设计变更的，应当报原审批部门批准。

第十六条 尾矿库建设项目安全设施试运行应当向安全生产监督管理部门书面报告，试运行时间不得超过6个月，且尾砂排放不得超过初期坝坝顶标高。试运行结束后，建设单位应当组织安全设施竣工验收，并形成书面报告备查。

安全生产监督管理部门应当加强对建设单位验收活动和验收结果的监督核查。

第十七条 尾矿库建设项目安全设施经验收合格后，生产经营单位应当及时按照《非煤矿矿山企业安全生产许可证实施办法》的有关规定，申请尾矿库安全生产许可证。未依法取得安全生产许可证的尾矿库，不得投入生产运行。

生产经营单位在申请尾矿库安全生产许可证时，对于验收申请时已提交的符合颁证条件的文件、资料可以不再提交；安全生产监督管理部门在审核颁发安全生产许可证时，可以不再审查。

第三章 尾 矿 库 运 行

第十八条 对生产运行的尾矿库，未经技术论证和安全生产监督管理部门的批准，任何单位和个人不得对下列事项进行变更：

（一）筑坝方式；

（二）排放方式；

（三）尾矿物化特性；

（四）坝型、坝外坡坡比、最终堆积标高和最终坝轴线的位置；

（五）坝体防渗、排渗及反滤层的设置；

（六）排洪系统的型式、布置及尺寸；

（七）设计以外的尾矿、废料或者废水进库等。

第十九条 尾矿库应当每三年至少进行一次安全现状评价。安全现状评价应当符合国家标准或者行业标准的要求。

尾矿库安全现状评价工作应当有能够进行尾矿坝稳定性验算、尾矿库水文计算、构筑物计算的专业技术人员参加。

上游式尾矿坝堆积至二分之一至三分之二最终设计坝高时，应当对坝体进行一次全面勘察，并进行稳定性专项评价。

第二十条 尾矿库经安全现状评价或者专家论证被确定为危库、险库和病库的，生产经营单位应当分别采取下列措施：

（一）确定为危库的，应当立即停产，进行抢险，并向尾矿库所在地县级人民政府、安全生产监督管理部门和上级主管单位报告；

（二）确定为险库的，应当立即停产，在限定的时间内消除险情，并向尾矿库所在地县级人民政府、安全生产监督管理部门和上级主管单位报告；

（三）确定为病库的，应当在限定的时间内按照正常库标准进行整治，消除事故隐患。

第二十一条 生产经营单位应当建立健全防汛责任制，实施24小时监测监控和值班值守，并针对可能发生的垮坝、漫顶、排洪设施损毁等生产安全事故和影响尾矿库运行的洪水、泥石流、山体滑坡、地震等重大险情制定并及时修订应急救援预案，配备必要的应急救援器材、设备，放置在便于应急时使用的地方。

应急预案应当按照规定报相应的安全生产监督管理部门备案，并每年至少进行一次演练。

第二十二条 生产经营单位应当编制尾矿库年度、季度作业计划，严格按照作业计划生产运行，做好记录并长期保存。

第二十三条 生产经营单位应当建立尾矿库事故隐患排查治理制度，按照本规定和《尾矿库安全技术规程》的规定，及时发现并消除事故隐患。事故隐患排查治理情况应当如实记录，建立隐患排查治理档案，并向从业人员通报。

第二十四条 尾矿库出现下列重大险情之一的，生产经营单位应当按照安全监管权限和职责立即报告当地县级安全生产监督管理部门和人民政府，并启动应急预案，进行抢险：

（一）坝体出现严重的管涌、流土等现象的；

（二）坝体出现严重裂缝、坍塌和滑动迹象的；

（三）库内水位超过限制的最高洪水位的；

（四）在用排水井倒塌或者排水管（洞）坍塌堵塞的；

（五）其他危及尾矿库安全的重大险情。

第二十五条 尾矿库发生坝体坍塌、洪水漫顶等事故时，生产经营单位应当立即启动应急预案，进行抢险，防止事故扩大，避免和减少人员伤亡及财产损失，并立即报告当地县级安全生产监督管理部门和人民政府。

第二十六条 未经生产经营单位进行技术论证并同意，以及尾矿库建设项目安全设施设计原审批部门批准，任何单位和个人不得在库区从事爆破、采砂、地下采矿等危害尾矿库安全的作业。

第四章 尾矿库回采和闭库

第二十七条 尾矿回采再利用工程应当进行回采勘察、安全预评价和回采设计，回采设计应当包括安全设施设计，并编制安全专篇。

回采安全设施设计应当报安全生产监督管理部门审查批准。

生产经营单位应当按照回采设计实施尾矿回采，并在尾矿回采期间进行日常安全管理和检查，防止尾矿回采作业对尾矿坝安全造成影响。

尾矿全部回采后不再进行排尾作业的，生产经营单位应当及时报安全生产监督管理部门履行尾矿库注销手续。具体办法由省级安全生产监督管理部门制定。

第二十八条　尾矿库运行到设计最终标高或者不再进行排尾作业的，应当在一年内完成闭库。特殊情况不能按期完成闭库的，应当报经相应的安全生产监督管理部门同意后方可延期，但延长期限不得超过6个月。

库容小于10万立方米且总坝高低于10米的小型尾矿库闭库程序，由省级安全生产监督管理部门根据本地实际制定。

第二十九条　尾矿库运行到设计最终标高的前12个月内，生产经营单位应当进行闭库前的安全现状评价和闭库设计，闭库设计应当包括安全设施设计。

闭库安全设施设计应当经有关安全生产监督管理部门审查批准。

第三十条　尾矿库闭库工程安全设施验收，应当具备下列条件：

（一）尾矿库已停止使用；

（二）尾矿库闭库工程安全设施设计已经有关安全生产监督管理部门审查批准；

（三）有完备的闭库工程安全设施施工记录、竣工报告、竣工图和施工监理报告等；

（四）法律、行政法规和国家标准、行业标准规定的其他条件。

第三十一条　尾矿库闭库工程安全设施验收应当审查下列内容及资料：

（一）尾矿库库址所在行政区域位置、占地面积及尾矿库下游村庄、居民等情况；

（二）尾矿库建设和运行时间以及在建设和运行中曾经出现过的重大问题及其处理措施；

（三）尾矿库主要技术参数，包括初期坝结构、筑坝材料、堆坝方式、坝高、总库容、尾矿坝外坡坡比、尾矿粒度、尾矿堆积量、防洪排水型式等；

（四）闭库工程安全设施设计及审批文件；

（五）闭库工程安全设施设计的主要工程措施和闭库工程施工概况；

（六）闭库工程安全验收评价报告；

（七）闭库工程安全设施竣工报告及竣工图；

（八）施工监理报告；

（九）其他相关资料。

第三十二条　尾矿库闭库工作及闭库后的安全管理由原生产经营单位负责。对解散或者关闭破产的生产经营单位，其已关闭或者废弃的尾矿库的管理工作，由生产经营单位出资人或其上级主管单位负责；无上级主管单位或者出资人不明确的，由安全生产监督管理部门提请县级以上人民政府指定管理单位。

第五章　监　督　管　理

第三十三条　安全生产监督管理部门应当严格按照有关法律、行政法规、国家标准、行业标准以及本规定要求和“分级属地”的原则，进行尾矿库建设项目安全设施设计审查；不符合规定条件的，不得批准。审查不得收取费用。

第三十四条　安全生产监督管理部门应当建立本行政区域内尾矿库安全生产监督检查档案，记录监督检查结果、生产安全事故及违法行为查处等情况。

第三十五条　安全生产监督管理部门应当加强对尾矿库生产经营单位安全生产的监督检查，对检查中发现的事故隐患和违法违规生产行为，依法作出处理。

第三十六条　安全生产监督管理部门应当建立尾矿库安全生产举报制度，公开举报电话、信箱或者电子邮件地址，受理有关举报；对受理的举报，应当认真调查核实；经查证属实的，应当依法作出处理。

第三十七条　安全生产监督管理部门应当加强本行政区域内生产经营单位应急预案的备案管理，并将尾矿库事故应急救援纳入地方各级人民政府应急救援体系。

第六章　法　律　责　任

第三十八条　安全生产监督管理部门的工作人员，未依法履行尾矿库安全监督管理职责的，依照有关规定给予行政处分。

第三十九条　生产经营单位或者尾矿库管理单位违反本规定第八条第二款、第十九条、第二十条、第二十一条、第二十二条、第二十四条、第二十六条、第二十九条第一款规定的，给予警告，并处1万元以上3万元以下的罚款；对主管人员和直接责任人员由其所在单位或者上级主管单位给予行政处分；构成犯罪的，依法追究刑事责任。

生产经营单位或者尾矿库管理单位违反本规定第二十三条规定的，依照《安全生产法》实施处罚。

第四十条　生产经营单位或者尾矿库管理单位违反本规定第十八条规定的，给予警告，并处3万元的罚款；情节严重的，依法责令停产整顿或者提请县级以上地方人民政府按照规定权限予以关闭。

第四十一条　生产经营单位违反本规定第二十八条第一款规定不主动实施闭库的，给予警告，并处3万元的罚款。

第四十二条　本规定规定的行政处罚由安全生产监督管理部门决定。

法律、行政法规对行政处罚决定机关和处罚种类、幅度另有规定的，依照其规定。

第七章　附　　则

第四十三条　本规定自2011年7月1日起施行。国家安全生产监督管理总局2006年公布的《尾矿库安全监督管理规定》（国家安全生产监督管理总局令第6号）同时废止。

危险化学品安全使用许可证实施办法

（2012年11月16日国家安全生产监督管理总局令第57号公布，根据2015年5月27日国家安全生产监督管理总局令第79号修正）

第一章 总 则

第一条 为了严格使用危险化学品从事生产的化工企业安全生产条件，规范危险化学品安全使用许可证的颁发和管理工作，根据《危险化学品安全管理条例》和有关法律、行政法规，制定本办法。

第二条 本办法适用于列入危险化学品安全使用许可适用行业目录、使用危险化学品从事生产并且达到危险化学品使用量的数量标准的化工企业（危险化学品生产企业除外，以下简称企业）。

使用危险化学品作为燃料的企业不适用本办法。

第三条 企业应当依照本办法的规定取得危险化学品安全使用许可证（以下简称安全使用许可证）。

第四条 安全使用许可证的颁发管理工作实行企业申请、市级发证、属地监管的原则。

第五条 国家安全生产监督管理总局负责指导、监督全国安全使用许可证的颁发管理工作。

省、自治区、直辖市人民政府安全生产监督管理部门（以下简称省级安全生产监督管理部门）负责指导、监督本行政区域内安全使用许可证的颁发管理工作。

设区的市级人民政府安全生产监督管理部门（以下简称发证机关）负责本行政区域内安全使用许可证的审批、颁发和管理，不得再委托其他单位、组织或者个人实施。

第二章 申请安全使用许可证的条件

第六条 企业与重要场所、设施、区域的距离和总体布局应当符合下列要求，并确保安全：

（一）储存危险化学品数量构成重大危险源的储存设施，与《危险化学品安全管理条例》第十九条第一款规定的八类场所、设施、区域的距离符合国家有关法律、法规、规章和国家标准或者行业标准的规定；

（二）总体布局符合《工业企业总平面设计规范》（GB 50187）、《化工企业总图运输设计规范》（GB 50489）、《建筑设计防火规范》（GB 50016）等相关标准的要求；石油化工企业还应当符合《石油化工企业设计防火规范》（GB 50160）

的要求；

（三）新建企业符合国家产业政策、当地县级以上（含县级）人民政府的规划和布局。

第七条 企业的厂房、作业场所、储存设施和安全设施、设备、工艺应当符合下列要求：

（一）新建、改建、扩建使用危险化学品的化工建设项目（以下统称建设项目）由具备国家规定资质的设计单位设计和施工单位建设；其中，涉及国家安全生产监督管理总局公布的重点监管危险化工工艺、重点监管危险化学品的装置，由具备石油化工医药行业相应资质的设计单位设计；

（二）不得采用国家明令淘汰、禁止使用和危及安全生产的工艺、设备；新开发的使用危险化学品从事化工生产的工艺（以下简称化工工艺），在小试、中试、工业化试验的基础上逐步放大到工业化生产；国内首次使用的化工工艺，经过省级人民政府有关部门组织的安全可靠性论证；

（三）涉及国家安全生产监督管理总局公布的重点监管危险化工工艺、重点监管危险化学品的装置装设自动化控制系统；涉及国家安全生产监督管理总局公布的重点监管危险化工工艺的大型化工装置装设紧急停车系统；涉及易燃易爆、有毒有害气体化学品的作业场所装设易燃易爆、有毒有害介质泄漏报警等安全设施；

（四）新建企业的生产区与非生产区分开设置，并符合国家标准或者行业标准规定的距离；

（五）新建企业的生产装置和储存设施之间及其建（构）筑物之间的距离符合国家标准或者行业标准的规定。

同一厂区内（生产或者储存区域）的设备、设施及建（构）筑物的布置应当适用同一标准的规定。

第八条 企业应当依法设置安全生产管理机构，按照国家规定配备专职安全生产管理人员。配备的专职安全生产管理人员必须能够满足安全生产的需要。

第九条 企业主要负责人、分管安全负责人和安全生产管理人员必须具备与其从事生产经营活动相适应的安全知识和管理能力，参加安全资格培训，并经考核合格，取得安全资格证书。

特种作业人员应当依照《特种作业人员安全技术培训考核管理规定》，经专门的安全技术培训并考核合格，取得特种作业操作证书。

本条第一款、第二款规定以外的其他从业人员应当按照国家有关规定，经安全教育培训合格。

第十条 企业应当建立全员安全生产责任制，保证每位从业人员的安全生产责任与职务、岗位相匹配。

第十一条 企业根据化工工艺、装置、设施等实际情况，至少应当制定、完善下列主要安全生产规章制度：

（一）安全生产例会等安全生产会议制度；

（二）安全投入保障制度；

（三）安全生产奖惩制度；

（四）安全培训教育制度；

（五）领导干部轮流现场带班制度；

（六）特种作业人员管理制度；

（七）安全检查和隐患排查治理制度；

（八）重大危险源的评估和安全管理制度；

（九）变更管理制度；

（十）应急管理制度；

（十一）生产安全事故或者重大事件管理制度；

（十二）防火、防爆、防中毒、防泄漏管理制度；

（十三）工艺、设备、电气仪表、公用工程安全管理制度；

（十四）动火、进入受限空间、吊装、高处、盲板抽堵、临时用电、动土、断路、设备检维修等作业安全管理制度；

（十五）危险化学品安全管理制度；

（十六）职业健康相关管理制度；

（十七）劳动防护用品使用维护管理制度；

（十八）承包商管理制度；

（十九）安全管理制度及操作规程定期修订制度。

第十二条 企业应当根据工艺、技术、设备特点和原辅料的危险性等情况编制岗位安全操作规程。

第十三条 企业应当依法委托具备国家规定资质条件的安全评价机构进行安全评价，并按照安全评价报告的意见对存在的安全生产问题进行整改。

第十四条 企业应当有相应的职业病危害防护设施，并为从业人员配备符合国家标准或者行业标准的劳动防护用品。

第十五条 企业应当依据《危险化学品重大危险源辨识》（GB 18218），对本企业的生产、储存和使用装置、设施或者场所进行重大危险源辨识。

对于已经确定为重大危险源的，应当按照《危险化学品重大危险源监督管理暂行规定》进行安全管理。

第十六条 企业应当符合下列应急管理要求：

（一）按照国家有关规定编制危险化学品事故应急预案，并报送有关部门备案；

（二）建立应急救援组织，明确应急救援人员，配备必要的应急救援器材、设备设施，并按照规定定期进行应急预案演练。

储存和使用氯气、氨气等对皮肤有强烈刺激的吸入性有毒有害气体的企业，除符合本条第一款的规定外，还应当配备至少两套以上全封闭防化服；构成重大危险源的，还应当设立气体防护站（组）。

第十七条 企业除符合本章规定的安全使用条件外，还应当符合有关法律、行政法规和国家标准或者行业标准规定的其他安全使用条件。

第三章　安全使用许可证的申请

第十八条　企业向发证机关申请安全使用许可证时，应当提交下列文件、资料，并对其内容的真实性负责：

（一）申请安全使用许可证的文件及申请书；

（二）新建企业的选址布局符合国家产业政策、当地县级以上人民政府的规划和布局的证明材料复制件；

（三）安全生产责任制文件，安全生产规章制度、岗位安全操作规程清单；

（四）设置安全生产管理机构，配备专职安全生产管理人员的文件复制件；

（五）主要负责人、分管安全负责人、安全生产管理人员安全资格证和特种作业人员操作证复制件；

（六）危险化学品事故应急救援预案的备案证明文件；

（七）由供货单位提供的所使用危险化学品的安全技术说明书和安全标签；

（八）工商营业执照副本或者工商核准文件复制件；

（九）安全评价报告及其整改结果的报告；

（十）新建企业的建设项目安全设施竣工验收报告；

（十一）应急救援组织、应急救援人员，以及应急救援器材、设备设施清单。

有危险化学品重大危险源的企业，除应当提交本条第一款规定的文件、资料外，还应当提交重大危险源的备案证明文件。

第十九条　新建企业安全使用许可证的申请，应当在建设项目安全设施竣工验收通过之日起10个工作日内提出。

第四章　安全使用许可证的颁发

第二十条　发证机关收到企业申请文件、资料后，应当按照下列情况分别作出处理：

（一）申请事项依法不需要取得安全使用许可证的，当场告知企业不予受理；

（二）申请材料存在可以当场更正的错误的，允许企业当场更正；

（三）申请材料不齐全或者不符合法定形式的，当场或者在5个工作日内一次告知企业需要补正的全部内容，并出具补正告知书；逾期不告知的，自收到申请材料之日起即为受理；

（四）企业申请材料齐全、符合法定形式，或者按照发证机关要求提交全部补正申请材料的，立即受理其申请。

发证机关受理或者不予受理行政许可申请，应当出具加盖本机关专用印章和注明日期的书面凭证。

第二十一条　安全使用许可证申请受理后，发证机关应当组织人员对企业提交的申请文件、资料进行审查。对企业提交的文件、资料内容存在疑问，需要到现场核查的，应当指派工作人员对有关内容进行现场核查。工作人员应当如实提出书面核查意见。

第二十二条 发证机关应当在受理之日起45日内作出是否准予许可的决定。发证机关现场核查和企业整改有关问题所需时间不计算在本条规定的期限内。

第二十三条 发证机关作出准予许可的决定的，应当自决定之日起10个工作日内颁发安全使用许可证。

发证机关作出不予许可的决定的，应当在10个工作日内书面告知企业并说明理由。

第二十四条 企业在安全使用许可证有效期内变更主要负责人、企业名称或者注册地址的，应当自工商营业执照变更之日起10个工作日内提出变更申请，并提交下列文件、资料：

（一）变更申请书；

（二）变更后的工商营业执照副本复制件；

（三）变更主要负责人的，还应当提供主要负责人经安全生产监督管理部门考核合格后颁发的安全资格证复制件；

（四）变更注册地址的，还应当提供相关证明材料。

对已经受理的变更申请，发证机关对企业提交的文件、资料审查无误后，方可办理安全使用许可证变更手续。

企业在安全使用许可证有效期内变更隶属关系的，应当在隶属关系变更之日起10日内向发证机关提交证明材料。

第二十五条 企业在安全使用许可证有效期内，有下列情形之一的，发证机关按照本办法第二十条、第二十一条、第二十二条、第二十三条的规定办理变更手续：

（一）增加使用的危险化学品品种，且达到危险化学品使用量的数量标准规定的；

（二）涉及危险化学品安全使用许可范围的新建、改建、扩建建设项目的；

（三）改变工艺技术对企业的安全生产条件产生重大影响的。

有本条第一款第一项规定情形的企业，应当在增加前提出变更申请。

有本条第一款第二项规定情形的企业，应当在建设项目安全设施竣工验收合格之日起10个工作日内向原发证机关提出变更申请，并提交建设项目安全设施竣工验收报告等相关文件、资料。

有本条第一款第一项、第三项规定情形的企业，应当进行专项安全验收评价，并对安全评价报告中提出的问题进行整改；在整改完成后，向原发证机关提出变更申请并提交安全验收评价报告。

第二十六条 安全使用许可证有效期为3年。企业安全使用许可证有效期届满后需要继续使用危险化学品从事生产且达到危险化学品使用量的数量标准规定的，应当在安全使用许可证有效期届满前3个月提出延期申请，并提交本办法第十八条规定的文件、资料。

发证机关按照本办法第二十条、第二十一条、第二十二条、第二十三条的规定进行审查，并作出是否准予延期的决定。

第二十七条 企业取得安全使用许可证后，符合下列条件的，其安全使用许可证届满办理延期手续时，经原发证机关同意，可以不提交第十八条第一款第二项、第五项、第九项和第十八条第二款规定的文件、资料，直接办理延期手续：

（一）严格遵守有关法律、法规和本办法的；

（二）取得安全使用许可证后，加强日常安全管理，未降低安全使用条件，并达到安全生产标准化等级二级以上的；

（三）未发生造成人员死亡的生产安全责任事故的。

企业符合本条第一款第二项、第三项规定条件的，应当在延期申请书中予以说明，并出具二级以上安全生产标准化证书复印件。

第二十八条 安全使用许可证分为正本、副本，正本为悬挂式，副本为折页式，正、副本具有同等法律效力。

发证机关应当分别在安全使用许可证正、副本上注明编号、企业名称、主要负责人、注册地址、经济类型、许可范围、有效期、发证机关、发证日期等内容。其中，“许可范围”正本上注明“危险化学品使用”，副本上注明使用危险化学品从事生产的地址和对应的具体品种、年使用量。

第二十九条 企业不得伪造、变造安全使用许可证，或者出租、出借、转让其取得的安全使用许可证，或者使用伪造、变造的安全使用许可证。

第五章 监 督 管 理

第三十条 发证机关应当坚持公开、公平、公正的原则，依照本办法和有关行政许可的法律法规规定，颁发安全使用许可证。

发证机关工作人员在安全使用许可证颁发及其监督管理工作中，不得索取或者接受企业的财物，不得谋取其他非法利益。

第三十一条 发证机关应当加强对安全使用许可证的监督管理，建立、健全安全使用许可证档案管理制度。

第三十二条 有下列情形之一的，发证机关应当撤销已经颁发的安全使用许可证：

（一）滥用职权、玩忽职守颁发安全使用许可证的；

（二）超越职权颁发安全使用许可证的；

（三）违反本办法规定的程序颁发安全使用许可证的；

（四）对不具备申请资格或者不符合法定条件的企业颁发安全使用许可证的；

（五）以欺骗、贿赂等不正当手段取得安全使用许可证的。

第三十三条 企业取得安全使用许可证后有下列情形之一的，发证机关应当注销其安全使用许可证：

（一）安全使用许可证有效期届满未被批准延期的；

（二）终止使用危险化学品从事生产的；

（三）继续使用危险化学品从事生产，但使用量降低后未达到危险化学品使用量的数量标准规定的；

（四）安全使用许可证被依法撤销的；

（五）安全使用许可证被依法吊销的。

安全使用许可证注销后，发证机关应当在当地主要新闻媒体或者本机关网站上予以公告，并向省级和企业所在地县级安全生产监督管理部门通报。

第三十四条 发证机关应当将其颁发安全使用许可证的情况及时向同级环境保护主管部门和公安机关通报。

第三十五条 发证机关应当于每年1月10日前，将本行政区域内上年度安全使用许可证的颁发和管理情况报省级安全生产监督管理部门，并定期向社会公布企业取得安全使用许可证的情况，接受社会监督。

省级安全生产监督管理部门应当于每年1月15日前，将本行政区域内上年度安全使用许可证的颁发和管理情况报国家安全生产监督管理总局。

第六章 法 律 责 任

第三十六条 发证机关工作人员在对危险化学品使用许可证的颁发管理工作中滥用职权、玩忽职守、徇私舞弊，构成犯罪的，依法追究刑事责任；尚不构成犯罪的，依法给予处分。

第三十七条 企业未取得安全使用许可证，擅自使用危险化学品从事生产，且达到危险化学品使用量的数量标准规定的，责令立即停止违法行为并限期改正，处10万元以上20万元以下的罚款；逾期不改正的，责令停产整顿。

企业在安全使用许可证有效期届满后未办理延期手续，仍然使用危险化学品从事生产，且达到危险化学品使用量的数量标准规定的，依照前款规定给予处罚。

第三十八条 企业伪造、变造或者出租、出借、转让安全使用许可证，或者使用伪造、变造的安全使用许可证的，处10万元以上20万元以下的罚款，有违法所得的，没收违法所得；构成违反治安管理行为的，依法给予治安管理处罚；构成犯罪的，依法追究刑事责任。

第三十九条 企业在安全使用许可证有效期内主要负责人、企业名称、注册地址、隶属关系发生变更，未按照本办法第二十四条规定的时限提出安全使用许可证变更申请或者将隶属关系变更证明材料报发证机关的，责令限期办理变更手续，处1万元以上3万元以下的罚款。

第四十条 企业在安全使用许可证有效期内有下列情形之一，未按照本办法第二十五条的规定提出变更申请，继续从事生产的，责令限期改正，处1万元以上3万元以下的罚款：

（一）增加使用的危险化学品品种，且达到危险化学品使用量的数量标准规定的；

（二）涉及危险化学品安全使用许可范围的新建、改建、扩建建设项目，其安全设施已经竣工验收合格的；

（三）改变工艺技术对企业的安全生产条件产生重大影响的。

第四十一条 发现企业隐瞒有关情况或者提供虚假文件、资料申请安全使用许可证的，发证机关不予受理或者不予颁发安全使用许可证，并给予警告，该企业在1年内不得再次申请安全使用许可证。

企业以欺骗、贿赂等不正当手段取得安全使用许可证的，自发证机关撤销其安全使用许可证之日起3年内，该企业不得再次申请安全使用许可证。

第四十二条 安全评价机构有下列情形之一的，给予警告，并处1万元以下的罚款；情节严重的，暂停资质6个月，并处1万元以上3万元以下的罚款；对相关责任人依法给予处理：

（一）从业人员不到现场开展安全评价活动的；

（二）安全评价报告与实际情况不符，或者安全评价报告存在重大疏漏，但尚未造成重大损失的；

（三）未按照有关法律、法规、规章和国家标准或者行业标准的规定从事安全评价活动的。

第四十三条 承担安全评价的机构出具虚假证明的，没收违法所得；违法所得在10万元以上的，并处违法所得2倍以上5倍以下的罚款；没有违法所得或者违法所得不足10万元的，单处或者并处10万元以上20万元以下的罚款；对其直接负责的主管人员和其他直接责任人员处2万元以上5万元以下的罚款；给他人造成损害的，与企业承担连带赔偿责任；构成犯罪的，依照刑法有关规定追究刑事责任。

对有前款违法行为的机构，依法吊销其相应资质。

第四十四条 本办法规定的行政处罚，由安全生产监督管理部门决定；但本办法第三十八条规定的行政处罚，由发证机关决定；第四十二条、第四十三条规定的行政处罚，依照《安全评价机构管理规定》执行。

第七章 附 则

第四十五条 本办法下列用语的含义：

（一）危险化学品安全使用许可适用行业目录，是指国家安全生产监督管理总局根据《危险化学品安全管理条例》和有关国家标准、行业标准公布的需要取得危险化学品安全使用许可的化工企业类别；

（二）危险化学品使用量的数量标准，由国家安全生产监督管理总局会同国务院公安部门、农业主管部门根据《危险化学品安全管理条例》公布；

（三）本办法所称使用量，是指企业使用危险化学品的年设计使用量和实际使用量的较大值；

（四）本办法所称大型化工装置，是指按照原建设部《工程设计资质标准》（建市〔2007〕86号）中的《化工石化医药行业建设项目设计规模划分表》确定的大型项目的化工生产装置。

第四十六条 危险化学品安全使用许可的文书、危险化学品安全使用许可证的样式、内容和编号办法，由国家安全生产监督管理总局另行规定。

第四十七条 省级安全生产监督管理部门可以根据当地实际情况制定安全使用许可证管理的细则，并报国家安全生产监督管理总局备案。

第四十八条 本办法施行前已经进行生产的企业，应当自本办法施行之日起18个月内，依照本办法的规定向发证机关申请办理安全使用许可证；逾期不申请办理安全使用许可证，或者经审查不符合本办法规定的安全使用条件，未取得安全使用许可证，继续进行生产的，依照本办法第三十七条的规定处罚。

第四十九条 本办法自2013年5月1日起施行。

危险化学品生产企业安全生产许可证实施办法

（2011年8月5日国家安全生产监督管理总局令第41号公布，根据2015年5月27日国家安全生产监督管理总局令第79号修正）

第一章 总 则

第一条 为了严格规范危险化学品生产企业安全生产条件，做好危险化学品生产企业安全生产许可证的颁发和管理工作，根据《安全生产许可证条例》《危险化学品安全管理条例》等法律、行政法规，制定本实施办法。

第二条 本办法所称危险化学品生产企业（以下简称企业），是指依法设立且取得工商营业执照或者工商核准文件从事生产最终产品或者中间产品列入《危险化学品目录》的企业。

第三条 企业应当依照本办法的规定取得危险化学品安全生产许可证（以下简称安全生产许可证）。未取得安全生产许可证的企业，不得从事危险化学品的生产活动。

第四条 安全生产许可证的颁发管理工作实行企业申请、两级发证、属地监管的原则。

第五条 国家安全生产监督管理总局指导、监督全国安全生产许可证的颁发管理工作。

省、自治区、直辖市安全生产监督管理部门（以下简称省级安全生产监督管理部门）负责本行政区域内中央企业及其直接控股涉及危险化学品生产的企业（总部）以外的企业安全生产许可证的颁发管理。

第六条 省级安全生产监督管理部门可以将其负责的安全生产许可证颁发工作，委托企业所在地设区的市级或者县级安全生产监督管理部门实施。涉及剧毒化学品生产的企业安全生产许可证颁发工作，不得委托实施。国家安全生产监督管理总局公布的涉及危险化工工艺和重点监管危险化学品的企业安全生产许可证颁发工作，不得委托县级安全生产监督管理部门实施。

受委托的设区的市级或者县级安全生产监督管理部门在受委托的范围内，以省级安全生产监督管理部门的名义实施许可，但不得再委托其他组织和个人实施。

国家安全生产监督管理总局、省级安全生产监督管理部门和受委托的设区的市级或者县级安全生产监督管理部门统称实施机关。

第七条 省级安全生产监督管理部门应当将受委托的设区的市级或者县级安全生产监督管理部门以及委托事项予以公告。

省级安全生产监督管理部门应当指导、监督受委托的设区的市级或者县级安全生产监督管理部门颁发安全生产许可证，并对其法律后果负责。

第二章 申请安全生产许可证的条件

第八条 企业选址布局、规划设计以及与重要场所、设施、区域的距离应当符合下列要求：

（一）国家产业政策；当地县级以上（含县级）人民政府的规划和布局；新设立企业建在地方人民政府规划的专门用于危险化学品生产、储存的区域内；

（二）危险化学品生产装置或者储存危险化学品数量构成重大危险源的储存设施，与《危险化学品安全管理条例》第十九条第一款规定的八类场所、设施、区域的距离符合有关法律、法规、规章和国家标准或者行业标准的规定；

（三）总体布局符合《化工企业总图运输设计规范》（GB 50489）、《工业企业总平面设计规范》（GB 50187）、《建筑设计防火规范》（GB 50016）等标准的要求。

石油化工企业除符合本条第一款规定条件外，还应当符合《石油化工企业设计防火规范》（GB 50160）的要求。

第九条 企业的厂房、作业场所、储存设施和安全设施、设备、工艺应当符合下列要求：

（一）新建、改建、扩建建设项目经具备国家规定资质的单位设计、制造和施工建设；涉及危险化工工艺、重点监管危险化学品的装置，由具有综合甲级资质或者化工石化专业甲级设计资质的化工石化设计单位设计；

（二）不得采用国家明令淘汰、禁止使用和危及安全生产的工艺、设备；新开发的危险化学品生产工艺必须在小试、中试、工业化试验的基础上逐步放大到工业化生产；国内首次使用的化工工艺，必须经过省级人民政府有关部门组织的安全可靠性论证；

（三）涉及危险化工工艺、重点监管危险化学品的装置装设自动化控制系统；涉及危险化工工艺的大型化工装置装设紧急停车系统；涉及易燃易爆、有毒有害气体化学品的场所装设易燃易爆、有毒有害介质泄漏报警等安全设施；

（四）生产区与非生产区分开设置，并符合国家标准或者行业标准规定的距离；

（五）危险化学品生产装置和储存设施之间及其与建（构）筑物之间的距离符合有关标准规范的规定。

同一厂区内的设备、设施及建（构）筑物的布置必须适用同一标准的规定。

第十条 企业应当有相应的职业危害防护设施，并为从业人员配备符合国家标准或者行业标准的劳动防护用品。

第十一条 企业应当依据《危险化学品重大危险源辨识》（GB 18218），对本企业的生产、储存和使用装置、设施或者场所进行重大危险源辨识。

对已确定为重大危险源的生产和储存设施，应当执行《危险化学品重大危险源监督管理暂行规定》。

第十二条 企业应当依法设置安全生产管理机构，配备专职安全生产管理人员。配备的专职安全生产管理人员必须能够满足安全生产的需要。

第十三条 企业应当建立全员安全生产责任制，保证每位从业人员的安全生产责任与职务、岗位相匹配。

第十四条 企业应当根据化工工艺、装置、设施等实际情况，制定完善下列主要安全生产规章制度：

（一）安全生产例会等安全生产会议制度；

（二）安全投入保障制度；

（三）安全生产奖惩制度；

（四）安全培训教育制度；

（五）领导干部轮流现场带班制度；

（六）特种作业人员管理制度；

（七）安全检查和隐患排查治理制度；

（八）重大危险源评估和安全管理制度；

（九）变更管理制度；

（十）应急管理制度；

（十一）生产安全事故或者重大事件管理制度；

（十二）防火、防爆、防中毒、防泄漏管理制度；

（十三）工艺、设备、电气仪表、公用工程安全管理制度；

（十四）动火、进入受限空间、吊装、高处、盲板抽堵、动土、断路、设备检维修等作业安全管理制度；

（十五）危险化学品安全管理制度；

（十六）职业健康相关管理制度；

（十七）劳动防护用品使用维护管理制度；

（十八）承包商管理制度；

（十九）安全管理制度及操作规程定期修订制度。

第十五条 企业应当根据危险化学品的生产工艺、技术、设备特点和原辅料、产品的危险性编制岗位操作安全规程。

第十六条 企业主要负责人、分管安全负责人和安全生产管理人员必须具备与其从事的生产经营活动相适应的安全生产知识和管理能力，依法参加安全生产培训，并经考核合格，取得安全资格证书。

企业分管安全负责人、分管生产负责人、分管技术负责人应当具有一定的化工专业知识或者相应的专业学历，专职安全生产管理人员应当具备国民教育化工化学类（或安全工程）中等职业教育以上学历或者化工化学类中级以上专业技术职称。

企业应当有危险物品安全类注册安全工程师从事安全生产管理工作。

特种作业人员应当依照《特种作业人员安全技术培训考核管理规定》，经专门的安全技术培训并考核合格，取得特种作业操作证书。

本条第一、二、四款规定以外的其他从业人员应当按照国家有关规定，经安全教育培训合格。

第十七条 企业应当按照国家规定提取与安全生产有关的费用，并保证安全生产所必须的资金投入。

第十八条 企业应当依法参加工伤保险，为从业人员缴纳保险费。

第十九条 企业应当依法委托具备国家规定资质的安全评价机构进行安全评价，并按照安全评价报告的意见对存在的安全生产问题进行整改。

第二十条 企业应当依法进行危险化学品登记，为用户提供化学品安全技术说明书，并在危险化学品包装（包括外包装件）上粘贴或者拴挂与包装内危险化学品相符的化学品安全标签。

第二十一条 企业应当符合下列应急管理要求：

（一）按照国家有关规定编制危险化学品事故应急预案并报有关部门备案；

（二）建立应急救援组织，规模较小的企业可以不建立应急救援组织，但应指定兼职的应急救援人员；

（三）配备必要的应急救援器材、设备和物资，并进行经常性维护、保养，保证正常运转。

生产、储存和使用氯气、氨气、光气、硫化氢等吸入性有毒有害气体的企业，除符合本条第一款的规定外，还应当配备至少两套以上全封闭防化服；构成重大危险源的，还应当设立气体防护站（组）。

第二十二条 企业除符合本章规定的安全生产条件，还应当符合有关法律、行政法规和国家标准或者行业标准规定的其他安全生产条件。

第三章 安全生产许可证的申请

第二十三条 中央企业及其直接控股涉及危险化学品生产的企业（总部）以外的企业向所在地省级安全生产监督管理部门或其委托的安全生产监督管理部门申请安全生产许可证。

第二十四条 新建企业安全生产许可证的申请，应当在危险化学品生产建设项目安全设施竣工验收通过后10个工作日内提出。

第二十五条 企业申请安全生产许可证时，应当提交下列文件、资料，并对其内容的真实性负责：

（一）申请安全生产许可证的文件及申请书；

（二）安全生产责任制文件，安全生产规章制度、岗位操作安全规程清单；

（三）设置安全生产管理机构，配备专职安全生产管理人员的文件复制件；

（四）主要负责人、分管安全负责人、安全生产管理人员和特种作业人员的安全资格证或者特种作业操作证复制件；

（五）与安全生产有关的费用提取和使用情况报告，新建企业提交有关安全生产费用提取和使用规定的文件；

（六）为从业人员缴纳工伤保险费的证明材料；

（七）危险化学品事故应急救援预案的备案证明文件；

（八）危险化学品登记证复制件；

（九）工商营业执照副本或者工商核准文件复制件；

（十）具备资质的中介机构出具的安全评价报告；

（十一）新建企业的竣工验收报告；

（十二）应急救援组织或者应急救援人员，以及应急救援器材、设备设施清单。

有危险化学品重大危险源的企业，除提交本条第一款规定的文件、资料外，还应当提供重大危险源及其应急预案的备案证明文件、资料。

第四章 安全生产许可证的颁发

第二十六条 实施机关收到企业申请文件、资料后，应当按照下列情况分别作出处理：

（一）申请事项依法不需要取得安全生产许可证的，即时告知企业不予受理；

（二）申请事项依法不属于本实施机关职责范围的，即时作出不予受理的决定，并告知企业向相应的实施机关申请；

（三）申请材料存在可以当场更正的错误的，允许企业当场更正，并受理其申请；

（四）申请材料不齐全或者不符合法定形式的，当场告知或者在5个工作日内出具补正告知书，一次告知企业需要补正的全部内容；逾期不告知的，自收到申请材料之日起即为受理；

（五）企业申请材料齐全、符合法定形式，或者按照实施机关要求提交全部补正材料的，立即受理其申请。

实施机关受理或者不予受理行政许可申请，应当出具加盖本机关专用印章和注明日期的书面凭证。

第二十七条 安全生产许可证申请受理后，实施机关应当组织对企业提交的申请文件、资料进行审查。对企业提交的文件、资料实质内容存在疑问，需要到现场核查的，应当指派工作人员就有关内容进行现场核查。工作人员应当如实提出现场核查意见。

第二十八条 实施机关应当在受理之日起45个工作日内作出是否准予许可的决定。审查过程中的现场核查所需时间不计算在本条规定的期限内。

第二十九条 实施机关作出准予许可决定的，应当自决定之日起10个工作日内颁发安全生产许可证。

实施机关作出不予许可的决定的，应当在10个工作日内书面告知企业并说明理由。

第三十条 企业在安全生产许可证有效期内变更主要负责人、企业名称或者注册地址的，应当自工商营业执照或者隶属关系变更之日起10个工作日内向实施机关提出变更申请，并提交下列文件、资料：

（一）变更后的工商营业执照副本复制件；

（二）变更主要负责人的，还应当提供主要负责人经安全生产监督管理部门考核合格后颁发的安全资格证复制件；

（三）变更注册地址的，还应当提供相关证明材料。

对已经受理的变更申请，实施机关应当在对企业提交的文件、资料审查无误后，方可办理安全生产许可证变更手续。

企业在安全生产许可证有效期内变更隶属关系的，仅需提交隶属关系变更证明材料报实施机关备案。

第三十一条 企业在安全生产许可证有效期内，当原生产装置新增产品或者改变工艺技术对企业的安全生产产生重大影响时，应当对该生产装置或者工艺技术进行专项安全评价，并对安全评价报告中提出的问题进行整改；在整改完成后，向原实施机关提出变更申请，提交安全评价报告。实施机关按照本办法第三十条的规定办理变更手续。

第三十二条 企业在安全生产许可证有效期内，有危险化学品新建、改建、扩建建设项目（以下简称建设项目）的，应当在建设项目安全设施竣工验收合格之日起10个工作日内向原实施机关提出变更申请，并提交建设项目安全设施竣工验收报告等相关文件、资料。实施机关按照本办法第二十七条、第二十八条和第二十九条的规定办理变更手续。

第三十三条 安全生产许可证有效期为3年。企业安全生产许可证有效期届满后继续生产危险化学品的，应当在安全生产许可证有效期届满前3个月提出延期申请，并提交延期申请书和本办法第二十五条规定的申请文件、资料。

实施机关按照本办法第二十六条、第二十七条、第二十八条、第二十九条的规定进行审查，并作出是否准予延期的决定。

第三十四条 企业在安全生产许可证有效期内，符合下列条件的，其安全生产许可证届满时，经原实施机关同意，可不提交第二十五条第一款第二、七、八、十、十一项规定的文件、资料，直接办理延期手续：

（一）严格遵守有关安全生产的法律、法规和本办法的；

（二）取得安全生产许可证后，加强日常安全生产管理，未降低安全生产条件，并达到安全生产标准化等级二级以上的；

（三）未发生死亡事故的。

第三十五条 安全生产许可证分为正、副本，正本为悬挂式，副本为折页式，正、副本具有同等法律效力。

实施机关应当分别在安全生产许可证正、副本上载明编号、企业名称、主要负责人、注册地址、经济类型、许可范围、有效期、发证机关、发证日期等内容。其中，正本上的“许可范围”应当注明“危险化学品生产”，副本上的“许可范围”应当载明生产场所地址和对应的具体品种、生产能力。

安全生产许可证有效期的起始日为实施机关作出许可决定之日，截止日为起始日至三年后同一日期的前一日。有效期内有变更事项的，起始日和截止日不变，载明变更日期。

第三十六条 企业不得出租、出借、买卖或者以其他形式转让其取得的安全生产许可证，或者冒用他人取得的安全生产许可证、使用伪造的安全生产许可证。

第五章 监 督 管 理

第三十七条 实施机关应当坚持公开、公平、公正的原则，依照本办法和有关安全生产行政许可的法律、法规规定，颁发安全生产许可证。

实施机关工作人员在安全生产许可证颁发及其监督管理工作中，不得索取或者接受企业的财物，不得谋取其他非法利益。

第三十八条 实施机关应当加强对安全生产许可证的监督管理，建立、健全安全生产许可证档案管理制度。

第三十九条 有下列情形之一的，实施机关应当撤销已经颁发的安全生产许可证：

（一）超越职权颁发安全生产许可证的；

（二）违反本办法规定的程序颁发安全生产许可证的；

（三）以欺骗、贿赂等不正当手段取得安全生产许可证的。

第四十条 企业取得安全生产许可证后有下列情形之一的，实施机关应当注销其安全生产许可证：

（一）安全生产许可证有效期届满未被批准延续的；

（二）终止危险化学品生产活动的；

（三）安全生产许可证被依法撤销的；

（四）安全生产许可证被依法吊销的。

安全生产许可证注销后，实施机关应当在当地主要新闻媒体或者本机关网站上发布公告，并通报企业所在地人民政府和县级以上安全生产监督管理部门。

第四十一条 省级安全生产监督管理部门应当在每年1月15日前，将本行政区域内上年度安全生产许可证的颁发和管理情况报国家安全生产监督管理总局。

国家安全生产监督管理总局、省级安全生产监督管理部门应当定期向社会公布企业取得安全生产许可的情况，接受社会监督。

第六章 法 律 责 任

第四十二条 实施机关工作人员有下列行为之一的，给予降级或者撤职的处分；构成犯罪的，依法追究刑事责任：

（一）向不符合本办法第二章规定的安全生产条件的企业颁发安全生产许可证的；

（二）发现企业未依法取得安全生产许可证擅自从事危险化学品生产活动，不依法处理的；

（三）发现取得安全生产许可证的企业不再具备本办法第二章规定的安全生产条件，不依法处理的；

（四）接到对违反本办法规定行为的举报后，不及时依法处理的；

（五）在安全生产许可证颁发和监督管理工作中，索取或者接受企业的财物，或者谋取其他非法利益的。

第四十三条 企业取得安全生产许可证后发现其不具备本办法规定的安全生产条件的，依法暂扣其安全生产许可证1个月以上6个月以下；暂扣期满仍不具备本办法规定的安全生产条件的，依法吊销其安全生产许可证。

第四十四条 企业出租、出借或者以其他形式转让安全生产许可证的，没收违法所得，处10万元以上50万元以下的罚款，并吊销安全生产许可证；构成犯罪的，依法追究刑事责任。

第四十五条 企业有下列情形之一的，责令停止生产危险化学品，没收违法所得，并处10万元以上50万元以下的罚款；构成犯罪的，依法追究刑事责任：

（一）未取得安全生产许可证，擅自进行危险化学品生产的；

（二）接受转让的安全生产许可证的；

（三）冒用或者使用伪造的安全生产许可证的。

第四十六条 企业在安全生产许可证有效期届满未办理延期手续，继续进行生产的，责令停止生产，限期补办延期手续，没收违法所得，并处5万元以上10万元以下的罚款；逾期仍不办理延期手续，继续进行生产的，依照本办法第四十五条的规定进行处罚。

第四十七条 企业在安全生产许可证有效期内主要负责人、企业名称、注册地址、隶属关系发生变更或者新增产品、改变工艺技术对企业安全生产产生重大影响，未按照本办法第三十条规定的时限提出安全生产许可证变更申请的，责令限期申请，处1万元以上3万元以下的罚款。

第四十八条 企业在安全生产许可证有效期内，其危险化学品建设项目安全设施竣工验收合格后，未按照本办法第三十二条规定的时限提出安全生产许可证变更申请并且擅自投入运行的，责令停止生产，限期申请，没收违法所得，并处1万元以上3万元以下的罚款。

第四十九条 发现企业隐瞒有关情况或者提供虚假材料申请安全生产许可证的，实施机关不予受理或者不予颁发安全生产许可证，并给予警告，该企业在1年内不得再次申请安全生产许可证。

企业以欺骗、贿赂等不正当手段取得安全生产许可证的，自实施机关撤销其安全生产许可证之日起3年内，该企业不得再次申请安全生产许可证。

第五十条 安全评价机构有下列情形之一的，给予警告，并处1万元以下的罚款；情节严重的，暂停资质半年，并处1万元以上3万元以下的罚款；对相关责任人依法给予处理：

（一）从业人员不到现场开展安全评价活动的；

（二）安全评价报告与实际情况不符，或者安全评价报告存在重大疏漏，但尚未造成重大损失的；

（三）未按照有关法律、法规、规章和国家标准或者行业标准的规定从事安全评价活动的。

第五十一条 承担安全评价、检测、检验的机构出具虚假证明的，没收违法所得；违法所得在10万元以上的，并处违法所得2倍以上5倍以下的罚款；没有违法所得或者违法所得不足10万元的，单处或者并处10万元以上20万元以下的罚款；对其直接负责的主管人员和其他直接责任人员处2万元以上5万元以下的罚款；给他人造成损害的，与企业承担连带赔偿责任；构成犯罪的，依照刑法有关规定追究刑事责任。

对有前款违法行为的机构，依法吊销其相应资质。

第五十二条 本办法规定的行政处罚，由国家安全生产监督管理总局、省级安全生产监督管理部门决定。省级安全生产监督管理部门可以委托设区的市级或者县级安全生产监督管理部门实施。

第七章 附 则

第五十三条 将纯度较低的化学品提纯至纯度较高的危险化学品的，适用本办法。购买某种危险化学品进行分装（包括充装）或者加入非危险化学品的溶剂进行稀释，然后销售或者使用的，不适用本办法。

第五十四条 本办法下列用语的含义：

（一）危险化学品目录，是指国家安全生产监督管理总局会同国务院工业和信息化、公安、环境保护、卫生、质量监督检验检疫、交通运输、铁路、民用航空、农业主管部门，依据《危险化学品安全管理条例》公布的危险化学品目录。

（二）中间产品，是指为满足生产的需要，生产一种或者多种产品为下一个生产过程参与化学反应的原料。

（三）作业场所，是指可能使从业人员接触危险化学品的任何作业活动场所，包括从事危险化学品的生产、操作、处置、储存、装卸等场所。

第五十五条 安全生产许可证由国家安全生产监督管理总局统一印制。

危险化学品安全生产许可的文书、安全生产许可证的格式、内容和编号办法，由国家安全生产监督管理总局另行规定。

第五十六条 省级安全生产监督管理部门可以根据当地实际情况制定安全生产许可证颁发管理的细则，并报国家安全生产监督管理总局备案。

第五十七条 本办法自2011年12月1日起施行。原国家安全生产监督管理局（国家煤矿安全监察局）2004年5月17日公布的《危险化学品生产企业安全生产许可证实施办法》同时废止。

危险化学品重大危险源监督管理暂行规定

（2011年8月5日国家安全生产监督管理总局令第40号公布，根据2015年5月27日国家安全生产监督管理总局令第79号修正）

第一章 总 则

第一条 为了加强危险化学品重大危险源的安全监督管理，防止和减少危险化学品事故的发生，保障人民群众生命财产安全，根据《中华人民共和国安全生产法》和《危险化学品安全管理条例》等有关法律、行政法规，制定本规定。

第二条 从事危险化学品生产、储存、使用和经营的单位（以下统称危险化学品单位）的危险化学品重大危险源的辨识、评估、登记建档、备案、核销及其监督管理，适用本规定。

城镇燃气、用于国防科研生产的危险化学品重大危险源以及港区内危险化学品重大危险源的安全监督管理，不适用本规定。

第三条 本规定所称危险化学品重大危险源（以下简称重大危险源），是指按照《危险化学品重大危险源辨识》（GB 18218）标准辨识确定，生产、储存、使用或者搬运危险化学品的数量等于或者超过临界量的单元（包括场所和设施）。

第四条 危险化学品单位是本单位重大危险源安全管理的责任主体，其主要负责人对本单位的重大危险源安全管理工作负责，并保证重大危险源安全生产所必需的安全投入。

第五条 重大危险源的安全监督管理实行属地监管与分级管理相结合的原则。

县级以上地方人民政府安全生产监督管理部门按照有关法律、法规、标准和本规定，对本辖区内的重大危险源实施安全监督管理。

第六条 国家鼓励危险化学品单位采用有利于提高重大危险源安全保障水平的先进适用的工艺、技术、设备以及自动控制系统，推进安全生产监督管理部门重大危险源安全监管的信息化建设。

第二章 辨识与评估

第七条 危险化学品单位应当按照《危险化学品重大危险源辨识》标准，对本单位的危险化学品生产、经营、储存和使用装置、设施或者场所进行重大危险源辨识，并记录辨识过程与结果。

第八条 危险化学品单位应当对重大危险源进行安全评估并确定重大危险源等级。危险化学品单位可以组织本单位的注册安全工程师、技术人员或者聘请有关专家进行安全评估，也可以委托具有相应资质的安全评价机构进行安全评估。

依照法律、行政法规的规定，危险化学品单位需要进行安全评价的，重大危险源安全评估可以与本单位的安全评价一起进行，以安全评价报告代替安全评估报告，也可以单独进行重大危险源安全评估。

重大危险源根据其危险程度，分为一级、二级、三级和四级，一级为最高级别。重大危险源分级方法由本规定附件1列示。

第九条 重大危险源有下列情形之一的，应当委托具有相应资质的安全评价机构，按照有关标准的规定采用定量风险评价方法进行安全评估，确定个人和社会风险值：

（一）构成一级或者二级重大危险源，且毒性气体实际存在（在线）量与其在《危险化学品重大危险源辨识》中规定的临界量比值之和大于或等于1的；

（二）构成一级重大危险源，且爆炸品或液化易燃气体实际存在（在线）量与其在《危险化学品重大危险源辨识》中规定的临界量比值之和大于或等于1的。

第十条　重大危险源安全评估报告应当客观公正、数据准确、内容完整、结论明确、措施可行，并包括下列内容：

（一）评估的主要依据；

（二）重大危险源的基本情况；

（三）事故发生的可能性及危害程度；

（四）个人风险和社会风险值（仅适用定量风险评价方法）；

（五）可能受事故影响的周边场所、人员情况；

（六）重大危险源辨识、分级的符合性分析；

（七）安全管理措施、安全技术和监控措施；

（八）事故应急措施；

（九）评估结论与建议。

危险化学品单位以安全评价报告代替安全评估报告的，其安全评价报告中有关重大危险源的内容应当符合本条第一款规定的要求。

第十一条　有下列情形之一的，危险化学品单位应当对重大危险源重新进行辨识、安全评估及分级：

（一）重大危险源安全评估已满三年的；

（二）构成重大危险源的装置、设施或者场所进行新建、改建、扩建的；

（三）危险化学品种类、数量、生产、使用工艺或者储存方式及重要设备、设施等发生变化，影响重大危险源级别或者风险程度的；

（四）外界生产安全环境因素发生变化，影响重大危险源级别和风险程度的；

（五）发生危险化学品事故造成人员死亡，或者10人以上受伤，或者影响到公共安全的；

（六）有关重大危险源辨识和安全评估的国家标准、行业标准发生变化的。

第三章　安　全　管　理

第十二条　危险化学品单位应当建立完善重大危险源安全管理规章制度和安全操作规程，并采取有效措施保证其得到执行。

第十三条　危险化学品单位应当根据构成重大危险源的危险化学品种类、数量、生产、使用工艺（方式）或者相关设备、设施等实际情况，按照下列要求建立健全安全监测监控体系，完善控制措施：

（一）重大危险源配备温度、压力、液位、流量、组分等信息的不间断采集和监测系统以及可燃气体和有毒有害气体泄漏检测报警装置，并具备信息远传、连续记录、事故预警、信息存储等功能；一级或者二级重大危险源，具备紧急停车功能。记录的电子数据的保存时间不少于30天；

（二）重大危险源的化工生产装置装备满足安全生产要求的自动化控制系统；一级或者二级重大危险源，装备紧急停车系统；

（三）对重大危险源中的毒性气体、剧毒液体和易燃气体等重点设施，设置紧急切断装置；毒性气体的设施，设置泄漏物紧急处置装置。涉及毒性气体、液化气体、剧毒液体的一级或者二级重大危险源，配备独立的安全仪表系统（SIS）；

（四）重大危险源中储存剧毒物质的场所或者设施，设置视频监控系统；

（五）安全监测监控系统符合国家标准或者行业标准的规定。

第十四条 通过定量风险评价确定的重大危险源的个人和社会风险值，不得超过本规定附件2列示的个人和社会可容许风险限值标准。

超过个人和社会可容许风险限值标准的，危险化学品单位应当采取相应的降低风险措施。

第十五条 危险化学品单位应当按照国家有关规定，定期对重大危险源的安全设施和安全监测监控系统进行检测、检验，并进行经常性维护、保养，保证重大危险源的安全设施和安全监测监控系统有效、可靠运行。维护、保养、检测应当作好记录，并由有关人员签字。

第十六条 危险化学品单位应当明确重大危险源中关键装置、重点部位的责任人或者责任机构，并对重大危险源的安全生产状况进行定期检查，及时采取措施消除事故隐患。事故隐患难以立即排除的，应当及时制定治理方案，落实整改措施、责任、资金、时限和预案。

第十七条 危险化学品单位应当对重大危险源的管理和操作岗位人员进行安全操作技能培训，使其了解重大危险源的危险特性，熟悉重大危险源安全管理规章制度和安全操作规程，掌握本岗位的安全操作技能和应急措施。

第十八条 危险化学品单位应当在重大危险源所在场所设置明显的安全警示标志，写明紧急情况下的应急处置办法。

第十九条 危险化学品单位应当将重大危险源可能发生的事故后果和应急措施等信息，以适当方式告知可能受影响的单位、区域及人员。

第二十条 危险化学品单位应当依法制定重大危险源事故应急预案，建立应急救援组织或者配备应急救援人员，配备必要的防护装备及应急救援器材、设备、物资，并保障其完好和方便使用；配合地方人民政府安全生产监督管理部门制定所在地区涉及本单位的危险化学品事故应急预案。

对存在吸入性有毒、有害气体的重大危险源，危险化学品单位应当配备便携式浓度检测设备、空气呼吸器、化学防护服、堵漏器材等应急器材和设备；涉及剧毒气体的重大危险源，还应当配备两套以上（含本数）气密型化学防护服；涉及易燃易爆气体或者易燃液体蒸气的重大危险源，还应当配备一定数量的便携式可燃气体检测设备。

第二十一条 危险化学品单位应当制定重大危险源事故应急预案演练计划，并按照下列要求进行事故应急预案演练：

（一）对重大危险源专项应急预案，每年至少进行一次；

（二）对重大危险源现场处置方案，每半年至少进行一次。

应急预案演练结束后，危险化学品单位应当对应急预案演练效果进行评估，撰写应急预案演练评估报告，分析存在的问题，对应急预案提出修订意见，并及时修订完善。

第二十二条 危险化学品单位应当对辨识确认的重大危险源及时、逐项进行登记建档。

重大危险源档案应当包括下列文件、资料：

（一）辨识、分级记录；

（二）重大危险源基本特征表；

（三）涉及的所有化学品安全技术说明书；

（四）区域位置图、平面布置图、工艺流程图和主要设备一览表；

（五）重大危险源安全管理规章制度及安全操作规程；

（六）安全监测监控系统、措施说明、检测、检验结果；

（七）重大危险源事故应急预案、评审意见、演练计划和评估报告；

（八）安全评估报告或者安全评价报告；

（九）重大危险源关键装置、重点部位的责任人、责任机构名称；

（十）重大危险源场所安全警示标志的设置情况；

（十一）其他文件、资料。

第二十三条 危险化学品单位在完成重大危险源安全评估报告或者安全评价报告后15日内，应当填写重大危险源备案申请表，连同本规定第二十二条规定的重大危险源档案材料（其中第二款第五项规定的文件资料只需提供清单），报送所在地县级人民政府安全生产监督管理部门备案。

县级人民政府安全生产监督管理部门应当每季度将辖区内的一级、二级重大危险源备案材料报送至设区的市级人民政府安全生产监督管理部门。设区的市级人民政府安全生产监督管理部门应当每半年将辖区内的一级重大危险源备案材料报送至省级人民政府安全生产监督管理部门。

重大危险源出现本规定第十一条所列情形之一的，危险化学品单位应当及时更新档案，并向所在地县级人民政府安全生产监督管理部门重新备案。

第二十四条 危险化学品单位新建、改建和扩建危险化学品建设项目，应当在建设项目竣工验收前完成重大危险源的辨识、安全评估和分级、登记建档工作，并向所在地县级人民政府安全生产监督管理部门备案。

第四章 监 督 检 查

第二十五条 县级人民政府安全生产监督管理部门应当建立健全危险化学品重大危险源管理制度，明确责任人员，加强资料归档。

第二十六条 县级人民政府安全生产监督管理部门应当在每年1月15日前，将辖区内上一年度重大危险源的汇总信息报送至设区的市级人民政府安全生产监督管理部门。设区的市级人民政府安全生产监督管理部门应当在每年1月31日前，将辖区内上一年度重大危险源的汇总信息报送至省级人民政府安全生产监督管理部门。省级人民政府安全生产监督管理部门应当在每年2月15日前，将辖区内上一年度重大危险源的汇总信息报送至国家安全生产监督管理总局。

第二十七条 重大危险源经过安全评价或者安全评估不再构成重大危险源的，危险化学品单位应当向所在地县级人民政府安全生产监督管理部门申请核销。

申请核销重大危险源应当提交下列文件、资料：

（一）载明核销理由的申请书；

（二）单位名称、法定代表人、住所、联系人、联系方式；

（三）安全评价报告或者安全评估报告。

第二十八条 县级人民政府安全生产监督管理部门应当自收到申请核销的文件、资料之日起30日内进行审查，符合条件的，予以核销并出具证明文书；不符合条件的，说明理由并书面告知申请单位。必要时，县级人民政府安全生产监督管理部门应当聘请有关专家进行现场核查。

第二十九条 县级人民政府安全生产监督管理部门应当每季度将辖区内一级、二级重大危险源的核销材料报送至设区的市级人民政府安全生产监督管理部门。设区的市级人民政府安全生产监督管理部门应当每半年将辖区内一级重大危险源的核销材料报送至省级人民政府安全生产监督管理部门。

第三十条 县级以上地方各级人民政府安全生产监督管理部门应当加强对存在重大危险源的危险化学品单位的监督检查，督促危险化学品单位做好重大危险源的辨识、安全评估及分级、登记建档、备案、监测监控、事故应急预案编制、核销和安全管理工作。

首次对重大危险源的监督检查应当包括下列主要内容：

（一）重大危险源的运行情况、安全管理规章制度及安全操作规程制定和落实情况；

（二）重大危险源的辨识、分级、安全评估、登记建档、备案情况；

（三）重大危险源的监测监控情况；

（四）重大危险源安全设施和安全监测监控系统的检测、检验以及维护保养情况；

（五）重大危险源事故应急预案的编制、评审、备案、修订和演练情况；

（六）有关从业人员的安全培训教育情况；

（七）安全标志设置情况；

（八）应急救援器材、设备、物资配备情况；

（九）预防和控制事故措施的落实情况。

安全生产监督管理部门在监督检查中发现重大危险源存在事故隐患的，应当责令立即排除；重大事故隐患排除前或者排除过程中无法保证安全的，应当责令从危险区域内撤出作业人员，责令暂时停产停业或者停止使用；重大事故隐患排除后，经安全生产监督管理部门审查同意，方可恢复生产经营和使用。

第三十一条 县级以上地方各级人民政府安全生产监督管理部门应当会同本级人民政府有关部门，加强对工业（化工）园区等重大危险源集中区域的监督检查，确保重大危险源与周边单位、居民区、人员密集场所等重要目标和敏感场所之间保持适当的安全距离。

第五章 法 律 责 任

第三十二条 危险化学品单位有下列行为之一的，由县级以上人民政府安全生产监督管理部门责令限期改正，可以处10万元以下的罚款；逾期未改正的，责令停产停业整顿，并处10万元以上20万元以下的罚款，对其直接负责的主管人员和其他直接责任人员处2万元以上5万元以下的罚款；构成犯罪的，依照刑法有关规定追究刑事责任：

（一）未按照本规定要求对重大危险源进行安全评估或者安全评价的；

（二）未按照本规定要求对重大危险源进行登记建档的；

（三）未按照本规定及相关标准要求对重大危险源进行安全监测监控的；

（四）未制定重大危险源事故应急预案的。

第三十三条 危险化学品单位有下列行为之一的，由县级以上人民政府安全生产监督管理部门责令限期改正，可以处5万元以下的罚款；逾期未改正的，处5万元以上20万元以下的罚款，对其直接负责的主管人员和其他直接责任人员处1万元以上2万元以下的罚款；情节严重的，责令停产停业整顿；构成犯罪的，依照刑法有关规定追究刑事责任：

（一）未在构成重大危险源的场所设置明显的安全警示标志的；

（二）未对重大危险源中的设备、设施等进行定期检测、检验的。

第三十四条 危险化学品单位有下列情形之一的，由县级以上人民政府安全生产监督管理部门给予警告，可以并处5000元以上3万元以下的罚款：

（一）未按照标准对重大危险源进行辨识的；

（二）未按照本规定明确重大危险源中关键装置、重点部位的责任人或者责任机构的；

（三）未按照本规定建立应急救援组织或者配备应急救援人员，以及配备必要的防护装备及器材、设备、物资，并保障其完好的；

（四）未按照本规定进行重大危险源备案或者核销的；

（五）未将重大危险源可能引发的事故后果、应急措施等信息告知可能受影响的单位、区域及人员的；

（六）未按照本规定要求开展重大危险源事故应急预案演练的。

第三十五条 危险化学品单位未按照本规定对重大危险源的安全生产状况进行定期检查，采取措施消除事故隐患的，责令立即消除或者限期消除；危险化学品单位拒不执行的，责令停产停业整顿，并处10万元以上20万元以下的罚款，对其直接负责的主管人员和其他直接责任人员处2万元以上5万元以下的罚款。

第三十六条 承担检测、检验、安全评价工作的机构，出具虚假证明的，没收违法所得；违法所得在10万元以上的，并处违法所得2倍以上5倍以下的罚款；没有违法所得或者违法所得不足10万元的，单处或者并处10万元以上20万元以下的罚款；对其直接负责的主管人员和其他直接责任人员处2万元以上5万元以下的罚款；给他人造成损害的，与危险化学品单位承担连带赔偿责任；构成犯罪的，依照刑法有关规定追究刑事责任。

对有前款违法行为的机构，依法吊销其相应资质。

第六章　附　　则

第三十七条　本规定自2011年12月1日起施行。

附件1

危险化学品重大危险源分级方法

一、分级指标

采用单元内各种危险化学品实际存在（在线）量与其在《危险化学品重大危险源辨识》（GB 18218）中规定的临界量比值，经校正系数校正后的比值之和R作为分级指标。

二、R的计算方法

$$R=\alpha\left(\beta_1\frac{q_1}{Q_1}+\beta_2\frac{q_2}{Q_2}+\cdots+\beta_n\frac{q_n}{Q_n}\right)$$

式中　q_1，q_2，…，q_n——每种危险化学品实际存在（在线）量（单位：吨）；

Q_1，Q_2，…，Q_n——与各危险化学品相对应的临界量（单位：吨）；

β_1，β_2…，β_n——与各危险化学品相对应的校正系数；

α——该危险化学品重大危险源厂区外暴露人员的校正系数。

三、校正系数β的取值

根据单元内危险化学品的类别不同，设定校正系数β值，见表1和表2：

表1　校正系数β取值表

危险化学品类别	毒性气体	爆炸品	易燃气体	其他类危险化学品
β	见表2	2	1.5	1

注：危险化学品类别依据《危险货物品名表》中分类标准确定。

表2　常见毒性气体校正系数β值取值表

毒性气体名称	一氧化碳	二氧化硫	氨	环氧乙烷	氯化氢	溴甲烷	氯
β	2	2	2	2	3	3	4
毒性气体名称	硫化氢	氟化氢	二氧化氮	氰化氢	碳酰氯	磷化氢	异氰酸甲酯
β	5	5	10	10	20	20	20

注：未在表2中列出的有毒气体可按β=2取值，剧毒气体可按β=4取值。

四、校正系数α的取值

根据重大危险源的厂区边界向外扩展500米范围内常住人口数量，设定厂外暴露人员校正系数α值，见表3。

表3 校正系数α取值表

厂外可能暴露人员数量	α
100人以上	2.0
50～99人	1.5
30～49人	1.2
1～29人	1.0
0人	0.5

五、分级标准

根据计算出来的R值，按表4确定危险化学品重大危险源的级别。

表4 危险化学品重大危险源级别和R值的对应关系

危险化学品重大危险源级别	R值
一级	$R \geqslant 100$
二级	$100 > R \geqslant 50$
三级	$50 > R \geqslant 10$
四级	$R < 10$

附件2

可容许风险标准

一、可容许个人风险标准

个人风险是指因危险化学品重大危险源各种潜在的火灾、爆炸、有毒气体泄漏事故造成区域内某一固定位置人员的个体死亡概率，即单位时间内（通常为年）的个体死亡率。通常用个人风险等值线表示。

通过定量风险评价，危险化学品单位周边重要目标和敏感场所承受的个人风险应满足表1中可容许风险标准要求。

表1 可容许个人风险标准

危险化学品单位周边重要目标和敏感场所类别	可容许风险/年
1.高敏感场所（如学校、医院、幼儿园、养老院等） 2.重要目标（如党政机关、军事管理区、文物保护单位等） 3.特殊高密度场所（如大型体育场、大型交通枢纽等）	$< 3 \times 10^{-7}$
1.居住类高密度场所（如居民区、宾馆、度假村等） 2.公众聚集类高密度场所（如办公场所、商场、饭店、娱乐场所等）	$< 1 \times 10^{-6}$

二、可容许社会风险标准

社会风险是指能够引起大于或者等于N人死亡的事故累积频率（F），也即单位时间内（通常为年）的死亡人数。通常用社会风险曲线（F–N曲线）表示。

可容许社会风险标准采用ALARP（As Low As Reasonable Practice）原则作为可接受原则。ALARP原则通过两个风险分界线将风险划分为3个区域，即：不可容许区、尽可能降低区（ALARP）和可容许区。

（1）若社会风险曲线落在不可容许区，除特殊情况外，该风险无论如何不能被接受。

（2）若落在可容许区，风险处于很低的水平，该风险是可以被接受的，无须采取安全改进措施。

（3）若落在尽可能降低区，则需要在可能的情况下尽量减少风险，即对各种风险处理措施方案进行成本效益分析等，以决定是否采取这些措施。

通过定量风险评价，危险化学品重大危险源产生的社会风险应满足图1中可容许社会风险标准要求。

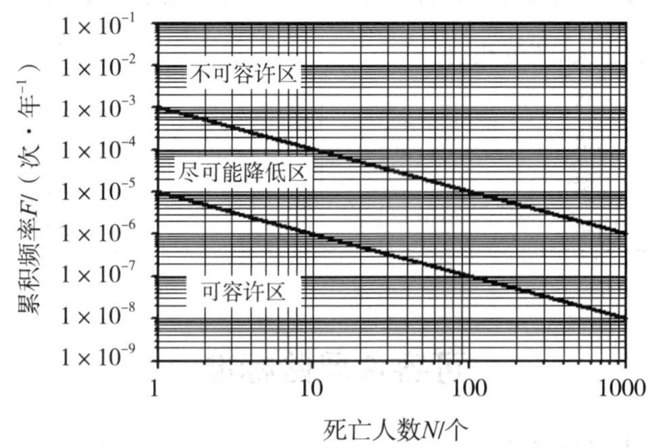

图1　可容许社会风险标准（F–N）曲线

危险化学品建设项目安全监督管理办法

（2012年1月30日国家安全生产监督管理总局令第45号公布，根据2015年5月27日国家安全生产监督管理总局令第79号修正）

第一章　总　　则

第一条　为了加强危险化学品建设项目安全监督管理，规范危险化学品建设项目安全审查，根据《中华人民共和国安全生产法》和《危险化学品安全管理条例》等法律、行政法规，制定本办法。

第二条 中华人民共和国境内新建、改建、扩建危险化学品生产、储存的建设项目以及伴有危险化学品产生的化工建设项目（包括危险化学品长输管道建设项目，以下统称建设项目），其安全管理及其监督管理，适用本办法。

危险化学品的勘探、开采及其辅助的储存，原油和天然气勘探、开采及其辅助的储存、海上输送，城镇燃气的输送及储存等建设项目，不适用本办法。

第三条 本办法所称建设项目安全审查，是指建设项目安全条件审查、安全设施的设计审查。建设项目的安全审查由建设单位申请，安全生产监督管理部门根据本办法分级负责实施。

建设项目安全设施竣工验收由建设单位负责依法组织实施。

建设项目未经安全审查和安全设施竣工验收的，不得开工建设或者投入生产（使用）。

第四条 国家安全生产监督管理总局指导、监督全国建设项目安全审查和建设项目安全设施竣工验收的实施工作，并负责实施下列建设项目的安全审查：

（一）国务院审批（核准、备案）的；

（二）跨省、自治区、直辖市的。

省、自治区、直辖市人民政府安全生产监督管理部门（以下简称省级安全生产监督管理部门）指导、监督本行政区域内建设项目安全审查和建设项目安全设施竣工验收的监督管理工作，确定并公布本部门和本行政区域内由设区的市级人民政府安全生产监督管理部门（以下简称市级安全生产监督管理部门）实施的前款规定以外的建设项目范围，并报国家安全生产监督管理总局备案。

第五条 建设项目有下列情形之一的，应当由省级安全生产监督管理部门负责安全审查：

（一）国务院投资主管部门审批（核准、备案）的；

（二）生产剧毒化学品的；

（三）省级安全生产监督管理部门确定的本办法第四条第一款规定以外的其他建设项目。

第六条 负责实施建设项目安全审查的安全生产监督管理部门根据工作需要，可以将其负责实施的建设项目安全审查工作，委托下一级安全生产监督管理部门实施。委托实施安全审查的，审查结果由委托的安全生产监督管理部门负责。跨省、自治区、直辖市的建设项目和生产剧毒化学品的建设项目，不得委托实施安全审查。

建设项目有下列情形之一的，不得委托县级人民政府安全生产监督管理部门实施安全审查：

（一）涉及国家安全生产监督管理总局公布的重点监管危险化工工艺的；

（二）涉及国家安全生产监督管理总局公布的重点监管危险化学品中的有毒气体、液化气体、易燃液体、爆炸品，且构成重大危险源的。

接受委托的安全生产监督管理部门不得将其受托的建设项目安全审查工作再委托其他单位实施。

第七条 建设项目的设计、施工、监理单位和安全评价机构应当具备相应的资质，并对其工作成果负责。

涉及重点监管危险化工工艺、重点监管危险化学品或者危险化学品重大危险源的建设项目，应当由具有石油化工医药行业相应资质的设计单位设计。

第二章　建设项目安全条件审查

第八条　建设单位应当在建设项目的可行性研究阶段，委托具备相应资质的安全评价机构对建设项目进行安全评价。

安全评价机构应当根据有关安全生产法律、法规、规章和国家标准、行业标准，对建设项目进行安全评价，出具建设项目安全评价报告。安全评价报告应当符合《危险化学品建设项目安全评价细则》的要求。

第九条　建设项目有下列情形之一的，应当由甲级安全评价机构进行安全评价：

（一）国务院及其投资主管部门审批（核准、备案）的；

（二）生产剧毒化学品的；

（三）跨省、自治区、直辖市的；

（四）法律、法规、规章另有规定的。

第十条　建设单位应当在建设项目开始初步设计前，向与本办法第四条、第五条规定相应的安全生产监督管理部门申请建设项目安全条件审查，提交下列文件、资料，并对其真实性负责：

（一）建设项目安全条件审查申请书及文件；

（二）建设项目安全评价报告；

（三）建设项目批准、核准或者备案文件和规划相关文件（复制件）；

（四）工商行政管理部门颁发的企业营业执照或者企业名称预先核准通知书（复制件）。

第十一条　建设单位申请安全条件审查的文件、资料齐全，符合法定形式的，安全生产监督管理部门应当当场予以受理，并书面告知建设单位。

建设单位申请安全条件审查的文件、资料不齐全或者不符合法定形式的，安全生产监督管理部门应当自收到申请文件、资料之日起五个工作日内一次性书面告知建设单位需要补正的全部内容；逾期不告知的，收到申请文件、资料之日起即为受理。

第十二条　对已经受理的建设项目安全条件审查申请，安全生产监督管理部门应当指派有关人员或者组织专家对申请文件、资料进行审查，并自受理申请之日起四十五日内向建设单位出具建设项目安全条件审查意见书。建设项目安全条件审查意见书的有效期为两年。

根据法定条件和程序，需要对申请文件、资料的实质内容进行核实的，安全生产监督管理部门应当指派两名以上工作人员对建设项目进行现场核查。

建设单位整改现场核查发现的有关问题和修改申请文件、资料所需时间不计算在本条规定的期限内。

第十三条　建设项目有下列情形之一的，安全条件审查不予通过：

（一）安全评价报告存在重大缺陷、漏项的，包括建设项目主要危险、有害因素辨识和评价不全或者不准确的；

（二）建设项目与周边场所、设施的距离或者拟建场址自然条件不符合有关安全生产法律、法规、规章和国家标准、行业标准的规定的；

（三）主要技术、工艺未确定，或者不符合有关安全生产法律、法规、规章和国家标准、行业标准的规定的；

（四）国内首次使用的化工工艺，未经省级人民政府有关部门组织的安全可靠性论证的；

（五）对安全设施设计提出的对策与建议不符合法律、法规、规章和国家标准、行业标准的规定的；

（六）未委托具备相应资质的安全评价机构进行安全评价的；

（七）隐瞒有关情况或者提供虚假文件、资料的。

建设项目未通过安全条件审查的，建设单位经过整改后可以重新申请建设项目安全条件审查。

第十四条　已经通过安全条件审查的建设项目有下列情形之一的，建设单位应当重新进行安全评价，并申请审查：

（一）建设项目周边条件发生重大变化的；

（二）变更建设地址的；

（三）主要技术、工艺路线、产品方案或者装置规模发生重大变化的；

（四）建设项目在安全条件审查意见书有效期内未开工建设，期限届满后需要开工建设的。

第三章　建设项目安全设施设计审查

第十五条　设计单位应当根据有关安全生产的法律、法规、规章和国家标准、行业标准以及建设项目安全条件审查意见书，按照《化工建设项目安全设计管理导则》（AQ/T 3033），对建设项目安全设施进行设计，并编制建设项目安全设施设计专篇。建设项目安全设施设计专篇应当符合《危险化学品建设项目安全设施设计专篇编制导则》的要求。

第十六条　建设单位应当在建设项目初步设计完成后、详细设计开始前，向出具建设项目安全条件审查意见书的安全生产监督管理部门申请建设项目安全设施设计审查，提交下列文件、资料，并对其真实性负责：

（一）建设项目安全设施设计审查申请书及文件；

（二）设计单位的设计资质证明文件（复制件）；

（三）建设项目安全设施设计专篇。

第十七条　建设单位申请安全设施设计审查的文件、资料齐全，符合法定形式的，安全生产监督管理部门应当当场予以受理；未经安全条件审查或者审查未通过的，不予受理。受理或者不予受理的情况，安全生产监督管理部门应当书面告知建设单位。

安全设施设计审查申请文件、资料不齐全或者不符合要求的，安全生产监督管理部门应当自收到申请文件、资料之日起五个工作日内一次性书面告知建设单位需要补正的全部内容；逾期不告知的，收到申请文件、资料之日起即为受理。

第十八条 对已经受理的建设项目安全设施设计审查申请，安全生产监督管理部门应当指派有关人员或者组织专家对申请文件、资料进行审查，并在受理申请之日起二十个工作日内作出同意或者不同意建设项目安全设施设计专篇的决定，向建设单位出具建设项目安全设施设计的审查意见书；二十个工作日内不能出具审查意见的，经本部门负责人批准，可以延长十个工作日，并应当将延长的期限和理由告知建设单位。

根据法定条件和程序，需要对申请文件、资料的实质内容进行核实的，安全生产监督管理部门应当指派两名以上工作人员进行现场核查。

建设单位整改现场核查发现的有关问题和修改申请文件、资料所需时间不计算在本条规定的期限内。

第十九条 建设项目安全设施设计有下列情形之一的，审查不予通过：

（一）设计单位资质不符合相关规定的；

（二）未按照有关安全生产的法律、法规、规章和国家标准、行业标准的规定进行设计的；

（三）对未采纳的建设项目安全评价报告中的安全对策和建议，未作充分论证说明的；

（四）隐瞒有关情况或者提供虚假文件、资料的。

建设项目安全设施设计审查未通过的，建设单位经过整改后可以重新申请建设项目安全设施设计的审查。

第二十条 已经审查通过的建设项目安全设施设计有下列情形之一的，建设单位应当向原审查部门申请建设项目安全设施变更设计的审查：

（一）改变安全设施设计且可能降低安全性能的；

（二）在施工期间重新设计的。

第四章 建设项目试生产（使用）

第二十一条 建设项目安全设施施工完成后，建设单位应当按照有关安全生产法律、法规、规章和国家标准、行业标准的规定，对建设项目安全设施进行检验、检测，保证建设项目安全设施满足危险化学品生产、储存的安全要求，并处于正常适用状态。

第二十二条 建设单位应当组织建设项目的设计、施工、监理等有关单位和专家，研究提出建设项目试生产（使用）（以下简称试生产〈使用〉）可能出现的安全问题及对策，并按照有关安全生产法律、法规、规章和国家标准、行业标准的规定，制定周密的试生产（使用）方案。试生产（使用）方案应当包括下列有关安全生产的内容：

（一）建设项目设备及管道试压、吹扫、气密、单机试车、仪表调校、联动试车等生产准备的完成情况；

（二）投料试车方案；

（三）试生产（使用）过程中可能出现的安全问题、对策及应急预案；

（四）建设项目周边环境与建设项目安全试生产（使用）相互影响的确认情况；

（五）危险化学品重大危险源监控措施的落实情况；

（六）人力资源配置情况；

（七）试生产（使用）起止日期。

建设项目试生产期限应当不少于30日，不超过1年。

第二十三条 建设单位在采取有效安全生产措施后，方可将建设项目安全设施与生产、储存、使用的主体装置、设施同时进行试生产（使用）。

试生产（使用）前，建设单位应当组织专家对试生产（使用）方案进行审查。

试生产（使用）时，建设单位应当组织专家对试生产（使用）条件进行确认，对试生产（使用）过程进行技术指导。

第五章 建设项目安全设施竣工验收

第二十四条 建设项目安全设施施工完成后，施工单位应当编制建设项目安全设施施工情况报告。建设项目安全设施施工情况报告应当包括下列内容：

（一）施工单位的基本情况，包括施工单位以往所承担的建设项目施工情况；

（二）施工单位的资质情况（提供相关资质证明材料复印件）；

（三）施工依据和执行的有关法律、法规、规章和国家标准、行业标准；

（四）施工质量控制情况；

（五）施工变更情况，包括建设项目在施工和试生产期间有关安全生产的设施改动情况。

第二十五条 建设项目试生产期间，建设单位应当按照本办法的规定委托有相应资质的安全评价机构对建设项目及其安全设施试生产（使用）情况进行安全验收评价，且不得委托在可行性研究阶段进行安全评价的同一安全评价机构。

安全评价机构应当根据有关安全生产的法律、法规、规章和国家标准、行业标准进行评价。建设项目安全验收评价报告应当符合《危险化学品建设项目安全评价细则》的要求。

第二十六条 建设项目投入生产和使用前，建设单位应当组织人员进行安全设施竣工验收，作出建设项目安全设施竣工验收是否通过的结论。参加验收人员的专业能力应当涵盖建设项目涉及的所有专业内容。

建设单位应当向参加验收人员提供下列文件、资料，并组织进行现场检查：

（一）建设项目安全设施施工、监理情况报告；

（二）建设项目安全验收评价报告；

（三）试生产（使用）期间是否发生事故、采取的防范措施以及整改情况报告；

（四）建设项目施工、监理单位资质证书（复制件）；

（五）主要负责人、安全生产管理人员、注册安全工程师资格证书（复制件），以及特种作业人员名单；

（六）从业人员安全教育、培训合格的证明材料；

（七）劳动防护用品配备情况说明；

（八）安全生产责任制文件，安全生产规章制度清单、岗位操作安全规程清单；

（九）设置安全生产管理机构和配备专职安全生产管理人员的文件（复制件）；

（十）为从业人员缴纳工伤保险费的证明材料（复制件）。

第二十七条 建设项目安全设施有下列情形之一的，建设项目安全设施竣工验收不予通过：

（一）未委托具备相应资质的施工单位施工的；

（二）未按照已经通过审查的建设项目安全设施设计施工或者施工质量未达到建设项目安全设施设计文件要求的；

（三）建设项目安全设施的施工不符合国家标准、行业标准的规定的；

（四）建设项目安全设施竣工后未按照本办法的规定进行检验、检测，或者经检验、检测不合格的；

（五）未委托具备相应资质的安全评价机构进行安全验收评价的；

（六）安全设施和安全生产条件不符合或者未达到有关安全生产法律、法规、规章和国家标准、行业标准的规定的；

（七）安全验收评价报告存在重大缺陷、漏项，包括建设项目主要危险、有害因素辨识和评价不正确的；

（八）隐瞒有关情况或者提供虚假文件、资料的；

（九）未按照本办法规定向参加验收人员提供文件、材料，并组织现场检查的。

建设项目安全设施竣工验收未通过的，建设单位经过整改后可以再次组织建设项目安全设施竣工验收。

第二十八条 建设单位组织安全设施竣工验收合格后，应将验收过程中涉及的文件、资料存档，并按照有关法律法规及其配套规章的规定申请有关危险化学品的其他安全许可。

第六章 监 督 管 理

第二十九条 建设项目在通过安全条件审查之后、安全设施竣工验收之前，建设单位发生变更的，变更后的建设单位应当及时将证明材料和有关情况报送负责建设项目安全审查的安全生产监督管理部门。

第三十条 有下列情形之一的，负责审查的安全生产监督管理部门或者其上级安全生产监督管理部门可以撤销建设项目的安全审查：

（一）滥用职权、玩忽职守的；

（二）超越法定职权的；

（三）违反法定程序的；

（四）申请人不具备申请资格或者不符合法定条件的；

（五）依法可以撤销的其他情形。

建设单位以欺骗、贿赂等不正当手段通过安全审查的，应当予以撤销。

第三十一条 安全生产监督管理部门应当建立健全建设项目安全审查档案及其管

理制度，并及时将建设项目的安全审查情况通报有关部门。

第三十二条 各级安全生产监督管理部门应当按照各自职责，依法对建设项目安全审查情况进行监督检查，对检查中发现的违反本办法的情况，应当依法作出处理，并通报实施安全审查的安全生产监督管理部门。

第三十三条 市级安全生产监督管理部门应当在每年1月31日前，将本行政区域内上一年度建设项目安全审查的实施情况报告省级安全生产监督管理部门。

省级安全生产监督管理部门应当在每年2月15日前，将本行政区域内上一年度建设项目安全审查的实施情况报告国家安全生产监督管理总局。

第七章 法 律 责 任

第三十四条 安全生产监督管理部门工作人员徇私舞弊、滥用职权、玩忽职守，未依法履行危险化学品建设项目安全审查和监督管理职责的，依法给予处分。

第三十五条 未经安全条件审查或者安全条件审查未通过，新建、改建、扩建生产、储存危险化学品的建设项目的，责令停止建设，限期改正；逾期不改正的，处50万元以上100万元以下的罚款；构成犯罪的，依法追究刑事责任。

建设项目发生本办法第十四条规定的变化后，未重新申请安全条件审查，以及审查未通过擅自建设的，依照前款规定处罚。

第三十六条 建设单位有下列行为之一的，依照《中华人民共和国安全生产法》有关建设项目安全设施设计审查、竣工验收的法律责任条款给予处罚：

（一）建设项目安全设施设计未经审查或者审查未通过，擅自建设的；

（二）建设项目安全设施设计发生本办法第二十一条规定的情形之一，未经变更设计审查或者变更设计审查未通过，擅自建设的；

（三）建设项目的施工单位未根据批准的安全设施设计施工的；

（四）建设项目安全设施未经竣工验收或者验收不合格，擅自投入生产（使用）的。

第三十七条 建设单位有下列行为之一的，责令改正，可以处1万元以下的罚款；逾期未改正的，处1万元以上3万元以下的罚款：

（一）建设项目安全设施竣工后未进行检验、检测的；

（二）在申请建设项目安全审查时提供虚假文件、资料的；

（三）未组织有关单位和专家研究提出试生产（使用）可能出现的安全问题及对策，或者未制定周密的试生产（使用）方案，进行试生产（使用）的；

（四）未组织有关专家对试生产（使用）方案进行审查、对试生产（使用）条件进行检查确认的。

第三十八条 建设单位隐瞒有关情况或者提供虚假材料申请建设项目安全审查的，不予受理或者审查不予通过，给予警告，并自安全生产监督管理部门发现之日起一年内不得再次申请该审查。

建设单位采用欺骗、贿赂等不正当手段取得建设项目安全审查的，自安全生产监督管理部门撤销建设项目安全审查之日起三年内不得再次申请该审查。

第三十九条 承担安全评价、检验、检测工作的机构出具虚假报告、证明的，依照《中华人民共和国安全生产法》的有关规定给予处罚。

第八章 附 则

第四十条 对于规模较小、危险程度较低和工艺路线简单的建设项目，安全生产监督管理部门可以适当简化建设项目安全审查的程序和内容。

第四十一条 建设项目分期建设的，可以分期进行安全条件审查、安全设施设计审查、试生产及安全设施竣工验收。

第四十二条 本办法所称新建项目，是指有下列情形之一的项目：

（一）新设立的企业建设危险化学品生产、储存装置（设施），或者现有企业建设与现有生产、储存活动不同的危险化学品生产、储存装置（设施）的；

（二）新设立的企业建设伴有危险化学品产生的化学品生产装置（设施），或者现有企业建设与现有生产活动不同的伴有危险化学品产生的化学品生产装置（设施）的。

第四十三条 本办法所称改建项目，是指有下列情形之一的项目：

（一）企业对在役危险化学品生产、储存装置（设施），在原址更新技术、工艺、主要装置（设施）、危险化学品种类的；

（二）企业对在役伴有危险化学品产生的化学品生产装置（设施），在原址更新技术、工艺、主要装置（设施）的。

第四十四条 本办法所称扩建项目，是指有下列情形之一的项目：

（一）企业建设与现有技术、工艺、主要装置（设施）、危险化学品品种相同，但生产、储存装置（设施）相对独立的；

（二）企业建设与现有技术、工艺、主要装置（设施）相同，但生产装置（设施）相对独立的伴有危险化学品产生的。

第四十五条 实施建设项目安全审查所需的有关文书的内容和格式，由国家安全生产监督管理总局另行规定。

第四十六条 省级安全生产监督管理部门可以根据本办法的规定，制定和公布本行政区域内需要简化安全条件审查和分期安全条件审查的建设项目范围及其审查内容，并报国家安全生产监督管理总局备案。

第四十七条 本办法施行后，负责实施建设项目安全审查的安全生产监督管理部门发生变化的（已通过安全设施竣工验收的建设项目除外），原安全生产监督管理部门应当将建设项目安全审查实施情况及档案移交根据本办法负责实施建设项目安全审查的安全生产监督管理部门。

第四十八条 本办法自2012年4月1日起施行。国家安全生产监督管理总局2006年9月2日公布的《危险化学品建设项目安全许可实施办法》同时废止。

知识链接

一、出台背景

2011年3月2日，国务院颁布了新修订的《危险化学品安全管理条例》（国务院令第591号，以下简称《条例》）。《条例》对新建、改建、扩建生产、储存危险化学品（包括使用长输管道输送危险化学品）的建设项目安全条件审查作出了新的规定。为落实《条例》的新要求，加强危险化学品建设项目安全监督管理工作，必须对《危险化学品建设项目安全许可实施办法》（国家安全生产监督管理总局令第8号，以下简称8号令）进行修订，这次修订还基于几个方面：一是《条例》对设立危险化学品生产、储存企业实行审批制度改成了生产、储存危险化学品建设项目的安全条件审查制度，规定新建、改建、扩建生产、储存危险化学品建设项目应当由安全生产监督管理部门进行安全条件审查，同时对安全条件审查的实施程序作了明确规定。二是需要重新界定安全审查和监督管理的范围，对各级安全生产监督管理部门实施安全审查的事权进行重新划分。三是涉及危险化学品建设项目中的化学品品种、特性、工艺和数量存在差异，发生事故后的危害和对社会造成的影响也大不相同，应当依据建设项目的危险程度对建设项目进行差别化的监管。四是按照近几年监管实践，需要对试生产（使用）方案备案的要求进一步规范和细化。

二、起草过程

2009年5月，国家安全监管总局组织征求8号令的修订意见，并进行了广泛、深入的调研。2011年初，随着新修订的《条例》出台，客观上要求加快《危险化学品建设项目安全监督管理办法》（以下简称《办法》）的修订工作。2011年9月，国家安全监管总局组织专门力量，起草完成了《办法（征求意见稿）》，并通过国务院法制办网站向社会公开征求意见。经多次修改，《办法（征求意见稿）》逐步成熟完善。最后经国家安全监管总局局长办公会议审议通过。

三、主要内容及修订变化

8号令发布实施5年多来，对严格危险化学品建设项目安全条件，规范危险化学品建设项目的安全审查工作，发挥了重要作用。45号令的出台，是在8号令的基础上，对危险化学品建设项目安全监督管理从多个方面进行了修订完善，提高了危险化学品建设项目的安全准入门槛。重点说明如下：

《办法》全部条文分8章，共54条。包括总则、建设项目安全条件审查、建设项目安全设施设计审查、建设项目试生产（使用）、建设项目安全设施竣工验收、监督管理、法律责任、附则。总体看，《办法》在《安全生产法》《条例》等相关法律法规框架要求下，针对危险化学品建设项目的特点和安全管理的重点、难点，规范了建设项目安全条件审查、安全设施设计审查、安全设施竣工验收和试生产（使用）方案备案等不同阶段安全管理的审查工作程序及要求，并且明确了安全生产监督管理部门、建设单位、安全评价机构、设计单位、施工单位等相关各方的责任、义务。

这次修订主要体现在以下十个方面：

（一）关于规章名称和适用范围的变化。《办法》的名称由“危险化学品建设项目安全许可实施办法”改为“危险化学品建设项目安全监督管理办法”，一方面是与

《建设项目安全设施“三同时”监督管理暂行办法》（国家安全生产监督管理总局令第36号）和《条例》相衔接，另一方面也是更加准确界定安全生产监督管理部门在危险化学品建设项目方面的安全监管职权范围。

《办法》把危险化学品生产、储存企业设立审批制度，修改为危险化学品生产、储存建设项目安全条件审查制度，并将危险化学品长输管道建设项目纳入危险化学品建设项目安全监督管理。同时规定了危险化学品建设项目安全条件审查的实施程序，明确了建设项目安全审查，是指建设项目安全条件审查、安全设施的设计审查和竣工验收。

（二）关于事权划分的变化。对各级安全生产监督管理部门实施安全审查的事权重新进行了划分，明确了国家安全监管总局、省级安全生产监督管理部门的监管职权，并规定由省级安全生产监督管理部门确定并公布本部门和本行政区域内由设区的市级安全生产监督管理部门实施的建设项目范围。

国家安全监管总局负责国务院审批（核准、备案）和跨省、自治区、直辖市的建设项目安全审查。国务院审批（核准、备案）的项目核准权限依据《国务院关于投资体制改革的决定》（国发〔2004〕20号）有关规定来进行界定。

《办法》中规定了必须由省级安全生产监督管理部门负责审查的建设项目范围，一是由国务院投资主管部门审批（核准、备案）的建设项目，二是生产剧毒化学品的建设项目。

（三）明确了委托审查的范围。《办法》明确了委托审查程序，规定了跨省、自治区、直辖市的建设项目和生产剧毒化学品的建设项目，不得委托实施；涉及国家安全监管总局公布的重点监管危险化工工艺的和重点监管危险化学品中有毒气体、液化气体、易燃液体、爆炸品且构成重大危险源的建设项目，不得委托县级安监部门实施审查。

（四）细化和明确了设计单位资质条件。《办法》要求涉及重点监管危险化工工艺、重点监管危险化学品或者危险化学品重大危险源（即“两重点一重大”）的建设项目，应当由具有石油化工医药行业相应资质的设计单位设计。从设计源头上保障建设项目的“优生优育”。

（五）关于安全条件论证的变化。《办法》对安全条件论证和安全条件论证报告的内容，提出了具体的要求。规定安全条件论证的内容中增加产业政策与布局、区域规划、符合《工业企业总平面设计规范》（GB 50187）等相关标准情况、主要技术工艺的可靠性和依托条件的可靠性等要求。

（六）关于安全设施设计的变化。《办法》要求建设项目安全设施设计单位应按照《化工建设项目安全设计管理导则》（AQ/T 3033），对建设项目安全设施进行设计。

（七）关于试生产（使用）的变化。《办法》中试生产（使用）独立成章，细化了试生产（使用）方案备案内容；试生产（使用）前，要求建设单位应当组织专家对试生产（使用）方案进行审查，并将审查意见报安全生产监督管理部门备案；建设单位进行试生产（使用）时，应当组织专家对试生产（使用）条件进行确认，对试生产（使用）过程进行技术指导。

《办法》规定了试生产（使用）方案备案为形式审查。首次对试生产（使用）期限进行规定，建设项目试生产（使用）最低期限为三十日，最高期限为一年，延期两次后仍不能稳定生产的，建设单位应当立即停止试生产，并解决问题。

（八）与其他安全生产行政许可的衔接。《办法》规定建设单位应当自收到同意投入生产（使用）的建设项目安全设施竣工验收意见书之日起十个工作日内，依法申请有关危险化学品的其他安全生产行政许可。

为简化行政许可程序，规定建设项目安全设施竣工验收意见，可以作为生产、经营、使用安全许可的现场核查意见。

（九）关于法律责任的变化。本次《办法》修订，细化了有关法律责任的规定，加大了对未经安全条件审查擅自建设和投入生产（使用）违法行为的处罚力度，将处罚最高金额提升至100万元。

根据《行政许可法》，增加对建设单位隐瞒有关情况、提供虚假材料等违法行为进行惩罚，《办法》第四十四条规定，“建设单位隐瞒有关情况或者提供虚假材料申请建设项目安全审查的，不予受理或者审查不予通过，给予警告，并自安全生产监督管理部门发现之日起一年内不得再次申请该审查。建设单位采用欺骗、贿赂等不正当手段取得建设项目安全审查的，自安全生产监督管理部门撤销建设项目安全审查之日起三年内不得再次申请该审查。”

（十）关于建设项目分步审查的变化。由于在实际工作中部分大型联合生产建设项目需要分期设计、建设和投入生产，为避免延误项目进度，《办法》规定对于此类建设项目，经审查部门同意后，建设单位可以分期申请安全审查。具体权限由省级安全生产监督管理部门规定。

知识链接

国家安全监管总局办公厅关于危险化学品建设项目有关问题的复函

安监总厅管三函〔2012〕100号

一、《危险化学品建设项目安全监督管理办法》（国家安全生产监督管理总局令第45号）适用于危险化学品使用单位和经营单位用于储存危险化学品的建设项目的安全审查及其监督管理。

二、依据《危险化学品建设项目安全监督管理办法》的规定，危险化学品建设项目安全设施设计审查意见书没有规定有效期，但变更设计的，须重新审查。

三、对于违反《危险化学品建设项目安全监督管理办法》第四十一条、第四十二条规定的，安全生产监督管理部门应依法对建设单位予以处罚，并责令其限期整改。同时，应要求建设单位按照《危险化学品建设项目安全监督管理办法》的规定，提出未经审查或审查未通过的建设项目安全审查申请。

四、危险化学品生产企业在试生产期间能否销售其产品的问题，不属于安全生产监督管理部门的职能范围，应当由具有相应管理职能的工商部门负责。

危险化学品经营许可证管理办法

（2012年7月17日国家安全生产监督管理总局令第55号公布，根据2015年5月27日国家安全生产监督管理总局令第79号修正）

第一章　总　　则

第一条　为了严格危险化学品经营安全条件，规范危险化学品经营活动，保障人民群众生命、财产安全，根据《中华人民共和国安全生产法》和《危险化学品安全管理条例》，制定本办法。

第二条　在中华人民共和国境内从事列入《危险化学品目录》的危险化学品的经营（包括仓储经营）活动，适用本办法。

民用爆炸物品、放射性物品、核能物质和城镇燃气的经营活动，不适用本办法。

第三条　国家对危险化学品经营实行许可制度。经营危险化学品的企业，应当依照本办法取得危险化学品经营许可证（以下简称经营许可证）。未取得经营许可证，任何单位和个人不得经营危险化学品。

从事下列危险化学品经营活动，不需要取得经营许可证：

（一）依法取得危险化学品安全生产许可证的危险化学品生产企业在其厂区范围内销售本企业生产的危险化学品的；

（二）依法取得港口经营许可证的港口经营人在港区内从事危险化学品仓储经营的。

第四条　经营许可证的颁发管理工作实行企业申请、两级发证、属地监管的原则。

第五条　国家安全生产监督管理总局指导、监督全国经营许可证的颁发和管理工作。

省、自治区、直辖市人民政府安全生产监督管理部门指导、监督本行政区域内经营许可证的颁发和管理工作。

设区的市级人民政府安全生产监督管理部门（以下简称市级发证机关）负责下列企业的经营许可证审批、颁发：

（一）经营剧毒化学品的企业；

（二）经营易制爆危险化学品的企业；

（三）经营汽油加油站的企业；

（四）专门从事危险化学品仓储经营的企业；

（五）从事危险化学品经营活动的中央企业所属省级、设区的市级公司（分公司）；

（六）带有储存设施经营除剧毒化学品、易制爆危险化学品以外的其他危险化学品的企业。

县级人民政府安全生产监督管理部门（以下简称县级发证机关）负责本行政区域内本条第三款规定以外企业的经营许可证审批、颁发；没有设立县级发证机关的，其经营许可证由市级发证机关审批、颁发。

第二章 申请经营许可证的条件

第六条 从事危险化学品经营的单位（以下统称申请人）应当依法登记注册为企业，并具备下列基本条件：

（一）经营和储存场所、设施、建筑物符合《建筑设计防火规范》（GB 50016）、《石油化工企业设计防火规范》（GB 50160）、《汽车加油加气站设计与施工规范》（GB 50156）、《石油库设计规范》（GB 50074）等相关国家标准、行业标准的规定；

（二）企业主要负责人和安全生产管理人员具备与本企业危险化学品经营活动相适应的安全生产知识和管理能力，经专门的安全生产培训和安全生产监督管理部门考核合格，取得相应安全资格证书；特种作业人员经专门的安全作业培训，取得特种作业操作证书；其他从业人员依照有关规定经安全生产教育和专业技术培训合格；

（三）有健全的安全生产规章制度和岗位操作规程；

（四）有符合国家规定的危险化学品事故应急预案，并配备必要的应急救援器材、设备；

（五）法律、法规和国家标准或者行业标准规定的其他安全生产条件。

前款规定的安全生产规章制度，是指全员安全生产责任制度、危险化学品购销管理制度、危险化学品安全管理制度（包括防火、防爆、防中毒、防泄漏管理等内容）、安全投入保障制度、安全生产奖惩制度、安全生产教育培训制度、隐患排查治理制度、安全风险管理制度、应急管理制度、事故管理制度、职业卫生管理制度等。

第七条 申请人经营剧毒化学品的，除符合本办法第六条规定的条件外，还应当建立剧毒化学品双人验收、双人保管、双人发货、双把锁、双本账等管理制度。

第八条 申请人带有储存设施经营危险化学品的，除符合本办法第六条规定的条件外，还应当具备下列条件：

（一）新设立的专门从事危险化学品仓储经营的，其储存设施建立在地方人民政府规划的用于危险化学品储存的专门区域内；

（二）储存设施与相关场所、设施、区域的距离符合有关法律、法规、规章和标准的规定；

（三）依照有关规定进行安全评价，安全评价报告符合《危险化学品经营企业安全评价细则》的要求；

（四）专职安全生产管理人员具备国民教育化工化学类或者安全工程类中等职业教育以上学历，或者化工化学类中级以上专业技术职称，或者危险物品安全类注册安全工程师资格；

（五）符合《危险化学品安全管理条例》《危险化学品重大危险源监督管理暂行规定》《常用危险化学品贮存通则》（GB 15603）的相关规定。

申请人储存易燃、易爆、有毒、易扩散危险化学品的，除符合本条第一款规定的条件外，还应当符合《石油化工可燃气体和有毒气体检测报警设计规范》（GB 50493）的规定。

第三章　经营许可证的申请与颁发

第九条　申请人申请经营许可证，应当依照本办法第五条规定向所在地市级或者县级发证机关（以下统称发证机关）提出申请，提交下列文件、资料，并对其真实性负责：

（一）申请经营许可证的文件及申请书；

（二）安全生产规章制度和岗位操作规程的目录清单；

（三）企业主要负责人、安全生产管理人员、特种作业人员的相关资格证书（复制件）和其他从业人员培训合格的证明材料；

（四）经营场所产权证明文件或者租赁证明文件（复制件）；

（五）工商行政管理部门颁发的企业性质营业执照或者企业名称预先核准文件（复制件）；

（六）危险化学品事故应急预案备案登记表（复制件）。

带有储存设施经营危险化学品的，申请人还应当提交下列文件、资料：

（一）储存设施相关证明文件（复制件）；租赁储存设施的，需要提交租赁证明文件（复制件）；储存设施新建、改建、扩建的，需要提交危险化学品建设项目安全设施竣工验收报告；

（二）重大危险源备案证明材料、专职安全生产管理人员的学历证书、技术职称证书或者危险物品安全类注册安全工程师资格证书（复制件）；

（三）安全评价报告。

第十条　发证机关收到申请人提交的文件、资料后，应当按照下列情况分别作出处理：

（一）申请事项不需要取得经营许可证的，当场告知申请人不予受理；

（二）申请事项不属于本发证机关职责范围的，当场作出不予受理的决定，告知申请人向相应的发证机关申请，并退回申请文件、资料；

（三）申请文件、资料存在可以当场更正的错误的，允许申请人当场更正，并受理其申请；

（四）申请文件、资料不齐全或者不符合要求的，当场告知或者在5个工作日内出具补正告知书，一次告知申请人需要补正的全部内容；逾期不告知的，自收到申请文件、资料之日起即为受理；

（五）申请文件、资料齐全，符合要求，或者申请人按照发证机关要求提交全部补正材料的，立即受理其申请。

发证机关受理或者不予受理经营许可证申请，应当出具加盖本机关印章和注明日期的书面凭证。

第十一条 发证机关受理经营许可证申请后，应当组织对申请人提交的文件、资料进行审查，指派2名以上工作人员对申请人的经营场所、储存设施进行现场核查，并自受理之日起30日内作出是否准予许可的决定。

发证机关现场核查以及申请人整改现场核查发现的有关问题和修改有关申请文件、资料所需时间，不计算在前款规定的期限内。

第十二条 发证机关作出准予许可决定的，应当自决定之日起10个工作日内颁发经营许可证；发证机关作出不予许可决定的，应当在10个工作日内书面告知申请人并说明理由，告知书应当加盖本机关印章。

第十三条 经营许可证分为正本、副本，正本为悬挂式，副本为折页式。正本、副本具有同等法律效力。

经营许可证正本、副本应当分别载明下列事项：

（一）企业名称；

（二）企业住所（注册地址、经营场所、储存场所）；

（三）企业法定代表人姓名；

（四）经营方式；

（五）许可范围；

（六）发证日期和有效期限；

（七）证书编号；

（八）发证机关；

（九）有效期延续情况。

第十四条 已经取得经营许可证的企业变更企业名称、主要负责人、注册地址或者危险化学品储存设施及其监控措施的，应当自变更之日起20个工作日内，向本办法第五条规定的发证机关提出书面变更申请，并提交下列文件、资料：

（一）经营许可证变更申请书；

（二）变更后的工商营业执照副本（复制件）；

（三）变更后的主要负责人安全资格证书（复制件）；

（四）变更注册地址的相关证明材料；

（五）变更后的危险化学品储存设施及其监控措施的专项安全评价报告。

第十五条 发证机关受理变更申请后，应当组织对企业提交的文件、资料进行审查，并自收到申请文件、资料之日起10个工作日内作出是否准予变更的决定。

发证机关作出准予变更决定的，应当重新颁发经营许可证，并收回原经营许可证；不予变更的，应当说明理由并书面通知企业。

经营许可证变更的，经营许可证有效期的起始日和截止日不变，但应当载明变更日期。

第十六条 已经取得经营许可证的企业有新建、改建、扩建危险化学品储存设施建设项目的，应当自建设项目安全设施竣工验收合格之日起20个工作日内，向本办法第五条规定的发证机关提出变更申请，并提交危险化学品建设项目安全设施竣工验收报告等相关文件、资料。发证机关应当按照本办法第十条、第十五条的规定进行审查，办理变更手续。

第十七条 已经取得经营许可证的企业，有下列情形之一的，应当按照本办法的规定重新申请办理经营许可证，并提交相关文件、资料：

（一）不带有储存设施的经营企业变更其经营场所的；

（二）带有储存设施的经营企业变更其储存场所的；

（三）仓储经营的企业异地重建的；

（四）经营方式发生变化的；

（五）许可范围发生变化的。

第十八条 经营许可证的有效期为3年。有效期满后，企业需要继续从事危险化学品经营活动的，应当在经营许可证有效期满3个月前，向本办法第五条规定的发证机关提出经营许可证的延期申请，并提交延期申请书及本办法第九条规定的申请文件、资料。

企业提出经营许可证延期申请时，可以同时提出变更申请，并向发证机关提交相关文件、资料。

第十九条 符合下列条件的企业，申请经营许可证延期时，经发证机关同意，可以不提交本办法第九条规定的文件、资料：

（一）严格遵守有关法律、法规和本办法；

（二）取得经营许可证后，加强日常安全生产管理，未降低安全生产条件；

（三）未发生死亡事故或者对社会造成较大影响的生产安全事故。

带有储存设施经营危险化学品的企业，除符合前款规定条件的外，还需要取得并提交危险化学品企业安全生产标准化二级达标证书（复制件）。

第二十条 发证机关受理延期申请后，应当依照本办法第十条、第十一条、第十二条的规定，对延期申请进行审查，并在经营许可证有效期满前作出是否准予延期的决定；发证机关逾期未作出决定的，视为准予延期。

发证机关作出准予延期决定的，经营许可证有效期顺延3年。

第二十一条 任何单位和个人不得伪造、变造经营许可证，或者出租、出借、转让其取得的经营许可证，或者使用伪造、变造的经营许可证。

第四章 经营许可证的监督管理

第二十二条 发证机关应当坚持公开、公平、公正的原则，严格依照法律、法规、规章、国家标准、行业标准和本办法规定的条件及程序，审批、颁发经营许可证。

发证机关及其工作人员在经营许可证的审批、颁发和监督管理工作中，不得索取或者接受当事人的财物，不得谋取其他利益。

第二十三条 发证机关应当加强对经营许可证的监督管理，建立、健全经营许可证审批、颁发档案管理制度，并定期向社会公布企业取得经营许可证的情况，接受社会监督。

第二十四条　发证机关应当及时向同级公安机关、环境保护部门通报经营许可证的发放情况。

第二十五条　安全生产监督管理部门在监督检查中，发现已经取得经营许可证的企业不再具备法律、法规、规章、国家标准、行业标准和本办法规定的安全生产条件，或者存在违反法律、法规、规章和本办法规定的行为的，应当依法作出处理，并及时告知原发证机关。

第二十六条　发证机关发现企业以欺骗、贿赂等不正当手段取得经营许可证的，应当撤销已经颁发的经营许可证。

第二十七条　已经取得经营许可证的企业有下列情形之一的，发证机关应当注销其经营许可证：

（一）经营许可证有效期届满未被批准延期的；

（二）终止危险化学品经营活动的；

（三）经营许可证被依法撤销的；

（四）经营许可证被依法吊销的。

发证机关注销经营许可证后，应当在当地主要新闻媒体或者本机关网站上发布公告，并通报企业所在地人民政府和县级以上安全生产监督管理部门。

第二十八条　县级发证机关应当将本行政区域内上一年度经营许可证的审批、颁发和监督管理情况报告市级发证机关。

市级发证机关应当将本行政区域内上一年度经营许可证的审批、颁发和监督管理情况报告省、自治区、直辖市人民政府安全生产监督管理部门。

省、自治区、直辖市人民政府安全生产监督管理部门应当按照有关统计规定，将本行政区域内上一年度经营许可证的审批、颁发和监督管理情况报告国家安全生产监督管理总局。

第五章　法　律　责　任

第二十九条　未取得经营许可证从事危险化学品经营的，依照《中华人民共和国安全生产法》有关未经依法批准擅自生产、经营、储存危险物品的法律责任条款并处罚款；构成犯罪的，依法追究刑事责任。

企业在经营许可证有效期届满后，仍然从事危险化学品经营的，依照前款规定给予处罚。

第三十条　带有储存设施的企业违反《危险化学品安全管理条例》规定，有下列情形之一的，责令改正，处5万元以上10万元以下的罚款；拒不改正的，责令停产停业整顿；经停产停业整顿仍不具备法律、法规、规章、国家标准和行业标准规定的安全生产条件的，吊销其经营许可证：

（一）对重复使用的危险化学品包装物、容器，在重复使用前不进行检查的；

（二）未根据其储存的危险化学品的种类和危险特性，在作业场所设置相关安全设施、设备，或者未按照国家标准、行业标准或者国家有关规定对安全设施、设备进行经常性维护、保养的；

（三）未将危险化学品储存在专用仓库内，或者未将剧毒化学品以及储存数量构成重大危险源的其他危险化学品在专用仓库内单独存放的；

（四）未对其安全生产条件定期进行安全评价的；

（五）危险化学品的储存方式、方法或者储存数量不符合国家标准或者国家有关规定的；

（六）危险化学品专用仓库不符合国家标准、行业标准的要求的；

（七）未对危险化学品专用仓库的安全设施、设备定期进行检测、检验的。

第三十一条 伪造、变造或者出租、出借、转让经营许可证，或者使用伪造、变造的经营许可证的，处10万元以上20万元以下的罚款，有违法所得的，没收违法所得；构成违反治安管理行为的，依法给予治安管理处罚；构成犯罪的，依法追究刑事责任。

第三十二条 已经取得经营许可证的企业不再具备法律、法规和本办法规定的安全生产条件的，责令改正；逾期不改正的，责令停产停业整顿；经停产停业整顿仍不具备法律、法规、规章、国家标准和行业标准规定的安全生产条件的，吊销其经营许可证。

第三十三条 已经取得经营许可证的企业出现本办法第十四条、第十六条规定的情形之一，未依照本办法的规定申请变更的，责令限期改正，处1万元以下的罚款；逾期仍不申请变更的，处1万元以上3万元以下的罚款。

第三十四条 安全生产监督管理部门的工作人员徇私舞弊、滥用职权、弄虚作假、玩忽职守，未依法履行危险化学品经营许可证审批、颁发和监督管理职责的，依照有关规定给予处分。

第三十五条 承担安全评价的机构和安全评价人员出具虚假评价报告的，依照有关法律、法规、规章的规定给予行政处罚；构成犯罪的，依法追究刑事责任。

第三十六条 本办法规定的行政处罚，由安全生产监督管理部门决定。其中，本办法第三十一条规定的行政处罚和第三十条、第三十二条规定的吊销经营许可证的行政处罚，由发证机关决定。

第六章 附　　则

第三十七条 购买危险化学品进行分装、充装或者加入非危险化学品的溶剂进行稀释，然后销售的，依照本办法执行。

本办法所称储存设施，是指按照《危险化学品重大危险源辨识》（GB 18218）确定，储存的危险化学品数量构成重大危险源的设施。

第三十八条 本办法施行前已取得经营许可证的企业，在其经营许可证有效期内可以继续从事危险化学品经营；经营许可证有效期届满后需要继续从事危险化学品经营的，应当依照本办法的规定重新申请经营许可证。

本办法施行前取得经营许可证的非企业的单位或者个人，在其经营许可证有效期内可以继续从事危险化学品经营；经营许可证有效期届满后需要继续从事危险化学品经营的，应当先依法登记为企业，再依照本办法的规定申请经营许可证。

第三十九条 经营许可证的式样由国家安全生产监督管理总局制定。

第四十条 本办法自2012年9月1日起施行。原国家经济贸易委员会2002年10月8日公布的《危险化学品经营许可证管理办法》同时废止。

知识链接

一、出台背景及修订原则

修订后的《危险化学品安全管理条例》（国务院令第591号，以下简称《条例》），进一步完善了危险化学品经营许可的条件和许可证颁发、管理的有关规定。为落实《条例》的新要求，加强危险化学品经营企业安全监督管理工作，需对现行《危险化学品经营许可证管理办法》（原国家经贸委令第36号，以下简称《办法》）进行修订。这次修订主要基于以下原则：一是使《办法》符合修订后的《条例》有关危险化学品经营的规定要求。二是根据《条例》要求，进一步对危险化学品经营许可的范围、调整对象、许可权限、程序、发证条件等事项做出明确规定。

二、起草过程

新修订的《条例》出台后，在前期调研论证、征求各地安全监管局和有关中央企业意见的基础上，2011年7月，国家安全监管总局组织起草完成了《办法（修订草案）》，并通过国务院法制办网站和国家安全监管总局网站向社会公开征求意见。经多次修改，《办法（修订草案）》逐步完善，最后经国家安全监管总局局长办公会议审议通过。

三、主要内容及修订变化

原《办法》发布实施10年多来，对严格危险化学品经营企业安全条件，规范危险化学品经营许可证颁发管理工作，发挥了重要作用。新《办法》是在原《办法》的基础上，从多个方面修订完善了危险化学品经营许可证的管理措施，进一步提高了危险化学品经营企业的安全准入门槛。

原《办法》5章28条，修订后的《办法》共6章、40条，分别是总则、申请经营许可证的条件、经营许可证的申请与颁发、经营许可证的监督管理、法律责任和附则。条文增加较多的是发证程序和法律责任两章。

这次修订主要体现在以下五个方面：

（一）关于适用范围的调整

《办法》第二条规定："在中华人民共和国境内从事列入《危险化学品目录》的危险化学品的经营（包括仓储经营）活动，适用本办法。民用爆炸物品、放射性物品、核能物质和城镇燃气的经营活动，不适用本办法。"主要考虑：

一是根据《城镇燃气管理条例》（国务院令第583号）的规定，城镇燃气的经营被纳入该条例的调整范围。因此为避免交叉管理、重复许可，《办法》规定不适用于城镇燃气（含运输工具用燃气）经营活动。

二是按照《条例》第三十三条规定，依法取得危险化学品安全生产许可证的危险化学品生产企业在其厂区范围内销售本企业生产的危险化学品，以及依法取得港口经营许可证的港口经营人在港区内从事危险化学品仓储经营的，不需要取得危险化学品经营许可。《办法》第三条对此做了衔接性规定。

三是由于原《条例》未对危险化学品仓储经营进行安全许可，各级安全监管部门一直在努力探索规范和加强危险化学品仓储经营安全管理过程与方法。实践证明，原《条例》关于危险化学品经营安全的制度和措施对危险化学品仓储经营安全管理同样有效可行。这次修订时根据危险化学品经营安全管理实际情况，《办法》明确将危险化学品仓储经营纳入危险化学品经营的范畴，填补了制度上的空白，强化了危险化学品仓储经营安全管理。同时，根据危险化学品安全管理实践，《办法》第三十七条明确规定，“购买危险化学品进行分装、充装或者加入非危险化学品的溶剂进行稀释，然后销售的”，以及“使用长输管道输送并经营危险化学品的”，按照本办法执行。

（二）关于许可权限调整

为贯彻落实国务院办公厅《关于进一步清理取消和调整行政审批项目的通知》（国办发〔2007〕22号）中“对省级以下机关可以实施的，必须按照方便申请人、便于监管的原则，下放管理层级”的有关要求，考虑到危险化学品经营企业数量很多，都集中到省级或者市级政府部门办证，有关部门负担重，企业办事也不方便，而且目前市、县两级安全监管部门在机构设置上也已经健全，能够承担起危险化学品经营许可证颁发管理的责任。因此，根据《条例》第三十五条有关经营许可发证权限的规定，《办法》将经营许可证的颁发机关由原来的省、市两级安全监管部门调整为设区的市、县两级安全监管部门。国家和省级安全监管部门负责监督指导危险化学品经营许可证的颁发管理工作；市级安全监管部门负责实施《办法》第五条第三款所列六类企业的经营许可证审批、颁发；县级安全监管部门负责《办法》第五条第三款所列六类以外企业的经营许可证审批、颁发。

（三）关于发证的条件

为了进一步明确发证条件，《办法》将发证条件单列一章，从企业选址、布局、设备、储存条件、制度、管理人员资质以及安全投入等方面，提出了比原《办法》更具有可操作性和更为严格的要求。（第六条）

此外，《办法》专门规定了经营剧毒化学品、带有储存设施经营危险化学品的企业应当具备的特殊条件，设置了较高门槛，以加强对重点危险化学品经营企业的管理。（第七、八条）

（四）关于与安全生产标准化的衔接

为了贯彻落实《国务院关于进一步加强企业安全生产工作的通知》（国发〔2010〕23号）关于企业开展安全生产标准化的要求，《办法》在经营许可证直接延期的条件中增加了“带有危险学品储存设施的企业，应当提交安全生产标准化二级达标证书（复制件）”的规定。（第十九条第二款）

（五）关于经营许可证的变更

根据十年来执法实践经验，《办法》细化了危险化学品经营许可证变更的具体情形，规定了办理变更手续的时限，以及需要提交资料等要求。（第十四、十五、

十六条）

（六）关于行政处罚

修订后的《办法》，细化了有关法律责任的规定，加大了对违法违规企业的处罚力度，提高其违法成本。

《办法》对安全评价机构和安全评价人员法律责任给予了明确，规定承担安全评价的机构和安全评价人员出具虚假评价报告的，依照有关法律、法规、规章的规定给予行政处罚；构成犯罪的，依法追究刑事责任。（第三十五条）

针对“打非治违”重点，加大了处罚力度。《办法》规定了未取得经营许可证从事危险化学品经营的，依照《中华人民共和国安全生产法》有关未经依法批准擅自生产、经营、储存危险物品的法律责任条款并处罚款。（第二十九条）

危险化学品输送管道安全管理规定

（2012年1月17日国家安全生产监督管理总局令第43号公布，根据2015年5月27日国家安全生产监督管理总局令第79号修正）

第一章 总 则

第一条 为了加强危险化学品输送管道的安全管理，预防和减少危险化学品输送管道生产安全事故，保护人民群众生命财产安全，根据《中华人民共和国安全生产法》和《危险化学品安全管理条例》，制定本规定。

第二条 生产、储存危险化学品的单位在厂区外公共区域埋地、地面和架空的危险化学品输送管道及其附属设施（以下简称危险化学品管道）的安全管理，适用本规定。

原油、成品油、天然气、煤层气、煤制气长输管道安全保护和城镇燃气管道的安全管理，不适用本规定。

第三条 对危险化学品管道享有所有权或者运行管理权的单位（以下简称管道单位）应当依照有关安全生产法律法规和本规定，落实安全生产主体责任，建立、健全有关危险化学品管道安全生产的规章制度和操作规程并实施，接受安全生产监督管理部门依法实施的监督检查。

第四条 各级安全生产监督管理部门负责危险化学品管道安全生产的监督检查，并依法对危险化学品管道建设项目实施安全条件审查。

第五条 任何单位和个人不得实施危害危险化学品管道安全生产的行为。

对危害危险化学品管道安全生产的行为，任何单位和个人均有权向安全生产监督管理部门举报。接受举报的安全生产监督管理部门应当依法予以处理。

第二章　危险化学品管道的规划

第六条　危险化学品管道建设应当遵循安全第一、节约用地和经济合理的原则，并按照相关国家标准、行业标准和技术规范进行科学规划。

第七条　禁止光气、氯气等剧毒气体化学品管道穿（跨）越公共区域。

严格控制氨、硫化氢等其他有毒气体的危险化学品管道穿（跨）越公共区域。

第八条　危险化学品管道建设的选线应当避开地震活动断层和容易发生洪灾、地质灾害的区域；确实无法避开的，应当采取可靠的工程处理措施，确保不受地质灾害影响。

危险化学品管道与居民区、学校等公共场所以及建筑物、构筑物、铁路、公路、航道、港口、市政设施、通信设施、军事设施、电力设施的距离，应当符合有关法律、行政法规和国家标准、行业标准的规定。

第三章　危险化学品管道的建设

第九条　对新建、改建、扩建的危险化学品管道，建设单位应当依照国家安全生产监督管理总局有关危险化学品建设项目安全监督管理的规定，依法办理安全条件审查、安全设施设计审查和安全设施竣工验收手续。

第十条　对新建、改建、扩建的危险化学品管道，建设单位应当依照有关法律、行政法规的规定，委托具备相应资质的设计单位进行设计。

第十一条　承担危险化学品管道的施工单位应当具备有关法律、行政法规规定的相应资质。施工单位应当按照有关法律、法规、国家标准、行业标准和技术规范的规定，以及经过批准的安全设施设计进行施工，并对工程质量负责。

参加危险化学品管道焊接、防腐、无损检测作业的人员应当具备相应的操作资格证书。

第十二条　负责危险化学品管道工程的监理单位应当对管道的总体建设质量进行全过程监督，并对危险化学品管道的总体建设质量负责。管道施工单位应当严格按照有关国家标准、行业标准的规定对管道的焊缝和防腐质量进行检查，并按照设计要求对管道进行压力试验和气密性试验。

对敷设在江、河、湖泊或者其他环境敏感区域的危险化学品管道，应当采取增加管道压力设计等级、增加防护套管等措施，确保危险化学品管道安全。

第十三条　危险化学品管道试生产（使用）前，管道单位应当对有关保护措施进行安全检查，科学制定安全投入生产（使用）方案，并严格按照方案实施。

第十四条　危险化学品管道试压半年后一直未投入生产（使用）的，管道单位应当在其投入生产（使用）前重新进行气密性试验；对敷设在江、河或者其他环境敏感区域的危险化学品管道，应当相应缩短重新进行气密性试验的时间间隔。

第四章 危险化学品管道的运行

第十五条 危险化学品管道应当设置明显标志。发现标志毁损的，管道单位应当及时予以修复或者更新。

第十六条 管道单位应当建立、健全危险化学品管道巡护制度，配备专人进行日常巡护。巡护人员发现危害危险化学品管道安全生产情形的，应当立即报告单位负责人并及时处理。

第十七条 管道单位对危险化学品管道存在的事故隐患应当及时排除；对自身排除确有困难的外部事故隐患，应当向当地安全生产监督管理部门报告。

第十八条 管道单位应当按照有关国家标准、行业标准和技术规范对危险化学品管道进行定期检测、维护，确保其处于完好状态；对安全风险较大的区段和场所，应当进行重点监测、监控；对不符合安全标准的危险化学品管道，应当及时更新、改造或者停止使用，并向当地安全生产监督管理部门报告。对涉及更新、改造的危险化学品管道，还应当按照本办法第九条的规定办理安全条件审查手续。

第十九条 管道单位发现下列危害危险化学品管道安全运行行为的，应当及时予以制止，无法处置时应当向当地安全生产监督管理部门报告：

（一）擅自开启、关闭危险化学品管道阀门；

（二）采用移动、切割、打孔、砸撬、拆卸等手段损坏管道及其附属设施；

（三）移动、毁损、涂改管道标志；

（四）在埋地管道上方和巡查便道上行驶重型车辆；

（五）对埋地、地面管道进行占压，在架空管道线路和管桥上行走或者放置重物；

（六）利用地面管道、架空管道、管架桥等固定其他设施缆绳悬挂广告牌、搭建构筑物；

（七）其他危害危险化学品管道安全运行的行为。

第二十条 禁止在危险化学品管道附属设施的上方架设电力线路、通信线路。

第二十一条 在危险化学品管道及其附属设施外缘两侧各5米地域范围内，管道单位发现下列危害管道安全运行的行为的，应当及时予以制止，无法处置时应当向当地安全生产监督管理部门报告：

（一）种植乔木、灌木、藤类、芦苇、竹子或者其他根系深达管道埋设部位可能损坏管道防腐层的深根植物；

（二）取土、采石、用火、堆放重物、排放腐蚀性物质、使用机械工具进行挖掘施工、工程钻探；

（三）挖塘、修渠、修晒场、修建水产养殖场、建温室、建家畜棚圈、建房以及修建其他建（构）筑物。

第二十二条 在危险化学品管道中心线两侧及危险化学品管道附属设施外缘两侧5米外的周边范围内，管道单位发现下列建（构）筑物与管道线路、管道附属设施的距离不符合国家标准、行业标准要求的，应当及时向当地安全生产监督管理部门报告：

（一）居民小区、学校、医院、餐饮娱乐场所、车站、商场等人口密集的建筑物；

（二）加油站、加气站、储油罐、储气罐等易燃易爆物品的生产、经营、存储场所；

（三）变电站、配电站、供水站等公用设施。

第二十三条 在穿越河流的危险化学品管道线路中心线两侧500米地域范围内，管道单位发现有实施抛锚、拖锚、挖沙、采石、水下爆破等作业的，应当及时予以制止，无法处置时应当向当地安全生产监督管理部门报告。但在保障危险化学品管道安全的条件下，为防洪和航道通畅而实施的养护疏浚作业除外。

第二十四条 在危险化学品管道专用隧道中心线两侧1000米地域范围内，管道单位发现有实施采石、采矿、爆破等作业的，应当及时予以制止，无法处置时应当向当地安全生产监督管理部门报告。

在前款规定的地域范围内，因修建铁路、公路、水利等公共工程确需实施采石、爆破等作业的，应当按照本规定第二十五条的规定执行。

第二十五条 实施下列可能危及危险化学品管道安全运行的施工作业的，施工单位应当在开工的7日前书面通知管道单位，将施工作业方案报管道单位，并与管道单位共同制定应急预案，采取相应的安全防护措施，管道单位应当指派专人到现场进行管道安全保护指导：

（一）穿（跨）越管道的施工作业；

（二）在管道线路中心线两侧5米至50米和管道附属设施周边100米地域范围内，新建、改建、扩建铁路、公路、河渠，架设电力线路，埋设地下电缆、光缆，设置安全接地体、避雷接地体；

（三）在管道线路中心线两侧200米和管道附属设施周边500米地域范围内，实施爆破、地震法勘探或者工程挖掘、工程钻探、采矿等作业。

第二十六条 施工单位实施本规定第二十四条第二款、第二十五条规定的作业，应当符合下列条件：

（一）已经制定符合危险化学品管道安全运行要求的施工作业方案；

（二）已经制定应急预案；

（三）施工作业人员已经接受相应的危险化学品管道保护知识教育和培训；

（四）具有保障安全施工作业的设备、设施。

第二十七条 危险化学品管道的专用设施、永工防护设施、专用隧道等附属设施不得用于其他用途；确需用于其他用途的，应当征得管道单位的同意，并采取相应的安全防护措施。

第二十八条 管道单位应当按照有关规定制定本单位危险化学品管道事故应急预案，配备相应的应急救援人员和设备物资，定期组织应急演练。

发生危险化学品管道生产安全事故，管道单位应当立即启动应急预案及响应程序，采取有效措施进行紧急处置，消除或者减轻事故危害，并按照国家规定立即向事故发生地县级以上安全生产监督管理部门报告。

第二十九条 对转产、停产、停止使用的危险化学品管道，管道单位应当采取有效措施及时妥善处置，并将处置方案报县级以上安全生产监督管理部门。

第五章 监 督 管 理

第三十条 省级、设区的市级安全生产监督管理部门应当按照国家安全生产监督管理总局有关危险化学品建设项目安全监督管理的规定，对新建、改建、扩建管道建设项目办理安全条件审查、安全设施设计审查、试生产（使用）方案备案和安全设施竣工验收手续。

第三十一条 安全生产监督管理部门接到管道单位依照本规定第十七条、第十九条、第二十一条、第二十二条、第二十三条、第二十四条提交的有关报告后，应当及时依法予以协调、移送有关主管部门处理或者报请本级人民政府组织处理。

第三十二条 县级以上安全生产监督管理部门接到危险化学品管道生产安全事故报告后，应当按照有关规定及时上报事故情况，并根据实际情况采取事故处置措施。

第六章 法 律 责 任

第三十三条 新建、改建、扩建危险化学品管道建设项目未经安全条件审查的，由安全生产监督管理部门责令停止建设，限期改正；逾期不改正的，处50万元以上100万元以下的罚款；构成犯罪的，依法追究刑事责任。

危险化学品管道建设单位将管道建设项目发包给不具备相应资质等级的勘察、设计、施工单位或者委托给不具有相应资质等级的工程监理单位的，由安全生产监督管理部门移送建设行政主管部门依照《建设工程质量管理条例》第五十四条规定予以处罚。

第三十四条 管道单位未对危险化学品管道设置明显的安全警示标志的，由安全生产监督管理部门责令限期改正，可以处5万元以下的罚款；逾期未改正的，处5万元以上20万元以下的罚款，对其直接负责的主管人员和其他直接责任人员处1万元以上2万元以下的罚款；情节严重的，责令停产停业整顿；构成犯罪的，依照刑法有关规定追究刑事责任。

第三十五条 有下列情形之一的，由安全生产监督管理部门责令改正，可以处5万元以下的罚款；拒不改正的，处5万元以上10万元以下的罚款；情节严重的，责令停产停业整顿。

（一）管道单位未按照本规定对管道进行检测、维护的；

（二）进行可能危及危险化学品管道安全的施工作业，施工单位未按照规定书面通知管道单位，或者未与管道单位共同制定应急预案并采取相应的防护措施，或者管道单位未指派专人到现场进行管道安全保护指导的。

第三十六条 对转产、停产、停止使用的危险化学品管道，管道单位未采取有效措施及时、妥善处置的，由安全生产监督管理部门责令改正，处5万元以上10万元以下的罚款；构成犯罪的，依法追究刑事责任。

对转产、停产、停止使用的危险化学品管道，管道单位未按照本规定将处置方案报县级以上安全生产监督管理部门的，由安全生产监督管理部门责令改正，可以处1

万元以下的罚款；拒不改正的，处1万元以上5万元以下的罚款。

第三十七条 违反本规定，采用移动、切割、打孔、砸撬、拆卸等手段实施危害危险化学品管道安全行为，尚不构成犯罪的，由有关主管部门依法给予治安管理处罚。

第七章 附 则

第三十八条 本规定所称公共区域是指厂区（包括化工园区、工业园区）以外的区域。

第三十九条 本规定所称危险化学品管道附属设施包括：

（一）管道的加压站、计量站、阀室、阀井、放空设施、储罐、装卸栈桥、装卸场、分输站、减压站等站场；

（二）管道的水工保护设施、防风设施、防雷设施、抗震设施、通信设施、安全监控设施、电力设施、管堤、管桥以及管道专用涵洞、隧道等穿跨越设施；

（三）管道的阴极保护站、阴极保护测试桩、阳极地床、杂散电流排流站等防腐设施；

（四）管道的其他附属设施。

第四十条 本规定施行前在管道保护距离内已经建成的人口密集场所和易燃易爆物品的生产、经营、存储场所，应当由所在地人民政府根据当地的实际情况，有计划、分步骤地搬迁、清理或者采取必要的防护措施。

第四十一条 本规定自2012年3月1日起施行。

知识链接

一、制定背景

制定本规定是预防和减少危险化学品输送管道（以下简称危险化学品管道）生产安全事故的迫切需要。近年来，危险化学品管道安全事故时有发生，给人民群众生命和财产造成巨大损失。如，2010年7月28日上午10时许，位于江苏省南京市栖霞区迈皋桥街道万寿村15号的原南京塑料四厂地块拆除工地，个体拆除施工队挖掘机将穿越该地块的南京金陵塑胶化工有限公司地下直径159mm丙烯管道挖穿，导致丙烯泄漏并迅速扩散，与空气形成爆炸性混合物，遇到位于原南京塑料四厂南侧迈尧路段的中华饭店明火后发生爆燃。事故最终造成22人死亡、120人住院治疗。爆燃点周边近2平方公里范围内的部分建（构）筑物受损，直接经济损失4784万元。

制定本规定是依法加强危险化学品管道安全管理和监督的迫切需要。《危险化学品安全管理条例》（国务院令第591号）第十三条规定："生产、储存危险化学品的单位，应当对其铺设的危险化学品管道设置明显标志，并对危险化学品管道定期检查、检测。进行可能危及危险化学品管道安全的施工作业，施工单位应当在开工的7日前书面通知管道所属单位，并与管道所属单位共同制定应急预案，采取相应的安全防护措施。管道所属单位应当指派专门人员到现场进行管道安全保护指导。”因此，为将行政法规的规定落到实处，有必要制定专门规章以规范危险化学品管道的安全管理和监督。

二、主要内容

《危险化学品输送管道安全管理规定》（以下简称《规定》）共7章、40条，包括总则、危险化学品管道的规划、建设、运行、监督管理、法律责任和附则。参照《中华人民共和国石油天然气管道保护法》，紧紧围绕危险化学品管道的规划、建设、运行等全过程，《规定》提出了管道安全管理的措施，明确了危险化学品管道单位、管道设计单位、施工单位、工程监理单位等相关方的责任和义务。根据《中华人民共和国安全生产法》《危险化学品安全管理条例》的要求，《规定》明确了安全生产监督管理部门的监管范围和要求。

三、如何准确理解《规定》

（一）明确了适用范围

《规定》的适用范围确定为：生产、储存危险化学品的单位在厂区外公共区域埋地、地面和架空的危险化学品输送管道及其附属设施的安全管理。这是考虑到由于厂区（包括化工园区、工业园区）内的管道有专门的管理部门和人员，而且一般情况下24小时有人在岗职守、巡检、管理与维护，管道事故隐患易于发现和处理，而厂区外公共区域的管道是管理的薄弱点，公众易于接近，事故多发，且一旦发生事故影响面较大。因此，《规定》将适用范围限定于厂区外公共区域的危险化学品管道的管理。

《规定》不适用于原油、天然气、煤层气和城镇燃气管道的安全管理。这是考虑到《中华人民共和国石油天然气管道保护法》已将石油、天然气管道的监管纳入调整范围，并规定由国务院能源主管部门负责实施；城镇燃气管道的安全管理由《城镇燃气管理条例》调整，并由国务院建设主管部门负责管理。

（二）规定了管道单位的安全生产主体责任

《危险化学品安全管理条例》第四条规定，危险化学品安全管理，应当坚持安全第一、预防为主、综合治理的方针，强化和落实企业的主体责任。危险化学品管道的安全管理，涉及企业自我管理、政府监管、社会监督等多个方面，但企业是管道运行安全管理的主体，是保障危险化学品管道安全的第一责任人。因此，《规定》对管道单位落实安全生产主体责任提出了明确要求，要求管道单位依照有关安全生产法律法规和《规定》，建立、健全有关危险化学品管道安全生产的规章制度和操作规程并实施，接受安全生产监督管理部门的监督检查。

（三）从规划源头上加强管理

《规定》第二章是对危险化学品管道规划的规定，要求管道建设坚持安全第一、节约用地和经济合理的原则，并按照相关国家标准、行业标准和技术规范进行科学规划；禁止光气、氯气等剧毒气体化学品管道穿（跨）越公共区域；严格控制氨、硫化氢等其他有毒气体的危险化学品管道穿（跨）越公共区域；选线应当避开地震活动断层和容易发生洪灾、地质灾害的区域；确实无法避开的，应当采取可靠的工程处理措施，确保不受地质灾害影响；危险化学品管道与居民区、学校等公共场所以及建筑物、构筑物、铁路、公路、航道、港口、市政设施、通信设施、军事设施、电力设施的距离，应当符合有关法律、行政法规和国家标准、行业标准的规定。作出这些规定，目的就是从源头上加强危险化学品管道的安全管理。

（四）严把准入关

《规定》第九条要求，对新建、改建、扩建的危险化学品管道，建设单位应当依照国家安全生产监督管理总局有关危险化学品建设项目安全监督管理的规定，依法办理安全条件审查、安全设施设计审查、试生产（使用）方案备案和安全设施竣工验收（简称为安全审查）手续。按照《危险化学品建设项目安全监督管理办法》（国家安全生产监督管理总局令第45号）的要求，管道建设项目的安全审查由建设单位申请，安全生产监督管理部门分级负责实施。未经安全审查或者经审查不符合要求的，危险化学品管道不得建设或投入使用。安全生产监督管理部门依法对危险化学品管道建设项目的各个阶段进行安全审查、严格把关，是实现危险化学品管道的本质安全和运行安全的有力保障。

（五）强化运行安全管理

《规定》第二十一条至第二十五条关于管道与有关场所、建（构）筑物的距离要求，是为保护管道防腐层、保护管道使其免受近距离施工作业影响和损伤而规定的。这是考虑到有关的国家标准、行业标准未作出明确规定，参照《中华人民共和国石油天然气管道保护法》中有关距离的规定，本《规定》作出了明确要求。在《规定》草案征求意见时，这些要求得到了有关单位和专家的认可。

（六）规定了安全监管部门与相关部门的职责衔接

对于管道单位报告的问题，不属于安全生产监督管理部门法定职责范围的，《规定》对安全监管部门与相关部门的职责衔接作出了规定，即《规定》第三十一条："安全生产监督管理部门接到管道单位依照本规定第十七条、第十九条、第二十一条、第二十二条、第二十三条、第二十四条提交的有关报告后，应当及时依法予以协调、移送有关主管部门处理或者报请本级人民政府组织处理"。

（七）明确了违法处罚机关，提高违法成本

《规定》的第六章明确了不同违法行为的处罚机关。如，新建、改建、扩建危险化学品管道建设项目未经安全条件审查、未对危险化学品管道设置明显标志或者未按照本规定对管道进行检测、维护等违法行为的处罚机关是安全生产监督管理部门；将管道建设项目发包给不具备相应资质等级的勘察、设计、施工单位或者委托给不具有相应资质等级的工程监理单位的违法行为的处罚机关是建设行政主管部门；违反本规定，采用移动、切割、打孔、砸撬、拆卸等手段实施危害危险化学品管道安全行为，尚不构成犯罪的，由公安机关依法给予治安管理处罚等。

按照上位法的要求，对于某些违法行为的管道单位及相关人员，《规定》不仅给予严厉的行政处罚和高额的罚款处罚，而且还规定"构成犯罪的，依法追究刑事责任"，从而加大了对危害管道安全运行的违法行为的处罚力度，提高违法成本。如，《规定》第三十三条："新建、改建、扩建危险化学品管道建设项目未经安全条件审查的，由安全生产监督管理部门责令停止建设，限期改正；逾期不改正的，处50万元以上100万元以下的罚款；构成犯罪的，依法追究刑事责任"。

危险化学品登记管理办法

（2012年7月1日国家安全生产监督管理总局令第53号）

第一章 总 则

第一条 为了加强对危险化学品的安全管理，规范危险化学品登记工作，为危险化学品事故预防和应急救援提供技术、信息支持，根据《危险化学品安全管理条例》，制定本办法。

第二条 本办法适用于危险化学品生产企业、进口企业（以下统称登记企业）生产或者进口《危险化学品目录》所列危险化学品的登记和管理工作。

第三条 国家实行危险化学品登记制度。危险化学品登记实行企业申请、两级审核、统一发证、分级管理的原则。

第四条 国家安全生产监督管理总局负责全国危险化学品登记的监督管理工作。

县级以上地方各级人民政府安全生产监督管理部门负责本行政区域内危险化学品登记的监督管理工作。

第二章 登 记 机 构

第五条 国家安全生产监督管理总局化学品登记中心（以下简称登记中心），承办全国危险化学品登记的具体工作和技术管理工作。

省、自治区、直辖市人民政府安全生产监督管理部门设立危险化学品登记办公室或者危险化学品登记中心（以下简称登记办公室），承办本行政区域内危险化学品登记的具体工作和技术管理工作。

第六条 登记中心履行下列职责：

（一）组织、协调和指导全国危险化学品登记工作；

（二）负责全国危险化学品登记内容审核、危险化学品登记证的颁发和管理工作；

（三）负责管理与维护全国危险化学品登记信息管理系统（以下简称登记系统）以及危险化学品登记信息的动态统计分析工作；

（四）负责管理与维护国家危险化学品事故应急咨询电话，并提供24小时应急咨询服务；

（五）组织化学品危险性评估，对未分类的化学品统一进行危险性分类；

（六）对登记办公室进行业务指导，负责全国登记办公室危险化学品登记人员的培训工作；

（七）定期将危险化学品的登记情况通报国务院有关部门，并向社会公告。

第七条 登记办公室履行下列职责：

（一）组织本行政区域内危险化学品登记工作；

（二）对登记企业申报材料的规范性、内容一致性进行审查；

（三）负责本行政区域内危险化学品登记信息的统计分析工作；

（四）提供危险化学品事故预防与应急救援信息支持；

（五）协助本行政区域内安全生产监督管理部门开展登记培训，指导登记企业实施危险化学品登记工作。

第八条 登记中心和登记办公室（以下统称登记机构）从事危险化学品登记的工作人员（以下简称登记人员）应当具有化工、化学、安全工程等相关专业大学专科以上学历，并经统一业务培训，取得培训合格证，方可上岗作业。

第九条 登记办公室应当具备下列条件：

（一）有3名以上登记人员；

（二）有严格的责任制度、保密制度、档案管理制度和数据库维护制度；

（三）配备必要的办公设备、设施。

第三章 登记的时间、内容和程序

第十条 新建的生产企业应当在竣工验收前办理危险化学品登记。

进口企业应当在首次进口前办理危险化学品登记。

第十一条 同一企业生产、进口同一品种危险化学品的，按照生产企业进行一次登记，但应当提交进口危险化学品的有关信息。

进口企业进口不同制造商的同一品种危险化学品的，按照首次进口制造商的危险化学品进行一次登记，但应当提交其他制造商的危险化学品的有关信息。

生产企业、进口企业多次进口同一制造商的同一品种危险化学品的，只进行一次登记。

第十二条 危险化学品登记应当包括下列内容：

（一）分类和标签信息，包括危险化学品的危险性类别、象形图、警示词、危险性说明、防范说明等；

（二）物理、化学性质，包括危险化学品的外观与性状、溶解性、熔点、沸点等物理性质，闪点、爆炸极限、自燃温度、分解温度等化学性质；

（三）主要用途，包括企业推荐的产品合法用途、禁止或者限制的用途等；

（四）危险特性，包括危险化学品的物理危险性、环境危害性和毒理特性；

（五）储存、使用、运输的安全要求，其中，储存的安全要求包括对建筑条件、库房条件、安全条件、环境卫生条件、温度和湿度条件的要求，使用的安全要求包括使用时的操作条件、作业人员防护措施、使用现场危害控制措施等，运输的安全要求包括对运输或者输送方式的要求、危害信息向有关运输人员的传递手段、装卸及运输过程中的安全措施等；

（六）出现危险情况的应急处置措施，包括危险化学品在生产、使用、储存、运输过程中发生火灾、爆炸、泄漏、中毒、窒息、灼伤等化学品事故时的应急处理方法，应急咨询服务电话等。

第十三条 危险化学品登记按照下列程序办理：

（一）登记企业通过登记系统提出申请；

（二）登记办公室在3个工作日内对登记企业提出的申请进行初步审查，符合条件的，通过登记系统通知登记企业办理登记手续；

（三）登记企业接到登记办公室通知后，按照有关要求在登记系统中如实填写登记内容，并向登记办公室提交有关纸质登记材料；

（四）登记办公室在收到登记企业的登记材料之日起20个工作日内，对登记材料和登记内容逐项进行审查，必要时可进行现场核查，符合要求的，将登记材料提交给登记中心；不符合要求的，通过登记系统告知登记企业并说明理由；

（五）登记中心在收到登记办公室提交的登记材料之日起15个工作日内，对登记材料和登记内容进行审核，符合要求的，通过登记办公室向登记企业发放危险化学品登记证；不符合要求的，通过登记系统告知登记办公室、登记企业并说明理由。

登记企业修改登记材料和整改问题所需时间，不计算在前款规定的期限内。

第十四条 登记企业办理危险化学品登记时，应当提交下列材料，并对其内容的真实性负责：

（一）危险化学品登记表一式2份；

（二）生产企业的工商营业执照，进口企业的对外贸易经营者备案登记表、中华人民共和国进出口企业资质证书、中华人民共和国外商投资企业批准证书或者台港澳侨投资企业批准证书复制件1份；

（三）与其生产、进口的危险化学品相符并符合国家标准的化学品安全技术说明书、化学品安全标签各1份；

（四）满足本办法第二十二条规定的应急咨询服务电话号码或者应急咨询服务委托书复制件1份；

（五）办理登记的危险化学品产品标准（采用国家标准或者行业标准的，提供所采用的标准编号）。

第十五条 登记企业在危险化学品登记证有效期内，企业名称、注册地址、登记品种、应急咨询服务电话发生变化，或者发现其生产、进口的危险化学品有新的危险特性的，应当在15个工作日内向登记办公室提出变更申请，并按照下列程序办理登记内容变更手续：

（一）通过登记系统填写危险化学品登记变更申请表，并向登记办公室提交涉及变更事项的证明材料1份；

（二）登记办公室初步审查登记企业的登记变更申请，符合条件的，通知登记企业提交变更后的登记材料，并对登记材料进行审查，符合要求的，提交给登记中心；不符合要求的，通过登记系统告知登记企业并说明理由；

（三）登记中心对登记办公室提交的登记材料进行审核，符合要求且属于危险化学品登记证载明事项的，通过登记办公室向登记企业发放登记变更后的危险化学品登记证并收回原证；符合要求但不属于危险化学品登记证载明事项的，通过登记办公室向登记企业提供书面证明文件。

第十六条 危险化学品登记证有效期为3年。登记证有效期满后，登记企业继续从事危险化学品生产或者进口的，应当在登记证有效期届满前3个月提出复核换证申请，并按下列程序办理复核换证：

（一）通过登记系统填写危险化学品复核换证申请表；

（二）登记办公室审查登记企业的复核换证申请，符合条件的，通过登记系统告知登记企业提交本规定第十四条规定的登记材料；不符合条件的，通过登记系统告知登记企业并说明理由；

（三）按照本办法第十三条第一款第三项、第四项、第五项规定的程序办理复核换证手续。

第十七条 危险化学品登记证分为正本、副本，正本为悬挂式，副本为折页式。正本、副本具有同等法律效力。

危险化学品登记证正本、副本应当载明证书编号、企业名称、注册地址、企业性质、登记品种、有效期、发证机关、发证日期等内容。其中，企业性质应当注明危险化学品生产企业、危险化学品进口企业或者危险化学品生产企业（兼进口）。

第四章 登记企业的职责

第十八条 登记企业应当对本企业的各类危险化学品进行普查，建立危险化学品管理档案。

危险化学品管理档案应当包括危险化学品名称、数量、标识信息、危险性分类和化学品安全技术说明书、化学品安全标签等内容。

第十九条 登记企业应当按照规定向登记机构办理危险化学品登记，如实填报登记内容和提交有关材料，并接受安全生产监督管理部门依法进行的监督检查。

第二十条 登记企业应当指定人员负责危险化学品登记的相关工作，配合登记人员在必要时对本企业危险化学品登记内容进行核查。

登记企业从事危险化学品登记的人员应当具备危险化学品登记相关知识和能力。

第二十一条 对危险特性尚未确定的化学品，登记企业应当按照国家关于化学品危险性鉴定的有关规定，委托具有国家规定资质的机构对其进行危险性鉴定；属于危险化学品的，应当依照本办法的规定进行登记。

第二十二条 危险化学品生产企业应当设立由专职人员24小时值守的国内固定服务电话，针对本办法第十二条规定的内容向用户提供危险化学品事故应急咨询服务，为危险化学品事故应急救援提供技术指导和必要的协助。专职值守人员应当熟悉本企业危险化学品的危险特性和应急处置技术，准确回答有关咨询问题。

危险化学品生产企业不能提供前款规定应急咨询服务的，应当委托登记机构代理应急咨询服务。

危险化学品进口企业应当自行或者委托进口代理商、登记机构提供符合本条第一款要求的应急咨询服务，并在其进口的危险化学品安全标签上标明应急咨询服务电话号码。

从事代理应急咨询服务的登记机构，应当设立由专职人员24小时值守的国内固定服务电话，建有完善的化学品应急救援数据库，配备在线数字录音设备和8名以上专业人员，能够同时受理3起以上应急咨询，准确提供化学品泄漏、火灾、爆炸、中毒等事故应急处置有关信息和建议。

第二十三条 登记企业不得转让、冒用或者使用伪造的危险化学品登记证。

第五章 监 督 管 理

第二十四条 安全生产监督管理部门应当将危险化学品登记情况纳入危险化学品安全执法检查内容，对登记企业未按照规定予以登记的，依法予以处理。

第二十五条 登记办公室应当对本行政区域内危险化学品的登记数据及时进行汇总、统计、分析，并报告省、自治区、直辖市人民政府安全生产监督管理部门。

第二十六条 登记中心应当定期向国务院工业和信息化、环境保护、公安、卫生、交通运输、铁路、质量监督检验检疫等部门提供危险化学品登记的有关信息和资料，并向社会公告。

第二十七条 登记办公室应当在每年1月31日前向所属省、自治区、直辖市人民政府安全生产监督管理部门和登记中心书面报告上一年度本行政区域内危险化学品登记的情况。

登记中心应当在每年2月15日前向国家安全生产监督管理总局书面报告上一年度全国危险化学品登记的情况。

第六章 法 律 责 任

第二十八条 登记机构的登记人员违规操作、弄虚作假、滥发证书，在规定限期内无故不予登记且无明确答复，或者泄露登记企业商业秘密的，责令改正，并追究有关责任人员的责任。

第二十九条 登记企业不办理危险化学品登记，登记品种发生变化或者发现其生产、进口的危险化学品有新的危险特性不办理危险化学品登记内容变更手续的，责令改正，可以处5万元以下的罚款；拒不改正的，处5万元以上10万元以下的罚款；情节严重的，责令停产停业整顿。

第三十条 登记企业有下列行为之一的，责令改正，可以处3万元以下的罚款：

（一）未向用户提供应急咨询服务或者应急咨询服务不符合本办法第二十二条规定的；

（二）在危险化学品登记证有效期内企业名称、注册地址、应急咨询服务电话发生变化，未按规定按时办理危险化学品登记变更手续的；

（三）危险化学品登记证有效期满后，未按规定申请复核换证，继续进行生产或者进口的；

（四）转让、冒用或者使用伪造的危险化学品登记证，或者不如实填报登记内容、提交有关材料的；

（五）拒绝、阻挠登记机构对本企业危险化学品登记情况进行现场核查的。

第七章　附　　则

第三十一条　本办法所称危险化学品进口企业，是指依法设立且取得工商营业执照，并取得下列证明文件之一，从事危险化学品进口的企业：

（一）对外贸易经营者备案登记表；

（二）中华人民共和国进出口企业资质证书；

（三）中华人民共和国外商投资企业批准证书；

（四）台港澳侨投资企业批准证书。

第三十二条　登记企业在本办法施行前已经取得的危险化学品登记证，其有效期不变；有效期满后继续从事危险化学品生产、进口活动的，应当依照本办法的规定办理危险化学品登记证复核换证手续。

第三十三条　危险化学品登记证由国家安全生产监督管理总局统一印制。

第三十四条　本办法自2012年8月1日起施行。原国家经济贸易委员会2002年10月8日公布的《危险化学品登记管理办法》同时废止。

知识链接

一、修订背景

新修订的《危险化学品安全管理条例》（国务院令第591号，以下简称《条例》）将危险化学品登记的主体调整为危险化学品的生产企业和进口企业，并对危险化学品登记的具体内容作了明确规定。为全面贯彻落实《条例》，加强危险化学品登记管理工作，根据近年来登记工作的实践，需要对登记机构的职责和条件，登记变更、复核换证程序等内容进一步进行明确，并对登记企业的职责进行规定。同时，全国危险化学品生产企业的首轮登记工作已基本完成，也需要按照实际情况和监管需求，对登记机构、登记企业的行为进一步规范和细化。对《危险化学品登记管理办法》（原国家经贸委第35号，以下简称《办法》）进行修订势在必行。

二、修订过程

国家安全监管总局在前期广泛、深入调研的基础上，于2010年5月开始组织进行《办法》的修订工作。新修订的《条例》出台后，修订进度明显加快，于2011年9月起草完成了《办法（征求意见稿）》，并通过国务院法制办网站向社会公开征求意见。经多次修改，《办法（征求意见稿）》逐步成熟完善，前后历经近2年时间，经反复研究、协商和修改完善，经国家安全监管总局局长办公会议审议通过。

三、主要内容及修订变化

《办法》在原登记办法相关要求的基础上，对危险化学品登记从多个方面进行了修订完善，明确了国家实行危险化学品登记制度的原则和登记工作的具体程序。重点说明如下：

《办法》分7章，共34条。包括总则、登记机构、登记的时间内容和程序、登记企业的职责、监督管理、法律责任、附则。总体看，《办法》在《安全生产法》《条例》等相关法律法规框架要求下，针对危险化学品登记的特点，规范了登记机构的条件，登记的时间、内容和程序，并且明确了危险化学品登记的主体，登记企业的职责，安全生产监督管理部门、登记机构、登记企业等相关各方的责任和义务。这次修订主要体现在以下五个方面：

（一）调整了危险化学品登记的主体

根据《条例》第六十七条第一款“危险化学品生产企业、进口企业应当向国务院安全生产监督管理部门负责危险化学品登记的机构办理危险化学品登记”规定，《办法》第二条将危险化学品登记的主体调整为危险化学品生产企业、进口企业。危险化学品储存单位、使用单位不再进行登记。

《办法》第三条明确了危险化学品登记的原则，即“企业申请、两级审核、统一发证、分级管理的原则”。两级审核是指登记企业的登记材料需要经过当地登记办公室初审和化学品登记中心审核；统一发证是指经登记中心终审合格后，由登记中心统一发放危险化学品登记证；分级管理是指各级安全生产监督管理部门分别负责本行政区域内危险化学品登记的监督管理工作。

（二）细化了危险化学品登记的具体内容

《办法》第十二条将危险化学品登记的具体内容调整为分类和标签信息、物理化学性质、主要用途、危险特性、储存使用运输的安全要求、应急处置措施等六个方面，并根据加强危险化学品安全管理需要，对各项内容进行了适当细化。

分类和标签信息，主要包括危险化学品的危险性类别、象形图、警示词等信息；物理、化学性质，主要包括危险化学品的熔点、沸点、闪点、爆炸极限等性质；主要用途，包括企业推荐的产品合法用途、禁止或者限制的用途；危险特性，包括危险化学品的物理危险性、环境危害性和毒理特性；储存、使用、运输的安全要求，包括储存的温度和湿度条件、使用时的操作条件、作业人员防护措施等；出现危险情况的应急处置措施，主要包括危险化学品在生产、使用、储存、运输过程中发生火灾、爆炸、泄漏、中毒、窒息、灼伤等化学品事故时的应急处理方法，应急咨询服务电话等。

（三）完善了危险化学品登记的程序

根据近年来的登记工作实践，《办法》对危险化学品登记程序进行了完善和补充。一是对登记程序进行了调整，部分内容进行细化。二是调整了申请危险化学品登记需要提交的材料种类，增加了进口企业需要提交材料的规定，删除了提交危险性鉴别报告要求。三是增加了登记变更的具体要求和程序。四是明确了危险化学品登记证复核换证程序。

《办法》第十三条规定了危险化学品登记的程序。首先，登记企业通过登记系统提出申请，经登记办公室审查合格后，填写并上报登记材料；其次，登记办公室和登记中心依次对登记材料进行审查，符合要求的，由化学品登记中心通过登记办公室向登记企业发放危险化学品登记证。

《办法》第十四条规定了危险化学品登记的需要提交的材料。包括危险化学品登记表，生产企业的工商营业执照、进口企业的证明证书，“一书一签”，有关应急咨询服务电话号码或者应急咨询服务委托书，有关产品标准编号。

《办法》第十五条规定了危险化学品登记的登记内容变更手续。首先，登记企业通过登记系统填写危险化学品登记变更申请表并上报变更后的登记材料；其次，登记办公室和登记中心依次对企业上报的登记材料进行审查，符合要求的，通过登记办公室向登记企业发放登记变更后的危险化学品登记证或变更书面证明文件。

《办法》第十六条规定了危险化学品复核换证的程序。首先，登记企业通过登记系统填写危险化学品复核换证申请表并上报《办法》第十四条规定的登记材料；登记机构按照《办法》第十三条第一款第三项、第四项、第五项规定的程序办理复核换证手续。

（四）规范了登记企业的应急咨询服务

《办法》第二十二条第一款规定了登记企业自行设立的应急咨询服务电话应具备的条件，一是要由专职人员24小时值守，主要是确保一旦发生事故，能够及时联系到企业；二是该电话必须是国内的服务电话，主要是确保如果需要企业赴现场协助救援，企业可以快速响应；三是服务电话必须是固定电话，若是移动电话，如果一旦发生事故，则不能保证接听电话人员能够及时响应，并向事故现场提供准确、有价值的应急信息，会贻误处置时机；四是专职值守人员应当熟悉本企业危险化学品的危险特性和应急处置技术，能准确回答有关咨询问题。

对危险化学品登记企业不能提供《办法》第二十二条第一款规定应急咨询服务的，《办法》第二十二条第二款、第三款规定了登记企业应当委托登记机构代理应急咨询服务。

登记机构的应急咨询服务，应当建有完善的化学品应急救援数据库，配备在线数字录音设备和8名以上专业人员，能够同时受理3起以上应急咨询，准确提供化学品泄漏、火灾、爆炸、中毒等事故应急处置有关信息和建议等。

（五）增加了监督管理要求

为督促企业及时如实登记危险化学品，更好地为危险化学品安全管理、应急救援提供技术支撑，《办法》增加了监督管理一章。一是规定安全监管部门将危险化学品登记情况纳入危险化学品安全执法检查内容。二是规定登记办公室要及时向省级安全监管部门提供危险化学品登记信息和有关情况。三是规定化学品登记中心要定期向同级工业和信息化、环境保护、公安、卫生、交通运输、铁路、质量监督检验检疫等部门提供危险化学品登记的有关信息和资料，并向社会公告。

煤矿企业安全生产许可证实施办法

（2016年2月16日国家安全生产监督管理总局令第86号公布）

第一章 总 则

第一条 为了规范煤矿企业安全生产条件，加强煤矿企业安全生产许可证的颁发管理工作，根据《安全生产许可证条例》和有关法律、行政法规，制定本实施办法。

第二条 煤矿企业必须依照本实施办法的规定取得安全生产许可证。未取得安全生产许可证的，不得从事生产活动。

煤层气地面开采企业安全生产许可证的管理办法，另行制定。

第三条 煤矿企业除本企业申请办理安全生产许可证外，其所属矿（井、露天坑）也应当申请办理安全生产许可证，一矿（井、露天坑）一证。

煤矿企业实行多级管理的，其上级煤矿企业也应当申请办理安全生产许可证。

第四条 安全生产许可证的颁发管理工作实行企业申请、两级发证、属地监管的原则。

第五条 国家煤矿安全监察局指导、监督全国煤矿企业安全生产许可证的颁发管理工作，负责符合本办法第三条规定的中央管理的煤矿企业总部（总公司、集团公司）安全生产许可证的颁发和管理。

省级煤矿安全监察局负责前款规定以外的其他煤矿企业安全生产许可证的颁发和管理；未设立煤矿安全监察机构的省、自治区，由省、自治区人民政府指定的部门（以下与省级煤矿安全监察局统称省级安全生产许可证颁发管理机关）负责本行政区域内煤矿企业安全生产许可证的颁发和管理。

国家煤矿安全监察局和省级安全生产许可证颁发管理机关统称安全生产许可证颁发管理机关。

第二章 安全生产条件

第六条 煤矿企业取得安全生产许可证，应当具备下列安全生产条件：

（一）建立、健全主要负责人、分管负责人、安全生产管理人员、职能部门、岗位安全生产责任制；制定安全目标管理、安全奖惩、安全技术审批、事故隐患排查治理、安全检查、安全办公会议、地质灾害普查、井下劳动组织定员、矿领导带班下井、井工煤矿入井检身与出入井人员清点等安全生产规章制度和各工种操作规程；

（二）安全投入满足安全生产要求，并按照有关规定足额提取和使用安全生产费用；

（三）设置安全生产管理机构，配备专职安全生产管理人员；煤与瓦斯突出矿井、水文地质类型复杂矿井还应设置专门的防治煤与瓦斯突出管理机构和防治水管理机构；

（四）主要负责人和安全生产管理人员的安全生产知识和管理能力经考核合格；

（五）参加工伤保险，为从业人员缴纳工伤保险费；

（六）制定重大危险源检测、评估和监控措施；

（七）制定应急救援预案，并按照规定设立矿山救护队，配备救护装备；不具备单独设立矿山救护队条件的，与邻近的专业矿山救护队签订救护协议；

（八）制定特种作业人员培训计划、从业人员培训计划、职业危害防治计划；

（九）法律、行政法规规定的其他条件。

第七条 煤矿除符合本实施办法第六条规定的条件外，还必须符合下列条件：

（一）特种作业人员经有关业务主管部门考核合格，取得特种作业操作资格证书；

（二）从业人员进行安全生产教育培训，并经考试合格；

（三）制定职业危害防治措施、综合防尘措施，建立粉尘检测制度，为从业人员配备符合国家标准或者行业标准的劳动防护用品；

（四）依法进行安全评价；

（五）制定矿井灾害预防和处理计划；

（六）依法取得采矿许可证，并在有效期内。

第八条 井工煤矿除符合本实施办法第六条、第七条规定的条件外，其安全设施、设备、工艺还必须符合下列条件：

（一）矿井至少有2个能行人的通达地面的安全出口，各个出口之间的距离不得小于30米；井下每一个水平到上一个水平和各个采（盘）区至少有两个便于行人的安全出口，并与通达地面的安全出口相连接；采煤工作面有两个畅通的安全出口，一个通到进风巷道，另一个通到回风巷道。在用巷道净断面满足行人、运输、通风和安全设施及设备安装、检修、施工的需要；

（二）按规定进行瓦斯等级、煤层自燃倾向性和煤尘爆炸危险性鉴定；

（三）矿井有完善的独立通风系统。矿井、采区和采掘工作面的供风能力满足安全生产要求，矿井使用安装在地面的矿用主要通风机进行通风，并有同等能力的备用主要通风机，主要通风机按规定进行性能检测；生产水平和采区实行分区通风；高瓦斯和煤与瓦斯突出矿井、开采容易自燃煤层的矿井、煤层群联合布置矿井的每个采区设置专用回风巷，掘进工作面使用专用局部通风机进行通风，矿井有反风设施；

（四）矿井有安全监控系统，传感器的设置、报警和断电符合规定，有瓦斯检查制度和矿长、技术负责人瓦斯日报审查签字制度，配备足够的专职瓦斯检查员和瓦斯检测仪器；按规定建立瓦斯抽采系统，开采煤与瓦斯突出危险煤层的有预测预报、防治措施、效果检验和安全防护的综合防突措施；

（五）有防尘供水系统，有地面和井下排水系统；有水害威胁的矿井还应有专用探放水设备；

（六）制定井上、井下防火措施；有地面消防水池和井下消防管路系统，井上、井下有消防材料库；开采容易自燃和自燃煤层的矿井还应有防灭火专项设计和综合预防煤层自然发火的措施；

（七）矿井有两回路电源线路；严禁井下配电变压器中性点直接接地；井下电气设备的选型符合防爆要求，有短路、过负荷、接地、漏电等保护，掘进工作面的局部通风机按规定采用专用变压器、专用电缆、专用开关，实现风电、瓦斯电闭锁；

（八）运送人员的装置应当符合有关规定。使用检测合格的钢丝绳；带式输送机采用非金属聚合物制造的输送带的阻燃性能和抗静电性能符合规定，设置安全保护装置；

（九）有通信联络系统，按规定建立人员位置监测系统；

（十）按矿井瓦斯等级选用相应的煤矿许用炸药和电雷管，爆破工作由专职爆破工担任；

（十一）不得使用国家有关危及生产安全淘汰目录规定的设备及生产工艺；使用的矿用产品应有安全标志；

（十二）配备足够数量的自救器，自救器的选用型号应与矿井灾害类型相适应，按规定建立安全避险系统；

（十三）有反映实际情况的图纸：矿井地质图和水文地质图，井上下对照图，巷道布置图，采掘工程平面图，通风系统图，井下运输系统图，安全监控系统布置图和断电控制图，人员位置监测系统图，压风、排水、防尘、防火注浆、抽采瓦斯等管路系统图，井下通信系统图，井上、下配电系统图和井下电气设备布置图，井下避灾路线图。采掘工作面有符合实际情况的作业规程。

第九条 露天煤矿除符合本实施办法第六条、第七条规定的条件外，其安全设施、设备、工艺还必须符合下列条件：

（一）按规定设置栅栏、安全挡墙、警示标志；

（二）露天采场最终边坡的台阶坡面角和边坡角符合最终边坡设计要求；

（三）配电线路、电动机、变压器的保护符合安全要求；

（四）爆炸物品的领用、保管和使用符合规定；

（五）有边坡工程、地质勘探工程、岩土物理力学试验和稳定性分析，有边坡监测措施；

（六）有防排水设施和措施；

（七）地面和采场内的防灭火措施符合规定；开采有自然发火倾向的煤层或者开采范围内存在火区时，制定专门防灭火措施；

（八）有反映实际情况的图纸：地形地质图，工程地质平面图、断面图、综合水文地质图，采剥、排土工程平面图和运输系统图，供配电系统图，通信系统图，防排水系统图，边坡监测系统平面图，井工采空区与露天矿平面对照图。

第三章 安全生产许可证的申请和颁发

第十条 煤矿企业依据本实施办法第五条的规定向安全生产许可证颁发管理机关申请领取安全生产许可证。

第十一条 申请领取安全生产许可证应当提供下列文件、资料：

（一）煤矿企业提供的文件、资料：

1. 安全生产许可证申请书；

2. 主要负责人安全生产责任制（复制件），各分管负责人、安全生产管理人员以及职能部门负责人安全生产责任制目录清单；

3. 安全生产规章制度目录清单；

4. 设置安全生产管理机构、配备专职安全生产管理人员的文件（复制件）；

5. 主要负责人、安全生产管理人员安全生产知识和管理能力考核合格的证明材料；

6. 特种作业人员培训计划，从业人员安全生产教育培训计划；

7. 为从业人员缴纳工伤保险费的有关证明材料；

8. 重大危险源检测、评估和监控措施；

9. 事故应急救援预案，设立矿山救护队的文件或者与专业救护队签订的救护协议。

（二）煤矿提供的文件、资料和图纸：

1. 安全生产许可证申请书；

2. 采矿许可证（复制件）；

3. 主要负责人安全生产责任制（复制件），各分管负责人、安全生产管理人员以及职能部门负责人安全生产责任制目录清单；

4. 安全生产规章制度和操作规程目录清单；

5. 设置安全生产管理机构和配备专职安全生产管理人员的文件（复制件）；

6. 矿长、安全生产管理人员安全生产知识和管理能力考核合格的证明材料；

7. 特种作业人员操作资格证书的证明材料；

8. 从业人员安全生产教育培训计划和考试合格的证明材料；

9. 为从业人员缴纳工伤保险费的有关证明材料；

10. 具备资质的中介机构出具的安全评价报告；

11. 矿井瓦斯等级鉴定文件；高瓦斯、煤与瓦斯突出矿井瓦斯参数测定报告，煤层自燃倾向性和煤尘爆炸危险性鉴定报告；

12. 矿井灾害预防和处理计划；

13. 井工煤矿采掘工程平面图，通风系统图；

14. 露天煤矿采剥工程平面图，边坡监测系统平面图；

15. 事故应急救援预案，设立矿山救护队的文件或者与专业矿山救护队签订的救护协议；

16. 井工煤矿主要通风机、主提升机、空压机、主排水泵的检测检验合格报告。

第十二条 安全生产许可证颁发管理机关对申请人提交的申请书及文件、资料，应当按照下列规定处理：

（一）申请事项不属于本机关职权范围的，即时作出不予受理的决定，并告知申请人向有关行政机关申请；

（二）申请材料存在可以当场更正的错误的，允许或者要求申请人当场更正，并即时出具受理的书面凭证，通过互联网申请的，符合要求后即时提供电子受理回执；

（三）申请材料不齐全或者不符合要求的，应当当场或者在5个工作日内一次告知申请人需要补正的全部内容，逾期不告知的，自收到申请材料之日起即为受理；

（四）申请材料齐全、符合要求或者按照要求全部补正的，自收到申请材料或者全部补正材料之日起为受理。

第十三条 煤矿企业应当对其向安全生产许可证颁发管理机关提交的文件、资料和图纸的真实性负责。

从事安全评价、检测检验的机构应当对其出具的安全评价报告、检测检验结果负责。

第十四条 对已经受理的申请，安全生产许可证颁发管理机关应当指派有关人员对申请材料进行审查；对申请材料实质内容存在疑问，认为需要到现场核查的，应当到现场进行核查。

第十五条 负责审查的有关人员提出审查意见。

安全生产许可证颁发管理机关应当对有关人员提出的审查意见进行讨论，并在受理申请之日起45个工作日内作出颁发或者不予颁发安全生产许可证的决定。

对决定颁发的，安全生产许可证颁发管理机关应当自决定之日起10个工作日内送达或者通知申请人领取安全生产许可证；对不予颁发的，应当在10个工作日内书面通知申请人并说明理由。

第十六条 经审查符合本实施办法规定的，安全生产许可证颁发管理机关应当分别向煤矿企业及其所属煤矿颁发安全生产许可证。

第十七条 安全生产许可证的有效期为3年。安全生产许可证有效期满需要延期的，煤矿企业应当于期满前3个月按照本实施办法第十条的规定，向原安全生产许可证颁发管理机关提出延期申请，并提交本实施办法第十一条规定的文件、资料和安全生产许可证正本、副本。

第十八条 对已经受理的延期申请，安全生产许可证颁发管理机关应当按照本实施办法的规定办理安全生产许可证延期手续。

第十九条 煤矿企业在安全生产许可证有效期内符合下列条件，在安全生产许可证有效期届满时，经原安全生产许可证颁发管理机关同意，不再审查，直接办理延期手续：

（一）严格遵守有关安全生产的法律法规和本实施办法；

（二）接受安全生产许可证颁发管理机关及煤矿安全监察机构的监督检查；

（三）未因存在严重违法行为纳入安全生产不良记录“黑名单”管理；

（四）未发生生产安全死亡事故；

（五）煤矿安全质量标准化等级达到二级及以上。

第二十条 煤矿企业在安全生产许可证有效期内有下列情形之一的，应当向原安全生产许可证颁发管理机关申请变更安全生产许可证：

（一）变更主要负责人的；

（二）变更隶属关系的；

（三）变更经济类型的；

（四）变更煤矿企业名称的；

（五）煤矿改建、扩建工程经验收合格的。

变更本条第一款第一、二、三、四项的，自工商营业执照变更之日起10个工作日内提出申请；变更本条第一款第五项的，应当在改建、扩建工程验收合格后10个工作日内提出申请。

申请变更本条第一款第一项的，应提供变更后的工商营业执照副本和主要负责人任命文件（或者聘书）；申请变更本条第一款第二、三、四项的，应提供变更后的工商营业执照副本；申请变更本条第一款第五项的，应提供改建、扩建工程安全设施及条件竣工验收合格的证明材料。

第二十一条 对于本实施办法第二十条第一款第一、二、三、四项的变更申请，安全生产许可证颁发管理机关在对申请人提交的相关文件、资料审核后，即可办理安全生产许可证变更。

对于本实施办法第二十条第一款第五项的变更申请，安全生产许可证颁发管理机关应当按照本实施办法第十四条、第十五条的规定办理安全生产许可证变更。

第二十二条 经安全生产许可证颁发管理机关审查同意延期、变更安全生产许可证的，安全生产许可证颁发管理机关应当收回原安全生产许可证正本，换发新的安全生产许可证正本；在安全生产许可证副本上注明延期、变更内容，并加盖公章。

第二十三条 煤矿企业停办、关闭的，应当自停办、关闭决定之日起10个工作日内向原安全生产许可证颁发管理机关申请注销安全生产许可证，并提供煤矿开采现状报告、实测图纸和遗留事故隐患的报告及防治措施。

第二十四条 安全生产许可证分为正本和副本，具有同等法律效力，正本为悬挂式，副本为折页式。

安全生产许可证颁发管理机关应当在安全生产许可证正本、副本上载明煤矿企业名称、主要负责人、注册地址、隶属关系、经济类型、有效期、发证机关、发证日期等内容。

安全生产许可证正本、副本的式样由国家煤矿安全监察局制定。

安全生产许可证相关的行政许可文书由国家煤矿安全监察局规定统一的格式。

第四章　安全生产许可证的监督管理

第二十五条 煤矿企业取得安全生产许可证后，应当加强日常安全生产管理，不得降低安全生产条件。

第二十六条 煤矿企业不得转让、冒用、买卖、出租、出借或者使用伪造的安全生产许可证。

第二十七条 安全生产许可证颁发管理机关应当坚持公开、公平、公正的原则，严格依照本实施办法的规定审查、颁发安全生产许可证。

安全生产许可证颁发管理机关工作人员在安全生产许可证颁发、管理和监督检查工作中，不得索取或者接受煤矿企业的财物，不得谋取其他利益。

第二十八条 安全生产许可证颁发管理机关发现有下列情形之一的，应当撤销已经颁发的安全生产许可证：

（一）超越职权颁发安全生产许可证的；

（二）违反本实施办法规定的程序颁发安全生产许可证的；

（三）不具备本实施办法规定的安全生产条件颁发安全生产许可证的；

（四）以欺骗、贿赂等不正当手段取得安全生产许可证的。

第二十九条 取得安全生产许可证的煤矿企业有下列情形之一的，安全生产许可证颁发管理机关应当注销其安全生产许可证：

（一）终止煤炭生产活动的；

（二）安全生产许可证被依法撤销的；

（三）安全生产许可证被依法吊销的；

（四）安全生产许可证有效期满未申请办理延期手续的。

第三十条 煤矿企业隐瞒有关情况或者提供虚假材料申请安全生产许可证的，安全生产许可证颁发管理机关不予受理，且在一年内不得再次申请安全生产许可证。

第三十一条 安全生产许可证颁发管理机关应当每年向社会公布一次煤矿企业取得安全生产许可证的情况。

第三十二条 安全生产许可证颁发管理机关应当将煤矿企业安全生产许可证颁发管理情况通报煤矿企业所在地市级以上人民政府及其指定的负责煤矿安全监管工作的部门。

第三十三条 安全生产许可证颁发管理机关应当建立、健全安全生产许可证档案管理制度。

第三十四条 省级安全生产许可证颁发管理机关应当于每年1月15日前将所负责行政区域内上年度煤矿企业安全生产许可证颁发和管理情况报国家煤矿安全监察局，同时通报本级安全生产监督管理部门。

第三十五条 任何单位或者个人对违反《安全生产许可证条例》和本实施办法规定的行为，有权向安全生产许可证颁发管理机关或者监察机关等有关部门举报。

第五章 罚 则

第三十六条 安全生产许可证颁发管理机关工作人员有下列行为之一的，给予降级或者撤职的处分；构成犯罪的，依法追究刑事责任：

（一）向不符合本实施办法规定的安全生产条件的煤矿企业颁发安全生产许可证的；

（二）发现煤矿企业未依法取得安全生产许可证擅自从事生产活动不依法处理的；

（三）发现取得安全生产许可证的煤矿企业不再具备本实施办法规定的安全生产条件不依法处理的；

（四）接到对违反本实施办法规定行为的举报后，不依法处理的；

（五）在安全生产许可证颁发、管理和监督检查工作中，索取或者接受煤矿企业的财物，或者谋取其他利益的。

第三十七条 承担安全评价、检测、检验工作的机构，出具虚假安全评价、检测、检验报告或者证明的，没收违法所得；违法所得在10万元以上的，并处违法所得

2倍以上5倍以下的罚款，没有违法所得或者违法所得不足10万元的，单处或者并处10万元以上20万元以下的罚款，对其直接负责的主管人员和其他直接责任人员处2万元以上5万元以下的罚款；给他人造成损害的，与煤矿企业承担连带赔偿责任；构成犯罪的，依照刑法有关规定追究刑事责任。

对有前款违法行为的机构，依法吊销其相应资质。

第三十八条 安全生产许可证颁发管理机关应当加强对取得安全生产许可证的煤矿企业的监督检查，发现其不再具备本实施办法规定的安全生产条件的，应当责令限期整改，依法暂扣安全生产许可证；经整改仍不具备本实施办法规定的安全生产条件的，依法吊销安全生产许可证。

第三十九条 取得安全生产许可证的煤矿企业，倒卖、出租、出借或者以其他形式非法转让安全生产许可证的，没收违法所得，处10万元以上50万元以下的罚款，吊销其安全生产许可证；构成犯罪的，依法追究刑事责任。

第四十条 发现煤矿企业有下列行为之一的，责令停止生产，没收违法所得，并处10万元以上50万元以下的罚款；构成犯罪的，依法追究刑事责任：

（一）未取得安全生产许可证，擅自进行生产的；

（二）接受转让的安全生产许可证的；

（三）冒用安全生产许可证的；

（四）使用伪造安全生产许可证的。

第四十一条 在安全生产许可证有效期满未申请办理延期手续，继续进行生产的，责令停止生产，限期补办延期手续，没收违法所得，并处5万元以上10万元以下的罚款；逾期仍不申请办理延期手续，依照本实施办法第二十九条、第四十条的规定处理。

第四十二条 在安全生产许可证有效期内，主要负责人、隶属关系、经济类型、煤矿企业名称发生变化，未按本实施办法申请办理变更手续的，责令限期补办变更手续，并处1万元以上3万元以下罚款。

改建、扩建工程已经验收合格，未按本实施办法规定申请办理变更手续擅自投入生产的，责令停止生产，限期补办变更手续，并处1万元以上3万元以下罚款；逾期仍不办理变更手续，继续进行生产的，依照本实施办法第四十条的规定处罚。

第六章　附　　则

第四十三条 本实施办法规定的行政处罚，由安全生产许可证颁发管理机关决定。除吊销安全生产许可证外，安全生产许可证颁发管理机关可以委托有关省级煤矿安全监察局、煤矿安全监察分局实施行政处罚。

第四十四条 本实施办法自2016年4月1日起施行。原国家安全生产监督管理局（国家煤矿安全监察局）2004年5月17日公布、国家安全生产监督管理总局2015年6月8日修改的《煤矿企业安全生产许可证实施办法》同时废止。

煤矿安全培训规定

（2018年1月11日国家安全生产监督管理总局令第92号公布）

第一章 总 则

第一条 为了加强和规范煤矿安全培训工作，提高从业人员安全素质，防止和减少伤亡事故，根据《中华人民共和国安全生产法》《中华人民共和国职业病防治法》等有关法律法规，制定本规定。

第二条 煤矿企业从业人员安全培训、考核、发证及监督管理工作适用本规定。

本规定所称煤矿企业，是指在依法批准的矿区范围内从事煤炭资源开采活动的企业，包括集团公司、上市公司、总公司、矿务局、煤矿。

本规定所称煤矿企业从业人员，是指煤矿企业主要负责人、安全生产管理人员、特种作业人员和其他从业人员。

第三条 国家煤矿安全监察局负责指导和监督管理全国煤矿企业从业人员安全培训工作。

省、自治区、直辖市人民政府负责煤矿安全培训的主管部门（以下简称省级煤矿安全培训主管部门）负责指导和监督管理本行政区域内煤矿企业从业人员安全培训工作。

省级及以下煤矿安全监察机构对辖区内煤矿企业从业人员安全培训工作依法实施监察。

第四条 煤矿企业是安全培训的责任主体，应当依法对从业人员进行安全生产教育和培训，提高从业人员的安全生产意识和能力。

煤矿企业主要负责人对本企业从业人员安全培训工作全面负责。

第五条 国家鼓励煤矿企业变招工为招生。煤矿企业新招井下从业人员，应当优先录用大中专学校、职业高中、技工学校煤矿相关专业的毕业生。

第二章 安全培训的组织与管理

第六条 煤矿企业应当建立完善安全培训管理制度，制定年度安全培训计划，明确负责安全培训工作的机构，配备专职或者兼职安全培训管理人员，按照国家规定的比例提取教育培训经费。其中，用于安全培训的资金不得低于教育培训经费总额的百分之四十。

第七条 对从业人员的安全技术培训，具备《安全培训机构基本条件》（AQ/T8011）规定的安全培训条件的煤矿企业应当以自主培训为主，也可以委托具备安全培训条件的机构进行安全培训。

不具备安全培训条件的煤矿企业应当委托具备安全培训条件的机构进行安全培训。

从事煤矿安全培训的机构，应当将教师、教学和实习与实训设施等情况书面报告所在地省级煤矿安全培训主管部门。

第八条 煤矿企业应当建立健全从业人员安全培训档案，实行一人一档。煤矿企业从业人员安全培训档案的内容包括：

（一）学员登记表，包括学员的文化程度、职务、职称、工作经历、技能等级晋升等情况；

（二）身份证复印件、学历证书复印件；

（三）历次接受安全培训、考核的情况；

（四）安全生产违规违章行为记录，以及被追究责任，受到处分、处理的情况；

（五）其他有关情况。

煤矿企业从业人员安全培训档案应当按照《企业文件材料归档范围和档案保管期限规定》（国家档案局令第10号）保存。

第九条 煤矿企业除建立从业人员安全培训档案外，还应当建立企业安全培训档案，实行一期一档。煤矿企业安全培训档案的内容包括：

（一）培训计划；

（二）培训时间、地点；

（三）培训课时及授课教师；

（四）课程讲义；

（五）学员名册、考勤、考核情况；

（六）综合考评报告等；

（七）其他有关情况。

对煤矿企业主要负责人和安全生产管理人员的煤矿企业安全培训档案应当保存三年以上，对特种作业人员的煤矿企业安全培训档案应当保存六年以上，其他从业人员的煤矿企业安全培训档案应当保存三年以上。

第三章　主要负责人和安全生产管理人员的安全培训及考核

第十条 本规定所称煤矿企业主要负责人，是指煤矿企业的董事长、总经理，矿务局局长，煤矿矿长等人员。

本规定所称煤矿企业安全生产管理人员，是指煤矿企业分管安全、采煤、掘进、通风、机电、运输、地测、防治水、调度等工作的副董事长、副总经理、副局长、副矿长，总工程师、副总工程师和技术负责人，安全生产管理机构负责人及其管理人员，采煤、掘进、通风、机电、运输、地测、防治水、调度等职能部门（含煤矿井、区、科、队）负责人。

第十一条 煤矿矿长、副矿长、总工程师、副总工程师应当具备煤矿相关专业大专及以上学历，具有三年以上煤矿相关工作经历。

煤矿安全生产管理机构负责人应当具备煤矿相关专业中专及以上学历，具有二年以上煤矿安全生产相关工作经历。

第十二条 煤矿企业应当每年组织主要负责人和安全生产管理人员进行新法律法规、新标准、新规程、新技术、新工艺、新设备和新材料等方面的安全培训。

第十三条 国家煤矿安全监察局组织制定煤矿企业主要负责人和安全生产管理人员安全生产知识和管理能力考核的标准，建立国家级考试题库。

省级煤矿安全培训主管部门应当根据前款规定的考核标准，建立省级考试题库，并报国家煤矿安全监察局备案。

第十四条 煤矿企业主要负责人考试应当包括下列内容：

（一）国家安全生产方针、政策和有关安全生产的法律、法规、规章及标准；

（二）安全生产管理、安全生产技术和职业健康基本知识；

（三）重大危险源管理、重大事故防范、应急管理和事故调查处理的有关规定；

（四）国内外先进的安全生产管理经验；

（五）典型事故和应急救援案例分析；

（六）其他需要考试的内容。

第十五条 煤矿企业安全生产管理人员考试应当包括下列内容：

（一）国家安全生产方针、政策和有关安全生产的法律、法规、规章及标准；

（二）安全生产管理、安全生产技术、职业健康等知识；

（三）伤亡事故报告、统计及职业危害的调查处理方法；

（四）应急管理的内容及其要求；

（五）国内外先进的安全生产管理经验；

（六）典型事故和应急救援案例分析；

（七）其他需要考试的内容。

第十六条 国家煤矿安全监察局负责中央管理的煤矿企业总部（含所属在京一级子公司）主要负责人和安全生产管理人员考核工作。

省级煤矿安全培训主管部门负责本行政区域内前款以外的煤矿企业主要负责人和安全生产管理人员考核工作。

国家煤矿安全监察局和省级煤矿安全培训主管部门（以下统称考核部门）应当定期组织考核，并提前公布考核时间。

第十七条 煤矿企业主要负责人和安全生产管理人员应当自任职之日起六个月内通过考核部门组织的安全生产知识和管理能力考核，并持续保持相应水平和能力。

煤矿企业主要负责人和安全生产管理人员应当自任职之日起三十日内，按照本规定第十六条的规定向考核部门提出考核申请，并提交其任职文件、学历、工作经历等相关材料。

考核部门接到煤矿企业主要负责人和安全生产管理人员申请及其材料后，经审核符合条件的，应当及时组织相应的考试；发现申请人不符合本规定第十一条规定的，不得对申请人进行安全生产知识和管理能力考试，并书面告知申请人及其所在煤矿企业或其任免机关调整其工作岗位。

第十八条 煤矿企业主要负责人和安全生产管理人员的考试应当在规定的考点采用计算机方式进行。考试试题从国家级考试题库和省级考试题库随机抽取，其中抽取国家级考试题库试题比例占百分之八十以上。考试满分为一百分，八十分以上为合格。

考核部门应当自考试结束之日起五个工作日内公布考试成绩。

第十九条 煤矿企业主要负责人和安全生产管理人员考试合格后，考核部门应当在公布考试成绩之日起十个工作日内颁发安全生产知识和管理能力考核合格证明（以下简称考核合格证明）。考核合格证明在全国范围内有效。

煤矿企业主要负责人和安全生产管理人员考试不合格的，可以补考一次；经补考仍不合格的，一年内不得再次申请考核。考核部门应当告知其所在煤矿企业或其任免机关调整其工作岗位。

第二十条 考核部门对煤矿企业主要负责人和安全生产管理人员的安全生产知识和管理能力每三年考核一次。

第四章 特种作业人员的安全培训和考核发证

第二十一条 煤矿特种作业人员及其工种由国家安全生产监督管理总局会同国家煤矿安全监察局确定，并适时调整；其他任何单位或者个人不得擅自变更其范围。

第二十二条 煤矿特种作业人员应当具备初中及以上文化程度（自2018年6月1日起新上岗的煤矿特种作业人员应当具备高中及以上文化程度），具有煤矿相关工作经历，或者职业高中、技工学校及中专以上相关专业学历。

第二十三条 国家煤矿安全监察局组织制定煤矿特种作业人员培训大纲和考核标准，建立统一的考试题库。

省级煤矿安全培训主管部门负责本行政区域内煤矿特种作业人员的考核、发证工作，也可以委托设区的市级人民政府煤矿安全培训主管部门实施煤矿特种作业人员的考核、发证工作。

省级煤矿安全培训主管部门及其委托的设区的市级人民政府煤矿安全培训主管部门以下统称考核发证部门。

第二十四条 煤矿特种作业人员必须经专门的安全技术培训和考核合格，由省级煤矿安全培训主管部门颁发《中华人民共和国特种作业操作证》（以下简称特种作业操作证）后，方可上岗作业。

第二十五条 煤矿特种作业人员在参加资格考试前应当按照规定的培训大纲进行安全生产知识和实际操作能力的专门培训。其中，初次培训的时间不得少于九十学时。

已经取得职业高中、技工学校及中专以上学历的毕业生从事与其所学专业相应的特种作业，持学历证明经考核发证部门审核属实的，免予初次培训，直接参加资格考试。

第二十六条 参加煤矿特种作业操作资格考试的人员，应当填写考试申请表，由本人或其所在煤矿企业持身份证复印件、学历证书复印件或者培训机构出具的培训合格证明向其工作地或者户籍所在地考核发证部门提出申请。

考核发证部门收到申请及其有关材料后，应当在六十日内组织考试。对不符合考试条件的，应当书面告知申请人或其所在煤矿企业。

第二十七条 煤矿特种作业操作资格考试包括安全生产知识考试和实际操作能力考试。安全生产知识考试合格后，进行实际操作能力考试。

煤矿特种作业操作资格考试应当在规定的考点进行，安全生产知识考试应当使用统一的考试题库，使用计算机考试，实际操作能力考试采用国家统一考试标准进行考试。考试满分均为一百分，八十分以上为合格。

考核发证部门应当在考试结束后十个工作日内公布考试成绩。

申请人考试合格的，考核发证部门应当自考试合格之日起二十个工作日内完成发证工作。

申请人考试不合格的，可以补考一次；经补考仍不合格的，重新参加相应的安全技术培训。

第二十八条 特种作业操作证有效期六年，全国范围内有效。

特种作业操作证由国家安全生产监督管理总局统一式样、标准和编号。

第二十九条 特种作业操作证有效期届满需要延期换证的，持证人应当在有效期届满六十日前参加不少于二十四学时的专门培训，持培训合格证明由本人或其所在企业向当地考核发证部门或者原考核发证部门提出考试申请。经安全生产知识和实际操作能力考试合格的，考核发证部门应当在二十个工作日内予以换发新的特种作业操作证。

第三十条 离开特种作业岗位六个月以上、但特种作业操作证仍在有效期内的特种作业人员，需要重新从事原特种作业的，应当重新进行实际操作能力考试，经考试合格后方可上岗作业。

第三十一条 特种作业操作证遗失或者损毁的，应当及时向原考核发证部门提出书面申请，由原考核发证部门补发。

特种作业操作证所记载的信息发生变化的，应当向原考核发证部门提出书面申请，经原考核发证部门审查确认后，予以更新。

第五章 其他从业人员的安全培训和考核

第三十二条 煤矿其他从业人员应当具备初中及以上文化程度。

本规定所称煤矿其他从业人员，是指除煤矿主要负责人、安全生产管理人员和特种作业人员以外，从事生产经营活动的其他从业人员，包括煤矿其他负责人、其他管理人员、技术人员和各岗位的工人、使用的被派遣劳动者和临时聘用人员。

第三十三条 煤矿企业应当对其他从业人员进行安全培训，保证其具备必要的安全生产知识、技能和事故应急处理能力，知悉自身在安全生产方面的权利和义务。

第三十四条 省级煤矿安全培训主管部门负责制定煤矿企业其他从业人员安全培训大纲和考核标准。

第三十五条 煤矿企业或者具备安全培训条件的机构应当按照培训大纲对其他从业人员进行安全培训。其中，对从事采煤、掘进、机电、运输、通风、防治水等工作的班组长的安全培训，应当由其所在煤矿的上一级煤矿企业组织实施；没有上一级煤矿企业的，由本单位组织实施。

煤矿企业其他从业人员的初次安全培训时间不得少于七十二学时，每年再培训的时间不得少于二十学时。

煤矿企业或者具备安全培训条件的机构对其他从业人员安全培训合格后，应当颁发安全培训合格证明；未经培训并取得培训合格证明的，不得上岗作业。

第三十六条 煤矿企业新上岗的井下作业人员安全培训合格后，应当在有经验的工人师傅带领下，实习满四个月，并取得工人师傅签名的实习合格证明后，方可独立工作。

工人师傅一般应当具备中级工以上技能等级、三年以上相应工作经历和没有发生过违章指挥、违章作业、违反劳动纪律等条件。

第三十七条 企业井下作业人员调整工作岗位或者离开本岗位一年以上重新上岗前，以及煤矿企业采用新工艺、新技术、新材料或者使用新设备的，应当对其进行相应的安全培训，经培训合格后，方可上岗作业。

第六章 监 督 管 理

第三十八条 省级煤矿安全培训主管部门应当将煤矿企业主要负责人、安全生产管理人员考核合格证明、特种作业人员特种作业操作证的发放、注销等情况在本部门网站上公布，接受社会监督。

第三十九条 煤矿安全培训主管部门和煤矿安全监察机构应当对煤矿企业安全培训的下列情况进行监督检查，发现违法行为的，依法给予行政处罚：

（一）建立安全培训管理制度，制定年度培训计划，明确负责安全培训管理工作的机构，配备专职或者兼职安全培训管理人员的情况；

（二）按照本规定投入和使用安全培训资金的情况；

（三）实行自主培训的煤矿企业的安全培训条件；

（四）煤矿企业及其从业人员安全培训档案的情况；

（五）主要负责人、安全生产管理人员考核的情况；

（六）特种作业人员持证上岗的情况；

（七）应用新工艺、新技术、新材料、新设备以及离岗、转岗时对从业人员安全培训的情况；

（八）其他从业人员安全培训的情况。

第四十条 考核部门应当建立煤矿企业安全培训随机抽查制度，制定现场抽考办法，加强对煤矿安全培训的监督检查。

考核部门对煤矿企业主要负责人和安全生产管理人员现场抽考不合格的，应当责令其重新参加安全生产知识和管理能力考核；经考核仍不合格的，考核部门应当书面告知其所在煤矿企业或其任免机关调整其工作岗位。

第四十一条 省级及以下煤矿安全监察机构应当按照年度监察执法计划，采用现场抽考等多种方式对煤矿企业安全培训情况实施严格监察；对监察中发现的突出问题和共性问题，应当向本级人民政府煤矿安全培训主管部门或者下级人民政府提出有关安全培训工作的监察建议函。

第四十二条　省级煤矿安全培训主管部门发现下列情形之一的，应当撤销特种作业操作证：

（一）特种作业人员对发生生产安全事故负有直接责任的；

（二）特种作业操作证记载信息虚假的。

特种作业人员违反上述规定被撤销特种作业操作证的，三年内不得再次申请特种作业操作证。

第四十三条　煤矿企业从业人员在劳动合同期满变更工作单位或者依法解除劳动合同的，原工作单位不得以任何理由扣押其考核合格证明或者特种作业操作证。

第四十四条　省级煤矿安全培训主管部门应当将煤矿企业主要负责人、安全生产管理人员和特种作业人员的考核情况，及时抄送省级煤矿安全监察局。

煤矿安全监察机构应当将煤矿企业主要负责人、安全生产管理人员和特种作业人员的行政处罚决定及时抄送同级煤矿安全培训主管部门。

第四十五条　煤矿安全培训主管部门应当建立煤矿安全培训举报制度，公布举报电话、电子信箱，依法受理并调查处理有关举报，并将查处结果书面反馈给实名举报人。

第七章　法　律　责　任

第四十六条　煤矿安全培训主管部门的工作人员在煤矿安全考核工作中滥用职权、玩忽职守、徇私舞弊的，依照有关规定给予处分；构成犯罪的，依法追究刑事责任。

第四十七条　煤矿企业有下列行为之一的，由煤矿安全培训主管部门或者煤矿安全监察机构责令其限期改正，可以处五万元以下的罚款；逾期未改正的，责令停产停业整顿，并处五万元以上十万元以下的罚款，对其直接负责的主管人员和其他直接责任人员处一万元以上二万元以下的罚款：

（一）主要负责人和安全生产管理人员未按照规定经考核合格的；

（二）未按照规定对从业人员进行安全生产培训的；

（三）未如实记录安全生产培训情况的；

（四）特种作业人员未经专门的安全培训并取得相应资格，上岗作业的。

第四十八条　煤矿安全培训主管部门或者煤矿安全监察机构发现煤矿企业有下列行为之一的，责令其限期改正，可以处一万元以上三万元以下的罚款：

（一）未建立安全培训管理制度或者未制定年度安全培训计划的；

（二）未明确负责安全培训工作的机构，或者未配备专兼职安全培训管理人员的；

（三）用于安全培训的资金不符合本规定的；

（四）未按照统一的培训大纲组织培训的；

（五）不具备安全培训条件进行自主培训，或者委托不具备安全培训条件机构进行培训的。

具备安全培训条件的机构未按照规定的培训大纲进行安全培训，或者未经安全培训并考试合格颁发有关培训合格证明的，依照前款规定给予行政处罚。

第八章　附　　则

第四十九条　煤矿企业主要负责人和安全生产管理人员考核不得收费，所需经费由煤矿安全培训主管部门列入同级财政年度预算。

煤矿特种作业人员培训、考试经费可以列入同级财政年度预算，也可由省级煤矿安全培训主管部门制定收费标准，报同级人民政府物价部门、财政部门批准后执行。证书工本费由考核发证机关列入同级财政年度预算。

第五十条　本规定自2018年3月1日起施行。国家安全生产监督管理总局2012年5月28日公布、2013年8月29日修正的《煤矿安全培训规定》（国家安全生产监督管理总局令第52号）同时废止。

知识链接

一、修订背景

一是贯彻落实《安全生产法》和国务院决定的需要。近年来，新《安全生产法》和国务院有关取消下放行政审批项目的决定（国发〔2013〕19号、国发〔2015〕11号），先后取消了“安全培训机构资格认可”和“煤矿主要负责人和安全生产管理人员的安全资格认定”两项行政许可，现行《煤矿安全规定》（以下简称《规定》）已不能适应国家安全生产改革发展的需要。

二是适应煤矿安全培训实际工作的需要。在传统的培训模式下，政府部门的指令性培训比较多，煤矿企业自主培训偏少，安全培训重形式、轻效果的问题较为突出，因此，通过修订《规定》，进一步强化企业落实从业人员安全培训主体责任，提升安全培训工作的针对性、有效性。

二、修订的主要思路

一是突出依法行政。《规定》明确了煤矿安全培训管理工作的具体职责、内容和要求，以及监管部门对其进行事中、事后监管的具体事项，确保了监督检查于法有据。

二是突出企业培训主体责任。《规定》明确了煤矿企业安全培训主体责任的具体内容，通过强化和落实煤矿企业安全培训主体责任，充分调动和发挥企业安全培训的积极性和主动性，推动煤矿企业安全培训到位。

三是突出完整性和适用性。对《生产经营单位安全培训规定》《安全生产培训管理办法》《特种作业人员安全技术培训考核管理规定》等3个部门规章中适用于煤矿的内容进行整合优化，纳入《规定》中。明确了煤矿不同层级从业人员的安全培训及考核要求，形成煤矿安全培训考核工作的“一本通”，更加有针对性地指导煤矿安全培训工作。

三、修订的主要内容

《规定》由原七章四十六条调整为八章五十条，重点对以下几个方面的内容进行了修订：

一是理顺了煤矿安全培训管理体制。目前部分省份煤矿企业“三项岗位人员”安全培训工作分别由两个部门负责，给煤矿企业造成了负担，为落实国务院行政审批制度改革精神，理顺煤矿安全培训管理体制，《规定》中明确：省、自治区、直辖市人民政府负责煤矿安全培训的部门负责指导、管理和监督本行政区域内煤矿企业从业人员的安全培训工作，煤矿安全监察机构对本行政区域内安全培训工作实施监察。

二是突出了煤矿企业安全培训主体责任。《规定》增加了“安全培训的组织与管理”章节，明确了煤矿企业应当明确安全培训工作的机构、配备安全培训管理人员、建立培训制度、制定培训计划、保障培训经费、具备培训条件、建立健全培训档案等安全培训主体责任，规范煤矿企业安全培训行为。

三是提高了煤矿企业从业人员准入条件。一是将煤矿矿长、副矿长、总工程师、副总工程师以及安全生产管理机构负责人任职条件，实行统一标准，不再按煤矿生产能力进行划分，即新任职的所有煤矿矿长、副矿长、总工程师、副总工程师应当具备煤矿相关专业大专及以上学历，具有3年以上煤矿相关工作经历；煤矿安全生产管理机构负责人应当具备煤矿相关专业中专及以上学历，具有2年以上煤矿安全生产相关工作经历。二是自2018年6月1日起新上岗的煤矿特种作业人员应当具备高中及以上文化程度。

四是改进了煤矿主要负责人和安全生产管理人员培训考核工作。《安全生产法》第二十四条规定：高危企业主要负责人和安全生产管理人员，应当由有关主管部门对其安全生产知识和管理能力考核合格。为落实上述规定，《规定》中细化了煤矿企业主要负责人和安全生产管理人员的考核对象、考核内容、考核程序等内容。同时，考虑新《安全生产法》没有规定上述人员考核前必须参加专门的安全培训，为此《规定》在保留每3年考核一次的基础上，取消了必须经过培训方可参加考核的强制性要求。

五是规范了特种作业人员的考核发证工作。《特种作业人员安全技术培训考核管理规定》（总局令第30号）规定：特种作业操作证有效期为6年，每3年复审1次。为了规范行政许可工作，减轻企业负担，《规定》中取消了对煤矿特种作业人员每3年复审1次的要求。

六是强化了安全培训事中事后监管。在主要负责人和安全生产管理人员资格认定、培训机构资格认可行政审批取消的情况下，为保证培训效果，在监督管理章节中增加了煤矿安全培训主管部门和煤矿安全监察机构的监督管理职责相关内容，加强对煤矿企业落实安全培训主体责任的监督检查，增强对煤矿安全培训工作的事中事后监管力度，促进煤矿企业安全培训主体责任的落实。

七是取消了从业人员年龄和健康规定的相关条款。从业人员年龄和健康条件在《劳动法》中有较为系统的规定和要求，因此，在此不再重复规定。

知识链接

关于《煤矿安全培训规定》部分条款的解释

为便于煤矿企业和煤矿安全监管监察部门准确理解、掌握和使用《煤矿安全培训规定》（总局令第92号），现将部分条款说明如下：

1. 第二条本规定所称煤矿企业，是指在依法批准的矿区范围内从事煤炭资源开采活动的企业，包括集团公司、上市公司、总公司、矿务局、煤矿。

本条中所称煤矿包括建设煤矿和生产煤矿。

2. 第三条第二款省、自治区、直辖市人民政府负责煤矿安全培训的主管部门（以下简称省级煤矿安全培训主管部门）负责指导和监督管理本行政区域内煤矿企业从业人员安全培训工作。

本款中的“煤矿安全培训的主管部门”是指由省、自治区、直辖市人民政府指定的负责本行政区域内煤矿企业主要负责人、安全生产管理人员和特种作业人员安全培训管理工作的部门。

3. 第六条煤矿企业应当建立完善安全培训管理制度，制定年度安全培训计划，明确负责安全培训工作的机构，配备专职或者兼职安全培训管理人员，按照国家规定的比例提取教育培训经费。其中，用于安全培训的资金不得低于教育培训经费总额的百分之四十。

本条中的“制定年度安全培训计划”是指煤矿企业主要负责人按照《安全生产法》第十八条规定，组织制定并实施本单位安全生产教育和培训计划；“按照国家规定的比例提取教育培训经费”是指按照《国务院关于推进职业教育改革与发展的决定》（国发〔2002〕16号）规定的比例提取教育培训经费。

4. 第八条第二款煤矿企业从业人员安全培训档案应当按照《企业文件材料归档范围和档案保管期限规定》（国家档案局令第10号）保存。

煤矿企业从业人员安全培训档案记录了煤矿从业人员接受安全培训考核、安全生产违规违章行为等重要信息，是证明煤矿从业人员参加安全培训的重要材料，应按照《企业文件材料归档范围和档案保管期限规定》中“企业职工培训工作文件材料重要的要保管30年”的规定执行，安全培训档案可为书面档案，也可为电子档案。

5. 第十条第一款本规定所称煤矿企业主要负责人，是指煤矿企业的董事长、总经理，矿务局局长，煤矿矿长等人员。

本款中的“煤矿企业主要负责人”是指煤矿企业的法定代表人，如公司制企业的董事长、执行董事或者总经理，非公司制企业的总经理；合伙企业、个人独资企业负责执行生产经营业务的人或投资人等实际控制人；矿务局局长、煤矿矿长等。

6. 第十条第二款本规定所称煤矿企业安全生产管理人员，是指煤矿企业分管安全、采煤、掘进、通风、机电、运输、地测、防治水、调度等工作的副董事长、副总经理、副局长、副矿长，总工程师、副总工程师和技术负责人，安全生产管理机构负责人及其管理人员，采煤、掘进、通风、机电、运输、地测、防治水、调度等职能部门（含煤矿井、区、科、队）负责人。

本款中的“安全生产管理机构负责人”包括本机构的正职和副职，“安全生产管理机构管理人员”是指在本机构内直接从事安全生产管理工作的人员；采煤、掘进、通风、机电、运输、地测、防治水、调度等职能部门（含煤矿井、区、科、队）负责人，除部门正职以外，还包括部门副职和技术负责人。

7. 第十一条煤矿矿长、副矿长、总工程师、副总工程师应当具备煤矿相关专业大专及以上学历，具有三年以上煤矿相关工作经历。煤矿安全生产管理机构负责人应当具备煤矿相关专业中专及以上学历，具有二年以上煤矿安全生产相关工作经历。

本条规定的学历和工作经历条件，适用于自《煤矿安全培训规定》实施之日，即2018年3月1日起新任职人员。

8. 第十七条第一款煤矿企业主要负责人和安全生产管理人员应当自任职之日起六个月内通过考核部门组织的安全生产知识和管理能力考核，并持续保持相应水平和能力。

本款中的“持续保持相应水平和能力”是指主要负责人和安全生产管理人员在任职6个月内考核合格后，考核部门按照抽考办法对其抽考考试或考核，仍达到合格要求。

9. 第十七条第二款煤矿企业主要负责人和安全生产管理人员应当自任职之日起三十日内，按照本规定第十六条的规定向考核部门提出考核申请，并提交其任职文件、学历、工作经历等相关材料。

本款中“按照本规定第十六条的规定向考核部门提出考核申请”是指煤矿企业按照《煤矿安全培训规定》第十六条规定提交主要负责人和安全生产管理人员的任职文件、学历、工作经历等相关材料，并对材料的真实性负责。

10. 第十九条第二款煤矿企业主要负责人和安全生产管理人员考试不合格的，可以补考一次；经补考仍不合格的，一年内不得再次申请考核。考核部门应当告知其所在煤矿企业或其任免机关调整其工作岗位。

本款指煤矿企业主要负责人和安全生产管理人员在任职六个月内参加安全生产知识和管理能力考核不合格，经补考仍不合格的，认定为不具备相应的安全生产知识和管理能力，考核部门应当书面告知其所在煤矿企业或其任免机关，由其所在企业或任免机关负责及时调整工作岗位。本款中的“一年内不得再次申请考核”是指调离原岗位之日起，一年内不得再次申请同类考核。

11. 第二十一条煤矿特种作业人员及其工种由国家安全生产监督管理总局会同国家煤矿安全监察局确定，并适时调整；其他任何单位或者个人不得擅自变更其范围。

煤矿特种作业操作资格属于国家行政许可，本条规定煤矿特种作业类别及工种由国家安监总局会同国家煤矿安监局确定，其他任何单位或者个人不得擅自扩大或缩小其范围，省级煤矿安全培训主管部门要严格按照国家安全生产监督管理总局和国家煤矿安全监察局确定的范围进行考核发证工作。

12. 第二十三条第二款省级煤矿安全培训主管部门负责本行政区域内煤矿特种作业人员的考核、发证工作，也可以委托设区的市级人民政府煤矿安全培训主管部门实施煤矿特种作业人员的考核、发证工作。

本款规定省级煤矿安全培训主管部门可以委托设区的市级人民政府煤矿安全培训

主管部门具体实施煤矿特种作业人员的考核、发证工作，但仍应以省级煤矿安全培训主管部门名义颁发有关考核合格证明。

13. 第二十五条第二款已经取得职业高中、技工学校及中专以上学历的毕业生从事与其所学专业相应的特种作业，持学历证明经考核发证部门审核属实的，免予初次培训，直接参加资格考试。

本款规定取消了满足学历要求的毕业生从事与其所学专业相应的特种作业，必须经考核发证部门同意，方可免予初次考试的要求，该类毕业生的相关学历经考核发证部门审核属实的，可直接参加资格考试。

14. 第二十八条第一款特种作业操作证有效期六年，全国范围内有效。

本条规定取消了对煤矿特种作业人员每三年复审一次的要求，特种作业操作证有效期内不再进行复审。

15. 第三十五条第二款煤矿企业其他从业人员的初次安全培训时间不得少于七十二学时，每年再培训的时间不得少于二十学时。

本条中的“初次安全培训”和“每年再培训”是指脱产培训，不得以班前（后）会等形式代替。

16. 第三十六条煤矿企业新上岗的井下作业人员培训合格后，应当在有经验的工人师傅带领下，实习满四个月，并取得工人师傅签名的实习合格证明后，方可独立工作。

工人师傅一般应当具备中级工以上技能等级、三年以上相应工作经历和没有发生过违章指挥、违章作业、违反劳动纪律等条件。

本条规定新上岗的井下作业人员实习满四个月，并取得工人师傅签名的实习合格证明后，方可独立工作，目的是强化工人师傅的主体责任，同时增加工人师傅的条件，进一步规范了师带徒实习工作。

17. 第四十条考核部门应当建立煤矿企业安全培训随机抽查制度，制定现场抽考办法，加强对煤矿安全培训的监督检查。

考核部门对煤矿企业主要负责人和安全生产管理人员现场抽考不合格的，应当责令其重新参加安全生产知识和管理能力考核；仍考核不合格的，考核部门应当书面告知其所在煤矿企业或其任免机关调整其工作岗位。

本条规定考核部门应当建立抽查制度、制定抽考办法，强化现场抽考。一是考核部门要建立煤矿企业安全培训随机抽查制度，制定现场抽考办法，办法应包括抽考对象、抽考方式、抽考比例、抽考内容、抽考不合格人员的处理方式等，并对煤矿企业进行公布。二是考核部门应当依据制定的抽考办法，在监督检查中采取现场抽考的方式，检查主要负责人和安全生产管理人员是否能够持续保持相应的安全生产知识水平和管理能力，现场抽考不合格的主要负责人和安全生产管理人员要责令其重新参加安全生产知识和管理能力考核，仍考核不合格的，考核部门应当书面告知其所在煤矿企业或其任免机关调整其工作岗位。

煤矿建设项目安全设施监察规定

（2003年7月4日国家安全生产监督管理局、国家煤矿安全监察局令第6号公布，根据2015年6月8日国家安全生产监督管理总局令第81号修正）

第一章 总 则

第一条 为了规范煤矿建设工程安全设施监察工作，保障煤矿安全生产，根据安全生产法、煤矿安全监察条例以及有关法律、行政法规的规定，制定本规定。

第二条 煤矿安全监察机构对煤矿新建、改建和扩建工程项目（以下简称煤矿建设项目）的安全设施进行监察，适用本规定。

第三条 煤矿建设项目应当进行安全评价，其初步设计应当按规定编制安全专篇。安全专篇应当包括安全条件的论证、安全设施的设计等内容。

第四条 煤矿建设项目的安全设施的设计、施工应当符合工程建设强制性标准、煤矿安全规程和行业技术规范。

第五条 煤矿建设项目施工前，其安全设施设计应当经煤矿安全监察机构审查同意；竣工投入生产或使用前，其安全设施和安全条件应当经煤矿建设单位验收合格。煤矿安全监察机构应当加强对建设单位验收活动和验收结果的监督核查。

第六条 煤矿建设项目安全设施的设计审查，由煤矿安全监察机构按照设计或者新增的生产能力，实行分级负责。

（一）设计或者新增的生产能力在300万吨/年及以上的井工煤矿建设项目和1000万吨/年及以上的露天煤矿建设项目，由国家煤矿安全监察局负责设计审查。

（二）设计或者新增的生产能力在300万吨/年以下的井工煤矿建设项目和1000万吨/年以下的露天煤矿建设项目，由省级煤矿安全监察局负责设计审查。”

第七条 未设立煤矿安全监察机构的省、自治区，由省、自治区人民政府指定的负责煤矿安全监察工作的部门负责本规定第六条第二项规定的设计审查。

第八条 经省级煤矿安全监察局审查同意的项目，应及时报国家煤矿安全监察局备案。

第二章 安 全 评 价

第九条 煤矿建设项目的安全评价包括安全预评价和安全验收评价。

煤矿建设项目在可行性研究阶段，应当进行安全预评价；在投入生产或者使用前，应当进行安全验收评价。

第十条 煤矿建设项目的安全评价应由具有国家规定资质的安全中介机构承担。承担煤矿建设项目安全评价的安全中介机构对其作出的安全评价结果负责。

第十一条 煤矿企业应与承担煤矿建设项目安全评价的安全中介机构签订书面委托合同，明确双方各自的权利和义务。

第十二条 承担煤矿建设项目安全评价的安全中介机构，应当按照规定的标准和程序进行评价，提出评价报告。

第十三条 煤矿建设项目安全预评价报告应当包括以下内容：

（一）主要危险、有害因素和危害程度以及对公共安全影响的定性、定量评价；

（二）预防和控制的可能性评价；

（三）建设项目可能造成职业危害的评价；

（四）安全对策措施、安全设施设计原则；

（五）预评价结论；

（六）其他需要说明的事项。

第十四条 煤矿建设项目安全验收评价报告应当包括以下内容：

（一）安全设施符合法律、法规、标准和规程规定以及设计文件的评价；

（二）安全设施在生产或使用中的有效性评价；

（三）职业危害防治措施的有效性评价；

（四）建设项目的整体安全性评价；

（五）存在的安全问题和解决问题的建议；

（六）验收评价结论；

（七）有关试运转期间的技术资料、现场检测、检验数据和统计分析资料；

（八）其他需要说明的事项。

第三章 设 计 审 查

第十五条 煤矿建设项目的安全设施设计应经煤矿安全监察机构审查同意；未经审查同意的，不得施工。

第十六条 煤矿建设项目的安全设施设计，应由具有相应资质的设计单位承担。设计单位对安全设施设计负责。

第十七条 煤矿建设项目的安全设施设计应当包括煤矿水、火、瓦斯、煤尘、顶板等主要灾害的防治措施，所确定的设施、设备、器材等应当符合国家标准和行业标准。

第十八条 煤矿建设项目的安全设施设计审查前，煤矿企业应当按照本规定第六条的规定，向煤矿安全监察机构提出书面申请。

第十九条 申请煤矿建设项目的安全设施设计审查，应当提交下列资料：

（一）安全设施设计审查申请报告及申请表；

（二）建设项目审批、核准或者备案的文件；

（三）采矿许可证或者矿区范围批准文件；

（四）安全预评价报告书；

（五）初步设计及安全专篇；

（六）其他需要说明的材料。

第二十条 煤矿安全监察机构接到审查申请后，应当对上报资料进行审查。有下列情形之一的，为设计审查不合格：

（一）安全设施设计未由具备相应资质的设计单位承担的；

（二）煤矿水、火、瓦斯、煤尘、顶板等主要灾害防治措施不符合规定的；

（三）安全设施设计不符合工程建设强制性标准、煤矿安全规程和行业技术规范的；

（四）所确定的设施、设备、器材不符合国家标准和行业标准的；

（五）不符合国家煤矿安全监察局规定的其他条件的。

第二十一条 煤矿安全监察机构审查煤矿建设项目的安全设施设计，应当自收到审查申请起30日内审查完毕。经审查同意的，应当以文件形式批复；不同意的，应当提出审查意见，并以书面形式答复。

第二十二条 煤矿企业对已批准的煤矿建设项目安全设施设计需作重大变更的，应经原审查机构审查同意。

第四章 施工和联合试运转

第二十三条 煤矿建设项目的安全设施应由具有相应资质的施工单位承担。

施工单位应当按照批准的安全设施设计施工，并对安全设施的工程质量负责。

第二十四条 施工单位在施工期间，发现煤矿建设项目的安全设施设计不合理或者存在重大事故隐患时，应当立即停止施工，并报告煤矿企业。煤矿企业需对安全设施设计作重大变更的，应当按照本规定第二十二条的规定重新审查。

第二十五条 煤矿安全监察机构对煤矿建设工程安全设施的施工情况进行监察。

第二十六条 煤矿建设项目在竣工完成后，应当在正式投入生产或使用前进行联合试运转。联合试运转的时间一般为1至6个月，有特殊情况需要延长的，总时长不得超过12个月。

煤矿建设项目联合试运转，应按规定经有关主管部门批准。

第二十七条 煤矿建设项目联合试运转期间，煤矿企业应当制定可靠的安全措施，做好现场检测、检验，收集有关数据，并编制联合试运转报告。

第二十八条 煤矿建设项目联合试运转正常后，应当进行安全验收评价。

第五章 竣 工 验 收

第二十九条 煤矿建设项目的安全设施和安全条件验收应当由煤矿建设单位负责组织；未经验收合格的，不得投入生产和使用。

煤矿建设单位实行多级管理的，应当由具体负责建设项目施工建设单位的上一级具有法人资格的公司（单位）负责组织验收。

第三十条 煤矿建设单位或者其上一级具有法人资格的公司（单位）组织验收时，应当对有关资料进行审查并组织现场验收。有下列情形之一的，为验收不合格：

（一）安全设施和安全条件不符合设计要求，或未通过工程质量认证的；

（二）安全设施和安全条件不能满足正常生产和使用的；

（三）未按规定建立安全生产管理机构和配备安全生产管理人员的；

（四）矿长和特种作业人员不具备相应资格的；

（五）不符合国家煤矿安全监察局规定的其他条件的。

第六章　附　　则

第三十一条　违反本规定的，由煤矿安全监察机构或者省、自治区人民政府指定的负责煤矿安全监察工作的部门依照《安全生产法》及有关法律、行政法规的规定予以行政处罚；构成犯罪的，依照刑法有关规定追究刑事责任。

第三十二条　煤矿建设项目的安全设施设计审查申请表的样式，由国家煤矿安全监察局制定。

第三十三条　本规定自2003年8月15日起施行。《煤矿建设工程安全设施设计审查与竣工验收暂行办法》同时废止。

第五部分

规 范 性 文 件

关于启用新版安全生产许可证的通知

应急〔2020〕6号

为适应工作需要，依照《安全生产许可证条例》有关规定，应急管理部决定对原国家安全监管局2004年启用的安全生产许可证（以下简称“旧版安全生产许可证”）式样进行调整，重新设计并启用新版安全生产许可证，适用非煤矿矿山、危险化学品、烟花爆竹生产企业的安全生产许可。现将有关事项通知如下：

一、调整版面尺寸及内容。新版安全生产许可证设正本和副本。正本尺寸调整为:297mm（高）×420mm（宽）；副本尺寸调整为：210mm（高）×297mm（宽）。副本配套发放封皮，副本封皮尺寸为：225mm（高）×310mm（宽）。正副本按照《新版安全生产许可证印制标准》有关要求印制相关内容。

二、增加二维码功能。新版安全生产许可证增加二维码功能，通过扫描，实现与各地电子证照系统对接。二维码的生成规则遵照“新版安全生产许可证二维码说明”执行。

三、领取印制相关资料。新版安全生产许可证由应急管理部委托制作单位制成印刷胶片、水印纸样、许可证样品和打印模板，免费发放各省级应急管理厅（局）使用并提供相关技术支持，版权归应急管理部所有。各省级应急管理厅（局）适时领取（或选择邮寄）印刷胶片、水印纸样、许可证样品和打印模板。

四、加强印制管理。各省级应急管理厅（局）统一负责本辖区新版安全生产许可证印制组织工作。要按照有关规定和《新版安全生产许可证印制标准》中明确的资质要求确定印制企业，加强对印制质量、数量等工作的监督管理，确保印制质量和安全。

五、按时启用换发。自2020年3月1日启用新版安全生产许可证。此前申领的，可以继续使用旧版安全生产许可证，也可以申请换发新版安全生产许可证。对暂不具备与电子证照系统对接条件的地区，可以先行发放不加载二维码的安全生产许可证；待条件成熟后，再予以换发加载二维码的安全生产许可证。

各省级应急管理厅（局）要高度重视新版安全生产许可证的启用换发工作，切实加强领导，精心组织，确保按时启用换发新版安全生产许可证。新版安全生产许可证在使用中出现的情况及问题，要及时向应急管理部请示报告。

安全生产约谈实施办法（试行）

安委〔2018〕2号

第一条 为促进安全生产工作，强化责任落实，防范和遏制重特大生产安全事故（生产安全事故以下简称“事故”），依据《中共中央 国务院关于推进安全生产领域改革发展的意见》《国务院关于坚持科学发展安全发展促进安全生产形势持续稳定好转的意见》，制定本办法。

第二条 本办法所称安全生产约谈（以下简称约谈），是指国务院安全生产委员会（以下简称国务院安委会）主任、副主任及国务院安委会负有安全生产监督管理职责的成员单位负责人约见地方人民政府负责人，就安全生产有关问题进行提醒、告诫，督促整改的谈话。

第三条 国务院安委会进行的约谈，由国务院安委会办公室承办，其他约谈由国务院安委会有关成员单位按工作职责单独或共同组织实施。

共同组织实施约谈的，发起约谈的单位（以下简称约谈方）应与参加约谈的单位主动沟通，并就约谈事项达成一致。

第四条 发生特别重大事故或贯彻落实党中央、国务院安全生产重大决策部署不坚决、不到位的，由国务院安委会主任或副主任约谈省级人民政府主要负责人。

第五条 发生重大事故，有下列情形之一的，由国务院安委会办公室负责人或国务院安委会有关成员单位负责人约谈省级人民政府分管负责人：

（一）30日内发生2起的；

（二）6个月内发生3起的；

（三）性质严重、社会影响恶劣的；

（四）事故应急处置不力，致使事故危害扩大，死亡人数达到重大事故的；

（五）重大事故未按要求完成调查的，或未落实责任追究、防范和整改措施的；

（六）其他需要约谈的情形。

第六条 安全生产工作不力，有下列情形之一的，由国务院安委会办公室负责人或国务院安委会有关成员单位负责人或指定其内设司局主要负责人约谈市（州）人民政府主要负责人：

（一）发生重大事故或6个月内发生3起较大事故的；

（二）发生性质严重、社会影响恶劣较大事故的；

（三）事故应急处置不力，致使事故危害扩大，死亡人数达到较大事故的；

（四）国务院安委会督办的较大事故，未按要求完成调查的，或未落实责任追究、防范和整改措施的；

（五）国务院安委会办公室督办的重大事故隐患，未按要求完成整改的；

（六）其他需要约谈的情形。

第七条 约谈程序的启动：

（一）国务院安委会进行的约谈，由国务院安委会办公室提出建议，报国务院领导同志审定后，启动约谈程序；

（二）国务院安委会办公室进行的约谈，由国务院安委会有关成员单位按工作职责提出建议，报国务院安委会办公室主要负责人审定后，启动约谈程序；

（三）国务院安委会成员单位进行的约谈，由本部门有关内设机构提出建议，报本部门分管负责人批准后，抄送国务院安委会办公室，启动约谈程序。

第八条 约谈经批准后，由约谈方书面通知被约谈方，告知被约谈方约谈事由、时间、地点、程序、参加人员、需要提交的材料等。

第九条 被约谈方应根据约谈事由准备书面材料，主要包括基本情况、原因分析、主要教训以及采取的整改措施等。

第十条 被约谈方为省级人民政府的，省级人民政府主要或分管负责人及其有关部门主要负责人、市（州）人民政府主要负责人和分管负责人等接受约谈。视情要求有关企业主要负责人接受约谈。

被约谈方为市（州）人民政府的，市（州）人民政府主要负责人和分管负责人及其有关部门主要负责人、省级人民政府有关部门负责人等接受约谈。视情要求有关企业主要负责人接受约谈。

第十一条 约谈人员除主约谈人外，还包括参加约谈的国务院安委会成员单位负责人或其内设司局负责人，以及组织约谈的相关人员等。

第十二条 根据约谈工作需要，可邀请有关专家、新闻媒体、公众代表等列席约谈。

第十三条 约谈实施程序：

（一）约谈方说明约谈事由和目的，通报被约谈方存在的问题；

（二）被约谈方就约谈事项进行陈述说明，提出下一步拟采取的整改措施；

（三）讨论分析，确定整改措施及时限；

（四）形成约谈纪要。

国务院安委会成员单位进行的约谈，约谈纪要抄送国务院安委会办公室。

第十四条 整改措施落实与督促：

（一）被约谈方应当在约定的时限内将整改措施落实情况书面报约谈方，约谈方对照审核，必要时可进行现场核查；

（二）落实整改措施不力，连续发生事故的，由约谈方给予通报，并抄送被约谈方的上一级监察机关，依法依规严肃处理。

第十五条 约谈方根据政务公开的要求及时向社会公开约谈情况，接受社会监督。

第十六条 国务院安委会有关成员单位对中央管理企业的约谈参照本办法实施。

国务院安委会办公室对约谈办法实施情况进行督促检查。国务院安委会有关成员单位、各省级安委会可以参照本办法制定本单位、本地区安全生产约谈办法。

第十七条 本办法自印发之日起实施。

重大事故查处挂牌督办办法

安委〔2010〕6号

第一条 为严肃查处重大生产安全事故（以下简称重大事故），保障人民群众生命和财产安全，依据《国务院关于进一步加强企业安全生产工作的通知》的规定，制定本办法。

第二条 国务院安委会对重大事故调查处理实行挂牌督办，国务院安委会办公室具体承担挂牌督办事项。

各省级人民政府负责落实挂牌督办事项，省级人民政府安委会办公室具体承担本行政区域内重大事故挂牌督办事项的综合工作。

第三条 国务院安委会对重大事故查处挂牌督办，按照以下程序办理：

（一）国务院安委会办公室提出挂牌督办建议，报国务院安委会领导同志审定同意后，以国务院安委会名义向省级人民政府下达挂牌督办通知书；

（二）在中央主流媒体和中央政府网站、中国安全生产报、安全监管总局政府网站上公布挂牌督办信息。

第四条 挂牌督办通知书包括下列内容：

（一）事故名称；

（二）督办事项；

（三）办理期限；

（四）督办解除方式、程序。

第五条 省级人民政府接到挂牌督办通知后，应当依据有关规定，组织和督促有关职能部门按照督办通知要求办理下列事项：

（一）做好事故善后工作；

（二）查清事故原因，认定事故性质；

（三）分清事故责任，提出对责任人的处理意见；

（四）依法实施经济处罚；

（五）形成事故调查报告；

（六）监督落实事故防范和整改措施。

第六条 省级人民政府应当自接到挂牌督办通知之日起60日内完成督办事项。

第七条 在重大事故查处督办期间，省级人民政府安委会办公室应当加强与国务院安委会办公室的沟通，及时汇报有关情况。

国务院安委会办公室负责对督办事项的指导、协调和督促。

第八条 重大事故调查报告形成初稿后，省级人民政府安委会应当及时向国务院安委会办公室作出书面报告，经审核同意后，由省级人民政府作出批复决定。

第九条 重大事故查处结案后，省级人民政府安委会和国务院安委会办公室应将重大事故挂牌督办情况和事故查处结案情况，在中央主流媒体和中央政府网站、中国安全生产报、安全监管总局政府网站上予以公告，接受社会监督。

第十条 承担挂牌督办事项的省级人民政府有关职能部门对督办事项无故拖延、敷衍塞责，或者在解除挂牌督办过程中弄虚作假的，依法追究相关人员责任。

第十一条 对依据有关法律、行政法规规定由国务院有关部门或者机构组织调查处理的重大事故的挂牌督办，依照本办法的相关规定执行。

第十二条 对于重大事故以下的事故的挂牌督办，由各省级人民政府安委会参照本办法的规定另行制定。

第十三条 本办法自印发之日起施行。

国家安全发展示范城市评价与管理办法

安委〔2019〕5号

第一章 总 则

第一条 为推进国家安全发展示范城市创建，规范创建过程中的评价与管理工作，依据《中共中央 国务院关于推进安全生产领域改革发展的意见》和中共中央办公厅、国务院办公厅《关于推进城市安全发展的意见》规定要求，制定本办法。

第二条 各地区要积极参与国家安全发展示范城市创建，坚持城市主动申请、逐级复核评议、部门共同参与、命名动态管理的原则，在全国范围内树立一批基础条件好、保障能力强的安全发展城市代表，充分发挥示范引领作用，全面提高城市安全保障水平。

第三条 国家安全发展示范城市评价与管理工作由国务院安全生产委员会（以下简称国务院安委会）统一部署，国务院安全生产委员会办公室（以下简称国务院安委办）组织实施。

第四条 国家安全发展示范城市每年评价命名一次，经城市自评、省级复核、国家评议后，由国务院安委会统一命名授牌。获得命名的国家安全发展示范城市三年后复评，符合条件的继续保留命名，未通过复评的由国务院安委会撤销命名并摘牌。

第五条 国务院安委办负责制定《国家安全发展示范城市评价细则》（以下简称《评价细则》），并根据实际情况及时修订完善。

第六条 本办法适用于由国务院安委会命名授牌的国家安全发展示范城市评价与管理工作。

第二章　基　本　条　件

第七条　国家安全发展示范城市创建的范围为副省级城市、地级行政区以及直辖市所辖行政区（县）。

第八条　参加国家安全发展示范城市创建的城市（以下简称参评城市）要聚焦以安全生产为基础的城市安全发展体系建设，积极推动完善城市安全各项工作，主要包括以下5个方面：

（一）源头治理。把城市安全纳入经济社会发展总体规划，加强建设项目安全评估论证，推动市政安全设施、城市地下综合管廊、道路交通安全设施、城市防洪安全设施等城市基础及安全设施建设，推进实施城区高危行业企业搬迁改造和转型升级等。

（二）风险防控。重点防范危险化学品企业、油气长输管道、尾矿库、渣土场以及施工作业等城市工业企业风险，大型群众性活动、“九小”场所、高层建筑等人员密集场所风险，城市生命线、公共交通、隧道桥梁等公共设施风险，洪涝、地震、地质等自然灾害风险。

（三）监督管理。健全城市各级党委政府“党政同责、一岗双责、齐抓共管、失职追责”的安全领导责任和相关部门“管行业必须管安全、管业务必须管安全、管生产经营必须管安全”的安全监管责任，积极开展城市风险辨识、评估与监控工作，不断加强城市安全监管执法。

（四）保障能力。强化安全科技创新应用，制定政府购买安全服务指导目录，加大城市安全领域失信惩戒力度，建立城市社区网格化安全管理工作制度，加大公益广告投放、安全体验基地建设力度，培育城市安全文化氛围。

（五）应急救援。建立城市应急管理信息平台，健全应急预案体系以及应急信息报告制度、统一指挥和多部门协同响应机制、应急物资储备调用机制，加大城市应急避难场所覆盖面，强化国家综合性消防救援队伍建设，完善专兼职和志愿应急救援体系，建立城市专业化应急救援基地和队伍，鼓励企业、社会力量参与救援。

第九条　存在以下情形的，不得参与创建国家安全发展示范城市：

（一）在参评年及前5个自然年内发生特别重大事故灾难，或在参评年及前3个自然年内发生重大事故灾难的；

（二）在参评年及前1个自然年，因城市安全有关工作不力，被国务院安委会及安委办约谈、通报的；

（三）国务院安委会及安委办挂牌督办的重大安全隐患未按时整改到位的；

（四）已获得命名城市被国务院安委会撤销命名未满2年的；

（五）在参评年及前1个自然年内，发生重特大环境污染和生态破坏事件、药品安全事件和食品安全事故，或者因工作不力导致重特大自然灾害事件损失扩大、造成恶劣影响的；

（六）存在其他情形，不宜参加国家安全发展示范城市创建的。

参评城市在国务院安委会正式命名授牌前发生前述第一项、第二项、第三项、第五项、第六项情形之一的，取消其命名授牌。

第三章 城 市 自 评

第十条 参评城市要建立健全国家安全发展示范城市创建工作的组织领导机制，推动相关部门各司其职、各负其责，强化人力、物力、财力等各项保障措施，协调解决创建工作中的重大问题。

第十一条 参评城市要按照《评价细则》要求，委托专家学者、科研单位、社会团体或中介组织等重点对城市建成区安全状况开展第三方评价。参与评价的第三方人员应具有能够涵盖城市安全相关业务的专业知识，无违法、失信等不良信用记录，并依法对相关评价结果负责。

第十二条 评价结果符合国家安全发展示范城市标准要求的，参评城市可以城市人民政府名义向省级安全生产委员会（以下简称省级安委会）提出参加国家安全发展示范城市创建的申请，并提交以下材料：

（一）城市创建工作情况；

（二）城市自评打分情况；

（三）自评过程中发现本地区城市安全有关问题的整改情况或整改计划；

（四）其他需要向省级安委会提交的材料。

第四章 省 级 复 核

第十三条 省级安委办组织对参评城市提交的材料进行初审，需要补充材料的，及时反馈参评城市补报；不符合参评要求的，终止当年评价。

第十四条 省级安委办应组织有关成员单位人员和专家对通过初审的城市开展复核工作，具体对参评城市提交的材料进行审核把关，并对《评价细则》中的项目进行现场复核，综合提出复核意见。

第十五条 省级安委办应征求省级安委会相关成员单位的意见建议，结合日常监督检查情况，综合提出拟向国务院安委办推荐的城市名单，在省级层面相关政府网站和主流媒体上进行为期10个工作日的社会公示，并公开诉求渠道。

省级安委会应结合公示受理情况，于参评年7月底前正式向国务院安委办推荐参评城市，并提交以下材料：

（一）参评城市人民政府向省级安委会提交的参与国家安全发展示范城市创建的相关材料；

（二）省级复核情况；

（三）省级公示情况；

（四）省级复核及公示过程中发现城市安全有关问题的整改情况或整改计划；

（五）省级安委会的推荐意见；

（六）其他需要向国务院安委办提交的材料。

第五章　国　家　评　议

第十六条　国务院安委办对各省级安委会推荐的参评城市相关材料进行初审，对于不符合参评要求的，退回省级安委会并取消当年参评资格；需要补充材料的，及时反馈省级安委会补报。

第十七条　国务院安委办组织由国务院安委会有关成员单位人员和专家等组成的综合评议委员会，具体负责对通过初审的参评城市开展综合评议工作。

综合评议委员会主要对城市自评和省级复核的程序、材料等进行评议，并组织人员赴参评城市现场抽查核实主要评价指标完成情况，提出综合评议意见。

第十八条　国务院安委办应征求国务院安委会相关成员单位的意见建议，结合日常监督检查情况，综合提出拟公示的国家安全发展示范城市名单，在相关政府网站上向社会进行为期10个工作日的公示，公开诉求渠道。

第十九条　公示期结束后，国务院安委办及时将拟命名城市名单及有关情况报国务院安委会，审议通过后以国务院安委会名义为国家安全发展示范城市命名授牌，并向各省、自治区、直辖市及新疆生产建设兵团通报。

第六章　复　　评

第二十条　已获得命名的城市要以命名授牌为新起点，按照国家规定要求持续加强城市安全相关工作，在三年期限到期后的2个月内按照《评价细则》完成自评，围绕城市安全工作总结三年来的进展情况、查找存在的主要问题、提出下步工作计划，以城市人民政府名义报省级安委会。

第二十一条　省级安委会要按照《评价细则》要求，组织对已获得命名城市复评情况开展复核，结合日常监督检查情况综合提出省级复核意见。复核意见要征求省级安委会相关成员单位意见，及时向社会公示、接受社会监督，于2个月内将有关情况报国务院安委办。

第二十二条　国务院安委办要组织对通过省级复核的已获得命名城市进行综合评议，现场抽查核实参评城市主要评价指标是否满足《评价细则》要求，综合提出已获得命名城市是否保留命名的意见，征求国务院安委会相关成员单位意见并进行公示后，报国务院安委会审议通过，及时向社会公布。

第二十三条　复评过程中，城市自评、省级复核以及综合评议的有关程序规定，参照本办法前述相关条款执行。

第七章　监　督　管　理

第二十四条　参评城市在正式命名授牌前存在下列情况之一的，取消本年度和下一年度的参评资格：

（一）参与评价的第三方人员在评价过程中未按规定开展相关工作，导致评价过程出现重大瑕疵、评价结果出现重大失真的；

（二）评价过程中隐瞒事实、弄虚作假的；

（三）其他影响评价工作客观公正的情形。

有前款第一项情形的，同时禁止相关第三方人员参加后续的国家安全发展示范城市评价工作。

第二十五条　已获得命名城市存在下列情形之一的，由国务院安委会撤销命名并摘牌，以适当形式及时向社会公布：

（一）发生涉及城市安全重特大事故、事件的；

（二）未通过国务院安委办复评的；

（三）出现其他严重问题，不具备示范引领作用的。

第二十六条　参与国家安全发展示范城市省级复核以及综合评议的人员要严格遵守中央八项规定精神要求，自觉执行廉洁自律、信息保密等工作规定。

第二十七条　国务院安委会将把各地创建国家安全发展示范城市的情况作为省级人民政府安全生产考核的重要参考和依据，对工作成绩突出的地区给予表彰，在相关项目资金安排时予以适当倾斜。

地方各级人民政府应结合实际，对国家安全发展示范城市创建工作中贡献突出的单位和个人给予奖励，并在考核和评优方面优先考虑。

第八章　附　　则

第二十八条　本办法所指事故、事件，应以城市行政区域范围内数据为准，按照《中华人民共和国突发事件应对法》、《生产安全事故报告和调查处理条例》（国务院令第493号）、《国家突发公共事件总体应急预案》等法律法规和规范性文件认定。

第二十九条　国家安全发展示范城市牌匾，由国务院安委办设计样式并负责制作。

第三十条　本办法由国务院安委办负责解释，自印发之日起实施。

生产安全事故防范和整改措施落实情况评估办法

安委办〔2021〕4号

第一条　为认真贯彻落实党中央、国务院决策部署，充分发挥事故调查处理对加强和改进安全生产工作的促进作用，督促生产安全事故防范和整改措施有效落实，从根本上消除事故隐患、从根本上解决问题，防范生产安全事故发生，保障人民群众生命安全，根据《中华人民共和国安全生产法》《中共中央 国务院关于推进安全生产领域改革发展的意见》等有关规定，制定本办法。

第二条 生产安全事故调查报告提出的防范和整改措施落实情况的评估工作适用本办法。法律、行政法规另有规定的，从其规定。

第三条 事故结案后10个月至1年内，负责事故调查的地方政府和国务院有关部门要组织开展评估，具体工作可以由相应安全生产委员会或安全生产委员会办公室组织实施。

第四条 评估工作组原则上由参加事故调查的部门组成，可以邀请相应纪检监察机关按照职责同步开展工作。根据工作需要，可以聘请相关专业技术服务机构或专家参加。

评估工作跨行政区域的，相关地方应当积极配合并提供有关情况和资料。

第五条 评估工作组依据生产安全事故调查报告，逐项对照防范和整改措施建议，重点评估以下内容：

（一）事故发生单位、相关企业和有关政府、部门落实事故防范和整改措施采取的具体举措以及工作成效；树牢安全发展理念，健全安全生产责任制，吸取事故教训，举一反三加强安全生产工作情况；

（二）对事故责任单位和责任人员行政处罚建议等落实情况。

纪检监察机关参加评估工作的，对有关部门处理意见和有关公职人员责任追究落实情况进行评估。

第六条 现场评估工作方式：

（一）资料审查。对照事故调查报告和结案通知要求，对事故涉及的地方政府和有关部门提交的事故防范和整改措施落实情况报告进行核查；

（二）座谈问询。了解事故涉及的有关地方政府、相关部门和单位整改工作开展情况；

（三）查阅文件。对事故整改涉及的有关会议纪要、文件资料、相关文书、财务凭证、人事档案等进行核实；

（四）走访核查。赴责任人员单位或羁押场所核查有关情况，赴相关地区和单位、涉事企业、同类企业实地检查整改落实情况。

第七条 评估工作组对现场检查中发现的安全隐患和违法违规问题，应当及时反馈地方政府和有关部门，并提出整改落实建议。

第八条 现场评估工作结束后，评估工作组要形成评估报告。评估报告主要内容应当包括评估工作过程、总体评估意见、事故防范和整改措施落实情况、评估发现的主要问题和相关工作建议等，并附问题清单、工作建议清单以及经验做法清单。评估报告起草过程中，应当充分听取参加评估工作组的有关部门意见。

第九条 评估工作组按程序向组织开展事故防范和整改措施落实情况评估工作的地方政府或国务院有关部门提交评估报告。

第十条 组织评估工作的地方政府应当依据评估报告，向有关地区和部门反馈评估情况，并将评估报告报送上一级安全生产委员会办公室备案。评估工作由国务院有关部门组织开展的，评估报告要抄报国务院安委会办公室。

特别重大事故的评估报告，由国务院安委会办公室报送国务院安全生产委员会，并向相关省级安全生产委员会反馈。

第十一条 组织评估工作的地方政府或国务院有关部门对发现问题的处理：

（一）发现事故防范和整改措施未落实、落实不到位或存在其他问题的，应当向相关地方政府和部门交办整改工作任务并持续跟踪、督促整改；

（二）对重大问题悬而不决、重大风险隐患久拖不改，涉嫌失职渎职的，依法依规移交地方党委政府和纪检监察机关严肃追责问责；

（三）发现对有关公职人员处理意见不落实以及追究刑事责任工作明显滞后的，向地方党委和相应纪检监察机关、人民法院和人民检察院通报情况，商请督促落实。

第十二条 评估报告应当通过媒体或以政府信息公开方式及时向社会全文公开发布，接受社会监督。

第十三条 各省级安全生产委员会以及法律法规规定的省级以上事故调查牵头部门可以根据本办法制定相应细化规定。

第十四条 本办法自印发之日起施行。

关于加强基层安全生产网格化监管工作的指导意见

安委办〔2017〕30号

进一步加强基层安全生产（含职业健康，下同）工作，全面提升基层安全生产监管的精细化、信息化和社会化水平，根据《安全生产法》《职业病防治法》《中共中央国务院关于推进安全生产领域改革发展的意见》《中共中央 国务院关于加强和完善城乡社区治理的意见》和《国务院办公厅关于加强安全生产监管执法的通知》要求，现就加强基层安全生产网格化监管工作提出如下意见：

一、充分认识实施基层安全生产网格化监管的重要意义

实施基层安全生产网格化监管，使安全生产监管体系延伸到最基层，协助打通安全生产监管“最后一公里”，是新形势下创新安全生产监管模式、增强安全生产监管效能的迫切要求，对于缓解基层安全生产监管任务和监管力量之间的突出矛盾，提升全社会安全生产综合治理能力，构建全覆盖、齐抓共管的安全生产监管工作格局意义重大。各地区要充分认识新形势下做好基层安全生产网格化监管工作的重要性，立足本辖区安全生产工作实际，抓好落实，推动安全生产监管工作关口前移、重心下移，全面提升基层安全生产监管的精细化、信息化和社会化水平，力争到2018年底，初步建成运行高效、覆盖所有乡镇(街道)、村（社区）和监督管理对象的基层安全生产网格化监管体系。

二、明确基层安全生产网格化监管的功能定位、划分原则和职责任务

（一）明确基层安全生产网格化监管功能定位。

基层安全生产网格化监管是指将乡镇(街道)及以下的安全生产监管区域划分成若干网格单元，既厘清单元内每个监督管理对象负有安全生产监督管理职责的部门，又明确单元内每个监督管理对象对应的安全生产网格管理员（以下简称网格员），通过加强信息化管理，实现负有安全生产监督管理职责的部门与网格员的互联互通、互为补充、有机结合。基层安全生产网格化监管是现有安全生产监管工作的延伸，充分发挥网格员的“信息员”和“宣传员”等作用，有利于协助负有安全生产监督管理职责的部门实现对基层安全生产工作的动态监管、源头治理和前端处理。

（二）明确基层安全生产网格划分原则。

在具体划分网格时，可遵循下列原则：

1．依托既有网格。

根据《中共中央国务院关于加强和完善城乡社区治理的意见》中关于拓展网格化服务管理的要求，最大限度协调利用社会管理综合治理网格或其他既有网格资源，积极推动安全生产网格与既有网格资源在队伍建设、工作机制、工作绩效、信息平台等方面的融合对接。注重发挥居民委员会、村民委员会等基层群众自治组织在发现生产经营单位事故隐患或安全违法行为中的作用，加强信息沟通联系，形成工作合力。

2．注重条块结合。

单独组建网格时，原则上以乡镇（街道）、村（社区）为基本单位（即平面辖区的“块”），根据辖区内的监督管理对象情况，划分为若干个安全生产监管网格。以县级人民政府负有安全生产监督管理职责的部门为主线（即纵向监管的“条”），厘清网格内每个监督管理对象对应的负有安全生产监督管理职责的部门。

3．合理匹配监管任务与监管力量。

经济规模大或生产经营单位多的乡镇（街道）、村（社区），可划分为多个网格；工业、商贸聚集区域也可划分为独立网格；对于规模大、规格高、安全风险高或与基层监管力量不匹配的生产经营单位，可由县级以上负有安全生产监督管理职责的部门直接监管，不纳入基层安全生产网格化监管的范围。根据工作实际，为相应网格配备专职或兼职网格员，确保每个网格都有对应的网格员。根据网格内生产经营单位的性质、生产过程中的危险性，以及生产经营规模、重要程度、监管重点等情况，可适度调整网格员的分布，使网格员的配备与当地安全生产监管任务相适应。

（三）明确属地监管、基层安全生产网格化监管工作相关部门和网格员的工作任务。

1．属地监管工作任务。

各地区要按照“党政同责、一岗双责”的要求，认真落实安全生产属地监管责任，统筹解决以下问题：

（1）将基层安全生产网格化监管工作纳入安全生产工作重要内容，对基层安全生产网格化监管工作进行总体部署，结合既有网格情况，明确基层安全生产网格化监管工作的牵头部门和配合部门，并制订实施方案；

（2）厘清网格员与基层安全生产监督管理部门、派出机构（如部分乡镇安监站

等）的关系；

（3）协调解决人员、经费等问题；

（4）加强基层安全生产网格监管信息化建设，为基层安全生产网格化监管工作的顺利开展提供保障。

2．基层安全生产网格化监管工作牵头部门工作任务。

（1）制定基层安全生产网格化监管工作实施方案。牵头编制基层安全生产网格化监管示意图，明确各网格的网格员、安全监管责任人和联系负责人。根据网格内监督管理对象的情况，牵头编制《基层安全生产网格化监管工作手册》（以下简称《网格手册》）等实用性强的工作规范和标准。制作网格员明白卡，明确网格员工作任务和报告方式。

（2）对网格员上报的信息进行汇总和分类处置。对属于牵头部门监督管理职责范围内的安全生产非法、违法行为依法依规进行处置；对属于配合部门职责范围内的安全生产非法、违法行为，交由其进行处置。

（3）协调解决基层安全生产网格化监管工作中遇到的问题。

3．基层安全生产网格化监管工作配合部门的工作任务。

（1）确定专人配合牵头部门编制基层安全生产网格化监管工作实施方案和基层安全生产网格化监管示意图。按照牵头部门要求，配合编制《网格手册》等实用性强的工作规范和标准。

（2）根据本部门职责，对网格员上报或牵头部门交办的安全生产非法、违法行为依法依规进行处置。

（3）配合牵头部门，解决基层安全生产网格化监管工作中遇到的问题。

4．网格员的工作任务。

网格员主要履行信息员、宣传员的工作任务：根据《网格手册》要求，重点面向基层企业、“三小场所”（小商铺、小作坊、小娱乐场所）、家庭户等查看非法生产情况并及时报告；协助配合有关部门做好安全检查和执法工作；向监督管理对象送达最新的文件资料；面向监督管理对象和社会公众积极宣传安全生产法律法规和安全生产知识等。网格员的其他工作任务，各地区可结合实际根据工作需要确定。

三、多措并举，确保基层安全生产网格化监管高效运行

（一）加强组织领导。各地区安委会要加强对基层安全生产网格化监管工作的组织领导，主要负责人要坚持亲自抓，分管领导具体抓，负有安全生产监督管理职责的部门共同抓，形成层层抓落实的工作格局。要坚持因地制宜的原则，对于已开展此项工作的地区，可在原方案的基础上，根据本指导意见有关要求，进一步健全完善相关制度措施，逐步实现基层安全生产网格化监管工作全覆盖，不断推动基层安全生产网格化监管工作的规范化、长效化。尚未开展此项工作的地区，要根据本指导意见，抓紧制定具体实施方案，加快实施步伐并认真落实。

（二）加强待遇保障。各地区要结合本地经济发展水平和对网格员的职责要求，合理确定网格员待遇，配备必需的防护用品，实现“责、权、利”相统一，确保其待遇水平和防护水平与工作任务及危险性相适应。完善网格员信息采集上报“以奖代补”奖励机制，充分调动网格员信息采集的积极性。

（三）抓好业务培训。各地区要按照“先培训后上岗”的原则，由牵头部门做好网格员集中培训工作，使网格员会检查、会记录、会报告。同时，配合部门要将网格员培训纳入年度培训计划，定期组织培训，持续提高网格员发现问题的能力。创新培训手段，通过安全生产执法现场观摩、以会代训、技能比武等多种方式，进一步提升网格员的业务素质。加强网格员保密教育，防止向外界泄露所负责网格内的重要数据信息或企业的商业秘密、技术秘密等。

（四）建立常态化运行和考核机制。牵头部门要研究制定网格员日常巡查、信息报告等网格运行配套管理制度，建立健全监督管理对象动态监管档案，实现全过程留痕。建立健全基层安全生产网格化监管工作考核机制，鼓励将考核情况与网格员待遇挂钩，充分调动网格员工作积极性。

（五）突出信息化建设。牵头部门要充分利用信息化技术，搭建或融入既有网格化监管工作信息平台，推动安全生产信息采集录入和动态更新、事件派送交办、现场处置、结果反馈、治理复查等事项的信息化管理。强化信息前端采集工作管理，实现问题早发现、信息早报告、隐患早治理、复查早提醒。建立健全信息安全保障体系，实行信息使用分级管理与授权准入，确保信息安全。

（六）强化典型引路。各地区要立足自身实际，坚持试点先行、循序渐进、注重实效。要不断总结推广试点地区的创新举措和鲜活经验，以点带面，指导推动工作全面开展，实现顶层设计与基层实践的有机结合。国务院安委会办公室将适时选取一批典型做法，在全国范围内进行经验推广。

（七）推动社会参与。充分发挥第三方安全生产专业技术服务机构在参与支持安全生产网格建设、安全风险评估以及协助指导生产经营单位安全隐患整改等工作中的作用。健全并保障安全隐患、非法违法行为以及事故的举报渠道畅通，对举报有功人员及时兑现奖励，充分调动广大群众监督举报的积极性，推进安全生产专群结合、群防群治、齐抓共管。

知识链接

一、必要性

一是破解“最后一公里”安全监管难题的有效手段。当前，现有安全监管的范围有限、力量薄弱的问题较为突出，在监管范畴内，仍然存在着不少盲区和短板。推动安全生产监管体系延伸到最底层，协助打通安全生产监管“最后一公里”问题，必须坚持重心下沉、关口前移，必须提升安全生产监管的精细化、信息化和社会化水平。借助网格化监管的方式，通过发挥网格员的信息员和宣传员的作用，有利于实现对安全生产工作的动态监管和前期处理，进一步延伸安全监管范围。

二是提高全社会安全生产综合治理能力的重要举措。做好安全生产工作是一项系统工程，离不开社会力量的积极参与。《安全生产“十三五”规划》提出要不断提升安全生产社会共治的能力与水平，完善“党政统一领导、部门依法监管、企业全面负责、群众参与监督、全社会广泛支持”的安全生产工作格局。在这一格局中，群众参与度和社会支持度对安全生产工作的重要性不言而喻。推行网格化监管工作，充分发挥网格员的“纽带”作用，搭建企业和政府监管部门沟通的桥梁，能够进一步利用好社会力量参与安全生产工作，有利于构建全覆盖、齐抓共管的安全生产监管工作氛围，提高全社会安全生产综合治理水平。

三是提高安全监管效能的有力抓手。安全监管效能的提升离不开强有力的安全监管执法。安全生产监管执法的信息来源既包括执法机关年度安全生产监督检查计划、上级机关交办、下级部门报请、相关部门移送的案件、涉及生产安全事故的执法活动，又包括安全生产的举报和投诉。作为信息员，网格员根据《网格手册》的要求，通过重点面向基层企业、“三小场所”（小商铺、小作坊、小娱乐场所）、家庭户等查看非法生产情况并及时报告，能够为安全监管精准执法提供有效信息，助推安全监管执法效能的提升。

二、框架结构

《关于加强基层安全生产网格化监管工作的指导意见》（以下简称《指导意见》）总体框架分为三个部分。

第一部分主要着眼于认识问题，讲清“为什么做”。从缓解基层监管任务和监管力量不匹配、协助打通安全生产监管“最后一公里”，提升全社会安全生产综合治理能力、构建齐抓共管的安全生产监管工作格局等角度，阐述了实施安全生产网格化监管工作的重要意义，提出了加强安全生产网格化监管工作的原则性目标。

第二部分主要着眼于方向性问题，明确了安全生产网格化监管的功能定位、划分原则以及属地监管、基层安全生产网格化工作相关部门和网格员的工作任务。

第三部分主要着眼于保障性问题，强调从组织领导、加强网格员待遇保障、强化业务培训、建立常态化运行和考核机制、加强信息化建设、典型引路以及推动社会力量参与等方面为安全生产网格化监管工作顺利推进提供保障。

三、工作目标、功能定位和如何“织网”问题

（一）网格化监管工作的目标

《国务院办公厅关于加强安全生产监管执法的通知》（国办发〔2015〕20号）提出：“推行安全生产网格化动态监管机制，力争用3年左右时间覆盖到所有生产经营单位和乡村、社区”。为了与国务院文件保持一致，《指导意见》将目标设定在了2018年底，要求初步建成运行高效、覆盖所有乡镇（街道）、村（社区）和监督管理对象的基层安全生产网格化监管体系。

（二）网格化监管的功能定位

一是网格化监管的主体仍然是负有安全生产监督管理职责的部门。通过厘清单元内每个监督管理对象负有安全生产监督管理职责的部门，明确单元内每个监督管理对象对应的安全生产网格管理员，负有安全生产监督管理职责的部门与网格员间的互联互通、互为补充、有机结合。二是现有安全生产监管工作的延伸。通过发挥网格员的“信息员”和“宣传员”等作用，便于协助负有安全生产监督管理职责的部门实现对基层安全生产工作的动态监管、源头治理和前期处理。

（三）关于如何“织网”的问题

第一，最大限度利用既有网格，做好融合工作。《中共中央 国务院关于加强和完善城乡社区治理的意见》提出："依托社区综治中心，拓展网格化服务管理"和"促进基层群众自治与网格化服务管理有效衔接"的工作要求。《安全生产法》第七十二条规定："居民委员会、村民委员会发现其所在区域内的生产经营单位存在事故隐患或者安全生产违法行为时，应当向当地人民政府或者有关部门报告"。在此基础上，《意见》提出要最大限度协调利用社会管理综合治理网格或其他既有网格资源，积极推动安全生产网格与既有网格资源在队伍建设、工作机制、工作绩效、信息平台等方面的融合对接。注重发挥居民委员会、村民委员会等基层群众自治组织在发现生产经营单位事故隐患或安全违法行为中的作用。依托既有网格，一方面可避免重新建网带来的浪费，另一方面可以借助既有网格的资源，更好地服务安全生产工作，形成工作合力。

第二，详细分析监管任务，做好匹配工作。目前，我国区域经济发展不平衡现象仍然较为突出，东中西部经济差异性较大。东部沿海的一些城市在拥有的企业数量、企业规模方面，要远远超过中部和西部的部分城市。具体到某个城市内部而言，各个区县、各个乡镇的情况又是千差万别。因此，就网格化监管而言，必须突出差异性，认真做好监管任务的分析工作，合理匹配监管任务和监管力量。《意见》提出，经济规模大或生产经营单位多的乡镇（街道）、村（社区），可划分为多个网格；工业、商贸聚集区域也可划分为独立网格；对于规模大、规格高、安全风险高或与基层监管力量不匹配的生产经营单位，可由县级以上负有安全生产监督管理职责的部门直接监管，不纳入基层安全生产网格化监管的范围。根据网格内生产经营单位的性质、生产过程中的危险性，以及生产经营规模、重要程度、监管重点等情况，可适度调整网格员的分布，使网格员的配备与当地安全生产监管任务相适应。这样做的目的，就是使监管任务与监管人员的比例相互协调、相互匹配，避免短板效应。

第三，合理划分网格，做好统筹工作。《安全生产法》第八条规定"县级以上地方人民政府应当加强对安全生产工作的领导……及时协调、解决安全生产监督管理中存在的重大问题"，明确了县级以上地方人民政府在安全生产工作中的职责。《指导意见》明确了属地（政府）4方面的工作任务：一是总体部署，要求明确牵头部门、配合部门和实施方案；二是界定网格员与基层安监部门、乡镇安监站等的关系，明晰边界，防止后续工作中出现责任不清甚至推诿扯皮问题；三是统筹解决人员、经费问题；四是加强信息化建设，为网格化监管提供重要保障。

第四，明确责任分工，形成工作合力。一是明确了网格化监管工作牵头部门的工作任务，包括制定实施方案，对网格员上报的信息汇总和分类处置以及协调解决棘手问题等3方面的工作任务。二是明确了配合部门的工作任务，包括确定专人配合实施方案的编写、依照职责对上报的情况进行处置、配合牵头部门做好其他方面的工作等3方面的工作任务。三是明确了网格员的工作任务。《指导意见》将网格员的定位界定为"信息员"和"宣传员"。因此，网格员的工作任务围绕这两个定位来展开：作为"信息员"，网格员要承担重点面向基层企业、"三小场所"（小商铺、小作坊、小娱乐场所）、家庭户等查看非法生产情况并及时报告；协助配合有关部门做好安全检查和执法工作；向监督管理对象送达最新的文件资料等工作任务。作为"宣传员”，网格员要面向监督管理对象和社会公众积极宣传安全生产法律法规和安全生产知识。至于网格员其他方面的工作任务，《指导意见》将更多的自主权留给了各地，由各地区结合各自实际，根据工作需要确定。

四、落实措施

一是在组织领导方面，《指导意见》明确由各地安委会加强对网格化监管工作的组织领导。因该项工作涉及面广，任务量大，时间紧迫，需要安委会主要负责同志亲自抓、分管负责同志具体抓、牵头部门和配合部门共同抓，才能达到既定目标任务。考虑到在《指导意见》印发前，全国已经有不少地区开展了此项工作，因此，《指导意见》要求各地因地制宜，对已开展的和未开展的地区采取不同的措施，但最终都要在规定时间节点内建成网格化监管体系，实现基层安全生产网格化监管工作的规范化和长效化发展。

二是关于网格员待遇保障。《指导意见》规定由各地根据经济发展水平和网格员任务量情况，统筹考虑网格员的待遇和防护用品的配备情况，实现“责权利”的统一。

三是要加强业务培训和考核。各地区要对网格员要做好岗前培训和岗中培训，注重培训效果，使网格员由“外行人”逐步过渡为“内行人”，善于发现问题和上报问题的能力得到持续提升。同时，为增强实施效果，《指导意见》要求牵头部门制定配套考核管理制度，加强考核和管理，推动网格化监管工作的常态化。

四是要突出信息化手段的运用。网格化监管要充分利用信息化手段，推动信息采集、事件派送交办、现场处置、结果反馈等一系列工作的信息化和智能化水平，提高工作效率。同时要衔接既有的风险点、危险源排查管控和隐患排查治理等信息系统，实现有机对接，提升工作成效。

五是要推动社会参与。可通过政府购买服务等方式，借助第三方安全生产专业技术服务机构的专业优势，开展安全生产网格化建设工作。通过“12350”举报平台等方式，鼓励社会公众对安全隐患、非法违法行为、生产安全事故等进行举报，充分利用社会资源，构建群防群治的工作格局。

生产经营单位从业人员安全生产举报处理规定

应急〔2020〕69号

第一条 为了强化和落实生产经营单位安全生产主体责任，鼓励和支持生产经营单位从业人员对本单位安全生产工作中存在的问题进行举报和监督，严格保护其合法权益，根据《中华人民共和国安全生产法》和《国务院关于加强和规范事中事后监管的指导意见》（国发〔2019〕18号）等有关法律法规和规范性文件，制定本规定。

第二条 本规定适用于生产经营单位从业人员对其所在单位的重大事故隐患、安全生产违法行为的举报以及处理。

前款所称重大事故隐患、安全生产违法行为，依照安全生产领域举报奖励有关规定进行认定。

第三条 应急管理部门（含煤矿安全监察机构，下同）应当明确负责处理生产经营单位从业人员安全生产举报事项的机构，并在官方网站公布处理举报事项机构的办公电话、微信公众号、电子邮件等联系方式，方便举报人及时掌握举报处理进度。

第四条 生产经营单位从业人员举报其所在单位的重大事故隐患、安全生产违法行为时，应当提供真实姓名以及真实有效的联系方式；否则，应急管理部门可以不予受理。

第五条 应急管理部门受理生产经营单位从业人员安全生产举报后，应当及时核查；对核查属实的，应当依法依规进行处理，并向举报人反馈核查、处理结果。

举报事项不属于本单位受理范围的，接到举报的应急管理部门应当告知举报人向有处理权的单位举报，或者将举报材料移送有处理权的单位，并采取适当方式告知举报人。

第六条 应急管理部门可以在危险化学品、矿山、烟花爆竹、金属冶炼、涉爆粉尘等重点行业、领域生产经营单位从业人员中选取信息员，建立专门联络机制，定期或者不定期与其联系，及时获取生产经营单位重大事故隐患、安全生产违法行为线索。

第七条 应急管理部门对受理的生产经营单位从业人员安全生产举报，以及信息员提供的线索，按照安全生产领域举报奖励有关规定核查属实的，应当给予举报人或者信息员现金奖励，奖励标准在安全生产领域举报奖励有关规定的基础上按照一定比例上浮，具体标准由各省级应急管理部门、财政部门根据本地实际情况确定。

因生产经营单位从业人员安全生产举报，或者信息员提供的线索直接避免了伤亡事故发生或者重大财产损失的，应急管理部门可以给予举报人或者信息员特殊奖励。

举报人领取现金奖励时，应当提供身份证件复印件以及签订的有效劳动合同等可以证明其生产经营单位从业人员身份的材料。

第八条 给予举报人和信息员的奖金列入本级预算，通过现有资金渠道安排，并接受审计和纪检监察机关的监督。

第九条 应急管理部门参与举报处理工作的人员应当严格遵守保密纪律，妥善保管和使用举报材料，严格控制有关举报信息的知悉范围，依法保护举报人和信息员的合法权益，未经其同意，不得以任何方式泄露其姓名、身份、联系方式、举报内容、奖励等信息，违者视情节轻重依法给予处分；构成犯罪的，依法追究刑事责任。

第十条 生产经营单位应当保护举报人和信息员的合法权益，不得对举报人和信息员实施打击报复行为。

生产经营单位对举报人或者信息员实施打击报复行为的，除依法予以严肃处理外，应急管理部门还可以按规定对生产经营单位及其有关人员实施联合惩戒。

第十一条 应急管理部门应当定期对举报人和信息员进行回访，了解其奖励、合法权益保护等有关情况，听取其意见建议；对回访中发现的奖励不落实、奖励低于有关标准、打击报复举报人或者信息员等情况，应当及时依法依规进行处理。

第十二条 应急管理部门鼓励生产经营单位建立健全本单位的举报奖励机制，在有关场所醒目位置公示本单位法定代表人或者安全生产管理机构以及安全生产管理人员的电话、微信、电子邮件、微博等联系方式，受理本单位从业人员举报的安全生产问题。对查证属实的，生产经营单位应当进行自我纠正整改，同时可以对举报人给予相应奖励。

第十三条 举报人和信息员应当对其举报内容的真实性负责，不得捏造、歪曲事实，不得诬告、陷害他人和生产经营单位，不得故意诱导生产经营单位实施安全生产违法行为；否则，一经查实，依法追究法律责任。

第十四条 本规定自公布之日起施行。

知识链接

一、出台背景

《国务院关于加强和规范事中事后监管的指导意见》要求，对举报严重违法违规行为和重大风险隐患的有功人员予以重奖和严格保护。在安全生产领域建立生产经营单位从业人员举报处理制度，对于及时发现并有效查处生产经营单位违法违规行为，提高监管效率，有效遏制重特大事故发生具有重要意义。

目前，安全生产领域已经建立了有奖举报制度。2018年1月，原安全监管总局与财政部联合印发《安全生产领域举报奖励办法》（安监总财〔2018〕19号），适用于重大事故隐患和安全生产违法行为的举报奖励，对举报事项范围、举报的途径、举报的处理和反馈、奖励的标准、保护举报人合法权益等作出了详细规定，但并未区分一般群众举报和生产经营单位从业人员举报，二者实行的是统一的奖励标准。同时，对生产经营单位从业人员也未规定区别于一般举报人的保护机制。

与一般举报相比，生产经营单位从业人员的举报具有信息翔实准确、可信程度高等特点，能够帮助监管部门及时发现违法行为，精准开展执法活动。但与此同时，这类举报也存在举报人容易遭受打击报复、举报风险较高等问题。因此，只有对生产经营单位从业人员给予重奖，并严格维护其合法权益，才能保护其举报积极性，倒逼生产经营单位提高安全生产水平。

为强化和落实生产经营单位安全生产主体责任，鼓励和支持生产经营单位从业人员对本单位安全生产工作中存在的问题进行举报和监督，严格保护其合法权益，应急管理部制定印发了《生产经营单位从业人员安全生产举报处理规定》（以下简称《规定》）。

二、基本定位和总体思路

《规定》的基本定位是：充分利用现有工作基础，将生产经营单位从业人员安全生产举报处理制度纳入安全生产领域举报奖励总体制度设计之中，将其作为《安全生产领域举报奖励办法》的补充规定。总体思路是：以习近平总书记关于安全生产的重要论述为指导，严格落实《安全生产法》关于“任何单位或者个人对事故隐患或者安全生产违法行为，均有权向负有安全生产监督管理职责的部门报告或者举报”的规定，深入研究借鉴食品药品安全领域举报奖励制度，结合安全生产工作实际，在《奖励办法》有关规定的基础上，进一步提高对生产经营单位从业人员举报的奖励标准，强化保护措施。

三、 举报时生产经营单位从业人员的准确认定

认定举报人为生产经营单位从业人员，必须获得其真实的姓名和有效的联系方式，且应当有劳动合同等证明材料。因此《规定》明确，生产经营单位从业人员举报时，应当提供真实姓名以及真实有效的联系方式；领取现金奖励时，应当提供身份证件复印件以及签订的有效劳动合同等可以证明其生产经营单位从业人员身份的材料。

四、对生产经营单位从业人员进行举报的奖励机制

《规定》建立了两个方面的奖励机制。一是政府有关部门的奖励。经商财政部同意，《规定》明确，应急管理部门对受理的生产经营单位从业人员安全生产举报，经核查属实的，给予现金奖励，奖励标准在《安全生产领域举报奖励办法》规定的基础上按照一定比例上浮，具体标准由各省级应急管理部门、财政部门根据本地实际情况确定。同时，对因生产经营单位从业人员安全生产举报直接避免了伤亡事故发生或者重大财产损失的，各地应急管理部门可以根据本地区实际情况，给予举报人特殊奖励。上述奖金列入本级预算，通过现有资金渠道安排，并接受审计和纪检监察机关的监督。

二是生产经营单位对其从业人员的奖励。应急管理部门鼓励生产经营单位建立健全本单位的举报奖励机制，公示举报方式，受理本单位从业人员举报的安全生产问题。对查证属实的，生产经营单位要进行自我纠正整改，同时可以对举报人给予相应奖励。

五、举报人合法权益的保护

为保护举报人的合法权益，《规定》建立了三重保护机制。

一是严格保护举报人信息。应急管理部门参与举报处理工作的人员应当严格遵守保密纪律，妥善保管和使用举报材料，严格控制有关举报信息的知悉范围，依法保护举报人合法权益，未经其同意，不得以任何方式泄露其姓名、身份、联系方式、举报内容、奖励等信息。

二是严格依法处理打击报复行为。生产经营单位对举报人实施打击报复行为的，除依法予以严肃处理外，应急管理部门还可以按规定对生产经营单位及其有关人员实施联合惩戒。

三是建立回访制度。应急管理部门定期对举报人进行回访，了解其奖励、合法权益保护等有关情况，听取其意见建议。对回访中发现的奖励不落实、奖励低于有关标准、打击报复等情况，要及时依法依规进行处理。

同时，举报人也要依法依规进行举报，不得捏造、歪曲事实，不得诬告、陷害他人和生产经营单位，不得故意诱导生产经营单位实施安全生产违法行为，否则，将依法追究法律责任。

安全生产领域举报奖励办法

安监总财〔2018〕19号

第一条 为进一步加强安全生产工作的社会监督，鼓励举报重大事故隐患和安全生产违法行为，及时发现并排除重大事故隐患，制止和惩处违法行为，依据《中华人民共和国安全生产法》《中华人民共和国职业病防治法》和《中共中央 国务院关于推进安全生产领域改革发展的意见》等有关法律法规和文件要求，制定本办法。

第二条 本办法适用于所有重大事故隐患和安全生产违法行为的举报奖励。

其他负有安全生产监督管理职责的部门对所监管行业领域的安全生产举报奖励另有规定的，依照其规定。

第三条 任何单位、组织和个人（以下统称举报人）有权向县级以上人民政府安全生产监督管理部门、其他负有安全生产监督管理职责的部门和各级煤矿安全监察机构（以下统称负有安全监管职责的部门）举报重大事故隐患和安全生产违法行为。

第四条 负有安全监管职责的部门开展举报奖励工作，应当遵循“合法举报、适当奖励、属地管理、分级负责”和“谁受理、谁奖励”的原则。

第五条 本办法所称重大事故隐患，是指危害和整改难度较大，应当全部或者局部停产停业，并经过一定时间整改治理方能排除的隐患，或者因外部因素影响致使生产经营单位自身难以排除的隐患。

煤矿重大事故隐患的判定，按照《煤矿重大生产安全事故隐患判定标准》（国家安全生产监督管理总局令第85号）的规定认定。其他行业和领域重大事故隐患的判定，按照负有安全监管职责的部门制定并向社会公布的判定标准认定。

第六条 本办法所称安全生产违法行为，按照国家安全监管总局印发的《安全生产非法违法行为查处办法》（安监总政法〔2011〕158号）规定的原则进行认定，重点包括以下情形和行为：

（一）没有获得有关安全生产许可证或证照不全、证照过期、证照未变更从事生产经营、建设活动的；未依法取得批准或者验收合格，擅自从事生产经营活动的；关闭取缔后又擅自从事生产经营、建设活动的；停产整顿、整合技改未经验收擅自组织生产和违反建设项目安全设施“三同时”规定的。

（二）未依法对从业人员进行安全生产教育和培训，或者矿山和危险化学品生产、经营、储存单位，金属冶炼、建筑施工、道路交通运输单位的主要负责人和安全生产管理人员未依法经安全生产知识和管理能力考核合格，或者特种作业人员未依法取得特种作业操作资格证书而上岗作业的；与从业人员订立劳动合同，免除或者减轻其对从业人员因生产安全事故伤亡依法应承担的责任的。

（三）将生产经营项目、场所、设备发包或者出租给不具备安全生产条件或者相应资质（资格）的单位或者个人，或者未与承包单位、承租单位签订专门的安全生产管理协议，或者未在承包合同、租赁合同中明确各自的安全生产管理职责，或者未对承包、承租单位的安全生产进行统一协调、管理的。

（四）未按国家有关规定对危险物品进行管理或者使用国家明令淘汰、禁止的危及生产安全的工艺、设备的。

（五）承担安全评价、认证、检测、检验工作和职业卫生技术服务的机构出具虚假证明文件的。

（六）生产安全事故瞒报、谎报以及重大事故隐患隐瞒不报，或者不按规定期限予以整治的，或者生产经营单位主要负责人在发生伤亡事故后逃匿的。

（七）未依法开展职业病防护设施“三同时”，或者未依法开展职业病危害检测、评价的。

（八）法律、行政法规、国家标准或行业标准规定的其他安全生产违法行为。

第七条 举报人举报的重大事故隐患和安全生产违法行为，属于生产经营单位和负有安全监管职责的部门没有发现，或者虽然发现但未按有关规定依法处理，经核查属实的，给予举报人现金奖励。具有安全生产管理、监管、监察职责的工作人员及其近亲属或其授意他人的举报不在奖励之列。

第八条 举报人举报的事项应当客观真实，并对其举报内容的真实性负责，不得捏造、歪曲事实，不得诬告、陷害他人和企业；否则，一经查实，依法追究举报人的法律责任。

举报人可以通过安全生产举报投诉特服电话“12350”，或者以书信、电子邮件、传真、走访等方式举报重大事故隐患和安全生产违法行为。

第九条 负有安全监管职责的部门应当建立健全重大事故隐患和安全生产违法行为举报的受理、核查、处理、协调、督办、移送、答复、统计和报告等制度，并向社会公开通信地址、邮政编码、电子邮箱、传真电话和奖金领取办法。

第十条 核查处理重大事故隐患和安全生产违法行为的举报事项，按照下列规定办理：

（一）地方各级负有安全监管职责的部门负责受理本辖区内的举报事项；

（二）设区的市级以上地方人民政府负有安全监管职责的部门、国家有关负有安全监管职责的部门可以依照各自的职责直接核查处理辖区内的举报事项；

（三）各类煤矿的举报事项由所辖区域内属地煤矿安全监管部门负责核查处理。各级煤矿安全监察机构直接接到的涉及煤矿重大事故隐患和安全生产违法行为的举报，应及时向当地政府报告，并配合属地煤矿安全监管等部门核查处理；

（四）地方人民政府煤矿安全监管部门与煤矿安全监察机构在核查煤矿举报事项之前，应当相互沟通，避免重复核查和奖励；

（五）举报事项不属于本单位受理范围的，接到举报的负有安全监管职责的部门应当告知举报人向有处理权的单位举报，或者将举报材料移送有处理权的单位，并采取适当方式告知举报人；

（六）受理举报的负有安全监管职责的部门应当及时核查处理举报事项，自受理之日起60日内办结；情况复杂的，经上一级负有安全监管职责的部门批准，可以适当延长核查处理时间，但延长期限不得超过30日，并告知举报人延期理由。受核查手段限制，无法查清的，应及时报告有关地方政府，由其牵头组织核查。

第十一条 经调查属实的，受理举报的负有安全监管职责的部门应当按下列规定对有功的实名举报人给予现金奖励：

（一）对举报重大事故隐患、违法生产经营建设的，奖励金额按照行政处罚金额的15%计算，最低奖励3000元，最高不超过30万元。行政处罚依据《安全生产法》《安全生产违法行为行政处罚办法》《安全生产行政处罚自由裁量标准》《煤矿安全监察行政处罚自由裁量实施标准》等法律法规及规章制度执行；

（二）对举报瞒报、谎报事故的，按照最终确认的事故等级和查实举报的瞒报谎报死亡人数给予奖励。其中：一般事故按每查实瞒报谎报1人奖励3万元计算；较大事故按每查实瞒报谎报1人奖励4万元计算；重大事故按每查实瞒报谎报1人奖励5万元计算；特别重大事故按每查实瞒报谎报1人奖励6万元计算。最高奖励不超过30万元。

第十二条 多人多次举报同一事项的，由最先受理举报的负有安全监管职责的部门给予有功的实名举报人一次性奖励。

多人联名举报同一事项的，由实名举报的第一署名人或者第一署名人书面委托的其他署名人领取奖金。

第十三条 举报人接到领奖通知后，应当在60日内凭举报人有效证件到指定地点领取奖金；无法通知举报人的，受理举报的负有安全监管职责的部门可以在一定范围内进行公告。逾期未领取奖金者，视为放弃领奖权利；能够说明理由的，可以适当延长领取时间。

第十四条 奖金的具体数额由负责核查处理举报事项的负有安全监管职责的部门根据具体情况确定，并报上一级负有安全监管职责的部门备案。

第十五条 参与举报处理工作的人员必须严格遵守保密纪律，依法保护举报人的合法权益，未经举报人同意，不得以任何方式透露举报人身份、举报内容和奖励等情况，违者依法承担相应责任。

第十六条 给予举报人的奖金纳入同级财政预算，通过现有资金渠道安排，并接受审计、监察等部门的监督。

第十七条 本办法由国家安全监管总局和财政部负责解释。

第十八条 本办法自印发之日起施行。国家安全监管总局、财政部《关于印发安全生产举报奖励办法的通知》（安监总财〔2012〕63号）同时废止。

关于加强安全生产执法工作的意见

应急〔2021〕23号

为加强安全生产执法工作，提高运用法治思维和法治方式解决安全生产问题的能力和水平，有力有效防范化解安全风险、消除事故隐患，切实维护人民群众生命财产安全和社会稳定，推动实现更为安全的发展，根据中共中央办公厅、国务院办公厅印发的《关于深化应急管理综合行政执法改革的意见》提出的“突出加强安全生产执法工作，有效防范遏制生产安全事故发生”原则要求，现提出以下意见：

一、总体要求

以习近平新时代中国特色社会主义思想为指导，认真学习贯彻落实习近平法治思想和习近平总书记关于安全生产重要论述，提高政治站位，统筹发展和安全，坚持人民至上、生命至上，建立完善与新发展阶段、新发展理念、新发展格局相适应的科学高效的安全生产执法体制机制。强化安全生产法治观念，坚持严格规范公正文明执法，切实解决多层多头重复执法和屡罚不改、屡禁不止问题。创新执法模式，科学研判风险、强化精准执法，转变工作作风、敢于动真碰硬，以高质量执法推动提升安全生产水平，切实把确保人民生命安全放在第一位落到实处，以实际行动和实际效果践行“两个维护”。

二、坚持精准执法，着力提高执法质量

（一）明确层级职责。地方各级应急管理部门对辖区内安全生产执法工作负总责，承担本级法定执法职责和对下级执法工作的监督指导、抽查检查以及跨区域执法的组织协调等工作。各省级应急管理部门要在统筹分析辖区内行业领域安全风险状况、企业规模、执法难度以及各层级执法能力水平等情况的基础上，明确省市县三级执法管辖权限，确定各级执法管辖企业名单，原则上一家企业对应一个层级的执法主体，下级应急管理部门不对上级部门负责的企业开展执法活动。对下级部门难以承担的执法案件或管辖有争议的案件，上级部门可依照程序进行管辖或指定管辖；对重大和复杂案件，要及时报告上级部门立案查处。

（二）科学确定重点检查企业。完善执法计划制度，地方各级应急管理部门要将矿山、危险化学品、烟花爆竹、金属冶炼、涉爆粉尘等重点行业领域安全风险等级较高的企业纳入年度执法计划，确定为重点检查企业，每年至少进行一次“全覆盖”执法检查，其他企业实行“双随机、一公开”执法抽查。对近三年内曾发生生产安全亡人事故、一年内因重大事故隐患被应急管理部门实施过行政处罚、存在重大事故隐患未按期整改销号、纳入失信惩戒名单、停产整顿、技改基建、关闭退出以及主要负责人安全“红线”意识不牢、责任不落实等企业单位，要纳入重点检查企业范围，在正常执法计划的基础上实施动态检查，年度内检查次数至少增加一次。对于安全生产标准化一级企业或三年以上未发生事故等守法守信的重点检查企业，可纳入执法抽查。

对典型事故等暴露出的严重违法行为或落实临时性重点任务以及通过投诉举报、转办交办、动态监测等发现的问题，要及时开展执法检查，不受执法计划、固定执法时间和对象限制，确保执法检查科学有效。

（三）聚焦执法检查重点事项。依据重点行业领域重大事故隐患判定标准，分行业领域建立执法检查重点事项清单并动态更新。围绕重点事项开展有针对性的执法检查，确保企业安全风险突出易发生事故的关键环节、要害岗位、重点设施检查到位。执法检查要坚持问题导向、目标导向、结果导向，实施精准执法，防止一般化、简单化、“大呼隆”等粗放式检查扰乱企业生产经营，以防风险、除隐患、遏事故的执法检查实效优化营商环境。

三、坚持严格执法，着力提升执法效能

（四）严格执法处罚。针对执法检查中发现的各类违法行为，要盯住不放，督促企业彻底整改，严格执法闭环管理。对于严重违法行为，要求企业主要负责人牵头负责整改落实，压实整改责任。严格依据法律法规进行处罚，不得以责令限期改正等措施代替处罚，对存在多种违法行为的案件要分别裁量、合并处罚，不得选择性处罚。对违法行为逾期未整改或整改不到位的，以及同一违法行为反复出现的，要依法严肃查处、从重处罚，坚决防止执法“宽松软”。

（五）建立典型执法案例定期报告制度。各省级、市级、县级应急管理部门分别按照每半年、每季度和每两个月的时间周期，直接向应急管理部至少报送一个执法案例，市、县两级同时抄报上一级应急管理部门。执法案例须聚焦执法检查重点事项，从执法严格、程序规范并由本级直接作出行政处罚的案件中选取。应急管理部建立典型执法案例数据库，健全案例汇总、筛选、发布和奖惩机制，选取优秀执法案例，对有关单位和执法人员依据有关规定给予记功和嘉奖；对执法不严格、程序不规范的案例将适时进行通报。

（六）密切行刑衔接。严格贯彻实施《刑法修正案（十一）》，加大危险作业行为刑事责任追究力度。发现在生产、作业中有关闭、破坏直接关系生产安全的设备设施，或篡改、隐瞒、销毁其相关数据信息，或拒不执行因存在重大事故隐患被依法责令停产停业、停止使用设备设施场所、立即采取整改措施的执法决定，或未经依法批准或许可擅自从事高度危险的生产作业活动等违反有关安全管理规定的情形，具有导致重大伤亡事故或者其他严重后果的现实危险行为，各级应急管理部门及消防救援机构要按照《安全生产行政执法与刑事司法衔接工作办法》（应急〔2019〕54号），及时移送司法机关，依法追究刑事责任，不得以行政处罚代替移送，坚决纠正有案不送、以罚代刑等问题。对其他涉及刑事责任的违法行为，按照有关法律法规和程序，及时移交查办。

（七）加强失信联合惩戒。严格执行安全生产失信行为联合惩戒制度，对于存在严重违法行为的失信主体要及时纳入安全生产失信惩戒名单，提高执法工作严肃性和震慑力。对于列入严重失信惩戒名单的企业和人员，将相关信息推送全国信用信息共享平台，按照《关于对安全生产领域失信生产经营单位及其有关人员开展联合惩戒的合作备忘录》（发改财金〔2016〕1001号）要求，实施联合惩戒。

（八）建立联合执法机制。结合贯彻落实中共中央办公厅、国务院办公厅印发的

《关于深化消防执法改革的意见》，加强地方应急管理部门与消防救援机构的协调联动，创新执法方式，强化优势互补，建立安全生产执法与消防执法联合执法机制，加强信息共享，形成执法合力。

四、规范执法行为，着力强化执法权威

（九）全面落实行政执法“三项制度”。严格落实行政执法公示制度，按照“谁执法谁公示”的原则，及时通过各级应急管理部门政府网站和政务新媒体、服务窗口等平台向社会公开行政执法基本信息和结果信息；建立健全执法决定信息公开发布、撤销和更新机制，严格按照相关规定对执法决定信息进行公开，公开期满要及时撤下。落实执法全过程记录制度，全面配备使用执法记录仪，综合运用文字记录、音像记录等方式，实现现场执法和案件办理全过程留痕和可回溯管理。严格执行重大执法决定法制审核制度，明确审核机构、审核范围、审核内容、审核责任。

（十）规范执法程序。严格规范日常执法检查、专项执法、明查暗访、交叉互检等工作方式，坚持严格执法与指导服务相结合，在对重点检查企业的检查中实行“执法告知、现场检查、交流反馈”“企业主要负责人、安全管理人员、岗位操作员工全过程在场”和“执法+专家”的执法工作模式。提前做好现场检查方案，检查前进行执法告知；检查中企业有关人员必须全过程在场，客观规范记录检查情况，对重大事故隐患排除前或者排除过程中无法保证安全的依法采取现场处理措施，对依法应当给予行政处罚的要及时立案，全面客观公正开展调查、收集证据；检查后进行交流反馈，开展“说理式”执法，注重适用法律答疑解惑，提供安全咨询和整改指导。存在法定不予处罚、从轻处罚、减轻处罚情形的，应依法执行，防止执法乱收费、乱罚款等现象。对检查中发现存在的安全问题应当由其他有关部门进行处理的，应当及时移送并形成记录备查；对需要地方政府和上级应急管理部门研究解决的重大风险和突出隐患问题，要及时报告。要综合运用约谈、警示、通报和考核巡查等手段，及时督促有关地方政府和部门单位落实安全防范措施。

（十一）加强案卷评查和执法评议考核。以执法质量作为案卷评查重点，定期对行政处罚、行政强制等执法案卷开展评查，以评查促规范，持续提高执法能力和办案水平。以落实行政执法责任制为重点，建立健全执法评议考核制度，从执法力度、办案质量、工作成效、指导服务等方面对执法工作开展评议考核，依法依规责令改正存在违法、不当情形的行政处罚。强化考核结果运用，将执法评议考核作为年度工作考核的重要指标。

五、推进执法信息化建设，着力完善执法手段

（十二）建立完善企业安全基础电子台账。地方各级应急管理部门要建立企业安全基础电子台账并进行动态更新，全面掌握辖区内企业类型和数量变化。汇总增加与安全生产有关的设备设施、安评报告、事故调查等安全管理内容，形成“一企一档”，研究分析企业安全风险状况，为确定重点检查企业提供数据支撑。

（十三）建立健全安全生产执法信息化工作机制。整合建立全国统一的应急管理监管执法信息平台，将重点检查企业生产过程监控视频和安全生产数据接入平台，充分运用风险监测预警、信用监管、投诉举报、信访等平台数据，加强对执法对象安全风险分析研判和预测预警，推动加快实施“工业互联网+安全生产”行动计划。坚持现场执法检查和网络巡查执法“两条腿”走路，结合疫情防控常态化条件下安全生产执法工作实际，积极拓展非现场监管执法手段及应用，建立完善非现场监管执法制度办法，明确工作流程、落实责任要求。

（十四）大力推进“互联网+执法”系统应用。推进智能移动执法系统和手持终端应用，执法行为全过程要上线入网。加强生产作业现场重点设备、工艺、装置风险隐患样本库建设，提高对同类风险隐患的自动辨识能力，增强执法实效。利用执法系统实时掌握执法检查情况，实现执法计划、执法检查、统计分析的实时管理，及时提醒纠正各类违法行为。

六、加强执法力量建设，着力增强执法队伍能力水平

（十五）加强组织领导。全面加强党对安全生产执法工作的领导，各级应急管理部门党委（党组）每年要定期专题研究安全生产执法工作。要认真贯彻落实中央关于“应急管理执法体制调整后，安全生产执法工作只能加强不能削弱”的要求，充分认识加强和改进安全生产执法工作的重要性和紧迫性，加强执法队伍建设，落实执法保障，构建权责一致、权威高效的执法体制，持续提升防范化解重大风险和遏制重特大事故的执法能力。

（十六）加强执法教育培训。健全系统化执法教育培训机制，建立并规范实施入职培训、定期轮训和考核制度。制定年度执法教育培训计划，把理论学习与实践锻炼、课程讲授与实际运用有机结合，不断增强执法人员综合素质特别是一线人员的履职能力，持续提高具有安全生产专业知识和实践经验的执法人员比例。突出执法工作重点环节，采取理论考试、现场实操、模拟执法等方式组织开展执法队伍岗位比武练兵，充分发挥其检验、激励和导向作用，推动执法人员提高实战能力、锤炼工作作风、规范执法行为。

（十七）加强专业力量建设。严把专业入口关，加大紧缺专业人才引进力度，强化专业人干专业事。加大矿山、危险化学品、工贸等重点行业领域专业执法骨干力量培养力度，从理论、实践等方面制定专门培养计划，突出培养重点，建设法治素养和安全生产专业素质齐备的执法骨干力量。突出安全生产执法专业特色，提高执法装备水平，开展执法机构业务标准化建设，加强执法保障能力。聘请相关行业领域有影响力的技术人员和专家学者等，组成执法监督员队伍，为安全生产执法工作提供理论和专业力量支撑。

各省级应急管理部门要将落实本意见重要情况，及时报告应急管理部。

知识链接

一、主要内容和解决的问题

《关于加强安全生产执法工作的意见》（以下简称《意见》）紧紧围绕精准、严格、规范三个执法要素，要求通过强化执法狠抓风险防控和事故预防，从坚持精准执法、坚持严格执法、规范执法行为、推进执法信息化建设、加强执法力量建设5个方面提出了17项工作措施。

加强安全生产执法工作是贯彻落实习近平法治思想、深化应急管理系统综合行政执法改革的重大举措，是适应新发展阶段推动企业安全发展的重要手段，也是着力破解当前安全生产领域突出问题的迫切要求。安全生产执法是应急管理综合行政执法的重要组成部分，当前执法工作与党中央、国务院的新要求以及人民群众的新期待相比还有较大差距，既有熟视无睹、该严不严、该重不重、屡禁不止的问题，也有多层重复执法、选择性执法、信息化建设滞后、执法效率不高等问题，这些不精准、不严格、不规范、效率不高的问题不仅降低了行政效率，导致“安全检查查不出问题”的情况突出，而且一些重大安全风险不能得到有效管控，反映出当前安全生产执法工作还不能完全适应新发展阶段的要求。目前，各地正在有序推进应急管理综合行政执法改革，为确保改革过程中安全生产执法工作只能加强不能削弱，同时针对一段时期以来安全生产执法工作出现的上述问题，坚持问题导向，逐一提出了针对性工作措施，注重解决突出问题，理顺执法工作中的基本关系，向社会和企业释放加强安全生产执法工作的信号，推动建立完善与新发展阶段、新发展理念、新发展格局相适应的科学高效的安全生产执法体制机制，以强有力的执法行动和效果践行“两个维护”。

二、《意见》在精准执法方面的举措

《意见》针对目前安全生产执法工作中多层重复执法、“大呼隆、一阵风”“选择性执法”等执法不精准问题，强调执法要聚焦，要直击“痛处”，从执法层级清晰、对象明确、事项精准三个方面提出了具体要求。

一是明确层级职责。当前部分企业反映，每年要接受不同层级监管部门的多次重复检查，有的中央企业、省属企业要接受省、市、县乃至乡镇多层级的检查。多层重复执法，不仅容易导致“几家管几家不管”的“三个和尚没水吃”现象，而且一旦出事故，追究层级多、追究人员多。因此，《意见》第一项重点任务就是厘清层级管辖权限，明确规定：地方各级应急管理部门对辖区内执法工作负总责，省级应急管理部门要明确省市县三级执法管辖企业名单，原则上一家企业对应一个层级的执法主体。上级部门不能将执法责任完全压给下级，确定各层级管辖企业名单后，下级部门不对上级部门负责的企业开展执法活动，但上级部门要对下级执法工作进行监督指导和抽查检查。下级部门遇有重大和复杂案件要及时报告上级部门立案查处。

二是科学确定重点检查企业。我国各类生产经营单位众多，每个地区有大量的监管执法对象，如果都同等对待，在实际执行过程中就容易精力分散，找不着重点，也容易浪费行政资源。因此，《意见》强调必须将重点行业领域安全风险等级高的企业纳入年度执法计划，每年至少进行一次“全覆盖”检查。对于有事故“前科”和失信、重大违规行为的企业，还要增加至少一次检查。对于安全生产标准化一级企业或三年以上未发生事故等守法守信的重点检查企业，可纳入执法抽查。对于典型事故暴露出的严重违法行为或落实临时性重点任务以及通过投诉举报、转办交办、动态监测等发现的问题，要及时开展执法 检查，不受执法计划限制。

三是聚焦执法检查重点事项。《意见》强调要依据重点行业领域重大事故隐患判定标准，建立执法检查重点事项清单，也就是要聚焦安全风险突出、易发生事故的关键环节、要害岗位和重点设施进行检查，不能只查“老四样”管理类问题（安全培训、应急预案、特种作业和隐患排查）。要深入贯彻落实习近平总书记指出的“着力抓重点、抓关键、抓薄弱环节”重要指示精神，瞄着重大事故隐患去检查，致力于发现问题、研究问题、解决问题。

三、《意见》在严格执法方面的具体要求

安全生产有一条规律，安全监管力度与企业主体责任落实好坏程度具有正相关关系。也就是说政府安全监管执法力度越大，企业落实主体责任越好，政府安全监管执法“宽松软”，企业必然不能很好落实主体责任。《意见》强调执法检查要“有力度”“长牙齿”，切实提高企业违法责任意识。

一是严格执法处罚。要严格依据法律法规进行处罚，不能以责令限期改正等措施代替行政处罚，对于存在多种违法行为的案件要分别裁量、合并处罚，不能选择性处罚。对于违法行为逾期未整改或整改不到位的，以及同一违法行为反复出现的，要依法严肃查处，从重处罚。对执法检查中发现的各类违法行为，要紧盯不放，督促企业彻底整改，严格执法闭环管理。对于严重违法行为，要求企业主要负责人牵头负责整改落实，压实整改责任，防止“屡改屡犯”。

二是建立典型执法案例定期报告制度。《意见》规定，省级应急管理部门每半年、市级每季度、县级每两个月，向应急管理部至少报送一个由本级直接作出行政处罚的执法案例，不能把下级查处的案例当作本级的案例。应急管理部将做到奖惩分明，选取执法处罚严格、执法程序规范的优秀案例，对有关单位和个人依据《应急管理系统奖励暂行规定》给予记功和嘉奖；但是对于执法不严格、程序不规范的案例将适时进行通报。

三是密切行刑衔接。2021年3月1日，《刑法修正案（十一）》正式实施，在安全生产领域增加了危险作业罪，加大了事故前严重违法行为刑事责任追究力度。这是我国刑法第一次对未发生伤亡事故或者未造成其他严重后果，但有现实危险的违法行为提出追究刑事责任。《意见》要求各级应急管理部门在执法检查中，发现涉嫌危险作业的违法行为，要按照《安全生产行政执法与刑事司法衔接工作办法》，及时移送司法机关，依法追究刑事责任，这将极大增强执法检查的震慑力度，促进企业特别是实际控制人、法定代表人等主要负责人克服侥幸心理，遵规守法。3月19日，国务院安委办、应急管理部公布了浙江杭州、山东青岛两起危险作业行刑衔接典型案例，取得了较好的社会反响，应急管理部今后还将进一步加大宣传力度。同时，《意见》还对加强失信联合惩戒和建立联合执法机制提出了明确要求。

四、《意见》在规范执法方面的具体要求

针对随意执法、标准不一和程序不当、办案质量不高等问题，《意见》从三个方面提出要求，强调执法要有高标准，严格按照法定程序执法。

一是全面落实行政执法“三项制度”，《意见》强调要严格按照国务院有关规定全面落实行政执法公示制度、执法全过程记录制度、重大执法决定法制审核制度，这既是落实全面依法治国基本方略、推进法治政府建设的重要内容，也是倒逼我们严格规范公正文明执法、切实保障人民群众合法权益重要手段。

二是规范执法程序，《意见》强调建立科学高效的执法工作模式，规范完善日常执法检查、专项执法、明查暗访、交叉互检等工作方式，依法客观履行执法程序。

三是加强案卷评查和执法评议考核，要求以执法质量作为案卷评查要点，定期开展执法案卷评查；建立健全执法评议考核制度，依法依规责令改正存在违法、不当情形的行政处罚，并强化考核结果运用。

五、《意见》对精准、严格、规范执法提供的支撑措施

一是要求推进执法信息化建设，为精准、严格、规范执法提供科技支撑。针对执法底数不清、效率不高、信息化程度低等问题，《意见》从三个方面对加强安全生产执法信息化提出要求。一是建立完善企业安全基础电子台账，并进行动态更新，形成“一企一档”。二是大力实施“互联网+执法”，推进智能移动执法系统和手持终端应用，执法行为全过程上线上网，上级部门利用执法系统实时掌握执法检查情况，实现执法计划、执法检查、统计分析的实时管理。三是将重点检查企业生产过程监控视频和安全生产实时数据接入全国统一的监管执法信息平台，做到实时视频监控和企业中控平台数据实时分析，加强对执法对象安全风险分析研判和预测预警，实现远程执法和智能预警。

二是要求增强执法队伍能力水平，为精准、严格、规范执法提供执法力量支撑。针对执法队伍专业能力与实际工作不相匹配等问题，从三个方面提出要求，强调加强党对安全生产执法工作的领导，加快整合组建综合行政执法队伍，健全系统化教育培训机制，加强执法骨干力量培养。

《意见》是引领当前和今后一段时期安全生产执法工作的重要文件，各级应急管理部门要切实增强责任感、使命感和紧迫感，紧紧围绕《意见》提出的十七项工作任务和措施，着力在狠抓落实上下功夫。同时，要统筹兼顾抓好《意见》贯彻落实和应急管理综合行政执法改革工作，在执法改革中加强安全生产执法，通过不断强化安全生产执法彰显执法改革成效。

关于进一步加强监管监察执法 促进企业安全生产主体责任落实的意见

安监总政法〔2018〕5号

为贯彻落实《中共中央 国务院关于推进安全生产领域改革发展的意见》和《国务院办公厅关于加强安全生产监管执法的通知》（国办发〔2015〕20号）要求，进一步加强安全生产监管监察执法工作，促进企业落实安全生产主体责任，现提出如下意见。

一、充分认识加强监管监察执法促进企业安全生产主体责任落实的重要意义

近年来，各级安全生产监督管理部门、煤矿安全监察机构（以下统称安全监管监察部门）深入贯彻落实党中央、国务院重要决策部署，依法履行安全生产、职业健康监管监察执法（以下统称安全生产执法）职责，促进各类企业落实安全生产（含职业健康，下同）主体责任，取得了明显成效。但是也要看到，当前企业安全生产主体责任落实不到位、法律法规执行不严格等问题依然突出，导致生产安全事故多发，尤其是重特大事故未得到有效遏制，职业病危害依然十分严重。加强监管监察执法促进企业安全生产主体责任落实，是党中央关于全面依法治国的基本要求，是坚决遏制重特大事故的迫切需要，也是实现安全生产改革发展长远目标的内生动力和根本保障。各级安全监管监察部门要进一步提高认识，把思想统一到党中央、国务院重要决策部署上来，把加强监管监察执法促进企业落实安全生产主体责任摆上更加重要位置，推动安全生产工作取得新进展和新成效。

二、指导思想和工作目标、基本原则

（一）指导思想和工作目标。以党的十九大精神为指引，深入学习贯彻习近平新时代中国特色社会主义思想，树立安全发展理念，弘扬生命至上、安全第一的思想，坚持严格规范公正文明执法，确保安全生产法律法规得到有效贯彻实施。到2020年，建成规范统一、保障到位、运转高效的安全生产执法工作体系，执法在促进企业安全生产主体责任落实、防范遏制重特大事故中的地位和作用明显提升。在此基础上，持续深入推进安全生产执法工作，到2030年，实现安全生产执法工作体系和执法能力现代化，为促进企业落实安全生产主体责任，维护人民群众生命财产安全和职业健康权益提供坚实法治保障。

（二）基本原则。一是坚持依法履职、严格执法。依法履行安全生产执法职责，严肃查处安全生产违法行为，切实解决检查多、执法少和执法宽松软的问题。二是坚持统筹协调、整体推进。推进分级执法，实行按照年度监督检查计划、监察执法计划执法，完善全系统执法协调机制，形成上下联动、步调一致的执法新格局。三是坚持客观公正、过罚相当。正确适用法律，推行"阳光执法"，严格法制审核，维护企业合法权益。四是坚持突出重点、务求实效。对存在严重违法行为、拒不整改重大事故隐患、职业病危害因素严重超标的企业，加大执法检查和处罚力度，促进企业依法落实安全生产主体责任。

三、依法履行职责，创新制度机制，严格规范公正文明执法

（一）明确安全生产执法职责。各级安全监管监察部门要依照有关法律法规及本部门"三定"规定明确的职责范围，对有关行业领域企业履行安全生产执法职责。乡镇人民政府、街道办事处按照职责开展安全生产监督检查的，安全监管部门要做好执法程序衔接，依法查处本部门执法职责范围内的违法行为。推动有关人民政府明确开发区管理机构的安全生产监管执法职责。驻地煤矿安全监察机构与负有煤矿安全生产监督管理职责的部门要加强协作配合，优化执法资源配置，提高执法效率和效果。

（二）推进安全生产分级执法。省级安全监管部门要抓紧制定本地区安全生产分级执法办法，结合企业所属行业领域、隶属关系、规模大小、风险等级等因素，明确省级、设区的市级、县级安全监管部门的执法分工。每个企业明确由一个安全监管部门负责日常执法。除开展执法抽查或者开展督导、示范性执法外，原则上上级安全监管部门不对下级安全监管部门负责日常执法的企业开展执法活动，下级安全监管部门也不对上级安全监管部门负责日常执法的企业开展执法活动。

（三）实行按照年度监督检查计划执法。地方各级安全监管部门编制年度监督检查计划时，要科学合理确定重点企业的范围、当年计划检查的次数，对重点企业实现年度监督检查“全覆盖”；对重点企业以外的一般企业，推行“双随机”（随机选取被检查企业、随机确定执法人员）抽查。要确保“双随机”抽查在年度监督检查计划中的比例，不断扩大“双随机”抽查涵盖的行业领域及企业范围，发挥“双随机”抽查对各个行业领域、各种规模类型企业的执法震慑作用。执行年度监督检查计划时，要按照本意见及有关监督检查重点事项的规定，结合企业特点及相关行业领域事故发生规律，有针对性地确定具体的监督检查事项。按照部署开展安全生产大检查时，有关执法安排要与年度监督检查计划有效衔接，根据需要适当调整年度监督检查计划；需对年度监督检查计划作重大调整的，按规定履行批准、备案程序。

（四）建立全系统执法协调联动机制。县级、设区的市级安全监管部门、驻地煤矿安全监察机构在查处违法行为、事故调查处理等方面需要其他地区协助的，可以报请共同的上级安全监管监察部门进行协调；跨省级行政区域的，由有关省级安全监管监察部门组织协调。接到协助请求的安全监管监察部门应当立即开展协调工作，并及时反馈相关工作情况。必要时，有关省级安全监管监察部门可以报请国家安全监管总局、国家煤矿安监局进行协调。

（五）建立执法统计分析通报机制。各级安全监管监察部门要按季度分析本地区执法情况，对比分析监督检查的企业次数以及现场处理措施、行政强制、行政处罚等执法数据，注重苗头性问题和趋势把握，对下一阶段执法工作提出明确的要求。省级安全监管监察部门季度执法分析情况应当通报设区的市级安全监管部门、驻地煤矿安全监察机构，并抄送有关人民政府和国家安全监管总局、国家煤矿安监局。

（六）推行行政执法公示制度。各级安全监管监察部门要通过政府网站或者本部门办事大厅、服务窗口等场所，公布本部门执法主体资格和行政执法依据等信息并及时更新，在每年第一季度公布本年度监督检查计划、监察执法计划的编制情况及上一年度的计划执行情况，及时公布安全生产执法及“双随机”抽查情况。要严格依照有关法律法规及国务院文件规定的时限和要求，公开行政许可、行政处罚、行政强制等执法信息。

（七）推行执法全过程记录制度。地方各级安全监管监察部门要建立本部门执法台账，准确记录开展监督检查、核查举报投诉等执法活动所涉及企业的名称、地址、行业领域以及执法人员等信息，并记明采取相关执法措施的情况，执法台账保存期限一般不少于5年。有关行政强制、行政处罚文书要及时立卷归档并按规定期限保存。其他执法文书要按年度、分类别归档保存，保存期限一般不少于10年。逐步推行通过执法记录仪、录音录像等方式对执法行为进行记录，实现全过程留痕和可回溯管理。

（八）推行行政执法法制审核及公开裁定制度。认真执行《行政处罚法》新增加的行政处罚审核规定，按照一般程序实施行政处罚的，在提请安全监管监察部门负责人作出处理决定或者集体讨论前，要经本部门行政处罚审核人员审核。要结合执法行为的类别、执法层级、所属领域、涉案金额以及对当事人、社会的影响等因素，确定重大执法决定的范围。作出重大执法决定前，要由本部门法制工作机构或者指定的其他机构进行法制审核。推行行政处罚公开裁定，对典型、重大行政处罚案件，可以组织召集同类企业进行公开裁定。公开裁定要如实记录当事人的意见，形成书面报告，作为作出行政处罚决定的重要参考。行政处罚案件依法举行听证的，公开裁定可以与听证一并实施。

（九）规范行政处罚自由裁量。行使行政处罚自由裁量权，应当全面分析违法行为的主体、违法情节、危害后果等因素，综合裁量，合理确定应否给予行政处罚或者应当给予行政处罚的种类、幅度。对同一类违法主体实施的性质相同、情节相近、危害后果基本相当的违法行为，其适用的行政处罚应当基本一致。要在行政处罚审批文书中列明当事人的全部违法行为及每个违法行为的裁量结果，并列明所依据的自由裁量标准；具有法定从重、从轻、不予处罚等情形的，要列明《行政处罚法》及《安全生产行政处罚自由裁量适用规则（试行）》（国家安全生产监督管理总局令第31号）等法律、法规和规章的具体依据。当事人对自由裁量有异议的，要予以解释说明并形成调查询问笔录等书面材料备查。

（十）建立“尽职照单免责、失职照单问责”机制。地方各级安全监管部门、驻地煤矿安全监察机构要按规定编制公布本部门权责清单，并根据有关法律、法规、规章制定修订情况及时更新。在事故调查过程中，要加强与监察机关、人民检察院的协调配合，全面调查核实有关部门及其执法人员的履职情况。对已经依照权责清单事项履行职责，按照法律、法规、规章规定的方式、程序采取执法措施的，依法不予追究有关人员的执法责任；依法应当追究有关人员执法责任的，要在事故调查报告中明确其违法行为及追责依据。

四、加强执法检查，突出检查重点，促进企业依法落实安全生产主体责任

（一）加强安全生产责任制落实情况的执法检查。督促企业主要负责人履行安全生产第一责任人职责，依法建立健全本单位安全生产责任制；企业安全生产责任制应当涵盖全体人员、全部岗位和全部生产经营活动，明确主要负责人及其他分管负责人、各部门负责人、其他从业人员的安全生产责任、考核标准及奖惩措施；企业应当定期对安全生产责任制的落实情况进行监督考核，保证安全生产责任制的落实。

（二）加强安全生产源头防范落实情况的执法检查。督促企业加强安全生产源头管控，严格执行建设项目安全设施“三同时”（建设项目安全设施必须与主体工程同时设计、同时施工、同时投入生产和使用）规定；有关安全设备的安装、使用、检测、维修、改造和报废应当符合国家标准或者行业标准，并进行经常性维护、保养和定期检测；严禁使用列入淘汰落后技术装备目录的工艺、设备；按照有关国家标准对本单位重大危险源进行辨识、登记建档，定期检测、评估、监控。

（三）加强事故隐患排查治理落实情况的执法检查。督促企业建立健全生产安全事故隐患排查治理制度，采取技术、管理措施，及时发现并消除事故隐患；煤矿、金属非金属矿山、危险化学品、烟花爆竹、工贸等企业必须按照有关重大事故隐患判定标准，排查治理本单位重大事故隐患，并在重大事故隐患治理过程中采取相应的安全防范措施，防止事故发生，按规定对重大事故隐患治理情况组织评估；已被安全监管监察部门依法责令暂时停产停业或者停止使用相关设施、设备的，重大事故隐患排除后，经有关安全监管监察部门审查同意，方可恢复生产经营和使用。

（四）加强安全生产教育培训落实情况的执法检查。督促企业落实全员安全生产教育和培训规定，煤矿、金属非金属矿山、危险化学品、烟花爆竹、金属冶炼等企业主要负责人和安全生产管理人员应当经有关部门对其安全生产知识和管理能力考核合格；企业应当对包括被派遣劳动者、实习生在内的所有从业人员进行安全生产教育和培训；企业采用新工艺、新技术、新材料或者使用新设备，必须对从业人员进行专门的安全生产教育和培训。

（五）加强现场作业安全管理落实情况的执法检查。督促企业加强现场作业管理，落实技术防范措施，严禁违章指挥、强令职工冒险作业；在有较大危险因素的生产经营场所和有关设施、设备上，设置明显的安全警示标志；从事危险化学品特殊作业、涉爆粉尘、有限空间、爆破、吊装及国家有关规定明确的危险作业时，应当安排专门人员进行现场安全管理，确保操作规程的遵守和安全措施的落实；企业将生产经营项目、场所发包或者出租的，应当对承包单位、承租单位的安全生产统一协调、管理，定期进行安全检查，督促整改检查发现的问题；两个以上企业在同一作业区域内进行生产经营活动，可能危及对方生产安全的，应当指定专职安全生产管理人员进行安全检查与协调；必须为从业人员提供符合国家标准或者行业标准的劳动防护用品。

（六）加强安全生产应急管理落实情况的执法检查。督促企业健全安全生产应急管理体系，依法建立应急救援组织；主要负责人应当依法组织制定并实施本单位事故应急预案，定期组织应急预案培训演练；煤矿、金属非金属矿山、金属冶炼和危险化学品的生产、经营、储存企业，以及使用危险化学品达到国家规定数量的化工企业、烟花爆竹生产、批发经营企业和中型规模以上的其他企业，应当对应急预案进行评审；企业应当配备必要的应急物资及装备，并进行经常性维护、保养，保证正常运转。

（七）加强职业病防护措施落实情况的执法检查。督促企业落实职业病预防和控制措施，严格执行建设项目职业病防护设施“三同时”（建设项目职业病防护设施必须与主体工程同时设计、同时施工、同时投入生产和使用）规定；依法设置职业健康管理机构，配备专兼职职业健康管理人员；及时、如实申报职业病危害项目；落实职业病危害告知、定期检测、个体防护和职业健康检查等制度措施；煤矿、金属非金属矿山、金属冶炼、石棉采选、石英砂加工、水泥、陶瓷、耐火材料等企业必须严格落实粉尘、化学毒物治理措施，确保工作场所职业病危害因素的浓度或者强度符合国家职业卫生标准。

（八）加强对企业取得许可后的执法检查。督促企业严格依照有关安全生产行政许可的范围、事项从事相关的生产经营活动，不得在取得行政许可后降低安全生产条件；按照法定期限、条件办理行政许可延续、变更手续，如实提供相关的情况及材料；严禁转让、冒用安全生产许可证或者使用伪造的安全生产许可证。发现企业不再具备许可条件的，依法责令整改直至吊销相关行政许可证件。企业未取得有关安全生产许可从事生产经营活动的，依照有关法律法规的规定予以严肃查处。

（九）强化对有关违法行为的依法处理。对企业开展执法检查时，各级安全监管监察部门应当依法采取现场处理、行政处罚、行政强制等执法措施，切实做到“检查必执法、执法必严格”。有关企业拒不执行停产停业等执法决定的，依法采取通知有关单位停止供电、停止供应民用爆炸物品等措施；经停产停业整顿仍不具备安全生产条件的，依法提请有关人民政府予以关闭。对安全生产大检查中发现的严重违法行为，按规定挂牌督办，落实“四个一律”执法要求，并将典型案例通过新闻媒体进行曝光。按规定将存在严重违法行为的企业纳入安全生产失信联合惩戒“黑名单”管理，依法依规落实联合惩戒措施。发现企业及其有关人员涉嫌犯罪的，严格依法向公安机关移送案件，加大对安全生产违法犯罪行为的打击和震慑力度。

安全生产监管执法监督办法

安监总政法〔2018〕34号

第一条 为督促安全生产监督管理部门依法履行职责、严格规范公正文明执法，及时发现和纠正安全生产监管执法工作中存在的问题，根据《安全生产法》《职业病防治法》等法律法规及国务院有关规定，制定本办法。

第二条 本办法所称安全生产监管执法行为（以下简称执法行为），是指安全生产监督管理部门（以下简称安全监管部门）依法履行安全生产、职业健康监督管理职责，按照有关法律、法规、规章对行政相对人实施监督检查、现场处理、行政处罚、行政强制、行政许可等行为。

本办法所称安全生产监管执法监督（以下简称执法监督），是指安全监管部门对执法行为及相关活动的监督，包括上级安全监管部门对下级安全监管部门，安全监管部门对本部门内设机构、专门执法机构（执法总队、支队、大队等，下同）及其执法人员开展的监督。

第三条 安全监管部门开展执法监督工作，适用本办法。

安全监管部门对接受委托执法的乡镇人民政府、街道办事处、开发区管理机构等组织、机构开展执法监督工作，参照本办法执行。

第四条 执法监督工作遵循监督与促进相结合的原则，强化安全监管部门对内设机构、专门执法机构及其执法人员的监督，不断完善执法工作制度和机制，提升执法效能。

第五条 安全监管部门应指定一内设机构（以下简称执法监督机构）具体负责组织开展执法监督工作。

安全监管部门应当配备满足工作需要的执法监督人员，为执法监督机构履行职责提供必要的条件。

第六条 安全监管部门应当通过政府网站和办事大厅、服务窗口等，公布本部门执法监督电话、电子邮箱及通信地址，接受并按规定核查处理有关举报投诉。

第七条 安全监管部门通过综合监督、日常监督、专项监督等三种方式开展执法监督工作。

综合监督是指上级安全监管部门按照本办法规定的检查内容，对下级安全监管部门执法总体情况开展的执法监督。

日常监督是指安全监管部门对内设机构、专门执法机构及其执法人员日常执法情况开展的执法监督。

专项监督是指安全监管部门针对有关重要执法事项或者执法行为开展的执法监督。

第八条 综合监督主要对下级安全监管部门建立健全下列执法工作制度特别是其贯彻执行情况进行监督：

（一）执法依据公开制度。依照有关法律、法规、规章及“三定”规定，明确安全生产监管执法事项、设定依据、实施主体、履责方式等，公布并及时调整本部门主要执法职责及执法依据。

（二）年度监督检查计划制度。编制年度监督检查计划时，贯彻落实分类分级执法、安全生产与职业健康执法一体化和“双随机”抽查的要求。年度监督检查计划报本级人民政府批准并报上一级安全监管部门备案。根据安全生产大检查、专项治理有关安排部署，及时调整年度监督检查计划，按规定履行重新报批、备案程序。

（三）执法公示制度。按照规定的范围和时限，及时主动向社会公开有关执法情况以及行政许可、行政强制、行政处罚结果等信息。

（四）行政许可办理和监督检查制度。依照法定条件和程序实施行政许可。加强行政许可后的监督检查，依法查处有关违法行为。

（五）行政处罚全过程管理制度。规范现场检查、复查，规范调查取证，严格执行行政处罚听证、审核、集体讨论、备案等规定，规范行政处罚自由裁量，推行监督检查及行政处罚全过程记录，规范行政处罚的执行和结案。

（六）执法案卷评查制度。定期对本部门和下级安全监管部门的行政处罚、行政强制、行政许可等执法案卷开展检查、评分；评查结果在一定范围内通报，针对普遍性问题提出整改措施和要求。

（七）执法统计制度。按照规定的时限和要求，逐级报送行政执法统计数据，做好数据质量控制工作，加强统计数据的分析运用。

（八）执法人员管理制度。执法人员必须参加统一的培训考核，取得行政执法资格后，方可从事执法工作。执法人员主动出示执法证件，遵守执法礼仪规范。对执法辅助人员实行统一管理。

（九）行政执法评议考核和奖惩制度。落实行政执法责任制，按年度开展本部门内设机构、专门执法机构及其执法人员的行政执法评议。评议结果按规定纳入执法人员年度考核的范围，加强考核结果运用，落实奖惩措施。

（十）行政复议和行政应诉制度。发挥行政复议的层级监督作用，严格依法审查被申请人具体行政行为的合法性、合理性。完善行政应诉工作，安全监管部门负责人依法出庭应诉。积极履行人民法院生效裁判。

（十一）安全生产行政执法与刑事司法衔接制度。加强与司法机关的协作配合，执法中发现有关单位、人员涉嫌犯罪的，依法向司法机关移送案件，定期通报有关案件办理情况。

第九条 国家安全监管总局每3年至少开展一轮对省级安全监管部门的综合监督，省级安全监管部门每2年至少开展一轮对本地区设区的市级安全监管部门的综合监督。

国家安全监管总局对省级安全监管部门开展综合监督的，应当一并检查其督促指导本地区设区的市级安全监管部门开展执法监督工作的情况。省级安全监管部门对本地区设区的市级安全监管部门开展综合监督的，应当一并检查其督促指导本地区县级安全监管部门开展执法监督工作的情况。

设区的市级安全监管部门按照省级安全监管部门的规定，开展对本地区县级安全监管部门的综合监督。

第十条 开展综合监督前，应当根据实际检查的安全监管部门数量、地域分布等，制定详细的工作方案。

综合监督采用百分制评分，具体评分标准由开展综合监督的安全监管部门结合实际工作情况制定。

第十一条 综合监督结束后，应当将综合监督有关情况、主要成效、经验做法以及发现的主要问题和整改要求、对策措施等在一定范围内通报。

省级安全监管部门应当在综合监督结束后将工作情况报告国家安全监管总局执法监督机构。

第十二条 地方各级安全监管部门应当制定日常监督年度计划，经本部门负责人批准后组织实施。

日常监督重点对本部门内设机构、专门执法机构及其执法人员严格依照有关法律、法规、规章的要求和程序实施现场处理、行政处罚、行政强制，以及事故调查报告批复的有关处理落实情况等进行监督，确保执法行为的合法性、规范性。

第十三条 安全监管部门对有关机关交办、转办、移送的重要执法事项以及行政相对人、社会公众举报投诉集中反映的执法事项、执法行为，应当开展专项监督。

专项监督由执法监督机构报经安全监管部门负责人批准后开展，并自批准之日起30日内形成专项监督报告。需要延长期限的，应当经安全监管部门负责人批准。

第十四条 上级安全监管部门在综合监督、专项监督中发现下级安全监管部门执法行为存在《行政处罚法》《行政强制法》《行政许可法》等法律法规规定的违法、不当情形的，应当立即告知下级安全监管部门予以纠正。对存在严重问题的，应当制作《行政执法监督整改通知书》，责令下级安全监管部门依法改正、纠正。

上级安全监管部门在制作《行政执法监督整改通知书》前，应当将相关执法行为存在的违法、不当情形告知下级安全监管部门，听取其陈述和申辩，必要时可以聘请专家对执法行为涉及的技术问题进行论证。

下级安全监管部门应当自收到《行政执法监督整改通知书》之日起30日内，将整改落实情况书面报告上级安全监管部门。

安全监管部门在日常监督、专项监督中发现本部门执法行为存在《行政处罚法》《行政强制法》《行政许可法》等法律法规规定的违法、不当情形的，应当及时依法改正、纠正。

第十五条 执法行为存在有关违法、不当情形，应当追究行政执法责任的，按照《安全生产监管监察职责和行政执法责任追究的规定》（国家安全生产监督管理总局令第24号）等规定，追究有关安全监管部门及其机构、人员的行政执法责任。对有关人员应当给予行政处分等处理的，依照有关规定执行；涉嫌犯罪的，移交司法机关处理。

第十六条 各级安全监管部门对在执法监督工作中表现突出的单位和个人，应当按规定给予表彰和奖励。

第十七条 地方各级安全监管部门应当于每年3月底前将本部门上一年度执法监督工作情况报告上一级安全监管部门。

第十八条 各省级安全监管部门可以结合本地区实际，制定具体实施办法。

第十九条 本办法自印发之日起施行。

知识链接

《安全生产监管执法监督办法》（以下简称《办法》）规定的安全生产监管执法监督（以下简称执法监督），是指对安全监管部门实施的监督检查、现场处理、行政处罚、行政强制、行政许可等行为及相关活动的监督，包括上级安全监管部门对下级安全监管部门的监督，以及安全监管部门对本部门内设机构、专门执法机构（执法总队、支队、大队等）及其执法人员开展的监督。《办法》明确执法监督工作遵循监督与促进相结合的原则，强化安全监管部门对内设机构、专门执法机构及其执法人员的监督，不断完善执法工作制度和机制，提升执法效能。

《办法》明确执法监督包括综合监督、日常监督、专项监督三种方式。综合监督是指上级安全监管部门对下级安全监管部门建立健全执法工作制度以及各项制度贯彻执行情况开展的执法监督。日常监督是指安全监管部门对内设机构、专门执法机构及其执法人员日常执法情况开展的执法监督。专项监督是指安全监管部门针对有关重要执法事项、执法行为开展的执法监督。

关于综合监督，《办法》明确国家安全监管总局每3年至少开展一轮对省级安全监管部门的综合监督，省级安全监管部门每2年至少开展一轮对本地区设区的市级安全监管部门的综合监督。《办法》明确了纳入综合监督重点范围的11项执法工作制度，综合监督采用百分制评分，具体评分标准由开展综合监督的安全监管部门结合实际工作情况制定。综合监督结束后，要将相关情况、主要成效、经验做法以及发现的主要问题和整改要求、对策措施等在一定范围内进行通报。

关于日常监督，《办法》要求地方各级安全监管部门制定日常监督年度计划，经本部门负责人批准后组织实施。日常监督的重点是本部门内设机构、专门执法机构及其执法人员依照法定程序和要求实施现场处理、行政处罚、行政强制以及事故调查报告批复有关落实的情况，以确保执法行为合法性、规范性。

关于专项监督，《办法》明确安全监管部门对有关机关交办、转办、移送的重要执法事项以及行政相对人、社会公众举报投诉集中反映的执法事项、执法行为，应当开展专项监督。专项监督由执法监督机构报经安全监管部门负责人批准后开展，并自批准之日起30日内形成专项监督报告。

关于违法、不当执法行为处理及执法责任追究，《办法》明确上级安全监管部门发现下级安全监管部门执法行为存在《行政处罚法》《行政强制法》《行政许可法》规定的违法、不当情形的，应当立即告知下级安全监管部门予以纠正。对存在严重问题的，应当制作《行政执法监督整改通知书》，责令下级安全监管部门依法改正、纠正。应当追究执法责任的，按照《安全生产监管监察职责和行政执法责任追究的规定》等规定，追究有关安全监管部门及其机构、人员的执法责任。

安全生产执法程序规定

安监总政法〔2016〕72号

第一章 总 则

第一条 为了规范安全生产执法行为，保障公民、法人或者其他组织的合法权益，根据有关法律、行政法规、规章，制定本规定。

第二条 本规定所称安全生产执法，是指安全生产监督管理部门依照法律、行政法规和规章，在履行安全生产（含职业卫生，下同）监督管理职权中，作出的行政许可、行政处罚、行政强制等行政行为。

第三条 安全生产监督管理部门应当建立安全生产执法信息公示制度，将执法的依据、程序和结果等事项向当事人公开，并在本单位官方网站上向社会公示，接受社会公众的监督；涉及国家秘密、商业秘密、个人隐私的除外。

第四条 安全生产监督管理部门应当公正行使安全生产执法职权。行使裁量权应当符合立法目的和原则，采取的措施和手段应当合法、必要、适当；可以采取多种措施和手段实现执法目的的，应当选择有利于保护公民、法人或者其他组织合法权益的措施和手段。

第五条 安全生产监督管理部门在安全生产执法过程中应当依法及时告知当事人、利害关系人相关的执法事实、理由、依据、法定权利和义务。

当事人对安全生产执法，依法享有陈述权、申辩权；有权依法申请行政复议或者提起行政诉讼。

第六条 安全生产执法采用国家安全生产监督管理总局统一制定的《安全生产监督管理部门行政执法文书》格式。

第二章　安全生产执法主体和管辖

第七条　安全生产监督管理部门的内设机构或者派出机构对外行使执法职权时，应当以安全生产监督管理部门的名义作出行政决定，并由该部门承担法律责任。

第八条　依法受委托的机关或者组织在委托的范围内，以委托的安全生产监督管理部门名义行使安全生产执法职权，由此所产生的后果由委托的安全生产监督管理部门承担法律责任。

第九条　委托的安全生产监督管理部门与受委托的机关或者组织之间应当签订委托书。委托书应当载明委托依据、委托事项、权限、期限、双方权利和义务、法律责任等事项。委托的安全生产监督管理部门、受委托的机关或者组织应当将委托的事项、权限、期限向社会公开。

第十条　委托的安全生产监督管理部门应当对受委托机关或者组织办理受委托事项的行为进行指导、监督。

受委托的机关或者组织应当自行完成受委托的事项，不得将受委托的事项再委托给其他行政机关、组织或者个人。

有下列情形之一的，委托的安全生产监督管理部门应当及时解除委托，并向社会公布：

（一）委托期限届满的；

（二）受委托行政机关或者组织超越、滥用行政职权或者不履行行政职责的；

（三）受委托行政机关或者组织不再具备履行相应职责的条件的；

（四）应当解除委托的其他情形。

第十一条　法律、法规和规章对安全生产执法地域管辖未作明确规定的，由行政管理事项发生地的安全生产监督管理部门管辖，但涉及个人资格许可事项的，由行政管理事项发生所在地或者实施资格许可的安全生产监督管理部门管辖。

第十二条　安全生产监督管理部门依照职权启动执法程序后，认为不属于自己管辖的，应当移送有管辖权的同级安全生产监督管理部门，并通知当事人；受移送的安全生产监督管理部门对于不属于自己管辖的，不得再行移送，应当报请其共同的上一级安全生产监督管理部门指定管辖。

第十三条　两个以上安全生产监督管理部门对同一事项都有管辖权的，由最先受理的予以管辖；发生管辖权争议的，由其共同的上一级安全生产监督管理部门指定管辖。情况紧急、不及时采取措施将对公共利益或者公民、法人或者其他组织合法权益造成重大损害的，行政管理事项发生地的安全生产监督管理部门应当进行必要处理，并立即通知有管辖权的安全生产监督管理部门。

第十四条　开展安全生产执法时，有下列情形之一的，安全生产执法人员应当自行申请回避；本人未申请回避的，本级安全生产监督管理部门应当责令其回避；公民、法人或者其他组织依法以书面形式提出回避申请：

（一）本人是本案的当事人或者当事人的近亲属的；

（二）与本人或者本人近亲属有直接利害关系的；

（三）与本人有其他利害关系，可能影响公正执行公务的。

安全生产执法人员的回避，由指派其进行执法工作的安全生产监督管理部门的负责人决定。实施执法工作的安全生产监督管理部门负责人的回避，由该部门负责人集体讨论决定。回避决定作出之前，安全生产执法人员不得擅自停止执法行为。

第三章 安全生产行政许可程序

第十五条 安全生产监督管理部门应当将本部门依法实施的行政许可事项、依据、条件、数量、程序、期限以及需要提交的全部材料的目录和申请书示范文本等进行公示。公示应当采取下列方式：

（一）在实施许可的办公场所设置公示栏、电子显示屏或者将公示信息资料集中在本部门专门场所供公众查阅；

（二）在联合办理、集中办理行政许可的场所公示；

（三）在本部门官方网站上公示。

第十六条 公民、法人或者其他组织依法申请安全生产行政许可的，应当依法向实施许可的安全生产监督管理部门提出。

第十七条 申请人申请安全生产行政许可，应当如实向实施许可的安全生产监督管理部门提交有关材料和反映真实情况，并对其申请材料实质内容的真实性负责。

第十八条 安全生产监督管理部门有多个内设机构办理安全生产行政许可事项的，应当确定一个机构统一受理申请人的申请，统一送达安全生产行政许可决定。

第十九条 申请人可以委托代理人代为提出安全生产行政许可申请，但依法应当由申请人本人申请的除外。

代理人代为提出申请的，应当出具载明委托事项和代理人权限的授权委托书，并出示能证明其身份的证件。

第二十条 公民、法人或者其他组织因安全生产行政许可行为取得的正当权益受法律保护。非因法定事由并经法定程序，安全生产监督管理部门不得撤销、变更、注销已经生效的行政许可决定。

安全生产监督管理部门不得增加法律、法规规定以外的其他行政许可条件。

第二十一条 安全生产监督管理部门实施安全生产行政许可，应当按照以下程序办理：

（一）申请。申请人向实施许可的安全生产监督管理部门提交申请书和法定的文件资料，也可以按规定通过信函、传真、互联网和电子邮件等方式提出安全生产行政许可申请；

（二）受理。实施许可的安全生产监督管理部门按照规定进行初步审查，对符合条件的申请予以受理并出具书面凭证；对申请文件、资料不齐全或者不符合要求的，应当当场告知或者在收到申请文件、资料之日起5个工作日内出具补正通知书，一次告知申请人需要补正的全部内容；对不符合条件的，不予受理并书面告知申请人理由；逾期不告知的，自收到申请材料之日起，即为受理；

（三）审查。实施许可的安全生产监督管理部门对申请材料进行书面审查，按照规定，需要征求有关部门意见的，应当书面征求有关部门意见，并得到书面回复；属于法定听证情形的，实施许可的安全生产监督管理部门应当举行听证；发现行政许可事项直接关系他人重大利益的，应当告知该利害关系人。需要到现场核查的，应当指派两名以上执法人员实施核查，并提交现场核查报告；

（四）作出决定。实施许可的安全生产监督管理部门应当在规定的时间内，作出许可或者不予许可的书面决定。对决定许可的，许可机关应当自作出决定之日起10个工作日内向申请人颁发、送达许可证件或者批准文件；对决定不予许可的，许可机关应当说明理由，并告知申请人享有的法定权利。

依照法律、法规规定实施安全生产行政许可，应当根据考试成绩、考核结果、检验、检测结果作出行政许可决定的，从其规定。

第二十二条 已经取得安全生产行政许可，因法定事由，有关许可事项需要变更的，应当按照有关规定向实施许可的安全生产监督管理部门提出变更申请，并提交相关文件、资料。实施许可的安全生产监督管理部门应当按照有关规定进行审查，办理变更手续。

第二十三条 需要申请安全生产行政许可延期的，应当在规定的期限内，向作出安全生产行政许可的安全生产监督管理部门提出延期申请，并提交延期申请书及规定的申请文件、资料。

提出安全生产许可延期申请时，可以同时提出变更申请，并按有关规定向作出安全生产行政许可的安全生产监督管理部门提交相关文件、资料。

作出安全生产行政许可的安全生产监督管理部门受理延期申请后，应当依照有关规定，对延期申请进行审查，作出是否准予延期的决定；作出安全生产行政许可的安全生产监管管理部门逾期未作出决定的，视为准予延期。

第二十四条 作出安全生产行政许可的安全生产监督管理部门或者其上级安全生产监督管理部门发现公民、法人或者其他组织属于吊销或者撤销法定情形的，应当依法吊销或者撤销该行政许可。

已经取得安全生产行政许可的公民、法人或者其他组织存在有效期届满未按规定提出申请延期、未被批准延期或者被依法吊销、撤销的，作出行政许可的安全生产监督管理部门应当依法注销该安全生产许可，并在新闻媒体或者本机关网站上发布公告。

第四章 安全生产行政处罚程序

第一节 简 易 程 序

第二十五条 安全生产违法事实确凿并有法定依据，对个人处以50元以下罚款、对生产经营单位处以1千元以下罚款或者警告的行政处罚的，安全生产执法人员可以当场作出行政处罚决定。

适用简易程序当场作出行政处罚决定的，应当遵循以下程序：

（一）安全生产执法人员不得少于两名，应当向当事人或者有关人员出示有效的执法证件，表明身份；

（二）行政处罚（当场）决定书，告知当事人作出行政处罚决定的事实、理由和依据；

（三）听取当事人的陈述和申辩，并制作当事人陈述申辩笔录；

（四）将行政处罚决定书当场交付当事人，并由当事人签字确认；

（五）及时报告行政处罚决定，并在5日内报所属安全生产监督管理部门备案。

安全生产执法人员对在边远、水上、交通不便地区，当事人向指定银行缴纳罚款确有困难，经当事人提出，可以当场收缴罚款，但应当出具省级人民政府财政部门统一制发的罚款收据，并自收缴罚款之日起2日内，交至所属安全生产监督管理部门；安全生产监督管理部门应当在2日内将罚款缴付指定的银行。

第二节　一　般　程　序

第二十六条　一般程序适用于依据简易程序作出的行政处罚以外的其他行政处罚案件，遵循以下程序：

（一）立案。

对经初步调查认为生产经营单位涉嫌违反安全生产法律法规和规章的行为、依法应给予行政处罚、属于本部门管辖范围的，应当予以立案，并填写立案审批表。对确需立即查处的安全生产违法行为，可以先行调查取证，并在5日内补办立案手续。

（二）调查取证。

1. 进行案件调查取证时，安全生产执法人员不得少于两名，应当向当事人或者有关人员出示有效的执法证件，表明身份；

2. 向当事人或者有关人员询问时，应制作询问笔录；

3. 安全生产执法人员应当全面、客观、公正地进行调查，收集、调取与案件有关的原始凭证作为证据。调取原始凭证确有困难的，可以复制，复制件应当注明“经核对与原件无异”的字样、采集人、出具人、采集时间和原始凭证存放的单位及其处所，并由出具证据的生产经营单位盖章；个体经营且没有印章的生产经营单位，应当由该个体经营者签名。

4. 安全生产执法人员在收集证据时，可以采取抽样取证的方法；在证据可能灭失或者以后难以取得的情况下，经本部门负责人批准，可以先行登记保存，并应当在7日内依法作出处理决定。

5. 调查取证结束后，负责承办案件的安全生产执法人员拟定处理意见，编写案件调查报告，并交案件承办机构负责人审核，审核后报所在安全生产监督管理部门负责人审批。

（三）案件审理。

安全生产监督管理部门应当建立案件审理制度，对适用一般程序的安全生产行政处罚案件应当由内设的法制机构进行案件的合法性审查。

负责承办案件的安全生产执法人员应当根据审理意见，填写案件处理呈批表，连同有关证据材料一并报本部门负责人审批。

（四）行政处罚告知。

经审批，应当给予行政处罚的案件，安全生产监督管理部门在依法作出行政处罚决定之前，应当告知当事人作出行政处罚决定的事实、理由、依据、拟作出的行政处罚决定、当事人享有的陈述和申辩权利等，并向当事人送达《行政处罚告知书》。

（五）听证告知。

符合听证条件的，应当告知当事人有要求举行听证的权利，并向当事人送达《听证告知书》。

（六）听取当事人陈述申辩。

安全生产监督管理部门听取当事人陈述申辩，除法律法规规定可以采用的方式外，原则上应当形成书面证据证明，没有当事人书面材料的，安全生产执法人员应当制作当事人陈述申辩笔录。

（七）作出行政处罚决定的执行。

安全生产监督管理部门应当对案件调查结果进行审查，并根据不同情况，分别作出以下决定：

1. 依法应受行政处罚的违法行为的，根据情节轻重及具体情况，作出行政处罚决定；

2. 违法行为轻微，依法可以不予行政处罚的，不予行政处罚；违法事实不能成立，不得给予行政处罚；

3. 违法行为涉嫌犯罪的，移送司法机关处理。

对严重安全生产违法行为给予责令停产停业整顿、责令停产停业、责令停止建设、责令停止施工、吊销有关许可证、撤销有关执业资格或者岗位证书、5万元以上罚款、没收违法所得5万元以上的行政处罚的，应当由安全生产监督管理部门的负责人集体讨论决定。

（八）行政处罚决定送达。

《行政处罚决定书》应当当场交付当事人；当事人不在场的，安全监督管理部门应当在7日内，依照《民事诉讼法》的有关规定，将《行政处罚决定书》送达当事人或者其他的法定受送达人。送达必须有送达回执，由受送达人在送达回执上注明收到日期，签名或者盖章。具体可以采用下列方式：

1. 送达应当直接送交受送达人。受送达人是个人的，本人不在时，交他的同住成年家属签收，并在《行政处罚决定书》送达回执的备注栏内注明与受送达人的关系；受送达人是法人或者其他组织的，应当由法人的法定代表人、其他组织的主要负责人或者该法人、组织负责收件的人签收；受送达人指定代收人或者委托代理人的，交代收人或者委托代理人签收并注明受当事人委托的情况；

2. 直接送达确有困难的，可以挂号邮寄送达，也可以委托当地安全监督管理部门代为送达，代为送达的安全监督管理部门收到文书后，应当及时交受送达人签收；

3. 当事人或者他的同住成年家属拒绝接收的，送达人可以邀请有关基层组织或者所在单位的代表到场，说明情况，在《行政处罚决定书》送达回执上记明拒收的事由和日期，由送达人、见证人签名或者盖章，将行政处罚决定书留在当事人的住所；也可以把《行政处罚决定书》留在受送达人的住所，并采用拍照、录像等方式记录送达过程，即视为送达；

4. 受送达人下落不明，或者用以上方式无法送达的，可以公告送达，自公告发布之日起经过60日，即视为送达。公告送达，应当在案卷中注明原因和经过；

5. 经受送达人同意，还可采用传真、电子邮件等能够确认其收悉的方式送达；

6. 法律、法规规定的其他送达方式。

（九）行政处罚决定的执行。

当事人应当在行政处罚决定的期限内，予以履行。当事人按时全部履行处罚决定的，安全生产监督管理部门应该保留相应的凭证；行政处罚部分履行的，应有相应的审批文书；当事人逾期不履行的，作出行政处罚决定的安全生产监督管理部门可按每日以罚款数额的3%加处罚款，但加处罚款的数额不得超出原罚款的数额；根据法律规定，将查封、扣押的设施、设备、器材拍卖所得价款抵缴罚款和申请人民法院强制执行等措施。

当事人对行政处罚决定不服，申请行政复议或者提起行政诉讼的，行政处罚不停止执行，法律、法规另有规定的除外。

（十）备案。

安全生产监督管理部门实施5万元以上罚款、没收违法所得5万元以上、责令停产停业、责令停止建设、责令停止施工、责令停产停业整顿、撤销有关资格、岗位证书或者吊销有关许可证的行政处罚的，按有关规定报上一级安全生产监督管理部门备案。

对上级安全生产监督管理部门交办的案件给予行政处罚的，由决定行政处罚的安全生产监督管理部门自作出行政处罚决定之日起10日内报上级安全生产监督管理部门备案。

（十一）结案。

行政处罚案件应当自立案之日起30日内作出行政处罚决定；由于客观原因不能完成的，经安全生产监督管理部门负责人同意，可以延长，但不得超过90日；特殊情况需进一步延长的，应当经上一级安全生产监督管理部门批准，可延长至180日。

案件执行完毕后，应填写结案审批表，经安全生产监督管理部门负责人批准后结案。

（十二）归档。

安全生产行政处罚案件结案后，应按安全生产执法文书的时间顺序和执法程序排序进行归档。

第三节 听证程序

第二十七条 当事人要求听证的，应当在安全生产监督管理部门告知后3日内以书面方式提出；逾期未提出申请的，视为放弃听证权利。

第二十八条 当事人提出听证要求后，安全生产监督管理部门应当在收到书面申请之日起15日内举行听证会，并在举行听证会的7日前，通知当事人举行听证的时间、地点。

当事人应当按期参加听证。当事人有正当理由要求延期的，经组织听证的安全生产监督管理部门负责人批准可以延期1次；当事人未按期参加听证，并且未事先说明理由的，视为放弃听证权利。

第二十九条 听证参加人由听证主持人、听证员、案件调查人员、当事人、书记员组成。

当事人可以委托1至2名代理人参加听证，并按规定提交委托书。

听证主持人、听证员、书记员应当由组织听证的安全生产监督管理部门负责人指定的非本案调查人员担任。

第三十条 除涉及国家秘密、商业秘密或者个人隐私外，听证应当公开举行。

第三十一条 听证按照下列程序进行：

（一）书记员宣布听证会场纪律、当事人的权利和义务。听证主持人宣布案由，核实听证参加人名单，询问当事人是否申请回避。当事人提出回避申请的，由听证主持人宣布暂停听证；

（二）案件调查人员提出当事人的违法事实、出示证据，说明拟作出的行政处罚的内容及法律依据；

（三）当事人或者其委托代理人对案件的事实、证据、适用的法律等进行陈述和申辩，提交新的证据材料；

（四）听证主持人就案件的有关问题向当事人、案件调查人员、证人询问；

（五）案件调查人员、当事人或者其委托代理人相互辩论与质证；

（六）当事人或者其委托代理人作最后陈述；

（七）听证主持人宣布听证结束。

听证笔录应当当场交当事人核对无误后签名或者盖章。

第三十二条 有下列情形之一的，应当中止听证：

（一）需要重新调查取证的；

（二）需要通知新证人到场作证的；

（三）因不可抗力无法继续进行听证的。

第三十三条 有下列情形之一的，应当终止听证：

（一）当事人撤回听证要求的；

（二）当事人无正当理由不按时参加听证，或者未经听证主持人允许提前退席的；

（三）拟作出的行政处罚决定已经变更，不适用听证程序的。

第三十四条 听证结束后，听证主持人应当依据听证情况，形成听证会报告书，提出处理意见并附听证笔录报送安全生产监督管理部门负责人。

第三十五条 听证结束后，安全生产监督管理部门依照本法第二十六条第七项的规定，作出决定。

第五章 安全生产行政强制程序

第三十六条 安全生产行政强制的种类：

（一）对有根据认为不符合保障安全生产的国家标准或者行业标准的设施、设备、器材以及违法生产、储存、使用、经营的危险物品予以查封或者扣押，对违法生产、储存、使用、经营危险物品的作业场所予以查封；

（二）临时查封易制毒化学品有关场所、扣押相关的证据材料和违法物品；

（三）查封违法生产、储存、使用、经营危险化学品的场所，扣押违法生产、储存、使用、经营的危险化学品以及用于违法生产、使用危险化学品的原材料、设备工具；

（四）通知有关部门、单位强制停止供电，停止供应民用爆炸物品；

（五）封存造成职业病危害事故或者可能导致职业病危害事故发生的材料和设备；

（六）加处罚款；

（七）法律、法规规定的其他安全生产行政强制。

第三十七条 安全生产行政强制应当在法律、法规规定的职权范围内实施。安全生产行政强制措施权不得委托。

安全生产行政强制应当由安全生产监督管理部门具备资格的执法人员实施，其他人员不得实施。

第三十八条 实施安全生产行政强制，应当向安全生产监督管理部门负责人报告并经批准；情况紧急，需要当场实施安全生产行政强制的，执法人员应当在24小时内向安全生产监督管理部门负责人报告，并补办批准手续。安全生产监督管理部门负责人认为不应当采取安全生产行政强制的，应当立即解除。

第三十九条 实施安全生产行政强制应当符合下列规定：

（一）应有两名以上安全生产执法人员到场实施，现场出示执法证件及相关决定；

（二）实施前应当通知当事人到场；

（三）当场告知当事人采取安全生产行政强制的理由、依据以及当事人依法享有的权利、救济途径；

（四）听取当事人的陈述和申辩；

（五）制作现场笔录；

（六）现场笔录由当事人和安全生产执法人员签名或者盖章，当事人拒绝的，在笔录中予以注明；

（七）当事人不到场的，邀请见证人到场，由见证人和执法人员在现场笔录上签名或者盖章；

（八）法律、法规规定的其他程序。

第四十条 安全生产监督管理部门依法对存在重大事故隐患的生产经营单位作出停产停业、停止施工、停止使用相关设施或者设备的决定，生产经营单位应当依法执行，及时消除事故隐患。生产经营单位拒不执行，有发生生产安全事故的现实危险的，在保证安全的前提下，经本部门主要负责人批准，安全生产监督管理部门可以采取通知有关单位停止供电、停止供应民用爆炸物品等措施，强制生产经营单位履行决定，通知应当采用书面形式。

安全生产监督管理部门依照前款规定采取停止供电、停止供应民用爆炸物品措施，除有危及生产安全的紧急情形外，停止供电措施应当提前二十四小时通知生产经营单位。

第四十一条 安全生产监督管理部门依法通知有关单位采取停止供电、停止供应民用爆炸物品等措施决定书的内容应当包括：

（一）生产经营单位名称、地址及法定代表人姓名；

（二）采取停止供电、停止供应民用爆炸物品等措施的理由、依据和期限；

（三）停止供电的区域范围；

（四）安全生产监督管理部门的名称、印章和日期。

对生产经营单位的通知除包含前款规定的内容外，还应当载明申请行政复议或者提起行政诉讼的途径。

第四十二条 生产经营单位依法履行行政决定、采取相应措施消除事故隐患的，经安全生产监督管理部门复核通过，安全生产监督管理部门应当及时作出解除停止供电、停止供应民用爆炸物品等措施并书面通知有关单位。

第四十三条 安全生产监督管理部门适用加处罚款情形的，按照下列规定执行：

（一）在《行政处罚决定书》中，告知加处罚款的标准；

（二）当事人在决定期限内不履行义务，依照《中华人民共和国行政强制法》规定，制作并向当事人送达缴纳罚款《催告书》；

（三）听取当事人陈述、申辩，并制作陈述申辩笔录；

（四）制作并送达《加处罚款决定书》。

第四十四条 当事人仍不履行罚款处罚决定，又不提起行政复议、行政诉讼的，安全生产监督管理部门按照下列规定，依法申请人民法院强制执行：

（一）依照《中华人民共和国行政强制法》第五十四条向当事人送达《催告书》，催促当事人履行有关缴纳罚款、履行行政决定等义务；

（二）缴纳罚款《催告书》送达10日后，由执法机关自提起行政复议、行政诉讼期限届满之日起3个月内向安全生产监督管理部门所在地基层人民法院申请强制执行；执行对象是不动产的，向不动产所在地有管辖权的人民法院申请强制执行，并提交下列材料：

1. 强制执行申请书；

2. 行政决定书及作出决定的事实、理由和依据；

3. 当事人的意见及行政机关催告情况；

4. 申请强制执行标的情况；

5. 法律、行政法规规定的其他材料。

强制执行申请书应当由安全生产监督管理部门负责人签名，加盖本部门的印章，并注明日期。

（三）依照《中华人民共和国行政强制法》第五十九条规定，因情况紧急，为保障公共安全，安全生产监督管理部门可以申请人民法院立即执行；

（四）安全生产监督管理部门对人民法院不予受理或者不予执行的裁定有异议的，可以自收到裁定之日起在15日内向上一级人民法院申请复议。

第六章　附　　则

第四十五条 安全生产监督管理部门以及法律、法规授权的机关或者组织和依法受委托的机关或者组织履行安全生产执法职权，按照有关法律、法规、规章和本规定的程序办理。

第四十六条 省级安全生产监督管理部门可以根据本规定制定相关实施细则。

安全生产行政执法规范用语指引

应急厅函〔2019〕538号

为加强安全生产行政执法规范化建设，统一执法程序，规范执法行为，保障应急管理部门及其行政执法人员依法履行职责，特制定安全生产执法规范用语指引。

本指引是应急管理部门及其行政执法人员在安全生产行政执法过程中使用的语言，仅限应急管理部门内部使用，不得在任何法律文书中引用。

本指引包括现场执法和行政处理两部分。

一、现场执法

现场执法流程包括三部分：召开启动会、现场执法检查、召开总结会。

（一）召开启动会。

1．表明身份。如：你好。我们是×××应急管理厅（局）执法人员×××、×××，这是我们的执法证件（出示证件）。

2．告知执法检查事项。如：根据××工作计划（或举报投诉），今天依法对你单位进行安全生产执法检查，执法流程包括启动会、现场执法检查、总结会等环节。请你单位主要负责人、安全管理人员和有关岗位员工全程参加。

对你单位进行安全生产执法检查的重点内容为××，请予以配合。

3．告知执法检查场所（部位）。如：请配合我们对你单位的××场所（部位）进行检查。

4．告知权利。如：如果你认为在场的执法人员与你有利害关系，可能影响公正处理的，你有权申请回避。

5．要求对方介绍情况。如：请介绍你单位关于本次执法检查内容开展的相关安全生产工作。

执法检查中，我们将严格遵守工作纪律和要求，确保本次执法检查透明、规范、合法、公正。

（二）现场执法检查。

1．要求对方提供有关资料时，应清楚告知所依据法律、法规、规章及所要检查的资料名称。如：根据《中华人民共和国安全生产法》第六十二条规定，请你提供××证照（许可证、资质证书、特种作业人员证件及其他有关文件等资料），对涉及你单位的技术秘密和业务秘密，我们将依法为你单位保密，请予配合。

2. 发现违法行为或者隐患，可以当场纠正的，应当予以当场纠正。如：现在请按照规定将××的生产车间的安全出口打开。

3. 情况紧急，需要当场实施行政强制措施的，应当场告知当事人采取行政强制措施的理由、依据以及当事人依法享有的权利救济途径。如：经查实，你（单位）有×××现状（违法行为），违反了《××××》第×条第×款（项）规定，根据《××××》第×条第×款（项）的规定，我厅（局）现决定当场采取××强制措施。

4. 决定当场收缴罚款时，应准确无误地告知缴纳罚款的依据和具体数额，并当场向当事人开缴由省财政部门统一制发的罚款收据。如：这是缴纳票据，请核对。

（注：适用行政处罚简易程序，决定当场处罚的，需告知当事人作出行政处罚决定的事实、理由和依据，听取当事人的陈述和申辩，制作决定书并由当事人签字确认。此部分内容可参考第二部分行政处理。）

5. 制作《现场检查记录》和《询问笔录》，应要求当事人签字确认。如：这是《现场检查记录》和《询问笔录》，请仔细核对，如无误，请在此处签字捺印。

如遇到当事人有不识字或其他阅读障碍时，应当场将《现场检查记录》和《询问笔录》内容宣读给当事人听，并注明情况。如果没有异议，请当事人捺印。

如遇当事人拒绝在有关执法文书上签字，应告知拒绝签字后果，并注明情况。如：请你再次考虑是否签字，如果你拒绝签字，我们将记录在案，依法处理。

6. 当事人妨碍公务时，应告知对方不得妨碍公务，并告知具体法律后果。如：请保持冷静！我们是×××应急管理厅（局）执法人员，正在依法执行公务，请你予以配合。如果你单位继续拒绝我们监督检查的，根据《安全生产法》第一百零五条，我们有权对你单位处以两万元以上二十万元以下的罚款。对直接负责的主管人员和其他直接责任人员处一万元以上两万元以下的罚款。

如果有以暴力、威胁方法阻碍执法人员依法执行公务的，应告知当事人法律后果。如：若你继续以威胁方法阻碍我们执法，将有可能触犯《刑法》第二百七十七条，涉嫌妨害公务罪，受到刑事处罚。

（三）召开总结会。

1. 介绍现场执法检查情况。如：×××应急管理厅（局）根据××工作计划（或投诉举报）对你单位进行了执法检查，查阅了××等资料，对××进行了现场检查，并就有关情况和问题向有关人员进行了问询。通过对你单位的执法检查，发现存在×个方面的问题，一是××××××，二是××××××。请从×个方面在×时限内予以整改，一是××××××，二是××××××。

对执法检查发现的问题和违法行为，×××应急管理厅（局）执法人员填写了《现场检查记录》和《询问笔录》，请你单位负责人确认，如无异议，请签字。

2. 如发现的问题需整改，应向被检查单位负责人说明。如：对你单位检查后发现了×项安全生产违法行为，我厅（局）依法拟下达《责令限期整改指令书》（现场宣读《责令限期整改指令书》），你单位应当按照《责令限期整改指令书》上的时限要求依法进行整改。请你单位负责人确认，如无异议，请签字。我们的联系电话是×××，在整改中有什么问题，请及时与我们联系。因不可抗力无法在规定限期内完成的，请于整改期限届满前10日内向我厅（局）提出书面延期申请，我们将自申请受理之日起5日内书面答复是否准予延期。如果逾期未按要求完成整改，我厅（局）将依据××××的规定，对你单位作出××××的处理。

我厅（局）将在规定期限内对你单位有关违法行为、事故隐患整改情况进行复查，你单位提前完成整改的，也可以申请我厅（局）安排时间提前进行复查。请予以配合，再见。

二、行政处理

行政处理主要是指现场检查之后的行为。包括整改复查、行政处罚和行政强制三部分。

（一）整改复查。

如已完成整改。如：你好。我们是×××应急管理厅（局）执法人员，我厅（局）于××月××日向你单位下达了《责令限期整改指令书》，经复查，你单位已经在规定期限内完成整改，这是《整改复查意见书》，请你签字确认。

如未完成整改。如：你好。我们是×××应急管理厅（局）执法人员，我厅（局）于××月××日向你单位下达了《责令限期整改指令书》，现经过我们复查，你单位还有×项问题未及时整改完毕，我们将根据××××的规定，对你单位进行××××行政决定。这是《整改复查意见书》，请你签字确认。

（二）行政处罚。

1．在调查取证时，调取原始凭证有困难的，可以复印，并要求出具证据的单位或个人签名或者盖章。如：你好。为了查清××案情，这是××文件的复印件，请你核对后注明“此件与原件核对一致”，并在此处签名（或盖章）。

采取抽样取证的，应仔细核对，并要求被抽样取证单位现场负责人签名，制作《抽样取证凭证》。如：你好。依据《××法》第××条规定，我们对你单位的××××进行抽样取证。这是《抽样取证凭证》，请你核对后，在此处签名。

（注：在调查取证时，应当亮明身份、告知当事人回避等权利、制作询问或检查笔录、并要求被询问人或者被检查对象签字等可参照前文现场执法检查。）

2．在证据可能灭失或者以后难以取得的情况下，经本级应急管理厅（局）负责人批准，可以先行登记保存证据。如：为查清××事实，×××为有关证据，我们将依法对×××物品进行登记保存，请予以配合。这是《先行登记保存证据通知书》及物品清单，请仔细核对，如无误，请在此处签字，我们将在7日内通知你到×××应急管理厅（局）办理先行登记保存证据处理决定事项。

3．行政处罚决定作出之前，应向当事人告知作出行政处罚决定的事实、依据、拟作出的行政处罚决定以及当事人享有的陈述和申辩权利等。如：现查明，你（单位）存在×××行为，违反了《××××》第×条第×款（项）规定，根据《××××》第×条第×款（项）的规定，我厅（局）拟作出××的行政处罚。如对处罚有异议，根据《中华人民共和国行政处罚法》第三十一条、第三十二条的规定，你（单位）有权在收到本告知书之日起3日内向×××应急管理厅（局）进行陈述和申辩，逾期不提出申请的，视为放弃权利。

4．听取当事人的陈述申辩，制作《当事人陈述申辩笔录》，要求当事人签字确认。如：我们就××一案听取了你（单位）的陈述申辩，这是《当事人陈述申辩笔录》，请仔细核对，如无误，请在此处签字捺印。

5．符合听证程序的，在作出行政处罚决定之前，应告知当事人有要求听证的权利。如：如果你对我厅（局）拟作出的本次行政处罚决定有异议，请你在接到本告知书之日起3日内向×××应急管理厅（局）提出书面听证申请。逾期不提出申请的，视为放弃听证权利。

6．行政处罚决定作出之后，应向当事人告知违法事实、处罚依据、处罚决定和依法享有的救济权利，并在宣告后当场交付当事人；当事人不在场的，应当在7日内依照《中华人民共和国民事诉讼法》的有关规定，将行政处罚决定书送达当事人或者其他的法定受送达人。如：经查实，你（单位）有×××行为，违反了《××××》第×条第×款（项）规定，根据《××××》第×条第×款（项）的规定，我厅（局）现作出×××的行政处罚决定。这是《行政处罚决定书》，请你在《文书送达回执》上签字确认。

当事人向银行缴纳罚款的，应明确告知当事人缴纳罚款的地点和期限。如：请你（单位）于××月××日前到××银行缴纳罚款。

7．当事人对行政处罚决定有争议时，应告知权利救济途径。如：如果你对我厅（局）本次行政处罚决定有异议，请你在接到《行政处罚决定书》之日起60日内向×××人民政府或者×××应急管理部门申请行政复议或者在6个月内向×××人民法院提出行政诉讼。

当事人要求减免处罚时，应说明无法满足对方要求原因。如：对不起，我们这是按××××的规定处理，我们无权对你的违法行为减免处罚，请你谅解。

当事人拒收《行政处罚决定书》时，应明确告知拒绝签字后果。如：由于你拒绝签收《行政处罚决定书》，我们将请见证人见证并签字，按照规定将作留置送达，并将有关情况记录在案。

（三）行政强制。

1．查封、扣押涉案物品时，应当会同当事人对拟查封物品的具体情况认真清点核实和确认，制作《查封扣押清单》和《查封扣押决定书》。如：我厅（局）在现场检查时，发现你单位存在××××设备不符合《××××》第×条规定。依据《××××》第××条第×款（项）规定，决定查封××设备。查封期限自××××年××月××日至××××年××月××日。这是《查封扣押清单》，请仔细清点核实和确认。这是《查封扣押决定书》，请你在《文书送达回执》上签字确认。

（注：在实施行政强制措施时，应当亮明身份、听取当事人的陈述和申辩、制作现场笔录、并要求被询问人或者被检查对象签字等可参照前文现场检查程序。）

2．因案情重大、复杂，需要依法延长查封扣押期限的，应告知当事人并说明理由，制作《延长查封扣押期限决定书》。如：我厅（局）于××××年××月××日根据《查封扣押决定书》对你单位××设备作出了查封的行政强制措施。因××××，依据《中华人民共和国行政强制法》第二十五条规定，决定将查封期限延长至××××年××月××日。

3．采取行政强制措施后，作出进一步处理决定的，应告知当事人处理决定的内容。如：我厅（局）于××××年××月××日根据《查封扣押决定书》对你单位××设备作出了查封的行政强制措施。依据《中华人民共和国行政强制法》第××条第×款（项）规定，经维修，该设备达到国家标准要求，现予以解除查封。

4．依法作出行政决定后，当事人在法定期限内不申请行政复议、不提起诉讼，也不履行有关行政处罚决定，应催告当事人履行，告知履行内容、期限和后果。如：我厅（局）于××××年××月××日对你单位作出的《行政处罚决定》尚未履行，你（单位）在法定期限内未申请行政复议或者提起行政诉讼，依据《中华人民共和国行政强制法》第五十三条、第五十四条的规定，请你（单位）立即履行××××行政决定。如你（单位）不履行，本单位将依据《中华人民共和国行政强制法》第五十三条、第五十四条，申请人民法院强制执行。

5．停止供电、停止供应民用爆炸物品的，应告知当事人停止供电、停止供应民用爆炸物品的依据、期限及依法享有的救济权利。如：因你单位存在重大事故隐患，我厅（局）于××××年××月××日依法对你单位作出了××××决定，你单位拒不执行，存在发生生产安全事故现实危险。为保障安全生产，根据《中华人民共和国安全生产法》第六十七条第一款的规定，本机关决定自××××年××月××日××时××分起，对你单位采取停止供电措施，强制你单位履行决定。

你单位依法履行相关行政决定、采取相应措施消除事故隐患，本机关将及时通知有关单位解除上述有关措施。

6．当事人对行政强制措施、行政强制执行等决定有争议时，应告知其依法享有的救济权利。如：如果你对我厅（局）查封扣押决定有异议，请你在接到《查封扣押决定书》之日起60日内向×××人民政府或者×××应急管理部门申请行政复议或者在6个月内向×××人民法院提出行政诉讼，但本指令不停止执行，法律另有规定的除外。

安全生产非法违法行为查处办法

安监总政法〔2011〕158号

第一条 为了严厉打击安全生产非法违法行为，维护安全生产法治秩序，根据《中华人民共和国安全生产法》《国务院关于进一步加强企业安全生产工作的通知》等法律、行政法规和规定，制定本办法。

第二条 安全生产监督管理部门和煤矿安全监察机构（以下统称安全监管监察部门）依法查处安全生产非法违法行为，适用本办法。

本办法所称安全生产非法行为，是指公民、法人或者其他组织未依法取得安全监管监察部门负责的行政许可，擅自从事生产经营建设活动的行为，或者行政许可已经失效，继续从事生产经营建设活动的行为。

本办法所称安全生产违法行为，是指生产经营单位及其从业人员违反安全生产法律、法规、规章、强制性国家标准或者行业标准的规定，从事生产经营建设活动的行为。

第三条 安全监管监察部门依法查处安全生产非法违法行为，实行查处与引导相结合、处罚与教育相结合的原则，督促引导生产经营单位依法办理相应行政许可手续，合法从事生产经营建设活动。

第四条 任何单位和个人从事生产经营活动，不得违反安全生产法律、法规、规章和强制性标准的规定。

生产经营单位主要负责人对本单位安全生产工作全面负责，并对本单位安全生产非法违法行为承担法律责任；公民个人对自己的安全生产非法违法行为承担法律责任。

第五条 安全监管监察部门应当制订并实施年度安全监管监察执法工作计划，依照法律、法规和规章规定的职责、程序和要求，对发现和被举报的安全生产非法违法行为予以查处。

第六条 任何单位和个人均有权向安全监管监察部门举报安全生产非法违法行为。举报人故意捏造或者歪曲事实、诬告或者陷害他人的，应当承担相应的法律责任。

第七条 安全监管监察部门应当建立健全举报制度，对举报人的有关情况予以保密，不得泄露举报人身份或者将举报材料、举报人情况透露给被举报单位、被举报人；对举报有功人员，应当按照有关规定给予奖励。

第八条 安全监管监察部门接到举报后，能够当场答复是否受理的，应当当场答复；不能当场答复的，应当自收到举报之日起15个工作日内书面告知举报人是否受理。但举报人的姓名（名称）、住址或者其他联系方式不清的除外。

对于不属于本部门受理范围的举报，安全监管监察部门应当告知举报人向有处理权的单位反映，或者将举报材料移送有处理权的单位，并书面告知实名举报人。

第九条 对已经受理的举报，安全监管监察部门应当依照下列规定处理：

（一）对实名举报的，立即组织核查。安全监管监察部门认为举报内容不清的，可以请举报人补充情况；

（二）对匿名举报的，根据举报具体情况决定是否进行核查。有具体的单位、安全生产非法违法事实、联系方式等线索的，立即组织核实；

（三）举报事项经核查属实的，依法予以处理；

（四）举报事项经核查不属实的，以适当方式在一定范围内予以澄清，并依法保护被举报人的合法权益。

安全监管监察部门核查安全生产非法违法行为确有困难的，可以提请本级人民政府组织有关部门共同核查。

安全监管监察部门对举报的处理情况，应当在办结的同时书面答复实名举报人，但举报人的姓名（名称）、住址或者其他联系方式不清的除外。

第十条 对安全生产非法违法行为造成的一般、较大、重大生产安全事故，设区的市级以上人民政府安委会应当按照规定对事故查处情况实施挂牌督办，有关人民政府安委会办公室（安全生产监督管理部门）具体承担督办事项。

负责督办的人民政府安委会办公室应当在当地主要新闻媒体或者本单位网站上公开督办信息，接受社会监督。

负责督办的人民政府安委会办公室应当加强对督办事项的指导、协调和监督，及时掌握安全生产非法违法事故查处的进展情况；必要时，应当派出工作组进行现场督办，并对安全生产非法违法行为查处中存在的问题责令有关单位予以纠正。

第十一条 安全监管监察部门查处安全生产非法违法行为，有权依法采取下列行政强制措施：

（一）对有根据认为不符合安全生产的国家标准或者行业标准的在用设施、设备、器材，予以查封或者扣押，并应当在作出查封、扣押决定之日起15日内依法作出处理决定；

（二）查封违法生产、储存、使用、经营危险化学品的场所，扣押违法生产、储存、使用、经营、运输的危险化学品以及用于违法生产、使用、运输危险化学品的原材料、设备；

（三）法律、法规规定的其他行政强制措施。

安全监管监察部门查处安全生产非法违法行为时，可以会同有关部门实施联合执法，必要时可以提请本级人民政府组织有关部门共同查处。

第十二条 安全监管监察部门查处安全生产非法行为，对有关单位和责任人，应当依照相关法律、法规、规章规定的上限予以处罚。

安全监管监察部门查处其他安全生产违法行为，对有关单位和责任人，应当依照《安全生产行政处罚自由裁量适用规则》《安全生产行政处罚自由裁量标准》或者《煤矿安全监察行政处罚自由裁量实施标准》确定的处罚种类和幅度进行处罚。

第十三条 当事人逾期不履行行政处罚决定的，安全监管监察部门可以采取下列措施：

（一）到期不缴纳罚款的，每日按罚款数额的3%加处罚款；

（二）根据法律规定，将查封、扣押的设施、设备、器材拍卖所得价款抵缴罚款；

（三）申请人民法院强制执行。

第十四条 对跨区域从事生产经营建设活动的生产经营单位及其相关人员的安全生产非法违法行为，应当依法给予重大行政处罚的，安全生产非法违法行为发生地负责查处的安全监管监察部门应当书面邀请生产经营单位注册地有关安全监管监察部门参与查处。

第十五条 对跨区域从事生产经营建设活动的生产经营单位不履行负责查处的安全监管监察部门作出的行政处罚决定的，生产经营单位注册地有关安全监管监察部门应当配合负责查处的安全监管监察部门采取本办法第十三条规定的措施。

对跨区域从事生产经营建设活动的生产经营单位及其相关人员的安全生产非法违法行为，应当给予暂扣或者吊销安全生产许可证、安全资格证处罚的，安全生产非法违法行为发生地负责查处的安全监管监察部门应当提出暂扣或者吊销安全生产许可证、安全资格证的建议，并移送负责安全生产许可证、安全资格证颁发管理的安全监管监察部门调查处理，接受移送的安全监管监察部门应当依法予以处理；接受移送的安全监管监察部门对前述行政处罚建议有异议的，应当报请共同的上级安全监管监察部门作出裁决。

第十六条 安全监管监察部门在安全生产监管监察中，发现不属于职责范围的下列非法违法行为的，应当移送工商行政管理部门、其他负责相关许可证或者批准文件的颁发管理部门处理：

（一）未依法取得营业执照、其他相关许可证或者批准文件，擅自从事生产经营建设活动的行为；

（二）已经办理注销登记或者被吊销营业执照，以及营业执照有效期届满后未按照规定重新办理登记手续，擅自继续从事生产经营建设活动的行为；

（三）其他相关许可证或者批准文件有效期届满后，擅自继续从事生产经营建设活动的行为；

（四）超出核准登记经营范围、其他相关许可证或者批准文件核准范围的违法生产经营建设行为。

第十七条 拒绝、阻碍安全监管监察部门依法查处安全生产非法违法行为，构成违反治安管理行为的，安全监管监察部门应当移送公安机关依照《中华人民共和国治安管理处罚法》的规定予以处罚；涉嫌犯罪的，依法追究刑事责任。

第十八条 安全监管监察部门应当将安全生产非法行为的查处情况，自查处结案之日起15个工作日内在当地有关媒体或者安全监管监察部门网站上予以公开，接受社会监督。

对安全生产非法违法事故查处情况实施挂牌督办的有关人民政府安委会办公室，应当在督办有关措施和处罚事项全部落实后解除督办，并在解除督办之日起10个工作日内在当地主要媒体和本单位网站上予以公告，接受社会监督。

第十九条 安全监管监察部门应当建立完善安全生产非法违法行为记录和查询系统，记载安全生产非法违法行为及其处理结果。

生产经营单位因非法违法行为造成重大、特别重大生产安全事故或者一年内发生2次以上较大生产安全责任事故并负主要责任，以及存在重大隐患整改不力的，省级安全监管监察部门应当会同有关行业主管部门向社会公告，并向投资、国土资源、建设、银行、证券等主管部门通报，作为一年内严格限制其新增的项目核准、用地审批、证券融资、银行贷款等的重要参考依据。

第二十条 安全监管监察部门查处安全生产非法行为，应当在作出行政处罚决定之日起10个工作日内，将行政处罚决定书及相关证据材料报上一级安全监管监察部门备案。

安全生产监管监察部门查处其他安全生产违法行为，应当依照《安全生产违法行为行政处罚办法》第六十二条、第六十三条、第六十四条的规定，将行政处罚决定书报上一级安全监管监察部门备案。

第二十一条 县（市、区）、乡（镇）人民政府对群众举报、上级督办、日常检查发现的所辖区域的非法生产企业（单位）没有采取有效措施予以查处，致使非法生产企业（单位）存在的，对县（市、区）、乡（镇）人民政府主要领导以及相关责任人，依照国家有关规定予以纪律处分；涉嫌犯罪的，依法追究刑事责任。

县（市、区）、乡（镇）人民政府所辖区域存在非法煤矿的，依据《国务院关于预防煤矿生产安全事故的特别规定》的有关规定予以处理。

第二十二条 国家机关工作人员参与安全生产非法违法行为的，依照有关法律、行政法规和纪律处分规定由监察机关或者任免机关按照干部管理权限予以处理；涉嫌犯罪的，依法追究刑事责任。

第二十三条 安全监管监察部门工作人员对发现或者接到举报的安全生产非法违法行为，未依照有关法律、法规、规章和本办法规定予以查处的，由任免机关按照干部管理权限予以处理；涉嫌犯罪的，依法追究刑事责任。

第二十四条 本办法自2011年12月1日起施行。

生产安全事故统计管理办法

安监总厅统计〔2016〕80号

第一条 为进一步规范生产安全事故统计工作，根据《中华人民共和国安全生产法》《中华人民共和国统计法》《生产安全事故报告和调查处理条例》有关规定，制定本办法。

第二条 中华人民共和国领域内的生产安全事故统计（不涉及事故报告和事故调查处理），适用本办法。

第三条 生产安全事故由县级安全生产监督管理部门归口统计、联网直报（以下简称“归口直报”）。

跨县级行政区域的特殊行业领域生产安全事故统计信息按照国家安全生产监督管理总局和有关行业领域主管部门确定的生产安全事故统计信息通报形式，实行上级安全生产监督管理部门归口直报。

第四条 县级以上（含本级，下同）安全生产监督管理部门负责接收本行政区域内生产经营单位报告和同级负有安全生产监督管理职责的部门通报的生产安全事故信息，依据本办法真实、准确、完整、及时进行统计。

县级以上安全生产监督管理部门应按规定时限要求在“安全生产综合统计信息直报系统”中填报生产安全事故信息，并按照《生产安全事故统计报表制度》有关规定进行统计。

第五条 生产安全事故按照《国民经济行业分类》（GB/T 4754—2011）分类统计。没有造成人员伤亡且直接经济损失小于100万元（不含）的生产安全事故，暂不纳入统计。

第六条 生产安全事故统计按照“先行填报、调查认定、信息公开、统计核销”的原则开展。经调查认定，具有以下情形之一的，按本办法第七条规定程序进行统计核销。

（一）超过设计风险抵御标准，工程选址合理，且安全防范措施和应急救援措施到位的情况下，由不能预见或者不能抗拒的自然灾害直接引发的。

（二）经由公安机关侦查，结案认定事故原因是蓄意破坏、恐怖行动、投毒、纵火、盗窃等人为故意行为直接或间接造成的。

（三）生产经营单位从业人员在生产经营活动过程中，突发疾病（非遭受外部能量意外释放造成的肌体创伤）导致伤亡的。

第七条 经调查（或由事故发生地人民政府有关部门出具鉴定结论等文书）认定不属于生产安全事故的，由同级安全生产监督管理部门依据有关结论提出统计核销建议，并在本级政府（或部门）网站或相关媒体上公示7日。公示期间，收到对公示的统计核销建议有异议、意见的，应在调查核实后再作决定。

公示期满没有异议的（没有收到任何反映，视为公示无异议），报上一级安全生产监督管理部门备案；完成备案后，予以统计核销，并将相关信息在本级政府（或部门）网站或相关媒体上公开，信息公开时间不少于1年。

备案材料主要包括：事故统计核销情况说明（含公示期间收到的异议、意见及处理情况）、调查认定意见（事故调查报告或由事故发生地人民政府有关部门出具鉴定结论等文书）及其相关证明文件等。

地市级以上安全生产监督管理部门应当对其备案核销的事故进行监督检查。发现问题的，应当要求下一级安全生产监督管理部门提请同级人民政府复核，并在指定时限内反馈核查结果。

第八条 各级安全生产监督管理部门应督促填报单位在“安全生产综合统计信息直报系统”中及时补充完善或修正已填报的生产安全事故信息，及时补报经查实的瞒报、谎报的生产安全事故信息，及时排查遗漏、错误或重复填报的生产安全事故信息。

第九条 各级安全生产监督管理部门应根据各地区实际，建立完善生产安全事故统计信息归口直报制度，进一步明确本行政区域内各行业领域生产安全事故统计信息通报的方式、内容、时间等具体要求，并对本行政区域内生产安全事故统计工作进行监督检查。

第十条 国家安全生产监督管理总局建立健全生产安全事故统计数据修正制度，运用抽样调查等方法开展生产安全事故统计数据核查工作，定期修正并公布生产安全事故统计数据，通报统计工作情况。

第十一条 各级安全生产监督管理部门应定期在本级政府（或部门）网站或相关媒体上公布生产安全事故统计信息和统计资料，接受社会监督。

第十二条 本办法由国家安全生产监督管理总局负责解释。

第十三条 本办法自公布之日起执行。《生产安全事故统计管理办法（暂行）》（安监总厅统计〔2015〕111号）同时废止。

关于生产安全事故调查处理中有关问题的规定

安监总政法〔2013〕115号

第一条 为进一步规范安全生产监督管理部门组织的生产安全事故的调查处理，认真查处每一起事故并严厉及时追责，吸取事故教训，有效遏制重特大事故发生，根据《生产安全事故报告和调查处理条例》（以下简称《条例》）等法律、行政法规，制定本规定。

第二条 《条例》第二条所称生产经营活动，是指在工作时间和工作场所，为实现某种生产、建设或者经营目的而进行的活动，包括与工作有关的预备性或者收尾性活动。

第三条 根据《条例》第三条的规定，按照死亡人数、重伤人数（含急性工业中毒，下同）、直接经济损失三者中最高级别确定事故等级。

因事故造成的失踪人员，自事故发生之日起30日后（交通事故、火灾事故自事故发生之日起7日后），按照死亡人员进行统计，并重新确定事故等级。

事故造成的直接经济损失，由事故发生单位依照《企业职工伤亡事故经济损失统计标准》（GB 6721）提出意见，经事故发生单位上级主管部门同意后，报组织事故调查的安全生产监督管理部门确定；事故发生单位无上级主管部门的，直接报组织事故调查的安全生产监督管理部门确定。

第四条 事故调查工作应当按照“四不放过”和依法依规、实事求是、科学严谨、注重实效的原则认真开展。

第五条 事故调查组应当在查明事故原因，认定事故性质的基础上，分清事故责任，依法依规依纪对相关责任单位和责任人员提出严肃的处理意见，杜绝失之于软、失之于宽、失之于慢的现象。

第六条 对挂牌督办、跟踪督办的事故，组织事故调查的安全生产监督管理部门应当及时向督办机关请示汇报。负责督办的部门应当加强督促检查，并对事故查处进行具体指导，严格审核把关。

第七条 对于中央企业发生的事故，事故发生地的上级安全生产监督管理部门认为必要时，可以提请本级人民政府决定提级调查。

事故发生地与事故发生单位不在同一个县级以上行政区域，事故发生地安全生产监督管理部门认为开展事故调查确有困难的，可以报告本级人民政府提请上一级人民政府决定提级调查。

第八条 事故调查组组长一般由安全生产监督管理部门的人员担任。事故调查组成员应当按照《条例》规定，在事故调查组组长统一领导下开展调查工作。

第九条 事故调查组应当制定事故调查方案，经事故调查组组长批准后执行。事故调查方案应当包括调查工作的原则、目标、任务和事故调查组专门小组的分工、应当查明的问题和线索，调查步骤、方法，完成相关调查的期限、措施、要求等内容。

第十条 事故调查组应当按照下列期限，向负责事故调查的人民政府提交事故调查报告：

（一）特别重大事故依照《条例》的有关规定执行；

（二）重大事故自事故发生之日起一般不得超过60日；

（三）较大事故、一般事故自事故发生之日起一般不得超过30日。

特殊情况下，经负责事故调查的人民政府批准，可以延长提交事故调查报告的期限，但最长不得超过30日。

下列时间不计入事故调查期限，但应当在报送事故调查报告时向负责事故调查的人民政府说明：

（一）瞒报、谎报、迟报事故的调查核实所需的时间；

（二）因事故救援无法进行现场勘察的时间；

（三）挂牌督办、跟踪督办的事故的审核备案时间；

（四）特殊疑难问题技术鉴定所需的时间。

第十一条 事故调查报告应当由事故调查组成员签名。事故调查组成员对事故的原因、性质和事故责任者的处理建议不能取得一致意见时，事故调查组组长有权提出结论性意见；仍有不同意见的，应当进一步协调；经协调仍不能统一意见的，应当报请本级人民政府裁决。

事故调查报告应当对落实事故防范和整改措施、责任追究等工作提出明确要求。

第十二条 负责事故调查的人民政府应当按照《条例》第三十二条规定的期限对事故调查报告作出批复，并抄送事故调查组成员所在单位和其他有关单位。

第十三条 经过批复的事故调查报告的正文部分由组织事故调查的安全生产监督管理部门按照国家有关规定及时在政府网站或者通过其他方式全文公开，但依法需要保密的内容除外。

第十四条 有关部门和事故发生单位应当自接到事故调查报告及其批复的3个月内，将有关责任人员和单位的处理情况、事故防范和整改措施的落实情况书面报（抄）送组织事故调查的安全生产监督管理部门及其他有关部门。

第十五条 本规定自印发之日起施行。煤矿、海上石油事故的调查处理，依照本规定执行；国家安全生产监督管理总局另有规定的，从其规定。

生产安全事故应急处置评估暂行办法

安监总厅应急〔2014〕95号

第一条 为规范生产安全事故应急处置评估工作，总结和吸取应急处置经验教训，不断提高生产安全事故应急处置能力，持续改进应急准备工作，根据《安全生产法》《生产安全事故报告和调查处理条例》《国务院安委会关于进一步加强生产安全事故应急处置工作的通知》（安委〔2013〕8号），制定本办法。

第二条 本办法适用于除环境污染事故、核设施事故、国防科研生产事故以外的各类生产安全事故的应急处置评估工作。

第三条 生产安全事故应急处置评估应当按照客观、公正、科学的原则进行。

第四条 国家安全生产监督管理总局指导和监督全国生产安全事故应急处置评估工作。

县级以上地方各级人民政府安全生产监督管理部门指导和监督本行政区域内生产安全事故应急处置评估工作。

第五条 国务院和县级以上地方各级人民政府成立或授权、委托成立的事故调查组（以下统称事故调查组），分级负责所调查事故的应急处置评估工作。

上级人民政府安全监管监察部门认为必要时，可以派出工作组协助下级人民政府事故调查组进行应急处置评估。

第六条 事故调查组应当单独设立应急处置评估组，专职负责对事故单位和事发地人民政府的应急处置工作进行评估。

事故调查组应急处置评估组组长一般由安全生产应急管理机构人员担任，有关单位人员参加，并根据需要聘请相关专家参与评估工作。

第七条 应急处置评估组根据工作需要，可以采取下列措施：

（一）听取事故单位和事发地人民政府事故应急处置现场指挥部（以下简称现场指挥部）事故及应急处置情况说明；

（二）现场勘查；

（三）查阅相关文字、音像资料和数据信息；

（四）询问有关人员；

（五）组织专家论证，必要时可以委托相关机构进行技术鉴定。

第八条 事故单位和现场指挥部应当分别总结事故应急处置工作，向事故调查组和上一级安全生产监管监察部门提交总结报告。总结报告内容包括：

（一）事故基本情况；

（二）先期处置情况及事故信息接收、流转与报送情况；

（三）应急预案实施情况；

（四）组织指挥情况；

（五）现场救援方案制定及执行情况；

（六）现场应急救援队伍工作情况；

（七）现场管理和信息发布情况；

（八）应急资源保障情况；

（九）防控环境影响措施的执行情况；

（十）救援成效、经验和教训；

（十一）相关建议。

事故单位和现场指挥部应当妥善保存并整理好与应急处置有关的书证和物证。

第九条 应急处置评估组对事故单位的评估，应当包括以下内容：

（一）应急响应情况，包括事故基本情况、信息报送情况等；

（二）先期处置情况，包括自救情况、控制危险源情况、防范次生灾害发生情况；

（三）应急管理规章制度的建立和执行情况；

（四）风险评估和应急资源调查情况；

（五）应急预案的编制、培训、演练、执行情况；

（六）应急救援队伍、人员、装备、物资储备、资金保障等方面的落实情况。

第十条 应急处置评估组对事发地人民政府的评估，应当包括以下内容：

（一）应急响应情况，包括事故发生后信息接收、流转与报送情况、相关职能部门协调联动情况；

（二）指挥救援情况，包括应急救援队伍和装备资源调动情况、应急处置方案制定情况；

（三）应急处置措施执行情况，包括现场应急救援队伍工作情况、应急资源保障情况、防范次生衍生及事故扩大采取的措施情况、防控环境影响措施执行情况；

（四）现场管理和信息发布情况。

第十一条 应急处置评估组应当向事故调查组提交应急处置评估报告。评估报告包括以下内容：

（一）事故应急处置基本情况；

（二）事故单位应急处置责任落实情况；

（三）地方人民政府应急处置责任落实情况；

（四）评估结论；

（五）经验教训；

（六）相关工作建议。

第十二条 事故调查组应当将应急处置评估内容纳入事故调查报告。

第十三条 安全监管监察部门及其应急管理工作机构应当根据事故调查报告，改进和加强日常管理、应急准备及应急处置等工作。

第十四条 县级以上地方各级安全生产监督管理部门、驻地各级煤矿安全监察机构应当每年对本辖区生产安全事故应急处置评估情况进行总结，并收集典型案例，向上一级安全生产监督管理部门、煤矿安全监察机构报告。

第十五条 生产安全险情的应急处置评估工作，成立事故调查组的，依照本办法执行；未成立事故调查组的，由现场指挥部或事发地人民政府安全生产监督管理部门依照本办法执行。

第十六条 本办法所称的生产安全事故应急处置是指生产安全事故发生到事故危险状态消除期间，为抢救人员、保护财产和环境而采取的措施、行动。

本办法所称的生产安全险情是指在生产经营活动中发生的对人员生命和财产安全造成威胁，但损害未达到生产安全事故等级标准的事件。

第十七条 本办法自印发之日起施行。

安全生产行政执法与刑事司法衔接工作办法

应急〔2019〕54号

第一章 总 则

第一条 为了建立健全安全生产行政执法与刑事司法衔接工作机制，依法惩治安全生产违法犯罪行为，保障人民群众生命财产安全和社会稳定，依据《中华人民共和国刑法》《中华人民共和国刑事诉讼法》《中华人民共和国安全生产法》《中华人民共和国消防法》和《行政执法机关移送涉嫌犯罪案件的规定》《生产安全事故报告和调查处理条例》《最高人民法院最高人民检察院关于办理危害生产安全刑事案件适用法律若干问题的解释》等法律、行政法规、司法解释及有关规定，制定本办法。

第二条 本办法适用于应急管理部门、公安机关、人民法院、人民检察院办理的涉嫌安全生产犯罪案件。

应急管理部门查处违法行为时发现的涉嫌其他犯罪案件，参照本办法办理。

本办法所称应急管理部门，包括煤矿安全监察机构、消防机构。

属于《中华人民共和国监察法》规定的公职人员在行使公权力过程中发生的依法由监察机关负责调查的涉嫌安全生产犯罪案件，不适用本办法，应当依法及时移送监察机关处理。

第三条 涉嫌安全生产犯罪案件主要包括下列案件：

（一）重大责任事故案件；

（二）强令违章冒险作业案件；

（三）重大劳动安全事故案件；

（四）危险物品肇事案件；

（五）消防责任事故、失火案件；

（六）不报、谎报安全事故案件；

（七）非法采矿，非法制造、买卖、储存爆炸物，非法经营，伪造、变造、买卖国家机关公文、证件、印章等涉嫌安全生产的其他犯罪案件。

第四条 人民检察院对应急管理部门移送涉嫌安全生产犯罪案件和公安机关有关立案活动，依法实施法律监督。

第五条 各级应急管理部门、公安机关、人民检察院、人民法院应当加强协作，统一法律适用，不断完善案件移送、案情通报、信息共享等工作机制。

第六条 应急管理部门在行政执法过程中发现行使公权力的公职人员涉嫌安全生产犯罪的问题线索，或者应急管理部门、公安机关、人民检察院在查处有关违法犯罪行为过程中发现行使公权力的公职人员涉嫌贪污贿赂、失职渎职等职务违法或者职务犯罪的问题线索，应当依法及时移送监察机关处理。

第二章 日常执法中的案件移送与法律监督

第七条 应急管理部门在查处违法行为过程中发现涉嫌安全生产犯罪案件的，应当立即指定2名以上行政执法人员组成专案组专门负责，核实情况后提出移送涉嫌犯罪案件的书面报告。应急管理部门正职负责人或者主持工作的负责人应当自接到报告之日起3日内作出批准移送或者不批准移送的决定。批准移送的，应当在24小时内向同级公安机关移送；不批准移送的，应当将不予批准的理由记录在案。

第八条 应急管理部门向公安机关移送涉嫌安全生产犯罪案件，应当附下列材料，并将案件移送书抄送同级人民检察院。

（一）案件移送书，载明移送案件的应急管理部门名称、违法行为涉嫌犯罪罪名、案件主办人及联系电话等。案件移送书应当附移送材料清单，并加盖应急管理部门公章；

（二）案件调查报告，载明案件来源、查获情况、嫌疑人基本情况、涉嫌犯罪的事实、证据和法律依据、处理建议等；

（三）涉案物品清单，载明涉案物品的名称、数量、特征、存放地等事项，并附采取行政强制措施、现场笔录等表明涉案物品来源的相关材料；

（四）附有鉴定机构和鉴定人资质证明或者其他证明文件的检验报告或者鉴定意见；

（五）现场照片、询问笔录、电子数据、视听资料、认定意见、责令整改通知书等其他与案件有关的证据材料。

对有关违法行为已经作出行政处罚决定的，还应当附行政处罚决定书。

第九条 公安机关对应急管理部门移送的涉嫌安全生产犯罪案件，应当出具接受案件的回执或者在案件移送书的回执上签字。

第十条 公安机关审查发现移送的涉嫌安全生产犯罪案件材料不全的，应当在接受案件的24小时内书面告知应急管理部门在3日内补正。

公安机关审查发现涉嫌安全生产犯罪案件移送材料不全、证据不充分的，可以就证明有犯罪事实的相关证据要求等提出补充调查意见，由移送案件的应急管理部门补充调查。根据实际情况，公安机关可以依法自行调查。

第十一条 公安机关对移送的涉嫌安全生产犯罪案件，应当自接受案件之日起3日内作出立案或者不予立案的决定；涉嫌犯罪线索需要查证的，应当自接受案件之日起7日内作出决定；重大疑难复杂案件，经县级以上公安机关负责人批准，可以自受案之日起30日内作出决定。依法不予立案的，应当说明理由，相应退回案件材料。

对属于公安机关管辖但不属于本公安机关管辖的案件，应当在接受案件后24小时内移送有管辖权的公安机关，并书面通知移送案件的应急管理部门，抄送同级人民检察院。对不属于公安机关管辖的案件，应当在24小时内退回移送案件的应急管理部门。

第十二条 公安机关作出立案、不予立案决定的，应当自作出决定之日起3日内书面通知应急管理部门，并抄送同级人民检察院。

对移送的涉嫌安全生产犯罪案件，公安机关立案后决定撤销案件的，应当将撤销案件决定书送达移送案件的应急管理部门，并退回案卷材料。对依法应当追究行政法律责任的，可以同时提出书面建议。有关撤销案件决定书应当抄送同级人民检察院。

第十三条 应急管理部门应当自接到公安机关立案通知书之日起3日内将涉案物品以及与案件有关的其他材料移交公安机关，并办理交接手续。

对保管条件、保管场所有特殊要求的涉案物品，可以在公安机关采取必要措施固定留取证据后，由应急管理部门代为保管。应急管理部门应当妥善保管涉案物品，并配合公安机关、人民检察院、人民法院在办案过程中对涉案物品的调取、使用及鉴定等工作。

第十四条 应急管理部门接到公安机关不予立案的通知书后，认为依法应当由公安机关决定立案的，可以自接到不予立案通知书之日起3日内提请作出不予立案决定的公安机关复议，也可以建议人民检察院进行立案监督。

公安机关应当自收到提请复议的文件之日起3日内作出复议决定，并书面通知应急管理部门。应急管理部门对公安机关的复议决定仍有异议的，应当自收到复议决定之日起3日内建议人民检察院进行立案监督。

应急管理部门对公安机关逾期未作出是否立案决定以及立案后撤销案件决定有异议的，可以建议人民检察院进行立案监督。

第十五条 应急管理部门建议人民检察院进行立案监督的，应当提供立案监督建议书、相关案件材料，并附公安机关不予立案通知、复议维持不予立案通知或者立案后撤销案件决定及有关说明理由材料。

第十六条 人民检察院应当对应急管理部门立案监督建议进行审查，认为需要公安机关说明不予立案、立案后撤销案件的理由的，应当要求公安机关在7日内说明理由。公安机关应当书面说明理由，回复人民检察院。

人民检察院经审查认为公安机关不予立案或者立案后撤销案件理由充分，符合法律规定情形的，应当作出支持不予立案、撤销案件的检察意见。认为有关理由不能成立的，应当通知公安机关立案。

公安机关收到立案通知书后，应当在15日内立案，并将立案决定书送达人民检察院。

第十七条 人民检察院发现应急管理部门不移送涉嫌安全生产犯罪案件的，可以派员查询、调阅有关案件材料，认为应当移送的，应当提出检察意见。应急管理部门应当自收到检察意见后3日内将案件移送公安机关，并将案件移送书抄送人民检察院。

第十八条 人民检察院对符合逮捕、起诉条件的犯罪嫌疑人，应当依法批准逮捕、提起公诉。

人民检察院对决定不起诉的案件，应当自作出决定之日起3日内，将不起诉决定书送达公安机关和应急管理部门。对依法应当追究行政法律责任的，可以同时提出检察意见，并要求应急管理部门及时通报处理情况。

第三章 事故调查中的案件移送与法律监督

第十九条 事故发生地有管辖权的公安机关根据事故的情况，对涉嫌安全生产犯罪的，应当依法立案侦查。

第二十条 事故调查中发现涉嫌安全生产犯罪的，事故调查组或者负责火灾调查的消防机构应当及时将有关材料或者其复印件移交有管辖权的公安机关依法处理。

事故调查过程中，事故调查组或者负责火灾调查的消防机构可以召开专题会议，向有管辖权的公安机关通报事故调查进展情况。

有管辖权的公安机关对涉嫌安全生产犯罪案件立案侦查的，应当在3日内将立案决定书抄送同级应急管理部门、人民检察院和组织事故调查的应急管理部门。

第二十一条 对有重大社会影响的涉嫌安全生产犯罪案件，上级公安机关采取挂牌督办、派员参与等方法加强指导和督促，必要时，可以按照有关规定直接组织办理。

第二十二条 组织事故调查的应急管理部门及同级公安机关、人民检察院对涉嫌安全生产犯罪案件的事实、性质认定、证据采信、法律适用以及责任追究有意见分歧的，应当加强协调沟通。必要时，可以就法律适用等方面问题听取人民法院意见。

第二十三条 对发生一人以上死亡的情形，经依法组织调查，作出不属于生产安全事故或者生产安全责任事故的书面调查结论的，应急管理部门应当将该调查结论及时抄送同级监察机关、公安机关、人民检察院。

第四章 证据的收集与使用

第二十四条 在查处违法行为的过程中，有关应急管理部门应当全面收集、妥善保存证据材料。对容易灭失的痕迹、物证，应当采取措施提取、固定；对查获的涉案物品，如实填写涉案物品清单，并按照国家有关规定予以处理；对需要进行检验、鉴定的涉案物品，由法定检验、鉴定机构进行检验、鉴定，并出具检验报告或者鉴定意见。

在事故调查的过程中，有关部门根据有关法律法规的规定或者事故调查组的安排，按照前款规定收集、保存相关的证据材料。

第二十五条 在查处违法行为或者事故调查的过程中依法收集制作的物证、书证、视听资料、电子数据、检验报告、鉴定意见、勘验笔录、检查笔录等证据材料以及经依法批复的事故调查报告，在刑事诉讼中可以作为证据使用。

事故调查组依照有关规定提交的事故调查报告应当由其成员签名。没有签名的，应当予以补正或者作出合理解释。

第二十六条 当事人及其辩护人、诉讼代理人对检验报告、鉴定意见、勘验笔录、检查笔录等提出异议，申请重新检验、鉴定、勘验或者检查的，应当说明理由。人民法院经审理认为有必要的，应当同意。人民法院同意重新鉴定申请的，应当及时委托鉴定，并将鉴定意见告知人民检察院、当事人及其辩护人、诉讼代理人；也可以由公安机关自行或者委托相关机构重新进行检验、鉴定、勘验、检查等。

第五章 协作机制

第二十七条 各级应急管理部门、公安机关、人民检察院、人民法院应当建立安全生产行政执法与刑事司法衔接长效工作机制。明确本单位的牵头机构和联系人，加强日常工作沟通与协作。定期召开联席会议，协调解决重要问题，并以会议纪要等方式明确议定事项。

各省、自治区、直辖市应急管理部门、公安机关、人民检察院、人民法院应当每年定期联合通报辖区内有关涉嫌安全生产犯罪案件移送、立案、批捕、起诉、裁判结果等方面信息。

第二十八条 应急管理部门对重大疑难复杂案件，可以就刑事案件立案追诉标准、证据的固定和保全等问题咨询公安机关、人民检察院；公安机关、人民检察院可以就案件办理中的专业性问题咨询应急管理部门。受咨询的机关应当及时答复；书面咨询的，应当在7日内书面答复。

第二十九条 人民法院应当在有关案件的判决、裁定生效后，按照规定及时将判决书、裁定书在互联网公布。适用职业禁止措施的，应当在判决、裁定生效后10日内将判决书、裁定书送达罪犯居住地的县级应急管理部门和公安机关，同时抄送罪犯居住地的县级人民检察院。具有国家工作人员身份的，应当将判决书、裁定书送达罪犯原所在单位。

第三十条 人民检察院、人民法院发现有关生产经营单位在安全生产保障方面存在问题或者有关部门在履行安全生产监督管理职责方面存在违法、不当情形的，可以发出检察建议、司法建议。有关生产经营单位或者有关部门应当按规定及时处理，并将处理情况书面反馈提出建议的人民检察院、人民法院。

第三十一条 各级应急管理部门、公安机关、人民检察院应当运用信息化手段，逐步实现涉嫌安全生产犯罪案件的网上移送、网上受理和网上监督。

第六章 附则

第三十二条 各省、自治区、直辖市的应急管理部门、公安机关、人民检察院、人民法院可以根据本地区实际情况制定实施办法。

第三十三条 本办法自印发之日起施行。

知识链接

一、出台背景

安全生产工作关系到人民群众生命财产安全，关系到改革、发展和稳定大局。党中央、国务院历来高度重视安全生产工作，党的十八大以来作出一系列重大决策部署，推动全国安全生产工作取得积极进展。同时也应当看到，当前我国正处于工业化、城镇化持续推进过程中，安全生产基础薄弱，生产安全事故易发多发，尤其是重特大生产安全事故频发势头尚未得到有效遏制，造成群死群伤的重特大生产安全事故时有发生，社会影响十分恶劣。如何进一步完善安全生产监管体制机制，切实防范化解安全生产风险，是一个亟待解决的重要课题。

安全生产工作牵涉面广，需要多部门相互协作，共同推进。实践中发生的生产安全事故发生原因复杂，需要综合采用行政、刑事和经济手段予以综合惩治。一起生产安全事故发生后，一般由行政机关组成事故调查组开展事故调查，发现相关责任人员存在刑事犯罪嫌疑的，再将案件线索和证据材料移送司法机关处理。对于事故调查过程中确定相关责任人员存在刑事犯罪嫌疑的应当向司法机关移送哪些证据材料和法律文书、行政机关事故调查过程中收集的证据材料能否作为刑事诉讼证据使用、人民法院作出的生效裁判文书的送达范围，以及人民检察院如何有效开展法律监督等方面问题，一直存在较大争议，造成各部门间沟通协作不畅，安全生产犯罪案件办理周期过长，严重影响此类案件的依法公正审理，亟须采取切实措施予以解决。

二、适用的案件范围

第二条规定："本办法适用于应急管理部门、公安机关、人民法院、人民检察院办理的涉嫌安全生产犯罪案件。"即适用的案件范围为安全生产犯罪案件。从广义上讲，安全生产犯罪既包括个人故意破坏生产经营设备、故意干扰生产、作业进程或者直接故意危害生产、作业人员人身安全的犯罪，也包括因过失导致发生生产安全事故的犯罪。根据现行法律规定，对于个人故意实施的直接破坏生产、作业活动或者危害生产、作业人员人身安全的犯罪行为，应由公安机关直接立案侦查，一般不涉及行政执法与刑事司法的衔接问题。根据安全生产法和《生产安全事故报告和调查处理条例》的规定，安全生产监督管理部门和其他负有安全生产监督管理职责的部门依法开展安全生产行政执法工作；发生生产安全事故的，由县级以上人民政府负责事故调查，也可以授权或者委托有关部门组织事故调查组进行调查。上述行政机关在日常执法中发现的生产经营单位或者相关个人存在的非法违法生产经营行为，可能构成非法采矿罪、非法制造、买卖储存爆炸物罪、非法经营罪或者伪造、变造国家机关印章罪等罪名，在事故调查中发现的生产经营单位或者相关责任人的违法犯罪行为，可能构成重大责任事故罪、强令违章冒险作业罪、重大劳动安全事故罪、危险物品肇事罪、消防责任事故罪、失火罪和不报、谎报安全事故罪等罪名，均需由行政机关将犯罪线索和在行政执法或者事故调查过程中收集的证据材料移送司法机关处理，有必要对相关程序衔接问题作出明确规定。第三条对安全生产犯罪案件涉及的主要罪名作出了列举式规定，明确了安全生产犯罪案件的范围。

三、行政机关收集证据材料的证据效力

刑事诉讼法第五十四条第二款规定："行政机关在行政执法和查办案件过程中收集的物证、书证、视听资料、电子数据等证据材料，在刑事诉讼中可以作为证据使用。"理论上一般认为，行政机关在行政执法和查办案件过程中收集的物证、书证、视听资料、电子数据等实物证据，以及勘验、检查笔录等客观性较强的证据，可以直接作为刑事诉讼证据使用，但行政机关收集的证人证言、当事人陈述等言词证据，由于主观性较强，容易发生变化，且行政机关收集言词证据的程序可能不够严谨，难以保证证据内容的真实性，不宜直接作为刑事诉讼证据使用，应由侦查机关重新收集固定后才能采信。

在安全生产犯罪案件的实际处理过程中，对于行政机关收集证据材料的证据效力问题，主要存在两个有争议的问题，一是事故调查组在事故调查过程中收集的证据材料是否属于行政机关收集的证据材料，二是行政机关在行政执法和事故调查过程中形成的检验报告、鉴定意见和事故调查报告能否作为证据使用。研究认为，首先，《最高人民法院关于适用〈中华人民共和国刑事诉讼法〉的解释》第六十五条第二款规定："根据法律、行政法规行使国家行政管理职权的组织，在行政执法和查办案件过程中收集的证据材料，视为行政机关收集的证据材料。"据此，根据安全生产法和《生产安全事故报告和调查处理条例》等法律法规成立的事故调查组，属于依法行使事故调查权的组织，其在事故调查过程中收集的证据材料应当视为行政机关收集的证据材料。其次，行政机关在行政执法和事故调查过程中形成的检验报告、鉴定意见和事故调查报告，在取得途径、审查方式等方面确实与实物证据以及勘验、检查笔录存在较大差别，但是，此类证据材料时效性和专业性均较强，形成过程高度依赖行政机关的专业知识，且对于非法违法生产经营现场和生产安全事故现场而言，一旦错过最佳调查时机，现场情况就难以复现，司法机关在刑事诉讼过程中难以进行再次调查或者重新检验、鉴定，如果相关检验报告、鉴定意见和事故调查报告不能作为刑事诉讼证据使用，将十分不利于此类案件的及时公正审理。第二十五条第一款明确，对于在查处安全生产违法行为或者事故调查过程中依法收集制作的检验报告、鉴定意见，以及经依法批复的事故调查报告等证据，在刑事诉讼中可以作为证据使用。

根据《生产安全事故报告和调查处理条例》的规定，事故调查组成员应当在事故调查报告上签名。实践中发现，某些安全生产犯罪案件中随案移送的事故调查报告上缺少部分甚至全部成员的签名，此类事故调查报告能否作为证据使用，各地人民法院存在分歧。研究认为，现阶段事故调查报告缺少成员签名的原因较为复杂，有的是因为法律意识不强、事故调查程序不够规范，有的则是因为事故调查组成员害怕承担责任而故意不予签名。对于缺少成员签名的事故调查报告，不宜直接予以排除，而应参照刑事诉讼法第五十六条第一款的规定精神，允许事故调查组对瑕疵予以补正或者作出合理解释。第二十五条第二款明确，事故调查组依照有关规定提交的事故调查报告没有签名的，应当予以补正或者作出合理解释。如果既无成员签名，又无法补正或者作出合理解释的，原则上不应作为刑事诉讼证据使用。

四、人民法院裁判文书的送达范围

人民法院作出的生效裁判文书能否依法及时送达相关单位，直接关系到对罪犯所判处刑罚能否及时得到执行。在安全生产犯罪案件中，往往还涉及罪犯的党纪政纪处分以及职业禁止措施的落实问题，裁判文书的送达问题更应引起重视。调研中发现，人民法院内部对于安全生产犯罪案件裁判文书的送达范围理解不一，不同地区人民法院出台的规范性文件和实际作法也不一致，迫切需要加以规范。

研究认为，确定安全生产犯罪案件中人民法院裁判文书的送达范围，应当坚持以下两个原则：第一，合法性原则。送达是刑事诉讼法确定的人民法院的法定职责，确定裁判文书的送达范围，应当以刑事实体法和程序法的规定为基础，不能不当扩大送达范围，否则可能加重人民法院工作人员的法律责任和工作负担。第二，必要性原则。《刑事诉讼法》第二百零二条、第二百六十四条等条文已经对裁判文书的送达范围作出了原则性规定，对于刑事诉讼法已有明确规定的，无须再重复。

根据上述原则，对于安全生产犯罪案件的裁判文书送达范围，区分两种情况作出了规定：第一，判决适用职业禁止措施的。现行法律和司法解释对人民法院判决适用的职业禁止措施的执行机关未作明确规定，结合安全生产法等法律、行政法规的规定，由承担安全生产综合监管职能的应急管理部门执行最为合适。另外，根据刑法第三十七条之一的规定，被判决适用职业禁止措施的罪犯违反人民法院作出的职业禁止措施决定的，由公安机关依法给予处罚。据此，人民法院判决适用职业禁止措施的，应当将裁判文书送达罪犯居住地的县级应急管理部门和公安机关，同时还应抄送罪犯居住地县级人民检察院，便于人民检察院依法开展法律监督。第二，罪犯具有国家工作人员身份的，往往涉及党纪政纪处分的落实问题，人民法院应当将裁判文书送达罪犯原所在单位，由其原所在单位或者由其原所在单位报请有关部门落实党纪政纪处分措施。

五、人民法院如何在安全生产工作中发挥积极作用

安全生产工作关系重大，人民法院在依法行使审判权、严惩安全生产犯罪的同时，还应适当延伸审判职能，力争发挥更加积极的作用。现阶段实践中存在的一个问题，是人民法院作为审判机关，无权参加行政机关组织的事故调查组，事故调查组在部分事故调查处理过程中对相关法律问题把握不准，造成认定具有犯罪嫌疑、移送司法机关处理的责任人员范围不当。要解决这个问题，需要事故调查机关采取适当方式，加强与司法机关特别是人民法院的协调沟通。第二十二条明确，组织事故调查的应急管理部门及同级公安机关、人民检察院对涉嫌安全生产犯罪案件法律适用问题存在意见分歧的，必要时可以听取人民法院意见。另外，为有效纠正非法违法生产经营行为和安全生产监督管理工作疏漏，及时消除安全事故隐患，推动安全生产形势持续稳定好转，第三十条还规定，人民法院发现有关生产经营单位在安全生产保障方面存在问题或者有关部门在履行安全生产监督管理职责方面存在违法、不当情形的，可以发出司法建议。

关于办理危害生产安全刑事案件适用法律若干问题的解释

法释〔2015〕22号

（2015年11月9日最高人民法院审判委员会第1665次会议、2015年12月9日最高人民检察院第十二届检察委员会第44次会议通过）

为依法惩治危害生产安全犯罪，根据刑法有关规定，现就办理此类刑事案件适用法律的若干问题解释如下：

第一条 刑法第一百三十四条第一款规定的犯罪主体，包括对生产、作业负有组织、指挥或者管理职责的负责人、管理人员、实际控制人、投资人等人员，以及直接从事生产、作业的人员。

第二条 刑法第一百三十四条第二款规定的犯罪主体，包括对生产、作业负有组织、指挥或者管理职责的负责人、管理人员、实际控制人、投资人等人员。

第三条 刑法第一百三十五条规定的“直接负责的主管人员和其他直接责任人员”，是指对安全生产设施或者安全生产条件不符合国家规定负有直接责任的生产经营单位负责人、管理人员、实际控制人、投资人，以及其他对安全生产设施或者安全生产条件负有管理、维护职责的人员。

第四条 刑法第一百三十九条之一规定的“负有报告职责的人员”，是指负有组织、指挥或者管理职责的负责人、管理人员、实际控制人、投资人，以及其他负有报告职责的人员。

第五条 明知存在事故隐患、继续作业存在危险，仍然违反有关安全管理的规定，实施下列行为之一的，应当认定为刑法第一百三十四条第二款规定的“强令他人违章冒险作业”：

（一）利用组织、指挥、管理职权，强制他人违章作业的；

（二）采取威逼、胁迫、恐吓等手段，强制他人违章作业的；

（三）故意掩盖事故隐患，组织他人违章作业的；

（四）其他强令他人违章作业的行为。

第六条 实施刑法第一百三十二条、第一百三十四条第一款、第一百三十五条、第一百三十五条之一、第一百三十六条、第一百三十九条规定的行为，因而发生安全事故，具有下列情形之一的，应当认定为“造成严重后果”或者“发生重大伤亡事故或者造成其他严重后果”，对相关责任人员，处三年以下有期徒刑或者拘役：

（一）造成死亡一人以上，或者重伤三人以上的；

（二）造成直接经济损失一百万元以上的；

（三）其他造成严重后果或者重大安全事故的情形。

实施刑法第一百三十四条第二款规定的行为，因而发生安全事故，具有本条第一款规定情形的，应当认定为“发生重大伤亡事故或者造成其他严重后果”，对相关责任人员，处五年以下有期徒刑或者拘役。

实施刑法第一百三十七条规定的行为，因而发生安全事故，具有本条第一款规定情形的，应当认定为“造成重大安全事故”，对直接责任人员，处五年以下有期徒刑或者拘役，并处罚金。

实施刑法第一百三十八条规定的行为，因而发生安全事故，具有本条第一款第一项规定情形的，应当认定为“发生重大伤亡事故”，对直接责任人员，处三年以下有期徒刑或者拘役。

第七条 实施刑法第一百三十二条、第一百三十四条第一款、第一百三十五条、第一百三十五条之一、第一百三十六条、第一百三十九条规定的行为，因而发生安全事故，具有下列情形之一的，对相关责任人员，处三年以上七年以下有期徒刑：

（一）造成死亡三人以上或者重伤十人以上，负事故主要责任的；

（二）造成直接经济损失五百万元以上，负事故主要责任的；

（三）其他造成特别严重后果、情节特别恶劣或者后果特别严重的情形。

实施刑法第一百三十四条第二款规定的行为，因而发生安全事故，具有本条第一款规定情形的，对相关责任人员，处五年以上有期徒刑。

实施刑法第一百三十七条规定的行为，因而发生安全事故，具有本条第一款规定情形的，对直接责任人员，处五年以上十年以下有期徒刑，并处罚金。

实施刑法第一百三十八条规定的行为，因而发生安全事故，具有下列情形之一的，对直接责任人员，处三年以上七年以下有期徒刑：

（一）造成死亡三人以上或者重伤十人以上，负事故主要责任的；

（二）具有本解释第六条第一款第一项规定情形，同时造成直接经济损失五百万元以上并负事故主要责任的，或者同时造成恶劣社会影响的。

第八条 在安全事故发生后，负有报告职责的人员不报或者谎报事故情况，贻误事故抢救，具有下列情形之一的，应当认定为刑法第一百三十九条之一规定的“情节严重”：

（一）导致事故后果扩大，增加死亡一人以上，或者增加重伤三人以上，或者增加直接经济损失一百万元以上的；

（二）实施下列行为之一，致使不能及时有效开展事故抢救的：

1. 决定不报、迟报、谎报事故情况或者指使、串通有关人员不报、迟报、谎报事故情况的；

2. 在事故抢救期间擅离职守或者逃匿的；

3. 伪造、破坏事故现场，或者转移、藏匿、毁灭遇难人员尸体，或者转移、藏匿受伤人员的；

4. 毁灭、伪造、隐匿与事故有关的图纸、记录、计算机数据等资料以及其他证据的；

（三）其他情节严重的情形。

具有下列情形之一的，应当认定为刑法第一百三十九条之一（不报、谎报安全事故罪）规定的“情节特别严重”：

（一）导致事故后果扩大，增加死亡三人以上，或者增加重伤十人以上，或者增加直接经济损失五百万元以上的；

（二）采用暴力、胁迫、命令等方式阻止他人报告事故情况，导致事故后果扩大的；

（三）其他情节特别严重的情形。

第九条　在安全事故发生后，与负有报告职责的人员串通，不报或者谎报事故情况，贻误事故抢救，情节严重的，依照刑法第一百三十九条之一的规定，以共犯论处。

第十条　在安全事故发生后，直接负责的主管人员和其他直接责任人员故意阻挠开展抢救，导致人员死亡或者重伤，或者为了逃避法律追究，对被害人进行隐藏、遗弃，致使被害人因无法得到救助而死亡或者重度残疾的，分别依照刑法第二百三十二条、第二百三十四条的规定，以故意杀人罪或者故意伤害罪定罪处罚。

第十一条　生产不符合保障人身、财产安全的国家标准、行业标准的安全设备，或者明知安全设备不符合保障人身、财产安全的国家标准、行业标准而进行销售，致使发生安全事故，造成严重后果的，依照刑法第一百四十六条的规定，以生产、销售不符合安全标准的产品罪定罪处罚。

第十二条　实施刑法第一百三十二条、第一百三十四条至第一百三十九条之一规定的犯罪行为，具有下列情形之一的，从重处罚：

（一）未依法取得安全许可证件或者安全许可证件过期、被暂扣、吊销、注销后从事生产经营活动的；

（二）关闭、破坏必要的安全监控和报警设备的；

（三）已经发现事故隐患，经有关部门或者个人提出后，仍不采取措施的；

（四）一年内曾因危害生产安全违法犯罪活动受过行政处罚或者刑事处罚的；

（五）采取弄虚作假、行贿等手段，故意逃避、阻挠负有安全监督管理职责的部门实施监督检查的；

（六）安全事故发生后转移财产意图逃避承担责任的；

（七）其他从重处罚的情形。

实施前款第五项规定的行为，同时构成刑法第三百八十九条规定的犯罪的，依照数罪并罚的规定处罚。

第十三条　实施刑法第一百三十二条、第一百三十四条至第一百三十九条之一规定的犯罪行为，在安全事故发生后积极组织、参与事故抢救，或者积极配合调查、主动赔偿损失的，可以酌情从轻处罚。

第十四条　国家工作人员违反规定投资入股生产经营，构成本解释规定的有关犯罪的，或者国家工作人员的贪污、受贿犯罪行为与安全事故发生存在关联性的，从重处罚；同时构成贪污、受贿犯罪和危害生产安全犯罪的，依照数罪并罚的规定处罚。

第十五条　国家机关工作人员在履行安全监督管理职责时滥用职权、玩忽职守，致使公共财产、国家和人民利益遭受重大损失的，或者徇私舞弊，对发现的刑事案件依法应当移交司法机关追究刑事责任而不移交，情节严重的，分别依照刑法第三百九十七条、第四百零二条的规定，以滥用职权罪、玩忽职守罪或者徇私舞弊不移交刑事案件罪定罪处罚。

公司、企业、事业单位的工作人员在依法或者受委托行使安全监督管理职责时滥用职权或者玩忽职守，构成犯罪的，应当依照《全国人民代表大会常务委员会关于〈中华人民共和国刑法〉第九章渎职罪主体适用问题的解释》的规定，适用渎职罪的规定追究刑事责任。

第十六条 对于实施危害生产安全犯罪适用缓刑的犯罪分子，可以根据犯罪情况，禁止其在缓刑考验期限内从事与安全生产相关联的特定活动；对于被判处刑罚的犯罪分子，可以根据犯罪情况和预防再犯罪的需要，禁止其自刑罚执行完毕之日或者假释之日起三年至五年内从事与安全生产相关的职业。

第十七条 本解释自2015年12月16日起施行。本解释施行后，《最高人民法院、最高人民检察院关于办理危害矿山生产安全刑事案件具体应用法律若干问题的解释》（法释〔2007〕5号）同时废止。最高人民法院、最高人民检察院此前发布的司法解释和规范性文件与本解释不一致的，以本解释为准。

关于进一步加强危害生产安全刑事案件审判工作的意见

法发〔2011〕20号

为依法惩治危害生产安全犯罪，促进全国安全生产形势持续稳定好转，保护人民群众生命财产安全，现就进一步加强危害生产安全刑事案件审判工作，制定如下意见。

一、高度重视危害生产安全刑事案件审判工作

1．充分发挥刑事审判职能作用，依法惩治危害生产安全犯罪，是人民法院为大局服务、为人民司法的必然要求。安全生产关系到人民群众生命财产安全，事关改革、发展和稳定的大局。当前，全国安全生产状况呈现总体稳定、持续好转的发展态势，但形势依然严峻，企业安全生产基础依然薄弱；非法、违法生产，忽视生产安全的现象仍然十分突出；重特大生产安全责任事故时有发生，个别地方和行业重特大责任事故上升。一些重特大生产安全责任事故举国关注，相关案件处理不好，不仅起不到应有的警示作用，不利于生产安全责任事故的防范，也损害党和国家形象，影响社会和谐稳定。各级人民法院要从政治和全局的高度，充分认识审理好危害生产安全刑事案件的重要意义，切实增强工作责任感，严格依法、积极稳妥地审理相关案件，进一步发挥刑事审判工作在创造良好安全生产环境、促进经济平稳较快发展方面的积极作用。

2．采取有力措施解决存在的问题，切实加强危害生产安全刑事案件审判工作。

近年来，各级人民法院依法审理危害生产安全刑事案件，一批严重危害生产安全的犯罪分子及相关职务犯罪分子受到法律制裁，对全国安全生产形势持续稳定好转发挥了积极促进作用。2010年，监察部、国家安全生产监督管理总局会同最高人民法院等部门对部分省市重特大生产安全事故责任追究落实情况开展了专项检查。从检查的情况来看，审判工作总体情况是好的，但仍有个别案件在法律适用或者宽严相济刑事政策具体把握上存在问题，需要切实加强指导。各级人民法院要高度重视，确保相关案件审判工作取得良好的法律效果和社会效果。

二、危害生产安全刑事案件审判工作的原则

3．严格依法，从严惩处。对严重危害生产安全犯罪，尤其是相关职务犯罪，必须始终坚持严格依法、从严惩处。对于人民群众广泛关注、社会反映强烈的案件要及时审结，回应人民群众关切，维护社会和谐稳定。

4．区分责任，均衡量刑。危害生产安全犯罪，往往涉案人员较多，犯罪主体复杂，既包括直接从事生产、作业的人员，也包括对生产、作业负有组织、指挥或者管理职责的负责人、管理人员、实际控制人、投资人等，有的还涉及国家机关工作人员渎职犯罪。对相关责任人的处理，要根据事故原因、危害后果、主体职责、过错大小等因素，综合考虑全案，正确划分责任，做到罪责刑相适应。

5．主体平等，确保公正。审理危害生产安全刑事案件，对于所有责任主体，都必须严格落实法律面前人人平等的刑法原则，确保刑罚适用公正，确保裁判效果良好。

三、正确确定责任

6．审理危害生产安全刑事案件，政府或相关职能部门依法对事故原因、损失大小、责任划分作出的调查认定，经庭审质证后，结合其他证据，可作为责任认定的依据。

7．认定相关人员是否违反有关安全管理规定，应当根据相关法律、行政法规，参照地方性法规、规章及国家标准、行业标准，必要时可参考公认的惯例和生产经营单位制定的安全生产规章制度、操作规程。

8．多个原因行为导致生产安全事故发生的，在区分直接原因与间接原因的同时，应当根据原因行为在引发事故中所具作用的大小，分清主要原因与次要原因，确认主要责任和次要责任，合理确定罪责。

一般情况下，对生产、作业负有组织、指挥或者管理职责的负责人、管理人员、实际控制人、投资人，违反有关安全生产管理规定，对重大生产安全事故的发生起决定性、关键性作用的，应当承担主要责任。

对于直接从事生产、作业的人员违反安全管理规定，发生重大生产安全事故的，要综合考虑行为人的从业资格、从业时间、接受安全生产教育培训情况、现场条件、是否受到他人强令作业、生产经营单位执行安全生产规章制度的情况等因素认定责任，不能将直接责任简单等同于主要责任。

对于负有安全生产管理、监督职责的工作人员，应根据其岗位职责、履职依据、履职时间等，综合考察工作职责、监管条件、履职能力、履职情况等，合理确定罪责。

四、准确适用法律

9. 严格把握危害生产安全犯罪与以其他危险方法危害公共安全罪的界限，不应将生产经营中违章违规的故意不加区别地视为对危害后果发生的故意。

10. 以行贿方式逃避安全生产监督管理，或者非法、违法生产、作业，导致发生重大生产安全事故，构成数罪的，依照数罪并罚的规定处罚。

违反安全生产管理规定，非法采矿、破坏性采矿或排放、倾倒、处置有害物质严重污染环境，造成重大伤亡事故或者其他严重后果，同时构成危害生产安全犯罪和破坏环境资源保护犯罪的，依照数罪并罚的规定处罚。

11. 安全事故发生后，负有报告职责的国家工作人员不报或者谎报事故情况，贻误事故抢救，情节严重，构成不报、谎报安全事故罪，同时构成职务犯罪或其他危害生产安全犯罪的，依照数罪并罚的规定处罚。

12. 非矿山生产安全事故中，认定"直接负责的主管人员和其他直接责任人员""负有报告职责的人员"的主体资格，认定构成"重大伤亡事故或者其他严重后果""情节特别恶劣"，不报、谎报事故情况，贻误事故抢救，"情节严重""情节特别严重"等，可参照最高人民法院、最高人民检察院《关于办理危害矿山生产安全刑事案件具体应用法律若干问题的解释》的相关规定。

五、准确把握宽严相济刑事政策

13. 审理危害生产安全刑事案件，应综合考虑生产安全事故所造成的伤亡人数、经济损失、环境污染、社会影响、事故原因与被告人职责的关联程度、被告人主观过错大小、事故发生后被告人的施救表现、履行赔偿责任情况等，正确适用刑罚，确保裁判法律效果和社会效果相统一。

14. 造成《关于办理危害矿山生产安全刑事案件具体应用法律若干问题的解释》第四条规定的"重大伤亡事故或者其他严重后果"，同时具有下列情形之一的，也可以认定为刑法第一百三十四条、第一百三十五条规定的"情节特别恶劣"：

（一）非法、违法生产的；

（二）无基本劳动安全设施或未向生产、作业人员提供必要的劳动防护用品，生产、作业人员劳动安全无保障的；

（三）曾因安全生产设施或者安全生产条件不符合国家规定，被监督管理部门处罚或责令改正，一年内再次违规生产致使发生重大生产安全事故的；

（四）关闭、故意破坏必要安全警示设备的；

（五）已发现事故隐患，未采取有效措施，导致发生重大事故的；

（六）事故发生后不积极抢救人员，或者毁灭、伪造、隐藏影响事故调查的证据，或者转移财产逃避责任的；

（七）其他特别恶劣的情节。

15. 相关犯罪中，具有以下情形之一的，依法从重处罚：

（一）国家工作人员违反规定投资入股生产经营企业，构成危害生产安全犯罪的；

（二）贪污贿赂行为与事故发生存在关联性的；

（三）国家工作人员的职务犯罪与事故存在直接因果关系的；

（四）以行贿方式逃避安全生产监督管理，或者非法、违法生产、作业的；

（五）生产安全事故发生后，负有报告职责的国家工作人员不报或者谎报事故情况，贻误事故抢救，尚未构成不报、谎报安全事故罪的；

（六）事故发生后，采取转移、藏匿、毁灭遇难人员尸体，或者毁灭、伪造、隐藏影响事故调查的证据，或者转移财产，逃避责任的；

（七）曾因安全生产设施或者安全生产条件不符合国家规定，被监督管理部门处罚或责令改正，一年内再次违规生产致使发生重大生产安全事故的。

16．对于事故发生后，积极施救，努力挽回事故损失，有效避免损失扩大；积极配合调查，赔偿受害人损失的，可依法从宽处罚。

六、依法正确适用缓刑和减刑、假释

17．对于危害后果较轻，在责任事故中不负主要责任，符合法律有关缓刑适用条件的，可以依法适用缓刑，但应注意根据案件具体情况，区别对待，严格控制，避免适用不当造成的负面影响。

18．对于具有下列情形的被告人，原则上不适用缓刑：

（一）具有本意见第14条、第15条所规定的情形的；

（二）数罪并罚的。

19．宣告缓刑，可以根据犯罪情况，同时禁止犯罪分子在缓刑考验期限内从事与安全生产有关的特定活动。

20．办理与危害生产安全犯罪相关的减刑、假释案件，要严格执行刑法、刑事诉讼法和有关司法解释规定。是否决定减刑、假释，既要看罪犯服刑期间的悔改表现，还要充分考虑原判认定的犯罪事实、性质、情节、社会危害程度等情况。

七、加强组织领导，注意协调配合

21．对于重大、敏感案件，合议庭成员要充分做好庭审前期准备工作，全面、客观掌握案情，确保案件开庭审理稳妥顺利、依法公正。

22．审理危害生产安全刑事案件，涉及专业技术问题的，应有相关权威部门出具的咨询意见或者司法鉴定意见；可以依法邀请具有相关专业知识的人民陪审员参加合议庭。

23．对于审判工作中发现的安全生产事故背后的渎职、贪污贿赂等违法犯罪线索，应当依法移送有关部门处理。对于情节轻微，免予刑事处罚的被告人，人民法院可建议有关部门依法给予行政处罚或纪律处分。

24．被告人具有国家工作人员身份的，案件审结后，人民法院应当及时将生效的裁判文书送达行政监察机关和其他相关部门。

25．对于造成重大伤亡后果的案件，要充分运用财产保全等法定措施，切实维护被害人依法获得赔偿的权利。对于被告人没有赔偿能力的案件，应当依靠地方党委和政府做好善后安抚工作。

26．积极参与安全生产综合治理工作。对于审判中发现的安全生产管理方面的突出问题，应当发出司法建议，促使有关部门强化安全生产意识和制度建设，完善事故预防机制，杜绝同类事故发生。

27．重视做好宣传工作。对于社会关注的典型案件，要重视做好审判情况的宣传报道，规范裁判信息发布，及时回应社会的关切，充分发挥重大、典型案件的教育警示作用。

28. 各级人民法院要在依法履行审判职责的同时，及时总结审判经验，深入开展调查研究，推动审判工作水平不断提高。上级法院要以辖区内发生的重大生产安全责任事故案件为重点，加强对下级法院危害生产安全刑事案件审判工作的监督和指导，适时检查此类案件的审判情况，提出有针对性的指导意见。

知识链接

最高法有关负责人谈危害生产安全刑事案件审判

问：法院审理危害生产安全犯罪案件应当把握哪些原则？对事故背后的权钱交易、渎职犯罪如何惩处？

答：这次出台的《关于进一步加强危害生产安全刑事案件审判工作的意见》（以下简称《意见》），首次明确审判危害生产安全犯罪案件的三项原则，即严格依法、从严惩处；区分责任、均衡量刑；主体平等、确保公正三项审判工作应当坚持的原则。

最高人民法院在指导司法审判实践过程中强调，对严重危害生产安全犯罪，尤其是生产安全事故背后的权钱交易和渎职犯罪，必须始终坚持严格依法、从严惩处。对相关责任人的处理，要根据事故原因、后果大小、主体职责、过错大小等因素，综合考虑全案，正确划分责任，做到罪责刑相适应。对于所有责任主体，都必须严格落实法律面前人人平等的刑法原则，确保刑罚适用公正，确保裁判效果良好。

《意见》规定，以行贿方式逃避安全生产监督管理，或者非法、违法生产、作业，导致发生重大生产安全事故，构成数罪的，依照数罪并罚的规定处罚。违反安全生产管理规定，非法采矿、破坏性采矿或排放、倾倒、处置有害物质严重污染环境，造成重大伤亡事故或者其他严重后果，同时构成危害生产安全犯罪和破坏环境资源保护犯罪的，依照数罪并罚的规定处罚。

《意见》还规定，安全事故发生后，负有报告职责的国家工作人员不报或者谎报事故情况，贻误事故抢救，情节严重，构成不报、谎报安全事故罪，同时构成职务犯罪或其他危害生产安全犯罪的，依照数罪并罚的规定处罚。

问：审理危害生产安全犯罪过程中存在哪些难点？如何确保罪责刑相适应？

答：危害生产安全犯罪，涉案人员往往较多，犯罪主体复杂，既包括直接从事生产、作业的人员，也包括对生产、作业负有组织、指挥或者管理职责的负责人、管理人员、实际控制人、投资人等等，有的还涉及国家机关工作人员渎职犯罪，而且事故原因错综复杂，有直接原因，又有间接原因，原因行为与危害后果之间的关联程度又存在差异，如何坚持实事求是，正确区分责任，确保罪责刑相适应，是审理此类案件的难点。

对于多个原因行为导致生产安全事故发生的，在区分直接原因与间接原因的同时，应当根据原因行为在引发事故中所具作用的大小，分清主要原因与次要原因，确认主要责任和次要责任，合理确定罪责。

一般情况下，对生产、作业负有组织、指挥或者管理职责的负责人、管理人员、实际控制人、投资人，违反有关安全生产管理规定，对重大生产安全事故的发生起决定性、关键性作用的，应当承担主要责任。对于直接从事生产、作业的人员违反安全管理规定，发生重大生产安全事故的，要综合考虑行为人的从业资格、从业时间、接受安全生产教育培训情况、现场条件、是否受到他人强令作业、生产经营单位执行安全生产规章制度的情况等因素认定责任，不能将直接责任简单等同于主要责任。对于负有安全生产管理、监督职责的工作人员，应根据其岗位职责、履职依据、履职时间等，综合考察工作职责、监管条件、履职能力、履职情况等合理确定罪责。

问：在审判危害生产安全犯罪案件中，如何把握宽严相济的刑事政策？

答：实践中，对于安全生产危害严重，社会反响强烈的案件，应当特别强调予以从严惩处。《意见》中规定了具有如下情形的，原则上不得适用缓刑，其中包括：

（1）非法、违法生产的；

（2）无基本劳动安全设施或未向生产、作业人员提供必要的劳动防护用品，生产、作业人员劳动安全无保障的；

（3）曾因安全生产设施或者安全生产条件不符合国家规定，被监督管理部门处罚或责令改正，一年内再次违规生产致使发生重大生产安全事故的；

（4）关闭、故意破坏必要安全警示设备的；

（5）已发现事故隐患，未采取有效措施，导致发生重大事故的；

（6）事故发生后不积极抢救人员，或者毁灭、伪造、隐藏影响事故调查的证据，或者转移财产逃避责任的；

（7）国家工作人员违反规定投资入股生产经营企业，构成危害生产安全犯罪的；

（8）贪污贿赂行为与事故发生存在关联性的；

（9）国家工作人员的职务犯罪与事故存在直接因果关系的；

（10）以行贿方式逃避安全生产监督管理，或者非法、违法生产、作业的；

（11）生产安全事故发生后，负有报告职责的国家工作人员不报或者谎报事故情况，贻误事故抢救，尚未构成不报、谎报安全事故罪的；

（12）事故发生后，采取转移、藏匿、毁灭遇难人员尸体，或者毁灭、伪造、隐藏影响事故调查的证据，或者转移财产，逃避责任的；

（13）数罪并罚的。

刑罚执行过程中适用减刑、假释时，不仅要看其服刑期间的悔改表现，还要充分考虑原判认定的犯罪事实、性质、情节、社会危害程度等，从严掌握。

另一方面，对于事故发生后，积极施救，努力挽回事故损失，有效避免损失扩大；积极配合调查，赔偿受害人损失的，可以依法从宽处罚，确保宽严并用、罚当其罪。

安全生产责任保险实施办法

安监总办〔2017〕140号

第一章 总 则

第一条 为了规范安全生产责任保险工作，强化事故预防，切实保障投保的生产经营单位及有关人员的合法权益，根据相关法律法规和规定，制定本办法。

第二条 本办法所称安全生产责任保险，是指保险机构对投保的生产经营单位发生的生产安全事故造成的人员伤亡和有关经济损失等予以赔偿，并且为投保的生产经营单位提供生产安全事故预防服务的商业保险。

第三条 按照本办法请求的经济赔偿，不影响参保的生产经营单位从业人员（含劳务派遣人员，下同）依法请求工伤保险赔偿的权利。

第四条 坚持风险防控、费率合理、理赔及时的原则，按照政策引导、政府推动、市场运作的方式推行安全生产责任保险工作。

第五条 安全生产责任保险的保费由生产经营单位缴纳，不得以任何方式摊派给从业人员个人。

第六条 煤矿、非煤矿山、危险化学品、烟花爆竹、交通运输、建筑施工、民用爆炸物品、金属冶炼、渔业生产等高危行业领域的生产经营单位应当投保安全生产责任保险。鼓励其他行业领域生产经营单位投保安全生产责任保险。各地区可针对本地区安全生产特点，明确应当投保的生产经营单位。

对存在高危粉尘作业、高毒作业或其他严重职业病危害的生产经营单位，可以投保职业病相关保险。

对生产经营单位已投保的与安全生产相关的其他险种，应当增加或将其调整为安全生产责任保险，增强事故预防功能。

第二章 承 保 与 投 保

第七条 承保安全生产责任保险的保险机构应当具有相应的专业资质和能力，主要包含以下方面:

（一）商业信誉情况；

（二）偿付能力水平；

（三）开展责任保险的业绩和规模；

（四）拥有风险管理专业人员的数量和相应专业资格情况；

（五）为生产经营单位提供事故预防服务情况。

第八条 根据实际需要，鼓励保险机构采取共保方式开展安全生产责任保险工作。

第九条　安全生产责任保险的保险责任包括投保的生产经营单位的从业人员人身伤亡赔偿，第三者人身伤亡和财产损失赔偿，事故抢险救援、医疗救护、事故鉴定、法律诉讼等费用。

保险机构可以开发适应各类生产经营单位安全生产保障需求的个性化保险产品。

第十条　除被依法关闭取缔、完全停止生产经营活动外，应当投保安全生产责任保险的生产经营单位不得延迟续保、退保。

第十一条　制定各行业领域安全生产责任保险基准指导费率，实行差别费率和浮动费率。建立费率动态调整机制，费率调整根据以下因素综合确定:

（一）事故记录和等级：费率调整根据生产经营单位是否发生事故、事故次数和等级确定，可以根据发生人员伤亡的一般事故、较大事故、重大及以上事故次数进行调整。

（二）其他：投保生产经营单位的安全风险程度、安全生产标准化等级、隐患排查治理情况、安全生产诚信等级、是否被纳入安全生产领域联合惩戒“黑名单”、赔付率等。

各地区可以参考以上因素，根据不同行业领域实际情况进一步确定具体的费率浮动。

第十二条　生产经营单位投保安全生产责任保险的保障范围应当覆盖全体从业人员。

第三章　事故预防与理赔

第十三条　保险机构应当建立生产安全事故预防服务制度，协助投保的生产经营单位开展以下工作:

（一）安全生产和职业病防治宣传教育培训；

（二）安全风险辨识、评估和安全评价；

（三）安全生产标准化建设；

（四）生产安全事故隐患排查；

（五）安全生产应急预案编制和应急救援演练；

（六）安全生产科技推广应用；

（七）其他有关事故预防工作。

第十四条　保险机构应当按照本办法第十三条规定的服务范围，在安全生产责任保险合同中约定具体服务项目及频次。

保险机构开展安全风险评估、生产安全事故隐患排查等服务工作时，投保的生产经营单位应当予以配合，并对评估发现的生产安全事故隐患进行整改；对拒不整改重大事故隐患的，保险机构可在下一投保年度上浮保险费率，并报告安全生产监督管理部门和相关部门。

第十五条　保险机构应当严格按照合同约定及时赔偿保险金；建立快速理赔机制，在事故发生后按照法律规定或者合同约定先行支付确定的赔偿保险金。

生产经营单位应当及时将赔偿保险金支付给受伤人员或者死亡人员的受益人（以下统称受害人），或者请求保险机构直接向受害人赔付。生产经营单位怠于请求的，受害人有权就其应获赔偿部分直接向保险机构请求赔付。

第十六条 同一生产经营单位的从业人员获取的保险金额应当实行同一标准，不得因用工方式、工作岗位等差别对待。

第十七条 各地区根据实际情况确定安全生产责任保险中涉及人员死亡的最低赔偿金额，每死亡一人按不低于30万元赔偿，并按本地区城镇居民上一年度人均可支配收入的变化进行调整。

对未造成人员死亡事故的赔偿保险金额度在保险合同中约定。

第四章 激励与保障

第十八条 安全生产监督管理部门和有关部门应当将安全生产责任保险投保情况作为生产经营单位安全生产标准化、安全生产诚信等级等评定的必要条件，作为安全生产与职业健康风险分类监管，以及取得安全生产许可证的重要参考。

安全生产和职业病预防相关法律法规另有规定的，从其规定。

第十九条 各地区应当在安全生产相关财政资金投入、信贷融资、项目立项、进入工业园区以及相关产业扶持政策等方面，在同等条件下优先考虑投保安全生产责任保险的生产经营单位。

第二十条 对赔付及时、事故预防成效显著的保险机构，纳入安全生产诚信管理体系，实行联合激励。

第二十一条 各地区将推行安全生产责任保险情况，纳入对本级政府有关部门和下级人民政府安全生产工作巡查和考核内容。

第二十二条 鼓励安全生产社会化服务机构为保险机构开展生产安全事故预防提供技术支撑。

第五章 监督与管理

第二十三条 建立安全生产监督管理部门和保险监督管理机构信息共享机制。安全生产监督管理部门和有关部门应当建立安全生产责任保险信息管理平台，并与安全生产监管信息平台对接，对保险机构开展生产安全事故预防服务及服务费用支出使用情况定期进行分析评估。安全生产监督管理部门可以引入第三方机构对安全生产责任保险信息管理平台进行建设维护及对保险机构开展预防服务情况开展评估，并依法保守有关商业秘密。

第二十四条 支持投保的生产经营单位、保险机构和相关社会组织建立协商机制，加强自主管理。

第二十五条 安全生产监督管理部门、保险监督管理机构和有关部门应当依据工作职责依法加强对生产经营单位和保险机构的监督管理，对实施安全生产责任保险情况开展监督检查。

第二十六条 对生产经营单位应当投保但未按规定投保或续保、将保费以各种形式摊派给从业人员个人、未及时将赔偿保险金支付给受害人的，保险机构预防费用投入不足、未履行事故预防责任、委托不合法的社会化服务机构开展事故预防工作的，安全生产监督管理部门、保险监督管理机构及有关部门应当提出整改要求；对拒不整改的，应当将其纳入安全生产领域联合惩戒“黑名单”管理，对违反相关法律法规规定的，依法追究其法律责任。

第二十七条 相关部门及其工作人员在对安全生产责任保险的监督管理中收取贿赂、滥用职权、玩忽职守、徇私舞弊的，依法依规对相关责任人严肃追责；涉嫌犯罪的，移交司法机关依法处理。

第六章 附 则

第二十八条 各省级安全生产监督管理部门、保险监督管理机构和有关部门依据本办法制定具体实施细则。

第二十九条 本办法由国家安全生产监督管理总局、中国保险监督管理委员会和财政部负责解释。

第三十条 本办法自2018年1月1日起施行。

关于更新安全生产知识和管理能力考核合格证、特种作业操作证式样的通知

应急厅〔2019〕53号

为适应机构改革需要，深入推进“放管服”改革，应急管理部对高危行业企业主要负责人、安全管理人员安全生产知识和管理能力考核合格证（以下简称安全合格证）、特种作业操作证式样进行了更新，现将更新后的式样印发给你们（见附件），并就有关事项通知如下：

一、新版证书分为PVC卡实体证书和电子证书（含普通纸质打印版），电子证书与实体证书一一对应，具有同等法律效力。PVC卡实体证书由各级考核发证部门按照统一样式自行制作，根据取证人需要核发，鼓励有条件的地区探索自助制证。各地要在证书核发后3个工作日内向全国安全培训考试信息管理平台推送数据信息，方便持证人及时查询下载。

二、新版证书自本通知印发之日起启用。旧版安全合格证和特种作业操作证自即日起停止核发，已核发的证书有效期内继续使用，经复审合格后统一核发新版证书。

三、各地要严格按照《安全合格证、特种作业操作证式样和规范》（详见附

件），使用应急管理部统一配发的二维码编辑系统印制实体证书，严禁更改，确保证书样式全国统一和通用。取得新版证书的个人，可登录应急管理部政府网站（http://www.mem.gov.cn），从“查询服务”栏进入“特种作业操作证及安全生产知识和管理能力考核合格信息查询”系统，或登录官方微信公众号（国家安全生产考试），按要求进行身份认证后，下载打印电子证书。

四、安全合格证及特种作业操作证实行全国统一查询。可登录或链接应急管理部网站或专用微信公众号进行查验，不得建立地方证书查询平台或系统。应急管理部将开发证书在线政务服务APP，提供更加高效便捷的查询等服务。

五、证书式样更新工作涉及范围广、人员多，社会关注度高。应急管理部委托部培训中心负责证书核发技术指导、系统升级维护等工作。各地区要高度重视、精心组织，保障信息系统和制证设备升级等工作的必要经费，并加强宣传引导和服务，确保平稳有序推进。

六、《国家安全监管总局办公厅关于印发安全生产知识和管理能力考核合格证式样的通知》（安监总厅宣教〔2015〕94号）和《国家安全监管总局办公厅关于实施〈特种作业人员安全技术培训考核管理规定〉有关问题的通知》（安监总厅培训〔2010〕179号）规定的证书式样自本通知印发之日起废止。

知识链接

一、本次更新安全合格证和特种作业操作证式样的总体考虑

高危行业企业主要负责人和安全管理人员安全生产知识和管理能力考核合格证（简称安全合格证）、特种作业操作证持证人数多、涉及面广。目前，全国持有安全合格证的人数达150万，持有特种作业操作证的人数达1350万，两类证书已成为有关人员具备安全生产管理和操作能力的重要凭证和载体。对证书式样进行更新，主要基于三个方面的考虑：一是适应互联网+政务服务的需要。伴随信息技术特别是移动互联网技术日新月异的发展，广大持证人、用人企业和安全监管部门对政府公共服务的方式与品质有了更高期待，在互联网上快速、便捷享受证书发放管理、查询及有关服务的需求更加迫切。二是适应放管服改革、推进高效便民的需要。旧版证书严重依赖实体证书，采用的IC卡防伪技术工本费高、制作周期长、跨省兼容难，且查询核实不方便，损坏或丢失后补办复杂。按照放管服改革的要求，在强化监管前提下，应为广大企业和持证人提供更加高效便捷的服务。三是适应机构改革发展的需要。应急管理部组建后，安全合格证和特种作业操作证载有的原安全监管总局有关标识和名称，已不适应改革需要，同时随着应急管理职能优化，需要对证件格式和相关内容进行必要调整。为此，我们重新设计了安全合格证和特种作业操作证式样，把实体证书演化为可以结合手机、互联网使用的电子证书，将会极大方便企业用人管理、政府监管执法、持证人流动就业。

二、新版证书式样的明显变化

一是使用绿色和蓝色等安全色辅助体现两类证书特性，安全合格证使用渐变绿色，特种作业操作证使用渐变蓝色。二是使用不同的几何图形底纹表现持证人的岗位特点，安全合格证使用圆形、长方形作为底纹，特种作业操作证使用三角形作为底纹。三是证书正面均印应急管理部英文名缩写“MEM”（Ministry of Emergency Management）图案，强调应急管理部对证书式样进行统一管理。四是证书背面统一印应急管理部政府网站“www.mem.gov.cn”，强调证书全国统一查询及途径，方便持证人或用人单位查询证件信息。五是取消了电子签章，增加“签发机关”。六是在证书正面增加了可利用手机扫描查询证书信息的二维码，可以通过官方微信公众号扫描实现快速查询和辨别真伪。另外，还微调了证书记载的信息项。

三、电子证书与实体证书的关系

本次式样更新最大变化是推行电子证书，电子证书遵循全国统一标准，由全国安全生产培训考试信息管理平台统一签发、统一管理、统一验证，与实体证书一一对应、状态相同、功能相通。今后，持证人的有效身份证明将包括PVC卡实体证书、电子证书和纸质打印证书，PVC卡实体证书根据申请人现实需要发放，电子证书是实体证书的线上形态，与实体证书具有同等法律效力。持证人证书丢失或损坏，不用再到发证机关补发实体证书，可以直接使用存储在电脑、手机上的电子证书或下载打印纸质证书作为凭证。

四、新版电子证书的获取渠道

考虑个人信息保护需要，目前仅开放持证人通过人脸识别身份认证后，方可查看和下载本人的电子证书。具体有两个渠道：一是持证人使用手机关注官方微信公众号（国家安全生产考试），按要求注册并进行身份认证后，登陆“我的证书”功能获取电子证书。二是持证人登陆应急管理部政府网站（http://www.mem.gov.cn），从“查询服务”栏进入“特种作业操作证及安全生产知识和管理能力考核合格信息查询”系统，使用注册并认证过的手机号登录系统后，也可下载打印电子证书。

五、推出新版证书后防范制售假冒证书的措施

防范制假售假历来是证书发放管理工作中的重点和难点，本次从技术和管理上研究采取了三个方面的措施：一是确保电子证书生成渠道唯一，所有电子证书都由应急管理部全国安全生产培训考试信息管理系统统一生成、统一管理、统一验证。二是确保证书查询平台唯一，所有证书只能通过应急管理部政府网站进入“特种作业操作证及安全生产知识和管理能力考核合格信息查询”系统或登录官方微信公众号（国家安全生产考试）查验真伪。各地可链接查询，但禁止任何组织或个人自建证书查询平台或系统。三是坚持持续打击假冒证书，加大执法检查力度。

六、电子证书给持证人、用人企业和监督检查带来的体验

根据不同类别人员、不同业务场景的多元化用证需求和习惯，我们将大力推进安全合格证和特种作业操作证线上线下融合管理。持证人可根据习惯，在不同的证书使用场景下，自由选择使用实体证书或电子证书，忘带实体证书时，手机里的电子证书或者纸质打印证书也能同样使用。用人单位招录新员工和安全生产监管人员到企业检查，关注官方微信公众号（国家安全生产考试）后，拿出手机扫一扫，就可辨明证书真伪，极大提高工作效率。下一步，我们还将开发专门的证书在线政务服务APP，并根据个人需要，提供复审换证提醒、安全生产知识推送等更加丰富、更加便捷的政务服务。

七、新旧版证书的有效衔接

有几点需要特别说明和强调：一是新版证书自印发之日起启用，旧版安全合格证和特种作业操作证即日起停止核发。二是新核发的证书，信息系统自动生成电子证书。由于旧版证书缺乏电子照片等信息，信息系统无法对旧版证书自动生成电子证书。三是已核发的旧版证书在有效期内继续使用，待复审到期后，统一核发新版证书。旧版证书损毁或遗失的，持证人按规定向原发证单位申请补办，经原发证单位履行补办手续后，按程序向持证人发放新版证书。证书式样更新之初，为避免工作混乱，确保有序衔接，我们也呼吁旧版证书持有人继续使用旧版证书，不要凑热闹，扎堆更换新版证书。

对安全生产领域失信行为开展联合惩戒的实施办法

安监总办〔2017〕49号

第一条 为认真贯彻落实《中共中央 国务院关于推进安全生产领域改革发展的意见》和国家发改委等18部门联合印发的《关于对安全生产领域失信生产经营单位及其有关人员开展联合惩戒的合作备忘录》（发改财金〔2016〕1001号，以下简称《备忘录》），对失信生产经营单位及其有关人员实施有效惩戒，督促生产经营单位严格履行安全生产主体责任、依法依规开展生产经营活动，制定本办法。

第二条 生产经营单位及其有关人员存在下列失信行为之一的，纳入联合惩戒对象：

（一）发生较大及以上生产安全责任事故，或1年内累计发生3起及以上造成人员死亡的一般生产安全责任事故的；

（二）未按规定取得安全生产许可，擅自开展生产经营建设活动的；

（三）发现重大生产安全事故隐患，或职业病危害严重超标，不及时整改，仍组织从业人员冒险作业的；

（四）采取隐蔽、欺骗或阻碍等方式逃避、对抗安全监管监察的；

（五）被责令停产停业整顿，仍然从事生产经营建设活动的；

（六）瞒报、谎报、迟报生产安全事故的；

（七）矿山、危险化学品、金属冶炼等高危行业建设项目安全设施未经验收合格即投入生产和使用的；

（八）矿山生产经营单位存在超层越界开采、以探代采行为的；

（九）发生事故后，故意破坏事故现场，伪造有关证据资料，妨碍、对抗事故调查，或主要负责人逃逸的；

（十）安全生产和职业健康技术服务机构出具虚假报告或证明，违规转让或出借资质的。

第三条 存在严重违法违规行为，发生重特大生产安全责任事故，或1年内累计发生2起较大生产安全责任事故，或发生性质恶劣、危害性严重、社会影响大的典型较大生产安全责任事故的联合惩戒对象，纳入安全生产不良记录“黑名单”管理。

第四条 各省级安全监管监察部门要落实主要负责人责任制，建立联合惩戒信息管理制度，严格规范信息的采集、审核、报送和异议处理等相关工作，经主要负责人审签后，于每月10日前将本地区上月拟纳入联合惩戒对象和“黑名单”管理的信息及开展联合惩戒情况报送国家安全监管总局。

第五条 国家安全监管总局办公厅对各地区报送的信息进行分类，会同有关业务司局审核后，报请总局局长办公会审议。审议通过后，通过全国信用信息共享平台和全国企业信用信息公示系统向各有关部门通报，并在国家安全监管总局政府网站和《中国安全生产报》向社会公布。

国家安全监管总局办公厅和有关司局也可通过事故接报系统，以及安全生产巡查、督查、检查等渠道获取有关信息，经严格会审后，报请总局局长办公会审议。审议通过后，直接纳入联合惩戒对象和“黑名单”管理。

第六条 联合惩戒和“黑名单”管理的期限为1年，自公布之日起计算。有关法律法规对管理期限另有规定的，依照其规定执行。

第七条 联合惩戒和“黑名单”管理期满，被惩戒对象须在期满前30个工作日内向所在地县级（含县级）以上安全监管监察部门提出移出申请，经省级安全监管监察部门审核验收，报国家安全监管总局。国家安全监管总局办公厅会同有关司局严格审核，报总局领导审定后予以移出，同时通报相关部门和单位，向社会公布。

第八条 各级安全监管监察部门要会同有关部门对纳入联合惩戒对象和“黑名单”管理的生产经营单位及其有关人员，按照《备忘录》和国务院关于社会信用体系建设的有关规定，依法依规严格落实各项惩戒措施。

第九条 国家安全监管总局建立联合惩戒的跟踪、监测、统计、评估、问责和公开机制，把各地区开展联合惩戒工作情况纳入对各地区年度安全生产工作考核的重要内容。

第十条 各级安全监管监察部门要加强对安全生产领域失信联合惩戒工作的组织领导，严格落实责任，依法依规开展工作。对弄虚作假、隐瞒不报或迟报的，要严肃问责。

第十一条 本办法由国家安全监管总局办公厅负责解释。

第十二条 本办法自印发之日起执行。

安全监管监察部门许可证档案管理办法

安监总办〔2017〕27号

第一条 为规范安全监管监察部门许可证档案管理，根据《中华人民共和国安全生产法》《中华人民共和国档案法》和《安全生产许可证条例》（国务院令第397号）和其他有关法律、法规，制定本办法。

第二条 本办法适用于具有许可证颁发和管理职责的各级安全生产监督管理部门和煤矿安全监察机构（以下统称许可机关）。

第三条 本办法所称安全监管监察部门许可证档案，是指许可机关在许可证颁发和管理过程中形成并归档保存的文字、图表、证照、电子数据等不同形式和载体的文件材料。涉及的许可证种类有：煤矿企业安全生产许可证、非煤矿矿山企业安全生产许可证、危险化学品生产企业安全生产许可证、危险化学品经营许可证、危险化学品安全使用许可证、非药品类易制毒化学品生产许可证、非药品类易制毒化学品经营许可证、烟花爆竹生产企业安全生产许可证、烟花爆竹经营（批发）许可证、烟花爆竹经营（零售）许可证。

许可证档案是许可机关行使安全监管监察职能的历史记录，是矿山、危险化学品、非药品类易制毒化学品、烟花爆竹企业（以下统称企业）获得相关安全生产、使用和经营资质的原始凭证，是国家专业档案资源的重要组成部分。

第四条 国家安全监管总局负责组织协调并依法保障许可证档案管理工作。各级许可机关负责本机关颁发的各类许可证档案管理工作，并接受同级档案行政管理部门对许可证档案管理的监督和指导。

上级机关委托下级机关实施许可证颁发管理工作的，相关许可证档案由受委托许可机关管理。

第五条 许可机关应保证许可证档案工作开展所必需的人员、经费、库房、设施设备，确保档案安全。在建立、完善许可证网上审批系统时，要按规定做好电子文件归档及电子档案的管理。

第六条 许可证档案实行集中统一管理。许可机关的承办部门负责收集、整理、归档，档案管理部门对立卷归档工作进行监督和指导，负责许可证档案的接收、保管、利用、统计、鉴定、移交等。

第七条 许可证文件材料归档范围应根据《煤矿企业安全生产许可证实施办法》（国家安全生产监督管理总局令第86号）、《非煤矿山企业安全生产许可证实施办法》（国家安全生产监督管理总局令第20号）、《危险化学品生产企业安全生产许可证实施办法》（国家安全生产监督管理总局令第41号）、《危险化学品经营许可证管理办法》（国家安全生产监督管理总局令第55号）、《危险化学品安全使用许可证实施办法》（国家安全生产监督管理总局令第57号）、《非药品类易制毒化学品生产、经营许可办法》（国家安全生产监督管理总局令第5号）、《烟花爆竹生产企业安全生产许可证实施办法》（国家安全生产监督管理总局令第54号）、《烟花爆竹经营许可实施办法》（国家安全生产监督管理总局令第65号）中关于许可证申请与颁发、延期、变更的相关规定确定，保存企业提交申请文件、资料以及许可机关审批过程中形成的全部文件材料。办理许可证延期、变更手续时，上一有效期许可证正本和副本收回的，收回的正本和副本应与其他文件材料一并归档。

上述规章中相关条款调整时，归档范围也随之做相应调整。

第八条 许可证档案保管期限按颁证权限结合许可事项、办证程序等因素定为永久、30年、10年、3年四种。国家安全监管总局和国家煤矿监察局负责颁发的安全生产许可证，颁证机关审查材料和许可证申请书保管期限为永久，其他材料保管期限为30年；省级及以下许可机关负责颁发的各类许可证（烟花爆竹经营〈零售〉许可证除外），颁证机关审查材料和许可证申请书保管期限为30年，其他材料保管期限为10年；烟花爆竹经营（零售）许可证与其他未通过审批的许可证材料保管期限为3年。保管期限从许可证颁发年度的次年1月1日起计算。

第九条 实现许可证管理全程网上申报和审批的，其通过行政审批系统形成的电子文件应当归档。归档电子文件应符合以下条件：

（一）电子文件及其元数据自形成起真实、完整、未被非法修改。许可证申请、流转审批、用印等业务行为，以及相应的责任人、行为时间等管理元数据应在日志文件中予以记录。

（二）归档电子文件与纸质文件原貌保持一致，以开放格式存储，确保能长期有效读取。申报表归档时应转换为PDF格式，上传的文字材料采用TIFF、JPFG、OFD、PDF、PDF/A等格式，图纸材料采用DWG、Auto Cad格式，日志文件采用LOG格式。特殊格式的电子文件应连同其读取平台一并归档。

（三）同一事由形成的全部电子文件及其元数据齐全、完整，一般采用基于XML的封装方式组织数据。电子文件封装包应确定统一命名规则，封装的编码数据不加密。

第十条 电子文件可采用在线或离线方式归档。审批过程中形成纸质档案的，归档电子文件应与其相关联的纸质档案建立检索关系。

第十一条 归档电子文件应在不同存储载体和介质上储存备份至少两套，并建立备份策略，包括增量备份或全量备份、备份周期、核验和检测机制、离线备份介质及其管理等。

第十二条 具有重要价值的电子文件，应当转换为纸质文件同时归档。

第十三条 一次办证审批形成的许可证档案，根据不同保管期限可立为正卷和副卷。正卷以件为单位整理，一次办证审批材料视为一件，副卷以案卷为单位整理。正卷、副卷分别排列，分类和档号保持一致。

第十四条 许可证文件材料应于审批事项结束后的次年完成归档。由许可机关的承办部门按要求整理并编制移交清册后，向单位档案管理部门移交。

因工作需要确需推迟移交、由承办部门临时保管的，应经档案管理部门同意，推迟移交期限最多不超过3年。

第十五条 许可证档案的保管应当使用符合要求的档案装具，需要具备防盗、防光、防火、防虫、防鼠、防潮、防尘、防高温等条件专用的档案库房，配备必要的设施和设备。

第十六条 许可机关应建立许可证档案利用制度，严格履行借阅登记手续。人民法院、人民检察院和公安、监察、司法、审计等机关因公务需要查阅档案时，应持单位介绍信和查阅人身份证明办理查阅手续。律师应凭律师执业证书和律师事务所证明，查阅与承办法律事务有关的档案。公民、法人和其他组织应根据政府信息公开相关规定办理。

许可证档案一般不得出借。确因工作需要且根据国家有关规定必须借出的，应当严格按照规定办理相关手续并及时归还。

第十七条 许可机关应成立档案鉴定工作小组，在机关分管负责人领导下，由档案管理部门会同相关许可证承办部门人员组成，并可根据不同情况，吸收信息系统管理部门人员参加，定期对已达到保管期限的档案进行鉴定。

第十八条 档案鉴定工作结束后，应形成鉴定意见。经鉴定涉及未了事项或仍有保存价值的档案，重新确定保管期限。保管期满，确无继续保存价值的档案，应遵循保密原则和有关规定进行销毁。

需销毁的许可证档案，应编制销毁清册，列明拟销毁档案的年度、档号、案卷题名、许可证号、应保管期限、已保管期限等内容，经单位分管负责人审查批准后销毁。电子档案的销毁还应符合国家有关电子档案管理的规定。

第十九条 销毁档案时，档案管理部门和许可证承办部门共同派员监销。涉及电子档案销毁，还需要信息系统管理部门派员监销。监销人员应按照销毁清册所列内容进行清点核对，现场监督整个销毁过程，销毁工作完成后在销毁清册上签字。销毁清册永久保存。

第二十条 各省级安全监管监察部门可以根据本办法，结合单位实际制定实施细则。

第二十一条 本办法由国家安全监管总局、国家档案局负责解释，自公布之日起施行。

注册安全工程师分类管理办法

安监总人事〔2017〕118号

第一条 为加强安全生产工作，健全完善注册安全工程师职业资格制度，依据《中华人民共和国安全生产法》及国家职业资格证书制度等规定，制定本办法。

第二条 人力资源社会保障部、国家安全监管总局负责注册安全工程师职业资格制度的制定、指导、监督和检查实施，统筹规划注册安全工程师专业分类。

第三条 注册安全工程师专业类别划分为：煤矿安全、金属非金属矿山安全、化工安全、金属冶炼安全、建筑施工安全、道路运输安全、其他安全（不包括消防安全）。

如需另行增设专业类别，由国务院有关行业主管部门提出意见，人力资源社会保障部、国家安全监管总局共同确定。

第四条 注册安全工程师级别设置为：高级、中级、初级（助理）。

第五条 注册安全工程师按照专业类别进行注册，国家安全监管总局或其授权的机构为注册安全工程师职业资格的注册管理机构。

第六条 注册安全工程师可在相应行业领域生产经营单位和安全评价检测等安全生产专业服务机构中执业。

第七条 高级注册安全工程师采取考试与评审相结合的评价方式，具体办法另行规定。

第八条 中级注册安全工程师职业资格考试按照专业类别实行全国统一考试，考试科目分为公共科目和专业科目，由人力资源社会保障部、国家安全监管总局负责组织实施。

第九条 国家安全监管总局或其授权的机构负责中级注册安全工程师职业资格公共科目和专业科目（建筑施工安全、道路运输安全类别除外）考试大纲的编制和命审题组织工作。

住房城乡建设部、交通运输部或其授权的机构分别负责建筑施工安全、道路运输安全类别中级注册安全工程师职业资格专业科目考试大纲的编制和命审题工作。

人力资源社会保障部负责审定考试大纲，负责组织实施考务工作。

第十条 住房城乡建设部、交通运输部或其授权的机构分别负责其职责范围内建筑施工安全、道路运输安全类别中级注册安全工程师的注册初审工作。各省、自治区、直辖市安全监管部门和经国家安全监管总局授权的机构负责其他中级注册安全工程师的注册初审工作。

国家安全监管总局或其授权的机构负责中级注册安全工程师的注册终审工作。终审通过的建筑施工安全、道路运输安全类别中级注册安全工程师名单分别抄送住房城乡建设部、交通运输部。

第十一条 中级注册安全工程师按照专业类别进行继续教育，其中专业课程学时应不少于继续教育总学时的一半。

第十二条 危险物品的生产、储存单位以及矿山、金属冶炼单位应当有相应专业类别的中级及以上注册安全工程师从事安全生产管理工作。

危险物品的生产、储存单位以及矿山单位安全生产管理人员中的中级及以上注册安全工程师比例应自本办法施行之日起2年内，金属冶炼单位安全生产管理人员中的中级及以上注册安全工程师比例应自本办法施行之日起5年内达到15%左右并逐步提高。

第十三条 助理注册安全工程师职业资格考试使用全国统一考试大纲，考试和注册管理由各省、自治区、直辖市人力资源社会保障部门和安全监管部门会同有关行业主管部门组织实施。

第十四条 取得注册安全工程师职业资格证书并经注册的人员，表明其具备与所从事的生产经营活动相应的安全生产知识和管理能力，可视为其安全生产知识和管理能力考核合格。

第十五条 注册安全工程师各级别与工程系列安全工程专业职称相对应，不再组织工程系列安全工程专业职称评审。

高级注册安全工程师考评办法出台前，工程系列安全工程专业高级职称评审仍然按现行制度执行。

第十六条 本办法施行之前已取得的注册安全工程师执业资格证书、注册助理安全工程师资格证书，分别视同为中级注册安全工程师职业资格证书、助理注册安全工程师职业资格证书。

本办法所称注册安全工程师是指依法取得注册安全工程师职业资格证书，并经注册的专业技术人员。

第十七条 本办法由人力资源社会保障部、国家安全监管总局按照职责分工分别负责解释，自2018年1月1日起施行。以往规定与本办法不一致的，按照本办法规定执行。

知识链接

一、出台背景

《中共中央 国务院关于推进安全生产领域改革发展的意见》和《安全生产法》对加强安全生产监督管理，完善注册安全工程师职业资格制度作出了明确要求。同时，安全生产形势的深刻变化，对生产经营单位安全管理水平提出了更高要求，迫切需要一大批职业化、专业化安全管理人才。目前，全国取得注册安全工程师执业资格人员有27.2万人，经注册执业的16.9万人，尚不能满足当前企业安全管理的人才需求。同时，不同行业企业对安全生产管理人员能力要求不尽相同，高危行业不同领域对安全生产知识专业要求差异较大，以前制度中注册安全工程师不分专业、级别，导致了注册安全工程师专业化水平不高、发挥作用不明显、企业使用率不高、发展通道不畅通等问题，注册安全工程师得不到企业和社会的普遍认同，影响了安全生产工作，制约了注册安全工程师队伍发展。

2017年9月人力资源社会保障部发布的《国家职业资格目录》将注册安全工程师列入准入类专业技术人员职业资格，《注册安全工程师分类管理办法》（以下简称《办法》）随后颁布实施，这对于提高企业安全管理的科学化、专业化水平，促进我国安全生产形势根本好转具有重要意义。

二、《办法》的创新

《办法》是关于注册安全工程师职业资格制度的顶层设计文件，与以前相关制度相比，主要有三个方面的创新。

一是划分了专业类别。按照不同高危行业领域将注册安全工程师划分为7个专业类别。过去注册安全工程师考试不分专业、学习范围广、通用内容较多，一定程度上导致部分注册安全工程师学的不深、不精、专业化水平不高。划分专业类别后，注册安全工程师按照专业类别进行考试、注册、参加继续教育、配备使用等，注册安全工程师的专业化水平会更高，对推动安全生产工作的专业化水平更有帮助。

二是实行了分级。将注册安全工程师划分为高、中、初三个级别，建立各级别与职称对应关系。主要是顺应了从业人员的呼声，为注册安全工程师打通了职业发展通道。一方面，有利于满足不同企业对不同级别注册安全工程师的要求，提高企业安全生产管理水平，防范和遏制事故的发生。另一方面，有利于注册安全工程师人尽其才、才尽其用，激励注册安全工程师不断提高专业能力素质。

三是提出了配备使用标准。2014年新修订的《安全生产法》第二十四条明确规定，危险物品的生产、储存单位以及矿山、金属冶炼单位应当有注册安全工程师从事安全生产管理工作。为贯彻落实《安全生产法》和国家职业资格制度有关规定，《办法》对危险物品的生产、储存单位以及矿山、金属冶炼单位注册安全工程师配备比例进行了明确。这既是贯彻执行《安全生产法》等法律法规要求的具体举措，也是注册安全工程师队伍健康发展的内生动力；既有利于注册安全工程师发挥更大作用，也有利于企业提升安全生产管理水平。

三、注册安全工程师配备使用方面的要求

《办法》规定危险物品的生产、储存单位以及矿山、金属冶炼单位应当有相应专业类别的中级及以上注册安全工程师从事安全生产管理工作，并要求危险物品的生产、储存单位以及矿山单位安全生产管理人员中的中级及以上注册安全工程师比例应自本办法施行之日起2年内，金属冶炼单位安全生产管理人员中的中级及以上注册安全工程师比例应自本办法施行之日起5年内达到15%左右并逐步提高。

四、注册安全工程师职业资格证书与安全管理人员考核合格证明之间的关系

注册安全工程师是我国安全生产领域内具有较高专业技术知识和实际经验能力的专业人才，对其专业知识和能力的考核要求已基本涵盖对安全生产管理人员的考核要求。因此，《办法》规定取得注册安全工程师职业资格证书并经注册的人员，表明其具备与所从事的生产经营活动相应的安全生产知识和管理能力，可视为其安全生产知识和管理能力考核合格。

五、注册安全工程师各级别与工程系列安全工程专业职称之间的关系

为贯彻落实中央有关职称制度改革要求，促进职称制度和职业资格制度有效衔接，打通注册安全工程师的职业发展通道，《办法》规定注册安全工程师各级别与工程系列安全工程专业职称相对应，不再组织工程系列安全工程专业职称评审。也就是说，安全工程专业技术人员职称采取以考代评的方式，依法取得注册安全工程师职业资格证书即取得相应级别职称资格。高级注册安全工程师考评办法出台前，工程系列安全工程专业高级职称评审仍然按现行制度执行。

注册安全工程师职业资格制度规定

应急〔2019〕8号

第一章　总　　则

第一条　为加强安全生产专业技术人才队伍建设，提高安全生产专业技术人才能力素质，维护人民群众生命财产安全，根据《中华人民共和国安全生产法》《注册安全工程师分类管理办法》（安监总人事〔2017〕118号）和国家职业资格制度有关规定，制定本规定。

第二条　本规定所称注册安全工程师，是指通过职业资格考试取得中华人民共和国注册安全工程师职业资格证书（以下简称注册安全工程师职业资格证书），经注册后从事安全生产管理、安全工程技术工作或提供安全生产专业服务的专业技术人员。

第三条　国家设置注册安全工程师准入类职业资格，纳入国家职业资格目录。

第四条　注册安全工程师级别设置为：高级、中级、初级。高级注册安全工程师评价和管理办法另行制定。

各级别注册安全工程师中英文名称分别为：

高级注册安全工程师 Senior Certified Safety Engineer

中级注册安全工程师 Intermediate Certified Safety Engineer

初级注册安全工程师 Assistant Certified Safety Engineer

第五条　注册安全工程师专业类别划分为：煤矿安全、金属非金属矿山安全、化工安全、金属冶炼安全、建筑施工安全、道路运输安全、其他安全（不包括消防安全）。

第六条　应急管理部、人力资源社会保障部共同制定注册安全工程师职业资格制度，并按照职责分工负责注册安全工程师职业资格制度的实施与监管。

各省、自治区、直辖市应急管理、人力资源社会保障部门，按照职责分工负责本行政区域内注册安全工程师职业资格制度的实施与监管。

第二章　考　　试

第七条　中级注册安全工程师职业资格考试全国统一大纲、统一命题、统一组织。

初级注册安全工程师职业资格考试全国统一大纲，各省、自治区、直辖市自主命题并组织实施，一般应按照专业类别考试。

第八条　应急管理部或其授权的机构负责拟定注册安全工程师职业资格考试科目；组织编制中级注册安全工程师职业资格考试公共科目和专业科目（建筑施工安

全、道路运输安全类别专业科目除外）的考试大纲，组织相应科目命审题工作；会同国务院有关行业主管部门或其授权的机构编制初级注册安全工程师职业资格考试大纲。

住房城乡建设部、交通运输部或其授权的机构分别负责组织拟定建筑施工安全、道路运输安全类别中级注册安全工程师职业资格考试专业科目的考试大纲，组织相应科目命审题工作。

人力资源社会保障部负责审定考试科目、考试大纲，负责中级注册安全工程师职业资格考试的考务工作，会同应急管理部确定中级注册安全工程师职业资格考试合格标准。

第九条 各省、自治区、直辖市应急管理、人力资源社会保障部门，会同有关行业主管部门，按照全国统一的考试大纲和相关规定组织实施初级注册安全工程师职业资格考试，确定考试合格标准。

第十条 凡遵守中华人民共和国宪法、法律、法规，具有良好的业务素质和道德品行，具备下列条件之一者，可以申请参加中级注册安全工程师职业资格考试：

（一）具有安全工程及相关专业大学专科学历，从事安全生产业务满5年；或具有其他专业大学专科学历，从事安全生产业务满7年。

（二）具有安全工程及相关专业大学本科学历，从事安全生产业务满3年；或具有其他专业大学本科学历，从事安全生产业务满5年。

（三）具有安全工程及相关专业第二学士学位，从事安全生产业务满2年；或具有其他专业第二学士学位，从事安全生产业务满3年。

（四）具有安全工程及相关专业硕士学位，从事安全生产业务满1年；或具有其他专业硕士学位，从事安全生产业务满2年。

（五）具有博士学位，从事安全生产业务满1年。

（六）取得初级注册安全工程师职业资格后，从事安全生产业务满3年。

第十一条 凡遵守中华人民共和国宪法、法律、法规，具有良好的业务素质和道德品行，具备下列条件之一者，可以申请参加初级注册安全工程师职业资格考试：

（一）具有安全工程及相关专业中专学历，从事安全生产业务满4年；或具有其他专业中专学历，从事安全生产业务满5年。

（二）具有安全工程及相关专业大学专科学历，从事安全生产业务满2年；或具有其他专业大学专科学历，从事安全生产业务满3年。

（三）具有大学本科及以上学历，从事安全生产业务。

第十二条 中级注册安全工程师职业资格考试合格者，由各省、自治区、直辖市人力资源社会保障部门颁发注册安全工程师职业资格证书（中级）。该证书由人力资源社会保障部统一印制，应急管理部、人力资源社会保障部共同用印，在全国范围有效。

第十三条 初级注册安全工程师职业资格考试合格者，由各省、自治区、直辖市人力资源社会保障部门颁发注册安全工程师职业资格证书（初级）。该证书由各省、自治区、直辖市应急管理、人力资源社会保障部门共同用印，原则上在所在行政区域内有效。各地可根据实际情况制定跨区域认可办法。

第十四条 对以不正当手段取得注册安全工程师职业资格证书的，按照国家专业技术人员资格考试违纪违规行为处理规定进行处理。

第三章 注 册

第十五条 国家对注册安全工程师职业资格实行执业注册管理制度，按照专业类别进行注册。取得注册安全工程师职业资格证书的人员，经注册后方可以注册安全工程师名义执业。

第十六条 住房城乡建设部、交通运输部或其授权的机构按照职责分工，分别负责相应范围内建筑施工安全、道路运输安全类别中级注册安全工程师的注册初审工作。

各省、自治区、直辖市应急管理部门和经应急管理部授权的机构，负责其他中级注册安全工程师的注册初审工作。

应急管理部负责中级注册安全工程师的注册终审工作，具体工作由中国安全生产科学研究院实施。终审通过的建筑施工安全、道路运输安全类别中级注册安全工程师名单分别抄送住房城乡建设部、交通运输部。

第十七条 申请注册的人员，必须同时具备下列基本条件：

（一）取得注册安全工程师职业资格证书；

（二）遵纪守法，恪守职业道德；

（三）受聘于生产经营单位安全生产管理、安全工程技术类岗位或安全生产专业服务机构从事安全生产专业服务；

（四）具有完全民事行为能力，年龄不超过70周岁。

第十八条 申请中级注册安全工程师初始注册的，应当自取得中级注册安全工程师职业资格证书之日起5年内由本人向注册初审机构提出。

本规定施行前取得注册安全工程师执业资格证书，申请初始注册的，应当在本规定施行之日起5年内由本人向注册初审机构提出。

超过规定时间申请初始注册的，按逾期初始注册办理。

准予注册的申请人，由应急管理部核发中级注册安全工程师注册证书（纸质或电子证书）。

第十九条 中级注册安全工程师注册有效期为5年。有效期满前3个月，需要延续注册的，应向注册初审机构提出延续注册申请。有效期满未延续注册的，可根据需要申请重新注册。

第二十条 中级注册安全工程师在注册有效期内变更注册的，须及时向注册初审机构提出申请。

第二十一条 中级注册安全工程师初始注册、延续注册、变更注册、重新注册和逾期初始注册的具体要求按相关规定执行。

第二十二条 以不正当手段取得注册证书的，由发证机构撤销其注册证书，5年内不予重新注册；构成犯罪的，依法追究刑事责任。

第二十三条 注册安全工程师注册有关情况应当由注册证书发证机构向社会公布，促进信息共享。

第二十四条 初级注册安全工程师注册管理办法由各省、自治区、直辖市应急管理部门会同有关部门依法制定。

第四章 执 业

第二十五条 注册安全工程师在执业活动中，必须遵纪守法，恪守职业道德和从业规范，诚信执业，主动接受有关主管部门的监督检查，加强行业自律。

第二十六条 注册安全工程师不得同时受聘于两个或两个以上单位执业，不得允许他人以本人名义执业，不得出租出借证书。违反上述规定的，由发证机构撤销其注册证书，5年内不予重新注册；构成犯罪的，依法追究刑事责任。

第二十七条 注册安全工程师的执业范围包括：

（一）安全生产管理；

（二）安全生产技术；

（三）生产安全事故调查与分析；

（四）安全评估评价、咨询、论证、检测、检验、教育、培训及其他安全生产专业服务。

中级注册安全工程师按照专业类别可在各类规模的危险物品生产、储存以及矿山、金属冶炼等单位中执业，初级注册安全工程师的执业单位规模由各地结合实际依法制定。

各专业类别注册安全工程师执业行业见附表。

第二十八条 注册安全工程师应在本人执业成果文件上签字，并承担相应责任。

第五章 权 利 和 义 务

第二十九条 注册安全工程师享有下列权利：

（一）按规定使用注册安全工程师称谓和本人注册证书；

（二）从事规定范围内的执业活动；

（三）对执业中发现的不符合相关法律、法规和技术规范要求的情形提出意见和建议，并向相关行业主管部门报告；

（四）参加继续教育；

（五）获得相应的劳动报酬；

（六）对侵犯本人权利的行为进行申诉；

（七）法律、法规规定的其他权利。

第三十条 注册安全工程师应当履行下列义务：

（一）遵守国家有关安全生产的法律、法规和标准；

（二）遵守职业道德，客观、公正执业，不弄虚作假，并承担在相应报告上签署意见的法律责任；

（三）维护国家、集体、公众的利益和受聘单位的合法权益；

（四）严格保守在执业中知悉的单位、个人技术和商业秘密。

第三十一条 取得注册安全工程师注册证书的人员，应当按照国家专业技术人员继续教育的有关规定接受继续教育，更新专业知识，提高业务水平。

第六章 附 则

第三十二条 本规定施行前取得的注册安全工程师执业资格证书、注册助理安全工程师资格证书，分别与按照本规定取得的中级、初级注册安全工程师职业资格证书效用等同。

第三十三条 专业技术人员取得中级注册安全工程师、初级注册安全工程师职业资格，即视其具备工程师、助理工程师职称，并可作为申报高一级职称的条件。

第三十四条 加强注册安全工程师国际交流与合作，推进注册安全工程师职业资格国际化。

第三十五条 本规定由应急管理部和人力资源社会保障部按职责分工负责解释。

第三十六条 本规定自2019年3月1日起施行。

附表

各专业类别注册安全工程师执业行业界定表

序号	专业类别	执业行业
1	煤矿安全	煤炭行业
2	金属非金属矿山安全	金属非金属矿山行业
3	化工安全	化工、医药等行业（包括危险化学品生产、储存，石油天然气储存）
4	金属冶炼安全	冶金、有色冶炼行业
5	建筑施工安全	建设工程各行业
6	道路运输安全	道路旅客运输、道路危险货物运输、道路普通货物运输、机动车维修和机动车驾驶培训行业
7	其他安全（不包括消防安全）	除上述行业以外的烟花爆竹、民用爆炸物品、石油天然气开采、燃气、电力等其他行业

注册安全工程师职业资格考试实施办法

应急〔2019〕8号

第一条 根据《注册安全工程师分类管理办法》和《注册安全工程师职业资格制度规定》（以下简称《规定》），制定本办法。

第二条 人力资源社会保障部委托人力资源社会保障部人事考试中心承担中级注册安全工程师职业资格考试的具体考务工作。应急管理部委托中国安全生产科学研究院承担中级注册安全工程师职业资格考试公共科目和专业科目（建筑施工安全、道路运输安全类别专业科目除外）考试大纲的编制和命审题组织工作，会同国务院有关行业主管部门或其授权的机构编制初级注册安全工程师职业资格考试大纲。

住房城乡建设部、交通运输部或其授权的机构分别负责建筑施工安全、道路运输安全类别中级注册安全工程师职业资格考试专业科目考试大纲的编制和命审题工作。

各省、自治区、直辖市人力资源社会保障、应急管理部门共同负责本地区中级注册安全工程师职业资格考试考务工作，会同有关行业主管部门组织实施本地区初级注册安全工程师职业资格考试工作，具体职责分工由各地协商确定。

第三条 中级注册安全工程师职业资格考试设《安全生产法律法规》《安全生产管理》《安全生产技术基础》《安全生产专业实务》4个科目。其中，《安全生产法律法规》《安全生产管理》《安全生产技术基础》为公共科目，《安全生产专业实务》为专业科目。

《安全生产专业实务》科目分为：煤矿安全、金属非金属矿山安全、化工安全、金属冶炼安全、建筑施工安全、道路运输安全和其他安全（不包括消防安全），考生在报名时可根据实际工作需要选择其一。

初级注册安全工程师职业资格考试设《安全生产法律法规》《安全生产实务》2个科目。

第四条 中级注册安全工程师职业资格考试分4个半天进行，每个科目的考试时间均为2.5小时。

初级注册安全工程师职业资格考试分2个半天进行。《安全生产法律法规》科目考试时间为2小时，《安全生产实务》科目考试时间为2.5小时。

如采用电子化考试，各科目考试时间可酌情缩短。

第五条 中级注册安全工程师职业资格考试成绩实行4年为一个周期的滚动管理办法，参加全部4个科目考试的人员必须在连续的4个考试年度内通过全部科目，免试1个科目的人员必须在连续的3个考试年度内通过应试科目，免试2个科目的人员必须在连续的2个考试年度内通过应试科目，方可取得中级注册安全工程师职业资格证书。

初级注册安全工程师职业资格考试成绩实行2年为一个周期的滚动管理办法，参加考试人员必须在连续的2个考试年度内通过全部科目，方可取得初级注册安全工程师职业资格证书。

第六条 已取得中级注册安全工程师职业资格证书的人员，报名参加其他专业类别考试的，可免试公共科目。考试合格后，核发人力资源社会保障部统一印制的相应专业类别考试合格证明。该证明作为注册时变更专业类别等事项的依据。

第七条 符合《规定》中的中级注册安全工程师职业资格考试报名条件，具有高级或正高级工程师职称，并从事安全生产业务满10年的人员，可免试《安全生产管理》和《安全生产技术基础》2个科目。

符合《规定》中的中级注册安全工程师职业资格考试报名条件，本科毕业时所学安全工程专业经全国工程教育专业认证的人员，可免试《安全生产技术基础》科目。

第八条 符合注册安全工程师职业资格考试报名条件的报考人员，按照当地人事考试机构规定的程序和要求完成报名。参加考试人员凭有关证件在指定的日期、时间和地点参加考试。

中央和国务院各部门及所属单位、中央企业的人员按属地原则报名参加考试。

第九条 中级注册安全工程师职业资格考试的考点原则上设在直辖市和省会城市的大、中专院校或高考定点学校；初级注册安全工程师职业资格考试的考点由各省、自治区、直辖市根据实际情况自行设置。

中级、初级注册安全工程师职业资格考试原则上每年举行一次。

第十条 坚持考试与培训相分离的原则。凡参与考试工作（包括命题、审题与组织管理等）的人员，不得参加考试，也不得参与或者举办与考试内容相关的培训工作。应考人员参加培训坚持自愿原则。

第十一条 考试实施机构及其工作人员，应当严格执行国家人事考试工作人员纪律规定和考试工作的各项规章制度，遵守考试工作纪律，切实做好从考试试题的命制到使用等各环节的安全保密工作，严防泄密。

第十二条 对违反考试工作纪律和有关规定的人员，按照国家专业技术人员资格考试违纪违规行为处理规定处理。

第十三条 为保证中级注册安全工程师职业资格考试的平稳过渡，新旧制度衔接按以下要求进行：

原制度文件规定有效期内的各科目合格成绩有效期顺延，按照新制度规定的4年为一个周期进行管理。《安全生产法及相关法律知识》《安全生产管理知识》《安全生产技术》《安全生产事故案例分析》科目合格成绩分别对应《安全生产法律法规》《安全生产管理》《安全生产技术基础》《安全生产专业实务》科目合格成绩。

第十四条 本办法自2019年3月1日起施行。

注册安全工程师职业资格考试安全工程及相关专业参考目录

应急厅函〔2019〕410号

序号	学历（学位）	安全工程及相关专业
1	中专学历	农林牧渔类、资源环境类、能源与新能源类、土木水利类、加工制造类、石油化工类、轻纺食品类、交通运输类、信息技术类

续表

序号	学历（学位）	安全工程及相关专业
2	大学专科学历	农业类、林业类、资源勘查类、地质类、测绘地理信息类、石油与天然气类、煤炭类、金属与非金属矿类、环境保护类、安全类、电力技术类、热能与发电工程类、新能源发电工程类、黑色金属材料类、有色金属材料类、非金属材料类、建筑材料类、建筑设计类、城乡规划与管理类、土建施工类、建筑设备类、建设工程管理类、市政工程类、房地产类、水利工程与管理类、水利水电设备类、水土保持与水环境类、机械设计制造类、机电设备类、自动化类、铁道装备类、船舶与海洋工程装备类、航空装备类、汽车制造类、生物技术类、化工技术类、轻化工类、包装类、印刷类、纺织服装类、食品工业类、药品制造类、粮食工业类、粮食储检类、铁道运输类、道路运输类、水上运输类、航空运输类、管道运输类、城市轨道交通类、电子信息类、计算机类、通信类、物流类、公安管理类、公安指挥类、司法技术类
3	大学本科学历	工学门类的所有专业类；公安学类、化学类、管理科学与工程类、物流管理与工程类、工业工程类
4	第二学士学位	
5	硕士学位	工学门类的所有学科；工程硕士、工程博士以及2018年对应调整后的电子信息、机械、材料与化工、资源与环境、能源动力、土木水利、生物与医药、交通运输等8种专业学位类别；管理学门类中的管理科学与工程学科
6	博士学位	

注：中专泛指普通中等专业学校、成人中等专业学校、职业高中、技工学校。

全国安全生产专项整治三年行动计划

一、学习宣传贯彻习近平总书记关于安全生产重要论述专题

（一）制作“生命重于泰山——学习习近平总书记关于安全生产重要论述”电视专题片。专题片以专家解读、系列访谈和案例分析等方式，全面阐述习近平总书记关于安全生产重要论述，系统解读安全发展、严守底线、强化责任、依法治理、改革创新、夯实基础、严抓落实等重要内容，体现政治性思想性指导性，增强吸引力感染力影响力。专题片制作完成并报审后，发各地区、各有关部门和单位组织集中观看学习。中央宣传部、国家广播电视总局安排中央电视台和地方电视台播出专题片公开版。

（二）集中开展学习教育。各级党委（党组）理论学习中心组安排专题学习，加深对习近平总书记关于安全生产重要论述的理解，结合本地区本行业实际研究贯彻落

实措施。各地区、各有关部门和单位分级分批组织安全监管干部和企业负责人、安全管理人员开展轮训，把学习贯彻习近平总书记重要论述作为重要内容，推进学习教育全覆盖。要善于抓住典型案例深入剖析，用鲜活事例启发思考，通过领导干部带头讲、专家学者深入讲、一线工作者互动讲，推动学习贯彻习近平总书记重要论述走深走实。

（三）深入系统宣传贯彻。各级党委将宣传贯彻习近平总书记关于安全生产重要论述纳入党委宣传工作重点，精心制定宣传方案，部署开展经常性、系统性宣传贯彻和主题宣讲活动，形成集中宣传声势。中央和地方、行业主要媒体在报、网、端、微等平台开设专题专栏，推出重点报道、学习文章、访谈评论等，深入宣传习近平总书记关于安全生产重要论述。各级安委会办公室结合组织“安全生产月”活动，建设灾害事故科普宣传教育、安全法治宣传和安全体验基地，在有条件的社区公园、广场、乡村服务场所等设置专题展板等，以多种方式开展习近平总书记重要论述宣讲工作，积极推进安全宣传进企业、进农村、进社区、进学校、进家庭。要结合曝光安全生产典型问题，强化警示教育，增强公众安全意识，营造安全生产必须警钟长鸣、常抓不懈、丝毫放松不得的社会氛围。

（四）健全落实安全生产责任制。地方各级党委和政府要认真落实《地方党政领导干部安全生产责任制规定》，始终把安全生产摆在重要位置，健全定期研究解决安全生产重大问题的会议制度，加强源头治理、系统治理、精准治理、综合治理，实现安全生产与经济社会协调发展。各有关部门要把安全生产工作作为本行业领域管理的重要内容，依法依规履行安全监管责任，指导帮助生产经营单位加强安全管理，切实消除盲区漏洞。各级安委会要制定成员单位安全生产工作责任考核办法，督促改进作风狠抓落实。建立健全企业全过程安全生产管理制度，完善落实安全诚信、安全承诺、专家服务、举报奖励和舆论监督等措施，督促企业法定代表人和实际控制人在岗在位履行第一责任人责任，确保安全生产。

（五）有效防范安全风险。围绕建立公共安全隐患排查和安全预防控制体系，坚持从源头上加强治理，建立安全风险评估制度，对城乡规划、产业发展规划、重大工程项目实施重大安全风险“一票否决”，修订完善安全设防标准。坚持创新方式加强监管，综合运用信息化、大数据等现代化手段和“四不两直”明查暗访等传统手段，分行业分领域全面排查整治安全隐患，突出危险化学品、煤矿与非煤矿山、建筑施工、道路交通、消防等重点行业领域开展专项整治，标本兼治消除事故隐患。要特别重视加强化工、桥梁、隧道、电力、油气、水利、核电等重大工程和设施安全风险防控，强化规划设计、建设施工、运营管理等各个环节的安全责任措施落实，确保万无一失。坚持深化改革健全制度，结合深入贯彻落实《中共中央国务院关于推进安全生产领域改革发展的意见》，深化矿山安全监察、危险化学品安全监管和安全生产执法体制改革，推进国家和地方安全生产立法工作，筑牢防控安全风险的制度防线。

（六）加强安全监管干部队伍建设。地方各级党委和政府要统筹加强安全监管力量建设，向基层倾斜招录政策，加大相关保障力度，重点充实市、县两级安全监管执法人员，到2022年底具有安全生产相关专业学历和实践经验的执法人员不低于在职人员的75%。应急管理部门要加强安全监管队伍专业能力建设，出台安全生产行政执法队伍建设规划和标准导则，全面推进行政执法公示、执法全过程记录、重大执法决定法制审核等制度，分级分类精准执法。要加强安全监管人才培养，组织开展大培训，通过公务员聘任制方式引进急需紧缺专业人才，联合教育部门加快安全生产学科建设，提高干部队伍整体素质。

二、落实企业安全生产主体责任专题

（一）全面落实企业安全生产责任体系

1．建全安全生产责任制。企业要建立健全从主要负责人到一线岗位员工覆盖所有管理和操作岗位的安全生产责任制，明确企业所有人员承担的安全生产责任。加强安全生产法治教育，提高全员守法自觉性，建立自我约束、持续改进的安全生产内生机制，建立企业内部安全生产监督考核机制，推动各个岗位安全生产责任落实到位。

2．落实企业主要负责人责任。企业法定代表人、实际控制人等主要负责人要强化落实第一责任人法定责任，牢固树立安全发展理念，带头执行安全生产法律法规和规章标准，加强全员、全过程、全方位安全生产管理，做到安全责任、安全管理、安全投入、安全培训、应急救援“五到位”。在安全生产关键时间节点要在岗在位、盯守现场，确保安全。

3．落实全员安全生产责任。强化内部各部门安全生产职责，落实一岗双责制度。重点行业领域企业要严格落实以师带徒制度，确保新招员工安全作业。企业安全管理人员、重点岗位、班组和一线从业人员要严格履行自身安全生产职责，严格遵守岗位安全操作规程，确保安全生产，建立“层层负责、人人有责、各负其责”的安全生产工作体系。

（二）健全完善企业安全生产管理制度

1．建立完善安全生产管理团队。企业要依法建立健全安全生产管理机构，配齐安全生产管理人员，全力支持安全管理机构工作，并建立相应的奖惩制度。企业要持续提升安全管理科学化、专业化、规范化水平，建立安全技术团队。到2021年底前，各重点行业领域企业通过自身培养和市场化机制全部建立安全生产技术和管理团队。

2．强化安全投入。企业要保证安全生产条件所必需的资金投入，严格安全生产费用提取管理使用制度，坚持内部审计与外部审计相结合，确保足额提取、使用到位，严禁违规挪作他用，对由于安全生产所必需的资金投入不足导致的后果承担相关法律责任。严格落实安全技术设备设施改造等支持政策，加大淘汰落后力度，及时更新推广应用先进适用安全生产工艺和技术装备，提高安全生产保障能力。企业要加强从业人员劳动保护，配齐并督促从业人员正确佩戴和使用符合国家或行业标准的安全防护用品。

3．强化安全教育培训。企业要建立健全安全教育培训制度，对从业人员进行安全生产教育和培训，保证从业人员具备必要的安全生产知识，熟悉安全生产规章制度和操作规程，掌握岗位操作技能和应急处置措施，未取得特种作业操作证和未经安全生产教育培训合格的从业人员，不得上岗作业。充分利用国家职业技能提升行动支持政策，加强企业安全人才培养。到2022年底前，省属以上重点行业领域企业要通过自建或委托方式建设职业院校（技工院校），实现重点岗位人员“变招工为招生”。

4．持续推进企业安全生产标准化建设。各类企业要按照《企业安全生产标准化基本规范》（GB/T 33000—2016）和行业专业标准化评定标准的要求自主建设，从目标职责、制度化管理、教育培训、现场管理、安全风险管控、隐患排查治理、应急管理、事故管理和持续改进等八个方面，建立与企业日常安全管理相适应、以安全生产标准化为重点的企业自主安全生产管理体系，实现安全生产现场管理、操作行为、设备设施和作业环境规范化。企业要在安全生产标准化建设、运行过程中，根据人员、设备、环境和管理等因素变化，持续改进风险管控和隐患排查治理工作，有效提升企业安全管理水平。2022年底前，高危行业及规模以上企业均应完成自评工作。

（三）健全完善企业安全风险防控机制

1．建立企业安全风险辨识评估制度。企业要按照有关法律法规标准，针对本企业类型和特点，科学制定安全风险辨识程序和方法，定期组织专业力量和全体员工全方位、全过程辨识生产工艺、设备设施、作业环境、人员行为和管理体系等方面存在的安全风险，做到系统、全面、无遗漏，持续更新完善。按照有关标准规范，对辨识出的安全风险进行分类、梳理、评估，加强动态分级管理，科学确定安全风险类别和等级，实现“一企一清单”。

2．建立安全风险管控制度。企业要根据风险评估的结果，对安全风险分级、分类进行管理，逐一落实企业、车间、班组和岗位的管控责任，从组织、制度、技术、应急等方面对安全风险进行有效管控，达到回避、降低和监测风险的目的。针对高危工艺、设备、物品、场所和岗位等重点环节，高度关注运营状况和危险源变化后的风险状况，动态评估、调整风险等级和管控措施，确保安全风险始终处于受控范围内。2021年底前，各类企业要建立起完善的安全风险管控制度。

3．建立安全风险警示报告制度。企业要在醒目位置和重点区域分别设置安全风险公告栏，制作岗位安全风险告知卡，确保每名员工都能掌握安全风险的基本情况及防范、应急措施。对存在重大安全风险的工作场所和岗位，要设置明显警示标志，并强化危险源监测和预警。企业要依据有关法律法规要求，明确风险管控和报告流程，建立健全安全生产风险报告制度，接受政府监管和社会监督。企业主要负责人对本单位安全风险管控和报告工作全面负责，要按照安全风险管控制度的要求，对辨识出的安全风险，定期向相关监管部门报送风险清单。

（四）健全完善企业安全隐患排查治理机制

1．加强安全隐患排查。企业要建立健全以风险辨识管控为基础的隐患排查治理制度，制定符合企业实际的隐患排查治理清单，完善隐患排查、治理、记录、通报、报告等重点环节的程序、方法和标准，明确和细化隐患排查的事项、内容和频次，并将责任逐一分解落实，推动全员参与自主排查隐患，尤其要强化对存在重大风险的场所、环节、部位的隐患排查。企业要按照国家有关规定，通过与政府部门互联互通的隐患排查治理信息系统等方式，及时向负有安全生产监督管理职责的部门和企业职代会“双报告”风险管控和隐患排查治理情况。

2．严格落实治理措施。企业要按照有关行业重大事故隐患判定标准，加强对重大事故隐患治理，并向负有监管职责的部门报告；制定并实施严格的隐患治理方案，做到责任、措施、资金、时限和预案“五到位”，实现闭环管理。2020年底前，企业建立起完善的隐患排查治理制度；2021年底前，各地区和各类企业要建立完善隐患排查治理“一张网”信息化管理系统，做到自查自改自报，实现动态分析、全过程记录管理和评价，防止漏管失控；2022年底前，企业隐患排查治理全面走向制度化、规范化轨道。

（五）推动企业安全生产社会治理

1．建立完善企业安全承诺制度。企业主要负责人要结合本企业实际，在进行全面安全风险评估研判的基础上，通过各种方式途径，向社会和全体员工公开落实主体责任、健全管理体系、加大安全投入、严格风险管控、强化隐患治理等情况。要加强社会监督、舆论监督和企业内部监督，完善和落实举报奖励制度，督促企业严守承诺、执行到位。2020年底前，制定出台包括所有重点行业领域的安全生产承诺制度。

2．完善落实安全生产诚信制度。各地区、各有关部门要健全完善安全生产失信行为联合惩戒制度，对存在以隐蔽、欺骗或阻碍等方式逃避、对抗安全生产监管，违章指挥、违章作业产生重大安全隐患，违规更改工艺流程，破坏监测监控设施，以及发生事故隐瞒不报、谎报或迟报事故等严重危害人民群众生命财产安全的主观故意行为的单位及主要责任人，依法依规将其纳入信用记录，加强失信惩戒，从严监管。2020年底前，修订完成加强企业安全生产诚信体系建设制度。

3．提升专业技术服务机构服务水平。各地区、各有关部门要筛选一批专业化安全技术服务机构，支持做大做强，为企业提供高水平安全技术和管理服务；同时加强监督管理，2020年底前制定出台技术服务机构评价结果公开和第三方评估制度，确保规范运作，切实为企业提供有效技术支撑。

4．充分发挥安责险参与风险评估和事故预防功能。深入推动落实《安全生产责任保险事故预防技术服务规范》（AQ 9010—2019），通过实施安责险，加快建立保险机构和专业技术服务机构等广泛参与的安全生产社会化服务体系。2021年底前各地区应急管理部门全部建立安责险信息化管理平台，2022年底前对所有承保安责险的保险机构开展预防技术服务情况实现在线监测，并制定实施第三方评估公示制度。对预防服务没有达到规范标准要求、只收费不服务或少服务的责任单位和负责人予以警示，督促整改，情节严重的按照《安全生产责任保险实施办法》有关规定，纳入安全生产领域联合惩戒“黑名单”管理，并向社会公布。

三、危险化学品安全整治

（一）提升危险化学品重大安全风险管控能力

1．严格高风险化工项目准入条件。牢固树立安全发展理念，强化源头管控，推进产业结构调整，科学审慎引进化工项目。涉及化工行业的省级、市级人民政府和重点化工园区要结合现有化工产业特点、资源优势、专业人才基础和安全监管能力等情况，进一步明确产业定位，加快制定完善化工产业发展规划，2020年底前制定出台新建化工项目准入条件；2022年底前，设区的市要制定完善危险化学品“禁限控”目录，对涉及光气、氯气、氨气等有毒气体（以下简称有毒气体），硝酸铵、硝基胍、氯酸铵等爆炸危险性化学品（指《危险化学品目录》中危险性类别为爆炸物的危险化学品）的建设项目要严格控制，严禁已淘汰的落后产能异地落户和进园入区；支持危险化学品生产企业开展安全生产技术改造升级，依法淘汰达不到安全生产条件的产能。

2．提升化工园区安全风险管控水平。各省级人民政府要建立跨部门联合工作机制，按照《化工园区安全风险排查治理导则（试行）》要求组织开展化工园区（含化工集中区）安全风险排查评估分级工作，2020年10月底前，各省级人民政府要对本地区化工园区进行认定并公布名单，在认定基础上开展安全风险排查评估分级。对安全风险等级评估为A级（高安全风险）的化工园区，原则上不得批准新、改、扩建危险化学品建设项目，并纳入重点治理和监管范围，限期整改提升，2021年底前仍为A级的化工园区要予以关闭退出；对安全风险等级评估为B级（较高安全风险）的化工园区，原则上要限制新、改、扩建危险化学品建设项目，2022年底前仍未达到C级（一般安全风险）或D级（较低安全风险）的化工园区要予以关闭退出。

3．深入开展企业安全风险隐患排查治理。督促辖区内危险化学品企业按照《危险化学品企业安全风险隐患排查治理导则》，在2020年6月底前全面完成安全风险隐患自查工作并制定整改方案，对于重大隐患要依法上报地方有关监管部门并实施挂牌督办，经整改仍达不到安全生产条件的，依法予以关闭，实现规范达标一批、改造提升一批、依法淘汰一批。组织开展危险化学品安全生产许可“回头看”，2020年底前要对安全风险评估等级为“红、橙”的企业对照安全生产许可证发证条件再次逐一进行核查，从源头提升发证企业的安全保障能力。大力推进危险化学品企业安全风险分级管控和隐患排查治理体系建设，运用信息化手段实现企业、化工园区、监管部门信息共享、上下贯通，2022年底前涉及重大危险源的危险化学品企业要全面完成以安全风险分级管控和隐患排查治理为重点的安全预防控制体系建设。

4．强化危险化学品运输、使用和废弃处置安全管理。加强危险化学品等危险货物运输安全监管，严格行业准入，严禁未经许可擅自开展经营性运输。强化托运、承运、装卸、车辆运行等危险货物运输全链条安全监管。开展危险货物运输车辆防撞报警系统相关标准贯彻实施，2022年底前危险货物运输车辆要全部强制安装远程提醒监控系统，实行运输过程实时定位及路径记录。严格执行内河禁运危险化学品目录和危险货物道路运输安全管理办法，严格特大型公路桥梁、特长公路隧道、饮用水源地危险货物运输车辆通行管控。加强港口、机场、铁路车站以及与铁路接轨的专用线、专用铁路等危险货物装卸、储存场所和设施的安全监管，对不符合安全生产条件的进行清理整顿。鼓励化工园区内具有上下游产业链关联的企业运用管道输送代替道路运输，有危险化学品车辆聚集较大安全风险的化工园区应建设符合标准规范的危险化学品车辆专用停车场。加强使用危险化学品从事生产的企业及医院、学校、科研机构等单位的危险化学品使用安全管理。组织全面开展废弃危险化学品等危险废物排查，重点整治化工园区、化工企业存在的违规堆存、随意倾倒、私自填埋危险废物等问题，确保危险废物贮存、运输、处置安全。

（二）提高危险化学品企业本质安全水平

1．全面排查管控危险化学品生产储存企业外部安全防护距离。督促危险化学品生产储存企业按照《危险化学品生产装置和储存设施风险基准》（GB 36894—2018）和《危险化学品生产装置和储存设施外部安全防护距离确定方法》（GB/T 37243—2019）等标准规范确定外部安全防护距离。不符合外部安全防护距离要求的涉及“两重点一重大”的生产装置和储存设施，经评估具备就地整改条件的，整改工作必须在2020年底前完成，未完成整改的一律停止使用；需要实施搬迁的，在采取尽可能消减安全风险措施的基础上于2022年底前完成；已纳入城镇人口密集区危险化学品生产企业搬迁改造计划的，要确保按期完成。严格落实化工园区空间规划和土地规划，保护危险化学品企业和化工园区外部安全防护距离，禁止在外部安全防护距离内布局劳动密集型企业、人员密集场所；爆炸危险性化学品的生产和储存企业要保持足够的外部安全防护距离，严禁超设计量储存，并尽可能减少储存量，防止安全风险外溢。

2．进一步提升危险化学品企业自动化控制水平。继续推进“两重点一重大”生产装置、储存设施可燃气体和有毒气体泄漏检测报警装置、紧急切断装置、自动化控制系统的建设完善，2020年底前涉及“两重点一重大”的生产装置、储存设施的上述系统装备和使用率必须达到100%，未实现或未投用的，一律停产整改。推动涉及重点监管危险化工工艺的生产装置实现全流程自动化控制，2022年底前所有涉及硝化、氯化、氟化、重氮化、过氧化工艺装置的上下游配套装置必须实现自动化控制，最大限度减少作业场所人数。涉及爆炸危险性化学品的生产装置控制室、交接班室不得布置在装置区内，已建成投用的必须于2020年底前完成整改；涉及甲乙类火灾危险性的生产装置控制室、交接班室原则上不得布置在装置区内，确需布置的，应按照《石油化工控制室抗爆设计规范》（GB 50779—2012），在2020年底前完成抗爆设计、建设和加固。具有甲乙类火灾危险性、粉尘爆炸危险性、中毒危险性的厂房（含装置或车间）和仓库内的办公室、休息室、外操室、巡检室，2020年8月前必须予以拆除。

3．深化精细化工企业反应安全风险评估。凡列入精细化工反应安全风险评估范围但未开展评估的精细化工生产装置，一律不得生产。现有涉及硝化、氯化、氟化、重氮化、过氧化工艺的精细化工生产装置必须于2021年底前完成有关产品生产工艺全流程的反应安全风险评估，同时按照加强精细化工反应安全风险评估工作指导意见，对相关原料、中间产品、产品及副产物进行热稳定性测试和蒸馏、干燥、储存等单元操作的风险评估。强化精细化工反应安全风险评估结果运用，已开展反应安全风险评估的企业要根据反应危险度等级和评估建议设置相应的安全设施，补充完善安全管控措施，及时审查和修订安全操作规程，确保设备设施满足工艺安全要求，2022年底前未落实有关评估建议的精细化工生产装置一律停产整顿。

4．推动技术创新。积极推广应用机械化、自动化生产设备设施，实现机械化减人、自动化换人，降低高危岗位现场作业人员数量。加快新材料应用和新技术研发，研究生产过程危险化学品在线量减量技术路线和储存数量减量方案，开发以低毒性、低反应活性的化学品替代高危险性化学品的工艺路线，开展缓和反应温度、反应压力等弱化反应条件的技术改造，积极推广气体泄漏微量快速检测、化工过程安全管理、微通道反应器等先进技术方法的应用。聚氯乙烯生产企业按照《氯乙烯气柜安全运行规程》和《氯乙烯气柜安全保护措施改进方案》，进一步完善氯乙烯气柜安全管理措施，提升本质安全水平。

5．完善危险化学品安全生产法规标准。推进制定危险化学品安全相关法律法规。研究制定危险化学品安全生产标准管理指导意见，整合完善提升化工和涉及危险化学品的工程设计、施工、设备建造、维护、监测标准，着力解决标准空白、滞后和标准执行不一致问题。制定出台化工过程安全管理导则和精细化工反应安全风险评估标准等技术规范。

（三）提升从业人员专业素质能力

1．强化从业人员教育培训。每年至少对化工和危险化学品企业主要负责人集中开展一次法律意识、风险意识和事故教训的警示教育，按照化工（危险化学品）企业主要负责人安全生产管理知识重点考核内容，对危险化学品企业主要负责人每年开展至少一次考核，考核和补考均不合格的，不得担任企业主要负责人。危险化学品企业按照高危行业领域安全技能提升行动计划实施意见，开展在岗员工安全技能提升培训，培训考核不合格的不得上岗，并按照新上岗人员培训标准离岗培训，2021年底前安排10%以上的重点岗位职工（包括主要负责人、安全管理人员和特种作业人员）完成职业技能晋级培训，2022年底前从业人员中取得职业资格证书或职业技能等级证书的比例要达到30%以上；严格从事危险化学品特种作业岗位人员的学历要求和技能考核，考试合格后持证上岗。2022年底前，化工重点省份和设区的市至少扶持建设一所化工相关职业院校（含技工院校），依托重点化工企业、化工园区或第三方专业机构成立实习实训基地。

2．提高从业人员准入门槛。自2020年5月起，对涉及“两重点一重大”生产装置和储存设施的企业，新入职的主要负责人和主管生产、设备、技术、安全的负责人及安全生产管理人员必须具备化学、化工、安全等相关专业大专及以上学历或化工类中级及以上职称，新入职的涉及重大危险源、重点监管化工工艺的生产装置、储存设施操作人员必须具备高中及以上学历或化工类中等及以上职业教育水平，新入职的涉及爆炸危险性化学品的生产装置和储存设施的操作人员必须具备化工类大专及以上学历；不符合上述要求的现有人员应在2022年底前达到相应水平。危险化学品企业要按规定配备化工相关专业注册安全工程师。

（四）推动企业落实主体责任

1．严格精准监管执法。制定并公布化工和危险化学品企业执法计划，进一步加大对重大隐患和安全生产违法行为的执法力度。强化事故责任追究，经事故调查明确应对事故负有责任的企业主要负责人、实际控制人和有关责任人员，及时移交司法机关依法追责。危险化学品企业主要负责人必须建立企业安全技术和管理团队，必须做出安全承诺并定期报告安全生产履职及企业安全风险管控情况，不按规定作出安全承诺和定期报告安全生产履职及企业安全风险管控情况，或安全承诺和报告失实的，要依法依规对有关企业及其主要负责人实施联合惩戒，对因未履行安全生产职责受到刑事处罚或撤职处分的，依法对其实施职业禁入。对发生事故的危险化学品企业，要严格执行暂扣或吊销安全许可证的有关规定。

2．全面推进安全生产标准化建设。积极培植安全生产标准化示范企业，对一、二级标准化企业项目立项、扩产扩能、进区入园等在同等条件下给予优先考虑并减少执法检查频次。推进安全生产标准化建设内容和日常执法检查重点内容有机结合，持续改进企业安全管理。

3．集中开展危险化学品领域“打非治违”。结合本地区化工产业特点，严厉打击各类非法违法生产经营建设使用行为；全面整治违规违章问题，特别是强化对动火、进入受限空间等特殊作业的执法检查；对发生过事故或存在重大隐患的企业，加大检查频次，对同类问题反复出现的依法从重处罚，达不到安全生产条件的依法暂扣或吊销安全生产许可证。深入排查冠名“生物”“科技”“新材料”等企业的注册生产经营范围与实际是否一致，对于发现的问题企业，要认真甄别其行业属性和风险，逐一明确并落实监管责任，依法依规予以查处。

（五）强化安全监管能力建设

1. 提升危险化学品安全监管队伍监管能力。根据本地区化工和危险化学品企业数量、规模等情况，配齐配强满足实际需要的危险化学品安全监管和执法力量，2022年底前具有化工安全生产相关专业学历和实践经验的执法人员数量达到在职人员的75%以上。制定完善危险化学品安全监管人员培训制度，新入职人员培训时间不少于3个月，在职人员每年复训时间不少于2周。鼓励危险化学品安全监管和执法人员到大型化工和危险化学品企业进行岗位实训。各省和有关市、县要建立聘请专家指导服务制度，每年定期安排检查，持续提高危险化学品安全监管队伍监管能力和水平，提升安全监管效率效果。

2. 运用“互联网+监管”提高危险化学品安全监管水平。加快危险化学品安全监管信息共享平台建设，推进监管数据归集共享，综合利用大数据、云计算、人工智能等高新技术，对危险化学品各环节进行全过程信息化管理和监控。2020年底前，完成危险化学品安全生产风险监测预警系统建设投用，依托国家数据共享交换平台开展危险化学品安全监管信息共享，建立完善安全风险监测预警系统自动预警机制和管理制度，初步实现安全风险分类、分析、自动预警等功能。

3. 强化社会化技术服务能力。制定危险化学品安全技术服务机构清单化管理制度，培育引导一批有能力信誉好的行业协会、技术机构、科研院所、保险机构等社会力量参与安全生产治理，为政府监管和企业安全管理提供技术服务，提升危险化学品安全生产社会治理水平。严格第三方服务机构监管，对设计不合规、出具虚假安全评价报告等行为，要依法严肃追究第三方服务机构和责任人员的责任，造成严重后果的要依法移送司法机关追究刑事责任。

4. 加强应急救援能力建设。合理规划布局建设立足化工园区、辐射周边、覆盖主要贮存区域的危险化学品应急救援基地。强化长江干线危险化学品应急处置能力建设。加强应急救援装备配备，健全应急救援预案，开展实训演练，指导企业提高应急处置能力。

四、煤矿安全整治

（一）健全完善煤矿安全生产法律法规标准体系

1. 加快制修订相关法律法规。制定《煤矿安全条例》，加快修订《矿山安全法》《矿产资源法》。实现煤矿安全领域法律法规关于安全生产的要求系统、整体、协同配套。

2. 制定完善煤矿安全标准。界定强制性和推荐性标准范围，做好与相关法律法规规章的配套支撑，构建新型煤矿安全标准体系。制定《煤矿防灭火细则》《煤矿顶板管理规定》《煤炭标准化管理办法》及其实施细则。进一步坚持和巩固政府引导、社会参与、市场驱动、协同推进的标准化工作格局；强化标准的监督执行，充分发挥标准对煤矿企业现场安全管理和煤矿安全监管监察执法的支撑作用。

3. 及时修改完善相关规章制度。准确研判和把握煤矿安全生产形势、特点和规律，从技术和管理上深入剖析每一起煤矿事故原因，有针对性地修订监管监察和企业安全管理层面相关规章制度，及时堵塞漏洞、弥补缺陷。做好相关规章及规范性文件清理、修订工作，确保“放管服”改革落实到位、安全准入门槛不降低、安全监管监察力度不放松。

4. 制定实施煤矿安全生产“十四五”规划。认真评估煤矿安全生产“十三五”规划实施情况，编制煤矿安全生产“十四五”规划并抓好组织实施。统筹制定“十四五”期间煤矿安全生产年度工作要点及责任分工方案，并抓好实施和完成情况评估工作。

（二）推进落后产能淘汰退出

1. 深入推进灾害严重以及落后煤矿淘汰退出。持续推进冲击地压、煤与瓦斯突出、水文地质类型复杂极复杂等灾害严重煤矿淘汰退出。积极推进30万吨/年以下煤矿分类处置，从资源合理开发的角度进行科学规划，不符合规划、不具备安全生产条件的煤矿一律停止生产建设，对列入当年退出计划的煤矿严禁违规设置“回撤期”。严格监管经省级人民政府批准、暂时确需保留的少量30万吨/年以下煤矿，逐矿明确煤炭供应对象、开采范围、开采时限，并向社会公告，加强日常监管，发现弄虚作假逃避关闭、违法生产的，立即依法淘汰退出。

2. 严格准入门槛。停止审批山西、内蒙古、陕西新建和改扩建后产能低于120万吨/年的煤矿，宁夏新建和改扩建后产能低于60万吨/年的煤矿，其他地区新建和改扩建后产能低于30万吨/年的煤矿；停止审批新建和改扩建后产能低于90万吨/年的煤与瓦斯突出煤矿；停止审批新建开采深度超1000米和改扩建开采深度超1200米的大中型及以上煤矿，新建和改扩建开采深度超600米的其他煤矿；停止审批新建和改扩建产能高于500万吨/年的煤与瓦斯突出煤矿，新建和改扩建产能高于800万吨/年的高瓦斯煤矿和冲击地压煤矿。

3. 规范小煤矿技改扩能。指导推动小煤矿多的地区制定煤炭产业发展规划，坚持资源合理开发利用，科学划定开采范围，实现机械化开采，防止低水平重复建设。纳入30万吨/年以下煤矿分类处置方案拟整合技改扩能的小煤矿应停止生产，明确建设期限，抓紧办理建设项目审批手续，未完成技改不得投入生产。整合技改扩能煤矿应于2020年12月底前完成项目核准、初步设计和安全设施设计审批、环评等手续。不按批复设计施工、边建设边生产的，取消整合技改资格。

4. 规范产能核定工作。新增产能必须实施产能置换，实现机械化开采。对实施机械化改造扩能的予以认可，对不合规的产能核定进行清理纠正，灾害严重矿井的产能只减不增；支持优质产能释放，对仅通过增加采煤工作面个数提升生产能力的不予认可，对存在采矿、用地、环保等方面违法违规问题的煤矿增加产能不予认可，防止违规核增产能、盲目扩大产能。适时修订《煤矿生产能力管理办法和核定标准》。

（三）持续开展“打非治违”行动

1. 将“打非治违”工作贯穿煤矿安全专项整治三年行动全过程，同步推进实施。重点打击整治以下突出问题和违法违规行为。

（1）不符合国家或地方产业政策、未淘汰的落后产能；

（2）企业安全主体责任不落实、安全责任制不完善、安全管理人员配备不符合规定、主要负责人履职不到位、安全投入不到位、安全培训不到位、应急预案编制不完备的；

（3）超强度、超能力、超定员组织生产的；

（4）超层越界开采或违规开采保安煤柱，以假图纸、假密闭等隐瞒作业地点的；

（5）采用巷道式采煤等国家明令禁止使用的采煤方法、设备、工艺的；

（6）安全监控系统功能不完善、运行不正常；井下违规放炮、动火，瓦斯超限作业的；

（7）火区、高冒区、采空区等隐患排查治理和密闭管理不到位的；

（8）采深超千米灾害严重矿井未落实限产、减人、缓采、禁采、退出等措施，入井人员多且未采取“一优三减”措施的；

（9）煤与瓦斯突出、冲击地压、自然发火和水害严重矿井综合治理措施不落实的；

（10）已公示列入当年煤炭行业化解过剩产能方案应淘汰退出，仍以“过渡期”“回撤期”名义违规生产的；

（11）停产停工矿井违规复工复产，技改矿井不按设计方案和批准工期施工的；

（12）采掘工程违规承包、以包代管的；

（13）其他方面。

综合运用处理处罚、通报、约谈、问责、联合惩戒、“黑名单”管理、行刑衔接等措施，依法进行惩处。建立跨部门联动协作机制，实现违法线索互联，对发现的非本部门职责范围处置的违法违规行为，及时移交有管理权限的部门依法查处；涉及多个部门的，要及时协商处理，严防互相推诿。

（四）健全完善煤矿安全生产责任体系

1．严格落实企业安全生产主体责任。制定《煤矿企业落实安全生产主体责任指导意见》，实施“零死亡”目标管理。推动煤矿企业树牢安全发展理念、实施安全风险预控和隐患排查治理、开展安全承诺、加强基层基础建设、明确安全责任、完善内部考核、强化责任追究，建立“人人有责、层层负责、各负其责”的全员安全生产责任体系，健全完善“明责、知责、履责、问责”的安全生产责任运行机制。

2．严格落实地方党委和政府领导责任。地方各级党委和政府要严格执行《地方党政领导干部安全生产责任制规定》，承担起“促一方发展、保一方平安”的政治责任，落实好“党政同责、一岗双责、齐抓共管、失职追责”安全生产责任制，管行业必须管安全、管业务必须管安全、管生产经营必须管安全，加强对煤矿安全生产工作的组织领导。重点产煤市县应配备熟悉煤矿安全生产工作的领导干部分管煤矿安全生产工作，将煤矿安全生产同经济社会发展同步规划、同步实施。加强煤矿安全监管部门机构建设、领导班子建设和干部队伍建设，加强煤矿安全基础建设和监管能力建设，保障监管执法必需的人员、经费和车辆等装备，配齐配强专业监管力量。按属地监管原则落实重大隐患挂牌督办制度，对重大隐患实行跟踪问效、一盯到底。明确每一处煤矿的日常安全监管主体，杜绝监管盲区，克服监管形式主义和官僚主义；中央企业所属煤矿安全监管不得下放到县级及以下部门。

3．认真落实属地监管和国家监察责任。坚持煤矿安全“国家监察、地方监管、企业负责”原则，地方各级煤矿安全监管部门要认真履行职责，强化监管措施，严格落实属地安全监管责任；煤矿安全监察机构依法履行国家监察职责，严格落实国家监察责任。地方党委和政府要健全煤矿安全执法联动响应和协作机制，定期听取有关情况汇报，及时研究解决煤矿安全生产重大问题；要健全完善煤矿安全生产约谈制度，推动安全责任落实。

4．实行监管监察领导干部联系指导制度。国家煤矿安监局和各级煤矿安全监管监察部门要建立完善领导班子联系重点地区、重点企业工作机制，明确联系指导范围和职责，定期开展帮扶指导服务；对联系指导、明查暗访等发现的重大问题，要下达督办函或监管监察意见书，督促抓好问题的整改落实，必要时可依法约谈地方政府和相关企业。

5．建立健全煤矿安全生产举报制度。畅通群众监督渠道，制定《煤矿安全生产举报奖励实施细则》，广泛发动群众特别是企业内部职工及家属举报重大隐患和违法行为，对举报有功人员予以重奖和严格保护。

6．强化用事故教训推动工作。积极探索事故调查机制，对较大事故实行省级煤矿安监局现场督办或提级调查。按照“谁调查、谁评估”的原则，落实事故结案一年内整改评估公开和责任追究制度。各级煤矿安全监察机构对近三年发生的较大以上事故和典型事故整改评估和责任追究情况开展专项检查，检查结果向地方政府通报。落实事故警示、通报、督办、约谈、现场会、联合惩戒、整改与“回头看”七项制度，凡发生重大生产安全责任事故的，由国务院安委会办公室公开约谈。做好事故分析工作，总结事故规律特点，提出针对性防范措施建议。完善煤矿伤亡事故统计报告制度，除死亡事故外，强化人身伤害事故和典型非伤亡涉险事故的统计报告。

（五）加大煤矿重大灾害超前治理力度

1．强化重大灾害治理能力建设。督促煤矿企业按规定建立重大灾害治理机构和队伍，配备满足灾害治理需要的安全、技术管理人员，保障治理所需的资金投入，配备完善灾害治理所需的各类安全设施设备，建立健全灾害治理相关的各类安全管理制度和岗位责任制。

2．坚持重大灾害超前治理。引导煤矿企业牢固树立区域治理、综合治理、超前治理的治灾理念，煤与瓦斯突出矿井必须坚持区域综合防突措施先行，合理配置开拓区、抽采区、保护层开采区和被保护层有效区，做到抽掘采平衡。开展重点地区矿井老空水探查工程，特别要督促兼并重组煤矿查明矿井及周边老空积水等情况，推行老空水防治“四步工作法”，严格落实“三专两探一撤”措施，推广水患区域“四线”（积水线、警戒线、探水线、停采线）管理。受承压水威胁的矿井要装备微震监测系统，开展底板注浆加固工程；水文地质条件复杂、极复杂的矿井要装备应急救援的潜水泵排水系统。冲击地压矿井要提高冲击倾向性鉴定和冲击危险性评价的科学性，提升冲击地压监测预警能力，落实核减产能、“三限三强”等防冲措施。

（六）推进煤矿安全基础建设

1．提升煤矿企业法规标准的执行力。开展“学法规、抓落实、强管理”活动，以学习培训“一规程三细则”（《煤矿安全规程》《防治煤与瓦斯突出细则》《煤矿防治水细则》《防治煤矿冲击地压细则》）等法规标准为切入点，推动煤矿企业重制度、敬规则，自觉尊法学法守法用法，全面对标对表、自查自纠、整改落实，强化从业人员法治意识和法规执行力，全面提升全员安全生产管理水平。

2．健全煤矿企业各项安全管理制度。煤矿企业要按照有关法律法规，结合自身实际和灾害特点，建立健全各项安全生产规章制度、作业规程和操作规程，结合相关法律法规制修订和企业安全生产变化情况，及时修订完善有关制度、规程措施。加强对安全生产责任制和各项制度落实情况的监督考核，严格兑现奖惩，确保各项安全生产责任制、管理制度和规程措施真正落实。

3．推进从业人员安全技能持续提升。制定《进一步规范煤矿劳动用工的指导意见》，有序推进井下劳务派遣工的清退、划转工作，2021年取消井下劳务派遣工。在煤矿行业贯彻落实高危行业领域安全技能行动提升计划，加大对煤矿从业人员的职业技能培训，基本实现煤矿“招工即招生、入企即入校”，基本达到一般从业人员学历初中以上、特殊工种作业人员高中以上、安全管理人员大专以上。完善煤矿主要负责人等关键岗位人员安全培训考核管理办法，实施班组长安全技能提升专项培训，强化特种作业人员安全技能培训考试，推进逢查必考常态化。

4．完善以风险分级管控和隐患排查治理为重点的安全预防控制体系。煤矿企业要定期开展安全风险评估和危害辨识，建立和实施重大风险定期分析研判和公示、预警信息会商及分级发布制度，强化安全风险管控，做到风险感知到位、管控措施到位、责任落实到位。健全隐患自查自改闭环管理机制，建立重大事故隐患挂牌督办制度，强化事故隐患排查治理。

5．推进安全生产标准化纵深发展。制定《煤矿安全生产标准化管理体系》。将安全生产承诺纳入安全生产标准化管理体系，实行煤矿主要负责人安全承诺制度。建立安全生产标准化达标升级评审管理制度。对煤矿进行分级现场考核，强化标准化动态监管，持续开展达标煤矿现场抽查，推动煤矿标准化动态达标。

6．提升应急救援水平。建立煤矿安全应急响应机制，提升预警信息发布的时效性和精准性。推进煤矿救援装备建设和救援队伍战斗力提升。加强煤矿应急能力建设，定期组织开展应急演练。强化煤矿调度中心建设，发挥调度中心参谋部、指挥部、作战部的枢纽作用，赋予井下班组长、调度员等紧急情况撤人权。

（七）推进煤矿安全科技创新和“四化”建设

1．加快推进煤矿安全风险监测预警系统建设。建设煤矿企业安全风险防控和隐患排查“一张网”，2020年将所有正常生产建设煤矿的安全监控系统、人员位置监测系统、工业视频监测系统和重点地区的冲击地压、水害监测数据接入省级煤矿安全监管监察部门的安全风险监测预警系统。利用信息化手段，对所采集的各类数据进行“智能分析、预知预判”，为监管监察工作提供智能辅助决策。开发煤矿企业安全生产、经营和管理通用信息系统，鼓励企业使用信息化手段提高生产、经营、管理水平，实现煤矿企业超产量、超强度、超能力等重大隐患的远程巡查及防控。

2．全面推进煤矿智能化建设。贯彻落实加快煤矿智能化发展的指导意见，指导各地结合实际制定实施方案，进一步争取相关政策及资金、科技立项支持，争取将煤矿智能装备和煤矿机器人研发应用列入国家“十四五”科技发展规划。重点推进大型煤矿开展系统性智能化建设，对冲击地压、煤与瓦斯突出等灾害严重矿井，优先开展智能化采掘（剥）和危险岗位的机器人替代，建设一批智能化示范煤矿，建成一批100人以下少人智能化矿井。

3．加强煤矿安全科技攻关和先进技术推广。研究建立煤矿深部开采与冲击地压防治国家工程研究中心。开展煤矿安全生产先进适用技术装备遴选，引导推进煤矿企业加快先进适用技术的应用。开展煤矿安全科技进企业等活动，推进煤矿企业和科研院所积极开展重大灾害治理技术交流合作，推广应用瓦斯防治、水害防治、冲击地压治理、防灭火等先进适用技术装备。

4．推进煤矿装备更新换代。按照鼓励创新的原则，加大煤矿新技术新装备推广应用力度，强制淘汰不具备安全保障的设备。推进煤矿重要设备全生命周期管理，建立煤矿重要设备出厂、入库、入矿、使用、检修、报废各环节动态数据链，为设备安标验证、使用维护、监管监察、事故溯源提供支撑。督促各地正常生产建设煤矿2020年完成安全监控系统升级改造，全面提高系统准确性、灵敏性、可靠性、稳定性和易维护性。加快煤矿井下先进定位技术应用，推广井下人员、设备精准定位技术，为杜绝“三违”、应急救援、“互联网+监管”、智慧矿山建设提供基础和技术支持。

5．全面推进落实煤矿“一优三减”措施。指导各地制定出台“一优三减”实施方案。建设项目设计的生产工作面个数符合《煤矿建设项目安全设施设计审查和竣工验收规范》（AQ 1055—2018）规定；生产矿井逐步实现“一井一面”“一井两面”；不符合《煤矿井下单班作业人员限员规定》要求的煤矿，不予核增生产能力、不得通过二级及以上安全生产标准化考核。督促煤矿企业实行班队长、安全员井下现场交接班，避免平行交叉作业，实行采区和采掘工作面限员管理，升级改造人员位置监测系统，实现人员精准定位和超员监测预警。

（八）着力提高监管监察执法效能

1．坚持严格规范精准执法。牢固树立执法意识，认真履行法定职责，严格依法行政、依法执法。认真落实煤矿分类精准监管监察工作要求，突出工作重点，找准薄弱环节，立足防范事故，有针对性地开展检查；坚决整治安全检查中的形式主义、官僚主义，压实执法检查带队负责人责任，切实提高执法检查质量和效能。紧盯重点地区、重点企业、重点时段，适时调配执法力量组织开展跨区域“靶向”精准异地执法和集中执法。落实计划检查工作机制，统一规范监管执法文书制作，严格执行执法公示、全过程记录和重大执法决定法制审核“三项制度”，开展执法互查互检等工作，持续推动执法规范化建设。加大执法力度，扎实开展重点执法、专项监察、集中整治、打非治违等专项执法活动，对检查发现的隐患和问题，严格依法依规进行惩处，切实通过执法推动企业守法。

2．建立信用监管监察机制。推动企业落实安全生产主体责任，加强内部安全检查，健全完善隐患排查治理长效机制和安全风险防范机制。推行安全承诺制度，推进安全信用分类监管监察，依据企业信用情况，采取差异化监管监察措施，并在安全改造、安全许可、标准化创建等方面给予政策支持；对失信企业和个人，在依法严厉处理处罚的同时，实施联合惩戒，纳入“黑名单”管理，对失信主体在项目核准、设计审批、安全许可、从业资格准入等方面依法予以限制，并通报相关部门实施联合惩戒；发现上级企业违规向煤矿下达超能力生产经营指标的，按规定严肃问责追责。

3．强化对“关键少数”问责追责。紧盯煤矿决策层、管理层、技术层，聚焦主要负责人、主要技术负责人和安全管理人员，尤其是董事长、总经理、矿长、实际控制人、总工程师等“关键少数”的法定职责，将其安全生产责任落实情况作为检查的重点内容。建立企业安全生产责任全过程追溯制度，对发现的隐患问题和违法违规行为追根溯源，由事见人开展责任倒查，逐条查明相关人员责任，依法对责任人员实施行政处罚和问责追责。

4．强化监管监察信息化建设。不断完善和拓展煤矿安全监察执法系统功能，确保全部执法活动纳入系统进行统一管理；开发建设统一的煤矿安全监管执法系统，实现监管监察执法信息网上录入、执法程序网上流转、执法活动网上监督、执法数据网上统计和分析，做到监管监察执法信息互联互通。推进煤矿建设项目安全核准、安全设施设计审查和安全生产许可证管理等信息系统使用。持续做好煤矿安全基础数据平台的维护管理，督促企业及时更新相关数据信息。建立健全运用互联网、大数据、人工智能等技术手段进行监管监察的制度。利用大数据、云计算等技术，对监管监察执法工作进行深度分析研判，及时发现解决执法中的新情况新问题。用好安全监控、人员位置监测、工业视频等联网系统，推进远程非现场检查，提升执法精准化、智能化水平。地方政府要为监管监察执法信息化建设提供人财物保障。

五、非煤矿山安全整治

（一）健全完善安全生产法规标准体系

1．加快制修订相关法规规章。适应矿山安全监管监察体制改革需要，加快推动修订矿山安全法，重点修订非煤矿山企业安全生产许可证实施办法、非煤矿山外包工程安全管理暂行办法、尾矿库安全监督管理规定、小型露天采石场安全管理与监督检查规定等部门规章。推动非煤矿山集中的省份及设区的市出台地方性法规规章，重点解决安全生产区域性突出矛盾和问题。

2．加快制修订安全生产标准。按照急用先行的原则，制修订金属非金属矿山安全规程、尾矿库安全规程等安全生产标准。推动出台煤系矿山、型材矿山开采等方面地方标准。健全完善以政府购买服务方式开展相关标准研究制定和宣贯工作机制，充分发挥第三方技术支撑作用，构建完善政府引导、市场驱动、社会参与、协同推进的标准化工作格局。

3．加快制定完善安全管理制度。重点制定完善非煤矿山分级分类监管、安全生产承诺、诚信体系建设、岗位安全操作规程、安全教育培训等制度规范，推进重点企业通过自身培养和市场化机制等方式，全部建立安全生产技术和管理团队，提高安全生产管理专业化水平。加快完善和落实非煤矿山安全生产责任保险制度，强化风险评估和事故预防功能。

（二）强化安全生产源头治理

1．提高安全准入门槛。推动各地区结合实际进一步提高非煤矿山主要矿种最小开采规模和最低服务年限标准，严防边关闭边低水平重复建设，切实提高非煤矿山规模化水平。推动相互之间影响安全的金属非金属地下矿山，以及相互之间安全距离不符合相关规定的露天矿山以市场方式进行整合。各地区结合本地区国民经济和社会发展规划、土地利用、安全生产、水土保持和生态环境保护等要求，采取等量或减量置换等政策措施对本地区尾矿库实施总量控制，自2020年起，在保证紧缺和战略性矿产矿山正常建设开发的前提下，尾矿库数量原则上只减不增。严格控制新建独立选矿厂尾矿库，严禁新建“头顶库”、总坝高超过200米的尾矿库，严禁在距离长江和黄河干流岸线3公里、重要支流岸线1公里范围内新（改、扩）建尾矿库。

2．严格安全设施设计审查和安全生产许可证颁发管理。强化对市县安全设施设计审查工作的抽查检查，建立纠错机制，及时纠正偏差，提升安全设施设计审查质量。加强对非煤矿山建设项目安全设施竣工验收活动和验收结果的监督核查，凡不符合相关程序和要求的，不予颁发安全生产许可证；对于不具备安全生产条件的非煤矿山，依法暂扣安全生产许可证，对未按期整改或者整改后仍不具备法定安全生产条件的，依法予以吊销；安全生产许可证到期未申请延期或者申请延期、经审查不具备安全生产条件的非煤矿山，依法予以注销。

3．加大整顿关闭力度。将不符合国家或地方最小开采规模和最低服务年限标准、存在重大生产安全事故隐患逾期不整改或整改后仍达不到法定安全生产条件、违反建设项目安全设施“三同时”规定且拒不执行安全监管指令逾期未完善相关手续的非煤矿山，以及安全生产条件达不到煤矿国家标准或行业标准要求的与煤共（伴）生金属非金属矿山、已运行到设计最终标高或不再进行排尾作业的尾矿库作为重点关闭对象。根据调查摸底情况，依法推动关闭不符合法定安全生产条件的非煤矿山。强制淘汰采用干式制动的无轨胶轮车或者改装车辆运输人员、炸药、油料等落后工艺设备，确保金属非金属矿山第一批和第二批禁止使用的设备及工艺目录全部落实到位。

（三）大力提升安全生产保障能力和水平

1．严格落实企业安全生产主体责任。推动非煤矿山企业健全完善全员安全生产责任制。针对金属非金属矿山、尾矿库、石油天然气开采等企业不同特点，制定企业法定代表人、实际控制人、分管负责人、班子其他成员、安全管理人员、现场作业人员安全生产责任清单，建立层层负责、人人有责、各负其责的安全生产工作体系。建立健全考核问责工作机制，推动企业各方安全生产责任落实到位。

2．建立完善以风险分级管控和隐患排查治理为重点的安全预防控制体系。出台非煤矿山安全风险分级管控工作指南，指导企业全面开展安全风险辨识评估，形成安全风险清单，制订完善安全风险管控措施，明确责任部门和责任人，严密管控安全风险。建立完善安全风险公告制度，在重点区域设置安全风险公告栏，制作发放岗位安全风险告知卡。督促企业强化安全风险管控措施落实，进一步完善隐患排查治理制度，完善隐患排查治理工作流程，实现隐患排查、登记、治理、报告、销账闭环管理。建立完善企业风险分级管控和隐患排查治理信息系统，并与应急管理部门信息平台联网。

3．改进安全生产标准化工作机制。修订金属非金属地下矿山、露天矿山、尾矿库、小型露天采石场等安全生产标准化评分办法，完善评审制度，增强安全生产标准化建设的规范性、科学性。实施分级分类管理，加强动态抽查，发现达不到要求的及时撤销其安全生产标准化等级。鼓励企业加强安全生产基础建设，健全标准化达标体系，促进达标升级，提高企业安全管理水平。

4．大力提升企业从业人员安全技能。推进实施高危行业领域从业人员安全技能提升行动计划，采取政府支持和多企共建、校企联建等方式，在非煤矿山集中的地区就近建设一批高水平安全技能现代实操、情景模拟和体验式实训考试基地。严格主要负责人和安全管理人员安全生产知识和管理能力考核发证。强化特种作业人员安全技能培训考试，考试不合格不得上岗。加强企业全员安全培训情况监督检查，加大对主要负责人、安全管理人员依法履职能力和从业人员安全素质的抽查与执法力度，促进安全培训规范到位。

5．大力推广先进适用技术装备。出台推进小型金属非金属地下矿山机械化建设的指导意见，推动以机械化生产替换人工作业、以自动化控制减少人为操作，提高企业本质安全水平。新建金属非金属地下矿山必须对能否采用充填采矿法进行论证并优先推行尾矿充填采矿法，新建四等、五等尾矿库必须采用一次建坝。建立完善安全风险监测预警机制，到2022年6月底前所有尾矿库建立完善在线安全监测系统，实现对主要运行参数的在线监测和重要部位的视频监控；金属非金属地下矿山按照相关标准进一步健全完善人员定位系统和监测监控系统。

（四）严密管控重大安全风险

1．严密管控金属非金属地下矿山重大安全风险。组织对入井人数超过30人或井深超过800米的金属非金属地下矿山逐一进行专家会诊，突出顶板管理、提升运输、井下用电、动火作业、防治水等重点环节，对企业安全风险辨识管控情况进行全面检查，提出会诊意见，明确整改措施，督促矿山企业严格落实重大安全风险管控措施。

2．严密管控石油天然气开采重大安全风险。完善油气增储扩能安全风险定期会商研判机制，及时研究解决新情况新问题。强化油气增储扩能安全生产保障措施落实，加大对新疆、四川、内蒙古等重点地区和企业工作落实情况的督导力度。组织开展海洋石油增储扩能和防台风专项执法检查，推动企业严格落实极端天气、井喷、硫化氢中毒、火灾爆炸等事故风险防控措施。建立海洋石油安全监管数据库，强化数据统计分析，提升监督检查的精准性和科学性。

3．严密管控尾矿库“头顶库”安全风险。继续深入组织开展尾矿库“头顶库”综合治理，对于具备搬迁下游居民条件的“头顶库”，尽快实施搬迁；不具备搬迁条件的，组织对前期综合治理效果进行评估，及时查漏补缺，确保安全。对于前期已采用隐患治理方式进行治理但本质安全水平没有提高的“头顶库”，督促企业进一步完善治理方案，采用闭库销号或升级改造、尾矿综合利用等方式进行治理，原则上2021年底前完成治理任务。

（五）严厉打击违法违规行为

将打击非煤矿山安全生产违法违规行为工作贯穿安全专项整治三年行动全过程，同步推进实施。重点打击整治以下突出问题和违法违规行为：

1．整合后的矿山管理不规范，纳入整合的生产系统仍然“各自为政”。

2．建设项目安全设施“三同时”制度履行不严格，安全生产许可证有效期满未办理延期手续。

3．安全生产责任制及安全管理制度不健全或者照抄照搬，安全管理人员配备不到位。

4．主要负责人和安全管理人员未经考核合格，特种作业人员未持证上岗，其他作业人员未按规定进行安全教育培训。

5．未开展安全风险辨识评估或安全风险辨识评估不全面，安全风险管控责任不明确、措施不合理、落实不到位。

6．不按批准的安全设施设计建设、生产，未及时填绘图纸，现状图与实际严重不符。

7．使用国家明令禁止使用的设备及工艺，涉及人身安全、危险性较大的设备设施未按照相关规定进行检测检验。

8．外包工程安全管理不规范，以包代管。

9．应急预案体系不完善，缺少专项应急预案或现场处置方案，未按规定组织开展应急演练。

10．《金属非金属矿山重大生产安全事故隐患判定标准（试行）》中规定的重大事故隐患。

六、消防安全整治

（一）实施打通消防生命通道工程

1．单位和新建住宅小区按标准划线管理。各地区组织公共建筑以及新建住宅小区的管理使用单位，按标准对消防车通道逐一划线、标名、立牌，实行标识化管理，确保消防车通道畅通。2020年底前未完成的，实行政府挂牌督办整改。

2．老旧小区实行“一区一策”治理。各地区结合辖区老旧小区的建成年代、建筑高度、周边环境、道路管网等方面情况，按照“先急后缓”原则，结合城市更新和城镇老旧小区改造，2020年，制定实施“一城一策、一区一策”消防车通道治理方案，利用三年时间分类分批督办整改。

3．加强规划建设提供基础保障。各地区将新建停车场列入“十四五”相关规划重要工程推动建设，将城市停车场建设列入城市基础设施建设重要内容，人防工程管理部门充分挖掘城市人防地下空间潜力，列出三年工作计划在城市推动新建一批公共停车设施。各地区按照加强城市停车设施规划建设的有关政策文件，严格落实建筑物配建停车位有关标准要求。

4．优化停车资源管理使用。各地区建立完善弹性停车、错时开放、潮汐停车、共享停车等政策机制，推行更加专业规范的停车管理。老旧住宅小区周边的路侧停车场等公共停车设施，对老旧住宅小区居民实行优惠停车，合理设置门槛和限制条件要求，简化办理程序，压缩办理时间，降低停车费用，形成普惠效应。对于没有物业管理的老旧住宅小区，积极引进专业停车管理公司，合理利用空间规划建设停车位，规范管理居民停车。

5．加强综合执法和联合管理。消防救援机构及有关部门依法查处占用、堵塞、封闭消防车通道等违法行为过程中，需要查询机动车所有人身份信息和联系方式的，公安交管部门予以积极配合、及时提供。2020年，组织各有关部门建立联合执法管理机制，畅通信息共享渠道。

（二）集中开展四类场所消防安全治理

1．高层建筑消防安全综合整治。一是严格落实高层建筑消防安全管理有关规定要求，建立高层建筑消防安全责任人、管理人履职承诺制度；二是管理使用单位全面排查测试高层建筑室内消火栓系统和自动喷水灭火系统，建立维护保养制度，逐栋解决消火栓无水以及消防供水不足、压力不够等问题；三是管理使用单位全面自查高层建筑外保温防护层破损开裂、脱落以及电缆井、管道井防火封堵不严等问题，逐项登记整改修复；四是每栋高层公共建筑和每个高层住宅小区依托社区网格员、保安人员、管理使用单位人员、志愿者等力量，建立一支微型消防站队伍。各地区出台微型消防站队员优抚优待、激励保障等配套政策。2020年，全面排查建立问题隐患清单和整改责任清单，制定高层建筑消防安全三年整治计划，重点督办整改一批高层建筑严重问题；2021年，排查登记的高层建筑突出问题得到有效整改，建立完善消防管理机制；2022年，全面优化提升高层建筑消防安全能力水平。

2．大型商业综合体消防管理水平提升。一是严格落实大型商业综合体消防安全管理规则要求，对照标准组织开展达标创建活动，明确各管理部门、各类店铺、岗位员工消防安全达标要求任务，作为绩效考核、运营管理考核重要指标，优化落实各项消防管理制度；二是大型商业综合体内部以功能分类分区、以店铺为单元推行网格化消防管理制度，建立责任清晰、高效运行的消防管理责任链条；三是大型商业综合体实行消防设施、餐饮场所、重点部位每季度消防安全检查评估制度，消防安全责任人、管理人要组织整改检查评估发现的问题；四是大型商业综合体建立全员消防培训制度，分区域建立应急处置快速响应机制，优化部署内部消防救援力量，每半年组织消防演练。2022年，大型商业综合体消防安全管理达标率实现100%。

3．地下轨道交通疏散救援能力提升。各地区组织开展城市地下轨道交通安全疏散及应急救援能力大提升专项行动，综合客流高峰、建筑结构、安全出口、疏散路线、通风照明条件、电气设备以及周边消防救援力量、装备器材等关键要素，组织相关部门系统评估每座地铁站安全疏散及应急救援能力，制定实施三年优化提升计划。2020年，组织完成风险评估、计划制定以及综合演练测试工作；2021年，全面加强改进地下轨道交通安全疏散及应急救援能力；2022年，建成政府统一领导、部门联勤联动的地下轨道交通综合应急救援体系。

4．石油化工企业消防安全能力建设。一是石化企业建立消防安全风险评估机制，定期开展自查评估，全面落实重大消防安全风险管控措施；二是石化企业要依据规范和行业标准组织更新改造老旧消防设施器材，确保完好有效；三是石化企业依法建立完善企业专（兼）职消防队，根据需要建立安全事故工艺处置队或工艺应急处置机制，加强贴近实战的技能训练和综合演练，优化事故工艺处置措施。中国石油天然气集团、中国石油化工集团、中国海洋石油集团等中央石化企业以及地方石化企业制定工作方案、投入专项经费、明确工作责任，利用三年时间，分步完成重大消防安全风险管控、老旧消防设施改造、企业消防力量建设三项任务。化工园区应积极探索应急资源共享和应急联动机制，推动消防资源的共建共享和应急装备能力提升。

（三）整治老旧场所及新材料新业态等突出风险

1．抓好老旧场所突出风险治理。各地区针对老旧小区、家庭生产加工作坊、“三合一”场所、城乡结合部等突出风险，结合“十四五”规划编制实施、新型城镇化建设、城镇老旧小区改造、城镇棚户区改造，分类施策、分类整治，组织升级改造消防设施，推动落实基层消防安全管理措施，有效改善消防安全条件。2020年起，各地区每年将老旧场所消防风险治理列入实事工程、民生工程，每年督办整改一批老旧场所火灾隐患问题。2022年，以街道乡镇为单位，老旧场所基本落实火灾风险差异化防控措施。

2．抓好新材料新业态突出风险治理。各行业监管部门及生产企业和科研单位健全完善新材料、新业态的火灾风险预估预判机制，优化落实本质安全措施。工业和信息化部门组织开展电动汽车、电动自行车强制性国家标准宣贯。市场监管部门依法查处违法违规生产、销售电动汽车、电动自行车以及改装电池行为，建立公布曝光、联合管理机制。各地区组织在居民住宅区设置电动自行车集中充电、停放场所，2022年，居民住宅区全部落实电动自行车集中管理要求措施。城乡规划主管部门、住建部门等有关部门对人员密集场所、施工现场违规搭建、违规采用易燃可燃材料的彩钢板房开展专项检查，每年依法组织整改一批、拆除一批。各地区组织分析评估本地电子商务、物流业、新型商业等新业态消防安全风险，强化行业消防管理措施，引导产业安全发展，提高安全设防等级。

（四）打牢乡村地区火灾防控基础

1．加大乡村火灾隐患整治力度。相关地区加强对乡镇工业园、特色小镇、小微企业等乡村新兴产业消防安全评估和管理，集中治理消防管理责任不落实、消防设施不足、消防培训不到位等突出问题。各地区结合乡村房改、水改、电改、灶改、路改等工作，有计划地改造防火间距不足、木结构建筑集中连片的村庄，加快乡村电气线路、炉灶等用火用电安全改造升级，有效降低火灾风险。

2．推进乡村公共消防基础建设。依托乡村振兴地方规划实施，将乡村消防工作纳入总体规划统筹管理和系统衔接，研究完善乡村消防专项规划，同步推进消防基础设施建设和维护管理。根据加强乡村防灾减灾救灾能力建设要求，因地制宜推动建设乡镇专职消防队、志愿消防队和微型消防站，跟进加强业务指导，推动建立定期培训演练的常态机制，提高初起火灾扑救能力，提升乡村抗御火灾水平。2022年，乡村消防安全条件明显改善。

（五）加强重点行业消防安全管理

1．集中整治行业消防安全问题。教育、民政、文化和旅游、卫生健康、宗教、文物等重点行业部门，2020年组织对学校及幼儿园、养老服务机构、文化娱乐场所、星级宾馆饭店、商场市场、旅游景区、医疗卫生机构、宗教活动场所、文物建筑和博物馆等行业单位集中开展排查整治，及时消除火灾隐患。对一时难以整改的隐患，列出整改计划，明确整改时限，力争在三年内基本整改完毕。消防救援机构发挥综合监管作用，加强工作检查协调，提供消防技术服务。

2．推行行业消防安全标准化管理。教育、民政、文化和旅游、卫生健康、宗教、文物等重点行业部门，建立完善行业系统消防安全管理规定，健全与消防救援机构分析评估、定期会商、联合执法等工作机制，推广“三自主两公开一承诺”做法，组织行业单位开展消防安全标准化管理。2020年，打造行业标杆示范单位；2021年，全面推广典型经验做法；2022年，有效落实行业标准化管理。

（六）实施消防信息化管理能力提升工程

1．推行城市消防大数据管理。各地区结合电子政务、智慧城市建设以及城市信息化大数据系统建设，结合监督管理、历史火灾等内部信息，共享汇聚融合相关行业数据资源。2022年底前，分级建成城市消防大数据库，建成火灾监测预警预报平台，实现对火灾高风险场所、高风险区域的动态监测、风险评估、智能分析和精准治理。

2．建设消防物联网监控系统。各地区积极推广应用物联传感、温度传感、火灾烟雾监测、水压监测、电气火灾监控、视频监控等感知设备，加强消防安全智能化、信息化预警监测，实现消防数据物联感知、智能感知。2021年，地级以上城市全部建成消防物联网监控系统。

3．加强基层消防管理信息化共建共治。基层综治、社区、网格等信息化管理平台嵌入消防安全管理模块，将消防工作有机融入基层综合治理体系，整合基层部门管理服务资源，综合运用社会治理“人、地、事、物”等关联数据信息，构建网络化、社会化、信息化的基层消防管理体系。2020年，消防工作纳入基层网格信息化管理平台。

（七）实施消防安全素质提升工程

1．加强消防安全素质教育。宣传部门将消防安全教育纳入社会主义精神文明建设内容；各级党校（行政学院）将消防知识纳入相关班次培训内容；司法行政机关加强消防普法宣传的指导协调和督促落实；教育部门将消防知识纳入中小学、幼儿园教学内容和高校、高中新生军训课程；各级党委组织部、人力资源社会保障部门将消防法律法规和消防知识纳入有关公务员培训、职业培训内容。

2．加强重点人群分级分类培训。各地区分批次、分类别组织单位消防安全责任人和管理人、社区民警、村居委工作人员、网格员、安保人员、管理单位人员、重点单位员工、小企业主等重点人群开展消防教育培训，2022年底实现全覆盖培训。企业单位建立常态化全员消防培训制度，落实入职必训、定期培训、转岗轮训等要求，全面提升员工消防安全意识。

七、道路运输安全整治

（一）进一步健全道路运输安全责任体系

1．督促落实企业主责。强化道路运输企业安全生产主体责任，督促道路运输企业、场站严格执行安全生产、道路交通安全和运输管理有关法律和标准，建立健全安全生产责任制和安全生产管理制度，完善安全生产条件，严格落实车辆安全技术维护、驾驶人等从业人员培训教育和动态监控等关键制度。

2．构建共建共治体系。建立健全各级安委会、道交委、联席会议工作机制，整合部门行业资源，凝聚交通治理合力。加强部门协同联动，强化资源共享、信息互通，及时消除隐患漏洞。充分调动行业协会、保险企业等社会力量参与道路运输安全治理，建立健全道路运输领域举报重大事故隐患和安全生产违法行为、交通违法行为的奖励制度，形成社会共治的良好氛围。

3．推进信用体系建设。综合运用信用中国、信用交通、安全生产失信联合惩戒“黑名单”等载体，加快建立和完善道路运输领域安全生产守信激励和失信惩戒机制。建立健全事中事后监管机制，依法加强客货运输经营行为信用评价，实施分级分类管理，对发生重大安全责任事故等严重失信行为的单位和个人实施联合惩戒。

4．完善事故调查制度。严肃事故调查，加强事故原因调查分析，督促整改隐患、堵塞漏洞，依法依规从严查处事故责任企业及其主要负责人、相关责任人，严格追究相关责任单位和责任人管理责任。深化事故调查报告联合审核和生产安全事故约谈工作，推动地方政府、相关部门、行业落实整改。健全市场退出机制，依法依规将不具备安全生产条件的企业清退出道路运输市场。

5. 构建快速救援救治机制。完善道路运输应急管理体系，提升应急救援能力，降低生态环境损害，科学及时处置突发事件，落实道路清障救援保障措施，降低“二次事故”风险。建立健全快速发现、及时救援、有效救治、妥善救助“四位一体”联动工作机制，加强事故应急协调，完善救援救治保障，减少事故伤员致死致残。

（二）进一步加强客货车安全源头整治

1. 严格客货车生产销售监管。加强客货车产品生产准入、一致性监管，严格查处生产、销售未经国家机动车产品主管部门许可生产的车型。严禁擅自改装机动车违法行为。严格落实生产企业及产品公告管理制度，对客货运输车辆产品与国家标准、公告不符的，责令企业立即整改，整改后仍不能符合要求的，依法予以处罚并撤销相关产品公告。研究建立运输企业对道路运输车辆产品质量缺陷的反馈处理制度。

2. 组织隐患车辆专项整治。开展货车非法改装、“大吨小标”专项整治，全面排查货车、专用车生产企业、车辆维修企业和车辆非法改装站点。加大对货车非法改装企业的打击力度，到2022年基本消除货车非法改装、“大吨小标”等违法违规突出问题。部署开展常压液体危险货物罐车专项治理，稳步推进超长平板半挂车和超长集装箱半挂车治理。

3. 提升客货车安全水平。逐步提高客货车技术标准，督促生产企业改进车辆安全设计，增设客运车辆限速警示标志，提高重载货车动力性能和制动性能，进一步提高大中型客车车身结构强度、座椅安装强度，增强车辆高速行驶稳定性、抗倾覆性能；调整道路运输常压液体危险货物罐式车辆安全阀和卸料管的焊接部位，提高罐体防撞、防漏性能。鼓励在用客车参照国家标准安装前轮爆胎应急装置。推动公交车安装驾驶室隔离设施，划设乘客安全警戒线，粘贴警示标识标语，严防乘客抢夺方向盘、干扰驾驶人安全驾驶。

4. 强化市场准入管理。严把新进入运输市场车辆安全关口，严禁为不符合相关标准的车辆办理检验、登记和道路运输证。充分发挥市场调节作用，鼓励“两客一危”车辆安装使用智能视频监控系统。建立部门间客车登记信息共享机制，加强客车行驶证使用性质与道路运输经营资质信息比对核查，对公路客车、旅游客车、危险货物运输车辆办理登记的，机动车所有人应当先取得相应的道路经营许可。个人不得办理大型客车、危险货物运输车辆注册登记。落实缺陷汽车产品召回制度，加大大中型客、货汽车缺陷产品召回力度。

5. 加强在用客车使用性质排查整治。全面排查在用大中型客车（不含公交车辆），加强使用性质和营运性质比对。对存量大中型客车行驶证登记为营运类但未办理道路运输证的，实施重点监管，限期变更登记使用性质，并向有关部门通报；擅自从事道路运输经营的，要依法责令停止经营、从严处罚。已达到报废标准的客车，依法办理注销手续。加强市场流通环节的关键零部件质量抽查，重点整治影响车辆运行安全的制动、转向、轮胎等零部件总成质量不符合标准要求问题。对于存在严重质量问题的，应当公开曝光，并及时启动缺陷产品召回。

6. 加快淘汰隐患问题车辆。加大老旧客车的淘汰报废力度，研究调整客车引导淘汰、强制报废等政策措施，对使用时间距报废年限1年以内的大客车，不允许改变使用性质、转移所有权或者转出登记地。督促客运企业及时报废淘汰老旧客车，加快淘汰报废57座以上大客车及卧铺客车。加强报废机动车回收拆解企业管理，严格企业资格认定，严厉打击非法拆解企业，禁止利用报废机动车总成部件拼装机动车。严禁违规生产、销售低速电动车，加快淘汰在用违规车辆。

（三）进一步提升运输行业从业人员素质

1. 完善运输从业人员管理制度。落实“放管服”改革要求，加快构建道路运输职业资格制度，健全职业标准、职业资格考试、注册管理、继续教育、从业管理、国际互认制度等职业资格制度体系。全面实施道路运输企业主要负责人和安全生产管理人员考核管理制度。

2. 加强客货运驾驶人培训考试监管。督促机动车驾培机构和教练员严格执行教学大纲，落实培训内容和培训学时要求，在驾驶培训考试中增加防范隧道事故和二次事故、应急处置、急救实训等内容，提高驾驶人职业素质能力。加强培训质量监管，制定机动车驾培机构质量信誉考核办法，实行严重交通事故驾驶人培训质量、考试发证责任倒查制度。推进驾培机构监管平台与考试系统联网对接，实现培训与考试信息共享。

3. 严把从业人员资格准入关。建立客货运驾驶人从业信息、交通违法和事故信息共享机制。督促运输企业加强驾驶人聘用管理，严格处罚交通违法、交通事故突出的驾驶人，经营者应当及时依法解聘。加快网约车合规化进程，严厉查处不符合条件车辆和人员的非法经营行为，严禁平台公司向未取得资质的车辆和人员提供运输服务信息。

4. 加大宣传曝光力度。加强“两客一危一货”、校车等重点车辆驾驶人的常态化培训教育，利用典型事故案例，加强运输从业人员警示教育，严格落实违法记分满分驾驶人再教育与培训考试。加强客运车辆规范使用安全带宣传提示。持续曝光“高危风险企业”“突出违法车辆”“典型事故案例”“终生禁驾人员”。

（四）进一步加大运输企业安全隐患清理力度

1. 推动企业规范经营。鼓励客运企业规模化、公司化经营，积极培育集约化、网络化经营的货运龙头企业，不得为个人核发大中型客车营运许可。加强企业注册登记管理，做好道路客运企业注册登记和许可审批的衔接，严格履行“双告知”职责，建立部门间客运企业营业执照和道路客运经营许可办理情况定期通报反馈机制。加强交通运输新业态管理服务，强化网约车平台企业安全管理，严格落实执行制度并报送安全事故报告，督促网络平台企业依法、安全、规范经营。

2. 健全安全隐患治理机制。督促运输企业落实主体责任，建立健全隐患排查治理与风险防控制度，开展风险评估和危害辨识，加强运输车辆和驾驶人动态监管。深入推进运输企业安全生产规范化建设，实现安全管理、操作行为、设施设备和作业环境的标准化。督促客运企业严格落实《道路旅客运输企业安全管理规范》，对存在重大安全隐患或者发生安全生产责任事故的运输企业实施挂牌督办，督促及时消除安全隐患；经整顿仍不具备安全生产条件的，地方人民政府应当依法予以关闭，有关部门应当依法吊销其有关证照。

3．加强汽车客运站安全监管。严格落实《反恐怖主义法》《汽车客运站安全生产规范》以及“三不进站、六不出站”等安全管理制度，加强道路客运安全源头管理。强化安检人员专业素质培训，落实安全检查标准规范，推动安检设施设备更新升级，提升旅客进站安检效率和服务质量。强化旅客携带行李物品安全管理，出台实施统一的旅客乘坐客运车辆禁止携带和限制携带物品目录清单。

（五）进一步加强重点车辆运输安全治理

1．强化旅游客运安全监管。研究制定进一步加强和改进旅游客运安全管理的指导意见，全面加强旅游客运安全管理，严格旅游客运安全全过程、全链条监管，切实提升旅游客运安全水平。建立健全旅游客运信息共享机制，加强监管平台信息共享，开放企业、车辆、从业人员资质查询服务，实现“正规社”“正规导”“正规车”市场格局。加大对旅行社、学校、社会团体包车行为的监督力度，严禁租用不具备资质的客车。推动运用电子围栏等技术，强化旅游团组及车辆异地监管。加强网络包车监管，严查违法包车、非法载客等行为。

2．严格长途客运安全管理。进一步加强长途客运班车和省际包车安全监管。严格落实《道路客运接驳运输管理办法（试行）》，规范长途客运接驳运输管理，积极推进分段式接驳运输。加强对长途客运车辆凌晨2时至5时停止运行或接驳运输情况以及属地长途客运接驳点的监督检查，促进长途客运车辆安全规范运行。

3．深化货车超限超载治理。建立源头治超信息监管系统，推动矿山、钢铁、水泥、砂石“四类企业”和港口、铁路货场、大型物流园区、大宗物品集散地“四类场站”安装出口称重设施并联网运行，防止超限超载车辆出站出场。加快推进治超站称重设施联网，落实高速公路收费站入口称重和违法超限超载禁入。严查超限超载违法，深化“百吨王”专项整治。深入推进治超联合执法常态化、制度化，加强超限超载车辆及其处罚信息共享，切实落实“一超四罚”措施，对违法货车及驾驶人、货运企业和源头装载企业实施处罚，严重违法失信超限超载的纳入失信当事人名单进行联合惩戒。

4．严密危险货物运输安全监管。严格落实《中共中央办公厅国务院办公厅关于全面加强危险化学品安全生产工作的意见》和交通运输部等六部门联合部令《危险货物道路运输安全管理办法》，监督危险化学品生产、储存、运输、使用和经营企业建立健全并严格执行充装或者装载查验、记录制度，切实强化危险货物托运、承运、装卸、车辆运行等全链条安全监管。积极推动构建“政府主导、多部门协同，信息化支撑、全链条监管”的危险化学品运输安全防控体系，加快提升行业综合治理能力。

5．落实校车交通安全管理。严格落实《校车安全管理条例》，依法实施校车使用许可，规范发展专用校车，稳妥解决已注册登记的专用校车无法取得校车使用许可的问题，保障校车发展与校车服务需求相适应。专项清理不符合国家校车标准但仍作为校车使用的载客汽车，明确退出期限，彻底淘汰在用的非专用校车。督促指导学校和校车服务提供者严格落实校车安全管理制度，强化源头管理、动态监管。改善校车通行条件，加强校车通行管理，提升校车通行安全水平。

6. 加强农村交通安全监管。严格按照《农村道路旅客运输班线通行条件审核规则》要求，建立健全农村客运班车通行条件联合审核机制。引导农村客运经营者更新乡村公路营运客车推荐车型，引导农民群众乘坐合规客运车辆。推动农村客运车辆安装使用卫星定位装置和视频监控装置，提升动态管理水平。加强延伸到农村的城市公交车安全监管，禁止使用有乘客站立区的公交车辆。清理整治农村地区变型拖拉机，严格加强日常监管。

7. 规范城市工程运输车监管。加强源头管理，严格准入条件，完善退出机制，规范建筑工程运输市场。强化行业监管，建立健全工程运输车监督考核制度，将工程运输车遵守交通安全法律法规和交通安全情况纳入渣土运输市场准入条件，对于车辆交通违法、事故突出的，依法收回建筑渣土运输许可，严格限制企业参与渣土运输招投标，督促企业完善管理制度、落实主体责任。

（六）进一步净化道路运输秩序

1. 严查突出交通违法。对重点隧道特别是通行危险化学品运输车辆较多、交通流量较大的隧道，可在出入口设置监控卡口、区间测速等执法装备，实施有效管控。借鉴集中整治、周末夜查、区域联动等经验做法，保持道路交通秩序严查严管态势。认真分析高速公路、普通国省道、农村公路和城市道路交通事故规律特点和肇事肇祸突出的交通违法行为，加强分类指导，组织开展针对性整治，加大执法管控力度，依法从严查处客货运输车辆“三超一疲劳”等突出违法行为。

2. 严格落实动态监管责任。督促企业落实动态监控主体责任，加强对所属车辆和驾驶人的动态监管，提升动态监控安装率、入网率和上线率，中小运输企业可采取购买服务的方式，委托第三方专业化机构提供技术服务，提高动态监控水平。建立重点车辆动态监管配套制度，制定超速、不按规定线路行驶、人为干扰、屏蔽信号等违法违规行为处罚标准，严格动态监控执法检查，及时发现和查处违法违规行为。全面推动重点营运车辆安装使用北斗车载卫星定位装置并进行计量检测，推进系统记录的疲劳驾驶、超速等交通违法信息纳入道路交通违法执法依据。推进部门间“两客一危”车辆和重型货车信息及动态运行信息共享。

3. 严厉打击非法营运行为。加大非法营运查处力度，加强部门协同配合，加强信息互通共享，全面清查道路客运市场“黑企业”“黑站点”“黑车”“黑服务区”。完善非法营运举报查处机制，对乘客举报的、相关部门抄送的、执法检查过程发现的非法营运行为，一查到底、从重处理。

（七）进一步完善道路安全防护保障

1. 全面排查道路安全风险。深入实施公路安全生命防护工程，2020年完成15万公里建设任务。加快临水临崖、连续长陡下坡、急弯陡坡等重点路段和危桥改造整治，鼓励双向四车道及以上普通国省干线公路根据公路功能设置中央隔离设施，深入开展干线公路灾害防治。根据事故调查情况加强事故多发点段隐患排查整治。加强城市隧道桥梁、事故多发路口路段排查治理，科学规范设置道路交通安全设施和交通管理设施。

2. 强化道路应急保障。推进公路和城市道路大型专业机械设备配备，全面提升冰雪天气铲雪除冰能力。加强恶劣天气特别是团雾监测预警技术研究和装备体系建设应用。

3．推进农村道路设施建设。深化“千灯万带”示范工程，推进农村公路平交路口信号灯、减速带建设，根据乡道、村道设计标准科学设置限载标志。完善交通安全设施和交通管理设施，鼓励各地结合交通安全实际和事故情况在国省道交叉路口安装照明设施、对支路上主路上坡路段进行治理，具备条件的国省道穿乡过镇路段根据交通状况增设机非隔离设施。持续清理整治“马路市场”和国省道沿线集镇村庄违规开口。

八、交通运输（民航、铁路、邮政、水上和城市轨道交通）和渔业船舶安全整治

（一）进一步完善安全责任体系

1．健全落实安全生产责任制。按照“管行业必须管安全、管业务必须管安全、管生产经营必须管安全”和“谁主管、谁负责”的原则以及《地方党政领导干部安全生产责任制规定》的要求，厘清安全生产监管职责边界，制定并公布安全生产权责清单，进一步明确有关部门安全监管职责分工，严防失控漏管，细化履职行为规范，推动行业安全监管规范化标准化。

2．强化安全生产主体责任落实。督促企业主要负责人切实落实责任，健全落实全员安全生产责任制，严格管理。严格规范安全生产经费提取及使用，强化从业人员安全意识教育和技术能力培训，扎实开展安全生产标准化建设，着力补齐安全生产能力短板。

3．加快推进安全生产信用管理。加快健全完善交通运输与渔业领域安全生产守信激励和失信惩戒机制，推动行业全面实施安全生产信用管理，对存在严重失信行为的单位和个人采取公开曝光、联合惩戒等综合治理措施，不断净化交通运输与渔业生产市场环境。

（二）强化风险隐患预防控制

1．深化重大风险防范化解。进一步健全完善重大风险防范化解四项工作机制，积极推进将行业安全生产重大风险纳入同级人民政府重大风险防范化解工作内容，进一步摸排行业重点领域系统性、区域性、突发性安全生产风险，建立重大风险基础信息、防控责任、监测监控、防范措施、应急处置5个清单，确保底数摸排到位，责任分工到位，防控措施落实到位。

2．深化重大隐患排查治理。严格按照隐患整改责任、措施、资金、时限、预案“五到位”要求，严格实施重大隐患挂牌督办、整改销号，强力开展重大隐患清零行动。指导督促企业建立风险隐患排查、评估、治理的长效机制。

3．深入开展典型事故教训汲取。分析查找各领域近三年来发生的典型生产安全事故原因及暴露出的问题，深刻汲取教训，举一反三，以案示警，制定切实有效整改措施，逐项抓好整改落实。及时组织开展典型事故整改措施实施情况评估，切实发挥事故教训汲取对交通运输与渔业安全生产的“堵漏洞、补短板、强弱项”的重要作用。

（三）开展重点领域专业化治理

1．开展民航安全专项治理。一是强化安全隐患排查治理。突出机制建设，工作落实到人员、设施设备、管理制度等所有安全生产要素，更新隐患清单和危险源清单，执行隐患挂牌督办制度。二是按照民航局关于季节运行、重大保障任务、安全专项工作等部署，突出可控飞行撞地、跑道安全、空中相撞、危险品运输等重点安全风险，结合实际完善风险防范程序和管控措施。三是针对机场净空保护、鸟击防范等开展专项整治，严厉打击燃放烟花礼炮、焚烧秸秆垃圾、黑飞无人机、放飞孔明灯和气球、建筑及施工机械超高、放养鸽子等破坏机场净空环境的行为。

2．深化铁路沿线环境安全专项治理。一是铁路沿线轻飘物及危树整治。重点整治铁路两侧500米范围内的彩钢板、防尘网、塑料薄膜、广告幕布等轻体漂浮物和倾倒后影响铁路设备设施的高大树木，防止在大风天气下被刮起后侵入铁路限界。二是铁路线路安全保护区内违法行为的整治。重点整治铁路线路安全保护区内擅自建造建（构）筑物、取土、挖沙、挖沟、采空作业、堆放悬挂物品、上跨下穿管线、施工作业等违法行为。加强线路护坡检查和维护，及时消除事故隐患。三是全面划定铁路线路安全保护区。对既有铁路，全部完成划定；对新建铁路，在工程初步设计批准30日内完成划定。所有铁路线路安全保护区均按规定设立标桩。四是铁路沿线易燃易爆危险化学品整治。重点整治铁路沿线两侧建造、设立生产、加工、储存、销售易燃易爆和放射性物品等危险品的场所、仓库，治理不符合国家标准、行业标准规定的安全防护距离隐患。

3．开展公铁水并行交汇地段安全专项治理。一是防护设施不良整治。重点整治公铁并行交汇地段防护桩（墩、墙）、公跨铁立交桥防抛网和桥梁防撞设施、限高防护架、安全警示标志等安全防护设施没有按照规定设置安装，或安全防护设施的防护等级标准过低，不能满足安全防护要求的。安全防护设施维护管理不到位，导致缺失、破损、松脱坠落的。整治公跨铁桥梁上路灯杆、交通监控等支撑装置设置位置隐患，防止撞击后坠落铁路线路可能造成的二次事故。二是机动车违法驾驶整治。机动车在公铁并行交汇地段超速、超载行驶，刮撞、损坏安全防护设施和警示标志，交通标志、标线缺失、不准等。三是公跨铁立交桥移交不到位整治。整治公跨铁立交桥未组织固定资产移交，导致维护管理责任不明确、不落实的。四是船舶碰撞桥梁隐患治理。跨越航道公路、铁路、市政等桥梁水中桥墩未按规定设置防撞设施或防撞标准偏低，桥梁和桥区水域有关助航设施、警示标志设置不到位、维护不到位的。

4．开展邮政寄递安全综合治理。健全行业安全监管体制机制，落实中央和地方安全监管共同事权，推动安全监管支撑机构建设实现省级全覆盖、市级稳步健全。完善寄递渠道安全联合监管机制，加强部门合作和资源共享，完善部门间违法线索通报、案件移送与协查机制，推动形成齐抓共管工作合力。充分发挥寄递渠道平安建设（综治工作）考评“指挥棒”作用，压实部门监管和属地管理责任。督促邮政企业做好风险点和危险源排查管控工作，规范寄递协议服务安全管理，重点加强邮件快件处理场所、营业网点火灾、车辆安全、作业安全隐患排查治理，落实人防、物防、技防措施。

5．开展水上涉客运输安全治理。强化琼州海峡、渤海湾、台湾海峡、长江干线客（滚）运输、岛际涉客运输和封闭水域涉客运输安全监管，严禁旅游、滚装、渡运等水上涉客运输企业及船舶超经营范围经营，严禁客船超码头靠泊能力停靠。严格执行客船恶劣天气条件下禁限航规定，严格落实安全管理制度，加强安全管理、船员培训和船舶维修保养。

6．开展载运危险化学品船舶安全治理。研究危险化学品货主高质量选船机制建设，加快推进长江干线船舶洗舱站建设。加强危险化学品运输公司日常监管和年度审核，强化体系运行监督管理。严格船舶载运危险化学品申报管理，严厉查处瞒报、谎报等违法行为。严禁单壳化学品船和600载重吨以上的单壳油船进入“两横一纵两网十八线”水域航行。

7．开展航运枢纽大坝除险加固专项治理。组织航运枢纽大坝运行单位2020年6月底前按规定开展安全鉴定，根据安全鉴定情况分类予以整治，开展除险加固工作。

8．开展综合客运枢纽安全治理。遵照《综合客运枢纽服务规范》《综合客运枢纽换乘区域设施设备配置要求》规定，综合客运枢纽应统筹设置应急通道，且方式间相互连接畅通；落实安检制度，确保安检质量和效率；按需求配备旅客、行包的安检设施和人员；枢纽内重点区域设置应急隔离区。应建立应急指挥管理协调机构或工作机制，制定枢纽总体应急预案；在综合客运枢纽换乘区域应设置防恐防爆、视频监控、安全消防等设备，以及信息板、导向标志和广播通信设备等。

9．加强轨道交通运营安全治理。严格落实《城市轨道交通运营安全风险分级管控和隐患排查治理管理办法》等规定，强化设施检测养护、设备运行维修、行车组织、客运组织、运行环境等各类风险管控，严防列车脱轨、列车冲突、桥隧结构坍塌、接触网塌网、信号系统重大故障等险性事件发生；加强设施设备维修及更新改造，提升设施设备运行可靠性；开展城市轨道交通保护区环境专项整治行动，加强对保护区挖掘、爆破、地基加固、打井、钻探等作业的施工管理，严厉打击违规施工作业、私搭乱建、堆放易燃易爆危险品等危及城市轨道交通运营安全的行为。

10．开展渔业生产专项治理。聚焦“拖网、刺网、潜捕”三类高危渔船和“碰撞、自沉、风灾、火灾”四类事故高发情形，做到排查整改、执法查处、督查督办同步开展、贯通全程。重点对渔船脱检脱管和船舶不适航、船员不适任，以及渔港水域安全、消防等方面存在的违法违规行为进行专项执法检查，对安全隐患突出的地区和作业渔船进行重点整治，严厉打击“超员超载超风级超航区”航行和冒险出海作业行为。

（四）开展突出问题集中整治

1．强化铁路危险货物运输安全整治。一是非法托运危险货物整治。重点整治铁路运输托运人托运危险货物匿报谎报货物品名、性质、重量，在普通货物中夹带运输危险货物，在危险货物中夹带禁止配装的货物等非法行为。二是违规承运危险货物整治。重点整治铁路运输企业在非危险货物办理站办理危险货物承运手续，铁路运输企业和托运人不按照操作规程包装、装卸、运输危险货物，铁路运输企业不按照规定建立危险货物运输事故应急预案和开展应急演练等行为。三是危险货物储存场所整治。重点整治铁路货场、专用铁路、铁路专用线危险货物装卸、储存设施外部安全防护距离不符合安全要求，未按规定开展安全评价，不落实安全责任体系和安全管理制度等问题。

2．开展邮政涉恐涉爆专项治理。一是升级收寄验视、实名收寄、过机安检“三位一体”防控模式。推进寄递风险综合防控信息平台建设，探索在重点地区开展实名收寄人脸识别、身份认证，加快推广应用智能安检设备，采取拍照上传、视频监控等措施提升收寄验视实效，加强收寄验视标识、安全检查标识规范管理，坚决防止易燃易爆物等禁寄物品流入寄递渠道。二是突出重点地区整治。因地制宜强化分类指导，对寄往党政机关、重点部位、重大活动举办地的邮件快件进行重点检查，鼓励地方政府采取政府购买服务、委托第三方企业等方式开展集中安检。三是突出薄弱环节整治。对航空和高铁邮件快件，以及国际和港澳台邮件快件进行全面防控安检。加强寄递安全公共宣传，提高用户依法用邮、安全用邮意识，配合对夹带、谎报、瞒报、匿报涉恐涉爆物品、危险化学品等严重危害人民群众生命财产安全的主观故意行为依法严厉打击。四是深入开展违法寄递危险化学品整治，对危险化学品寄递实施“零容忍”，督促寄递企业严格执行《禁止寄递物品管理规定》，不得收寄危险化学品。

3. 强化砂石运输行为治理。进一步落实住房城乡建设部牵头组织的八部委关于加强海砂开采、运输、销售、使用管理工作的通知要求，继续对海砂违法运输实施严格管理。加强水利、交通、公安等部门合作，推动建立长江河道采砂管理合作机制，建立健全非法采运砂案件行刑相互移送制度。各级交通运输主管部门加强对“三无”采运砂船、装卸作业站点、码头的源头管理，形成政府领导、部门合作、企业负责的联合治理格局，改善砂石运输环境。

4. 商渔船防碰撞安全整治。加强辖区商渔船碰撞事故的原因分析，采取针对性的措施遏制商渔船碰撞事故发生。加强相关部门沟通合作，加大对商渔船船员的安全教育，督促商渔船船员按规定开启和使用船舶自动识别系统，强化航道动态管控和动态干预，严厉惩处商渔船碰撞事故中的肇事逃逸行为，涉嫌犯罪的，依法依规移交公安机关追究刑事责任。

5. 推进实施渔港“港长制”。认真落实中央关于加强渔港建设和管理改革的要求，加强驻港监管，推进实施“港长制”。推动开展渔船渔港综合管理改革，落实“港长”管港管人管渔管安全的责任，依托渔港综合管理站，优化执法力量驻港监管，实现管理要素向渔港集聚，推动监管关口前移，全面提升渔业安全管理能力和治理水平。以渔船进出港报告为抓手，建立以船长报告为主、船舶“监护人”和基层渔业组织报告为辅的进出港报告机制，明确渔船出港前24小时之内要及时报告。做到已报抽查、未报必查，对未报告或检查发现问题的渔船，视情节轻重纳入安全记分管理或停航整改。建立船籍港和靠泊港共管机制，实施常态化的泊港渔船登临检查制度，严防渔船“带病”出港，把渔港打造成渔业管理的“岸上堡垒”。

6. 开展渔业无线电管理专项治理。针对不按标准规范配备、擅自拆卸、故意关闭渔业无线电设备，擅自擦写篡改电台识别码，设备信息未登记备案，以及“船码不符、一船多码、一码多船”等突出问题进行专项集中整治。开展“插卡式”AIS设备研发与推广应用，规范渔业无线电设备及其电台识别码管理，加快实施“宽带入海”，切实提高险情事故应急处置和搜救成功率。推动建设渔业与海事系统航行安全和海上搜救信息共享平台，研究开发基于自动识别技术的商渔船防碰撞预警系统，推动实现商渔船防碰撞合理自动预警、即时规避。

7. 开展渔业船员专项治理。针对渔船职务船员配备不齐和普通船员持证率偏低的突出问题，动员基层渔业管理部门，对渔业船员配备情况进行调查摸底，切实掌握辖区渔业船员底数，做到底数清，情况明。对照职务船员配备标准，落实职务船员最低安全配员和持证上岗制度，督促船东组织船员接受警示教育和技能培训。采取岸上排、港口堵、海上查的方式，对职务船员配备缺配和“人证不符”现象进行重点整治。同时，加强政策研究，创新渔业船员基本安全培训和考试方法，细化工作方案，优化操作指南，拓宽培训渠道，推行普通渔业船员线上远程理论考试和实操视频评估考核，及时公布考试题库，让广大船员对水上求生、消防、急救和应急等基本安全知识做到应知应会，相关操作熟能生巧，切实提高普通船员持证上岗率。

8．开展中韩客货班轮运输安全管理提升行动。进一步完善中韩客货班轮运输安全管理长效机制。重点针对中韩客货班轮运输安全管理中存在的船舶老旧、公司经营规模小散弱、岸基支持保障能力薄弱等突出问题开展安全管理提升行动。进一步压实企业安全主体责任，提高行业安全监管能力，改善中韩客货班轮运输安全生产条件，建立联合检查机制，开展安全检查督导。建立安全风险排查和隐患治理台账，督导企业限期整改销号。

（五）加强水上交通与渔业安全生产源头管理

1．加强港口建设项目源头管理。严格落实港口建设项目“安全三同时”和危险货物建设项目初步设计审查、安全设施设计审查制度，按要求定期开展港口危险货物作业集中区域安全风险评估，实施安全容量总量控制。对涉及爆炸性危险货物装卸、储存的港口建设项目要严格控制；涉及重点监管的危险化学品和危险化学品重大危险源的新、改、扩建港口危险货物建设项目严格落实部门联合审批制度。港口危险货物企业严格落实安全防护距离有关要求，涉及爆炸性物质的储存设施不符合外部安全防护距离的，2020年底前停止使用；其他涉及重点监管的危险化学品和危险化学品重大危险源的储存设施不符合外部安全防护距离的，2022年底前停止使用。

2．强化水路运输企业准入管理。强化水路运输市场准入管理，严把企业经营资质准入关，办理《船舶营业运输证》配发、换发时，严格审查船舶相关登记、检验、安全管理等证书和委托管理协议等有效性，不符合条件的坚决不予发证。强化水路运输管理制度落实，认真执行国内水路旅客运输实名制管理规定，认真组织落实国内水路货物运输实名制，督促企业依法开展信息登记、保存和货物检查，深入开展国内水路运输年度核查，加强信息共享力度。

3．完善水上交通安全执法制度和程序。健全联合执法机制，实现安全监管信息互通共享，消除监管盲区和监管漏洞，解决交叉执法、重复执法等问题。

4．健全渔业安全管理制度。加快制定《渔业安全生产管理规定》《渔业船员违法违规记分办法》等规章制度，厘清渔业安全管理职责边界和权责清单，明确船籍港和靠泊港的管理职责。修订完善渔业船员管理办法、渔船水上突发事件应急预案、安全事故报告与调查处理及无线电管理等相关规定，督促地方理顺渔业安全监管体制机制，建立起符合中国国情的渔业安全治理体系。

（六）提升基础支撑保障能力

1．强化安全监管能力建设。加强基层安全监管执法队伍建设，推动地方政府充实负有行业安全生产监督管理职责部门的安全监管执法人员。加强安全政策研究，提高战略性政策储备的能力。加强信息共享和部门联动配合。强化培训教育，加强部门间培训资源和专家库共享，着力提升监管执法人员专业素养和能力。优先保障安全投入，加快配齐安全监管执法装备设施。危险化学品贮存量大的港口所在地政府落实中办、国办《关于全面加强危险化学品安全生产工作的意见》要求，配齐配强港口危险货物安全监管和执法力量。

2. 强化基础保障能力建设。一是督促航空产品制造商加强生产质量体系建设，建立航空器消防救援真火实训基地。二是督促邮政企业保证具备安全生产条件所必需的资金投入，健全责任体系、管理机制、基本制度，依法设置安全生产管理机构，配备安全生产管理人员，严格履行安全生产法定责任。三是建设水上交通综合监管指挥系统，加快推进巡航救助一体化船艇和海事监管、航海保障装备设施建设。推进智慧海事工程建设。四是按照《港口危险货物安全监管信息化建设指南》要求，建成省级港口危险货物安全监管信息平台，加强港政、海事、海关等部门间相互配合、相互通报，严厉打击匿报、谎报或夹带危险货物。综合运用第三方检查、"互联网+监管"，提高安全监管水平。五是加大渔港基础设施建设和渔船安全、消防、救生及通信导航等设施设备升级改造力度，切实提升渔港安全停泊避风能力和渔船安全适航水平。

3. 提升交通运输与渔业应急能力。健全应急管理机制，推动各地行业应急管理融入地方应急管理体系，督促企业完善应急预案，加强专兼职应急救援队伍建设及应急物资装备配备，定期开展应急演练，强化非预设场景应急演练和实战演练，提升风险防范能力。

4. 加强民航"三基"建设。一是加强一线岗位人员意识建设。实现执勤管理程序落地、职责履行到位，坚决杜绝有章不循、操作随意、懈怠麻痹、在岗谋私以及擅离职守等违规问题发生。二是加强一线岗位人员安全培训。科学设置资质能力培训课程，强化培训质量监督，严把考核关口，实施针对性补充培训，确保培训计划满足实际需要。

5. 大力提升港口企业本质安全水平。推进港口危险货物企业2020年底前将涉及"两重点一重大"的堆场、储罐全部安装使用安全监测监控装备，未安装或未使用的，一律停产整改。加强危险货物储罐的定期检测。高危作业场所和环节2021年底前实现重要设施设备实时监测、智能感知和风险预警。港口客运企业按规定配备视频监控系统、安检设备（包括车辆安检设备）、身份证识读设备等，加强安检查危工作。2022年底前建立实施港口客运、危险货物作业安全生产责任保险制度。港口危险货物储存企业、装卸企业主要安全管理人员中分别至少有2名、1名具有中级以上化工专业技术职称或化工安全类注册工程师资格，其中储存企业主要安全管理人员中的中级以上注册安全工程师比例达到15%左右并逐步提高。强化动火、受限空间、用电等特种作业的管理和操作技能培训。建立实施港口危险货物职业技能竞赛常态化机制。

6. 加强从业人员安全培训。建立安全生产知识、技能教育培训制度，加强关键岗位人员安全教育培训，开展新进人员入职培训、在职人员继续教育。科学设置行业一线岗位人员资质能力培训课程，合理制定培训计划，切实保证培训质量，严格考核把关，实施针对性补充培训。

7. 强化安全生产宣传与警示教育。建立健全安全生产宣传教育体系，加强对行业从业人员、社会公众的安全意识、法治意识、责任意识、防护意识的宣传教育，促进社会安全文化建设。制作和发放交通运输与渔业生产事故警示教育录，加强安全宣传教育，开展安全知识进校园活动。加强新媒体在交通运输与渔业生产安全社会宣传教育上的应用，推进“微安全”文化品牌建设。

8．完善渔业风险保障体系。鼓励发展渔民互助保险等多种形式的渔业保险，推进渔业互助保险系统体制改革，推动《安全生产责任保险实施办法》在渔业领域全面实施，指导渔业保险规范有序发展。指导中国渔业互保协会依法依规做好新设保险机构的筹建、报批、登记注册和业务开展等相关工作，充分发挥保险在推进渔业产业发展、安全管理和防灾减灾中的机制优势和渔区经济社会“稳定器”“安全阀”的重要作用，有效防止渔民因灾致贫返贫。

九、城市建设安全整治

（一）加强对各地城市规划建设管理工作的指导，将城市安全韧性作为城市体检评估的重要内容，将城市安全发展落实到城市规划建设管理的各个方面和各个环节；充分运用现代科技和信息化手段，建立国家、省、市城市安全平台体系，推动城市安全和可持续发展。

1．加强对各地城市规划建设管理工作的指导，将安全韧性作为城市体检评估的重要内容纳入城市体检评估指标体系，通过开展城市体检工作，提升城市安全韧性水平。

2．开展城市公共设施安全专项体检，查找城市公共设施安全隐患和突出短板；开展城市公共卫生安全专项体检，查找城市建设在应对重大传染病问题方面存在的短板和不足。

3．加快建设城市综合管理服务平台，推动实现国家平台、省级平台、市级平台互联互通、数据同步、业务协同，提升城市综合管理服务智能化水平，推动城市治理体系和治理能力现代化。

4．推动城市安全发展。明确安全发展目标，组织开展安全发展示范城市创建工作，从源头治理、风险防控、监督管理、保障能力、应急管理等方面全面加强城市安全各项工作。加强城市安全环境建设，扩展避难疏散空间，加强城市防灾工程建设，落实城市各项安全要素。做好防灾避难场所等技术标准编制工作。充分运用现代科技和信息化手段，建立国家、省、市城市安全平台体系，确保城市安全发展和可持续发展。

（二）指导地方全面排查利用原有建筑物改建改用为酒店、饭店、学校、体育馆等人员聚集场所安全隐患，依法查处违法建设、违规改变建筑主体结构或使用功能等造成安全隐患行为，督导各地整治安全隐患。

1．全面排查安全隐患。全面排查将原有建筑物改建改用为酒店、饭店、学校、体育馆等人员聚集场所的安全隐患，逐一建档造册、逐一将排查结果纳入房屋结构安全信息化管理平台，实行台账管理。

2．依法查处违法违规行为。聚焦“四无”建设（无正式审批、无资质设计、无资质施工、无竣工验收）、擅自改变使用功能的建筑（含快捷酒店等）、擅自改变房屋结构和布局的建筑（含群租房等）、违法改扩建的建筑以及擅自对地下空间进行开挖的建设行为等，依法严肃查处。

3．督促各地住房和城乡建设部门会同有关部门制定闲置商业办公用房、工业厂房等非住宅依法依规改造为租赁住房的政策。改造房屋用于租赁住房的，以及既有建筑物加装电梯的井道、地基等结构，应当符合建筑、消防等方面的要求。

4．落实安全隐患整改责任。整改整治实施清单化管理，确保责任明晰、措施落地、闭环管理、整改到位。加强部门协同落实、联合执法，整改整治全覆盖、穿透式。

（三）根据城市建设安全出现的新情况，明确建筑物所有权人、参建各方的主体责任以及相关部门的监管责任。

1．落实建筑物所有权人主体责任。建筑物所有权人应承担房屋使用安全主体责任。房屋所有权人和使用人应按设计用途使用房屋，严禁擅自变动房屋建筑主体和承重结构。指导各地督促物业服务企业按照物业服务合同约定，加强对物业管理区域房屋共用部位和共用设施设备的维修、养护、管理，协助有关部门做好物业管理区域内的安全防范工作。

2．落实参建各方的主体责任。突出建设单位首要责任，建设单位应加强对工程建设全过程质量安全管理，加强对参建各方的履约管理，严格履行法定程序，不得违法违规发包工程，保证合理工期和造价。施工单位应完善质量安全管理体系，推行工程质量安全手册制度。勘察、设计、监理等单位依法履行相应责任。

3．落实监管部门责任。强化政府对工程建设全过程的质量监管，探索工程监理企业参与监管模式，健全省、市、县监管体系。不断推行“双随机、一公开”和“互联网+监管”模式，加强工程质量监督队伍建设，监督机构履行职能所需经费列入同级政府预算。

（四）开展摸底调查，研究制定加强城市地下空间利用和市政基础设施安全管理指导意见，推动各地开展城市地下基础设施信息及监测预警管理平台建设。

1．加强城市地下基础设施安全管理。指导各地开展地下基础设施的摸底调查，理清基础情况，研究制定加强城市地下空间利用和市政基础设施安全管理指导意见，落实部门、地方、企业管理责任，排查整治安全隐患，建立信息管理平台，完善城市地下基础设施安全综合治理的长效机制。

2．推动各地开展城市地下基础设施信息及监测预警管理平台建设。实现城市地下基础设施信息的即时录入、动态更新、共建共享、实时监控，并和城市信息模型基础平台对接，满足城市道路塌陷事故隐患治理等安全管理工作需要。

（五）完善燃气工程技术标准，健全燃气行业管理和事故防范长效机制。指导各地建立渣土受纳场常态监测机制、推动市政排水管网地理信息系统建设。

1．制定《燃气工程项目规范》，完善燃气设施标准。

2．督促指导各地落实《城镇污水处理提质增效三年行动计划》，推进市政排水管网地理信息化系统建设。

3．总结推广建筑垃圾治理试点城市做法经验，指导各地建立健全渣土受纳场常态监测机制，消除堆体安全隐患。

4．指导各地加强城市市政公用设施建设、安全和应急管理，加强城市供水、热力、市政设施、园林绿化、市容环境治理等监督管理。指导建设工程消防设计审查验收工作。指导农村住房建设、农村住房安全和危房改造。

（六）督促企业落实主体责任，指导各地开展起重机械、高支模、深基坑、城市轨道交通工程专项治理，依法打击建筑市场违规行为，推进建筑施工安全生产许可证制度改革。

1. 严肃查处施工安全事故。认真执行《住房和城乡建设部应急管理部关于加强建筑施工安全事故责任企业人员处罚的意见》，强化事故责任追究，做好事故调查分析。完善事故查处机制，严格落实事故查处督办和工作约谈制度。

2. 狠抓重点领域风险防控。严格执行《危险性较大的分部分项工程安全管理规定》，开展房屋建筑和市政基础设施工程起重机械、高支模、深基坑、城市轨道交通工程专项治理，着力消除重大事故隐患。严厉打击建筑施工非法违法行为，加强市场现场监管执法协同联动。

3. 提升施工安全治理能力。加强建设单位安全生产主体责任落实，推进建筑施工企业安全生产许可制度改革，研究完善建筑起重机械安全管理制度，推动工程质量安全手册制度实施。稳步推进全国建筑施工安全监管信息系统部署应用，完善监管体制机制，建立健全建筑施工安全诚信体系。

4. 严厉打击建筑市场违法违规行为。指导各地持续规范市场秩序，大力打击施工转包、违法分包等行为。对违反规定造成工程质量安全事故的，依法给予停业整顿、降低资质、暂停执业等处罚，对存在严重失信行为的市场主体加大曝光力度。

十、工业园区等功能区安全整治。

（一）完善园区安全生产管理体制机制

1. 健全安全生产监管体制。各地区要进一步明确园区管理主体，压实安全责任，明确具体负责安全生产管理的机构，按照“三个必须”要求落实各有关部门安全监管责任和行业安全管理责任；根据园区内企业类型，有针对性强化高危行业专业监管力量，配齐配强园区安全监管执法力量。

2. 实施园区安全生产一体化管理。园区要把安全生产工作纳入全面整体谋划考虑，综合园区内公共设施、上下游产业链、应急救援等各方面各环节，实施一体化管理；建立园区安全生产工作例会制度，及时会商研判安全风险，统筹协调解决重大安全生产问题，形成齐抓共管、分工明确、协同高效的管理模式。

3. 落实企业安全生产主体责任。强化园区内各企业主要负责人安全生产第一责任人的责任，建立满足企业要求的安全技术和管理团队；加强警示教育，强化法制意识、风险意识；加大安全投入，提高安全技术装备与本质安全水平；依法建立专职消防队，根据需要建立安全事故工艺处置队，两支队伍加强技能训练和综合演练；完善日常监督考核机制，定期组织企业开展安全管理情况自查互查，推动企业之间加强安全管理交流；加强日常安全执法检查，既要严肃查处违法违规行为，又要避免简单化、“一刀切”，增强执法实效。

（二）强化园区安全生产源头管控

1. 规范园区规划布局。各省级人民政府要严格按照国家有关规定，依据国土空间规划，统筹园区区域布局，明确园区数量、产业定位、管理体制和发展方向，有序开展园区设立、扩区、调区等工作。要在安全评估的基础上，优化园区各功能分区布局，严格控制高风险功能区规模。对不符合安全生产条件、存在重大风险隐患、未纳入全省统一规划、不符合国土空间规划的园区，要限期整改，对未达到整改要求的，要关闭退出。

2．严格园区项目准入把关。各地区要按照产业发展定位，制定完善园区产业发展规划，明确园区项目准入条件，制定“禁限控”目录，禁止自动化程度低、工艺装备落后等本质安全水平低的项目进区入园；禁止园区项目只引进生产设备及其工艺包，未配套引进与其相关的安全包与控制技术，拼凑式设置安全设施以及生产工艺安全防控系统。严格建设项目安全条件审查，严防高风险项目转移，严禁承接其他地区关闭退出的落后产能；建立并完善园区内企业退出机制，对不符合安全生产要求的企业，要及时淘汰退出园区。

3．合理布局园区内企业。严格落实企业安全防护距离相关标准规范要求，综合考虑主导风向、地势高低落差、企业之间的相互影响，统筹企业类型、物资供应、公用设施保障、应急救援等因素，合理布置企业分区。严格执行有关标准规范，禁止在危险化学品企业外部安全防护距离内布局劳动密集型企业、人员密集场所。对园区内外部安全防护距离不符合要求的企业，要制定整改方案，实施改造、搬迁、退出等措施。

4．完善园区公共设施。要结合园区产业特点，统筹考虑产业发展、安全生产、公用设施、物流输送、维修服务、应急救援等各方面的需求，以有利于安全生产为原则，完善水、电、气、风、污水处理、公用管廊、道路交通、应急救援设施、消防设施、消防车道等公用工程配套和安全保障设施。

（三）建立以风险分级管控和隐患排查治理为重点的园区安全预防控制体系

1．开展园区安全风险评估。树立园区整体安全风险意识，组织开展园区整体性安全风险评估，确定安全容量，实施总量控制，提出消除、降低、控制安全风险的对策措施。已建成投用的园区每5年至少组织开展一次园区整体性安全风险评估，细化行业企业评估办法，突出园区重大安全风险防控，防止产生“多米诺”效应。

2．建立安全隐患排查治理长效机制。督促企业建立健全全员参与的安全风险分级管控和隐患排查治理工作机制，认真开展安全风险摸排、辨识和隐患排查治理，精准排查治理生产装置、生产工艺、设备管线等方面的泄漏爆炸风险隐患，确保各类安全隐患能够及时发现、及时整改。建立各部门、各单位共同参与的公共设施安全隐患排查治理机制，定期组织安全隐患排查治理，保障园区各类公共设施安全运转。

3．强化重大安全隐患治理。结合园区内企业类型，深刻吸取近年来重特大事故教训，针对性地开展涉爆粉尘、液氨制冷、危险化学品停车场、建设施工、受（有）限空间作业等专项治理，实行挂牌督办、督促整改等措施，坚决消除重大安全隐患。对不具备《安全生产法》和其他有关法律、行政法规和国家标准或者行业标准规定的安全生产条件，经停产停业整顿仍不具备安全生产条件的，予以关闭；有关部门应当依法吊销其有关证照。

4．加强承包商管理。园区要建立完善承包商入园作业管理制度，对进入园区施工、检维修及提供专业技术服务等作业的承包商进行记录，实施诚信管理；强化日常监督检查，督促企业加强对承包商作业的现场安全管理，落实安全防护措施。

5．推进园区封闭化管理。按照“分类控制、分级管理、分步实施”的要求，结合园区产业结构、产业链特点、安全风险类型等实际情况，通过采取园区门禁系统、视频监控系统等手段，逐步推进园区封闭化管理，严格控制人员、车辆进出。对当前无法实施整体封闭化管理的园区，要创造条件优先对园区内高风险功能区实施封闭化管理。

（四）加强高风险园区安全管控

1．全面完成化工园区安全风险评估分级。各地区要按照《化工园区安全风险排查治理导则（试行）》（应急〔2019〕78号）要求，全面完成化工园区安全风险评估分级，评估为A级（高安全风险）的，原则上不得批准新、改、扩建危险化学品建设项目（安全、环保水平技改提升类项目除外），限期整改提升，2021年底前仍为A级的要关闭退出；评估为B级（较高安全风险）的，原则上要限制新、改、扩建危险化学品建设项目，2022年底前仍未达到C级（一般安全风险）或D级（较低安全风险）的要予以取消化工园区定位。

2．着力深化冶金有色等产业聚集区的安全管理。各地区要重点强化高温熔融金属、冶金煤气、深井铸造等重点领域执法检查，推动企业健全安全风险管控和隐患排查治理机制，聚焦重大安全风险和安全隐患，有效消除违法行为；推动企业采取设备升级改造、自动化控制、联锁、机械防护和能量隔离等手段，提高本质安全水平；推动企业加强应急管理，规范设置紧急排放和应急储存设施，完善应急预案，提升应急处置能力。

3．突出加强仓储物流园区的安全管理。各地区要深刻吸取近年来仓储物流园区发生的事故教训，突出危险化学品、烟花爆竹、涉氨制冷剂等易燃易爆、有毒有害物品储存仓库，及时全面排查安全隐患，对检查发现存在重大安全隐患或安全隐患整改不力的，依法依规严肃处理。进一步加强仓储物流园区内危险货物运输车辆及装卸管理，采用建立危险化学品专用停车场、专用车道、限时限速等措施，严格装卸作业操作流程，加强对专用停车场、专用车道安全管控，确保运输安全。

4．强化港口码头等功能区安全管理。各地区要深刻吸取天津港“8·12”瑞海公司危险品仓库特别重大火灾爆炸事故教训，理顺港口安全管理体制，明确有关部门安全监管职责，加强信息共享和部门联动配合，严防失控漏管；根据危险货物的性质分类储存，严格限定危险货物周转总量。突出加强对水运港口口岸区域安全监督，强化口岸港政、海关、海事等部门的监管协作和信息通报制度，综合保障进出口危险货物安全高效运行。

（五）夯实园区信息化和应急保障等安全基础

1．加快安全监管信息化建设。园区要结合产业特点，以对园区安全作出准确、高效的智能响应为目标，采用“互联网+产业”模式，综合利用电子标签、大数据、人工智能等技术，推进智慧园区建设，建立园区集约化可视化安全监管信息共享平台，定期进行安全风险分析，实现对园区内企业、重点场所、重大危险源、基础设施安全风险监控预警。

2．强化应急处置保障能力建设。园区要全面掌握本园区及本园区内企业应急相关信息，健全完善园区应急预案体系，定期检查企业应急准备工作开展情况，统筹园区应急救援力量并强化演练，与园区周边重点应急救援力量建立应急联动机制，建立健全公共应急物资储备保障制度，明确应急管理的分级响应制度和程序，做到应急救援统一指挥、反应灵敏、安全高效。

十一、危险废物等安全整治

（一）全面开展危险废物排查

一是全面开展危险废物排查，督促相关单位建立规范化的危险废物清单台账，严格按照危险废物特性分类分区贮存，在收集、贮存、运输、处置危险废物的设施、场所设置危险废物识别标志；对属性不明的固体废物，按照《固体废物鉴别标准通则》（GB 34330—2017）系列标准进行鉴别，并根据鉴别结果，严格落实贮存安全防范措施。危险废物在运输环节，按照危险货物管理的有关法规标准执行。二是产生危险废物的单位，严格按照国家法律法规的规定，制定危险废物管理计划，并向所在地县级以上环境保护主管部门申报危险废物的种类、产生量、流向、危险等级、贮存设施、自行利用处置设施或委托外单位利用处置方式等有关资料和信息；危险废物贮存不得超过一年，严禁将危险废物混入非危险废物中贮存。三是各地重点对辖区内化工园区、化工和危险化学品单位及危险废物处置单位进行监督检查，对照企业申报材料，检查危险废物产生、贮存、转移、利用、处置情况，严厉打击违规堆存、随意倾倒、私自填埋危险废物等问题，确保危险废物的贮存、运输、处置安全。

（二）完善危险废物管理机制

一是督促相关单位严格落实危险废物申报登记制度，严厉打击不如实申报危险废物行为或将危险废物隐瞒为原料、中间产品的行为；在依法严肃查处的同时，纳入信用管理，实施联合惩戒，切实落实企业主体责任。二是建立完善危险废物由产生到处置各环节转移联单制度，督促危险废物产生、运输、接收单位严格落实安全管理规定；利用信息化手段，控制危险废物流向，加强对危险废物的动态监管。三是建立部门联动、区域协作、重大案件会商督办制度，形成覆盖危险废物产生、收集、贮存、转移、运输、利用、处置等全过程的监管体系。修订完善《危险废物贮存污染控制标准》，进一步明确安全技术要求，推动企业落实相关法律法规和标准规范。

（三）加快危险废物处置能力建设

各地根据地区危险废物产生的类别、数量，合理规划布点处置企业或企业自行利用处置等多种方式，加快区域危险废物处置能力建设，消除处置能力瓶颈，严防因处置不及时造成的安全风险。加快高危险等级危险废物综合处置技术装备研发。

（四）开展重点环保设施和项目安全风险评估论证

一是各地针对近年来的事故情况，组织开展企业重点环保设施和项目的全面摸排，建立台账。二是督促企业自行或委托第三方开展安全评估，根据评估结果，形成问题清单，制定防范措施并组织实施。三是组织开展对评估和治理结果的监督检查，对不落实相关评估要求和防范措施的，严肃依法查处。

（五）开展“煤改气”、洁净型煤燃用过程中安全风险排查治理

合理确定“煤改气”工程燃气管道走向、敷设方式和燃气设备设施的布局，加强施工安全管理，明确相关主管部门、属地政府、燃气供应企业、燃气施工企业、用户的安全管理职责，加大入户检查指导的频次。构建洁净型煤推广使用过程的安全风险防控机制，指导地方有关部门进村入户排查洁净型煤炉具密封不严、积灰堵塞、排气

不畅、私自加盖密封盖等问题隐患，积极推广使用一氧化碳浓度报警等安全装置。加大安全宣传教育培训力度，切实提高安全意识，严防中毒等事故发生。

（六）开展渣土和垃圾填埋、污水处理过程中安全风险排查治理

整治城市生活垃圾处理场安全隐患，建立城市建筑垃圾消纳场常态监测机制，对垃圾堆体稳定性、可能存在的风险和应急预案可靠性等进行评估，取缔非法渣土场。指导地方有关部门对轻工、纺织行业企业污水罐等环保设施开展安全隐患排查，摸清污水处理等环保设施安全现状，重点排查污水罐等环保设施的规划、选址、设计、建造、使用、报废等各环节存在的重大安全隐患，评估污水罐坍塌等安全风险及影响范围。

（七）加强粉尘企业安全风险管控

切实吸取近年来粉尘爆炸事故教训，加强粉尘涉爆企业除尘环保项目源头把关，严格安全评估和审核验收，确保粉尘收集、输送、贮存等环节的环保设施设备符合粉尘防爆安全标准要求。进一步排查涉爆粉尘企业底数和安全状况，督促企业强化安全风险管控和隐患排查治理，以粉尘作业场所10人及以上企业为重点，聚焦除尘系统防爆、防范点燃源措施、粉尘清理处置等重点环节，开展有针对性的专项执法，严厉打击违法违规行为，坚决遏制粉尘爆炸重特大事故发生。按照“摸清底数、突出重点、淘汰落后、综合治理”的原则，深入开展尘肺病易发高发行业领域的粉尘危害专项治理工作，督促用人单位落实粉尘防控主体责任，确保实现治理目标。

国家安全产业示范园区创建指南（试行）

工信部联安全〔2018〕213号

第一章　总　　则

第一条　为落实《中共中央 国务院关于推进安全生产领域改革发展意见》和《安全生产“十三五”规划》部署，指导国家安全产业示范园区建设工作，促进安全产业集聚发展，按照《关于加快安全产业发展的指导意见》（工信部联安全〔2018〕111号）要求，制定本指南。

第二条　本指南所指国家安全产业示范园区（以下简称示范园区）是指依法依规设立的各类开发区、工业园区（聚集区）以及国家规划重点布局的产业发展区域中，以安全产业为重点发展方向，具有示范、支撑、带动作用，特色鲜明的产业集聚、集群区域。

第三条　本指南适用于示范园区和示范园区创建单位［以下统称示范园区（含创建）］的申报、评审、命名和管理等工作。

第四条 示范园区（含创建）建设工作要统筹布局、因地制宜、合理定位、有序推进。

第五条 工业和信息化部会同应急管理部负责示范园区（含创建）的命名和指导工作。各省、自治区、直辖市及计划单列市、新疆生产建设兵团工业和信息化主管部门会同当地应急管理部门（以下分别统称省级工业和信息化主管部门、省级应急管理部门）负责组织本地区示范园区（含创建）的初审和上报等工作，并配合工业和信息化部、应急管理部指导示范园区（含创建）的建设工作。各类开发区、工业园区（集聚区）等管理机构负责示范园区（含创建）的建设、申报和管理等工作。

第二章 申报条件和评价指标

第六条 申报示范园区（含创建）应当具备以下基本条件：

（一）产业规划。具有明确的产业发展规划和目标，发展内容符合相关政策要求。

（二）产业实力。具有一定区位优势、产业基础和创新能力；有特色鲜明的发展区域，示范园区（含创建）内企业年销售收入须达到一定规模。其中，示范园区不低于100亿元（特殊类型地区不低于80亿元），创建单位不低于40亿元（特殊类型地区不低于30亿元）。

（三）产业集聚。安全产业相对集中，有一定企业数量，其中骨干企业位居同行业前列或具备良好发展潜力，行业带动性强，市场前景良好。

（四）组织体系。有负责园区建设和管理的组织体系，有相应的工作机制、园区信息化管理制度和具体工作方案。

（五）安全服务。具有为周边区域提供安全教育培训、演练体验等安全服务的能力，安全服务基础较好。

（六）公共服务。具有公共服务机构，服务标准规范；投融资、保险、科技成果交易、现代物流、人才引进等产业服务体系较为完善。

（七）安全管理。园区内安全生产管理规范，企业安全生产责任制健全，安全生产管理体系完善，近三年内未发生较大及以上生产安全事故。

（八）发展环境。园区所在地各级政府在发展规划、技术创新、财政政策、政务服务和人才发展等方面有明确支持安全产业发展的要求。

第七条 示范园区（含创建）的评价指标体系包括产业规模、创新能力、安全保障和发展环境4类一级指标和19个二级指标。（指标评价体系见附件1）。

第三章 申报、评审和命名

第八条 申报材料包括：

（一）申报单位所在省级工业和信息化主管部门、应急管理部门的联合上报文件和初审意见。

（二）示范园区（含创建）建设方案（编制要点见附件2）。

（三）示范园区（含创建）申报表（在国家安全产业大数据平台http://

safetybigdata.org申报系统中打印）。申报表中涉及的产业规模数据，以当地统计部门确认的数据为准。

（四）园区内安全产业领域相关企业和科研机构信息（需企业和科研机构在国家安全产业大数据平台上填报）。

第九条 根据评价指标体系设置的条件和要求，申报单位结合自身情况自愿向所在省级工业和信息化主管部门提出申报示范园区或创建示范园区的申请，并通过国家安全产业大数据平台申报系统在线提交申报材料。省级工业和信息化主管部门会同应急管理部门联合审查后，通过在线申报系统提交审查意见扫描件，并将所有申报材料纸质版原件一式3份送工业和信息化部。

第十条 工业和信息化部会同应急管理部委托第三方机构组织专家对申报单位进行评审。

第十一条 评审采用专家打分制，必要时可组织现场考察。未通过评审的申报单位可对材料补充完善，报工业和信息化部和应急管理部申请复审。复审仍未通过的，本年度不再受理申报。

第十二条 对通过示范园区评审的申报单位，评审结果在工业和信息化部、应急管理部网站及国家安全产业大数据平台公示7天。符合要求的，工业和信息化部和应急管理部联合命名为“国家安全产业示范园区”。

第十三条 对于通过示范园区创建单位评审的申报单位，以及对于未通过示范园区评审但已达到创建条件的申报单位，评审结果在工业和信息化部、应急管理部网站及国家安全产业大数据平台公示7天。符合要求的，工业和信息化部、应急管理部联合命名为“国家安全产业示范园区创建单位”。

第四章 示范园区和创建单位管理

第十四条 创建单位应遵循培育和发展相结合的原则，达到示范园区条件后，按照第九条规定进行申报。

第十五条 每年3月底前，命名的示范园区（含创建）应将上一年度工作总结和本年度工作计划上报至所在省级工业和信息化主管部门与应急管理部门，并由省级部门核实汇总后分别报工业和信息化部、应急管理部。

第十六条 工业和信息化部、应急管理部每3年委托专家或第三方机构对示范园区（含创建）建设情况进行评估。评估办法另行制定。

第十七条 示范园区（含创建）名录、年度发展情况和定期评估结果将在工业和信息化部、应急管理部网站和国家安全产业大数据平台上公布。

第十八条 示范园区（含创建）未按规定上报年度工作总结和计划的，工业和信息化部和应急管理部可要求其限期提交；仍不提交的，可撤销其命名。

第十九条 评估结果不合格的，评估单位可提出限期整改要求。未落实整改措施或经整改仍不符合要求的，工业和信息化部和应急管理部撤销其命名。

第二十条 对上报资料弄虚作假的示范园区（含创建），工业和信息化部、应急管理部给予警示，并责其限期改正；情节严重的，撤销其命名，并暂停其所在省份下一年度的申报工作。

第二十一条 示范园区（含创建）所提供的安全产品和服务或企业行为对社会造成重大不良影响的，工业和信息化部、应急管理部给予警示，造成严重后果的，撤销其命名。

第二十二条 示范园区（含创建）近三年发生两次及以上一般生产安全事故的，或发生较大及以上生产安全事故的，撤销其命名。

第二十三条 工业和信息化部、应急管理部对示范园区（含创建）建设和发展予以支持。根据实际情况组织制定相关政策，在产学研合作、技术推广、应用示范、标准制定、项目支持、资金引导、交流合作等方面给予重点指导和支持，加快引导产业集聚，推动产业升级，并适时将其纳入安全生产保障支撑体系支持范围。

第二十四条 对安全产业发展迅速、经济效益突出、社会效益显著的示范园区，支持其申报安全产业类国家新型工业化产业示范基地。

第五章 附 则

第二十五条 本指南由工业和信息化部、应急管理部负责解释。

第二十六条 本指南自发布之日起施行。